逐条解説
予防接種法
［改訂版］

榎 孝謙＝著

中央法規

はしがき

　予防接種は、感染症の発生及びまん延の防止にとって重要な手段である一方、極めて稀ではあるが不可避的に健康被害が生じ得るものである。そこで、予防接種行政は、予防接種を行うべきでなかったのに行ったため健康被害が生じたという作為過誤と、予防接種を行うべきであったのに行わなかったため感染症がまん延したという不作為過誤との間で揺れ動いてきた。それに合わせて、予防接種行政の根拠となる予防接種法は幾度もその姿を変えてきた。

　本書の発行は、予防接種法の理解と的確な運用に資するよう、その現在の姿だけでなく、過去の姿をも可能な限り明らかにしようとする試みである。現在及び未来の予防接種法の在り方を考える上で、その来し方を知ることは非常に有益である。法令はその時々の社会情勢等を踏まえて制定又は改正されているが、特に予防接種法はその傾向が顕著であるからである。そこで、本書では、審議会の答申や、内閣法制局説明資料、国会会議録、通知、過去の逐条解説等を丹念に参照し、以下の構成で予防接種法について説明することとしている。

　第1編は総論に当たる部分であり、予防接種法の意義、沿革及び構造について述べている。
　第2編は各論に当たる部分であり、予防接種法の各条について、「概要」、「沿革」、「制定（及び主な改正）の趣旨」、「解説」の4つに分けて述べている。「概要」は、その条の意義を簡単にまとめたものである。「沿革」は、その条の制定及び改正の履歴を記載したものである。「制定（及び主な改正）の趣旨」は、その条の制定又は改正の経緯について、当時の審議会資料や内閣法制局説明資料等に沿って説明したものである。「解説」は、その条の文言等について解説したものである。この解説は、基本的に厚生労働省の見解に拠っているが、補論など一部は私見を述べたところがある点に留意されたい。
　第3編は資料であり、第1編及び第2編の理解に資するよう、通知や審議会の答申を収載している。

　本書は、令和4年に予防接種法が大幅に改正されたことを契機に作成したものである。一部の条文は本書の作成時において未施行であり、今後の動きが待たれるが、制定経緯を明らかにするという趣旨に叶うものにはなっているかと思う。
　最後になるが、当該改正や本書の作成について温かく見守って下さった櫻井公彦氏をはじめ、厚生労働省健康局健康課予防接種室（現：厚生労働省健康・生活衛生局感染症対策部予防接種課）の方々に深く感謝申し上げたい。本書が予防接種を担当する行政官や関係者の方々に広く活用され、予防接種行政の円滑な推進に役立つことがあれば、望外の喜びである。

令和7年2月

榎　孝謙

凡　例

1．法令の時点について

　　本書では、各法令の規定の掲載にあたり、令和7年1月1日までに発行された官報に掲載された情報を原典に、適宜更新を行った。この際、予防接種法は全世代対応型の持続可能な社会保障制度を構築するための健康保険法等の一部を改正する法律（令和5年法律第31号）附則第24条の規定による改正まで反映した。その他の法令は令和7年1月1日施行の改正まで反映した。

　　ただし、便宜上、上記の基準日前の規定を掲載した場合には、各規定の条名の冒頭に「旧」と付して、その事実を示した。

2．本文中の略語について

（法令）
- 社会保険診療報酬支払基金法（昭和23年法律第129号）：支払基金法
- 医薬品、医療機器等の品質、有効性及び安全性の確保等に関する法律（昭和35年法律第145号）：薬機法
- 高齢者の医療の確保に関する法律（昭和57年法律第80号）：高齢者医療確保法
- 高齢者の医療の確保に関する法律施行規則（平成19年厚生労働省令第129号）：高齢者医療確保法施行規則
- 感染症の予防及び感染症の患者に対する医療に関する法律（平成10年法律第114号）：感染症法

（用語）
- 社会保険診療報酬支払基金：支払基金
- 国民健康保険団体連合会：連合会

（逐条解説）
- 厚生省防疫課編『防疫必携　第2輯　法令篇』（医学書院、昭和27年）：昭和27年逐条解説
- 炭谷茂・堀之内敬『逐条解説予防接種法』（ぎょうせい、昭和53年）：昭和53年逐条解説
- 感染症法研究会編『予防接種法詳解』（中央法規出版、平成19年）：平成19年逐条解説
- 厚生労働省健康局結核感染症課監『逐条解説予防接種法』（中央法規出版、平成25年）：平成25年逐条解説

3．改正次数について

　　本書では、予防接種法の改正次数について、改正法の公布の順による整理を行い、第1編及び第2編の本文において改正法を特定するための表記として用いた。また、第3編においては、掲載した通知のうち、特に改正法の公布又は施行に関して発出されたものの掲載に際しては、件名に改正次数を付記し、関係性をより明瞭に示すこととした。

目　次

逐条解説
予防接種法［改訂版］

第1編● 予防接種法の概要

第1章　予防接種法の意義 …………………………………………………………………3

第2章　予防接種法の沿革
1．総論 …………………………………………………………………………………4
2．各論
　(1) 制定：予防接種法（昭和23年法律第68号） ……………………………6
　(2) 第1次改正：結核予防法（昭和26年法律第96号）附則第4項の規定 …………7
　(3) 第2次改正：予防接種法の一部を改正する法律（昭和26年法律第120号）…………7
　(4) 第3次改正：地方自治法の一部を改正する法律の施行に伴う関係法令の整理に関する法律（昭和28年法律第213号）第23条の規定 ……………8
　(5) 第4次改正：厚生省関係法令の整理に関する法律（昭和29年法律第136号）第6条の規定 ……………………………………………………………8
　(6) 第5次改正：予防接種法の一部を改正する法律（昭和33年法律第66号）…………9
　(7) 第6次改正：予防接種法の一部を改正する法律（昭和36年法律第7号） ……………9
　(8) 第7次改正：予防接種法の一部を改正する法律（昭和39年法律第60号）………10
　(9) 第8次改正：地方自治法等の一部を改正する法律（昭和39年法律第169号）第11条の規定 ………………………………………………………11
　(10) 第9次改正：許可、認可等の整理に関する法律（昭和45年法律第111号）第13条の規定 ……………………………………………………………11
　(11) 第10次改正：予防接種法及び結核予防法の一部を改正する法律（昭和51年法律第69号）第1条及び第2条の規定 ……………………………12
　(12) 第11次改正：審議会等の整理等に関する法律（昭和53年法律第55号）第46条の規定 ……………………………………………………………13
　(13) 第12次改正：障害に関する用語の整理に関する法律（昭和57年法律第66号）第6条の規定 ………………………………………………………13
　(14) 第13次改正：予防接種法及び結核予防法の一部を改正する法律（平成6年法律第51号）第1条の規定 …………………………………………13
　(15) 第14次改正：地域保健対策強化のための関係法律の整備に関する法律（平成6年法律第84号）附則第17条及び第26条の規定 ………………15
　(16) 第15次改正：地方分権の推進を図るための関係法律の整備等に関する法律（平成11年法律第87号）第153条の規定 ………………………15

⑰ 第16次改正：民法の一部を改正する法律の施行に伴う関係法律の整備等に関する法律（平成11年法律第151号）第11条の規定 ………………………… 15
⑱ 第17次改正：中央省庁等改革関係法施行法（平成11年法律第160号）第601条の規定 …………………………………………………………………………… 15
⑲ 第18次改正：地方交付税法等の一部を改正する法律（平成13年法律第9号）附則第9条の規定 …………………………………………………………… 15
⑳ 第19次改正：予防接種法の一部を改正する法律（平成13年法律第116号）……… 15
㉑ 第20次改正：独立行政法人医薬品医療機器総合機構法（平成14年法律第192号）附則第25条の規定 ……………………………………………………… 17
㉒ 第21次改正：感染症の予防及び感染症の患者に対する医療に関する法律等の一部を改正する法律（平成18年法律第106号）第2条の規定 …………… 17
㉓ 第22次改正：予防接種法及び新型インフルエンザ予防接種による健康被害の救済等に関する特別措置法の一部を改正する法律（平成23年法律第85号）第1条の規定 …………………………………………………………… 17
㉔ 第23次改正：予防接種法の一部を改正する法律（平成25年法律第8号）……… 18
㉕ 第24次改正：薬事法等の一部を改正する法律（平成25年法律第84号）第3条の規定 ………………………………………………………………………… 19
㉖ 第25次改正：予防接種法及び検疫法の一部を改正する法律（令和2年法律第75号）第1条の規定 ……………………………………………………………… 19
㉗ 第26次改正：感染症の予防及び感染症の患者に対する医療に関する法律等の一部を改正する法律（令和4年法律第96号）第5条及び第6条の規定 ……… 20
㉘ 第27次改正：全世代対応型の持続可能な社会保障制度を構築するための健康保険法等の一部を改正する法律（令和5年法律第31号）附則第24条の規定 ……………………………………………………………………………… 21

第3章　予防接種法の構造 ……………………………………………………………… 23

第2編●逐条解説

第1章　総則 ………………………………………………………………………………… 27
　第1条　目的 ……………………………………………………………………………… 27
　第2条　定義 ……………………………………………………………………………… 33

第2章　予防接種基本計画等 …………………………………………………………… 48
　第3条　予防接種基本計画 …………………………………………………………… 48
　第4条　個別予防接種推進指針 ……………………………………………………… 51

目　次

第3章　定期の予防接種等の実施 … 55
- 第5条　市町村長が行う予防接種 … 56
- 第6条　臨時に行う予防接種 … 68
- 第6条の2　電子対象者確認 … 84
- 第7条　予防接種を行ってはならない場合 … 86
- 第7条の2　予防接種済証 … 92
- 第8条　予防接種の勧奨 … 94
- 第9条　予防接種を受ける努力義務 … 99
- 第9条の2　予防接種の勧奨及び予防接種を受ける努力義務に関する規定の適用除外 … 106
- 第9条の3　記録 … 109
- 第9条の4　資料の提供等 … 111
- 第10条　保健所長への委任 … 113
- 第11条　政令及び厚生労働省令への委任 … 114

第4章　定期の予防接種等の適正な実施のための措置 … 120
- 第12条　定期の予防接種等を受けたことによるものと疑われる症状の報告 … 120
- 第13条　定期の予防接種等の適正な実施のための措置 … 126
- 第14条　機構による情報の整理及び調査 … 129

第5章　定期の予防接種等による健康被害の救済措置 … 132
- 第15条　健康被害の救済措置 … 133
- 第16条　給付の範囲 … 144
- 第17条　政令への委任等 … 152
- 第18条　損害賠償との調整 … 180
- 第19条　不正利得の徴収 … 181
- 第20条　受給権の保護 … 182
- 第21条　公課の禁止 … 183
- 第22条　保健福祉事業の推進 … 183

第6章　予防接種の有効性及び安全性の向上に関する調査等 … 186
- 第23条　予防接種の有効性及び安全性の向上に関する厚生労働大臣の調査等 … 186
- 第24条　国民保健の向上のための匿名予防接種等関連情報の利用又は提供 … 190
- 第25条　照合等の禁止 … 194
- 第26条　消去 … 195
- 第27条　安全管理措置 … 196
- 第28条　利用者の義務 … 197
- 第29条　立入検査等 … 198
- 第30条　是正命令 … 200

第31条	支払基金等への委託	201
第32条	手数料	202

第7章 社会保険診療報酬支払基金の業務 … 204
第33条	支払基金の業務	204
第34条	業務の委託	206
第35条	業務方法書	207
第36条	区分経理	208
第37条	予算等の認可	208
第38条	財務諸表等	209
第39条	余裕金の運用	210
第40条	報告の徴収等	211
第41条	社会保険診療報酬支払基金法の適用の特例	213
第42条	厚生労働省令への委任	214

第8章 国民健康保険団体連合会の業務 … 215
第43条	連合会の業務	215
第44条	業務の委託	216
第45条	区分経理	217
第46条	報告の徴収等	218

第9章 雑則 … 220
第47条	国等の責務	220
第48条	厚生科学審議会の意見の聴取	225
第49条	予防接種等に要する費用の支弁	230
第50条	都道府県の負担	233
第51条	国庫の負担	236
第52条	実費の徴収	239
第53条	損失補償契約	243
第54条	対象者番号等の利用制限等	255
第55条	報告及び検査	259
第56条	事務の区分	260
第57条	支払基金等への事務の委託	263

第10章 罰則 … 266
第58条	罰則	266
第59条	罰則	267
第60条	罰則	268

目　次

　　第61条　罰則 ……………………………………………………………………… 269
　　第62条　罰則 ……………………………………………………………………… 270
　　第63条　罰則 ……………………………………………………………………… 271
　　第64条　罰則 ……………………………………………………………………… 272
　　第65条　罰則 ……………………………………………………………………… 273
　　第66条　罰則 ……………………………………………………………………… 274

第3編●資料

第1章　通知
1.　公布・施行通知
　(1)　予防接種法施行に関する件―制定― ………………………………………… 279
　(2)　予防接種法の一部改正について―第2次改正― …………………………… 280
　(3)　予防接種法の一部を改正する法律等の施行について―第5次改正― …… 282
　(4)　予防接種法の一部を改正する法律の施行について―第6次改正― ……… 283
　(5)　予防接種法の一部を改正する法律の施行について―第7次改正― ……… 285
　(6)　予防接種法等の一部改正について―第9次改正― ………………………… 287
　(7)　予防接種法及び結核予防法の一部を改正する法律等の施行について―第10次改正― ……………………………………………………………………… 289
　(8)　予防接種法及び結核予防法の一部を改正する法律等の施行について―第10次改正― ……………………………………………………………………… 291
　(9)　予防接種法及び結核予防法の一部を改正する法律の一部等の施行について（依命通知）―第10次改正― ……………………………………………… 296
　(10)　予防接種法及び結核予防法の一部を改正する法律の一部等の施行について―第10次改正― ……………………………………………………………… 300
　(11)　予防接種法施行令第四条第一項の医療に要した費用の額の算定方法の制定について ……………………………………………………………………… 309
　(12)　予防接種法施行令第四条第一項の医療に要した費用の額の算定方法の制定について ……………………………………………………………………… 310
　(13)　予防接種法及び結核予防法の一部を改正する法律等の施行について―第13次改正― ……………………………………………………………………… 311
　(14)　予防接種法及び結核予防法の一部を改正する法律等の施行について―第13次改正― ……………………………………………………………………… 313
　(15)　予防接種法の一部を改正する法律等の施行について―第19次改正― …… 319
　(16)　予防接種法及び新型インフルエンザ予防接種による健康被害の救済等に関する特別措置法の一部を改正する法律等の施行について―第22次改正― …… 329

⒄ 「予防接種法及び新型インフルエンザ予防接種による健康被害の救済等に関する特別措置法の一部を改正する法律」の一部施行及び関係政省令の施行について―第 22 次改正― ………………………………………… 332
⒅ 予防接種法の一部を改正する法律の施行等について―第 23 次改正― ………… 339
⒆ 予防接種法及び検疫法の一部を改正する法律等の施行について―第 25 次改正― …………………………………………………………………………… 346
⒇ 「感染症の予防及び感染症の患者に対する医療に関する法律等の一部を改正する法律」の公布及び一部施行について―第 26 次改正― ……………… 348

2．予防接種の実施に関する通知
⑴ 予防接種法第 5 条第 1 項の規定による予防接種の実施について ………… 354
⑵ 定期の予防接種による事故の防止について（勧告） ……………………… 382
⑶ 予防接種に関する基本的な計画の施行について …………………………… 383

3．副反応疑い報告制度に関する通知
　定期の予防接種等による副反応疑いの報告等の取扱いについて ………… 387

4．健康被害救済制度等に関する通知
⑴ 予防接種事故に関する責任の所在について ………………………………… 392
⑵ 予防接種事故に対する措置について ………………………………………… 394
⑶ 予防接種事故に対する措置の取扱いについて ……………………………… 397

第 2 章　答申

1．伝染病予防調査会答申書 ……………………………………………………………… 400
　　（昭和 51 年 3 月 22 日）
2．今後の予防接種制度の在り方について …………………………………………… 408
　　（平成 5 年 12 月 14 日公衆衛生審議会答申）
3．公衆衛生審議会感染症部会予防接種問題検討小委員会報告書 ………………… 414
　　（平成 11 年 7 月 5 日）
4．予防接種制度の見直しについて …………………………………………………… 425
　　（平成 12 年 1 月 26 日公衆衛生審議会取りまとめ）
5．予防接種制度の見直しについて（第 1 次提言） ………………………………… 426
　　（平成 22 年 2 月 19 日厚生科学審議会感染症分科会予防接種部会取りまとめ）
6．予防接種制度の見直しについて（第 2 次提言） ………………………………… 435
　　（平成 24 年 5 月 23 日厚生科学審議会感染症分科会予防接種部会取りまとめ）

ix

第1編
予防接種法の概要

第1章　予防接種法の意義

　感染症が成立するためには、感染源、感染経路、感受性の3つの要素全てが必要であり、感染症対策はこの3つの要素について行われることになる。予防接種は感受性対策に関するものであり、「疾病に対して免疫の効果を得させるため、疾病の予防に有効であることが確認されているワクチンを、人体に注射し、又は接種すること」をいう。その効果は感染予防、発症予防、重症化予防であり、予防接種は一義的には感染症の脅威から個人の生命及び健康を守るという個人予防を目的とするものである。

　しかし、予防接種には、人々の大半が予防接種を受けていれば、その人々が属する社会における感染症の発生及びまん延が防止できるという効果もある。そこで、予防接種を公衆衛生の手段として捉え、個人予防という目的を超え、集団予防や感染症の発生及びまん延による社会的損失の回避という目的で行うことが考えられる。この点に予防接種法の意義がある。すなわち、同法に基づく予防接種は集団予防目的を必要不可欠な要素とし、その結果、公的関与により推進されるとともに、健康被害が生じた場合には、通常の医薬品の副作用による健康被害とは異なる特別な救済が行われることになるのである。

　近年、二類疾病（B類疾病）や「新たな臨時接種」が創設され、第1条の目的規定が「国民の健康の保持に寄与する」ことに改正されるなど、予防接種法は個人予防に軸足を移しつつあるように見える。これは、感染症の発生動向の変化や公衆衛生の向上、予防接種に関する知識の普及等を踏まえたものであり、時代に応じた同法の在り方が目指されてきたものである。しかし、いくら個人予防に軸足を移したとしても、同法の存立根拠として集団予防は欠かせないものであり、昭和53年逐条解説（13頁）における「伝染病を取り巻く状況等が大きく変化して、国民の健康の確保という観点から予防接種が行われるようになったとしたならば、それはもはや予防接種法という手法ではなく、別な行政サービスの中で考慮されるべきものであろう。」という考え方は、現在でも妥当すると思われる。

第2章 予防接種法の沿革

1. 総論

　我が国において初めて予防接種が制度的に実施されたのは、江戸時代末期である。安政5（1858）年に伊藤玄朴や大槻俊斎らが設立した種痘所を万延元（1860）年に幕府が官立とし、同所において種痘が行われた。開国に伴い、感染症、特に痘瘡の流行は国民に大きな影響を与えたことから、種痘の適正な実施を図るため、明治7年には種痘規則（文部省布達第27号）が、明治9年にはこれに代わり天然痘予防規則（内務省布達甲第16号）が発布された。この天然痘予防規則により初めて強制種痘の制度が設けられた。その後、法制を整理するため、明治18年に種痘規則（太政官布告第34号）が制定されたが、明治25年から明治26年頃や明治41年に発生した痘瘡の大流行を受け、種痘の強化徹底を図る観点から、明治42年に種痘法（明治42年法律第35号）が制定された。第二次世界大戦前は痘瘡以外にもインフルエンザ等の予防接種が行われていたが、医学界において予防接種の効果に対する学説が安定せず、種痘法以外に予防接種に関する法律が設けられることはなかった。

　第二次世界大戦後、その混乱に伴い、感染症の患者が多数発生する状況の中で、感染症の発生及びまん延の防止を図ることが我が国の公衆衛生上の大きな課題となった。その解決のためには、予防接種を広く国民に実施する必要があると考えられたことから、昭和23年に予防接種法が制定された。同法は長年施行されてきた種痘法を参考に制定されており、継受された主な点は次のとおりである。

① 保護者等に対し、対象者に種痘を受けさせる義務を課し、これに違反した場合には罰則を科す点。
② 定期の種痘と臨時の種痘を区別する点。
③ 市町村長に種痘の実施義務を課す点。

参照条文 種痘法（抄）

第1條　種痘ハ左ノ定期ニ於テ之ヲ行フ但シ痘瘡ヲ経過シタル者ニ付テハ此ノ限ニ在ラス
　一　第1期　出生ヨリ翌年6月ニ至ル間但シ不善感ナルトキハ翌年6月ニ至ル間ニ於テ更ニ種痘ヲ行フヘシ
　二　第2期　数ヘ歳10歳但シ不善感ナルトキハ翌年12月ニ至ル間ニ於テ更ニ種痘ヲ行フヘシ
②　定期前2年以内ニ善感シタル種痘ハ第2期ノ種痘ト看做ス
第2條　保護者ハ未成年者ヲシテ種痘ヲ受ケシムルノ義務ヲ負フ
第3條　左ニ掲クル者ハ未成年ノ生徒、院生若ハ之ニ準スヘキ者又ハ未成年ノ寄寓者ヲシテ種痘ヲ受ケシメ又ハ保護者ヲシテ其ノ義務ヲ履行セシムヘシ
　一　学校、育児院又ハ之ニ準スヘキ場所ノ校長、院長其ノ他首長
　二　教育、監護又ハ傭使ノ目的ヲ以テ人ヲ寄寓セシムル者
②　前項各號ニ掲クル者ノ法定代理人アルトキハ法定代理人ニ前項ノ規定ヲ適用ス
第5條　市町村長ハ種痘ヲ施行スヘシ
第15條　地方長官ハ痘瘡豫防上必要ト認ムルトキハ種痘ヲ受クヘキ者ノ範囲及期日ヲ指定シテ臨時種痘ヲ命スルコトヲ得

②　臨時種痘ニ関シテハ本法ノ規定ヲ準用スルコトヲ得
第17條　左ニ掲クル者ハ科料ニ処ス
一　（略）
二　保護者又ハ第3條ノ義務者ニシテ市町村長ノ指定シタル期日迄ニ種痘ヲ受ケシメサル者

　制定時の予防接種法は、集団予防の観点に立脚しており、予防接種を罰則により担保された義務として広範に実施することにより、感染症の発生及びまん延の防止を図るものであった。ただし、罰則による強制は同法の根本趣旨ではなく、同法の目的を達成するため最も必要なことは国民の公衆衛生知識の向上であり、国民が予防接種の効果を認識し、自ら進んで予防接種を受けるようになることが同法の円滑な施行にとって重要であると考えられていた点には留意すべきである。

　高度経済成長期に我が国の公衆衛生を取り巻く環境は改善され、感染症の患者数が減少するなど、第二次世界大戦直後の社会状況の下で立案された予防接種法の現実的妥当性について見直しが必要と考えられた。また、予防接種による健康被害が大きな社会問題となり、各地で当該健康被害に対する国家賠償請求訴訟が提起されるようになった。そこで、昭和51年に同法が改正され、「罰則付きの義務接種」が基本的に「罰則なしの義務接種」に変更されるとともに、健康被害救済制度が創設された。義務規定が存置されたことから明らかなように、この改正においても、同法は集団予防に立脚することとされたが、その性格に一部変更が加えられた。それは、予防接種の対象疾病に日本脳炎が追加されたことに現れている。日本脳炎は、「主として家豚から蚊を媒介して人間に最終感染するものと考えられているので、予防接種は流行源を絶つには無力であって個人防衛のみを目的とすることとなり、社会防衛を目的とする予防接種法にはなじまないとされた」[1]ため、当該改正前は予防接種の対象疾病とされなかった。しかし、「昭和51年の法改正では予防接種を受ける義務の違反については一部を除き罰則を科さないこととし、国民の義務づけを緩和したこと、日本脳炎については病原ウイルスの自然界における生態及び伝播様式がまだ完全に明らかになっていないこと、程度の差はあるがワイル病という同じく地域特性に着目した法制定時からの先例があること」等を考慮して予防接種の対象疾病とされた。したがって、「この限りで集団的免疫水準の維持による伝染病の発生及びまん延の予防という社会防衛の思想とは異質な国民の健康の保持という思想が予防接種制度の一部に存在すること」が明らかとなった。

　昭和51年の改正後、疾病の発生の減少や医学の進歩、国民の健康意識の向上等、予防接種制度を取り巻く環境が更に大きく変化したことに加え、平成4年12月18日にいわゆる東京予防接種禍集団訴訟控訴審判決（東京高判平成4年12月18日、高民集45巻3号212頁。以下「東京高裁判決」という。）が出されたことを契機に、平成6年に予防接種法が大幅に改正された。すなわち、義務規定が努力義務規定に改められ、集団予防に立脚しつつも、国民個人の健康の保持増進という個人予防の観点を重視することが示された。これは、平成13年の改正において一類疾病・二類疾病の区分が創設されることの端緒となった。

　このように、2000年代初頭までの予防接種法の改正は、我が国の公衆衛生を取り巻く環

---

[1] 昭和53年逐条解説60頁。以下この段落の引用箇所は同じ。

境や司法判断を踏まえ、義務接種から勧奨接種へ、集団予防から個人予防の重視へという流れに沿って行われてきたといえる。一方、それ以降の予防接種法の改正は、ワクチン・ギャップの解消が目指されたものと、新たな感染症の流行を踏まえて見直しが行われたものに大別することができる。前者は、平成25年の改正（Ａ類疾病にHib感染症、小児の肺炎球菌感染症及びヒトパピローマウイルス感染症を追加）であり[2]、後者は、平成21年に発生した新型インフルエンザ（Ａ／H1N1）を受けた平成23年及び平成25年の改正、そして、令和２年に発生した新型コロナウイルス感染症を受けた同年及び令和４年の改正である。

2. 各論

（1） 制定：予防接種法（昭和23年法律第68号）

予防接種法は、昭和23年６月28日に国会で成立し、同月30日に公布され、同年７月１日から施行された。なお、同法の制定に伴い、種痘法は廃止された。

昭和23年６月12日の衆議院厚生委員会において、竹田儀一厚生大臣が予防接種法の制定の趣旨及び内容について次のように述べている。

> ただいま議題となりました予防接種法案について提案の理由を説明いたします。
> 我が国の伝染病発生の趨勢は戦争末期より逐増の傾向にありましたが、終戦後の社会的混乱は、昭和20年、21年と引き続き伝染病の爆発的発生とまん延を惹起いたしました。加うるに戦争によります疲弊、特に衛生施設、医薬品の不足等悪条件を伴いまして、誠に憂慮すべき状態にあったのでありますが、幸いに連合国諸国の強力なる援助を得、国民の協力と関係当局の努力の結果、昨年に至りましてようやく終息を見たのであります。かくのごとき伝染病の流行は、他の文明諸国に対しましても一大恥辱と申さねばなりませんし、また個人的にも、国家的にも、その浪費は莫大でありまして、再建途上の我が国としまして、有形無形の支障を生じましたことも明らかであります。
> しかしながら、昨年におきまする患者の発生の激減、加うるにかの大水害に伝染病発生のなかったことは、諸国に賞讃の声を生じましたことも事実であります。その原因としていろいろ考えられますが、その一として、従来小規模に行われていました予防接種を昨年度広く実施いたしましたことも効果があったことは疑いありません。
> 政府としてただいま伝染病対策に関しては一層考究を続け、万全を期すべく努力いたしておりますが、このたび長年実施され、その効果を上げてまいりました種痘法に実施方法を参酌いたしまして、痘瘡に限らず伝染のおそれのある疾病に対して学界において免疫の効果を確認されておりまする免疫原による予防接種を全面的に実施いたすこととし、もって疾病予防の完璧を図らんとするものであります。これによりまして、国民をこれら疾病の災厄から免れしめ、その発生によります浪費を防止し、全国民が安んじて国家再建に邁進でき得ることを期し、もって国民福祉の向上、文化国家の建設に資せんとするものでありまして、これが今回この法案を提案するに至った理由であります。
> 次にこの法案の内容の大体を申し上げます。
> 第一に、定期の予防接種を行うものは、痘瘡、ジフテリア、腸チフス、パラチフス、百日咳、結核であり、臨時に行うものは以上の疾病のほか、発疹チフス、ペスト、コレラ、猩紅熱、インフルエンザ及びワイル病としたことであります。
> 第二に、予防接種を行う義務を市町村長とし、市町村長は保健所長の指示を受けて、これを行うこととしたことであります。
> 第三に、厚生大臣は必要であると認めるときは都道府県知事に命じて臨時に予防接種を行わせ

---

[2] この他、予防接種法施行令において、平成26年にＡ類疾病に水痘、Ｂ類疾病に肺炎球菌感染症（高齢者がかかるものに限る。）が、平成28年にＡ類疾病にＢ型肝炎が、令和２年にＡ類疾病にロタウイルス感染症が、令和６年にＢ類疾病に新型コロナウイルス感染症が追加された。

ることができることとしたのであります。

　第四に、都道府県知事も疾病まん延防止のため必要があると認めるときは、同じく臨時に予防接種を行い、又は市町村長に行わせることができるようにしたことであります。

　第五に、予防接種を受けた者に対して証明書を交付し、市町村においても台帳を作成し、これが記録を明瞭ならしめ、実施の確実を期したことであります。

　以上がこの法案の骨子でありますが、何卒慎重御審議の上、速やかに可決せられんことを希望いたします。

(2) 第1次改正：結核予防法（昭和26年法律第96号）附則第4項の規定

　結核予防法の施行に伴い、結核に係る予防接種は同法に位置付け、結核対策の一環として実施することとされたため[3]、予防接種法から結核に係る予防接種に関する規定が削除された。

(3) 第2次改正：予防接種法の一部を改正する法律（昭和26年法律第120号）

　予防接種の更なる普及と国民の利便性向上を図るため、定期の予防接種について、市町村長の行う予防接種法に基づく予防接種以外のものについても、一定の要件の下で同法に基づく予防接種として認めることとされた。

　なお、昭和26年3月10日の衆議院厚生委員会において、山口正義政府委員（厚生省公衆衛生局長）が「予防接種法の一部を改正する法律案も、先月末の閣議を経まして、ただいま総司令部側のセクションに回っておりますので、近く本国会の御審議をお願いすることになると存ずるのであります。お手元に法律案と要綱の両方を差し上げてございますが、まず法律案の要綱につきまして、予防接種法の一部を改正する法律案の御審議をお願いする理由を、簡単に御説明申し上げたいと存じます。」と前置きした後、本改正の趣旨及び内容について次のように述べている。

　　予防接種法は昭和23年の6月に制定されまして、今日まで伝染病のために少なからぬ貢献をいたしてまいりましたが、ただいままで実施いたしてまいりまして、私ども1つ不便な点が段々はっきりしてまいりました。と申しますのは、現行法の下では定期の予防接種は必ず市町村長の行うものを受けなければならない、何らかの事情によってこれを受けることができなかった者は、爾後合法的に予防接種を受けることができないということになっているのであります。もちろんこの点は立法の当初から予想されないことではなかったのでございますが、当時におきましては、この予防接種法というものは、我が国の古くからございます種痘法以外では初めての制度でございますので、まず一般の国民の方々をこの制度に慣れさせる目的で、必ず市町村長の行うものを受けなければならないと法律に規定したのでございますが、その後のこの法の実施状況、施行状況を見てまいりますと、だんだんと一般の方々も、予防接種法というものを理解され、また予防接種というものを理解していただいて、進んで予防接種を受けられる機運に向かって来ているように認められますので、この際これをもっと広く受けられる、つまり便利に受けられるということを図りますために、市町村長の行う予防接種だけでなく、一般の開業医の方々について受けられた予防接種も合法的なものと認められるようにしたいというわけでございます。したがいまして、お手元に差し上げました要綱にございますように、予防接種法の第3条第1項に「何人も、この法律の定める予防接種を受けなければならない」という規定がございますが、その第1項は、一般の市町村長だけでなしに、一般の開業医の方々の行う予防接種を受けた場合も、その中に含まれるという解釈をいたしました。今までそういう解釈ができなかったと申しますのは、要綱の第二に書いてございますが、第8条に即時強制を規定した条項がございましたために、そういう解釈がとれなかったのでございますが、第8条を削除いたしまして、一般開業医の

---

[3] 昭和26年3月10日の衆議院厚生委員会において、山口正義政府委員（厚生省公衆衛生局長）が「結核対策の万全を期しますために、健康診断と直結させ、健康診断の結果、ツベルクリン反応の陰性又は疑陽性の者に対しましては、直ちに予防接種を実施するという建前でいきたい」と述べている。

方々の行われた予防接種も、この法律によって行ったものであると解釈するようにいたしたいというのでございます。そうしてその予防接種を受けた本人は、市町村長に対して予防接種を受けたという証明書を提出するということを決めたのでございます。それから要綱の第二は、ただいま申し上げました今までの解釈の1つの支障となっておりました、即時強制を規定した第8条を削除いたしたいというのでございます。要綱の第三は、定期予防接種の猶予は今まで非常に厳格であったのでございますが、これを改正いたしまして、事故によって定期予防接種を受けられなかった者に対しては、事故消滅後1か月以内に予防接種を受けるようにするという義務を課したのでございます。要綱の第四は、証明書を提出するのは本人に課した義務でございますが、その提出に必要な予防接種証明書の交付を医師が求められたときには、それを交付しなければならないという義務を医師に対して課したということなのでございます。その他は、ただいま申し上げましたことのために必要な条文の整理をいたしたのでございまして、繰り返して申し上げますが、今まで市町村長の行ったものだけを定期予防接種と認めておりましたのを、一般の開業医の方々の行われた予防接種も本法による予防接種というふうに解釈して、予防接種の普及徹底を図っていきたいという趣旨なのでございます。甚だ簡単でございますが、一応御説明申し上げました。

(4) **第3次改正：地方自治法の一部を改正する法律の施行に伴う関係法令の整理に関する法律（昭和28年法律第213号）第23条の規定**

地方自治法の一部を改正する法律（昭和27年法律第306号）において、①地方公共団体等に対して事務を課すときは、全て法律又は政令によらなければならないこと、また、②その時点で各省省令等によって地方公共団体等に対して義務を課しているものについては、1年以内にその改正を行わなければならないこととされた。そこで、地方自治法の一部を改正する法律の施行に伴う関係法令の整理に関する法律により、所要の改正が行われた。

予防接種法については、①の観点から、厚生大臣が都道府県知事に臨時の予防接種を行わせる場合には政令の定めによることとされたほか、②の観点から、市町村長は、予防接種を受けるべき者が他人に疾病を感染させるおそれがあると認めるときは、当該者について、予防接種を行う場所への立入りを禁止することができることとされた。後者については、伝染病予防法施行規則等の一部を改正する省令（昭和28年厚生省令第50号）第3条の規定による改正前の予防接種法施行規則第4条で規定されていた事務を、地方自治法の一部を改正する法律の趣旨に鑑み、予防接種法で規定することとしたものである。

> **参照条文** 伝染病予防法施行規則等の一部を改正する省令（昭和28年厚生省令第50号）第3条の規定による改正前の予防接種法施行規則（抄）
>
> 第4条　市町村長は、保健所長の指示を受けて、予防接種を受けるべき者が、他人に疾病を感染させる虞があると認めるときは、その者が予防接種を行う場所に立ち入ることを禁止することができる。
> 2　市町村長は、前項の措置を取つたときは、保健所長の指示を受けて、その者について別に期日を指定して又は別に場所を定めて、予防接種を行わなければならない。

(5) **第4次改正：厚生省関係法令の整理に関する法律（昭和29年法律第136号）第6条の規定**

厚生省関係法令の整理に関する法律は、既に死文化した法令又は存在意義を失った法令を廃止するとともに、行政事務の簡素化と行政事務処理方式の改善を図るため、所要

の規定の整理を行うものであり、予防接種法については、後者の観点から、市町村長に対する同法に基づく予防接種に関する記録の作成及び保存の義務に係る規定等が削除された。

(6) 第5次改正：予防接種法の一部を改正する法律（昭和33年法律第66号）

ジフテリアの予防対策を強化するため、ジフテリアに係る定期の予防接種の接種期間について、従前の第1期を繰り上げるとともに、従前の第2期を第3期とし、新たに第2期を設定することとされた。また、猩紅熱が、そのワクチンの効果に鑑み、予防接種の対象疾病から削除された。この点については、昭和33年2月14日の衆議院社会労働委員会において、山口正義政府委員（厚生省公衆衛生局長）が「猩紅熱を予防接種法の中から削除いたしましたのは、猩紅熱の予防接種液を現在いろいろ検討されておりますけれども、当分すぐ間に合うようなものがまだできそうにございませんので、一応省いたわけでございます。」と述べている。

なお、昭和33年2月11日の衆議院社会労働委員会において、米田吉盛政府委員（厚生政務次官）が本改正の趣旨及び内容について次のように述べている。

> ただいま議題となりました予防接種法の一部を改正する法律案につきまして、その提案の理由を御説明申し上げます。
> ジフテリアの発生は、近年上昇の一途をたどり、特に3歳以降の幼児において著しい傾向を示しており、また、昭和30年度に行われましたジフテリア免疫調査によりますと、ジフテリアに対する免疫効果はこの年齢層において著しく低下していること、及び乳児が母体から受ける免疫効果は生後3月頃から急速に減少していることが判明いたしております。
> このような現状に鑑み、今後のジフテリア予防対策の強化について、学界その他関係者の意見をも聴き、慎重に検討いたしました結果、これら2つの年齢層に対し強力な免疫効果を付与するため、予防接種法に定めるジフテリアの予防接種の定期を改めることといたしました。すなわち、改正案の内容は、従来生後6月から12月までの間に行うこととされていた第1期接種の定期を繰り上げて生後3月から6月までの間にこれを行うこととするとともに、新たに第1期接種後12月から18月までの間に第2期接種を行うこととするものであります。
> この改正によりまして、ジフテリアの第1期及び第2期の定期予防接種は、それぞれ百日咳の第1期及び第2期の定期予防接種と同一時期に行われることともなりますので、百日咳・ジフテリア混合ワクチンの使用によって、これら両種の予防接種を同時に行うことが可能となり、この結果、被接種者は、従来に比しこれらの予防接種が受けやすくなり、予防接種が一段と徹底するものと考えるのであります。
> なお、この他若干字句等の整理を行うことといたしました。
> 以上がこの法律案を提出いたしました理由であります。何卒慎重審議の上、速やかに御可決あらんことを願い申し上げます。

(7) 第6次改正：予防接種法の一部を改正する法律（昭和36年法律第7号）

急性灰白髄炎の大流行を受け[4]、昭和35年度に実施された急性灰白髄炎予防接種緊急措置と一貫性を保ちながら、急性灰白髄炎について恒久的な対策を効率的に実施するため、主に次の3点を内容とする改正が行われた。

① 急性灰白髄炎が予防接種の対象疾病に追加され、併せてその定期の接種期間が定められた。
② 市町村長による予防接種に要する実費の徴収に係る規定が義務規定からできる旨の規定に改正された。

---

[4] 昭和35年の急性灰白髄炎の患者数は5,606人、死者数は317人であった。

③　急性灰白髄炎以外の疾病に係る定期の予防接種について、都道府県負担及び国庫負担に係る規定を当分の間適用しないこととされた。

なお、昭和36年2月22日の衆議院社会労働委員会において、古井喜實厚生大臣が本改正の趣旨及び内容について次のように述べている。

> ただいま議題となりました予防接種法の一部を改正する法律案について、その提案の理由を御説明申し上げます。
> 　急性灰白髄炎、いわゆる小児麻痺の罹患者は近年大幅に増加し、特に昨年の流行期に際しては一部地域において著しいまん延を見たのであります。政府はこれに対処するため、伝染病予防法による各種防疫措置を行うとともに、その最も有効な予防方法である予防接種の重点的な実施を図ってきたのでありますが、今回予防接種法を改正して、急性灰白髄炎を予防接種を行うべき疾病に加え、予防措置の徹底を図ることとした次第であります。
> 　以下、簡単に法案の内容を御説明申し上げます。
> 　まず第一に、急性灰白髄炎を定期及び臨時の予防接種を行うべきものとして加え、その定期を、第1期を生後6月から生後21月に至る期間、第2期を第1期終了後12月から18月に至る期間と定めたことであります。
> 　第二に、市町村長が定期の予防接種を実施したときは、実費を徴収しなければならないとされているのを改め、実費を徴収することができるものとし、その他必要な条文の整理を行うこととしたのであります。
> 　なお、改正法は、昭和36年4月1日から施行するものとし、急性灰白髄炎に最も罹りやすい年齢層である生後3年までの乳幼児については、経過的に、別に定期を定めて予防接種を行うこととといたしております。
> 　以上がこの法律案の概要でありますが、何卒慎重に御審議の上、速やかに御可決あらんことをお願い申し上げます。

(8)　第7次改正：予防接種法の一部を改正する法律（昭和39年法律第60号）

従来、予防接種法に基づく急性灰白髄炎に係る予防接種は不活化ワクチンを用いて行われていたが、昭和36年の緊急対策以降、経口生ポリオワクチンを用いた予防接種が約4000万人の乳幼児に対して行われた。このような使用実績や専門家による検討の結果、経口生ポリオワクチンは、その効果及び普及性の点から不活化ワクチンに代わるべきものと見なされるようになった。また、経口生ポリオワクチン基準（昭和38年厚生省告示第320号）が制定され、経口生ポリオワクチンが旧薬事法（昭和35年法律第145号）上、正規の医薬品とされるに至った。これらの状況を踏まえ、予防接種法に基づく急性灰白髄炎に係る予防接種においても、経口生ポリオワクチンを用いることとされた。そこで、本改正が行われ、当該予防接種に係る定期の接種期間が生後3月から生後18月に至る期間とされた。

なお、昭和39年2月12日の衆議院社会労働委員会において、小林武治厚生大臣が本改正の趣旨及び内容について次のように述べている。

> 予防接種法の一部を改正する法律案について、その提案の理由を御説明申し上げます。
> 　従来、予防接種法による急性灰白髄炎の予防接種には不活化ワクチンを用いていたのでありますが、経口生ポリオワクチンの効果及び普及性に鑑み、不活化ワクチンに代えて経口生ポリオワクチンを用いることにいたしたのであります。これに伴い、予防接種を実施するに当たっての定期に関する規定を改正することといたした次第であります。
> 　以下、簡単に法案の内容を御説明申し上げます。
> 　従来、急性灰白髄炎の予防接種の定期は、不活化ワクチンにより、第1期を生後6月から生後21月に至る期間、第2期を第1期終了後12月から18月に至る期間と定めていたのでありますが、これを改めて、経口生ポリオワクチンにより、生後3月から生後18月に至る期間と定めたのであ

ります。

　なお、改正法は昭和39年4月1日から施行するものとし、施行時において、従来の不活化ワクチンによる予防接種を受けて完了するに至っていない者等については、別に定期を定めて経口生ポリオワクチンによる予防接種を受けることができるよう措置いたしております。

　以上がこの法律案を提案する理由及びその概要でありますが、何卒慎重に御審議の上、速やかに御可決あらんことをお願い申し上げます。

⑼　第8次改正：地方自治法等の一部を改正する法律（昭和39年法律第169号）第11条の規定

　東京都への人口及び産業の過度な集中が進むにつれて、東京都の行政が質量ともに複雑かつ膨大となり、円滑かつ能率的な運営が期せられなくなったため、地方自治法等の一部を改正する法律において、都と特別区との間において、その事務及び税源の合理的な配分を図るといった改正が行われた。

　予防接種法については、定期の予防接種の実施主体の規定及び予防接種を行うために必要な経費に係る東京都の特例に関する規定が改正された。

⑽　第9次改正：許可、認可等の整理に関する法律（昭和45年法律第111号）第13条の規定

　「行政改革計画（第1次）」（昭和43年10月8日閣議決定）、「行政改革計画（第2次）」（昭和44年7月11日閣議決定）に基づき、計画的に許認可及び報告等の整理を行うため、許可、認可等の整理に関する法律が制定された。

　予防接種法については、腸チフス及びパラチフスに係る定期の予防接種の接種率が極めて低い中にあっても、市町村は対象者全員を念頭に当該定期の予防接種に係る準備を進めなければならず、相当な負担となっていたことから、当該定期の予防接種を廃止することは、行政事務の簡素化という意味において有益であると考えられたため、許可、認可等の整理に関する法律に盛り込まれた。

　本改正においては、腸チフス及びパラチフスが定期の予防接種の対象疾病から削除された。その背景には、上述の必要性だけでなく、これらの感染症の流行が激減していること、また、当該激減の理由が、公衆衛生思想が非常に発達し、設備や施設が整ってきたことにあること、さらに、伝染病予防調査会における審議でも、定期の予防接種として強制的に予防接種を行う必要はなく[5]、患者が発生したときに臨時の予防接種を行えば十分であると結論付けられたことといった許容性があった。なお、腸チフス及びパラチフスが臨時の予防接種の対象疾病からは削除されなかった理由は、万が一の流行に備えるためである。この点、昭和45年4月7日の衆議院内閣委員会において、松下廉蔵説明員（厚生大臣官房審議官）が「どういう不測の事態が起こるかわからない。そういう際に、法律から全部落としてしまったために有効な手が打てないということは、防疫の対策といたしまして不備を招くことになりますので、コレラであるとかペストであるとか、そういうような外来伝染病で、ほとんど戦後の一時期の混乱期を除いては入ったことのないような疾病につきましても、臨時の予防接種制度は法律制定の当初から残って

---

[5] 当時、先進国24か国（オーストリア、ベルギー、ブルガリア、チェコスロバキア、デンマーク、フィンランド、フランス、ドイツ、ギリシャ、アイスランド、アイルランド、イタリア、モロッコ、オランダ、ノルウェー、ポーランド、ポルトガル、スペイン、スウェーデン、スイス、トルコ、ソ連、アメリカ、ユーゴスラビア）において、腸チフスやパラチフスに係る予防接種を強制的に実施している国はなかった。

いるわけでございまして、それと同じような意味におきまして臨時の予防接種制度を残す、そういう趣旨でお考えいただきたいと思います。」と述べている。

⑾ 第10次改正：予防接種法及び結核予防法の一部を改正する法律（昭和51年法律第69号）第1条及び第2条の規定

　昭和40年代に入り、疾病の発生状況の変化や公衆衛生の向上、国民の文化・教育の向上など予防接種制度を取り巻く環境に様々な変化が生じたほか、予防接種による健康被害に対する国家賠償請求訴訟が各地で提起されるようになり、予防接種による健康被害に対する国民の関心が高まった。

　そこで、昭和43年5月31日に厚生大臣が伝染病予防調査会に対して「今後の伝染病予防対策のあり方」について諮問した。これを受けた伝染病予防調査会は、昭和45年6月15日に基本的な考え方について中間答申を行った後、予防接種の実施に関する実態的問題については予防接種部会で、予防接種制度全般の法的問題と法律上の救済制度の創設については制度改正特別部会において検討を進め、その結果を「予防接種の対象疾病等について」（昭和50年12月17日）及び「予防接種の今後のあり方及び予防接種による健康被害の救済について」（昭和51年3月11日）として取りまとめ、昭和51年3月22日に厚生大臣に答申した。

　当該答申を契機として、主に次の5点を内容とする改正が行われた。

① 予防接種の対象疾病について、腸チフス、パラチフス、発疹チフス及びペストが削除された一方、麻疹、風疹及び日本脳炎が追加されたほか、特に予防接種を行う必要があると認められる疾病を政令に委任することができることとされた。

② 定期の予防接種の対象疾病及び定期の接種期間が政令に委任された。

③ 臨時の予防接種が、疾病のまん延予防上必要がある場合に行う一般的な臨時の予防接種と、疾病のまん延予防上緊急の必要がある場合に行う緊急的な臨時の予防接種に区分され、後者の対象疾病は痘瘡、コレラ及び厚生大臣が定める疾病とされた。

④ 予防接種を受ける義務に違反した場合の罰則規定について、その適用対象が緊急的な臨時の予防接種のみに限定された。

⑤ 予防接種法に基づく予防接種による健康被害に対し、法律上の救済制度が創設された。

　なお、昭和51年5月13日の衆議院社会労働委員会において、田中正巳厚生大臣が本改正の趣旨及び内容について次のように述べている。

> ただいま議題となりました予防接種法及び結核予防法の一部を改正する法律案について、その提案の理由を御説明申し上げます。
> 　予防接種法及び結核予防法による予防接種につきましては、これまで伝染病の発生及びまん延の予防に所期の効果を上げてきたところでありますが、今回、最近における伝染病の発生状況、医学医術の進歩、生活環境の改善等に鑑み、予防接種法による予防接種の対象疾病、実施方法等を改めるとともに、予防接種法及び結核予防法による予防接種を受けたことによる健康被害について、新たに法律上の救済制度を設けようとするものであります。
> 　以下、改正案の主な内容につきまして御説明申し上げます。
> 　まず、予防接種法の一部改正について申し上げます。
> 　第一に、予防接種法の対象疾病について、腸チフス、パラチフス、発疹チフス及びペストを削除するとともに、新たに麻疹、風疹、日本脳炎及び特に必要があると認められる疾病で政令で定めるものを加えることとしております。また、定期の予防接種を行う疾病及びその定期を政令で

定めるものとしております。
　第二に、臨時の予防接種について、現行の臨時の予防接種を、緊急の必要がある場合に行うものとそれ以外のものとに区分し、緊急の必要がある場合に行う臨時の予防接種の対象疾病は、痘瘡、コレラ及び厚生大臣が定める疾病とすることとしております。
　第三に、予防接種を受ける義務の違反については、緊急の必要がある場合に行う臨時の予防接種にのみ罰則を設けることとしております。
　第四に、予防接種による健康被害の救済に関する措置でありますが、予防接種を受けたことにより、疾病に罹り、廃疾となり、又は死亡した場合には、市町村長は、医療費、医療手当、障害児養育年金、障害年金、死亡一時金及び葬祭料を支給することとしており、その額、支給方法等については、政令で定めることとしております。また、これらの給付に要する費用については、市町村及び都道府県がそれぞれ4分の1、国が2分の1を負担することとしております。
　次に、結核予防法の一部改正についてでありますが、結核予防法による予防接種を受けたことにより、疾病に罹り、廃疾となり、又は死亡した場合には、市町村長は、予防接種法の例により給付を行うこととしております。
　次に、従前の予防接種による健康被害の救済に関する措置についてでありますが、健康被害の救済に関する規定の施行日前に予防接種法、結核予防法等により行われた予防接種を受けたことにより、同日以後に疾病に罹り、若しくは廃疾となっている場合又は死亡した場合には、市町村長は、予防接種法による給付に準ずる給付を行うこととしております。
　最後に、実施の時期については、予防接種に関する改正は公布の日から施行することとしておりますが、予防接種による健康被害の救済に関する措置の創設は、公布の日から起算して1年を超えない範囲内において政令で定める日から施行することとしております。
　以上が、この法律案の提出理由及びその内容の概要であります。何卒慎重に御審議の上、速やかに御可決あらんことをお願い申し上げます。

(12) 第11次改正：審議会等の整理等に関する法律（昭和53年法律第55号）第46条の規定

　行政機構及びその運営の全般にわたる合理化のための改革の一環として、各行政機関に置かれている審議会等を整理するとともに、その委員構成等を見直すため、審議会等の整理等に関する法律が制定された。これにより、各行政機関を通じて、6審議会等が廃止され、39審議会等が27審議会等に統合されたほか、2審議会が地方支分部局へ移管等された。

　その中で、伝染病予防調査会が公衆衛生審議会に改組されたことから、予防接種法の規定中「伝染病予防調査会」が「公衆衛生審議会」に改正された。

(13) 第12次改正：障害に関する用語の整理に関する法律（昭和57年法律第66号）第6条の規定

　国際障害者年（昭和56年）を契機として、障害に関する法令上の用語のうち不適当なものを改め、障害者に対する国民の理解を一層深め、障害者に関する施策を推進するため、障害に関する用語の整理に関する法律が制定された。

　その中で、「不具」、「廃疾」等の用語が改正されたことに伴い、予防接種法の規定中「廃疾」が「障害」に改正された。

(14) 第13次改正：予防接種法及び結核予防法の一部を改正する法律（平成6年法律第51号）第1条の規定

　第10次改正（昭和51年）後、疾病の発生の減少や医学の進歩、国民の健康意識の向上等、予防接種制度を取り巻く環境が更に大きく変化した。また、平成4年12月18日に東京高裁判決が出され、予防接種の実施体制の拡充や副反応に関する情報提供の充実が求められた。

そこで、平成5年3月24日に厚生大臣が公衆衛生審議会に対して「予防接種制度の在り方」について諮問した。これを受けた公衆衛生審議会は、伝染病予防部会の下に予防接種制度の見直しに関する委員会を設置して議論を行い、その結果を「今後の予防接種制度の在り方について」として取りまとめ、同年12月14日に厚生大臣に答申した。

当該答申を契機として、主に次の5点を内容とする改正が行われた。

① 予防接種法の目的に健康被害救済が追加された。
② 予防接種の対象疾病から痘瘡、コレラ、インフルエンザ及びワイル病が削除された一方、破傷風が追加された。
③ 一般的な臨時の予防接種が廃止され、緊急的な臨時の予防接種が新たに臨時の予防接種とされた。
④ 予診及び接種不適当者に係る規定が法定化された。
⑤ 予防接種を受ける義務に係る規定が、予防接種を受けるよう努めなければならない旨の規定に緩和され、緊急的な臨時の予防接種を受ける義務に違反した場合の罰則が削除された。

なお、平成6年6月20日の衆議院厚生委員会において、大内啓伍厚生大臣が本改正の趣旨及び内容について次のように述べている。

> 予防接種法及び結核予防法の一部を改正する法律案について申し上げます。
> 予防接種法及び結核予防法による予防接種につきましては、これまで伝染病の予防やまん延の予防に所期の効果を上げてきたところであり、その役割の大きさは、今も変わるところはありません。しかしながら、伝染病の発生の減少、医学医術の進歩、国民の健康意識の向上など予防接種を取り巻く環境は大きく変化してきております。こうした諸環境の中で、極めて稀にではありますが健康被害が発生する予防接種について、高い接種率を維持していくためには、国民の理解を得られる制度としていくことが重要であります。
> こうした状況を踏まえ、今般、予防接種法及び結核予防法について、予防接種の対象疾病、実施方法等を改めるとともに、予防接種による健康被害についての救済措置の充実等を図ることとし、この法律案を提出した次第であります。
> 以下、この法律案の主な内容につきまして御説明申し上げます。
> 予防接種法の一部改正につきましては、第一に、予防接種による健康被害の迅速な救済を図ることを予防接種法の目的に追加することとしております。
> 第二に、予防接種の対象疾病について、その発生状況等に鑑み、痘瘡、コレラ、インフルエンザ及びワイル病を削除するとともに、新たに破傷風を加えることとしております。
> 第三に、予防接種について、対象者はこれを受けなければならないとしていたものを、これを受けるよう努めなければならないとして改めることとしております。
> 第四に、予防接種を安全に実施するため、市町村長等は予防接種の対象者について、健康状態を調べ、接種が不適当と判断される場合には予防接種を行わないことを明文化することとしております。
> 第五に、国は、予防接種による健康被害を受けた者に対する保健福祉事業の推進を図るほか、予防接種に関する知識の普及、予防接種事業に従事する者への研修、予防接種による健康被害の発生状況の調査などの措置を講ずることを明確に定めることとしております。
> 次に、結核予防法の一部改正につきましては、予防接種の実施方法、予防接種による健康被害の救済措置等について、予防接種法と同様の改正を行うこととしております。
> なお、この法律の施行期日は、平成6年10月1日としております。
> 以上、2法案の提案の理由及びその内容の概要について御説明申し上げましたが、予防接種法及び結核予防法の一部を改正する法律案につきましては、参議院において修正が行われたところであります。
> 何卒慎重御審議の上、速やかに御可決あらんことをお願い申し上げます。

⒂ 第14次改正：地域保健対策強化のための関係法律の整備に関する法律（平成6年法律第84号）附則第17条及び第26条の規定

地域保健対策強化のための関係法律の整備に関する法律において、保健所法（昭和22年法律第101号）の名称が地域保健法に改正されたことから、予防接種法の規定中「保健所法」が「地域保健法」に改正された。

⒃ 第15次改正：地方分権の推進を図るための関係法律の整備等に関する法律（平成11年法律第87号）第153条の規定

地方分権推進計画（平成10年5月29日閣議決定）において、国又は都道府県が地方公共団体に対して関与を行う場合の根拠については、法律又はこれに基づく政令によらなければならないこととされたことに伴い、臨時の予防接種における指示規定が整理されたほか、当該計画において法定受託事務と整理された事務について、予防接種法上そのように位置付ける改正が行われた。

⒄ 第16次改正：民法の一部を改正する法律の施行に伴う関係法律の整備等に関する法律（平成11年法律第151号）第11条の規定

民法の一部を改正する法律（平成11年法律第149号）による成年後見制度の施行に伴い、予防接種法の規定中「禁治産者」が「成年被後見人」に改正された。

⒅ 第17次改正：中央省庁等改革関係法施行法（平成11年法律第160号）第601条の規定

中央省庁等改革関係法[6]による中央省庁等の改革に伴い、予防接種法の規定中「厚生大臣」が「厚生労働大臣」に改正されるなどした。

⒆ 第18次改正：地方交付税法等の一部を改正する法律（平成13年法律第9号）附則第9条の規定

市町村の支弁する予防接種に要する費用に対する都道府県の負担を臨時の予防接種に係るものに限ることとされた。また、急性灰白髄炎等以外の疾病に係る定期の予防接種について都道府県負担及び国庫負担に関する規定を当分の間適用しないこととする経過措置が廃止された。

⒇ 第19次改正：予防接種法の一部を改正する法律（平成13年法律第116号）

平成10年6月以降、公衆衛生審議会感染症部会の下に設置された予防接種問題検討小委員会において、予防接種法及び結核予防法の一部を改正する法律（平成6年法律第51号）附則第2条[7]の規定に基づき、同法施行後の予防接種制度を取り巻く諸問題が総合的に検討された。当該小委員会は同年12月21日に中間報告を公表した後、平成11年7月5日に報告書を取りまとめ、同日、感染症部会に報告した。その後、同部会における検討を経て、平成12年1月26日、「予防接種制度の見直しについて（意見）」が厚生大臣に

---

[6] 中央省庁等改革関係法とは、内閣法の一部を改正する法律（平成11年法律第88号）、内閣府設置法（平成11年法律第89号）、国家行政組織法の一部を改正する法律（平成11年法律第90号）、総務省設置法（平成11年法律第91号）、郵政事業庁設置法（平成11年法律第92号）、法務省設置法（平成11年法律第93号）、外務省設置法（平成11年法律第94号）、財務省設置法（平成11年法律第95号）、文部科学省設置法（平成11年法律第96号）、厚生労働省設置法（平成11年法律第97号）、農林水産省設置法（平成11年法律第98号）、経済産業省設置法（平成11年法律第99号）、国土交通省設置法（平成11年法律第100号）、環境省設置法（平成11年法律第101号）及び中央省庁等改革のための国の行政組織関係法律の整備等に関する法律（平成11年法律第102号）をいう。

[7] 「政府は、この法律の施行後5年を目途として、高齢者に係るインフルエンザの流行の状況及び予防接種の接種率の状況、インフルエンザに係る予防接種の有効性に関する調査研究の結果その他この法律による改正後の予防接種法（次条において「新法」という。）の規定の施行の状況を勘案し、必要があると認めるときは、インフルエンザに係る定期の予防接種の在り方等について検討を加え、その結果に基づいて所要の措置を講ずるものとする。」

提出された。当該意見においては、①予防接種法の対象疾病の中で、特に予防接種を推進していく必要がある疾病について、当該予防接種を推進していくための総合的な指針を策定し、この指針に予防接種の意義、実施体制その他の予防接種の推進に関する重要事項を定めるべきであること、②高齢者を対象としてインフルエンザに係る予防接種を行うため、同法の対象疾病にインフルエンザを追加すべきであること[8]、③インフルエンザを同法の対象疾病に位置付けるに当たっては、高齢者に対するインフルエンザに係る予防接種は現行の同法の7つの対象疾病に係る予防接種と接種目的等が異なることから、当該7つの対象疾病を第1類型、インフルエンザを第2類型として、対象疾病を類型化すべきであること等が示されていた。なお、①は予防接種問題検討小委員会の報告書に記載された意見であるが、②及び③は当該小委員会から感染症部会に検討を委ねられた事項、当該報告書の中で特に重点的な対応を図る必要がある事項、その他当該報告書に明示的な記載はないものの対応を図る必要がある事項について、公衆衛生審議会が取りまとめた追加意見である。

　当該意見を契機として、主に次の3点を内容とする改正が行われた。
①　予防接種の対象疾病について、一類疾病及び二類疾病の区分が創設され、インフルエンザが新たに二類疾病として規定されるとともに、二類疾病に係る定期の予防接種による健康被害救済制度が設けられた。
②　厚生労働大臣が定める予防接種の推進を図るための指針に関する規定が新設された。
③　インフルエンザに係る定期の予防接種の対象者を、当分の間、高齢者であって政令で定めるものとする特例が設けられた。

　なお、平成13年6月27日の衆議院厚生労働委員会において、坂口力厚生労働大臣が本改正の趣旨及び内容について次のように述べている。

　　　ただいま議題となりました予防接種法の一部を改正する法律案につきまして、その提案の理由及び内容の概要を御説明申し上げます。
　　　最近、高齢者の間においてインフルエンザの集団感染が発生し、その症状の重症化や死亡が社会問題化したこと等を踏まえて、高齢者におけるインフルエンザの発病や重症化の防止に適切に対応できる予防接種制度の構築が求められております。このため、今般、高齢者に対するインフルエンザを予防接種の対象疾病とし、併せて予防接種の対象疾病を類型化する等所要の措置を講ずることとし、この法律案を提出した次第であります。
　　　以下、この法律案の主な内容につきまして御説明申し上げます。
　　　第一に、現行の予防接種の対象疾病を一類疾病とし、インフルエンザを二類疾病とすることとしております。
　　　第二に、現行の予防接種の対象者に課されている予防接種を受けるよう努める義務を、二類疾病に係る定期の予防接種の対象者については課さないものとしております。
　　　第三に、一類疾病に係る予防接種による健康被害に対する給付は現行どおりとし、二類疾病に係る定期の予防接種による健康被害に対する給付は医薬品副作用被害救済・研究振興調査機構法と同様の給付としております。
　　　第四に、厚生労働大臣は、一類疾病及び二類疾病のうち、特に総合的に予防接種を推進する必要があるものについては、その指針を定めなければならないこととしております。
　　　なお、この法律の施行期日は、平成13年10月1日としております。
　　　以上が、この法律案の提案理由及びその内容の概要でございます。何卒慎重に御審議の上、速

---

[8] この背景として、第13次改正（平成6年）で定期の予防接種の対象疾病からインフルエンザが削除されて以降、高齢者施設におけるインフルエンザの集団感染が多数発生し、その重症化や死亡が社会問題化したことがあった。

やかに御可決あらんことをお願い申し上げる次第でございます。

(21) 　第20次改正：独立行政法人医薬品医療機器総合機構法（平成14年法律第192号）附則第25条の規定

　　独立行政法人医薬品医療機器総合機構法（平成14年法律第192号。以下「PMDA法」という。）の施行に伴い、予防接種法の規定中、医薬品副作用被害救済・研究振興調査機構法に係る規定がPMDA法に係る規定に改正された。

(22) 　第21次改正：感染症の予防及び感染症の患者に対する医療に関する法律等の一部を改正する法律（平成18年法律第106号）第2条の規定

　　総合的な結核対策を推進するため、結核予防法が廃止されたことに伴い、予防接種の対象疾病に結核が追加され、結核に係る予防接種は予防接種法に基づき行うこととされた。

(23) 　第22次改正：予防接種法及び新型インフルエンザ予防接種による健康被害の救済等に関する特別措置法の一部を改正する法律（平成23年法律第85号）第1条の規定

　　平成21年4月に発生した新型インフルエンザ（A／H1N1）を契機に、同年12月25日に厚生科学審議会感染症分科会の下に予防接種部会が設置され、予防接種制度の在り方を抜本的に見直すこととされた。同部会では、まず当該感染症に係る予防接種事業において生じた課題[9]について議論が行われ、平成22年2月19日に、当該感染症への対策として緊急に講ずるべき措置に関する「予防接種制度の見直しについて（第1次提言）」が取りまとめられた。なお、予防接種制度全般の見直しについては今後検討することとされた。

　　当該第1次提言を契機として、主に次の2点を内容とする改正が行われた。

① 　感染力は強いが病原性は高くない新型インフルエンザに対して臨時の予防接種を行うことを念頭に、対象者に対して予防接種を受ける努力義務を課さない「新たな臨時接種」の枠組みが設けられた。

② 　新型インフルエンザワクチンを確保するため必要があると認めるときは、ワクチン製造販売業者と損失補償契約を締結することができることとされた。

　　なお、平成23年6月1日の衆議院厚生労働委員会において、細川律夫厚生労働大臣が本改正の趣旨及び内容について次のように述べている。

　　　ただいま議題となりました予防接種法及び新型インフルエンザ予防接種による健康被害の救済等に関する特別措置法の一部を改正する法律案について、その提案の理由及び内容の概要を御説明申し上げます。
　　　一昨年春に発生いたしました新型インフルエンザは、感染力は強いものの、病状の程度がそれほど重くならないものでありました。こうした性質を踏まえ、予防接種を受ける努力義務を国民

---

[9] 厚生労働省から厚生科学審議会感染症分科会予防接種部会に対して提示された課題は主に次の3点である。
① 　新型インフルエンザ対策として行う予防接種は、その都度予算を確保する等により行う予算事業ではなく、本来的には予防接種法に位置付けて、これに基づいて行うべきものであり、また、健康被害が生じた場合の救済も同法に基づいて行うべきものであること。
② 　今回の予防接種事業は国が実施主体となって行ったものであるが、地方公共団体はその事務の位置付けが不明確なまま協力をしたところであり、予防接種法上、その位置付けを明確にすることが必要であること。
③ 　新型インフルエンザ等の感染症が新たに生じた場合、ワクチンの需給が逼迫する中、国が一定量のワクチンの確保を図る必要がある。その際、国とワクチン製造販売業者との間で損失補償に関する契約を締結するために、その都度、新たな特別の立法措置を講ずることなく、あらかじめ予防接種法により対応できるよう措置しておくことが必要であること。

に対して一律に課すことは適切ではないと判断し、予防接種法に基づく予防接種としてではなく、厚生労働大臣が実施主体となり臨時応急的に接種を実施したところであります。また、この接種による健康被害の救済等については、一昨年秋の第173回臨時国会で成立した新型インフルエンザ予防接種による健康被害の救済等に関する特別措置法に基づき実施することとしたところであります。

しかしながら、公的予防接種は、健康被害が生じた場合の救済措置等も含め、本来は、予防接種法に基づき行うべきものであります。今後、先般の新型インフルエンザと同程度の感染力や症状を呈する新型インフルエンザ等感染症が発生した場合の対応に万全を期するため、予防接種法において新たな臨時の予防接種の類型を創設する等所要の規定を整備することとし、この法律案を提案した次第であります。

以下、この法律案の内容について、その概要を御説明申し上げます。

第一に、先般の新型インフルエンザと同程度の感染力や病状を呈する新型インフルエンザ等感染症が発生した場合に対応するため、新たな臨時の予防接種の類型を創設することとしております。

また、健康被害の救済については、具体的な給付水準は政令に委任しておりますが、臨時の予防接種及び一類疾病に係る定期の予防接種における給付水準と二類疾病に係る定期の予防接種における給付水準との間の水準を定めることを予定しております。

第二に、新型インフルエンザ等感染症が新たに発生した際に、国として必要なワクチンを円滑に確保するため、特例承認を受けたワクチンの製造販売業者を相手方として、損失等を国が補償することを約する契約を締結することができることとしております。

第三に、新型インフルエンザ等感染症のうち臨時の予防接種の対象としたもの等について、高齢者以外の方も定期の予防接種の対象とできるよう措置することとしております。

第四に、感染症の発生及びまん延の状況、改正法の施行状況等を勘案して、予防接種の在り方等について総合的に検討を加えること等、所要の検討規定を設けることとしております。

この法律の施行期日は、新たな臨時の予防接種の類型の創設等に関する事項については公布の日から起算して3月を超えない範囲内において政令で定める日から、その他の事項については公布の日から施行することとしております。

以上が、この法律案の提案理由及びその内容の概要であります。

何卒御審議の上、速やかに御可決あらんことをお願い申し上げます。

(24) 第23次改正：予防接種法の一部を改正する法律（平成25年法律第8号）

「予防接種制度の見直しについて（第1次提言）」（平成22年2月19日厚生科学審議会感染症分科会予防接種部会取りまとめ）以降、厚生科学審議会感染症分科会予防接種部会において予防接種制度全般の見直しについて議論が行われ、平成23年7月25日の「これまでの主な議論の中間的な状況の整理等について」や同年9月29日に厚生労働省から示された「予防接種制度の見直しの方向性についての検討案」等を踏まえ、平成24年5月23日に「予防接種制度の見直しについて（第2次提言）」が取りまとめられた。

第2次提言においては、「予防接種は、感染症対策として最も基本的かつ効果的な対策の1つであり、国民の生命と健康を守る重要な手段である」との認識の下、今般の予防接種制度の見直しの目的について、ワクチン・ギャップの解消、予防接種施策を中長期的に評価・検討する仕組みの導入等とされており、これを契機として、主に次の4点を内容とする改正が行われた[10]。

① 予防接種の対象疾病として、A類疾病にHib感染症、小児の肺炎球菌感染症及びヒトパピローマウイルス感染症が追加されるとともに、B類疾病について、新たなワク

---

[10] 第23次改正（平成25年）においては、形式的な修正（①条番号の振り直し、②促音の修正、③各条への見出しの付記）も行われた。①については、改正内容が章を2つ追加するほど多いものである一方、予防接種法全体の分量が少ないこと、他に引用する条文がそれほど多くないこと等を踏まえて行われたものである。

チンの開発や感染症のまん延に柔軟に対応できるよう、政令で対象疾病を追加できることとされた。

② 予防接種に関する施策の総合的かつ計画的な推進を図るため、厚生労働大臣は、予防接種に関する基本的な計画を策定することとされた。

③ 予防接種施策の適正な推進を図るため、副反応疑い報告制度が法律上に位置付けられた。

④ 厚生労働大臣は、予防接種施策の立案に当たり、専門的な知見を要する事項について、厚生科学審議会の意見を聴かなければならないこととされた。

なお、平成25年3月15日の衆議院厚生労働委員会において、田村憲久厚生労働大臣が本改正の趣旨及び内容について次のように述べている。

> ただいま議題となりました予防接種法の一部を改正する法律案について、その提案の理由及び内容の概要を説明いたします。
> 　予防接種は、感染症の脅威から国民の生命及び健康を守るために有効な手段であり、歴史的にも、我が国の感染症対策において大きな役割を果たしてまいりました。しかしながら、現在、他の先進諸国と比べて公的に接種するワクチンの数が少ない、いわゆるワクチン・ギャップの問題があり、その解消をはじめ、予防接種制度について幅広い観点からの見直しを行う必要がございます。
> 　今回の改正は、これまで補正予算により実施してきたHib感染症等の3つの予防接種について、地方財源を確保し、地方財政措置を講じた上で、平成25年度以降は予防接種法に基づく恒久的な仕組みとするほか、予防接種施策の総合的な推進を図るための所要の措置を講ずるものであります。
> 　以下、この法律案の内容について、その概要を説明いたします。
> 　第一に、一類疾病の名称をA類疾病とし、定期の予防接種の対象疾病にHib感染症、小児の肺炎球菌感染症及びヒトパピローマウイルス感染症を追加することとしております。また、二類疾病の名称をB類疾病とし、新たなワクチンの開発や感染症のまん延の状況等に機動的に対応できるよう、政令で対象疾病を追加できることとしております。
> 　第二に、厚生労働大臣は、予防接種に関する施策の総合的かつ計画的な推進を図るため、厚生科学審議会の意見を聴いた上で、予防接種基本計画を定めることとしております。
> 　第三に、副反応報告制度を法律上に位置付けるとともに、厚生労働大臣は、その報告の状況について厚生科学審議会に報告し、必要があると認めるときは、その意見を聴いて、予防接種の適正な実施のために必要な措置を講ずることとしております。
> 　最後に、この法律案の施行期日は、一部の規定を除き、平成25年4月1日としております。
> 　以上が、この法律案の提案理由及びその内容の概要です。御審議の上、速やかに御可決いただくことをお願いいたします。

⑳ 第24次改正：薬事法等の一部を改正する法律（平成25年法律第84号）第3条の規定

薬事法等の一部を改正する法律において薬事法（昭和35年法律第145号）の名称が医薬品、医療機器等の品質、有効性及び安全性の確保等に関する法律に改正されたことから、予防接種法の規定中「薬事法」が「医薬品、医療機器等の品質、有効性及び安全性の確保等に関する法律」に改正されるなどした。

㉖ 第25次改正：予防接種法及び検疫法の一部を改正する法律（令和2年法律第75号）第1条の規定

新型コロナウイルス感染症（病原体がベータコロナウイルス属のコロナウイルス（令和2年1月に、中華人民共和国から世界保健機関に対して、人に伝染する能力を有することが新たに報告されたものに限る。）であるものに限る。）に係る予防接種を実施する

に当たり、①当該疾病が全国的にまん延し、公衆衛生上深刻な事態となったため、国が全国的な予防接種を強力に主導する必要があったが、それに対応する予防接種類型がなかったこと、②国庫負担割合を10割とする予防接種類型がなかったこと、③予防接種の勧奨及び予防接種を受ける努力義務に係る規定について、ワクチンの有効性及び安全性等に関する情報を踏まえて適用除外することができる予防接種類型がなかったことを受け、これらを可能とする予防接種類型を設ける改正が行われた。

また、新型コロナウイルス感染症に係るワクチンの確保に当たり、国とワクチン製造販売業者等との間で損失補償契約を締結する必要性が想定されたが、その根拠規定がなかったことから、予防接種法に当該根拠規定が設けられた。

なお、令和2年11月11日の衆議院厚生労働委員会において、田村憲久厚生労働大臣が本改正の趣旨及び内容について次のように述べている。

> ただいま議題となりました予防接種法及び検疫法の一部を改正する法律案につきまして、その提案の理由及び内容の概要を御説明いたします。
> 新型コロナウイルス感染症については、感染拡大を防止し、国民の生命及び健康を守るため、総力を挙げて対策に取り組み、併せて社会経済活動との両立を図っていく必要があります。現在、我が国を含め世界各国でワクチンの開発が進められており、今後、有効で安全なワクチンが開発された場合には、当該感染症のまん延予防のため、必要なワクチンを確保し、全国的に円滑な接種を実施していく必要があります。また、新型コロナウイルス感染症については、検疫法第34条の感染症の種類として指定することで、同法に基づく水際対策を講じていますが、その指定の期間は1年以内とされており、この後も引き続き必要な水際対策を行うためには、指定の期間を延長する必要があります。
> このような状況に対処し、新型コロナウイルス感染症に係る予防接種の実施体制の整備等を行うとともに、検疫法に基づく必要な措置を引き続き講ずることができるようにするため、この法律案を提出いたしました。
> 以下、この法律案の内容につきまして、その概要を御説明いたします。
> 第一に、新型コロナウイルス感染症について、予防接種法の臨時の予防接種に関する特例措置等を定めることとします。
> 具体的には、厚生労働大臣は、新型コロナウイルス感染症のまん延予防上緊急の必要があるときは、その対象者や期間等を指定して、都道府県知事を通じて市町村長に対し、臨時に予防接種を行うよう指示することができることとします。この場合において、予防接種を行うために要する費用は、国が負担することとします。
> また、新型コロナウイルス感染症に係るワクチンの確保のため、政府は、ワクチンの製造販売業者等と、予防接種による健康被害に係る損害を賠償すること等により生ずる損失を政府が補償することを約する契約を締結することができることとします。
> 第二に、検疫法の規定を準用できる期間を延長することができることとします。
> 具体的には、検疫法第34条に基づき政令で感染症の種類を指定し、1年以内の期間を限り、同法の規定を準用できることとされていますが、当該期間について、1年以内の政令で定める期間に限り延長することができることとします。
> 最後に、この法律案の施行期日は、公布の日としています。
> 以上が、この法律案の提案の理由及びその内容の概要でございます。御審議の上、速やかに可決していただくことをお願いいたします。

(27) 第26次改正：感染症の予防及び感染症の患者に対する医療に関する法律等の一部を改正する法律（令和4年法律第96号）第5条及び第6条の規定

令和4年5月以降、新型コロナウイルス感染症対応に関する有識者会議において、新型コロナウイルス感染症発生以降の新型インフルエンザ等対策特別措置法（平成24年法律第31号）に基づく取組に対する評価と中長期的な観点からの課題の整理がなされた。

これを受け、同年6月に「新型コロナウイルス感染症に関するこれまでの取組を踏まえた次の感染症危機に備えるための対応の方向性」（令和4年6月17日新型コロナウイルス感染症対策本部決定）が取りまとめられ、感染の初期段階から、より迅速に、より効果的に対策を講ずるための司令塔機能や保健・医療提供体制の在り方の方向性が示された。さらに、同年9月には、それを具体化したものとして、「新型コロナウイルス感染症に関するこれまでの取組を踏まえた次の感染症危機に備えるための対応の具体策」（令和4年9月2日新型コロナウイルス感染症対策本部決定）が取りまとめられた。その中で、予防接種法に関しては、「機動的なワクチン接種に関する体制の整備等」を図ることとされたため、主に次の3点を内容とする改正が行われた[11]。

① 第25次改正（令和2年）において予防接種法附則に設けられた新型コロナウイルス感染症に係る予防接種に関する規定を、その対象をA類疾病のうち当該疾病の全国的かつ急速なまん延により国民の生命及び健康に重大な影響を与えるおそれがあると認められるものとして厚生労働大臣が定めるものとした上で本則に置くこととされた。

② 予防接種事務のデジタル化を図るため、医療保険各法において規定されている電子資格確認の基盤を活用して予防接種の対象者確認を行うための規定が設けられた。

③ 予防接種の有効性及び安全性に関する調査研究をより一層推進するため、その基盤となる予防接種データベースの構築及び運用のために必要となる規定が設けられた。

⑱ 第27次改正：全世代対応型の持続可能な社会保障制度を構築するための健康保険法等の一部を改正する法律（令和5年法律第31号）附則第24条の規定

介護情報等の収集・提供等に係る事業（全世代対応型の持続可能な社会保障制度を構築するための健康保険法等の一部を改正する法律による改正後の介護保険法（平成9年法律第123号）第115条の45第2項第7号に掲げる事業をいう。）は事務の効率化や医療・介護の情報連携の観点から医療保険制度等における類似の事業と一体的に運営されることが望ましいことから、市町村及び特別区は、当該事務について、支払基金等に対し、他の市町村等と共同して委託することができることとされた。これを受け、予防接種法第57条第2項の共同委託の主体に介護保険を行う市町村及び特別区が追加された。

【参考】各改正法律の公布日及び施行日

	改正法律	公布日	施行日
制定	予防接種法（昭和23年法律第68号）	昭和23年6月30日	昭和23年7月1日 ※第13条及び第14条の規定は昭和24年6月30日
第1次改正	結核予防法（昭和26年法律第96号）附則第4項の規定	昭和26年3月31日	昭和26年4月1日
第2次改正	予防接種法の一部を改正する法律（昭和26年法律第120号）	昭和26年4月2日	昭和26年4月2日
第3次改正	地方自治法の一部を改正する法律の施行に伴う関係法令の整理に関する法律（昭和28年法律第213号）第23条の規定	昭和28年8月15日	昭和28年9月1日
第4次改正	厚生省関係法令の整理に関する法律（昭和29年法律第136号）第6条の規定	昭和29年6月1日	昭和29年6月1日

---

[11] 第26次改正（令和4年）においては、章が4つ追加された。政府内の調整過程で、追加する章における条番号を枝番にするよう指摘があったが、第23次改正（平成25年）と同様、改正内容が多いこと、予防接種法全体の分量が少ないこと、他に引用する条文がそれほど多くないことから、条番号を振り直すこととされた。

第1編 ● 予防接種法の概要

第5次改正	予防接種法の一部を改正する法律（昭和33年法律第66号）	昭和33年4月19日	昭和33年7月1日
第6次改正	予防接種法の一部を改正する法律（昭和36年法律第7号）	昭和36年3月28日	昭和36年4月1日
第7次改正	予防接種法の一部を改正する法律（昭和39年法律第60号）	昭和39年4月16日	昭和39年4月16日
第8次改正	地方自治法等の一部を改正する法律（昭和39年法律第169号）第11条の規定	昭和39年7月11日	昭和40年4月1日
第9次改正	許可、認可等の整理に関する法律（昭和45年法律第111号）第13条の規定	昭和45年6月1日	昭和45年6月1日
第10次改正	予防接種法及び結核予防法の一部を改正する法律（昭和51年法律第69号）第1条及び第2条の規定	昭和51年6月19日	第1条の規定 →昭和51年6月19日 第2条の規定 →昭和52年2月25日
第11次改正	審議会等の整理等に関する法律（昭和53年法律第55号）第46条の規定	昭和53年5月23日	昭和53年5月23日
第12次改正	障害に関する用語の整理に関する法律（昭和57年法律第66号）第6条の規定	昭和57年7月16日	昭和57年10月1日
第13次改正	予防接種法及び結核予防法の一部を改正する法律（平成6年法律第51号）第1条の規定	平成6年6月29日	平成6年10月1日
第14次改正	地域保健対策強化のための関係法律の整備に関する法律（平成6年法律第84号）附則第17条及び第26条の規定	平成6年7月1日	附則第17条の規定 →平成6年7月1日 附則第26条の規定 →平成9年4月1日
第15次改正	地方分権の推進を図るための関係法律の整備等に関する法律（平成11年法律第87号）第153条の規定	平成11年7月16日	平成12年4月1日
第16次改正	民法の一部を改正する法律の施行に伴う関係法律の整備等に関する法律（平成11年法律第151号）第11条の規定	平成11年12月8日	平成12年4月1日
第17次改正	中央省庁等改革関係法施行法（平成11年法律第160号）第601条の規定	平成11年12月22日	平成13年1月6日
第18次改正	地方交付税法等の一部を改正する法律（平成13年法律第9号）附則第9条の規定	平成13年3月30日	平成13年3月30日
第19次改正	予防接種法の一部を改正する法律（平成13年法律第116号）	平成13年11月7日	平成13年11月7日
第20次改正	独立行政法人医薬品医療機器総合機構法（平成14年法律第192号）附則第25条の規定	平成14年12月20日	平成16年4月1日
第21次改正	感染症の予防及び感染症の患者に対する医療に関する法律等の一部を改正する法律（平成18年法律第106号）第2条の規定	平成18年12月8日	平成19年4月1日
第22次改正	予防接種法及び新型インフルエンザ予防接種による健康被害の救済等に関する特別措置法の一部を改正する法律（平成23年法律第85号）第1条の規定	平成23年7月22日	平成23年7月22日 ※一部は平成23年10月1日
第23次改正	予防接種法の一部を改正する法律（平成25年法律第8号）	平成25年3月30日	平成25年4月1日
第24次改正	薬事法等の一部を改正する法律（平成25年法律第84号）第3条の規定	平成25年11月27日	平成26年11月25日
第25次改正	予防接種法及び検疫法の一部を改正する法律（令和2年法律第75号）第1条の規定	令和2年12月9日	令和2年12月9日
第26次改正	感染症の予防及び感染症の患者に対する医療に関する法律等の一部を改正する法律（令和4年法律第96号）第5条及び第6条の規定	令和4年12月9日	第5条の規定 →令和4年12月9日 第6条の規定 →公布日から起算して3年6月を超えない範囲内において政令で定める日
第27次改正	全世代対応型の持続可能な社会保障制度を構築するための健康保険法等の一部を改正する法律（令和5年法律第31号）附則第24条の規定	令和5年5月19日	公布日から起算して4年を超えない範囲内において政令で定める日又は感染症の予防及び感染症の患者に対する医療に関する法律等の一部を改正する法律（令和4年法律第96号）附則第1条第4号に掲げる規定の施行日のいずれか遅い日

第3章　予防接種法の構造

　予防接種法は10章から構成されている。
第1章　総則（第1条・第2条）
第2章　予防接種基本計画等（第3条・第4条）
第3章　定期の予防接種等の実施（第5条―第11条）
第4章　定期の予防接種等の適正な実施のための措置（第12条―第14条）
第5章　定期の予防接種等による健康被害の救済措置（第15条―第22条）
第6章　予防接種の有効性及び安全性の向上に関する調査等（第23条―第32条）
第7章　社会保険診療報酬支払基金の業務（第33条―第42条）
第8章　国民健康保険団体連合会の業務（第43条―第46条）
第9章　雑則（第47条―第57条）
第10章　罰則（第58条―第66条）

　第1章において、予防接種法の目的は、①伝染のおそれがある疾病の発生及びまん延を予防するために公衆衛生の見地から予防接種の実施その他必要な措置を講ずることにより、国民の健康の保持に寄与すること、②予防接種による健康被害の迅速な救済を図ることの2点であると規定されており、第2章から第5章までにおいて、その目的を達成するための手段が規定されている。すなわち、①の観点から、第2章では厚生労働大臣が予防接種基本計画等を策定すること、第3章では市町村長等が定期の予防接種等を実施すること、第4章では副反応疑い報告制度を運用することとされ、②の観点から、第5章では健康被害救済制度を運用することとされている。なお、第2章から第4章までの規定順は予防接種施策の運用の流れに沿ったものとなっている。予防接種施策を推進するため、予防接種基本計画等が定められ（第2章）、市町村長等はこれを踏まえて定期の予防接種等を実施することとなり（第3章）、定期の予防接種等により生じた副反応と疑われる症状については、副反応疑い報告制度により情報収集が行われ、必要があると認められるときは、所要の措置がとられることとなる（第4章）。

　第6章から第8章までは、第2章から第5章までに規定する施策の円滑な実施等を図るために行う、予防接種の有効性及び安全性の向上に関する調査等について規定するものである。これらの規定は、定期の予防接種等の適正な実施に資するものであることから、第4章に置くことも考えられるが、予防接種の有効性及び安全性の向上に関する調査等は、第5章に規定する健康被害救済制度における予防接種と疾病、障害又は死亡との間の因果関係の判定にも資することから、第4章には規定せず、第2章から第5章までの後に規定することとされた。また、第7章及び第8章の規定は、第6章に関連するものとして同章に置くことや、業務規定であることから第9章に置くことも考えられるが、他法令（高齢者医療確保法、介護保険法等）において、支払基金や連合会の業務規定は独立した章として雑則の前に設けられていることから、第9章の前に第7章及び第8章として規定することとされた。なお、支払基金の業務規定の次に連合会の業務規定を置くという規定順は他法令に倣ったものである。

　第9章は国等の責務や厚生科学審議会の意見聴取等の雑則[12]を、第10章は第6章から第9章

までの規定に関する罰則を、それぞれ規定している。最後に罰則に係る章を、その前に雑則に係る章を設けるという規定順は、一般的な法令に倣ったものである。

---

[12] 雑則に置かれる規定は「実体規定全般に共通的に適用されるような事項で、しかも総則として法令の冒頭の部分において規定するには当たらないような技術的、手続的なもの」（法制執務研究会編『新訂　ワークブック法制執務　第2版』（ぎょうせい、平成30年）109頁）とされていることを踏まえると、国等の責務に係る規定を雑則に置くことには疑問が残る。

第2編 逐条解説

第1章 総則

　第1章は、予防接種法の目的や、同法における基本的な用語の定義について規定するものである。

第1条　目的

> （目的）
> **第1条**　この法律は、伝染のおそれがある疾病の発生及びまん延を予防するために公衆衛生の見地から予防接種の実施その他必要な措置を講ずることにより、国民の健康の保持に寄与するとともに、予防接種による健康被害の迅速な救済を図ることを目的とする。

1. 概要

　本条は、予防接種法の目的が、予防接種の実施等により国民の健康の保持に寄与すること、また、予防接種による健康被害の迅速な救済を図ることにあることを明らかにする規定である。

2. 沿革

- 制定（昭和23年）
- 第13次改正（平成6年）：一部改正
- 第23次改正（平成25年）：一部改正

3. 制定及び改正の趣旨

(1) 法制定当初

> **旧第1條**　この法律は、傳染の虞がある疾病の発生及びまん延を予防するために、予防接種を行い、公衆衛生の向上及び増進に寄與することを目的とする。

　予防接種法の制定当初の目的は、予防接種の実施により公衆衛生の向上及び増進に寄与することであった。この点、昭和23年6月27日の衆議院厚生委員会において、榊原亨委員が「この法案が実施せられまして、わが國の保健衛生というものが非常に進歩発達いたしまして、かかる法律をもって律せなくても、國民が自発的にこれらの予防注射を受けて、衛生の面に自発的な生活を送るという時代になりましたならば、この法は廃止されるという見込みでございますか。」と質問したのに対し、濱野規矩雄政府委員（厚生技官）は「そういう時代が1日も早くまいりますことを、私たちは念願いたしておるものでございます。」と答弁している。なお、第10次改正（昭和51年）を受けて改正された予防接種法施行令において、予防接種が集団予防に資するものであることが法文上

> **参照条文** 予防接種法施行令及び結核予防法施行令の一部を改正する政令（昭和52年政令第17号）による改正後の予防接種法施行令（抄）
> （予防接種による健康被害の救済に関する措置）
> 第3条　法第16条第1項の規定による給付に関して必要な事項は、予防接種が法第2条第2項各号に掲げる疾病からの社会の防衛に資するものであること及び予防接種を受けたことによる疾病が医学上の特性を有するものであることにかんがみ、経済的社会的諸事情の変動及び医学の進歩に即応するよう定められるものとする。

(2) 第13次改正（平成6年）

> **旧第1条**　この法律は、伝染のおそれがある疾病の発生及びまん延を予防するために、予防接種を行い、公衆衛生の向上及び増進に寄与するとともに、予防接種による健康被害の迅速な救済を図ることを目的とする。

　第13次改正（平成6年）においては、健康被害救済制度が予防接種法の目的である集団予防を達成するための手段として不可欠のものとなったことに鑑み、同法の目的の1つとして「予防接種による健康被害の迅速な救済を図ること」が追加された。

　なお、健康被害救済制度が設けられた第10次改正（昭和51年）において本条が改正されなかった理由については、昭和53年逐条解説（50頁）において、「予防接種による健康被害の救済制度については、それが世間の耳目を集めており、また、「公衆衛生の向上及び増進」とは異質のものであるにしても、健康被害が本来の予防接種制度の遂行過程において生ずる副次的なものであるという事実に着眼して救済制度を予防接種制度の一角に位置させたのであり、したがって本条では何ら規定するところとはなり得ない。」と説明されている。これは、当時、健康被害救済制度が雑則に位置付けられた理由に通ずるところであり[13]、第13次改正（平成6年）においては、本条の改正と併せ、同制度が第3章として独立して規定された。

(3) 第23次改正（平成25年）

　第23次改正（平成25年）においては、次の理由により、「公衆衛生の向上及び増進（社会的利益の観点から国民の生命を延長し、身体的、精神的機能の増進を図ること）」が「国民の健康の保持（国民の個人の観点から国民の生命を延長し、身体的、精神的機能の増進を図ること）」に改正された。

① 　近年の我が国では、戦後の復興、経済成長等に伴う生活水準の改善、衛生環境の向上、疾病罹患率の低下を背景に、公衆衛生の水準が相当程度改善したことを受け、国民個人の健康保持に着目した政策に移行していること。

② 　予防接種法についても、国民個人の健康保持の観点からの改正が実施されてきているが、その最たる制度である一類疾病・二類疾病の区分の導入から10年が経過し、国

---

[13] 昭和53年逐条解説（149頁）において、「法第1条は法の目的を規定しています。救済制度は、確かに公衆衛生の向上及び増進とは異質ですし、予防接種制度において副次的に一隅を占めるものであって本来の目的規定には何ら影響をもたらすものではありません。そのため、法では第3章雑則に規定されているのです。」とされている。

民の間に相当程度根付いてきたこと。
③　さらに、第23次改正（平成25年）において、二類疾病の対象を政令で規定できる仕組みや、任意接種も含めた予防接種全般を幅広く対象とする予防接種基本計画を導入し、国民個人の健康保持の観点をより明確に示すこととしたこと。

また、第23次改正（平成25年）においては、副反応疑い報告制度が第４章として規定されたことに伴い、国民の健康の保持の手段として「その他必要な措置」が追加された。

4. 解説

(1) 本条の構造について

本条は、予防接種法の目的が、①国民の健康の保持に寄与すること、②予防接種による健康被害の迅速な救済を図ることの２点であることを示している。そして、①の達成手段は「公衆衛生の見地から予防接種の実施その他必要な措置を講ずること」とされているが、これが①に直接結びつくわけではなく、「公衆衛生の見地から予防接種の実施その他必要な措置」を講ずることにより、「伝染のおそれがある疾病の発生及びまん延」が予防され、その結果として国民の健康が保持されると考えられている。

(2) 本条の用語について

①　「伝染のおそれがある疾病」

「伝染のおそれがある疾病」とは、主に人から人に感染するおそれがある感染性の疾病を指すものである。しかし、人から人に感染せず、専ら動物や物から人に感染するおそれがある感染性の疾病も排除されておらず、例えば、日本脳炎及び破傷風については、人から人には感染しない一方、致命率が高い等の理由により、重大な社会損失を防止する観点から、予防接種法の対象疾病とされている。また、ヒトパピローマウイルス感染症については、予防接種による直接的な集団予防効果は確認されていないものの、感染すれば長期間経過後に病状が重篤になる可能性が高いことを踏まえ、重大な社会損失の防止を図るために同法の対象疾病とされている。

以上の説明は、平成19年逐条解説（24頁）において、「「伝染」とは、法令上、狭義には、ヒトからヒトに感染する疾病であり、動物、物からヒトに感染する感染性の疾病は含まれないが、感染症の予防及び感染症の患者に対する医療に関する法律（以下「感染症法」という。）の制定時に、この趣旨からの本条の規定の整理は行われていないので、法の対象となる疾病をヒトからヒトに感染するおそれのある感染性の疾病のみに限定する趣旨とまではいえない。」とされており、平成25年逐条解説（20頁）においても同趣旨の説明がされていることを踏まえたものである。この解釈が通知や事務連絡等で示されたかは判然としないが、昭和27年逐条解説（235頁）において、「本法は伝染性の疾病のうち人工的に免疫を賦与することが可能なものについて予防接種を行」うものであるとされていること、また、昭和53年逐条解説（50、51頁）において、「「伝染」とは、病原体が人体に侵入して増殖することをいう。「虞がある」とは、実際に伝染するか否かに関係なく病理学上伝染の可能性があるという意味である。」とされていることを踏まえれば、予防接種法の制定当初から、「伝染のおそれがある疾病」とは、人から人に感染するおそれのある感染性の疾病に限定するものでは

なかったと解するのが相当である。

「伝染のおそれがある疾病」は、感染症法第6条第1項に規定する感染症と条文上の関連性はないため、同項に規定する感染症以外も含まれ得る。しかし、感染症法が感染症の発生及びまん延の防止を目的とする感染症対策の基本的・総合的な法律であること、そして、予防接種法は「伝染のおそれがある疾病」のうち、ワクチンが開発され、使用可能となっているものについて予防接種を行うことにより、当該疾病の発生及びまん延の防止を図るための法律であることを踏まえると、「伝染のおそれがある疾病」は、感染症法第6条第1項に規定する感染症であることが望ましいと考えられる。この点に関連して、昭和44年6月4日の衆議院社会労働委員会において、村中俊明政府委員（厚生省公衆衛生局長）が「伝染病予防法につきましては十幾つかの疾病をきめまして、国あるいは地方公共団体の責任でそういう伝染病予防の対策をとるというたてまえから伝染病予防法がつくられているわけでございますが、これは御承知のとおり、相当古い、明治の中ごろにできた法律でございまして、その後幾たびか医学界その他の進展に合わせまして改正を行なって現在に至っておるわけでございます。予防接種法につきましては、戦前には両方含めた形で法律がございましたが、戦後予防接種を必要とするというふうな疾病を切り離しまして、予防接種法の中でこれを、あるものは義務接種、あるものは勧奨というふうな振り分けをして予防接種法が制定された。この違いにつきましては、申し上げましたように、予防接種を、広い範囲で接種をすることによって、その地域の住民が急性伝染病にかかることから免れる予防的な措置ができるというふうな、及びそういう効果をあげ得ることのできる予防接種の方法が開発されたというふうな場合には、しかもこれが公共団体の責任で処理をすることが効果をあげる上に非常に適当であるという場合には、予防接種法の中できめていく、そういう違いがあると私は思います。」と述べている。

なお、「伝染」とは、病原体が人体に侵入して増殖することをいう。また、「おそれがある」とは、実際に伝染するか否かに関係なく、病理学上、伝染の可能性があるという意味である。

② 「発生及びまん延を予防するため」

「発生及びまん延を予防するため」とは、疾病の発生及びまん延を予防するため、集団予防や個人予防を目的として定期の予防接種等を実施するという趣旨である。予防接種は、当該予防接種を受けた個人について、疾病の発症予防や重症化予防という受益を発生させるものであるが、それだけであれば、予防接種の実施を法令に基づく公的なものとして位置付ける必要はない。予防接種が集団や社会に対して及ぼす効果に期待して初めて、それを公的なものとして実施する意義が生じるのであり、この観点から、予防接種法に基づく予防接種には集団予防と個人予防の両方の目的が必要である。

「発生」とは、本邦内において、ある疾病に感染している者が全くいない場所で、新たに当該疾病に感染した者[14]が単数又は複数出現するという意味であり、通常は少人数で、地域的に限定される。しかし、場合によっては、複数の患者が一斉に出現し、集団発生として把握されることもある。

「まん延」とは、「発生」の後に生じる状況であり、初めて出現した患者から他人

に感染し、感染の地理的な拡大を伴いつつ、比較的多数の患者に感染が拡大する状況をいう。

なお、この「発生」及び「まん延」の概念は、感染症法における「発生」及び「まん延」の概念と同様である。

「予防」とは、疾病の発生及びまん延を未然に防止すること、すなわち、当該疾病による健康被害の発生及び拡大を未然に防止することを意味する。なお、感染症法第1条においては、「感染症の発生を予防し、及びそのまん延の防止を図り」とされているが、「予防」と「防止」の間に意味の差異はほとんどない。予防接種法では、予防接種そのものの予防的な効果が強調された言葉遣いがなされているだけである。

③　「公衆衛生の見地から予防接種の実施その他必要な措置を講ずる」

「公衆衛生の見地から」とは、予防接種法の目的の1つは「国民の健康の保持」であるものの、予防接種の実施等の措置には集団予防の観点が含まれることを明らかにするものである[15]。先述のとおり、予防接種の実施等を法令に基づく公的なものとして位置付けるためには、個人予防の目的のみでは足りず、集団予防の目的が必要であり、本条では、「公衆衛生の見地から」と規定することにより、これを担保している。

「予防接種」とは、予防接種法に基づく予防接種を意味し、同法に基づかない予防接種は含まれない。したがって、「予防接種の実施」とは、市町村長又は都道府県知事が同法に基づき予防接種を行うことを意味する。なお、実際に予防接種を行うのは、市町村長から定期の予防接種等の実施事務について委託を受けた医師等であるが、これは当然に許容されるものである。

「その他必要な措置」とは、副反応疑い報告制度等を意味する。予防接種法の目的を達成するための手段は予防接種の実施に留まらないため、このような文言が規定されている。

④　「国民の健康の保持に寄与」

「国民の健康の保持に寄与」とは、国民個人の生命を延長し、身体的・精神的機能の保持に貢献することであり、予防接種の実施等の措置が最終的に国民個人の利益になることを明らかにするものである。

「国民」とは、日本国籍を有する者である。定期の予防接種等は日本国民だけでなく外国人も受けることが考えられるため、外国人にも個人予防の観点が認められるとともに、集団予防の効果は本邦内の外国人にも及ぶことが想定されることから、「国民」に限定する必要はないとも思われる。しかし、予防接種法の根幹をなす定期の予防接種は、乳幼児のほぼ全員が受ける国民的な事業であり、その対象者の大多数は日本国民であるという社会的背景があることから、外国人は明記されていない。なお、同様の規定として、新型インフルエンザ等対策特別措置法第1条がある。第26次改正

---

[14] 平成19年逐条解説（25頁）及び平成25年逐条解説（20頁）においては、「新たに当該疾病に感染し、発症した患者」とされており、「発生」は、新たに当該疾病に感染した患者が出現したときではなく、新たに当該疾病に感染するに留まらず、発症した患者が出現したときを指すとも思われる。この点、感染症発生時の対策は新たに当該疾病に感染した患者を検知したときから実施されるべきものであることから、「発生」は新たに当該疾病に感染した患者が出現したときを意味すると解するのが相当である。

[15] 平成25年逐条解説（22頁）において、「公衆衛生の見地から」と規定された理由に関して、「公衆衛生という国民の総体である社会全体を見渡す観点から、予防接種等を行う趣旨である。」と説明されている。

（令和４年）前の同法第46条に規定する住民に対する予防接種について、外国人が受けることも考えられるが、大多数の対象者は日本国民であることから、同法第１条の目的規定においては、「国民の生命及び健康を保護」と規定されている。

⑤　「予防接種による健康被害の迅速な救済」

　疾病の発生及びまん延を予防し、国民の健康を保持するためには、接種率を高く維持する必要があることから、予防接種法においては公的関与を行うこととされている。しかし、予防接種には、関係者がいかに注意を払っても、極めて稀ではあるが不可避的に健康被害が起こり得るという医学上の特殊性がある。そこで、同法に基づく予防接種により健康被害を受けた者に対する特別な配慮が必要であり、健康被害救済制度が設けられている。

　このように、予防接種の推進は、予防接種による健康被害の迅速な救済と合わせて行われるべきであり、本条は、予防接種法が予防接種の実施等による国民の健康の保持と、予防接種による健康被害の迅速な救済の二本柱からなることを明らかにするものである。なお、この「予防接種」には、③と同様、同法に基づかない予防接種は含まれない。

補論　憲法との関係について

　昭和53年逐条解説（49、50頁）において、予防接種法と憲法との関係について、次のとおり説明されている。

> 　法では、国家（又は地域）社会において大部分の住民が予防接種を受けておけば伝染病の発生及びまん延の予防上大きな効果があるという社会防衛作用を主眼にしているのである。社会防衛作用が十全に機能すれば、公行政はその公共目的を達成できるし、他方で住民は、社会防衛作用の基礎として各個に免疫を獲得して自らの健康を保全するとともに社会防衛作用の結果として伝染病の流行というマイナスを被らなくてすむ（これは特にその予防接種を未だ受けていない者について重要である。）。
> 　このような制度目的は、日本国憲法第25条第２項に「国は、すべての生活部面について、社会福祉、社会保障及び公衆衛生の向上及び増進に努めなければならない。」と定められていることに対応して、この憲法上の義務の一端を果たそうとするためのものである。

　この解釈は、平成19年逐条解説（27頁）において、「日本国憲法第25条第２項に基づき、国は、すべての生活部面について、社会福祉、社会保障及び公衆衛生の向上及び増進に努めなければならないとされており、法は、この趣旨を実現するための具体的立法の１つである。」とされていることから明らかなように、その後も引き継がれているが、第23次改正（平成25年）後においても妥当するか検討する。この点、現行の本条には「公衆衛生の向上及び増進に寄与する」との文言はないものの、公衆衛生の観点が全くなくなったわけではなく、「公衆衛生の見地から」予防接種の実施等の措置を講ずることとされている。また、予防接種法の目的は集団予防から個人予防に比重を移したものの、集団予防の効用は現在も変わるものではな

い。したがって、同法は日本国憲法第25条第2項の趣旨を踏まえた立法例であると言えよう。

第2条　定義

　（定義）
第2条　この法律において「予防接種」とは、疾病に対して免疫の効果を得させるため、疾病の予防に有効であることが確認されているワクチンを、人体に注射し、又は接種することをいう。
2　この法律において「A類疾病」とは、次に掲げる疾病をいう。
　一　ジフテリア
　二　百日せき
　三　急性灰白髄炎
　四　麻しん
　五　風しん
　六　日本脳炎
　七　破傷風
　八　結核
　九　Hib感染症
　十　肺炎球菌感染症（小児がかかるものに限る。）
　十一　ヒトパピローマウイルス感染症
　十二　新型インフルエンザ等感染症（感染症の予防及び感染症の患者に対する医療に関する法律（平成10年法律第114号。以下「感染症法」という。）第6条第7項に規定する新型インフルエンザ等感染症をいう。次項第2号及び第53条第1項第1号において同じ。）、指定感染症（感染症法第6条第8項に規定する指定感染症をいう。次項第2号及び第53条第1項第2号において同じ。）又は新感染症（感染症法第6条第9項に規定する新感染症をいう。次項第2号及び第53条第1項第3号において同じ。）であって、その全国的かつ急速なまん延により国民の生命及び健康に重大な影響を与えるおそれがあると認められる疾病として政令で定める疾病
　十三　前各号に掲げる疾病のほか、人から人に伝染することによるその発生及びまん延を予防するため、又はかかった場合の病状の程度が重篤になり、若しくは重篤になるおそれがあることからその発生及びまん延を予防するため特に予防接種を行う必要があると認められる疾病として政令で定める疾病
3　この法律において「B類疾病」とは、次に掲げる疾病をいう。
　一　インフルエンザ
　二　新型インフルエンザ等感染症、指定感染症又は新感染症であって政令で定める疾病
　三　前2号に掲げる疾病のほか、個人の発病又はその重症化を防止し、併せてこれによりそのまん延の予防に資するため特に予防接種を行う必要があると認められる疾病として政令で定める疾病

> 4 この法律において「定期の予防接種」とは、第5条第1項の規定による予防接種をいう。
> 5 この法律において「臨時の予防接種」とは、第6条第1項から第3項までの規定による予防接種をいう。
> 6 この法律において「定期の予防接種等」とは、定期の予防接種又は臨時の予防接種をいう。
> 7 この法律において「保護者」とは、親権を行う者又は後見人をいう。

注 第26次改正（令和8年6月8日までの間において政令で定める日施行分）による改正後の規定（下線＝該当箇所）。

1. 概要

本条は、予防接種法における基本的な用語について、その定義を明らかにする規定である。

2. 沿革

- 制定（昭和23年）
- 第1次改正（昭和26年）：一部改正[16]
- 第5次改正（昭和33年）：一部改正[17]
- 第6次改正（昭和36年）：一部改正[18]
- 第10次改正（昭和51年）：一部改正[19]
- 第13次改正（平成6年）：一部改正[20]
- 第19次改正（平成13年）：一部改正[21]
- 第21次改正（平成18年）：一部改正[22]
- 第23次改正（平成25年）：一部改正
- 第26次改正（令和4年）：一部改正

3. 制定及び主な改正の趣旨

(1) 法制定当初

> **旧第2條** この法律で「予防接種」とは、疾病に対して免疫の効果を得させるため、疾病の予防に有効であることが確認されている免疫原を、人体に注射し、又は接種

---

[16] 予防接種法の対象疾病から結核が削除された。詳細は第1編第2章2(2)参照。
[17] 予防接種法の対象疾病から猩紅熱が削除されたほか、規定の整理が行われた。詳細は第1編第2章2(6)参照。
[18] 予防接種法の対象疾病に急性灰白髄炎が追加された。詳細は第1編第2章2(7)参照。
[19] 予防接種法の対象疾病から腸チフス、パラチフス、発疹チフス及びペストが削除された一方、麻疹、風疹及び日本脳炎が追加されたほか、特に予防接種を行う必要があると認められる疾病を政令に委任することができることとされた。詳細は第1編第2章2(11)参照。
[20] 予防接種法の対象疾病から痘瘡、コレラ、インフルエンザ及びワイル病が削除された一方、破傷風が追加された。詳細は第1編第2章2(14)参照。
[21] 規定の整理のための改正である。なお、本条以降の「2．沿革」に記載された改正であって、脚注や「3．制定（及び主な改正）の趣旨」に説明がないものは、すべて規定の整理のための改正である。
[22] 一類疾病に結核が追加された。詳細は第1編第2章2(22)参照。

することをいう。
2　この法律の定めるところにより予防接種を行う疾病は、左に掲げるものとする。
　　一　痘そう
　　二　ジフテリア
　　三　腸チフス
　　四　パラチフス
　　五　百日せき
　　六　結核
　　七　発しんチフス
　　八　コレラ
　　九　ペスト
　　十　しょう紅熱
　　十一　インフルエンザ
　　十二　ワイル病
3　この法律で「保護者」とは、親権を行う者又は後見人をいう。

　法制定当初は、予防接種法における「予防接種」及び「保護者」の定義並びに対象疾病が定められていた。本条の基本的な構造は現在まで変わっていない。

(2)　第19次改正（平成13年）

旧第2条　この法律において「予防接種」とは、疾病に対して免疫の効果を得させるため、疾病の予防に有効であることが確認されているワクチンを、人体に注射し、又は接種することをいう。
2　その発生及びまん延を予防することを目的として、この法律の定めるところにより予防接種を行う疾病（以下「一類疾病」という。）は、次に掲げるものとする。
　　一　ジフテリア
　　二　百日せき
　　三　急性灰白髄炎
　　四　麻しん
　　五　風しん
　　六　日本脳炎
　　七　破傷風
　　八　前各号に掲げる疾病のほか、その発生及びまん延を予防するため特に予防接種を行う必要があると認められる疾病として政令で定める疾病
3　個人の発病又はその重症化を防止し、併せてこれによりそのまん延の予防に資することを目的として、この法律の定めるところにより予防接種を行う疾病（以下「二類疾病」という。）は、インフルエンザとする。
4　この法律において「保護者」とは、親権を行う者又は後見人をいう。

　第19次改正（平成13年）は、「予防接種制度の見直しについて（意見）」（平成12年1

月26日公衆衛生審議会取りまとめ）において、「高齢者を対象としてインフルエンザの予防接種を行うため、予防接種法の対象疾病にインフルエンザを追加するべきである。インフルエンザを予防接種法の対象疾病に位置づけるに当たっては、高齢者に係るインフルエンザの予防接種が現行法の7つの対象疾病の予防接種と接種目的等が異なることから、現行法の7つの対象疾病を第1類型、インフルエンザを第2類型として、対象疾病を類型化するべきである。」とされたことを受けたものであり、一類疾病及び二類疾病の区分が創設され、一類疾病は集団予防に、二類疾病は個人予防に、それぞれ比重を置いた予防接種を行うこととされた。なお、第151回国会に提出された予防接種法の一部を改正する法律案（閣第35号）においては、第2項各号列記以外の部分は「この法律において「一類疾病」とは、次に掲げるものをいう。」と、第3項は「この法律において「二類疾病」とは、インフルエンザをいう。」と、感染症法第6条に倣った規定とされていた。しかし、衆議院において、一類疾病及び二類疾病の定義を明確化する観点から、その発生及びまん延を予防することを目的として、予防接種法の定めるところにより予防接種を行う疾病を「一類疾病」と、個人の発病又はその重症化を防止し、併せてこれによりそのまん延の予防に資することを目的として、同法の定めるところにより予防接種を行う疾病を「二類疾病」とすることと修正された。

　インフルエンザは、「今後の予防接種制度の在り方について」（平成5年12月14日公衆衛生審議会答申）において、「現在、一般的な臨時接種の対象となっているインフルエンザについては、当審議会において、「インフルエンザ予防接種の当面のあり方について」（昭和62年8月6日）として、社会全体の流行を抑止することを判断できるほどの研究データは十分に存在しない旨の意見をすでに提出しており、また、流行するウイルスの型が捉えがたく、このためワクチンの構成成分の決定が困難であるという特殊性を有すること等にかんがみ、予防接種制度の対象から除外することが適当である。」とされたことを受け、第13次改正（平成6年）において予防接種法の対象疾病から削除された。当該答申においては、「インフルエンザの予防接種には、個人の発病防止効果や重症化防止効果が認められていることから、今後、各個人が、かかりつけ医と相談しながら、接種を受けることが望ましい。」とされていたが、当該改正後、インフルエンザに係る予防接種に対する国民の理解度は低調なものとなったため、インフルエンザの脅威や当該予防接種の効果等に関する普及啓発を行うだけでなく、当該予防接種を同法に基づく予防接種として推進する必要があった。また、平成6年以降、高齢者施設等におけるインフルエンザの集団感染事例やインフルエンザによる高齢者の死亡事例が報道されるとともに、人口動態統計（速報）においても、平成10年から平成11年にかけての冬季において、例年の同時期と比較して多数の死亡者が報告されており、インフルエンザの関与が指摘された。このような状況を背景に、第19次改正（平成13年）において、インフルエンザを同法の対象疾病に追加することとされた。なお、この点について、平成13年10月19日の衆議院厚生労働委員会において、江田康幸委員が「近年、冬季におきまして全国的にインフルエンザが流行し、特に特別養護老人ホーム等の高齢者施設における集団感染が数多く発生し、高齢者を中心としたインフルエンザに起因する死亡等が社会問題化しているのが現状でございます。インフルエンザは3年から5年ごとに大規模な流行が起こっていることから、今年度の冬は大流行が危惧されているところでございま

す。このような中で、高齢者を対象としてインフルエンザの予防接種を促進するため、対象疾病にインフルエンザを追加する本法案の持つ意義は極めて大きいと考えますが、その背景と経緯を踏まえて、まず坂口厚生労働大臣の所見をお伺いしたいと思いますので、どうぞよろしくお願い申し上げます。」と質問したのに対し、坂口力厚生労働大臣は「今、江田議員からお話がございましたとおり、高齢化社会を迎えまして、そして老人施設等がたくさん増えてまいりました。そうした中で、過去におきまして非常にインフルエンザが流行し、多くの死者を出した、あるいはまた、そこに至らないまでも非常に重症の人をそこから生み出したというようなこともございまして、この高齢社会の中のそうした施設等につきましては大きな問題を残したわけでございます、今委員が御指摘になりましたとおりでございまして。そうしたことを踏まえまして、その予防に適切に対応できる予防接種制度の構築が求められてきたところでございます。このため、厚生労働省といたしましては、公衆衛生審議会の審議も踏まえたところでございますが、高齢者に対するインフルエンザを予防接種の対象疾患として、あわせて予防接種の対象疾患を類型化するなどを内容とする本法案を提出させていただいたところでございます。これも委員が御指摘になりましたとおり、今年の冬には、いわゆる循環的な年数からいきまして、インフルエンザの流行が予測されると申しますか、そういう年に当たることも事実でございますので、皆さん方に御審議をいただきまして、一日も早い成立をさせていただきますよう、お願いを申し上げる次第でございます。」と答弁している。

(3) 第23次改正（平成25年）

> （定義）
> **旧第2条** この法律において「予防接種」とは、疾病に対して免疫の効果を得させるため、疾病の予防に有効であることが確認されているワクチンを、人体に注射し、又は接種することをいう。
> 2 この法律において「A類疾病」とは、次に掲げる疾病をいう。
> 　一　ジフテリア
> 　二　百日せき
> 　三　急性灰白髄炎
> 　四　麻しん
> 　五　風しん
> 　六　日本脳炎
> 　七　破傷風
> 　八　結核
> 　九　Hib感染症
> 　十　肺炎球菌感染症（小児がかかるものに限る。）
> 　十一　ヒトパピローマウイルス感染症
> 　十二　前各号に掲げる疾病のほか、人から人に伝染することによるその発生及びまん延を予防するため、又はかかった場合の病状の程度が重篤になり、若しくは重篤になるおそれがあることからその発生及びまん延を予防するため特に予防接種を行う必要があると認められる疾病として政令で定める疾病

> 3　この法律において「B類疾病」とは、次に掲げる疾病をいう。
> 　一　インフルエンザ
> 　二　前号に掲げる疾病のほか、個人の発病又はその重症化を防止し、併せてこれによりそのまん延の予防に資するため特に予防接種を行う必要があると認められる疾病として政令で定める疾病
> 4　この法律において「定期の予防接種」とは、次に掲げる予防接種をいう。
> 　一　第5条第1項の規定による予防接種
> 　二　前号に掲げる予防接種に相当する予防接種として厚生労働大臣が定める基準に該当する予防接種であって、市町村長以外の者により行われるもの
> 5　この法律において「臨時の予防接種」とは、次に掲げる予防接種をいう。
> 　一　第6条第1項又は第3項の規定による予防接種
> 　二　前号に掲げる予防接種に相当する予防接種として厚生労働大臣が定める基準に該当する予防接種であって、第6条第1項又は第3項の規定による指定があった日以後当該指定に係る期日又は期間の満了の日までの間に都道府県知事及び市町村長以外の者により行われるもの
> 6　この法律において「定期の予防接種等」とは、定期の予防接種又は臨時の予防接種をいう。
> 7　この法律において「保護者」とは、親権を行う者又は後見人をいう。

　第23次改正（平成25年）においては、「予防接種制度の見直しについて（第2次提言）」（平成24年5月23日厚生科学審議会感染症分科会予防接種部会取りまとめ）を受け、①から③までの改正が行われたほか、予防接種法の大幅な見直し等に伴い、④の改正が行われた。

① 一類疾病の対象の追加

　　第2次提言において、「平成23年3月11日のワクチン評価に関する小委員会報告書の通り、医学的・科学的観点からは、7ワクチン（子宮頸がん予防、ヒブ、小児用肺炎球菌、水痘、おたふくかぜ、成人用肺炎球菌、B型肝炎）について、広く接種を促進していくことが望ましい。」とされたことを受け、Hib感染症、肺炎球菌感染症（小児がかかるものに限る。）、ヒトパピローマウイルス感染症が追加された。なお、これらの3つの疾病については、平成22年10月6日の厚生科学審議会感染症分科会予防接種部会の意見書において、「Hibワクチン、小児用肺炎球菌ワクチン、HPVワクチンは、予防接種法上の定期接種に位置づける方向で急ぎ検討すべきである」[23]とされたことを受け、当面の対応として、子宮頸がん等ワクチン接種緊急促進臨時特例交

---

[23] 当該意見書において、その理由は次のとおり示されている。
- ヘモフィルスインフルエンザ菌b型（Hib）ワクチン、小児用肺炎球菌ワクチン、HPVワクチンは、WHOが全ての地域において接種を行うよう勧告を行っており、先進諸国でも実施されているものの、我が国では未実施であること。
- Hib、肺炎球菌の感染による細菌性髄膜炎で乳幼児が死亡し、HPV感染による子宮頸がんで死亡する女性も多いこと。
- これらのワクチンの有効性・安全性は高いこと。
- Hib、肺炎球菌による感染症は、重度の後遺症の発症頻度が高く、これらの菌は、抗菌薬耐性獲得の問題から治療に難渋することがあり、この傾向はさらに強まること。
- さらに、その接種促進に対する国民の要請も高いこと。

付金事業が全ての市町村で実施されていた。

② 二類疾病の対象の追加

　第2次提言において、「新たな感染症の発生、新たなワクチンの開発、予防接種の安全性や有効性に関する知見の集積、予防接種を実施する体制の整備など、予防接種を取り巻く環境の変化に応じ、今後は評価・検討組織による総合的・恒常的な評価・検討に基づき、機動的に対象疾病を見直すため、二類疾病についても一類疾病と同様に、政令で対象疾病を追加できるようにすることが適当である。」とされたことを受け、そのように改正された。

③ 一類疾病及び二類疾病の区分の明確化及び名称変更

　一類疾病へのヒトパピローマウイルス感染症の追加に伴い、一類疾病の解釈を追加する必要があったが、今後も、ワクチンの研究開発の進展により、予防接種法の対象疾病の追加が見込まれる中で、当該対象疾病の区分を解釈変更によるものとすることは、予防接種施策の客観性や一貫性の観点から望ましいことではないと考えられた。そこで、第2次提言において示された分類案を踏まえ、一類疾病については、第2項第12号において、「人から人に伝染することによるその発生及びまん延を予防するため、又はかかった場合の病状の程度が重篤になり、若しくは重篤になるおそれがあることからその発生及びまん延を予防するため特に予防接種を行う必要があると認められる疾病」と、二類疾病については、従前の規定を受け継ぎ、第3項第2号において、「個人の発病又はその重症化を防止し、併せてこれによりそのまん延の予防に資するため特に予防接種を行う必要があると認められる疾病」と、それぞれ規定され、両者の区分が明確化された。これにより、罹患した場合に軽症で済むような感染症については、A類疾病から明確に除外されることとなった。

　また、一類疾病及び二類疾病という名称が感染症法の一類感染症等と混同しやすい（例：結核は二類感染症かつ一類疾病）との医療現場等からの指摘を踏まえ、一類疾病はA類疾病に、二類疾病はB類疾病に変更された。なお、当時の議論では、「一類・二類」のうち、①「一・二」に当たる部分を変更する、②「類」に当たる部分を変更する、という2案が考えられたところ、①の方が感染症法との混同を防ぐ観点から適切であるとされた。そして、「●類疾病」については、様々な案（甲乙やアイウ、イロハ等）が考えられたが、現行法令においてもアルファベットを分類に用いている例があること、また、医療関係者は普段から臨床の場や論文作成等で英語を頻繁に使用しているため、アルファベットで区分した方が、名称に馴染みやすいと考えられたことから、「A類疾病」、「B類疾病」が採用された。

④ 「定期の予防接種」等の定義の創設

　「定期の予防接種」や「臨時の予防接種」等の区分は予防接種法の制定当初から存在するが、これらの用語は他法で引用する場合も多く、また、第23次改正（平成25年）において追加する条項や章名でも引用する必要があったことから、定義規定を置くこととされた。

(4) 第26次改正（令和4年）

　第26次改正（令和4年）においては、第53条の創設に伴い、同条第1項各号に規定する疾病の定義がA類疾病及びB類疾病に追加されたほか、「定期の予防接種」等の定義

が見直された。

第26次改正（令和4年）前において、定期の予防接種は、
① 第5条第1項の規定による予防接種
② ①に掲げる予防接種に相当する予防接種として厚生労働大臣が定める基準に該当する予防接種であって、市町村長以外の者により行われるもの
臨時の予防接種は、
③ 第6条第1項又は第3項の規定による予防接種
④ ③に掲げる予防接種に相当する予防接種として厚生労働大臣が定める基準に該当する予防接種であって、第6条第1項又は第3項の規定による指定があった日以後当該指定に係る期日又は期間の満了の日までの間に都道府県知事及び市町村長以外の者により行われるもの
とされていた。このうち、
・ ②については、重大災害時等における市町村の実施体制の確保が困難な事態
・ ④については、感染症のまん延時等の緊急、重大な事態において多数の者に接種を行う必要がある場合

がそれぞれ想定されており、都道府県知事及び市町村長による実施体制の確保が困難な場合において、地方公共団体以外の者によって予防接種が実施されるときに、一定の基準への適合を要件に当該予防接種を予防接種法に基づく予防接種として取り扱うことにより、接種率の確保を図ることを目的として規定されていたところ、②及び④については、

・ 接種体制が十分に整備されていなかった時代には、このような規定の意義は高かったと思われるが、現在では接種体制が十分整備されていることから、その意義は極めて限定されると考えられること[24]
・ 今般の新型コロナウイルス感染症に係る予防接種は、④が想定している場合であったと思われるが、市町村長が医療機関に接種を委託するスキームを構築することにより、④を用いずとも、大規模接種会場、職域接種会場、個別接種会場等が開設され、多様な接種機会の確保が図られたこと

から、これらの規定を存置する意義が乏しいと考えられた。そこで、②及び④は削除され、定期の予防接種は①を、臨時の予防接種は③をそれぞれ意味することとされた。

4. 解説

(1) 第1項について

予防接種法における「予防接種」とは、単にワクチンを人体に注射し、又は接種することをいうのではなく、「疾病に対して免疫の効果を得させる」という目的でワクチンを人体に注射し、又は接種することをいう。当該目的以外でワクチンを人体に投与することは考えにくいが、他の医薬品と間違えてワクチンを人体に投与した場合に、これを同法に基づく予防接種として取り扱わない根拠として意義を有すると思われる。

---

[24] ②及び④は、市町村が予防接種を実施できないほどの緊急事態における非常に稀なケースを想定したものであるため、第23次改正（平成25年）前に実施例はなく、「厚生労働大臣が定める基準」も定められていなかった。したがって、定期の予防接種は①を、臨時の予防接種は③を意味すると捉えても、実務上ほとんど支障がない状態だった。

「ワクチン」とは、感染症の予防を目的として人体に投与される医薬品であって、体内において病原体に対する免疫を人工的に作り出させるものである。ワクチンの種類は、生ワクチン、不活化ワクチン、トキソイドに大別される。生ワクチンとは、病原体を弱毒化したもので、麻疹生ワクチン、風疹生ワクチン等がある。不活化ワクチンとは、病原体等を不活化したもので、百日咳ワクチン、日本脳炎ワクチン、インフルエンザワクチン等がある。トキソイドとは、病原体の外毒素を不活化したもので、ジフテリアトキソイド、破傷風トキソイド等がある。いずれにしても、ワクチンは、「疾病の予防に有効であることが確認されている」ものでなければならない。これは、ワクチンの投与により免疫付与の効果が得られることが医学的に証明され、医学界の通説となっていることを要件とする[25]。「確認」は「疾病の予防に有効である」という評価を根拠付ける事実や、その評価を妨げる事実を総合的に考慮して行われるものであり、薬機法の規定による承認の有無等はその一要素に過ぎない。しかし、予防接種は極めて稀ではあるが不可避的に健康被害が起こり得るものであること、また、公的関与が行われることに鑑み、予防接種法に基づく予防接種で使用するワクチンは、薬機法の規定による承認等が得られ、生物学的製剤基準を満たし、検定を受けた適法なものであることが求められるであろう。ただし、薬機法の規定による承認等が得られていないワクチンは一切使用できないかという点については、検討の余地がある。医薬品、医療機器等の品質、有効性及び安全性の確保等に関する法律等の一部を改正する法律（令和4年法律第47号）により緊急承認制度（薬機法第14条の2の2第1項）が創設されたため、この議論の実益は乏しいが、疾病の発生又はまん延の状況、外国の薬事規制当局における対応状況、外国におけるワクチンの使用状況や健康被害の発生状況等を踏まえ、当該疾病の発生又はまん延を防止するためには当該ワクチンを使用して予防接種を行うしか方法がない場合にやむを得ず緊急的かつ一時的に使用することは予防接種法上許容されると思われる。なお、緊急承認は「申請に係る効能又は効果を有すると推定される」医薬品に対して与えられるものであるところ、緊急承認されたワクチンを予防接種法に基づく予防接種において使用することができるかが問題となる。この点、先述のとおり、「確認」は評価根拠事実と評価障害事実を総合的に考慮して行われるものであることから、その結果によっては、当該ワクチンを同法に基づく予防接種において使用することも可能である。

「注射」とは、注射針を用いてワクチンを体内に注入する方法である。「接種」とは、注射以外の方法によりワクチンを人体に投与する方法であり、その例示として、昭和27年逐条解説（236頁）においては種痘の乱刺法、切皮法等が、昭和53年逐条解説（53頁）においては種痘の多圧法や急性灰白髄炎の経口投与が挙げられている。「注射」と「接種」のいずれも、医学的に安全性が確立された方法であることを要する。

(2) 第2項及び第3項について

予防接種法の対象疾病について、集団予防に比重を置くA類疾病、個人予防に比重を置くB類疾病に区分して規定するものである。第2項、第3項とも、疾病を個別列挙し、最後に包括条項を置くという構造となっている。当該包括条項においては、疾病の

---

[25] 昭和53年逐条解説（53頁）において、「医学界の一部に少数の反対説があっても、それは必ずしも「確認」という要件を妨げないものと考えられる。」とされている。

性質を規定した上で、具体の疾病は政令で定めることとされている。これは、我が国に常在しない疾病が予期せぬ状況で発生又はまん延した場合や、生物テロ等の人為的な感染事例が発生した場合に緊急に対処すること、また、新たなワクチンの開発状況に機動的に対応することを目的としており、法律で定める疾病と政令で定める疾病に差異があるものではない。なお、当該包括条項で規定されている性質は、その前に個別列挙されている疾病にも該当するものである。

A類疾病は、①人から人に伝染することによるその発生及びまん延を予防するため、又は、②かかった場合の病状の程度が重篤になり、若しくは③重篤になるおそれがあることからその発生及びまん延を予防するため、特に予防接種を行う必要があると認められる疾病である。①は、集団予防に比重を置いて、直接的な流行阻止（人から人への感染防止）を図る目的で予防接種を行う疾病であり、ジフテリア、百日咳、急性灰白髄炎、麻疹、風疹、結核、Hib感染症、肺炎球菌感染症（小児がかかるものに限る。）、痘瘡[26]、水痘及びロタウイルス感染症が該当する。②は、集団予防に比重を置いて、感染自体による致命率[27]が高いことによる重大な社会的損失の防止を図る目的で予防接種を行う疾病であり、日本脳炎及び破傷風が該当する。③は、集団予防に比重を置いて、感染し、長期間経過後に重篤になる可能性が高いことによる重大な社会的損失の防止を図る目的で予防接種を行う疾病であり、ヒトパピローマウイルス感染症及びB型肝炎が該当する。なお、「かかった場合の病状の程度が重篤になり、若しくは重篤になるおそれ」とは、当該疾病に罹患した場合、病状が著しく重くなること又は一定期間経過後に著しく重くなる可能性があることを意味し、病状が著しく重いか否かは死亡の可能性の程度を基準に判断されるものである。また、「特に予防接種を行う必要がある」とは、ある疾病に対する予防接種は、当該疾病を予防接種法の対象疾病に位置付けずとも行えるところ、同法の対象疾病に位置付け、市町村における接種体制の確保等が義務付けられる点において、同法に基づかない予防接種と比較して予防接種を行う必要性が高いことを意味するものである。

B類疾病は、個人の発病又はその重症化を防止し、併せてこれによりそのまん延の予防に資するため特に予防接種を行う必要があると認められる疾病である。すなわち、個人予防に比重を置いて、個人の発病及び重症化の防止並びにその積み重ねとしての間接的な集団予防を図る目的で予防接種を行う疾病である。

以上のように、A類疾病とB類疾病の相違は、予防接種を行う目的、すなわち、集団予防と個人予防のどちらに比重を置いて予防接種を行うかという点にあり、疾病の病原性や感染力、予防接種の効果等にあるものではない。例えば、「かかった場合の病状の程度が重篤になる」疾病であっても、「個人の発病又はその重症化を防止し、併せてこれによりそのまん延の予防に資するため」予防接種を行うものであれば、B類疾病に位置付けることとなる。

ある疾病について、予防接種法の対象とするか否か検討するに当たっては、そもそも

---

[26] 痘瘡は、生物テロに備えて予防接種法施行令に規定されており、昭和51年に予防接種法に基づく予防接種が事実上中止されて以降、同法に基づく予防接種は行われていない。

[27] 致命率とは、罹患した者を分母として、一定期間内の死亡者の割合を算出したものである。一方、致死率とは、同時に発生した事象による被害を受けた特定集団を分母として、死亡者の割合を算出したものである。

当該疾病について予防接種という手段があるか、ワクチンの有効性及び安全性は確保されているかという点を基礎に、集団予防目的と個人予防目的の双方が確保されるかといった点が考慮されることになる。なお、ある疾病が第2項又は第3項（第2項第12号及び第13号並びに第3項第2号及び第3号の政令を含む。）に位置付けられることは、当該疾病について同法に基づく予防接種が行われる可能性があることを意味するに過ぎない。実際に当該疾病について同法に基づく予防接種が行われるためには、定期の予防接種については第5条第1項の政令への位置付けが、臨時の予防接種については第6条第1項又は第3項の厚生労働大臣の指定が必要となる。

予防接種法の対象疾病の変遷は表1のとおりである。

【表1】予防接種法の対象疾病の変遷

	昭和23年7月1日（制定当初）	昭和26年4月1日（第1次改正後）	昭和33年7月1日（第5次改正後）	昭和36年4月1日（第6次改正後）	昭和51年6月19日（第10次改正後）	平成6年10月1日（第13次改正後）	平成13年11月7日（第19次改正後）	平成19年4月1日（第21次改正後）	平成25年4月1日（第23次改正後）
痘瘡	○					×			
ジフテリア	○								
腸チフス	○				×				
パラチフス	○				×				
百日咳	○								
結核	○	×						○	
急性灰白髄炎	—			○					
麻疹	—				○				
風疹	—				○				
発疹チフス	○				×				
コレラ	○					×			
ペスト	○				×				
猩紅熱	○		×						
インフルエンザ	○						×	○	
日本脳炎	—				○				
破傷風	—					○			
ワイル病	○				×				
Hib感染症	—								○
肺炎球菌感染症（小児がかかるものに限る。）	—								○
ヒトパピローマウイルス感染症	—								○

※ 表1は予防接種法に規定する疾病に係るものであり、政令で定める一類疾病又はA類疾病及び二類疾病又はB類疾病は次のとおりである。
　ⅰ）政令で定める一類疾病又はA類疾病
　　・平成15年10月22日以降：痘瘡
　　・平成26年10月1日以降：痘瘡、水痘
　　・平成28年10月1日以降：痘瘡、水痘、B型肝炎
　　・令和2年10月1日以降：痘瘡、水痘、B型肝炎、ロタウイルス感染症
　ⅱ）政令で定める二類疾病又はB類疾病
　　・平成26年10月1日以降：肺炎球菌感染症（高齢者がかかるものに限る。）
　　・令和6年4月1日以降：肺炎球菌感染症（高齢者がかかるものに限る。）、新型コロナウイルス感染症

(3) 第4項から第6項までについて

　予防接種法における「定期の予防接種」、「臨時の予防接種」及び「定期の予防接種等」を定義するものである[28]。

　「定期の予防接種」は、第5条第1項の規定による予防接種であり、市町村長が定期に行うものである。なお、同条第2項及び第3項は、当該予防接種を行うことを要しない区域を定めるものに過ぎないため、本条第4項からは除かれている。

　「臨時の予防接種」は、第6条第1項から第3項までの規定による予防接種であり、都道府県知事又は市町村長が臨時に行うものである。なお、同条第4項は、都道府県知事の市町村長に対する協力に関する規定であるため、本条第5項からは除かれている。

　「定期の予防接種等」は、定期の予防接種又は臨時の予防接種をいう。「又は」と規定されているが、定期の予防接種と臨時の予防接種の両方を指す場合があり、その場合、「定期の予防接種等」は予防接種法に基づく予防接種全てを指す。

(4) 第7項について

　予防接種法における「保護者」を定義するものである。

　「親権を行う者」は、民法（明治29年法律第89号）第820条等における「親権を行う者」と同義である。また、「後見人」とは、未成年後見人及び成年後見人をいう。

> **補論1** 予防接種法の対象疾病の感染症法上の分類について（第2項及び第3項関係）

　予防接種法の対象疾病は感染症法第6条第1項に規定する感染症と条文上の関連性はないため、同項に規定する感染症以外も含まれ得ることは、第1条の4(2)において述べたとおりであるが、参考に、予防接種法の対象疾病の感染症法上の分類について、表2に示す。

【表2】予防接種法の対象疾病の感染症法上の分類

A類疾病		感染症法上の分類
第1号	ジフテリア	二類感染症
第2号	百日咳	五類感染症
第3号	急性灰白髄炎	二類感染症
第4号	麻疹	五類感染症
第5号	風疹	五類感染症
第6号	日本脳炎	四類感染症
第7号	破傷風	五類感染症
第8号	結核	二類感染症
第9号	Hib感染症	五類感染症（侵襲性インフルエンザ菌感染症）
第10号	肺炎球菌感染症（小児がかかるものに限る。）	五類感染症（侵襲性肺炎球菌感染症）
第11号	ヒトパピローマウイルス感染症	－

---

[28] 第26次改正（令和4年）前は、いわゆる「相当する予防接種」も予防接種法に基づく予防接種として取り扱うこととされていたため、第5条の見出しは「市町村長が行う予防接種」と、第6条の見出しは「臨時に行う予防接種」とされていたが、当該改正において、当該取扱いが廃止されたため、それぞれ「定期の予防接種」、「臨時の予防接種」と改正しても良かったと思われる。

第12号	−	−
第13号	痘瘡	一類感染症
	水痘	五類感染症
	Ｂ型肝炎	五類感染症
	ロタウイルス感染症	五類感染症（感染性胃腸炎）
Ｂ類疾病		**感染症法上の分類**
第1号	インフルエンザ	五類感染症（鳥インフルエンザ及び新型インフルエンザ等感染症を除く。）
第2号	−	−
第3号	肺炎球菌感染症（高齢者がかかるものに限る。）	五類感染症（侵襲性肺炎球菌感染症）
	新型コロナウイルス感染症	五類感染症

補論2 第2項第12号及び第3項第2号について

　第2項第12号及び第3項第2号は、第53条の創設に伴い設けられた規定である。第26次改正（令和4年）の原案の段階では、第53条第1項各号に掲げる疾病は、Ａ類疾病であれば「人から人に伝染することによるその発生及びまん延を予防するため、又はかかった場合の病状の程度が重篤になり、若しくは重篤になるおそれがあることからその発生及びまん延を予防するため特に予防接種を行う必要があると認められる疾病」、Ｂ類疾病であれば「個人の発病又はその重症化を防止し、併せてこれによりそのまん延の予防に資するため特に予防接種を行う必要があると認められる疾病」として、それぞれ包括条項の政令で定めることが想定されていた。しかし、政府内の調整過程で、同条において定義規定にない疾病を規定することは不可との指摘[29]があり、第2項第12号及び第3項第2号が設けられた。

　第2項第12号に掲げる疾病は、①その全国的かつ急速なまん延により、②国民の生命及び健康に重大な影響を与えるおそれがあると認められる性質を有するものである。新型インフルエンザ等感染症、指定感染症及び新感染症の感染症法における定義の共通項は②であるが、①の要件が付加されている。これは、損失補償契約を締結すべき疾病は、新型インフルエンザ等対策特別措置法が適用されるべき疾病と重なり合うことが想定されるため、同法の表現が引用されたものである。

　新型インフルエンザ等感染症、指定感染症又は新感染症について、Ｂ類疾病に位置付けることは想定し難いが、仮に第3項第2号が存在しない場合は、第2項第12号との比較により、Ｂ類疾病に新型インフルエンザ等感染症、指定感染症又は新感染症を規定することができないと捉えられるおそれがあるため、入念的に第3項第2号が規定されている。同号に掲げる疾病は、その性質が規定されていない。これは、特段の規定を置かずとも、当該性質は第2項第12号の反対解釈により明らかであると考えられたためである。

---

[29] その理由は必ずしも明らかでなく、第2項第12号及び第3項第2号は法制上欠くことのできない規定とまでは言えないと思われる。

補論3 いわゆる「相当する予防接種」について（第4項から第6項まで関係）

　いわゆる「相当する予防接種」とは、都道府県知事及び市町村長以外の者により行われる、予防接種法に基づく予防接種に相当する予防接種をいい、第26次改正（令和4年）前の本条第4項第2号及び第5項第2号に規定する予防接種を指す。
　予防接種法の制定当初は、同法に基づく予防接種は公務員である医師が行うこととされており、民間の医師が行う予防接種を想定した規定は置かれていなかったが、第2次改正（昭和26年）において、当時の第3条第1項は民間の医師が行う予防接種を受ける場合も含むという解釈の下に、第6条の2において、市町村長以外の者が行った定期の予防接種を受けたときは、市町村長に対して証明書を提出しなければならない旨の規定、第19条の2において、予防接種を行った医師は、予防接種に関する証明書の交付の求めがあったときは、正当な理由がなければ、これを拒んではならない旨の規定が設けられた。この背景には、戦後の混乱期にあって感染症が流行していた状況を踏まえ、接種率の向上を図るため、民間の医師が行う予防接種を受けた場合でも第3条第1項の義務を果たしたこととする必要性が高かったことがある。
　その後、第26次改正（令和4年）前まで、予防接種法において、いわゆる「相当する予防接種」も同法に基づく予防接種として取り扱うこととされてきた。第10次改正（昭和51年）においては、第6条の2及び第19条（第2次改正（昭和26年）において設けられた第19条の2が繰り上げられたもの）は削除されたが、定期の予防接種については第5条に、臨時の予防接種については第8条及び第11条に、都道府県知事及び市町村長以外の者が行う予防接種を受けたときは、都道府県知事又は市町村長が行う予防接種を受けたものとみなす旨の規定が設けられた。第13次改正（平成6年）においては、第10次改正（昭和51年）で設けられた第5条、第8条及び第11条は削除されたが、新たに第8条として規定された予防接種を受ける努力義務に係る規定の中で、当該努力義務の対象となる予防接種は都道府県知事及び市町村長以外の者が行うものも含むこととされた。そして、第23次改正（平成25年）においては、いわゆる「相当する予防接種」が第2条第4項第2号及び第5項第2号として定義規定に盛り込まれた。
　このように、いわゆる「相当する予防接種」は規定としては存続していたものの、その趣旨は変容した。当初の目的は、接種率の向上であったが、国民の間に予防接種が浸透し、一定の接種率が確保されるようになった後は、定期の予防接種に相当する予防接種については、災害時等の緊急事態において、市町村の実施体制の確保が困難な事態に備えるため、臨時の予防接種に相当する予防接種については、疾病の発生又はまん延時の緊急かつ重大な事態において多数の者に予防接種を行う必要があり、都道府県知事及び市町村長による実施体制だけでは不十分な場合に備えるため、規定を存置する意義があるとされた。
　しかし、第26次改正（令和4年）において、第2条第4項第2号及び第5項第2号が空文化していたことや、いわゆる「相当する予防接種」の規定を用いずとも新型コロナウイルス感染症に係る予防接種を行い得たことから、これらの規定は削除

され、いわゆる「相当する予防接種」は予防接種法に基づく予防接種として取り扱わないこととされた。ただし、定期の予防接種等の適切な実施のため、定期の予防接種等の対象者が受けたいわゆる「相当する予防接種」に係る記録が必要であることから、第９条の３において、市町村長又は都道府県知事は、定期の予防接種等に相当する予防接種を受けた者又は当該定期の予防接種等に相当する予防接種を行った者から当該定期の予防接種等に相当する予防接種に関する証明書の提出を受けた場合又はその内容を記録した電磁的記録の提供を受けた場合は、遅滞なく、その記録を作成及び保存しなければならないこととされている。

> **参照条文** 第２次改正（昭和26年）後の予防接種法（抄）
>
> 第３條　何人も、この法律に定める予防接種を受けなければならない。
> 第６條の２　定期の予防接種を受けるべき者が、その定期内に、市町村長以外の者について当該予防接種を受けたときは、10日以内に、第19條の２の規定による証明書を市町村長に提出しなければならない。
> 第19條の２　予防接種を行つた医師は、予防接種に関する証明書の交付の求があつたときは、正当な理由がなければ、これを拒んではならない。
> ２　第16條第３項の規定は、前項の証明書の交付についてこれを準用する。

> **参照条文** 第10次改正（昭和51年）後の予防接種法（抄）
>
> 第５条　前条の規定により予防接種（※著者注：定期の予防接種）を受けるべき者が、第３条に規定する定期内に、市町村長以外の者についてこれに相当する予防接種を受けたときは、前条の規定により予防接種を受けたものとみなす。
> 第８条　前条の規定により予防接種（※著者注：一般的な臨時の予防接種）を受けるべき者が、その予防接種を受けるべき期日前３月以内に、都道府県知事及び市町村長以外の者についてこれに相当する予防接種を受けたときは、同条の規定により予防接種を受けたものとみなす。
> 第11条　前条の規定により予防接種（※著者注：緊急的な臨時の予防接種）を受けるべき者が、その予防接種を受けるべき期日前３月以内に、都道府県知事及び市町村長以外の者についてこれに相当する予防接種を受けたときは、同条の規定により予防接種を受けたものとみなす。

> **参照条文** 第13次改正（平成６年）後の予防接種法（抄）
>
> 第８条　第３条第１項又は第６条第１項に規定する予防接種の対象者は、第３条第１項に規定する予防接種（当該予防接種に相当する予防接種であって、市町村長以外の者により行われるものを含む。次項及び第11条第１項において「定期の予防接種」という。）又は第６条第１項に規定する予防接種（当該予防接種に相当する予防接種であつて、同項の規定による指定があつた日以後当該指定に係る期日又は期間の満了の日までの間に都道府県知事及び市町村長以外の者により行われるものを含む。次項及び第11条第１項において「臨時の予防接種」という。）を受けるよう努めなければならない。
> ２　（略）

第2章 予防接種基本計画等

　第2章は、予防接種施策を推進する上で柱となる予防接種基本計画及び個別予防接種推進指針について規定するものである。両者のうち先に設けられたのは個別予防接種推進指針に係る規定であるが、その当時は本章が存在せず、雑則に置かれた。その後、予防接種基本計画に係る規定を新設することになった際、予防接種基本計画は施策の方向性について共通する性質を有する個別予防接種推進指針と同じ章に規定することが適当である一方、予防接種基本計画は個別の疾病に係る予防接種に限らず、予防接種施策全般について今後目指すべき方向性を明らかにするものであり、通常雑則に置かれる規定である「実体規定全般に共通的に適用されるような事項で、しかも総則として法令の冒頭の部分において規定するには当たらないような技術的、手続的なもの」[30]に該当しないと考えられたことから、予防接種基本計画及び個別予防接種推進指針を規定するための章として本章が設けられた。なお、本章は予防接種法に規定する予防接種施策全般に係る基本的かつ横断的な内容を規定するものであることから、総則の次に置くこととされた。

第3条　予防接種基本計画

> （予防接種基本計画）
> 第3条　厚生労働大臣は、予防接種に関する施策の総合的かつ計画的な推進を図るため、予防接種に関する基本的な計画（以下この章及び<u>第48条第2号</u>において「予防接種基本計画」という。）を定めなければならない。
> 2　予防接種基本計画は、次に掲げる事項について定めるものとする。
> 　一　予防接種に関する施策の総合的かつ計画的な推進に関する基本的な方向
> 　二　国、地方公共団体その他関係者の予防接種に関する役割分担に関する事項
> 　三　予防接種に関する施策の総合的かつ計画的な推進に係る目標に関する事項
> 　四　予防接種の適正な実施に関する施策を推進するための基本的事項
> 　五　予防接種の研究開発の推進及びワクチンの供給の確保に関する施策を推進するための基本的事項
> 　六　予防接種の有効性及び安全性の向上に関する施策を推進するための基本的事項
> 　七　予防接種に関する国際的な連携に関する事項
> 　八　その他予防接種に関する施策の総合的かつ計画的な推進に関する重要事項
> 3　厚生労働大臣は、少なくとも5年ごとに予防接種基本計画に再検討を加え、必要があると認めるときは、これを変更するものとする。
> 4　厚生労働大臣は、予防接種基本計画を定め、又はこれを変更しようとするときは、あらかじめ、関係行政機関の長に協議しなければならない。

---

[30] 法制執務研究会編『新訂　ワークブック法制執務　第2版』（ぎょうせい、平成30年）109頁。

> 5　厚生労働大臣は、予防接種基本計画を定め、又はこれを変更したときは、遅滞なく、これを公表しなければならない。

注　第26次改正（令和8年6月8日までの間において政令で定める日施行分）による改正後の規定（下線＝該当箇所）。

1. 概要

　本条は、予防接種基本計画について、厚生労働大臣にその策定義務を課すとともに、その内容や策定手続を定める規定である。

2. 沿革
   - 第23次改正（平成25年）：制定
   - 第26次改正（令和4年）：一部改正

3. 制定の趣旨

　平成21年4月に発生した新型インフルエンザ（A／H1N1）を契機に行われた予防接種制度全般の見直しに係る議論の中で、予防接種施策を総合的かつ恒常的に評価、検討する仕組みが導入されておらず、予防接種施策の一貫性や継続性が確保されにくくなっているとの課題が指摘された。そこで、予防接種施策に関係する行政機関、医療関係者、ワクチン製造販売・流通業者等が、それぞれの役割を認識しつつ、連携、協力して予防接種施策を推進するため、予防接種基本計画を定め、予防接種施策についての中長期的なビジョンを共有することとされた。

4. 解説

(1) 第1項及び第2項について

　予防接種基本計画は、上述のとおり、予防接種施策についての中長期的なビジョンを関係者が共有することにより、一貫性を持って予防接種施策を推進することを目的として策定されるものである。そこで、予防接種基本計画においては、予防接種施策全般に共通する中長期的な基本的方向、ワクチン産業の育成等、予防接種施策を横断的に捉えるために必要となる事項を規定することとされている。本条の制定当初想定されていた、第2項各号に掲げる事項の具体的な内容は表3のとおりである。

　なお、既に予防接種法又は予防接種法施行令に規定されている疾病に係る予防接種のみならず、それ以外の疾病に係る予防接種についても、新たなワクチンの開発状況等を視野に入れて予防接種基本計画に盛り込むことが想定されている。この点、同法又は同令に規定されている疾病に対象を限定する個別予防接種推進指針とは異なる。これは、予防接種基本計画は予防接種施策の中長期的な見通しを示すものであるため、同法又は同令に規定されていない疾病に係る予防接種についても、当該疾病に係るワクチンの開発状況等を踏まえ、定期接種化等を念頭に予防接種基本計画に盛り込むことが必要となる場合がある一方、個別予防接種推進指針は個別の疾病の発生及びまん延の状況等を踏まえ、厚生労働大臣が当該疾病に係る予防接種を特に総合的に推進するためのものであ

ることから、国や地方公共団体が関与しない形で予防接種が行われる疾病について個別予防接種推進指針を策定しても、その効果が乏しいためである。

【表3】予防接種基本計画において定める事項の具体的な内容

第3条第2項各号	具体的な内容
一 予防接種に関する施策の総合的かつ計画的な推進に関する基本的な方向	・予防接種施策の歴史と現在の状況 ・中長期的な視点で見た予防接種施策の見通し
二 国、地方公共団体その他関係者の予防接種に関する役割分担に関する事項	・国、地方公共団体、医療関係者、ワクチン製造販売業者、報道機関、国民がそれぞれ果たすべき役割
三 予防接種に関する施策の総合的かつ計画的な推進に係る目標に関する事項	・ワクチン・ギャップの解消
四 予防接種の適正な実施に関する施策を推進するための基本的事項	・国による迅速な健康被害救済の実施 ・関係者の連携の下における予防接種の実施体制の確保
五 予防接種の研究開発の推進及びワクチンの供給の確保に関する施策を推進するための基本的事項	・定期接種化を前提としたワクチン開発の支援 ・ワクチン産業ビジョン（平成19年3月策定）に基づく国内ワクチン生産体制の基盤強化
六 予防接種の有効性及び安全性の向上に関する施策を推進するための基本的事項	・治験相談、審査、検定等に係る体制の質の向上 ・副反応疑い報告制度の適切な運用
七 予防接種に関する国際的な連携に関する事項	・WHO等の国際機関との情報の共有
八 その他予防接種に関する施策の総合的かつ計画的な推進に関する重要事項	・トラベラーズワクチン等の任意接種の在り方 ・人権の尊重（個人情報の保護）

(2) 第3項について

本条が制定された趣旨の1つに、予防接種施策を総合的かつ恒常的に評価、検討することがある。そこで、予防接種基本計画については、少なくとも5年ごとに再検討を加え、必要があると認めるときは、これを変更することとされている。なお、この「5年ごと」は最低限守るべきものとして規定されており、5年を待たずして再検討を行うことや予防接種基本計画を変更することは妨げられない。また、この趣旨に鑑み、第2項第3号に掲げる目標など時限を視野に入れるべき内容に関しては、5年という期間を超えることは望ましくないと解される。

なお、第3項から第5項までの類例としては、感染症法第9条第3項から第5項までがある。

(3) 第4項について

予防接種基本計画においては、厚生労働省以外の省庁が担う施策に関する内容を規定することが想定されることから、その策定又は変更に当たっては、関係行政機関の長に協議することとされている[31]。具体的な協議先としては、総務省（国と地方公共団体との役割分担や、地方公共団体が実施主体として果たす機能等）、外務省（国際的な連携等）、文部科学省（医学部教育、ワクチンの研究開発、教育機関における国民への普及啓発等）等が想定されている。

なお、個別予防接種推進指針について本項と同様の規定は置かれていない。その理由は判然としないが、予防接種基本計画に係る規定が設けられた現在にあっては、第4条第1項において、個別予防接種推進指針は予防接種基本計画に即して定めなければなら

---

[31] 予防接種基本計画を策定又は変更しようとするときは、関係行政機関の長への協議に加え、あらかじめ、厚生科学審議会の意見を聴かなければならないこととされている（これは個別予防接種推進指針も同様である。第48条第2号参照。）。

ないこととされているため、個別予防接種推進指針を策定又は変更しようとするときに改めて関係行政機関の長に協議することは要しないと整理するのが適当であると思われる。

(4) 第5項について

予防接種基本計画は、予防接種施策についての中長期的なビジョンを関係者が共有するためのものであることから、その策定時又は変更時には、遅滞なく、これを公表することとされている。

「公表」とは、広く周知するとの趣旨であり、その手段は特に限定されていないが、官報での告示のほか、地方公共団体等への通知、ホームページへの掲載等が想定されている。

第4条　個別予防接種推進指針

> （個別予防接種推進指針）
> 第4条　厚生労働大臣は、Ａ類疾病及びＢ類疾病のうち、特に総合的に予防接種を推進する必要があるものとして厚生労働省令で定めるものについて、当該疾病ごとに当該疾病に応じた予防接種の推進を図るための指針（以下この条及び<u>第48条第2号</u>において「個別予防接種推進指針」という。）を予防接種基本計画に即して定めなければならない。
> 2　個別予防接種推進指針は、次に掲げる事項について定めるものとする。
>   一　当該疾病に係る予防接種の意義、有効性及び安全性に関する事項
>   二　当該疾病に係る予防接種に関する啓発及び知識の普及に関する事項
>   三　当該疾病に係る予防接種の適正な実施のための方策に関する事項
>   四　当該疾病に係る予防接種の研究開発の推進及びワクチンの供給の確保に関する事項
>   五　その他当該疾病に係る予防接種の推進に関する重要事項
> 3　当該疾病について感染症法第11条第1項の規定により同項に規定する特定感染症予防指針が作成されるときは、個別予防接種推進指針は、当該特定感染症予防指針と一体のものとして定められなければならない。
> 4　厚生労働大臣は、個別予防接種推進指針を定め、又はこれを変更したときは、遅滞なく、これを公表しなければならない。

注　第26次改正（令和8年6月8日までの間において政令で定める日施行分）による改正後の規定（下線＝該当箇所）。

1. 概要

　本条は、個別予防接種推進指針について、厚生労働大臣にその策定義務を課すとともに、その内容や策定手続を定める規定である。

2. 沿革

- 第19次改正（平成13年）：制定（旧第20条）
- 第22次改正（平成23年）：一部改正

- 第23次改正（平成25年）：全部改正（旧第20条を削除し、本条を新設）[32]
- 第26次改正（令和4年）：一部改正

3. 制定の趣旨

平成10年6月以降に行われた、公衆衛生審議会における予防接種法及び結核予防法の一部を改正する法律（平成6年法律第51号）附則第2条[33]の規定に基づく予防接種制度を取り巻く諸問題に係る検討の中で、当時、高齢者施設において猛威を振るっていたインフルエンザを念頭に、予防接種法又は予防接種法施行令に規定されている疾病のうち、特に予防接種を推進する必要がある疾病について、予防接種を推進するための総合的な指針を策定し、その指針に予防接種の意義、実施体制その他の予防接種の推進に関する重要事項を定めるべきであるとされた。その背景には、国が、疾病の発生及びまん延の状況、予防接種の有効性及び安全性、地域における実情等を踏まえた指針をあらかじめ定め、一定の基本的方向を示した上で、各都道府県知事及び市町村長が当該指針を踏まえながら各地域の実情に応じた定期の予防接種等の実施に取り組むほか、被接種者及びその保護者等に対して予防接種に関する必要な情報を提供することが、予防接種施策の総合的な推進に当たって重要であると考えられたことがある。なお、国が計画とは別に個別の指針を策定する例として、労働安全衛生法（昭和47年法律第57号）第6条に規定する労働災害防止計画と、同法に規定する各種指針（同法第28条に規定する技術上の指針等）がある。

4. 解説

(1) 第1項について

個別予防接種推進指針は、予防接種基本計画とは異なり、A類疾病及びB類疾病のうち、特に総合的に予防接種を推進する必要があるものについて、個別に当該疾病に応じた予防接種の推進を図るために定められるものである。しかし、個別予防接種推進指針は、予防接種施策を推進するための基本的方向や方策について予防接種基本計画と関連性を有しており、また、両者が全く異なることは望ましくないことから、予防接種基本計画に即して定められなければならないこととされている。なお、「A類疾病及びB類疾病のうち」と規定されていることから明らかなように、予防接種法又は予防接種法施行令に規定されていない疾病について個別予防接種推進指針を定めることはできないが、同法又は同令に規定されている疾病であれば、同法に基づかないものとして実施される当該疾病に係る予防接種に関する内容についても個別予防接種推進指針に盛り込むことができる[34]。ただし、個別予防接種推進指針は、既に同法又は同令に規定され、公的関与が生じている疾病に係る予防接種を推進するために定められるものであることか

---

[32] 第3条（予防接種基本計画）の新設に伴い、本条が「雑則」の章から「予防接種基本計画等」の章に移された。また、個別予防接種推進指針で定めることとされていた「当該疾病に係る予防接種に関する国際的な連携に関する事項」について、予防接種基本計画で定めることとされたため、本条から削除された。その他、規定の整理が行われた。

[33] 「政府は、この法律の施行後5年を目途として、高齢者に係るインフルエンザの流行の状況及び予防接種の接種率の状況、インフルエンザに係る予防接種の有効性に関する調査研究の結果その他この法律による改正後の予防接種法（次条において「新法」という。）の規定の施行の状況を勘案し、必要があると認めるときは、インフルエンザに係る定期の予防接種の在り方等について検討を加え、その結果に基づいて所要の措置を講ずるものとする。」

[34] 例えば、風しんに関する特定感染症予防指針（平成26年厚生労働省告示第122号）においては、「予防接種法に基づく予防接種の一層の充実」に加え、「予防接種法に基づかない予防接種の推奨」が盛り込まれている。

ら、同法に基づかない予防接種については補足的に定めることができるに留まり、同法に基づかない予防接種に関する内容に特化した個別予防接種推進指針は本条が想定するところではないと解される。

「特に総合的に予防接種を推進する必要がある」か否かは、上述のとおり、各疾病の発生及びまん延の状況、予防接種の有効性及び安全性、地域における実情等を踏まえて検討されるものである。

(2) 第2項について

個別予防接種推進指針に定める事項を規定するものである。本項第3号の「予防接種の適正な実施のための方策」は第3条第2項第4号と、本項第4号の「予防接種の研究開発の推進及びワクチンの供給の確保」は同条第2項第5号と類似したものであるが、それ以外の事項についても、予防接種基本計画に即して定められなければならない。

なお、本条の制定当初想定されていた、本項各号に掲げる事項の具体的な内容は表4のとおりである。

【表4】個別予防接種推進指針において定める事項の具体的な内容

第4条第2項各号	具体的な内容
一 当該疾病に係る予防接種の意義、有効性及び安全性に関する事項	・継続的な予防接種が我が国の当該疾病の減少に寄与していること ・予防接種による感染率の減少率 ・発生が予想される副反応のリスク
二 当該疾病に係る予防接種に関する啓発及び知識の普及に関する事項	・地域医師会や近隣の市町村等との連携の下における、健康診断の機会を利用した普及啓発の実施 ・学校教育との連携
三 当該疾病に係る予防接種の適正な実施のための方策に関する事項	・地域医師会等との連携の下における、接種場所や接種機会の円滑な確保 ・当該疾病に係る予防接種の接種率の設定
四 当該疾病に係る予防接種の研究開発の推進及びワクチンの供給の確保に関する事項	・不活化ワクチン、混合ワクチンの開発支援 ・毎年度の円滑なワクチン供給のためのメーカーとの連携
五 その他当該疾病に係る予防接種の推進に関する重要事項	・都道府県における対策会議の設置

(3) 第3項について

予防接種法又は予防接種法施行令に規定されている疾病は感染症法に規定されているものも多く、また、個別予防接種推進指針において定める事項は感染症法第11条第1項に規定する特定感染症予防指針において定める事項と共通するものも多い。そこで、特定感染症予防指針が作成されるときは、公衆衛生行政として、個別の疾病に係る有効かつ効率的な施策の推進が図られるよう、個別予防接種推進指針は当該特定感染症予防指針と一体のものとして定められなければならないこととされている。

(4) 第4項について

個別予防接種推進指針は、疾病の発生及びまん延に備えた平時における環境整備という側面と、疾病の発生及びまん延時における行動計画という側面を有するため、地方公共団体に通知するだけでなく、医療関係者やワクチン製造販売・流通業者をはじめ国民に広く周知する必要があることから、その策定時又は変更時には、遅滞なく、これを公表することとされている。

「公表」とは、予防接種基本計画の「公表」と同様、広く周知するとの趣旨であり、

その手段は特に限定されていないが、官報での告示のほか、地方公共団体等への通知、ホームページへの掲載等が想定されている。

第3章 定期の予防接種等の実施

　第3章は、定期の予防接種等の枠組みを定め、その実施に際し必要となる主な手続等を規定するものである。本章においては、まず、定期の予防接種（第5条）と臨時の予防接種（第6条）という本法に基づく予防接種の基本的枠組みに係る規定が置かれ、次に、予防接種を行うに当たって必要となる行為に関する規定がその流れに沿って置かれている。具体的には、電子対象者確認（第6条の2）、予診（第7条）、予防接種済証の交付（第7条の2）である。その後、公的関与に係る規定（第8条から第9条の2まで）と事務的な規定（第9条の3から第11条まで）が置かれている。

　定期の予防接種等の枠組みについて整理すると表5のとおりであり、定期の予防接種等における公的関与の有無及び実費徴収の可否について整理すると表6のとおりである。なお、特定B類疾病は公的関与、実費徴収及び健康被害救済給付にのみ関わるものであり、表5ではB類疾病に包含されている。

> **参考** 第8条から第9条の2までの規定順について
>
> 　これらの規定は、第9条（制定当初は第8条）、第8条（制定当初は第7条の2）、第9条の2の順に設けられた。第8条（予防接種の勧奨）は第9条（予防接種を受ける努力義務）から派生したものであり、定期の予防接種等の対象者は概ね勧奨により自らが当該定期の予防接種等の対象者であることを知り、予防接種を受けるか否か検討するものであり、予防接種を受ける努力義務は、その際の検討に関係するものであることから、この規定順とされていると考えられる。第9条の2は、第8条及び第9条の例外を定めるものであることから、これらの条の後に規定されている。

> **参考** 第9条の3から第11条までの規定順について
>
> 　第9条の3及び第9条の4に規定する内容は予防接種を行うに当たって必要となる行為とも考えられるが、定期の予防接種等に関する記録の作成及び保存や官公署等に対する資料の提供等の求めは、ある者が定期の予防接種等の対象となるかを確認するに当たって必要となるほか、定期の予防接種等を行った後にその有効性及び安全性を検証するためにも必要となるなど、予防接種会場における一連の行為を想定した第6条の2から第7条の2までとは異なる性質を有することから、第9条の2の後に置くこととされた。また、第10条の前に置くこととされた理由は、仮に同条の後に置く場合、同条において規定されている「定期の予防接種等の実施事務」に第9条の3及び第9条の4が含まれないと解されるおそれがあったためである。なお、第9条の3と第9条の4の規定順については、定期の予防接種等の対象者の確認や定期の予防接種等の有効性及び安全性の検証等はまずは定期の予防接種等に関する記録を用いて行われるべきものであり、官公署等に対する資料の提供等の求めは補充的にされるべきものであることから、この順とされた。

【表5】定期の予防接種等の枠組み

	定期の予防接種	臨時の予防接種		
根拠規定	第5条第1項	第6条第1項	第6条第2項	第6条第3項
趣旨	平時のまん延予防	緊急時のまん延予防		
指示主体		都道府県知事*	厚生労働大臣	

対象者等の指定	政令	都道府県知事	厚生労働大臣
実施主体	市町村長	都道府県知事又は市町村長	
対象疾病	A類疾病及びB類疾病のうち政令で定めるもの	A類疾病及びB類疾病のうち厚生労働大臣が定めるもの	A類疾病のうち当該疾病の全国的かつ急速なまん延により国民の生命及び健康に重大な影響を与えるおそれがあると認められるものとして厚生労働大臣が定めるもの
費用負担	市町村 〔地方交付税措置〕 A類疾病：9割 B類疾病：3割	ⅰ）都道府県知事が実施 　国庫　　　1/2 　都道府県　1/2 ⅱ）市町村長が実施 　国庫　　　1/3 　都道府県　1/3 　市町村　　1/3	ⅰ）都道府県知事が実施 　国庫　　　1/2 　都道府県　1/2 ⅱ）市町村長が実施 　国庫　　　1/2 　都道府県　1/4 　市町村　　1/4	国庫

＊：実施主体が市町村長の場合

【表6】定期の予防接種等における公的関与の有無及び実費徴収の可否

	定期の予防接種			臨時の予防接種		
	勧奨	努力義務	実費徴収	勧奨	努力義務	実費徴収
A類疾病	有	有	可	有＊	有＊	不可
B類疾病	無	無				
特定B類疾病				有	無	可

＊：適用除外可能（第9条の2）

第5条　市町村長が行う予防接種

（市町村長が行う予防接種）
第5条　市町村長は、A類疾病及びB類疾病のうち政令で定めるものについて、当該市町村の区域内に居住する者であって政令で定めるものに対し、保健所長（特別区及び地域保健法（昭和22年法律第101号）第5条第1項の規定に基づく政令で定める市（第10条において「保健所を設置する市」という。）にあっては、都道府県知事）の指示を受け期日又は期間を指定して、予防接種を行わなければならない。
2　都道府県知事は、前項に規定する疾病のうち政令で定めるものについて、当該疾病の発生状況等を勘案して、当該都道府県の区域のうち当該疾病に係る予防接種を行う必要がないと認められる区域を指定することができる。
3　前項の規定による指定があったときは、その区域の全部が当該指定に係る区域に含まれる市町村の長は、第1項の規定にかかわらず、当該指定に係る疾病について予防接種を行うことを要しない。

1.　概要

本条は、市町村長に対し、定期の予防接種を行う義務を課す規定である。

2. 沿革

- 制定（昭和23年）（旧第 5 条）
- 第 5 次改正（昭和33年）：一部改正
- 第 8 次改正（昭和39年）：一部改正
- 第10次改正（昭和51年）：一部改正（旧第 5 条を旧第 3 条に繰上げ）
- 第13次改正（平成 6 年）：一部改正
- 第14次改正（平成 6 年）：一部改正
- 第17次改正（平成11年）：一部改正
- 第19次改正（平成13年）：一部改正
- 第23次改正（平成25年）：一部改正（旧第 3 条を本条に繰下げ）

3. 制定及び主な改正の趣旨

（1）法制定当初

> **旧第 5 條** 市町村長（東京都の区の存する区域にあつては保健所長とする。以下同じ。）は、この法律の定めるところにより、保健所長〔東京都の区の存する区域の保健所及び保健所法（昭和22年法律第101号）第 1 條の規定に基く政令で定める市にあつては、道府縣知事〕の指示を受け、定期の予防接種を行わなければならない。

　予防接種法の制定当初、第 1 条において、「傳染の虞がある疾病の発生及びまん延を予防するため」に予防接種を行うこととされたことを受け、市町村長に対し、定期の予防接種を行う義務を課す規定が設けられた。

（2）第 8 次改正（昭和39年）

> **旧第 5 条** 市町村長は、この法律の定めるところにより、保健所長〔特別区及び保健所法（昭和22年法律第101号）第 1 条の規定に基く政令で定める市にあつては、都道府県知事とする。以下第 8 条において同じ。〕の指示を受け、定期の予防接種を行わなければならない。

　地方自治法等の一部を改正する法律（昭和39年法律第169号）第 1 条による改正後の地方自治法（昭和22年法律第67号）第281条の 3 第 5 項において、「特別区の区長は、第 2 項の規定によりその権限に属する保健衛生に関する事務で政令で定めるものを、政令に定めるところにより、都が当該特別区の区域内に設置した保健所の長に委任して行なわせることができる。この場合において、保健所の長がした処分は、不服申立てに関しては、特別区の区長がした処分とみなす。」とされ、地方自治法施行令等の一部を改正する政令（昭和39年政令第347号）第 1 条による改正後の地方自治法施行令（昭和22年政令第16号）第210条の 9 において次のとおり規定されたため、それまで定期の予防接種の実施主体は「市町村長（東京都の区の存する区域にあつては保健所長とする。以下同じ。）」とされていたところ、「市町村長」と改正されるなどした。

> **参照条文** 昭和39年政令第347号による改正後の地方自治法施行令（抄）
>
> 第210条の9　地方自治法第281条の3第5項に規定する特別区の区長の権限に属する保健衛生に関する事務で政令で定めるものは、次に掲げるものとする。
> 　一　予防接種法（昭和23年法律第68号）に定める市長の権限に属する事務（臨時の予防接種に関するものを除く。）
> 　二　（略）
> 2　特別区の区長は、前項の事務を委任して行なわせる場合においては、保健所長に対して当該事務の処理に関する計画を示すものとする。

(3) 第10次改正（昭和51年）

> **旧第3条**　市町村長は、当該市町村の区域内に居住する者に対し、前条第2項第1号から第6号までに掲げる疾病のうち政令で定める疾病について、政令で定める定期において、保健所長〔特別区及び保健所法（昭和22年法律第101号）第1条の規定に基づく政令で定める市にあつては、都道府県知事とする。〕の指示を受け期日を指定して、定期の予防接種を行わなければならない。ただし、当該予防接種を受けることが適当でない者として厚生省令で定める者に対しては、この限りでない。

　第10次改正（昭和51年）は、「予防接種の今後のあり方及び予防接種による健康被害に対する救済について」（昭和51年3月11日伝染病予防調査会制度改正特別部会取りまとめ）において、「現行の予防接種法では、予防接種の対象疾病及びその接種年齢を法定事項として具体的に規定しているが、近年における医学薬学等科学技術の進歩、公衆衛生の向上、生活環境施設の整備改善等に伴い、疾病の流行の様相も極めて流動的になってきており、また今日ではワクチンの開発及び改良も日進月歩の状況にあるので、今後の予防接種の実施については、これらの情勢の変化に敏速に対応できるように法律構成を再検討し、接種年齢等実施方法に関する具体的な内容は政令以下に委任する等の方策を講じるべきである。」とされたことを受けたものであり、「第2章　実施方法」が削除されたことに併せて、定期の予防接種の対象疾病等に係る規定が政令に委任されるとともに、予防接種不適当者に係る規定が省令に委任された。

(4) 第13次改正（平成6年）

> **旧第3条**　市町村長は、前条第2項各号に掲げる疾病のうち政令で定めるものについて、当該市町村の区域内に居住する者であつて政令で定めるものに対し、保健所長〔特別区及び地域保健法（昭和22年法律第101号）第5条第1項の規定に基づく政令で定める市（第9条において「保健所を設置する市」という。）にあつては、都道府県知事とする。〕の指示を受け期日又は期間を指定して、予防接種を行わなければならない。
> 2　都道府県知事は、前項に規定する疾病のうち政令で定めるものについて、当該疾病の発生状況等を勘案して、当該都道府県の区域のうち当該疾病に係る予防接種を行う必要がないと認められる区域を指定することができる。
> 3　前項の規定による指定があつたときは、その区域の全部が当該指定に係る区域に含まれる市町村の長は、第1項の規定にかかわらず、当該指定に係る疾病について

予防接種を行うことを要しない。
　4　厚生大臣は、第1項及び第2項の政令の制定又は改廃の立案をしようとするときは、公衆衛生審議会の意見を聴かなければならない。

　第13次改正（平成6年）においては、定期の予防接種の対象者や、市町村長に対する定期の予防接種の実施義務の範囲について改正が行われた。
① 　定期の予防接種の対象者については、疾病の発生の減少等、予防接種制度を取り巻く環境の変化に伴い、国民の接種機会を増やし、接種率の確保を図ることがより重要になってきたことから、接種時期をより広くとる傾向が生じてきたという実態を踏まえ、「時期」から「対象者の年齢」で捉えることとされた。この考え方の下、疾病やワクチンの特性等を踏まえ、疾病ごとに基礎免疫付与が必要となる予防接種の対象者と追加免疫付与が必要となる予防接種の対象者を整理するため、定期の予防接種の対象者について、それまで「当該市町村の区域内に居住する者」とされていたところ、「当該市町村の区域内に居住する者であつて政令で定めるもの」と改正された。また、予防接種不適当者に係る規定は第7条に置くこととされたため、第10次改正（昭和51年）で設けられたただし書は削除された。
② 　地域特性のある疾病について、市町村長に対する定期の予防接種の実施義務を免除することを可能とするため、都道府県知事が、政令で定める疾病について、その発生状況等を勘案して、当該都道府県の区域のうち当該疾病に係る定期の予防接種を行う必要がないと認められる区域を指定できるようにし、その場合、その区域の全部が当該指定に係る区域に含まれる市町村長は、当該指定に係る疾病について定期の予防接種を行うことを要しないこととされた。

4. 解説

(1) 第1項について

　本条は、第1条において「伝染のおそれがある疾病の発生及びまん延を予防するために公衆衛生の見地から予防接種の実施その他必要な措置を講ずる」とされていることを受け、市町村長に対し、「乳幼児期等人生の一時期を中心に免疫を与え、マクロの免疫水準の維持確保を目的」（昭和53年逐条解説64頁）として定期の予防接種を行う義務を課すものである。なお、平成19年逐条解説（46頁）においては、「本条による定期の予防接種は、一類疾病については、接種の努力規定（第8条）に対応した市町村等の行政による積極的な接種勧奨により、二類疾病については、制度の周知、正確な情報提供、市町村による制度の施行、健康被害救済制度等の確保による接種の適切な実施により、ともに、高い接種率を確保することにより、法目的を達成せんとする趣旨である。」とされている。

　定期の予防接種の実施主体は市町村長[35]である。その理由は、昭和27年逐条解説

---
[35] 第26次改正（令和4年）において、「市町村長」を「市町村長（特別区の区長を含む。）」と、「市町村」を「市町村（特別区を含む。）」と改正し、特別区の取扱いを明確化することが検討されたが、政府内の調整過程で、地方自治法第281条第2項の規定により、特別区の区長又は特別区を含むことは解釈上明らかであるため、改正する必要はないとの指摘があり、そのような改正は行われなかった。

（241頁）において、「定期の予防接種については、受ける方の側では何処で受けてもよいのであるが、一般の者にとつて自発的に医師の許に行つて予防接種を受けることはなかなか困難であるので、市町村長がその住民に対する福祉行政の一環として定期の予防接種を行うことを義務としたのである。」と説明されている。昭和53年逐条解説（65頁）においては、「定期の予防接種の実施者は市町村長とされているが、これは、法に基づく予防接種の質を実施規則等を遵守したものとして継続すること、予防接種の実施に関する行政責任を明らかにすること等を考慮したものである。」とされており、昭和27年逐条解説の解釈が基本的に受け継がれているものと思われる。なお、「今後の予防接種制度の在り方について」（平成5年12月14日公衆衛生審議会答申）においては、「予防接種により国民全体の免疫水準を維持するためには、予防接種の接種機会を安定的に確保するとともに、国民に積極的に接種を勧奨し、社会全体として一定の接種率を確保する必要がある。このため、国が予防接種の実施方法等に関する原則を定め、都道府県知事の技術的支援の下に、住民に最も密接な立場にある市町村長が、その実施主体として予防接種を行うことが適当である。」とされている。

実際に予防接種を行うのは、市町村長から定期の予防接種の実施事務について委託を受けた医師であることがほとんどであると思われるが、予防接種により生じた健康被害について賠償責任が生じた場合であっても、その責任は市町村長が負い、医師は故意又は重大な過失がある場合に限り求償権を行使され得るに過ぎない（国家賠償法（昭和22年法律第125号）第1条参照）。

市町村長が定期の予防接種を行うに当たっては、保健所長（特別区及び地域保健法第5条第1項の規定に基づく政令で定める市にあっては、都道府県知事）の指示を受けるものとされている。その理由は、昭和27年逐条解説（241頁）において、「定期予防接種の実施についてそれがあまりばらばらにならず、一地域内の免疫賦与が計画的に行われるように、市町村長に対して保健所長が指示することとしている。この指示についても、東京都の区の存する区域については保健所長自身が実施者であり、又保健所を設置する市においては実施者である市長が保健所長の上級行政庁であるので、これらの場合には都道府県知事が直接指示することとしている。」とされており、昭和53年逐条解説（67頁）においてもこの解釈が受け継がれている。しかし、これは定期の予防接種が機関委任事務とされていた当時のものであることから、平成19年逐条解説（52頁）においては、「沿革的には、定期の予防接種を行う市町村に専門的技術的知見が十分でなく、広域的調整を含め、公衆衛生の専門行政機関である保健所に市町村に対する一定の関与を認めるものであるが、定期の予防接種が市町村の自治事務として整理され、市町村の最終責任において施行されるべきであり、また、市町村に保健センター等が整備されている現代においては、保健所長又は都道府県知事には、専門技術的観点、広域的調整の要請からの技術的な助言を期待する趣旨であると解すべきである。」とされている。なお、保健所長の指示の内容は、予防接種法施行規則第1条の2において、予防接種施行の時期、予防接種の対象者の範囲、予防接種の技術的な実施方法その他必要な事項とされている。

また、市町村長が定期の予防接種を行うに当たっては、その期日又は期間を指定しなければならないこととされている。これは対象者の便宜を図るためであり、予防接種法

施行令第5条の規定による公告や同令第6条の規定による周知が行われることとなる。なお、「期日又は期間」とされているが、対象者の便宜や接種率の確保といった観点から、期間の方が望ましいと思われる。

定期の予防接種の対象疾病は「A類疾病及びB類疾病のうち政令で定めるもの」とされている。したがって、ある疾病は、予防接種法又は予防接種法施行令においてA類疾病又はB類疾病に位置付けられただけでは定期の予防接種の対象疾病とはならず、本項の政令で定められて初めて、当該疾病に係る定期の予防接種が実施されることとなる。ある疾病について、本項の政令で定めた上で定期の予防接種を行うか否かについては、疾病の発生及びまん延状況や、ワクチンの有効性及び安全性、ワクチンの安定的な供給可能性等について専門的・技術的な観点から検討を行い、最終的には、これらの諸要素を総合的に勘案し、そのベネフィットがリスクを上回るか否かで判断される[36]。なお、この観点から、本項の政令の制定又は改廃の立案をしようとするときは、あらかじめ、厚生科学審議会の意見を聴かなければならないこととされている（第48条第1号参照）。市町村長は、本項に基づく政令で定めた疾病以外の疾病に係る予防接種を行う義務はなく、また、予防接種法に基づく予防接種として独自に行うことはできないが、そのような予防接種について、当該市町村の財源を活用して費用の助成を行うことなどは妨げられない。

定期の予防接種の対象者は「当該市町村の区域内に居住する者であって政令で定めるもの」である。「当該市町村の区域内に居住する者」とは、市町村長が定期の予防接種の実施義務を負うという観点から、住民基本台帳に住民として登録されている者及び外国人登録が適法に行われている者と解釈し（平成19年逐条解説47頁及び平成25年逐条解説55頁参照）、そのような運用が行われているところであるが、定期の予防接種の目的に鑑みると、その実効性はさておき、当該市町村の区域内に住所又は居所を有する者と解すべきであると思われる（昭和53年逐条解説67頁参照）。「政令で定める」こととされているのは、科学的知見や疾病の発生及びまん延状況等を踏まえ、柔軟かつ機動的に対象者を定めることを可能とするためであり、現在は、年齢及び性別により対象者が定められているが、これら以外の要件で対象者を定めることも可能である。

補論1 定期の予防接種の対象者について（予防接種法施行令第3条第1項）

> 定期の予防接種の対象者は、予防接種法第5条第1項の委任を受け、予防接種法施行令第3条第1項において定められている。当該対象者は定期の予防接種の「マクロの免疫水準の維持確保」という目的を達成する観点から定められることとなるが、それに当たっては、専門的・技術的な観点から検討を行う必要があることから、あらかじめ、厚生科学審議会の意見を聴かなければならないこととされている

---

[36] 平成19年逐条解説（46頁）においては、「当該疾病に係る予防接種の有効性及び安全性が実証データに基づき証明されていることやワクチンの確保が可能であること、海外又は本邦内における流行状況に照らして定期の予防接種が疾病の発生及びまん延防止のために必要であること、予防接種によって重篤な副反応が生じていないこと、などの諸条件を総合的に勘案して、副反応被害を合理化できる程度の政策的必要性を有すると判断される場合に限り、政令に規定することとなる。」とされており、平成25年逐条解説（55頁）もほぼ同じ文言である。現行の運用はこれと基本的に異ならず、著者もこれを否定するものではないが、「副反応被害を合理化する」との文言を避け、本文の記載としたものである。

(第48条第1号参照)。

　予防接種法施行令第3条第1項においては、定期の予防接種の対象者だけでなく、定期の予防接種の対象としない者も定められている。予防接種法第7条も定期の予防接種等を行ってはならない者を定めるものであるが、同条が予診を踏まえて定期の予防接種等を行ってはならないと判断される者を規定しているのに対し、本項は、制度上、定期の予防接種の対象としない者を規定しているという点で異なる。定期の予防接種の対象としない者は、極めて稀ではあるが不可避的に健康被害が起こり得る予防接種を公的関与の下で行うことが不適当な者を意味し、具体的には、①「当該疾病にかかっている者又はかかったことのある者（インフルエンザ又は新型コロナウイルス感染症にあっては、当該疾病にかかったことのある者を除く。）」、②「その他厚生労働省令で定める者」である。なお、①又は②に該当する者であっても、医師の説明等を踏まえ、自己又はその保護者の判断により予防接種法に基づかない予防接種を受けることは妨げられない。

　①の者が定期の予防接種の対象とならない理由は、平成19年逐条解説（49頁）において、「既に免疫を獲得している者には予防接種が必要でないという医学的な理由もあるが、むしろ既に免疫を獲得している既罹患者に対し、副反応による健康被害を生じうる予防接種について公権力による積極的な接種勧奨を行うことは適当でないという法制的理由によるものである。」と説明されており、平成25年逐条解説（58頁）においてもこの解釈が基本的に受け継がれているが、平成25年逐条解説（58頁）においては「公権力による積極的な接種勧奨」が予防接種を受ける努力義務を含む形で「公的関与」とされており、その方が適当であると思われる。なお、混合ワクチンを用いた定期の予防接種の場合、当該混合ワクチンが対象とする疾病のうちいずれかについて①に該当するときは、その者は定期の予防接種を受けられない。平成19年逐条解説（49、50頁）及び平成25年逐条解説（58頁）において、「この場合、単抗原ワクチンの使用を認めるか否かは、有効性及び安全性を前提として、公衆衛生上の必要性の有無に照らして、厚生労働大臣が裁量で判断するものであるが、有効かつ安全な単抗原ワクチンが存在しない又は製造されない場合も想定されることから、当該混合ワクチンに係る疾病の一方についての罹患者、既罹患者、当該予防接種に相当する予防接種を受けたことのある者に対して混合ワクチンを接種することの有効性、安全性を実証データの収集等による研究調査により証明して、接種対象者とする法令改正をすることも可能である。」とされているが、いずれにせよ、予防接種実施規則において、定期の予防接種で使用するワクチンとして位置付けられない限り、そのワクチンを用いた定期の予防接種を行うことはできない。

　②の者は、厚生労働大臣が予防接種の有効性及び安全性等を踏まえ、その専門的裁量により定めることとされており、予防接種法施行規則第2条において、次のとおり定められている。

Ⅰ）当該予防接種に相当する予防接種を受けたことのある者で当該予防接種を行う必要がないと認められるもの
Ⅱ）明らかな発熱を呈している者

Ⅲ）重篤な急性疾患にかかっていることが明らかな者
Ⅳ）当該疾病に係る予防接種の接種液の成分によってアナフィラキシーを呈したことがあることが明らかな者
Ⅴ）麻疹及び風疹に係る予防接種の対象者にあっては、妊娠していることが明らかな者
Ⅵ）結核に係る予防接種の対象者にあっては、結核その他の疾病の予防接種、外傷等によるケロイドの認められる者
Ⅶ）Ｂ型肝炎に係る予防接種の対象者にあっては、HBs抗原陽性の者の胎内又は産道においてＢ型肝炎ウイルスに感染したおそれのある者であって、抗HBs人免疫グロブリンの投与に併せて組換え沈降Ｂ型肝炎ワクチンの投与を受けたことのある者
Ⅷ）ロタウイルス感染症に係る予防接種の対象者にあっては、腸重積症の既往歴のあることが明らかな者、先天性消化管障害を有する者（その治療が完了したものを除く。）及び重症複合免疫不全症の所見が認められる者
Ⅸ）肺炎球菌感染症（高齢者がかかるものに限る。）に係る予防接種の対象者にあっては、当該疾病に係る定期の予防接種を受けたことのある者
Ⅹ）ⅡからⅥまで及びⅧに掲げる者のほか、予防接種を行うことが不適当な状態にある者

補論2 定期の予防接種の対象者の特例について（予防接種法施行令第3条第2項）

① 制定の趣旨
　定期の予防接種は予防接種法施行令において対象年齢が定められているため、定期の予防接種を受けないまま対象年齢を超えた場合、定期の予防接種を受けられないこととなる。しかし、長期にわたる重篤な疾患等から快復した子の保護者等から、このような場合にも、定期の予防接種を受ける機会を確保してほしいとの要望があったことから、予防接種法施行令の一部を改正する政令（平成25年政令第18号）において本項が設けられた。
　本項を設けるに当たって、平成24年5月23日に開催された第22回厚生科学審議会感染症分科会予防接種部会において、倉田毅委員より、長期にわたる重篤な疾患等以外の理由により対象年齢の間に定期の予防接種を受けられなかった者への配慮も行うべきではないかとの指摘がされているが、そのような公平性の観点、すなわち、なぜ長期にわたる重篤な疾患等により定期の予防接種を受けられないまま対象年齢を超えてしまった者だけを特例的に定期の予防接種の対象者にするかという説明は、同部会において特になされていない。
② 解説
　本項の特例措置が適用されるのは、次のⅠからⅢまでの要件を満たしたときである。
Ⅰ）予防接種法施行令第3条第1項の表の上欄に掲げる疾病（ロタウイルス感染

症、インフルエンザ及び新型コロナウイルス感染症を除く。以下「特定疾病」という。）についてそれぞれ同表の下欄に掲げる者であった者（当該特定疾病にかかっている者又はかかったことのある者その他厚生労働省令で定める者を除く。）であること。

Ⅱ）Ⅰに掲げる者であった間に、長期にわたり療養を必要とする疾病で厚生労働省令で定めるものにかかったことその他の厚生労働省令で定める特別の事情があることにより当該特定疾病に係る定期の予防接種を受けることができなかったと認められる者であること。

Ⅲ）Ⅱの特別の事情がなくなった日から起算して2年（肺炎球菌感染症（高齢者がかかるものに限る。）に係る定期の予防接種を受けることができなかったと認められる者については、当該特別の事情がなくなった日から起算して1年）を経過する日までの間（厚生労働省令で定める特定疾病にあっては、厚生労働省令で定める年齢に達するまでの間にある場合に限る。）にあること。

Ⅰは、本項が定期の予防接種を受けないまま対象年齢を超えた場合の措置であることから当然必要とされる要件である。定期の予防接種は基本的に全てが対象とされているが、ロタウイルス感染症、インフルエンザ及び新型コロナウイルス感染症に係る定期の予防接種については、医学的観点から対象としないこととされている。また、予防接種法施行令第3条第1項と同様の理由から、特定疾病にかかっている者等については、本項の対象としないこととされている。

Ⅱは、Ⅰを前提として、定期の予防接種を受けられなかった事情により対象者を限定するものである。

「長期にわたり療養を必要とする疾病で厚生労働省令で定めるもの」とは、免疫機能に異常を来す疾病や免疫抑制を来す治療を必要とする疾病等、長期間の療養を必要とする疾病であって、当該療養期間中に予防接種を受けることが医学的に適当でないと考えられるものである。

「特別の事情」とは、長期にわたり療養を必要とする疾病にかかったこと等により、やむを得ず定期の予防接種を受けることができなかったという事情であり、具体的には次のiからivまでのとおりである。なお、予防接種実施規則において複数の接種回数が定められている定期の予防接種の場合、その全てを受けられなかった場合だけでなく、その一部を受けられなかった場合も原則として「当該特定疾病に係る定期の予防接種を受けることができなかったと認められる」場合に該当するが、例えば、接種回数が4回の場合、充分な期間があったにもかかわらず、1～3回しか接種しなかった場合は対象から除外されることとなる。

ⅰ）次に掲げる疾病[37]にかかったこと（これによりやむを得ず定期の予防接種を受けることができなかった場合に限る。）

ア　重症複合免疫不全症、無ガンマグロブリン血症その他免疫の機能に支障を

---

[37] これらの疾病の例は、「予防接種法施行令の一部を改正する政令の施行等について」（平成25年1月30日健発0130第4号各都道府県知事宛／厚生労働省健康局長通知）の別表に掲げられているが、当該通知において、「ただし、これは、別表に掲げる疾病にかかったことのある者又はかかっている者が一律に予防接種不適当者であるということを意味するものではなく、予防接種実施の可否の判断は、あくまで予診を行う医師の診断の下行われるべきものである。」とされている。

　　　　生じさせる重篤な疾病
　　　イ　白血病、再生不良性貧血、重症筋無力症、若年性関節リウマチ、全身性エリテマトーデス、潰瘍性大腸炎、ネフローゼ症候群その他免疫の機能を抑制する治療を必要とする重篤な疾病
　　　ウ　ア又はイの疾病に準ずると認められるもの
　ⅱ）臓器の移植を受けた後、免疫の機能を抑制する治療を受けたこと（これによりやむを得ず定期の予防接種を受けることができなかった場合に限る。）
　ⅲ）医学的知見に基づきⅰ又はⅱに準ずると認められるもの
　ⅳ）災害、特定疾病に係るワクチンの大幅な供給不足その他これに類する事由が発生したこと（これによりやむを得ず定期の予防接種を受けることができなかった場合に限る。）

　「当該特定疾病に係る定期の予防接種を受けることができなかったと認められる」とは、定期の予防接種の実施主体である市町村長により認められるとの意味であり、市町村長は、接種予定者に疾病にかかっていたこと等を証明する医師の診断書等を持参してもらうことにより判断することとなる。なお、「当該特定疾病に係る定期の予防接種」とされ、単に「予防接種」とされていない理由は、対象疾病ごとに予防接種のリスクが異なる場合、Aという疾病に係る予防接種は受けられるが、Bという疾病に係る予防接種は受けられないという事態が生じるため、あくまでも疾病ごとに「特別の事情」を判断すべきであること、また、予防接種実施規則において定期の予防接種で使用するものとして位置付けられているワクチンと、そうでないワクチンが存在する場合、あくまでも定期の予防接種を受けることができなかったか否かで判断すべきであることを明確にするためである。

　Ⅲは、本項の特例措置の対象となる期間を定めるものである。当該期間を設ける趣旨については、平成24年11月14日に開催された第23回厚生科学審議会感染症分科会予防接種部会において、厚生労働省健康局結核感染症課長が「「制度上は年齢の上限を設定しない」という御提言というか対応案として了承いただいていますので、その長期疾病が治ったときについては、特に制限は設けておりません。何歳で治った場合でもいいことにして、ただ、治ったら、やはりできるだけ早く打っていただきたいと、ある程度勧奨もしようと思いますので、そういう意味からも期限を設けないと、例えば、十代のうちはなかなか打てなかったけれども、二十何歳で治ったと、それから五十何歳になってから打ちますみたいな話では困りますので、やはりそこは治ってから何年以内にという上限だけは定めたほうがいいのかなと。」と述べている。

　また、当該期間が原則として「当該特別の事情がなくなった日から起算して2年を経過する日までの間」とされているのは、Ⅰ及びⅡを満たす者であって、全ての定期の予防接種を1回も受けることができなかったものが、「特別の事情」がなくなった日以後、予防接種実施規則において定められている接種間隔や接種回数を遵守した上で全ての定期の予防接種を受けた場合でも、概ね2年以内には終えることができるためである（肺炎球菌感染症（高齢者がかかるものに限

> る。）に係る定期の予防接種を受けることができなかったと認められる者については、当該特別の事情がなくなった日から起算して1年を経過する日までの間とされているが、これは、当該定期の予防接種の接種回数は1回であり、接種間隔を考慮する必要がないためである。）。なお、厚生労働省令で定める特定疾病については、予防接種の有効性や薬事承認の観点から、本項の特例措置の対象となる年齢の上限が設定されており、例えば、結核については、ワクチンの添付文書上は年齢に上限がないが、主に小児結核の予防に有効であることから、対象を4歳に達する日までとすることとされている。

(2) 第2項について

定期の予防接種の対象者は「当該市町村の区域内に居住する者であって政令で定めるもの」であり、定期の予防接種の「マクロの免疫水準の維持確保」という目的を達成する観点から政令において定められることとなる。そこで、政令において居住地域の要件を定めることも法制上可能であるが、地域特性のある疾病について定期の予防接種を行うか否かは地域における疾病の発生及びまん延状況等を踏まえて臨機に判断する必要があることから、本項においては、都道府県知事が定期の予防接種を行う必要がないと認められる区域の指定を行うこととされている。

本項の対象となる疾病は、政令で定めることとされている。これは、地域特性の有無に基づいて本項の対象とするか否か決定するに当たっては、専門的・技術的な観点から検討が必要であるためであり、この観点から、当該政令の制定又は改廃の立案をしようとするときは、あらかじめ、厚生科学審議会の意見を聴かなければならないこととされている（第48条第1号参照）。

なお、予防接種法施行令第4条においては、本項の委任を受け、本項の制定当初から令和7年1月1日現在まで、日本脳炎が定められている。本項の制定当初、本項の規定により日本脳炎に係る定期の予防接種を行う必要がないと認められる区域を指定していた都道府県は北海道、青森県、秋田県であり、北海道知事は平成7年度から平成27年度まで北海道全域を、青森県知事は平成7年度から平成10年度まで青森県全域を、秋田県知事は平成7年度に秋田県全域を指定していた。北海道知事が当該指定を解除した理由は、北海道庁ホームページ（令和6年4月1日閲覧）において、「北海道では、これまで40年以上日本脳炎の患者はなく、感染を媒介する蚊（コガタアカイエカ）も生息していないため、日本脳炎の定期予防接種を行っていませんでした。しかしながら、道民が日本脳炎の発生している道外や海外に行き来する機会は増えており、日本脳炎に感染する可能性が高まっているため、平成28年4月より、定期予防接種として行うことになりました。」と説明されており、青森県及び秋田県が当該指定を解除した理由も同様である。このように、都道府県の住民が当該都道府県で定期の予防接種が行われていない疾病の発生している都道府県や海外に行き来する機会が増えているという事情は今後も変わらないことが想定されること、また、平成28年4月1日から令和7年1月1日現在まで本項の規定による区域の指定が行われていないことに鑑みると、本項及び本条第3項の意義は極めて乏しいのではないかと思われる。しかし、「北海道における日本脳炎に係る定期の予防接種を実施することについての検討（あっせん）」（平成26年8月22日総

評相第184号　厚生労働省健康局長宛／総務省行政評価局長通知)[38]を受けて行われた厚生科学審議会予防接種・ワクチン分科会における議論においては、現行の規定を見直す必要はないと結論付けられている[39]。

　都道府県知事は、定期の予防接種を行う必要がないと認められる区域を指定するに当たっては、各都道府県における疾病の発生及びまん延状況のほか、各種サーベイランス、疫学調査等により得られる流行予測、発生が予想される疾病に対する抗体保有者の比率、疾病が発生した場合の重症度等を勘案して検討を行い、これらの情報を示した上で、事前に厚生労働省に協議することとされている（「予防接種法及び結核予防法の一部を改正する法律等の施行について」（平成6年8月25日健医発第961号　各都道府県知事・各政令市市長・各特別区区長宛／厚生省保健医療局長通知）第二の3(2)参照）。

(3) **第3項について**

　都道府県知事が第2項の規定による区域の指定を行ったときは、その区域の全部が当該指定に係る区域に含まれる市町村長は、同項の疾病に係る定期の予防接種を行う義務が免除されることとなる。なお、「その区域の全部が当該指定に係る区域に含まれる」市町村長とされているが、その区域の一部が当該指定に係る区域に含まれる市町村長も、当該指定に係る区域については、当該義務が免除されると解するのが相当である。

　平成19年逐条解説（54頁）において、「この場合（※著者注：都道府県知事が第2項の規定による区域の指定を行った場合）には、市町村は、予防接種の義務を負わないだけでなく、第2項の趣旨により地域が定められた以上、本条の趣旨に照らして、独自に予防接種を行うことはできないというべきである。」とされているが、「予防接種法第3条第2項の規定に基づく定期の予防接種を行う必要がないと認められる区域の指定に伴う留意事項について」（平成17年3月31日健感発第0331003号　北海道保健福祉部長宛／厚生労働省健康局結核感染症課長通知）において次の旨が示されており、当該通知の発出後、解釈変更がされたものと見受けられる（条文は当該通知の発出時点のもの）。なお、平成25年逐条解説（62頁）においては、平成19年逐条解説（54頁）とやや異なり、「本条の趣旨に照らして、独自に予防接種を行うことは原則としてできないというべきである。」と当該通知の趣旨を踏まえた記述がなされている。

ⅰ）予防接種法第3条第2項の規定に基づく区域指定は、当該区域内の市町村長に対して、同条第1項の規定に基づく定期の予防接種を実施すべき市町村長の義務を解除するものであり、当該区域内の市町村長が定期の予防接種を行うことを妨げるものではないこと。

---

[38] 平成26年9月11日に開催された第11回厚生科学審議会予防接種・ワクチン分科会予防接種基本方針部会の資料1によると、経緯は次のとおりである。北海道の住民から総務省行政評価局に対し、「北海道は日本脳炎の予防接種を行う必要のない区域に指定されているため、北海道で生まれ育った子供であっても、将来的には仕事等で国内の日本脳炎発生地域や海外で生活することも考えられるので、国は国内全ての市町村で日本脳炎の予防接種を無料で実施してほしい」との申出があった。この申出について、総務大臣が開催する行政苦情救済推進会議において検討した結果、「都道府県域を超えた広域的な移動が頻繁に行われる現在、全都道府県のうち北海道のみ日本脳炎に係る定期の予防接種が行われていないことは、国民の利便性や、感染可能性のある地域へ未接種者が移動することを考慮した場合、不合理な対応である」とされた。そこで、総務省行政評価局長から厚生労働省健康局長に対し、「予防接種法第5条第2項の規定に基づき予防接種法施行令第2条において日本脳炎を規定していることの是非等について、厚生科学審議会において調査審議していただくことが適当である」との斡旋が行われた。

[39] 第5回厚生科学審議会予防接種・ワクチン分科会（平成26年10月8日）及び第11回厚生科学審議会予防接種・ワクチン分科会予防接種基本方針部会（同年9月11日）の議事録参照。

ⅱ）予防接種法施行令第1条に規定する日本脳炎に係る定期の予防接種の対象者に該当する当該区域内に居住する者が医療機関等において受けた日本脳炎に係る予防接種については、予防接種法第8条第1項に規定する「当該予防接種に相当する予防接種であって、市町村長以外の者により行われるもの」に該当するものであること。

第6条　臨時に行う予防接種

（臨時に行う予防接種）

第6条　都道府県知事は、A類疾病及びB類疾病のうち厚生労働大臣が定めるもののまん延予防上緊急の必要があると認めるときは、その対象者及びその期日又は期間を指定して、臨時に予防接種を行い、又は市町村長に行うよう指示することができる。

2　厚生労働大臣は、前項に規定する疾病のまん延予防上緊急の必要があると認めるときは、その対象者及びその期日又は期間を指定して、都道府県知事に対し、又は都道府県知事を通じて市町村長に対し、臨時に予防接種を行わせることができる。

3　厚生労働大臣は、A類疾病のうち当該疾病の全国的かつ急速なまん延により国民の生命及び健康に重大な影響を与えるおそれがあると認められるものとして厚生労働大臣が定めるもののまん延予防上緊急の必要があると認めるときは、その対象者及びその期日又は期間を指定して、都道府県知事に対し、又は都道府県知事を通じて市町村長に対し、臨時に予防接種を行うよう指示することができる。

4　市町村長が前2項の規定による予防接種を行う場合において、都道府県知事は、当該都道府県の区域内で円滑に当該予防接種が行われるよう、当該市町村長に対し、必要な協力をするものとする。

1.　概要

本条は、都道府県知事及び厚生労働大臣に対し、臨時の予防接種を行う権限又は指示権限を付与する規定である。

2.　沿革

- 第10次改正（昭和51年）：制定（旧第9条の全部改正）
- 第13次改正（平成6年）：一部改正（旧第9条を本条に繰上げ）
- 第15次改正（平成11年）：一部改正[40]
- 第17次改正（平成11年）：一部改正
- 第19次改正（平成13年）：一部改正
- 第22次改正（平成23年）：一部改正
- 第23次改正（平成25年）：一部改正
- 第26次改正（令和4年）：一部改正

---

[40] 地方分権推進計画（平成10年5月29日閣議決定）において、国又は都道府県が地方公共団体に対して関与を行う場合の根拠については、法律又はこれに基づく政令によらなければならないこととされたことに伴い、臨時の予防接種について、国及び都道府県知事による関与の性質が「指示」であることを踏まえ、本条においてその旨が明記された。

3. 制定及び主な改正の趣旨
(1) 法制定当初

> **旧第6條** 都道府縣知事は、疾病のまん延予防上必要があると認めるときは、予防接種を受けるべき者の範囲及び期日を指定して、臨時に予防接種を行い、又は市町村長に行わせることができる。
> 2　厚生大臣は、必要があると認めるときは、前項の予防接種を、都道府縣知事に行わせることができる。

　本条の直接の由来は第10次改正（昭和51年）で設けられた旧第9条であるが、臨時の予防接種に係る規定は予防接種法の制定当初から存在している。
　予防接種法の制定当初、第1条において、「傳染の虞がある疾病の発生及びまん延を予防するため」に予防接種を行うこととされたことを受け、市町村長に対し、定期の予防接種を行う義務を課す規定とともに、都道府県知事及び厚生大臣に対し、臨時の予防接種を行う権限又は指示権限を付与する規定が設けられた。
　対象疾病等について整理すると次のとおりである。
① 対象疾病
　　第2条第2項各号に掲げる疾病（痘瘡、ジフテリア、腸チフス、パラチフス、百日咳、結核、発疹チフス、コレラ、ペスト、猩紅熱、インフルエンザ、ワイル病）
② 指示主体等

指示主体	対象者等の指定	実施主体	費用負担
都道府県知事	都道府県知事	都道府県知事	ⅰ）都道府県知事が実施 　国庫1/2　都道府県1/2
		市町村長	ⅱ）市町村長が実施
厚生大臣	都道府県知事	都道府県知事	国庫1/3　都道府県1/3　市町村1/3

(2) 第3次改正（昭和28年）

> **旧第6条** 都道府県知事は、疾病のまん延予防上必要があると認めるときは、予防接種を受けるべき者の範囲及び期日を指定して、臨時に予防接種を行い、又は市町村長に行わせることができる。
> 2　厚生大臣は、疾病のまん延予防上必要があると認めるときは、政令の定めるところにより、臨時に予防接種を都道府県知事に行わせることができる。

　第3次改正（昭和28年）は、地方自治法の一部を改正する法律（昭和27年法律第306号）において、地方公共団体等に対して事務を課すときは、全て法律又は政令によらなければならないこととされたことを受けたものであり、厚生大臣が都道府県知事に臨時の予防接種を行わせることができる場合を政令に明記するため、第2項が改正された。
　対象疾病等について整理すると次のとおりである。
① 対象疾病
　　第2条第2項各号に掲げる疾病（痘瘡、ジフテリア、腸チフス、パラチフス、百日

咳、発疹チフス、コレラ、ペスト、猩紅熱、インフルエンザ、ワイル病)
② 指示主体等

指示主体	対象者等の指定	実施主体	費用負担
都道府県知事	都道府県知事	都道府県知事	ⅰ) 都道府県知事が実施 　国庫1/2　都道府県1/2 ⅱ) 市町村長が実施
		市町村長	
厚生大臣*	都道府県知事	都道府県知事	国庫1/3　都道府県1/3　市町村1/3

* 厚生大臣が指示できる場合は、予防接種法施行令において次のとおり規定されていた。
　第1条　厚生大臣が予防接種法(以下「法」という。)第6条第2項の規定により都道府県知事に予防接種を行わせることができるのは、左の各号の一に該当する場合とする。
　　一　法第2条第2項に掲げる疾病(以下「疾病」という。)が発生し、若しくは流行し、又はそのおそれがあつて、2以上の都道府県にわたつて同時に予防接種を行う必要があるとき。
　　二　日本との交通が密接である地域で疾病が流行している場合において、その病毒が日本に侵入するおそれがあるとき。
　　三　災害その他により疾病が流行するおそれが著しいとき。

(3) 第10次改正(昭和51年)

> 旧第6条　都道府県知事は、疾病のまん延予防上必要があると認めるときは、予防接種を受けるべき者の範囲及び期日を指定して、臨時に予防接種を行い、又は市町村長に行わせることができる。
>
> 旧第9条　都道府県知事は、痘そう、コレラその他厚生大臣が定める疾病のまん延予防上緊急の必要があると認めるときは、予防接種を受けるべき者の範囲及び期日を指定して、臨時に予防接種を行い、又は市町村長に行わせることができる。
> 2　厚生大臣は、前項に規定する疾病のまん延予防上緊急の必要があると認めるときは、政令の定めるところにより、同項の予防接種を都道府県知事に行わせることができる。

　第10次改正(昭和51年)は、「予防接種の今後のあり方及び予防接種による健康被害に対する救済について」(昭和51年3月11日伝染病予防調査会制度改正特別部会取りまとめ)において、「予防接種は、従来定期の予防接種と臨時の予防接種とに分けて実施されてきたが、これをより実態に即したものとするため、国民の免疫を一定の水準に維持することを目的として平常時に行う予防接種と、平常時における国民の免疫水準のみでは伝染病のまん延の防止が困難であり、かつ、当該疾病のまん延により公衆衛生上著しい支障を生じることが予測される緊急時に行う予防接種に分けて実施するように改めるべきである。また、予防接種の実施は市町村長が行うこととし、緊急に必要な場合は都道府県知事が代わってこれを行うことができることとするのが適当である。」とされたことを受けたものであり、臨時の予防接種が、緊急性の程度、疾病の種類、義務付けの程度等を考慮し、疾病のまん延予防上必要があると認められるときに行われる臨時の予防接種(以下「一般的な臨時の予防接種」という。)と疾病のまん延予防上緊急の必要があると認められるときに行われる臨時の予防接種(以下「緊急的な臨時の予防接種」という。)に区分された。
　一般的な臨時の予防接種は、昭和53年逐条解説(77頁)によれば、「年々歳々流行する疾病に対応する」ものであり、対象疾病等について整理すると次のとおりである。

① 対象疾病

第2条第2項に掲げる疾病（痘瘡、ジフテリア、百日咳、急性灰白髄炎、麻疹、風疹、コレラ、インフルエンザ、日本脳炎、ワイル病、その他その発生及びまん延を予防するため特に予防接種を行う必要があると認められる疾病として政令で定める疾病）

なお、昭和53年逐条解説（72頁）において、「これは一応形式的範囲を述べたにすぎず、「疾病のまん延予防上必要がある」という要件や国民に濫に義務を課すことの非合理性等を考慮するとともに、流行予測や地域特性に応じて現実にはインフルエンザ、日本脳炎及びワイル病の臨時の予防接種が実施されている。」とされている。

② 指示主体等

指示主体	対象者等の指定	実施主体	費用負担
都道府県知事	都道府県知事	都道府県知事	国庫1/2　都道府県1/2
		市町村長	国庫1/3　都道府県1/3　市町村1/3

緊急的な臨時の予防接種は、昭和53年逐条解説（77頁）によれば、「主として非常在伝染病の国内侵入に際して一刻を争って対処しようとする」ものであり、「検疫伝染病（※著者注：コレラ、ペスト、痘瘡及び黄熱）がその潜伏期間中に航空機を介して検疫体制をくぐりぬけ、国内で発症したという場合」において、リング・ワクチネーション（包囲接種）の考え方に基づいて行われることが想定されていた。対象疾病等について整理すると次のとおりである。

① 対象疾病

痘瘡、コレラその他厚生大臣が定める疾病

なお、昭和53年逐条解説（77、78頁）において、「我が国の公衆衛生の現況をみると、緊急の場合の臨時の予防接種を国内に常在する伝染病に対して行うことはほとんど考えられず、主として強力な外来伝染病に対して行われるもの」であり、「厚生大臣が定める疾病として具体的に考えられるのは、流行性脳脊髄膜炎、黄熱等である。」とされている。

② 指示主体等

指示主体	対象者等の指定	実施主体	費用負担
都道府県知事	都道府県知事	都道府県知事	ⅰ）都道府県知事が実施 国庫1/2　都道府県1/2
		市町村長	ⅱ）市町村長が実施 国庫1/3　都道府県1/3　市町村1/3
厚生大臣*	都道府県知事	都道府県知事	

* 厚生大臣が指示できる場合は、第3次改正（昭和28年）後、変更なし。

(4) 第13次改正（平成6年）

> **旧第6条**　都道府県知事は、第2条第2項各号に掲げる疾病のうち厚生大臣が定めるもののまん延予防上緊急の必要があると認めるときは、その対象者及びその期日又は期間を指定して、臨時に予防接種を行い、又は市町村長に行わせることができる。
> 2　厚生大臣は、前項に規定する疾病のまん延予防上緊急の必要があると認めるとき

は、政令の定めるところにより、同項の予防接種を都道府県知事に行わせることができる。

　第13次改正（平成６年）は、予防接種法の対象疾病からインフルエンザ及びワイル病が削除されたこと、また、日本脳炎に係る予防接種が定期の予防接種に位置付けられたことにより、一般的な臨時の予防接種の対象疾病が想定されなくなったため、一般的な臨時の予防接種を廃止するものである。これに伴い、緊急的な臨時の予防接種が臨時の予防接種として取り扱われることとなった。
　対象疾病等について整理すると次のとおりである。
① 　対象疾病
　　第２条第２項各号に掲げる疾病のうち厚生大臣が定めるもの（ジフテリア、百日咳、急性灰白髄炎、麻疹、風疹、日本脳炎、破傷風、その他その発生及びまん延を予防するため特に予防接種を行う必要があると認められる疾病として政令で定める疾病）
② 　指示主体等

指示主体	対象者等の指定	実施主体	費用負担
都道府県知事	都道府県知事	都道府県知事	ⅰ）都道府県知事が実施 　国庫1/2　都道府県1/2 ⅱ）市町村長が実施
		市町村長	
厚生大臣＊	都道府県知事	都道府県知事	国庫1/3　都道府県1/3　市町村1/3

　　＊　厚生大臣が指示できる場合は、第３次改正（昭和28年）後、変更なし。

(5) 　第22次改正（平成23年）

旧第６条　都道府県知事は、一類疾病及び二類疾病のうち厚生労働大臣が定めるもののまん延予防上緊急の必要があると認めるときは、その対象者及びその期日又は期間を指定して、臨時に予防接種を行い、又は市町村長に行うよう指示することができる。
２　厚生労働大臣は、前項に規定する疾病のまん延予防上緊急の必要があると認めるときは、政令の定めるところにより、同項の予防接種を都道府県知事に行うよう指示することができる。
３　厚生労働大臣は、二類疾病のうち当該疾病にかかつた場合の病状の程度を考慮して厚生労働大臣が定めるもののまん延予防上緊急の必要があると認めるときは、その対象者及びその期日又は期間を指定して、政令の定めるところにより、都道府県知事を通じて市町村長に対し、臨時に予防接種を行うよう指示することができる。この場合において、都道府県知事は、当該都道府県の区域内で円滑に当該予防接種が行われるよう、当該市町村長に対し、必要な協力をするものとする。
４　国は、第１項又は前項に規定する予防接種の円滑な実施を確保するため、ワクチンの供給等に関し必要な措置を講ずるものとする。

　第22次改正（平成23年）は、「予防接種制度の見直しについて（第１次提言）」（平成22年２月19日厚生科学審議会感染症分科会予防接種部会取りまとめ）において、「今回

の新型インフルエンザ（A／H1N1）に係る予防接種や、今後発生する可能性のある別の新型インフルエンザに係る予防接種を法的に位置付けられた事業として実施できるよう、新たな臨時接種の類型（以下「新臨時接種（仮称）」という。）を予防接種法に設けるべきである。」とされたことを受けたものであり、「まん延予防上緊急の必要性はあるものの、対象とする疾病に係るウイルスの病原性が「現行の臨時接種」が想定しているものほど高くはなく、同接種ほどには社会経済に影響を与えるものではないものに対して臨時に予防接種を行うもの」として「新たな臨時接種」の枠組みが設けられた。また、「今回の予防接種事業（※著者注：新型インフルエンザ（A／H1N1）に係る予防接種事業）は、国が実施主体として行ったものであるが、地方公共団体はその事務の位置付けが不明確な協力をしたところであり、予防接種法上、その位置付けを明確にすることが必要である」との問題意識を踏まえ、都道府県知事の市町村長に対する協力規定が設けられた。

「新たな臨時接種」の対象疾病等について整理すると次のとおりである。

① 対象疾病

　二類疾病のうち当該疾病にかかった場合の病状の程度を考慮して厚生労働大臣が定めるもの

② 指示主体等

指示主体	対象者等の指定	実施主体	費用負担
厚生労働大臣	厚生労働大臣	市町村長	国庫1／2　都道府県1／4　市町村1／4

* 厚生労働大臣が指示できる場合は、予防接種法施行令において次のとおり規定されていた。
  第3条の2　厚生労働大臣が法第6条第3項の規定により都道府県知事を通じて市町村長に予防接種を行うよう指示することができるのは、次の各号のいずれかに該当する場合とする。
  　一　法第6条第3項に規定する疾病（以下この条において「疾病」という。）が発生し、若しくは流行し、又はそのおそれがあるとき。
  　二　日本との交通が密接である地域で疾病が流行している場合において、その病毒が日本に侵入するおそれがあるとき。
  　三　災害その他により疾病が流行するおそれが著しいとき。

さらに、第22次改正（平成23年）では、当該第1次提言において、「パンデミック時には、世界中でワクチンの需給が逼迫することが見込まれることから、我が国におけるまん延の防止を図るために、国として一定量のワクチンを確保する必要がある。」とされたことを受け、ワクチンの供給等に関し必要な措置を講ずる旨の規定が設けられた。

(6) 第26次改正（令和4年）

第26次改正（令和4年）は、「新型コロナウイルス感染症に関するこれまでの取組を踏まえた次の感染症危機に備えるための対応の具体策」（令和4年9月2日新型コロナウイルス感染症対策本部決定）において、「疾病のまん延予防上緊急の必要がある場合に、厚生労働大臣が都道府県知事又は市町村長に指示し、現行の附則の規定と同様の臨時接種を行う仕組み等を整備する。その際、その費用は国が負担することとする。」とされたことを受けたものであり、第25次改正（令和2年）において予防接種法附則に設けられた新型コロナウイルス感染症に係る予防接種に関する規定を、その対象をA類疾病のうち当該疾病の全国的かつ急速なまん延により国民の生命及び健康に重大な影響を与えるおそれがあると認められるものとして厚生労働大臣が定めるものとした上で本則に置き、恒久化することを主眼としたものである。これに併せて、臨時の予防接種につ

いて対象者等の決定者や実施主体等が整理され、疾病の特性やその発生及びまん延状況等に応じて類型を柔軟に変更できるようにされた。なお、第22次改正（平成23年）で設けられた「新たな臨時接種」に係る条文は削除されたが、類型としては、特定Ｂ類疾病に係る臨時の予防接種として残されている[41]。

> **参照条文** 第25次改正（令和2年）において設けられた新型コロナウイルス感染症に係る予防接種に関する規定
>
> 附 則
> （新型コロナウイルス感染症に係る予防接種に関する特例）
> 旧第7条　厚生労働大臣は、新型コロナウイルス感染症（病原体がベータコロナウイルス属のコロナウイルス（令和2年1月に、中華人民共和国から世界保健機関に対して、人に伝染する能力を有することが新たに報告されたものに限る。）であるものに限る。以下同じ。）のまん延予防上緊急の必要があると認めるときは、その対象者、その期日又は期間及び使用するワクチン（その有効性及び安全性に関する情報その他の情報に鑑み、厚生労働省令で定めるものに限る。）を指定して、都道府県知事を通じて市町村長に対し、臨時に予防接種を行うよう指示することができる。この場合において、都道府県知事は、当該都道府県の区域内で円滑に当該予防接種が行われるよう、当該市町村長に対し、必要な協力をするものとする。
> 2　前項の規定による予防接種は、第6条第1項の規定による予防接種とみなして、この法律（第26条及び第27条を除く。）の規定を適用する。この場合において、第13条第4項中「含む。）」とあるのは「含む。）又は同法第19条の2第1項の承認を受けているもの（当該承認を受けようとするものを含む。）が同条第3項の規定により選任したもの」と、第16条第1項中「Ａ類疾病に係る定期の予防接種等又はＢ類疾病」とあるのは「新型コロナウイルス感染症（病原体がベータコロナウイルス属のコロナウイルス（令和2年1月に、中華人民共和国から世界保健機関に対して、人に伝染する能力を有することが新たに報告されたものに限る。）であるものに限る。）」と、第25条第1項中「市町村（第6条第1項の規定による予防接種については、都道府県又は市町村）」とあるのは「市町村」とする。
> 3　前項の規定により読み替えて適用する第25条の規定により市町村が支弁する費用は、国が負担する。
> 4　第1項の規定による予防接種については、第2項の規定により適用する第8条又は第9条の規定は、新型コロナウイルス感染症のまん延の状況並びに当該感染症に係る予防接種の有効性及び安全性に関する情報その他の情報を踏まえ、政令で、当該規定ごとに対象者を指定して適用しないこととすることができる。
> 5　厚生労働大臣は、次に掲げる場合には、あらかじめ、厚生科学審議会の意見を聴かなければならない。
> 　一　第1項の厚生労働省令を制定し、又は改廃しようとするとき。
> 　二　第1項の規定による指示をしようとするとき。
> 　三　前項の政令の制定又は改廃の立案をしようとするとき。

4. 解説

(1) 臨時の予防接種の目的について

本条は、予防接種法第1条において「伝染のおそれがある疾病の発生及びまん延を予防するために公衆衛生の見地から予防接種の実施その他必要な措置を講ずる」とされていることを受け、都道府県知事及び厚生労働大臣に対し、臨時の予防接種を行う権限又は指示権限を付与するものである。定期の予防接種が「乳幼児期等人生の一時期を中心

---

[41] 第26次改正（令和4年）において、臨時の予防接種の枠組みの見直しや第9条の2の新設により「新たな臨時接種」を設けた主な意義が失われたことから「新たな臨時接種」を廃止することが検討されたが、政府内の調整過程で、実費徴収が可能な類型を廃止すべきではないとの指摘があり、存置された。

に免疫を与え、マクロの免疫水準の維持確保を目的」としているのに対し、臨時の予防接種は「疾病の現実の流行又はその具体的な可能性を前提に流行の防止を目的として適宜行うもの」（昭和53年逐条解説72頁）である。

(2) 臨時の予防接種を行う場合について

(1)の目的を踏まえ、臨時の予防接種を行う場合は、疾病の「まん延予防上緊急の必要があると認めるとき」とされている。この要件に該当するか否かは、疾病の病原性の程度、疾病の感染力の程度という2つの要素を踏まえて判断するものとされており、具体的には、表7のとおりである。疾病の病原性の程度は、致命率、重症化率、入院率等から判断されるものであり、疾病の感染力の程度は、疾病自体がどの程度の感染力を有しているかという観点（狭義の感染力）と、人々がどの程度の免疫を有しているかという観点（免疫性）の組合せで判断されるものである。

【表7】臨時の予防接種を行う場合

	感染力が強い	感染力が弱い
病原性が高い	○（A）	△（B）
病原性が低い	△（C）	×（D）

＊ ○は、「まん延予防上緊急の必要があると認めるとき」に該当する。
△は、「まん延予防上緊急の必要があると認めるとき」に該当する場合がある。
×は、「まん延予防上緊急の必要があると認めるとき」に該当しない。

　Aは、疾病の病原性が高く、感染力が強い場合であり、「まん延予防上緊急の必要があると認めるとき」に明白に該当すると考えられる。Bは、疾病の病原性は高い一方、感染力は弱い場合であり、致命率の高い疾病が、全国的にまん延するおそれは低いものの、地域的にまん延している状況において、臨時の予防接種を行うことが考えられる。当該状況の具体例としては、何らかの原因で、日本脳炎を媒介する蚊（コガタアカイエカ）が、ある地域で大発生し、当該地域で患者が多数発生している状況が挙げられる。Cは、疾病の病原性は低い一方、感染力は強い場合であり、重症者や死亡者の大規模な発生は予想されないものの、多くの人々が予防接種を受けることにより、社会的混乱の防止や医療機関の負担軽減等の一定の社会的便益が期待される場合において、臨時の予防接種を行うことが考えられる。Dは、疾病の病原性が低く、感染力が弱い場合であり、「まん延予防上緊急の必要があると認めるとき」には明白に該当しないと考えられる。

　このように、臨時の予防接種を行うに当たっては、疾病の特性等について、専門的・技術的な観点から検討を行う必要があることから、厚生労働大臣は、第1項及び第3項に規定する疾病を定めようとするときや、第2項及び第3項の規定による指示をしようとするときは、あらかじめ、厚生科学審議会の意見を聴かなければならないこととされている（第48条第3号及び第4号参照）。

　なお、平成19年逐条解説（58頁）及び平成25年逐条解説（67頁）においては、臨時の予防接種を行うべき事態として、「我が国に従来から存在し、散発事例が見られているが、予防接種を実施していなかった感染症について、海外からの侵入を含め、毒性の強いウイルスが原因となり流行が生じた場合や、定期の予防接種の接種率が低下するなど

し、ウイルスに感受性のある人口が蓄積された段階で毒性の強いウイルス株が侵入して大規模な流行が生じた場合」が挙げられている。臨時の予防接種（緊急的な臨時の予防接種としての性質を有するものに限る。）の実績は、確認できる限りにおいて、次の3例である。

① 昭和36年度の急性灰白髄炎に係る臨時の予防接種

　昭和34年後半から急性灰白髄炎の患者が増加したことを受け[42]、「急性灰白髄炎（ポリオ）緊急対策要綱」（昭和35年8月30日閣議了解）により、昭和36年1月から、行政措置として、生後6月から生後1年6月までの乳幼児に対して定期の予防接種が、集団発生地域の周辺の5歳未満の幼児に対して臨時の予防接種が行われたが、第6次改正（昭和36年）により急性灰白髄炎が定期の予防接種及び臨時の予防接種の対象疾病として追加された同年4月からは、これらが予防接種法に基づくものとして行われた。

② 昭和48年3月の天然痘に係る臨時の予防接種

　昭和48年3月18日にバングラデシュから帰国した郵政省職員が、同月31日に天然痘の疑いで隔離収容されたことを受け、

Ⅰ）同日夜から、当該職員が居住していた宿舎に居住する約80世帯に対し、

Ⅱ）同年4月1日から、当該宿舎から半径300メートル以内の住民に対し、

Ⅲ）同月3日から、当該職員の入院時の外来患者等に対し、

Ⅳ）同月7日から、2次感染の疑いがあるとして隔離された者の居宅の周辺住民約50世帯に対し、

臨時の予防接種が行われた。

③ 昭和49年1月の天然痘に係る臨時の予防接種

　昭和49年1月17日にインドから帰国した旅行業者が、同月28日に天然痘と診断されたことを受け、

Ⅰ）同日夕方から、当該旅行業者の居宅周辺の住民約4,000人に対し、

Ⅱ）同月29日から、当該旅行業者の家族が通っていた学校の生徒に対し、

臨時の予防接種が行われた。

> **補論1**　「まん延予防上緊急の必要があると認めるとき」について
>
> 　(2)の整理は第22次改正（平成23年）の立案担当者の見解に沿ったものであるが、疾病の性質のみにより「まん延予防上緊急の必要があると認めるとき」に該当するか否かを判断することにはやや疑義がある。疾病の性質については、本条第1項又は第3項の規定による厚生労働大臣の指定を行うか否かの段階で判断すべきものであり、「まん延予防上緊急の必要があると認めるとき」に該当するか否かを判断するに当たっては、疾病の性質も考慮に入れる必要はあるが、疾病の発生及びまん延の具体的な状況又はその可能性を主に考慮すべきであると思われるからである。

---

[42] 昭和35年の患者数は5,606人、死者数は317人であった。最も被害が大きかったのは北海道であり、昭和35年3月に夕張市において初発し、流行期である夏期を迎えるとともに全道に拡大し、同年11月5日時点で患者数1,508人、死者数101人であった。

また、「まん延予防上緊急の必要があると認めるとき」との文言は、第10次改正（昭和51年）で設けられた緊急的な臨時の予防接種と同じであることを踏まえると、緊急性の要件が問題になるが、昭和53年逐条解説において、この点は必ずしも明らかにされておらず、「主として非常在伝染病の国内侵入に際して一刻を争って対処しようとする緊急の場合の臨時の予防接種」（77頁）という表現や、「緊急の場合においては一刻を争って大量に予防接種を行い、患者の2次発生を防止する必要があるので、実際にはほとんど集団接種方式で実施されるものと考えられる。」（79頁）という表現から伺うことができるのみである。しかし、緊急的な臨時の予防接種の場合でも、「現実に痘そう等が侵入してきた場合だけでなく、そのおそれがあるときにおいても本条の適用が可能である。」（79頁）とされていることに留意が必要である。

以上を踏まえると、「まん延予防上緊急の必要があると認める」か否かについては、都道府県知事や厚生労働大臣の裁量に相当程度委ねられており、疾病の現実の流行又はその可能性を前提として、公的関与の下で予防接種を行うことにより当該疾病の流行を防止する必要があると認められれば、臨時の予防接種を行うことができると解するのが相当である。

(3) 臨時の予防接種の類型について

臨時の予防接種の類型は第1項から第3項まで3つあり、疾病の特性やその発生及びまん延状況等に応じて類型間を円滑に移行することができるよう整備されている。

第1項は、「A類疾病及びB類疾病のうち厚生労働大臣が定めるもの」が都道府県内の一部の地域で散発的に発生又はまん延しているときに臨時の予防接種を行うことを主に想定した類型である。そこで、臨時の予防接種の実施を判断する主体は、都道府県内における疾病の発生及びまん延状況等を速やかに把握し、機動的に対応することができる都道府県知事とされており、都道府県知事が当該状況等を踏まえ、対象者等の指定を行った上で、自ら臨時の予防接種を行うか、又は市町村長に行うよう指示することができることとされている。

第2項は、「A類疾病及びB類疾病のうち厚生労働大臣が定めるもの」が複数の都道府県にまたがって発生又はまん延し、第1項の臨時の予防接種を各都道府県知事の判断で行うだけでは足りず、国として当該疾病に係る予防接種を行う必要があるときに臨時の予防接種を行うことを主に想定した類型である。そこで、臨時の予防接種の実施を判断する主体は、全国における疾病の発生及びまん延状況等を把握することができる厚生労働大臣とされており、厚生労働大臣が当該状況等を踏まえ、対象者等の指定を行った上で、都道府県知事又は市町村長に対し、臨時の予防接種を行うよう指示することができることとされている。なお、第26次改正（令和4年）前は、厚生労働大臣が都道府県知事に対して臨時の予防接種を行うよう指示することができる場合は政令で定めることとされていた。これは、平成19年逐条解説（58頁）及び平成25年逐条解説（67頁）において、「事案の緊急性が第1項の規定による臨時の予防接種より高い場合として、広域にわたって感染症がまん延する場合、海外からの感染症の侵入のおそれがある場合等を想定し、国が地方公共団体に対し、予防接種事務の実施を指示することについて、国と

しての重大な判断を内閣に委ねる趣旨である。」とされていた。しかし、第26次改正（令和4年）により、①予防接種法第6条第2項において「厚生労働大臣は、前項に規定する疾病のまん延予防上緊急の必要性があると認めるときは」と規定され、当該政令で定める要件に該当するか否かを含めて厚生労働大臣が判断することができるため、厚生労働大臣が指示可能な場合を政令に委任する必要性は必ずしもないこと、また、②対象者についても、同項において、厚生労働大臣が指示できることとするため、政令に委任する必要性は必ずしもないことから、政令委任の規定は削除された。

第3項は、「A類疾病のうち当該疾病の全国的かつ急速なまん延により国民の生命及び健康に重大な影響を与えるおそれがあると認められるものとして厚生労働大臣が定めるもの」が発生又はまん延し、国として速やかに当該疾病に係る予防接種を行う必要があるときに臨時の予防接種を行うことを主に想定した類型である。そこで、臨時の予防接種の実施を判断する主体は、全国における疾病の発生及びまん延状況等を把握することができる厚生労働大臣とされており、厚生労働大臣が当該状況等を踏まえ、対象者等の指定を行った上で、都道府県知事又は市町村長に対し、臨時の予防接種を行うよう指示することができることとされている。

このように、第1項と第2項との間の移行は主に疾病の発生又はまん延状況によるのに対し、第1項及び第2項と第3項との間の移行は疾病の発生又はまん延状況に加えて疾病の性質によることとなる。すなわち、第1項及び第2項の対象疾病であっても、ウイルスの変異等により病原性や感染力が変化し、第3項に規定する性質を有した場合は、同項に移行することも可能であり、また、当初は当該性質を有していた疾病が当該性質を有しなくなった場合は、同項から第1項又は第2項に移行することも可能である。さらに、当該性質を有していても、第1項の規定による厚生労働大臣の指定を行い、同項又は第2項の臨時の予防接種を行うことは可能である。なお、厚生労働大臣が臨時の予防接種の実施を判断する場合、第2項か第3項のどちらの類型を用いるか決定する必要があるが、これは、疾病の特性に加え、その発生及びまん延状況や、国が予防接種を全面的かつ強力に主導する必要性、自治体の財政状況等を総合的に勘案して決定されることとなる。

なお、第25次改正（令和2年）前の附則第7条は、新型コロナウイルス感染症に係る予防接種を実施する際に、①新型コロナウイルス感染症が全国的にまん延し、公衆衛生上深刻な影響が存在する中、ワクチンの確保や対象者の優先順位付け等で国が全国的な接種を強力に主導する必要があったが、それに対応する予防接種類型がなかったこと、②国庫負担割合を10割とする予防接種類型がなかったこと、③第8条及び第9条の規定について、ワクチンの有効性及び安全性等に関する情報を踏まえて適用除外できる予防接種類型がなかったことの3点を主な理由として新設されたものであった。この点、①新型コロナウイルス感染症のように、今後発生し得る、高い病原性及び強い感染力を有する疾病に係る予防接種についても、国が全国的な予防接種を強力に主導する必要がある場合が想定されること、②感染症対策により地方公共団体の財政状況が悪化する中で、地方公共団体がワクチンを購入して予防接種体制を整備することは困難であり、新型コロナウイルス感染症に係る予防接種と同様、国庫負担割合を10割とする必要が生じることが想定されること、③今後、開発されて間もないワクチンを使用して予防接種を

行う際も、新型コロナウイルス感染症に係る予防接種と同様、その時点で得られているワクチンの有効性及び安全性等に関する情報を踏まえて、第8条及び第9条の規定を適用除外する必要が生じることが想定されることから、本条第3項の類型が新設されたものであるが、第26次改正（令和4年）により、本条第2項の類型においても厚生労働大臣が対象者等を指定することとされたこと、また、第9条の2が新設されたことを踏まえると、厚生労働大臣が本条第2項か第3項のどちらの類型を用いるか決定するに当たっては、疾病の性質と費用負担割合の2点が大きな考慮要素となると思われる。

(4) **臨時の予防接種の対象疾病について**

第1項及び第2項の対象疾病は「A類疾病及びB類疾病のうち厚生労働大臣が定めるもの」とされており、予防接種法又は予防接種法施行令に規定されている疾病全てが対象となり得る。これは、臨時の予防接種が疾病の現実の流行又はその具体的な可能性を前提にして行われるものであることを踏まえ、機動的な対応が可能となるよう、法律上、臨時の予防接種の対象となり得る疾病を幅広く規定した上で、その中から、厚生労働大臣が疾病の具体的な発生及びまん延状況等を踏まえて臨時の予防接種を行う疾病を定めるという仕組みとされているためである。なお、厚生労働大臣が第1項又は第3項に規定する疾病を定めたときは、通常は官報での告示、緊急時は都道府県知事又は市町村長に対する通知を行うことが想定されている。

第3項の対象疾病は「A類疾病のうち当該疾病の全国的かつ急速なまん延により国民の生命及び健康に重大な影響を与えるおそれがあると認められるものとして厚生労働大臣が定めるもの」とされている。「A類疾病のうち」とされているのは、第3項の類型は、新型コロナウイルス感染症のような高い病原性を有し、そのまん延が国民の生命及び健康に対して重大な影響を及ぼす疾病について、厚生労働大臣の指示により、全額国費負担で予防接種を行うものであり、この点において個人予防よりも集団予防に比重を置くことが適当であると考えられたためである。「当該疾病の全国的かつ急速なまん延により国民の生命及び健康に重大な影響を与えるおそれがあると認められるもの」とされているのは、第3項の対象疾病と病原性や感染力が類似している新型インフルエンザ等感染症の感染症法における定義に倣ったためであるが、新型インフルエンザ等対策特別措置法第2条第1号に規定する新型インフルエンザ等も念頭に置かれている。なお、予防接種法と感染症法の要件該当性はそれぞれ独立して判断されるものであり、例えば、新型インフルエンザ等感染症に該当せずとも、第3項の類型を用いることは可能である。ただし、公衆衛生行政として、個別の疾病に係る有効かつ効率的な施策の推進が図られるよう留意されなければならない。また、予防接種を受けるか否かは国民の自主的な判断に委ねられることから、国民の混乱を招かないよう、予防接種法と感染症法で取扱いが異なる場合は明快な説明がされなければならないと思われる。

第1項から第3項までのいずれの類型でも、予防接種法又は予防接種法施行令に規定されていない疾病について臨時の予防接種を行う場合は、まず、当該疾病を第2条第2項第12号若しくは第13号又は第3項第2号若しくは第3号の政令に位置付けた上で、本条第1項又は第3項の規定による厚生労働大臣の指定を行う必要がある。

(5) **臨時の予防接種の実施主体等について**

臨時の予防接種の実施主体は都道府県知事又は市町村長である。第26次改正（令和4

年）前の臨時の予防接種の実施主体は、第1項が都道府県知事又は市町村長、第2項が都道府県知事、第3項が市町村長とされていたが、疾病の発生及びまん延状況等に応じた類型間の円滑な移行を可能とするため、全て都道府県知事又は市町村長とされた。都道府県知事、市町村長のいずれが臨時の予防接種を行うかについては、緊急性の程度、対象者数、実施体制等を勘案して決定されることとなる。ただし、「新たな臨時接種」では、膨大な接種事務が想定されることから、平素から定期の予防接種に係る事務を実施している市町村が実施主体とされていたこと、また、新型コロナウイルス感染症に係る予防接種を実施する際、都道府県の感染症部局は平時に予防接種を実施した経験がないため、自ら当該予防接種を実施するには市町村の事務協力を得る必要があるが、そうなると事務が複雑化することから、都道府県が実施主体となることは現実的ではないとされたことに鑑みると、市町村長が実施主体となることが多いと思われる。なお、実際に予防接種を行うのは、都道府県知事又は市町村長から臨時の予防接種の実施事務について委託を受けた医師であることがほとんどであると思われるが、その場合における健康被害に係る賠償責任の所在は、定期の予防接種と同様である。

臨時の予防接種の対象者等の指定は、基本的に指示主体が行うこととされている。第26次改正（令和4年）前の第2項においては、厚生労働大臣が都道府県知事に対して臨時の予防接種を行うよう指示する一方、その対象者等の指定は当該都道府県知事が行うこととされていたが、そのような構造では、指示主体が企図した予防接種の効果が得られないおそれがあるため、対象者等の指定は指示主体が行うこととされている。

臨時の予防接種の対象者の指定は、疾病の特性に関する科学的知見や疾病の発生及びまん延状況、ワクチンの供給状況等を踏まえて行われることとなる。昭和53年逐条解説（72、73頁）において、「臨時の予防接種の性格からして予防接種を受けるべき者の範囲は、伝染病が流行し、又はそのおそれがある地域に居住、滞在するすべての者が原則であるが、（中略）国民に濫に義務づけることのないよう留意しなければならない。」とされており、この考え方は現在でも適当であると思われる[43]。また、臨時の予防接種の期日又は期間の指定の趣旨や留意点は基本的に定期の予防接種と同様であるが[44]、当該指定は具体的な「まん延予防上緊急の必要があると認めるとき」に個々に行わなければならず、ある疾病がまん延した場合に臨時の予防接種を行うというような抽象的な期日又は期間の指定は認められないと解される。

(6) 都道府県知事の協力について

都道府県知事の協力に係る規定は、第22次改正（平成23年）において、ワクチンの供給状況等を踏まえ、都道府県ごとに予防接種の開始日を設定しつつ、当該時期に統一的に予防接種が行われるよう周知・広報を徹底して行う必要があることから設けられたものであるが、新型コロナウイルス感染症に係る予防接種における対応を踏まえると、都

---

[43] 昭和53年逐条解説においては、緊急的な臨時の予防接種を受ける義務及び当該義務に違反した場合の罰則の存在を念頭にこのような説明がされているところであるが、現在も予防接種を受ける努力義務が存在していることを踏まえると、未知の疾病であるため対象者を限定しがたい場合は別として、対象者を「濫に」幅広く指定することは望ましくないと解される。

[44] 予防接種法施行令第5条の規定による公告の対象が定期の予防接種及び臨時の予防接種とされているのに対し、同令第6条の規定による周知の対象は定期の予防接種のみとされている。この理由は明らかではないが、同条には「あらかじめ」との要件が規定されており、緊急性を有する場合に実施される臨時の予防接種については、公告で足り、周知まで求めることは適当でないと考えられたのではないかと思われる。

道府県知事による大規模接種会場の設置等、周知・広報に留まらず、その時々の状況に応じた適時適切な協力が求められるものと解される。

(7) **本条の事務について**

　臨時の予防接種は、疾病の発生又はまん延が広範囲に及ぶことが想定され、その防止のために緊急の必要がある場合に行われるものであり、公衆衛生上、広域的に統一した対応が必要となる。そこで、本条の事務は、国が本来果たすべき役割に係るものであって、国においてその適正な処理を特に確保する必要があるものとして、地方自治法第2条第9項第1号に規定する第1号法定受託事務とされている（第56条参照）。厚生労働大臣は、疾病の特性やその発生及びまん延状況等を踏まえ、同法第245条の9第1項に規定する「都道府県が当該法定受託事務を処理するに当たりよるべき基準」や同条第3項に規定する「市町村が当該第1号法定受託事務を処理するに当たりよるべき基準」を定め、都道府県知事や市町村長は、この基準に則って臨時の予防接種を行うこととなる。

　なお、地方自治法における「指示」については、同法第245条第1号ヘにおいて、法定受託事務に係る国又は都道府県の関与の一類型として規定されている。同法第245条の7においては、一般的な「指示」として「是正の指示」を規定し、各大臣は、「都道府県の法定受託事務の処理が法令の規定に違反していると認めるとき、又は著しく適正を欠き、かつ、明らかに公益を害していると認めるとき」は、当該都道府県に対し、当該法定受託事務の是正を事後的に指示できるものとされている。一方で、法定受託事務に関する「事前の指示（具体的かつ個別的な行為）」や、事後の「指示」であっても同法の「是正の指示」以外のものについては、個別の法律において、その必要性に応じて、事項と場合を限定して定める必要があるとされている。このような同法における「指示」に関する整理を踏まえると、本条に規定する指示については、「事前の指示（具体的かつ個別的な行為）」に当たるものと解され、当該指示を受けた都道府県又は市町村には、当該指示に従って臨時の予防接種を実施する義務が生じることとなると解される。

> **参考** 地方分権推進計画（平成10年5月29日閣議決定）第2　4(1)
> 　ク　指示
> 　　(ア)　国は、地方公共団体の行政については、以下の場合等特に必要と認められるときを除き、地方公共団体がその自治事務の処理について国又は都道府県の指示に従わなければならないこととすることのないようにしなければならない。
> 　　　a　国民の生命、健康、安全に直接関係する事務の処理に関する場合
> 　　　b　広域的な被害のまん延防止の観点からの事務の処理に関する場合
> 　　(イ)　国は、地方公共団体の行政については、法定受託事務の適正処理を確保するため特に必要と認められる事項及び場合には、地方公共団体に対し指示を行うことができる。
> 　　(ウ)　法定受託事務に係る是正措置を講ずべき旨の指示
> 　　　a　法令所管大臣は、都道府県の法定受託事務の処理が法令に違反していると認めるとき、又は著しく法定受託事務の適正な処理を欠き、かつ明らかに公益を害していると認めるときは、当該都道府県に対し、当該法定受託事務の処理について違反の是正又は改善のため必要な措置を講ずべき旨の指示（以下第2において「是正措置を講ずべき旨の指示」という。）をすることができる。
> 　　　b　都道府県知事等は、市町村の法定受託事務の処理について、是正措置を講ずべき旨の指示

をすることができる。
　c　法令所管大臣は、都道府県知事等に対し、市町村の法定受託事務の処理について、是正措置を講ずべき旨の指示をするよう指示することができる。
　d　法令所管大臣は、緊急を要するときその他特に必要と認めるときは、当該市町村に対し、是正措置を講ずべき旨の指示をすることができる。

補論2　「指示」と「指定」の関係について

　臨時の予防接種は、第1項の規定により都道府県知事が自ら実施する場合を除き、厚生労働大臣又は都道府県知事が対象者及び期日又は期間を指定して、都道府県知事又は市町村長に実施を指示するという構成とされている。そこで、「指示」と「指定」の関係性が問題となるが、この点、第26次改正（令和4年）の際、次のとおり整理されている（図1参照）。これは、新型コロナウイルス感染症に係る予防接種についての整理であるが、臨時の予防接種一般に妥当するものである。

① 大臣指示の効力について

　予防接種法における大臣指示は、都道府県知事又は市町村長において、当該大臣指示に基づいて臨時の予防接種を実施する義務を生じさせる行為であると解される。この点、新型コロナウイルス感染症に係る予防接種については、令和3年2月に大臣指示が行われ、市町村長における実施義務が生じてから、一度も当該実施義務が解除されることなく、現在に至るまで当該予防接種が継続している状態である。このことから、現状においては、接種開始当初（令和3年2月）に旧法（第26次改正（令和4年）前の予防接種法をいう。以下同じ。）附則第7条第1項の規定に基づいて行われた大臣指示の効力が継続しており、今後についても、現行の実施義務が解除されない限り、当該大臣指示の効力が継続するものと考えられる。

　※　このため、現行の大臣指示は、感染症の予防及び感染症の患者に対する医療に関する法律等の一部を改正する法律（以下この項において「改正法」という。）附則第14条第1項の規定により、同法の施行前に行われた大臣指示として、新法（第26次改正（令和4年）後の予防接種法をいう。以下同じ。）第6条第3項の規定により行われた大臣指示とみなして、新法の規定の適用を受けることとなる。

② 大臣指定の効力について

　予防接種法における大臣指定は、大臣指示が都道府県知事又は市町村長の実施義務を生じさせるものであるのに対し、当該大臣指示に附随して当該実施義務の具体的内容を設定するものである。この点、新型コロナウイルス感染症に係る予防接種の実施に当たっては、未知の感染症への対応であることから、科学的知見の収集やワクチンの開発が接種開始後も順次進捗することが想定されており、その進捗状況を踏まえて、随時、大臣指定の内容の変更を行うことが想定されている。

　※　実際に、令和3年2月から改正法の施行前までに、大臣指定の内容は13回の変更が行われている。

ただし、旧法附則第7条及び旧法本則の規定において、大臣指定の内容の一部変更に係る規定はないことから、大臣指定の内容の変更が行われる都度、新規の大臣指定がなされていたものであると考えられる。このため、改正法の施行後に大臣指定の内容を変更する場合、当該変更は改正法の施行後になされた新規の大臣指定に当たり、改正法の施行前に行われた大臣指定として改正法附則第14条第1項の規定を適用し、その根拠を旧法附則第7条第1項に求めることは困難であると考えられる。この点、大臣指示については、①のとおり、改正法附則第14条第1項の規定により新法第6条第3項の規定により行われたものとみなして新法の規定を適用するものとされていることから、改正法の施行後に行われる大臣指定は、新法第6条第3項により行われた大臣指示に附随するものとして同項の規定に基づいてなされるものと考えることが適当である。

③ 結論

①及び②のとおり、改正法の施行後において、大臣指定の内容を変更する（新規の大臣指定を行う）場合、大臣指示については、改正法附則第14条第1項の規定により、旧法附則第7条第1項の規定に基づいて行われた大臣指示の効力が継続しているものと解するとともに、大臣指定については、改正法附則第14条第1項の規定により、大臣指示が新法第6条第3項の規定により行われたものとみなした上で、当該大臣指示に附随するものとして、同項の規定を根拠として行うものと解することが適当である。

【図1】第26次改正（令和4年）時の大臣指示及び大臣指定の考え方

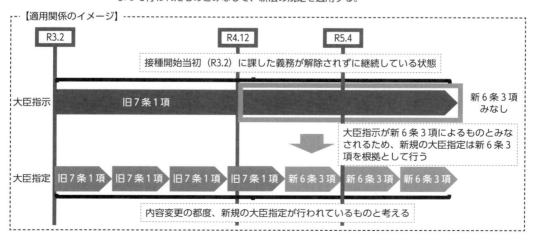

第2編●逐条解説

第6条の2　電子対象者確認

> （電子対象者確認）
> **第6条の2**　市町村長又は都道府県知事は、定期の予防接種等を行うに当たっては、電子対象者確認の方法により、当該定期の予防接種等を受けようとする者が当該定期の予防接種等の対象者であることの確認を行うことができる。
> 2　前項の「電子対象者確認」とは、市町村長又は都道府県知事が、定期の予防接種等を受けようとする者の個人番号カード（行政手続における特定の個人を識別するための番号の利用等に関する法律（平成25年法律第27号）第2条第7項に規定する個人番号カードをいう。）に記録された利用者証明用電子証明書（電子署名等に係る地方公共団体情報システム機構の認証業務に関する法律（平成14年法律第153号）第22条第1項に規定する利用者証明用電子証明書をいう。）の提供を受ける方法その他の厚生労働省令で定める方法により、当該者が当該定期の予防接種等の対象者であることを確認することをいう。

注　本条は、第26次改正（令和8年6月8日までの間において政令で定める日施行分）による追加規定。

1. 概要

本条は、定期の予防接種等を受けようとする者が当該定期の予防接種等の対象者であるか否かを確認するに当たっては、電子対象者確認の方法によることができるものとする規定である。

2. 沿革

- 第26次改正（令和4年）：制定

3. 制定の趣旨

定期の予防接種等の対象者はワクチンの有効性及び安全性を踏まえて規定されている。したがって、定期の予防接種等の実施主体である市町村長又は都道府県知事は、定期の予防接種等を受けようとする者が当該定期の予防接種等の対象者であることを正確に確認する必要があり[45]、その確認は、従来、当該定期の予防接種等を受けようとする者に接種券を提示させる方法により行われていた。このため、市町村又は都道府県は、定期の予防接種等の対象者に対し、接種券を発行・送付しなければならず、相当な事務負担となっていた。また、定期の予防接種等の対象者が転居した場合、転居元の市町村又は都道府県が発行した接種券ではなく転居先の市町村又は都道府県が発行した接種券が必要となることから、市町村又は都道府県の事務負担のみならず、定期の予防接種等の対象者の利便性の低下が生じていた。さらに、新型コロナウイルス感染症に係る予防接種では、当該疾病のま

---

[45] 定期の予防接種等の対象者であることの正確な確認が必要となる理由としては、他に、①未接種者に予防接種を受けることを勧奨するため、②健康被害が生じた場合に適切な対応をとるため、③定期の予防接種等に関する記録の信用性を担保するため、といったものが挙げられる。

ん延状況を踏まえ、速やかに当該予防接種を行う必要があったにもかかわらず、接種間隔の前倒しに即応した接種券の発行・送付が難しく、当該予防接種の対象者が当該予防接種を円滑に受けられない事態が生じた。

　これらの課題を解決し、地方公共団体や医療機関等の負担軽減、定期の予防接種等の対象者の利便性向上を図るため、個人番号カード（行政手続における特定の個人を識別するための番号の利用等に関する法律（平成25年法律第27号）第2条第7項に規定する個人番号カードをいう。以下同じ。）に記録された利用者証明用電子証明書（電子署名等に係る地方公共団体情報システム機構の認証業務に関する法律（平成14年法律第153号）第22条第1項に規定する利用者証明用電子証明書をいう。以下同じ。）等を用いて定期の予防接種等の対象者を確認する仕組み（以下「電子対象者確認」という。）が導入された。

　なお、規定位置については、電子対象者確認は、定期の予防接種等の実施事務の1つであることから、第3章に置くこととされた。その上で、定期の予防接種等の対象者の確認は、定期の予防接種等の実施事務の中でも接種行為そのものに係る事務であり、第7条に規定する予診の前に実施される事務であることから、予防接種類型を規定する第5条及び第6条の後、第7条の前に規定することとされた。

4. 解説
(1) 第1項について

　市町村長又は都道府県知事は、定期の予防接種等を行うに当たっては、電子対象者確認の方法により、当該定期の予防接種等を受けようとする者が当該定期の予防接種等の対象者であることの確認を行うことができる。実際に電子対象者確認の方法により確認を行うのは、通常、市町村長又は都道府県知事から定期の予防接種等の実施事務を委託された医療機関であるが、当該医療機関は当該市町村長又は都道府県知事と同視できることから、電子対象者確認の主体としては規定されていない。

　電子対象者確認の導入に当たって参考とされた仕組みである、健康保険法（大正11年法律第70号）等における電子資格確認に係る規定は、例えば、同法第63条第3項において、「第1項の給付を受けようとする者は、（中略）電子資格確認その他厚生労働省令で定める方法（以下「電子資格確認等」という。）により、被保険者であることの確認を受け、同項の給付を受けるものとする」とされているように、本条とは異なり、できる旨の規定ではない。この違いは、電子資格確認に係る規定は被保険者としての地位に基づき生じる保険給付の請求権の行使方法を法定化するために設けられているのに対し、電子対象者確認はその対象者の権利の行使として行われるものではなく、市町村長又は都道府県知事の権限により行われるものであることから、できる旨の規定とするに留められたためである。できる旨の規定であることにより、市町村長又は都道府県知事は、電子対象者確認の方法によらないことも可能であるが、電子対象者確認が導入された趣旨に鑑み、原則として電子対象者確認の方法により確認を行うべきであり、電子対象者確認の方法によらない場合は、個人番号カードを持っていない者について接種券を用いて確認を行うといった例外的な場合に限るべきであると思われる。

(2) 第2項について

　定期の予防接種等の実施主体は市町村長又は都道府県知事であるが、電子対象者確認

を行うに当たっては、電子資格確認と同様に、支払基金等が運用するオンライン資格確認等システム及び医療機関に設置されている顔認証付きカードリーダーを使用するため、市町村長又は都道府県知事は、電子対象者確認に係る事務を第57条第1項第1号の規定により支払基金等に委託した上で行うこととなる[46]。具体的な流れは次のとおりである。

① 市町村長又は都道府県知事が、定期の予防接種等の対象者の情報をオンライン資格確認等システムに登録する。
② 定期の予防接種等を受けようとする者が、定期の予防接種等の実施事務を委託された医療機関において、個人番号カード又はスマートフォンを顔認証付きカードリーダーにかざす方法により、当該個人番号カード又はスマートフォンに記録された利用者証明用電子証明書を市町村長又は都道府県知事(実際には、市町村長又は都道府県知事から委託を受けた支払基金等。③において同じ。)に提供する。
③ 市町村長又は都道府県知事が、当該医療機関に対し、当該定期の予防接種等を受けようとする者が当該定期の予防接種等の対象者であるか否かを回答する。

「その他の厚生労働省令で定める方法」としては、個人番号カードではなくスマートフォンに記録された利用者証明用電子証明書の提供を受ける方法が想定されている。

なお、本項の類例としては、健康保険法第3条第13項がある。

第7条　予防接種を行ってはならない場合

> (予防接種を行ってはならない場合)
> **第7条**　市町村長又は都道府県知事は、定期の予防接種等を行うに当たっては、当該定期の予防接種等を受けようとする者について、厚生労働省令で定める方法により健康状態を調べ、当該定期の予防接種等を受けることが適当でない者として厚生労働省令で定めるものに該当すると認めるときは、その者に対して当該定期の予防接種等を行ってはならない。

1. 概要

本条は、市町村長又は都道府県知事に対して予診を行う義務を課すとともに、予防接種不適当者を定める規定である。

2. 沿革

- 第13次改正(平成6年)：制定
- 第17次改正(平成11年)：一部改正
- 第22次改正(平成23年)：一部改正
- 第23次改正(平成25年)：一部改正

---

[46] 支払基金等が、電子対象者確認に係る事務の処理に際し、地方公共団体情報システム機構から本人確認情報の提供を受けられるようにするため、第26次改正(令和4年)において住民基本台帳法(昭和42年法律第81号)が改正され、同法別表第一に、支払基金等が行う「予防接種法第57条第1項第1号の情報の収集若しくは整理又は利用若しくは提供に関する事務であつて総務省令で定めるもの」が追加された(同表57の18の項)。

- 第26次改正（令和4年）：一部改正

3. 制定の趣旨

　予防接種による健康被害に対する司法救済を求め、昭和50年代頃より各地で集団訴訟が提起されたが、平成4年12月18日に東京高裁判決が出され、同月26日、丹羽雄哉厚生大臣が記者会見し、上告断念を発表した。同大臣の談話では、「今回の判決は、法律上の義務としてまたは実態上それと同様の状況下で異物であるワクチンを体内に注入し、その結果として健康被害が生じたという予防接種事故の特殊性に着目した論理展開となっております。また、その背後には、一連の予防接種訴訟における被害者救済という司法判断の大きな流れがあるものと判断され、さらには、予防接種被害に関する最高裁判決を踏まえて国の法的責任を認めたものであって、これを謙虚に受け止めるべきものと思われます。（中略）できるだけ早い時期に予防接種制度のあり方について公衆衛生審議会に諮問し、審議の結果が得られ次第、法律改正を含め、所要の措置を講じたい」と述べられている。

　東京高裁判決において国の過失を問われ、今後、行政として取り組むべきとされた課題は、要約すれば、①予診の徹底など予防接種実施体制の充実、②予防接種に関する情報提供システムの充実の2点であった。そこで、これらについて公衆衛生審議会において検討が行われ、「今後の予防接種制度の在り方について」（平成5年12月14日公衆衛生審議会答申）を踏まえ、①については本条が、②については第12条が制定された。

　なお、予防接種法令において、本条の制定前に予診又は予防接種不適当者に係る規定がなかったわけではなく、予防接種施行心得や予防接種実施規則において当該規定が置かれていた。例えば、予防接種実施規則の制定当初の禁忌に係る規定は次のとおりであり、これは本条の原型とされたものである。実際の運用については、昭和23年6月27日の衆議院厚生委員会において、濱野規矩雄政府委員（厚生技官）が「これは御承知の通り、一応本人から病気があるということを言つてもらうことを、事前によくお願いしておきます。同時に医者には、初めての人については問診以外に、一応聴診もしてもらうつもりであります。」と述べているように、問診と聴診が行われていた。

> **参照条文** 制定当初の予防接種実施規則（抄）
>
> （禁忌）
> 第4条　接種前には、被接種者について、体温測定、問診、視診、聴打診等の方法によって、健康状態を調べ、当該被接種者が次のいずれかに該当すると認められる場合には、その者に対して予防接種を行つてはならない。ただし、被接種者が当該予防接種に係る疾病に感染するおそれがあり、かつ、その予防接種により著しい障害をきたすおそれがないと認められる場合は、この限りでない。
>   一　有熱患者、心臓血管系、腎臓又は肝臓に疾患のある者、糖尿病患者、脚気患者その他医師が予防接種を行うことが不適当と認める疾病にかかつている者
>   二　病後衰弱者又は著しい栄養障害者
>   三　アレルギー体質の者又はけいれん性体質の者
>   四　妊産婦（妊娠6月までの妊婦を除く。）
>   五　種痘については、前各号に掲げる者のほか、まん延性の皮膚病にかかつている者で、種痘により障害をきたすおそれのあるもの

4. 解説

「市町村長又は都道府県知事」とは、定期の予防接種等の実施主体である市町村長又は都道府県知事を意味し、本条は、これらの者に対し、当該定期の予防接種等を受けようとする者が予防接種不適当者に該当すると認めるときは、当該定期の予防接種等を受けようとする者又はその保護者が希望しても、当該定期の予防接種等を行ってはならないという不作為義務を課すものである。

「当該定期の予防接種等を受けようとする者」とは、定期の予防接種等を受ける意思を有する者、その保護者から定期の予防接種等を受けることに対する同意を与えられている者をいう[47]。そもそも定期の予防接種等を受ける意思を有しない者や、その保護者から定期の予防接種等を受けることに対する同意が与えられていない者については、本条の規定を俟(ま)たず、当然に定期の予防接種等を行ってはならない。

「厚生労働省令で定める方法により健康状態を調べ」とは、予防接種による健康被害の発生を回避するため、定期の予防接種等を受けようとする者について、その健康状態を適切な方法により調べて把握した情報を踏まえ、予防接種不適当者に該当するか否か判断するという意味である。当該方法は、予防接種実施規則第4条において、問診、検温及び診察と規定されている。また、この判断に資するよう、同令第5条において、定期の予防接種等を受けようとする者が母子保健法（昭和40年法律第141号）第16条第1項の規定により交付された母子健康手帳に係る乳児又は幼児である場合には、その保護者に対し、母子健康手帳の提示を求めなければならないこととされている。

「当該定期の予防接種等を受けることが適当でない者として厚生労働省令で定めるもの」とは、制度上、定期の予防接種等の対象としない者を意味するものではなく、予診の結果、定期の予防接種等を受けることが適当でないと認められる者を意味するものであり、予防接種実施規則第6条において、予防接種法施行規則の規定を引用する形で次の者とされている[48]。

① 明らかな発熱を呈している者
② 重篤な急性疾患にかかっていることが明らかな者
③ 当該疾病に係る予防接種の接種液の成分によってアナフィラキシーを呈したことがあ

---

[47] 平成19年逐条解説（60頁）及び平成25年逐条解説（70頁）において、「「当該予防接種を受けようとする者」とは、予防接種を受ける意思を有する者、その保護する者に受けさせることに同意している保護者をいう。」とされているが、本条は「当該定期の予防接種等を受けようとする者について、（中略）健康状態を調べ」と規定しているのであるから、「当該定期の予防接種等を受けようとする者」を保護者と解する余地はないと思われる。

[48] 平成19年逐条解説（61頁）において、「「当該予防接種を受けることが適当でない者」とは、健康状態の調査の結果を踏まえて判断されるべきものであるが、定期又は臨時の予防接種の対象者として予防接種を受けることが適当でないかどうか、という観点を含むものであり、単に医学的理由による判断基準のみならず、定期又は臨時の予防接種として、積極的な接種勧奨をする等の行政措置として行われる予防接種の対象とすることが適当でないかどうかとの観点からの基準を厚生労働省令で定めることが可能である。」とされており、平成25年逐条解説（72頁）においても同様の説明がなされている。しかし、本条の「当該定期の予防接種等を受けることが適当でない者として厚生労働省令で定めるもの」に該当するか否かは、健康状態を調べた結果を踏まえて判断されるものであること、また、定期の予防接種等を受けようとする者は市町村長又は都道府県知事による勧奨を受けて予防接種会場に赴き当該定期の予防接種等を受けようとするものであることを踏まえると、本条の厚生労働省令において、「定期又は臨時の予防接種として、接種勧奨をする等の公的な予防接種の対象とすることが適当でないかどうかとの観点からの基準」を定めることは適当ではなく、そのような基準は、定期の予防接種については予防接種法施行令第3条第1項において、臨時の予防接種については都道府県知事又は厚生労働大臣の指定において定められるべきものであると思われる。なお、定期の予防接種等を行うか否かを最終的に判断するのは予診を終えた後であることに鑑みると、予診において、同項に規定する定期の予防接種の対象としない者に該当しないかを確認することは当然であり、その結果として、同項の委任を受けた予防接種法施行規則第2条の範囲と予防接種実施規則第6条の範囲が重複することもまた当然である。

ることが明らかな者
④　麻疹及び風疹に係る予防接種の対象者にあっては、妊娠していることが明らかな者
⑤　結核に係る予防接種の対象者にあっては、結核その他の疾病の予防接種、外傷等によるケロイドの認められる者
⑥　B型肝炎に係る予防接種の対象者にあっては、HBs抗原陽性の者の胎内又は産道においてB型肝炎ウイルスに感染したおそれのある者であって、抗HBs人免疫グロブリンの投与に併せて組換え沈降B型肝炎ワクチンの投与を受けたことのある者
⑦　ロタウイルス感染症に係る予防接種の対象者にあっては、腸重積症の既往歴のあることが明らかな者、先天性消化管障害を有する者（その治療が完了したものを除く。）及び重症複合免疫不全症の所見が認められる者
⑧　肺炎球菌感染症（高齢者がかかるものに限る。）に係る予防接種の対象者にあっては、当該疾病に係る定期の予防接種を受けたことのある者
⑨　①から⑤まで及び⑦に掲げる者のほか、予防接種を行うことが不適当な状態にある者

補論1　予診を尽くす義務について

予診を尽くす義務には、広義のものと狭義のものがあると思われる。
　広義の予診を尽くす義務とは、東京高裁判決において示された、厚生労働大臣に対して課される、次の①から③までを内容とする義務である。これは、「予防接種は時に重篤な副反応が生ずるおそれがあるもので、危険を伴うものであり、その危険をなくすためには事前に医師が予診を充分にして、禁忌者を的確に識別・除外する体制を作る必要がある」ことから導出されるものであり、厚生労働大臣が、「伝染病の伝播及び発生の防止その他公衆衛生の向上及び増進を任務とする」厚生労働省の長として同省の事務を統括する立場にある者として、また、「予防接種を国の施策として全体として遂行する立場にある」者として負うべき義務である[49]。
①　「集団接種の場合は、医師が予診に充分時間が割けるように、接種対象人員の数を調節し、あるいは接種する医師と予診を専門にする医師を分けるなどの体制作り」をすること。
②　「臨時に駆り出される、しかも、予防接種の副反応や禁忌について充分教育を受けていない開業医を念頭に、予防接種による副反応と禁忌の重要性等について周知を図り、予診等のレベルの向上を図る」こと。
③　予防接種を受ける国民に対し、「重篤な副反応の発生するおそれのあることや禁忌の意味内容等についてわかりやすく説明し、必要な情報を進んで医師に提供するよう動機付けをする」こと。
　狭義の予診を尽くす義務とは、昭和51年9月30日の最高裁第一小法廷判決（民集30巻8号816頁参照）において示された、医師に対して課される、「死亡、脳炎等重大な結果をもたらす異常な副反応」のような「危険を回避するため、慎重に予診を行い、かつ、当該接種対象者につき接種が必要か否かを慎重に判断し、実施規則4

---

[49] この一文及びこれに続く①から③までのかぎ括弧部分は東京高裁判決より引用。

条所定の禁忌者を的確に識別すべき義務」である。なお、同判決は、「実施規則4条は、予診の方法として、問診、視診、体温測定、聴打診等の方法を規定しているが、予防接種を実施する医師は、右の方法すべてによつて診断することを要求されるわけではなく、とくに集団接種のときは、まず問診及び視診を行い、その結果異常を認めた場合又は接種対象者の身体的条件等に照らし必要があると判断した場合のみ、体温測定、聴打診等を行えば足りると解するのが相当である」とした上で、「予防接種に際しての問診の結果は、他の予診方法の要否を左右するばかりでなく、それ自体、禁忌者発見の基本的かつ重要な機能をもつものであるところ、問診は、医学的な専門知識を欠く一般人に対してされるもので、質問の趣旨が正解されなかつたり、的確な応答がされなかつたり、素人的な誤つた判断が介入して不充分な対応がされたりする危険性をももつているものであるから、予防接種を実施する医師としては、問診するにあたつて、接種対象者又はその保護者に対し、単に概括的、抽象的に接種対象者の接種直前における身体の健康状態についてその異常の有無を質問するだけでは足りず、禁忌者を識別するに足りるだけの具体的質問、すなわち実施規則4条所定の症状、疾病、体質的素因の有無およびそれらを外部的に徴表する諸事由の有無を具体的に、かつ被質問者に的確な応答を可能ならしめるような適切な質問をする義務がある。」と判示している。なお、平成19年逐条解説（62頁）において、「二類疾病に係る定期の予防接種については、個人予防目的に比重を置いて予防接種を行う疾病であることから、被接種者に接種の努力規定を適用しないなど、被接種者の意思に基づく自己責任の及ぶ範囲が広い疾病の類型であり、特に、予防接種の実施に当たっては、被接種者の意思の確認と予防接種を受けることが適当でない者の除外を的確に行うことが、予防接種による健康被害をできる限り防止する観点から、重要になる。」とされており、平成25年逐条解説（72頁）においても同様の説明がなされている。しかし、最終的に定期の予防接種等を受けるか否か判断するのは定期の予防接種等を受けようとする者又はその保護者であること、また、予防接種による健康被害が発生する確率はA類疾病かB類疾病か、又は定期の予防接種か臨時の予防接種かによって異ならないことに鑑みると、「被接種者の意思の確認と予防接種を受けることが適当でない者の除外を的確に行うこと」の重要性について、B類疾病に係る定期の予防接種とそれ以外の定期の予防接種等で差を設けることは必ずしも適当ではないと思われる。

　予診を尽くす義務の立証責任に関しては、平成3年4月19日の最高裁第二小法廷判決（民集45巻4号367頁参照）において、「予防接種によって右後遺障害が発生した場合には、禁忌者を識別するために必要とされる予診が尽くされたが禁忌者に該当すると認められる事由を発見することができなかったこと、被接種者が右個人的素因を有していたこと等の特段の事情が認められない限り、被接種者は禁忌者に該当していたと推定するのが相当である。」と判示されている。なお、当該判決においても、東京高裁判決においても、予診が尽くされたか否かに係る具体的な判断基準は示されていない。この点、日本医事新報No.3700（平成7年3月25日）に掲載された鼎談「改正予防接種の実施に当って」において、稲葉博厚生省保健医療局エイズ結核感染症課長は、「予診についてですが、どこまで尽くすのか、どこまで聴

打診を尽くすのか。「ここまで実施するのが聴打診だ」ということなどは、個々のケースにより異なるものと考えられますし、先生方の裁量にお任せする部分に立ち入ることにもなりますので、いわゆる社会通念上常識的な問診をはじめとする聴打診を実施していただくのが、いわば「予診を尽くす」という内容になろうかと思います。」と述べている。

なお、狭義の予診を尽くす義務が果たされなかった場合の定期の予防接種等は、手続的瑕疵があるものとして違法とされる。この場合における健康被害救済給付の取扱い等については、第15条の「4.(7)補論2　定期の予防接種等の実施が適法でなかった場合の健康被害救済給付の取扱い等について」を参照されたい。

補論2　定期の予防接種等を受けようとする者又はその保護者の同意について

予防接種実施規則第5条の2第1項において、「予防接種を行うに当たっては、あらかじめ被接種者又はその保護者に対して、予防接種の有効性及び安全性並びに副反応について当該者の理解を得るよう、適切な説明を行い、文書により同意を得なければならない。」とされている。予防接種も一種の医療行為であるため、インフォームド・コンセントが要請される。

同項においては、「被接種者又はその保護者」と規定されていることから、保護者がいる場合、保護者の同意のみで足りるのか、被接種者と保護者の両方の同意が必要なのか必ずしも明らかではない。また、被接種者の意思と保護者の意思が異なった場合の取扱いも明らかではない。この点について、予防接種法における「保護者」は「親権を行う者又は後見人」と定義されていること、また、第8条第2項及び第9条第2項が16歳未満の者又は成年被後見人を1つの区切りとしていることを踏まえ、①被接種者が16歳以上18歳未満の者である場合、②被接種者が16歳未満の者又は成年被後見人である場合の2つに分けて述べる。

①については、18歳未満の者は親権に服することを踏まえると、16歳以上18歳未満の者の意思より保護者の意思が優先するとも思われる。しかし、第8条第2項及び第9条第2項において、16歳以上の者は予防接種の意義やワクチンの有効性及び安全性等を理解した上で予防接種を受けるか否か自ら判断できるものとして取り扱われていることを踏まえると、16歳以上18歳未満の者については、その者の同意のみで足り、その保護者が同意している場合でも被接種者本人が同意していないときは予防接種を行うことができないと解するのが相当である。

②については、平成19年逐条解説（62頁）及び平成25年逐条解説（73頁）において「16歳未満の者や成年被後見人については、本人の意思確認について、予防接種による健康被害が不可避であることを踏まえると、直ちに保護者、法定代理人、後見人等の意思（同意）によることで足りるとするかについては、明確でない。これらの者本人の意思表示に基づくことを原則としつつ、例外的に本人の意思を保護者等の本人の心身の状況や意思をよく知る者が推知できる場合にも、予防接種が可能となるような慎重な方法を採用することが適当である。」とされているように、予

防接種による健康被害が不可避であることを理由として、被接種者本人の意思に基づくことを原則とする考え方に立つべきであるとも思われる。しかし、これは第8条第2項及び第9条第2項の趣旨と整合的ではない。また、予防接種に関するリスクには、予防接種を受けたことにより健康被害が生じるリスクだけでなく、予防接種を受けなかったことにより疾病に罹患するリスクもあり、どちらか一方のみを強調すべきではない。予防接種法は、16歳未満の者又は成年被後見人について、これらのリスクの比較衡量を行った上で予防接種を受けるか否か自ら判断できないものとして取り扱っているものと思われる。したがって、16歳未満の者又は成年被後見人については、その保護者の同意のみで足り、被接種者本人が同意している場合でも保護者が同意していないときは予防接種を行うことができないと解するのが相当である。

なお、16歳未満の者及び成年被後見人以外の者であっても、予防接種を受けるか否か自ら判断することが困難である者や、当該判断が可能でもその意思を表示することが困難な者が想定される。この点、予防接種法がそのような者に係る特別の規定を置いていないこと、また、同法は16歳以上の者を一律に予防接種を受けるか否か自ら判断できるものとして取り扱っていることを踏まえると、そのような者についても本人の同意が必要であり、本人の同意がない場合、家族など被接種者本人以外の者が同意しているときでも予防接種を行うことができないと解されよう。この点、平成19年逐条解説（62頁）において、「高齢者等については、その意思表示の確認を十分に行うことが特に重要であり、心身の状況により施設に入所する者等について、施設の長の判断で本人の意思表示に代えることはできない。家族やかかりつけ医の協力を得て、本人の平素の言動等も勘案し、その意思を慎重に判断することが適当である。」とされており、平成25年逐条解説（72、73頁）においても同様の説明がなされている。

第7条の2　予防接種済証

（予防接種済証）
第7条の2　市町村長又は都道府県知事は、定期の予防接種等を受けた者に対して、厚生労働省令で定めるところにより、予防接種済証を交付し、又はその内容を記録した電磁的記録（電磁的方式（電子的方式、磁気的方式その他人の知覚によっては認識することができない方式をいう。）で作られる記録をいう。第9条の3及び第25条において同じ。）を提供しなければならない。

注　本条は、第26次改正（令和8年6月8日までの間において政令で定める日施行分）による追加規定。

1. 概要

本条は、市町村長又は都道府県知事に対し、定期の予防接種等を受けた者に対する予防

接種済証の交付等の義務を課す規定である。

2. 沿革
- 第26次改正（令和4年）：制定

3. 制定の趣旨
(1) 法制定当初

> **旧第16條** 市町村長は、第10條から第14條までの規定により定期の予防接種を受けた者に対して、省令の定めるところにより、定期の予防接種済証を交付しなければならない。
> 2 　都道府縣知事又は市町村長は、第6條の規定により臨時の予防接種を受けた者に対して、省令の定めるところにより、臨時の予防接種済証を交付しなければならない。
> 3 　種痘については、前2項の予防接種済証は、種痘の検診を受けない者に対しては、これを交付してはならない。
> **旧第17條** 当該吏員の請求を受けた者は、自己又は16才に満たない者の予防接種済証を提出しなければならない。但し、省令で定める者については、この限りでない。

　予防接種法の制定当初、市町村長は定期の予防接種済証を交付しなければならないこと等とされていたが、その趣旨は必ずしも明らかではない。1つには、予防接種を受ける義務を果たした証明として捉えることも可能である。また1つには、第17条が「本條の規定によつて必要に応じて予防接種の実施状況をより正確に把握し、伝染病予防上の参考とすることを目的としたものである。」（昭和27年逐条解説253頁）とされていることに鑑み、同条の前提としての役割を有するものとして捉えることも可能である。

　なお、本条は、第10次改正（昭和51年）において予防接種法の法律構成の見直しが行われた際、同法から削除され、予防接種法施行規則に移された。

(2) 第26次改正（令和4年）

　第10次改正（昭和51年）後、予防接種済証に係る規定は予防接種法施行規則に置かれていた。新型コロナウイルス感染症に係る予防接種においても予防接種済証の交付が行われたが、その趣旨は本人の健康管理に留まらないものであった。すなわち、新型コロナウイルス感染症が世界的にまん延し、日本を含めた世界各国において、国際的な人的往来における防疫措置や国内における行動制限が講じられたところ、そのような各種措置・制限の緩和等のために、当該予防接種を受けた事実を証明する文書の提示が求められたのである。今後、新型コロナウイルス感染症のような感染症が発生又はまん延した場合においても、同様のニーズが生じることが想定されたこと、また、予防接種済証の発行は、予防接種データベースを用いて行うことにより効率的に実施できると考えられたことから、第26次改正（令和4年）において、本条が設けられた。

　なお、規定位置については、予防接種済証は、定期の予防接種等の実施事務の1つであることから、第3章に置くこととされた。その上で、予防接種済証の交付は、電子対

象者確認（第6条の2）や予診（第7条）と異なり、接種行為そのものに係る事務ではないものの、接種行為と一連の事務として実施されることが想定される事務であり、接種行為の後に実施されるものであることから、接種の流れに沿った順序で規定することとされ、第7条の2として規定することとされた。

4. 解説

予防接種済証の交付又はその内容を記録した電磁的記録の提供は、基本的には本人の健康管理のために行われるものであるが、万が一健康被害が発生した際は、予防接種済証がその原因となった予防接種を特定するための重要な記録として機能することになる。そのような観点から、予防接種済証の交付等は市町村長又は都道府県知事の義務として規定されている。

本条の厚生労働省令においては、予防接種済証の様式や交付方法等を定めることが想定されている。なお、予防接種済証の様式については、新型コロナウイルス感染症に係る予防接種において用いられた予防接種証明書も予防接種済証の一類型として定められることが想定されている。また、交付方法については、予防接種済証は紙で交付することが、電磁的記録の提供は健康管理アプリに定期の予防接種等の記録を記入することが主に想定されている。

なお、普通地方公共団体は、当該普通地方公共団体の事務で特定の者のためにするものにつき、手数料を徴収することができることとされている（地方自治法第227条）。また、当該手数料に関する事項については、条例でこれを定めなければならず、この場合において、全国的に統一して定めることが特に必要と認められるものとして政令で定める事務（以下「標準事務」という。）について手数料を徴収する場合においては、当該標準事務に係る事務のうち政令で定めるものにつき、政令で定める金額の手数料を徴収することを標準として条例を定めなければならないこととされている（同法第228条第1項）。これを受け、地方公共団体の手数料の標準に関する政令（平成12年政令第16号）において、「標準事務」、「手数料を徴収する事務」及び手数料の「金額」が定められている。「標準事務」及び「手数料を徴収する事務」は基本的に法律又は政令に規定されているものに限定されているため、第26次改正（令和4年）前は予防接種済証の交付等について地方自治法第227条の規定に基づき手数料を徴収することはできなかったが、当該改正後は予防接種済証の交付等を標準事務に位置付け、手数料を徴収することが可能になったと思われる。

第8条　予防接種の勧奨

（予防接種の勧奨）
第8条　市町村長又は都道府県知事は、定期の予防接種であってA類疾病に係るもの又は臨時の予防接種の対象者に対し、これらの予防接種を受けることを勧奨するものとする。
2　市町村長又は都道府県知事は、前項の対象者が16歳未満の者又は成年被後見人であるときは、その保護者に対し、その者に定期の予防接種であってA類疾病に係るもの又は臨時の予防接種を受けさせることを勧奨するものとする。

1. 概要

本条は、市町村長又は都道府県知事に対し、定期の予防接種であってA類疾病に係るもの又は臨時の予防接種の対象者に対してこれらの予防接種を受けることを勧奨する義務を課す規定である。

2. 沿革

- 第22次改正（平成23年）：制定（旧第7条の2）
- 第23次改正（平成25年）：一部改正（旧第7条の2を本条に繰下げ）
- 第26次改正（令和4年）：一部改正

3. 制定の趣旨

本条の制定前は、予防接種を受ける努力義務の趣旨である集団予防の実現に資するため、市町村長又は都道府県知事は、当該努力義務の対象となる予防接種の対象者に対し、当該予防接種を受けることを勧奨することが適法に可能であると解されていた。すなわち、予防接種の勧奨は予防接種を受ける努力義務に内包されるものであった。しかし、第22次改正（平成23年）において、「新たな臨時接種」の対象疾病は感染力が強く、急激に拡大するおそれがあるため、短期間に大量の者に対する接種機会を確保し、社会的混乱を回避する（特に医療機関の負担を軽減し、適切な医療提供体制を確保する）必要があるところ、そのためには国民に対して予防接種の効果等を周知するとともに、予防接種を受けるよう呼びかけを行うなど公的関与を行うことが適当であることから、予防接種の勧奨の規定を設けることとされ、それに合わせて、定期の予防接種であってA類疾病に係るものに対する勧奨及び「新たな臨時接種」以外の臨時の予防接種に対する勧奨も明文化することとされた。

4. 解説

(1) 第1項について

「勧奨」とは「ある一定の行為を勧め奨励すること」（平成25年逐条解説74頁）である。定期の予防接種であってA類疾病に係るもの及び臨時の予防接種（特定B類疾病に係るものを除く。）については、集団予防の実現のために予防接種を受けることを勧奨するものとされている。一方、臨時の予防接種であって特定B類疾病に係るものについては、集団予防の実現のためという観点がないわけではないが、主に社会的混乱の回避や医療機関への負担軽減のために予防接種を受けることを勧奨するものとされている。

なお、定期の予防接種であってB類疾病に係るものが本項の対象とされていないことに鑑みると、集団予防又は公衆衛生の観点から勧奨を行うことが想定されており、個人予防に比重を置いた観点から勧奨を行うことは本項が想定するところではないと思われるが、本項は、定期の予防接種であってA類疾病に係るもの及び臨時の予防接種以外の予防接種の対象者に対する勧奨を禁じるものではないため、市町村長又は都道府県知事は、その判断により、本項に規定する予防接種以外の予防接種について勧奨を行うことができる。

勧奨の方法については、平成25年逐条解説（74頁）において「ホームページや広報

誌、ポスター等広く広報活動等をすることにとどまらず、電話や郵便等により個人へ直接伝達することも含まれるものである。」とされているが、本条が自治事務であることを踏まえると、市町村長又は都道府県知事の裁量に広く委ねられていると解される。なお、予防接種法施行令第5条の予防接種の公告や同令第6条の対象者等への周知を本条の勧奨として行うことも可能である。

補論　「積極的な勧奨」について

　予防接種の対象者に予診票を郵送するなどのより踏み込んだ勧奨の方法は、慣例的に「積極的な勧奨」又は「積極的勧奨」と呼ばれている[50]。この用語は、①「定期の予防接種における日本脳炎ワクチン接種の積極的勧奨の差し控えについて（勧告）」（平成17年5月30日健感発第0530001号　各都道府県衛生主管部（局）長宛／厚生労働省健康局結核感染症課長通知）、②「定期のインフルエンザ予防接種の実施について」（平成17年6月16日健発第0616002号　各都道府県知事宛／厚生労働省健康局長通知）別紙「インフルエンザ予防接種実施要領」、③「ヒトパピローマウイルス感染症の定期接種の対応について（勧告）」（平成25年6月14日健発0614第1号　各都道府県知事宛／厚生労働省健康局長通知）等において用いられているが、②については、インフルエンザに係る定期の予防接種は主に個人予防を目的としたものであるため、「積極的な勧奨」にわたることのないよう留意するために用いられているのに対し、①及び③については、主に集団予防を目的とした予防接種でありながら、当該予防接種の有効性又は安全性に疑義が呈される状況が生じたため、「積極的な勧奨」を行わないよう留意するために用いられている。

　予防接種法に基づく予防接種について、その有効性又は安全性に疑義が呈される状況が生じた場合、本来であれば、当該予防接種を中止すべきではないかと思われるが、同法に基づかない予防接種とした場合、予防接種を希望する者の費用負担が大きくなるおそれがあること、また、健康被害が生じた際の救済給付の水準が低下すること、そして、これらの理由により、予防接種を希望する者が予防接種を受けることを躊躇してしまうこと等に鑑み、予防接種を希望する者がその希望通り予防接種を受けられるよう、同法に基づく予防接種としながらも、「積極的な勧奨」は差し控えるという手法がとられている。これは、国民の視点に立った手法として前向きな評価を与えることも可能であるが、少なくとも3点課題があるように思われる。

　1点目は、勧奨の目的が集団予防から離れる点である。「積極的な勧奨」の差し控えは、一切の勧奨を放棄するものではなく、ホームページ掲載等の個別通知以外の方法で勧奨を行うことが想定されているが、「積極的な勧奨」の差し控えを行った場合、そもそも予防接種法に基づく予防接種として位置付ける理由が、上述のとおり、集団予防ではなく、個々人が自身の健康等を考慮して希望する場合に予防接

---

[50] 令和4年4月27日の衆議院厚生労働委員会において、後藤茂之厚生労働大臣が「積極的勧奨は、接種勧奨の予防接種法第8条の規定、まさにそれに含まれるわけでございますけれども、個別に接種券をお送りするというようなことをすることが積極的勧奨だというふうに思っております。」と述べている。

種を受けるという個人予防に近接してしまう。

　2点目は、「積極的な勧奨」が差し控えられた場合でも、予防接種を受ける努力義務は課される点である[51]。予防接種の有効性又は安全性に疑義が呈される状況であるため、市町村長又は都道府県知事が「積極的な勧奨」を行わないにもかかわらず、予防接種の対象者に対して予防接種を受ける努力義務が課されることについて、国民の理解を得るのは困難であると思われる。

　3点目は、予防接種の対象者が接種機会を逸するおそれがある点である。「積極的な勧奨」の差し控えは主に接種券や予診票の個別送付を行わないことを意味するため、「積極的な勧奨」を差し控えた場合、市町村長又は都道府県知事が、予防接種の対象者に対し、当該者が当該予防接種の対象となっていることを通知せず、その結果、当該者は自らが当該予防接種の対象者であることを知らないまま、当該予防接種の対象年齢を超えてしまうおそれがある。また、「積極的な勧奨」の差し控えにより、市町村長又は都道府県知事によっては、その予防接種を行わないという判断を下すことも考えられる。この点、平成25年6月14日の第2回厚生科学審議会予防接種・ワクチン分科会副反応検討部会において、岡部信彦委員が「日本脳炎のときは、事実上ほとんど中止になったのです。これは積極的勧奨だからやってはいけないというように誤って伝えられたことがあります。仮にこれが積極的勧奨が中止、ストップという意味にはならないように、そこは言い回しをよろしくお願いいたします。」と、また、倉根一郎委員が「いわゆる積極的勧奨の差し控えのときに、説明としてはそうなのですが、現実的には中止という言葉が走り出してしまう。つまり、イコールになってしまうという経験が前にあったと思うのです。ですから、私自身は、これは決定ですのであれですが、そういうことがない、つまり、中止ではないのだという部分をきちんと説明しておきませんと、徐々に積極的勧奨差し控えが、何かそういう言葉に理解が進んでしまうということなので、そこの説明は非常にきちんとしないと、委員の方々の意思がそこに反映されてこないという状況が出てしまうように危惧いたしますので、そこはお願いしたいと思います。」と述べている。

　これらの課題があることを踏まえると、「積極的な勧奨」の差し控えは徒になされるべきではないと思われる。また、令和4年3月4日の衆議院厚生労働委員会において、佐原康之政府参考人（厚生労働省健康局長）が「今御指摘ありました接種券につきましては、接種を実施する医療機関が接種対象者であることを確認する上でも必要なものというふうに考えております。このため、接種券の個別送付は、接種勧奨の方法としてのみならず、接種対象者の利便性を確保する方法としても重要でありまして、国としては、市町村に対して、対象者に接種券を送るようにということを求めているところでございます。なお、接種券を一斉送付したとしても、新型コロナウイルスワクチン接種はあくまで任意でありますので、接種するかどうか

---

[51] 臨時の予防接種であって特定B類疾病に係るものについては、そもそも予防接種を受ける努力義務が課されないため、この点は問題とならない。また、それ以外の臨時の予防接種については、第9条の2の規定により本条の規定を適用除外できるため、この点は問題とならない。したがって、この点は定期の予防接種であってA類疾病に係るものについて顕在化する課題である。

> は御本人や保護者が判断するものであるということは併せて丁寧に情報発信していきたいと考えております。」と述べているように、接種券や予診票の個別送付は予防接種の対象者の便宜のために行われる面を有することを考えれば、予防接種の有効性又は安全性に疑義が呈される状況が生じた場合、「積極的な勧奨」を差し控えるのではなく、接種券や予診票とともに当該予防接種の有効性及び安全性について説明するリーフレット等を個別送付し、その中で、市町村長又は都道府県知事として当該予防接種を受けることを積極的に勧奨するものではない旨を周知する方が望ましいのではないかと思われる。

参 考 「定期の予防接種における日本脳炎ワクチン接種の積極的勧奨の差し控えについて（勧告）」（平成17年5月30日健感発第0530001号　各都道府県衛生主管部（局）長宛／厚生労働省健康局結核感染症課長通知）（抄）[52]

ついては、マウス脳による製法の日本脳炎ワクチンの使用と重症のADEMとの因果関係を肯定する論拠があると判断されたことから、現時点ではより慎重を期するため、定期の予防接種においては、現行の日本脳炎ワクチン接種の積極的な勧奨をしないこととされたい。

参 考 「定期のインフルエンザ予防接種の実施について」（平成17年6月16日健発第0616002号　各都道府県知事宛／厚生労働省健康局長通知）別紙「インフルエンザ予防接種実施要領」（抄）[53]

2　対象者に対する周知

インフルエンザの予防接種を行う際は、予防接種法施行令（昭和23年政令第197号）第5条の規定による公告を行い、同令第6条の規定によりインフルエンザの予防接種の対象者に対して、インフルエンザの予防接種は、接種を受ける法律上の義務は無く、かつ、自らの意思で接種を希望する者のみに接種を行うものであることをあらかじめ明示した上、インフルエンザの予防接種を受ける期日又は期間及び場所、インフルエンザの予防接種を受けるに当たって注意すべき事項、インフルエンザの予防接種を受けることが適当でない者、接種に協力する医師その他必要な事項が十分周知されるよう、公報、個別通知その他の適当な措置をとること。その際、予防接種法の趣旨を踏まえ、積極的な接種勧奨にわたることのないよう留意すること。インフルエンザの予防接種の対象者に対する周知を行う際は、費用等も併せて周知すること。

参 考 「ヒトパピローマウイルス感染症の定期接種の対応について（勧告）」（平成25年6月14日健発0614第1号　各都道府県知事宛／厚生労働省健康局長通知）（抄）[54]

1　ヒトパピローマウイルス感染症の定期接種の対象者又はその保護者（以下「対象者等」という。）に対し、予防接種法第8条の規定による当該接種の勧奨を行うに当たっては、市町村長は、接種の積極的な勧奨とならないよう留意すること。

(2)　第2項について

市町村長又は都道府県知事は、第1項に規定する予防接種の対象者が16歳未満の者又

---

[52] 本通知は「定期の予防接種における日本脳炎ワクチン接種の取扱いについて」（平成21年6月2日健発第0602002号・薬食発第0602001号　各都道府県知事宛／厚生労働省健康局長・医薬食品局長連名通知）の発出をもって廃止されている。
[53] 本通知は「予防接種法第5条第1項の規定による予防接種の実施について」（平成25年3月30日健発0330第2号　各都道府県知事宛／厚生労働省健康局長通知）により平成25年3月31日をもって廃止されている。
[54] 本通知は「ヒトパピローマウイルス感染症に係る定期接種の今後の対応について」（令和3年11月26日健発1126第1号　各都道府県知事・各市町村長・各特別区長宛／厚生労働省健康局長通知）の発出をもって廃止されている。

は成年被後見人であるときは、その保護者に対し、その者に当該予防接種を受けさせることを勧奨するものとされている。この趣旨等は第9条第2項と同様であるため、同条の「4.(2)第2項について」を参照されたい。

第9条　予防接種を受ける努力義務

> （予防接種を受ける努力義務）
> **第9条**　定期の予防接種であってＡ類疾病に係るもの又は臨時の予防接種（Ｂ類疾病のうち当該疾病にかかった場合の病状の程度を考慮して厚生労働大臣が定めるもの（<u>第48条第6号及び</u>第52条において「特定Ｂ類疾病」という。）に係るものを除く。次項及び次条において同じ。）の対象者は、これらの予防接種を受けるよう努めなければならない。
> 2　前項の対象者が16歳未満の者又は成年被後見人であるときは、その保護者は、その者に定期の予防接種であってＡ類疾病に係るもの又は臨時の予防接種を受けさせるため必要な措置を講ずるよう努めなければならない。

注　第26次改正（令和8年6月8日までの間において政令で定める日施行分）による改正後の規定（下線＝該当箇所）。

1.　概要

本条は、定期の予防接種であってＡ類疾病に係るもの又は臨時の予防接種（特定Ｂ類疾病に係るものを除く。）の対象者に対し、これらの予防接種を受ける努力義務を課すとともに、当該対象者が16歳未満の者又は成年被後見人であるときは、その保護者に対し、その者にこれらの予防接種を受けさせるため必要な措置を講ずる努力義務を課す規定である。

2.　沿革

- 第13次改正（平成6年）：制定（旧第8条）
- 第16次改正（平成11年）：一部改正
- 第19次改正（平成13年）：一部改正
- 第22次改正（平成23年）：一部改正
- 第23次改正（平成25年）：一部改正（旧第8条を本条に繰下げ）
- 第26次改正（令和4年）：一部改正

3.　制定及び主な改正の趣旨

(1)　法制定当初

> **旧第3條**　何人も、この法律に定める予防接種を受けなければならない。
> 2　16才に満たない者及び禁治産者については、前項の規定にかかわらず、その保護者において、その者に予防接種を受けさせるため必要な措置を講じなければならない。

> 旧第26條　左の各号の一に該当する者は、これを3000円以下の罰金に処する。
> 一　第3條第1項若しくは第2項又は第4條第1項の規定に違反した者
> 二　（略）

　予防接種法の制定当初は、何人に対しても同法に基づく予防接種を受ける義務が課され、これに違反した場合には、3000円以下の罰金に処することとされていた。これは、集団予防を図るためには接種率の確保が重要であることを理由として、我が国の行政権に服する全ての者に対して同法に基づく予防接種を受けることを義務付けるものであった。この点、昭和27年逐条解説（238頁）において、「伝染病は、その国籍の如何をとわず伝染するものであり、従つて、これを防止するためには国内にある者すべてに対して洩れのない処置を行つて始めて完璧を期し得るもの」とされている。ただし、「予防接種法施行に関する件」（昭和23年9月24日厚生省発予第74号　各都道府県知事宛／厚生事務次官通知）に見られるように、罰則により予防接種を強制的に受けさせることは同法が本来意図するところではなく、同法の目的を達成するためには、国民が公衆衛生に関する知識を向上させ、自ら進んで予防接種を受けるようになることが重要であることから、予防接種に関する知識の普及啓発に努めるべきことが留意されていた。

(2)　第10次改正（昭和51年）

> 旧第3条　市町村長は、当該市町村の区域内に居住する者に対し、前条第2項第1号から第6号までに掲げる疾病のうち政令で定める疾病について、政令で定める定期において、保健所長〔特別区及び保健所法（昭和22年法律第101号）第1条の規定に基づく政令で定める市にあつては、都道府県知事とする。〕の指示を受け期日を指定して、定期の予防接種を行わなければならない。ただし、当該予防接種を受けることが適当でない者として厚生省令で定める者に対しては、この限りでない。
> 旧第4条　前条の規定による予防接種の対象者は、その指定された期日に、市町村長の行う予防接種を受けなければならない。
> 旧第6条　都道府県知事は、疾病のまん延予防上必要があると認めるときは、予防接種を受けるべき者の範囲及び期日を指定して、臨時に予防接種を行い、又は市町村長に行わせることができる。
> 旧第7条　前条の規定により予防接種を受けるべき者として指定された者は、その指定された期日に、都道府県知事又は市町村長の行う予防接種を受けなければならない。
> 旧第9条　都道府県知事は、痘そう、コレラその他厚生大臣が定める疾病のまん延予防上緊急の必要があると認めるときは、予防接種を受けるべき者の範囲及び期日を指定して、臨時に予防接種を行い、又は市町村長に行わせることができる。
> 2　厚生大臣は、前項に規定する疾病のまん延予防上緊急の必要があると認めるときは、政令の定めるところにより、同項の予防接種を都道府県知事に行わせることができる。
> 旧第10条　前条第1項の規定により予防接種を受けるべき者として指定された者は、その指定された期日に、都道府県知事又は市町村長の行う予防接種を受けなければ

> **旧第12条** この章の規定により予防接種を受けるべき者が16歳未満の者又は禁治産者であるときは、その保護者において、その者に予防接種を受けさせるため必要な措置を講じなければならない。
>
> **旧第26条** 第10条の規定に違反した者（16歳未満の者及び禁治産者を除く。）又は第9条第1項の規定による予防接種について第12条の規定に違反した者は、10万円以下の罰金に処する。

　第10次改正（昭和51年）は、「予防接種の今後のあり方及び予防接種による健康被害に対する救済について」（昭和51年3月11日伝染病予防調査会制度改正特別部会取りまとめ）において「予防接種は、医療関係者及び行政当局の適切な健康教育を通じ国民の自発的意志に基づいて実施されることが望ましい姿であり、これを国民に義務づける場合にも罰則をもってのぞむことはできる限り避けるべきである。しかしながら、疾病のまん延を防止するため短期間に免疫水準を確保する必要のある緊急時の予防接種については、罰則をもって義務づけることもやむを得ないと考えられる」とされたことを受けたものであり、予防接種を受ける義務は存置されながらも、当該義務の違反に対する罰則の適用対象が緊急的な臨時の予防接種のみに限定された。

(3)　第13次改正（平成6年）

> **旧第8条** 第3条第1項又は第6条第1項に規定する予防接種の対象者は、第3条第1項に規定する予防接種（当該予防接種に相当する予防接種であつて、市町村長以外の者により行われるものを含む。次項及び第11条第1項において「定期の予防接種」という。）又は第6条第1項に規定する予防接種（当該予防接種に相当する予防接種であつて、同項の規定による指定があつた日以後当該指定に係る期日又は期間の満了の日までの間に都道府県知事及び市町村長以外の者により行われるものを含む。次項及び第11条第1項において「臨時の予防接種」という。）を受けるよう努めなければならない。
>
> 2　第3条第1項又は第6条第1項に規定する予防接種の対象者が16歳未満の者又は禁治産者であるときは、その保護者は、その者に定期の予防接種又は臨時の予防接種を受けさせるため必要な措置を講ずるよう努めなければならない。

　第13次改正（平成6年）は、「今後の予防接種制度の在り方について」（平成5年12月14日公衆衛生審議会答申）において「21世紀の感染症対策においては、感染症情報の収集、流行監視等に基づく平常時の予防対策の充実、感染症発生時の迅速な対策等、これまでの感染症対策の基本的な考え方を維持しつつ、個人の意思の尊重と選択の拡大、国際化への対応等、新たな時代の変化に対応した施策が講じられる必要がある」との考え方の下、「今後の予防接種制度については、接種に際し、個人の意思を反映できる制度となるよう配慮することが必要である」が、「感染症の発生及び蔓延の防止に果たす予防接種の重要性は依然として変わらないことから、国民は、疾病予防のために予防接種を受けるという認識を持ち、接種を受けるよう努める必要がある」とされたことを受け

たものであり、予防接種を受ける義務は廃止され、「予防接種を受けるよう努めなければならない」という努力義務が新たに設けられた。すなわち、予防接種法の集団予防という目的を果たすために重要である接種率確保の手法が、昭和23年の同法制定以来40年以上、予防接種の義務付けとされていたところ、この改正により、主として予防接種を受けやすい環境整備や予防接種に関する知識の普及啓発の徹底とされたのである。

なお、どの程度の接種率が必要なのかについては、平成6年6月22日の衆議院厚生委員会において、谷修一政府委員（厚生省保健医療局長）が「予防接種につきましては、物によって違うようでございますけれども、予防接種の有効性ということに関連いたしまして大体80％から90％ぐらいというのが一般的に言われていると承知しております。」と、また、大内啓伍厚生大臣が「予防接種制度の円滑な実施を図ることによりまして、さっき申し上げました接種率、80％以上の接種率の確保を図るということは、これはゆるがせにすることはできないと考えております。」と述べている。また、第13次改正（平成6年）に係る国会での審議においては、予防接種を受ける義務が廃止されることで、接種率が低下し、集団予防の目的が十分に果たされないのではないかとの懸念が示されたが、これについては、同厚生委員会において、同政府委員が「現在の社会において、国民の理解と協力を求め、また自覚を促すことによって接種率を確保することができるというふうに考えておりまして、またこのような手法が現代の要請に合ったものであると考えている」と、また、「この接種率の確保をするということについては、国民の健康意識あるいは予防接種に対する関心が高まってきているということから、安全な予防接種の提供あるいは救済の充実、また、予防接種に対する正しい知識の普及といったような、予防接種を受けやすい条件を整備していくということが重要になってきているというふうに思っております。そういう意味で、制度的な条件の整備と併せて、私どもは今回の改正が認めていただけた場合には改めて実施主体であります市町村並びに保護者の方に対する予防接種についての周知徹底というのを図ってまいりたいというふうに考えております。」と述べている。

(4) 第19次改正（平成13年）

> **旧第8条** 第3条第1項に規定する予防接種であつて一類疾病に係るもの又は第6条第1項に規定する予防接種の対象者は、第3条第1項に規定する予防接種（当該予防接種に相当する予防接種であつて、市町村長以外の者により行われるものを含む。以下「定期の予防接種」という。）であつて一類疾病に係るもの又は第6条第1項に規定する予防接種（当該予防接種に相当する予防接種であつて、同項の規定による指定があつた日以後当該指定に係る期日又は期間の満了の日までの間に都道府県知事及び市町村長以外の者により行われるものを含む。以下「臨時の予防接種」という。）を受けるよう努めなければならない。
> 2 第3条第1項に規定する予防接種であつて一類疾病に係るもの又は第6条第1項に規定する予防接種の対象者が16歳未満の者又は成年被後見人であるときは、その保護者は、その者に定期の予防接種であつて一類疾病に係るもの又は臨時の予防接種を受けさせるため必要な措置を講ずるよう努めなければならない。

第19次改正（平成13年）は、二類疾病の創設に伴うものであり、二類疾病に係る定期の予防接種については、個人予防に比重を置いたものであることから、予防接種を受ける努力義務を課さないこととされた一方、二類疾病に係る臨時の予防接種については、集団予防の性質を有することから、当該努力義務を課すこととされた。

(5) 第22次改正（平成23年）

> **旧第8条** 第3条第1項に規定する予防接種であつて一類疾病に係るもの又は第6条第1項に規定する予防接種の対象者は、定期の予防接種であつて一類疾病に係るもの又は臨時の予防接種（同条第3項に係るものを除く。）を受けるよう努めなければならない。
> 2 前項の対象者が16歳未満の者又は成年被後見人であるときは、その保護者は、その者に定期の予防接種であつて一類疾病に係るもの又は臨時の予防接種（第6条第3項に係るものを除く。）を受けさせるため必要な措置を講ずるよう努めなければならない。

第19次改正（平成13年）において、二類疾病に係る臨時の予防接種については予防接種を受ける努力義務を課すこととされたが、平成21年4月に発生した新型インフルエンザ（A／H1N1）への対応において、当該努力義務が課されることが課題となり、臨時の予防接種を行うことができなかった。そこで、第22次改正（平成23年）において、「新たな臨時接種」については、当該努力義務を課さないこととされた。

(6) 第26次改正（令和4年）

第26次改正（令和4年）は、臨時の予防接種の見直しにより「新たな臨時接種」に係る条文が削除されたことに伴うものであり、当該予防接種類型を存置すべく、本条において特定B類疾病という概念が設けられた。

4. 解説

(1) 第1項について

本条は、いわゆる訓示規定であり、直接的な法的効力を有するものではない。ただ、予防接種法の集団予防という目的を達成するためには、一定の接種率を確保する必要があることから、予防接種の義務付けが廃止された現在においても、定期の予防接種であってA類疾病に係るもの又は臨時の予防接種（特定B類疾病に係るものを除く。）の対象者に対し、これらの予防接種を受ける努力義務が課されているものである。

本条の努力義務が課される予防接種類型は表8のとおりであり、基本的には主に集団予防の観点から行われる予防接種が対象とされている。定期の予防接種であってB類疾病に係るものが対象とされていないのはこのためである。一方、臨時の予防接種であって特定B類疾病に係るものについては、臨時の予防接種である限り、集団予防の観点は認められるものの、その対象疾病の病原性に鑑み、本条の適用はないこととされている。

特定B類疾病、すなわち「B類疾病のうち当該疾病にかかった場合の病状の程度を考慮して厚生労働大臣が定めるもの」については、「新たな臨時接種」の対象疾病と同様

のものが想定されている[55]。具体的には、平成21年4月に発生した新型インフルエンザ（A／H1N1）のように、病原性は低く感染力は強い疾病である。なお、厚生労働大臣が特定B類疾病を定めようとするときは、専門的・技術的な観点から検討を行う必要があることから、あらかじめ、厚生科学審議会の意見を聴かなければならないこととされている（第48条第6号参照）。

【表8】本条の努力義務の適用関係

	定期の予防接種	臨時の予防接種
A類疾病	努力義務あり	努力義務あり
B類疾病	努力義務なし	努力義務なし
特定B類疾病		努力義務なし

(2) 第2項について

第1項に規定する予防接種の対象者が16歳未満の者又は成年被後見人（以下「16歳未満の者等」という。）であるときは、その保護者に対し、16歳未満の者等に当該予防接種を受けさせるため必要な措置を講ずる努力義務が課されることとなる。

「16歳未満の者」とされている理由は、昭和27年逐条解説（238頁）において、「16歳未満の者とは、義務教育を終るまでの者を予想している。この年令までは、本法による義務を理解しこれを履行するだけの能力なしとしたのである」とされており、昭和53年逐条解説（82頁）までこの解釈が引き継がれているが、平成19年逐条解説（41頁）においては、「法による予防接種の対象者が16歳未満の者であるときには、民法に基づく遺言の可能な年齢を参酌して、予防接種を受けるよう努めなければならない旨の規定について、自主的に判断できないものとして整理しているものである」とされており、平成25年逐条解説（77頁）でも同様の説明がなされている。この点、ここにいう「整理」がいつ行われたのかは判然とせず、仮に第13次改正（平成6年）においてこの「整理」がなされたとしても、民法上、遺言の可能な者は、予防接種法が制定された当時から「満15歳に達した者」であることを踏まえると、「民法に基づく遺言の可能な年齢を参酌」したという説明は、予防接種法の制定当初の整理と異なり、また、16歳と15歳という1歳の違いを明らかにできておらず、やや疑義がある。また、「成年被後見人」については、昭和27年逐条解説において、「制度（※著者注：禁治産制度）の趣旨は財産権を制限するものであるが、心神喪失の常況、すなわち通常の状態において正常の精神状態を保ち得ない者であるので、やはり法律上の義務を履行する能力なしとしたのである」とされている。いずれにしても、予防接種の意義やワクチンの有効性及び安全性等を理解した上で予防接種を受けるか否か自ら判断できるかどうかにより定められている。

「当該予防接種を受けさせるため必要な措置を講ずる」とは、16歳未満の者等を予防接種会場に連れて行くことが挙げられる。昭和27年逐条解説（239頁）においては、「予防接種を受ける場所へ連行するとか、医師を自宅に招いて予防接種を受けさせるとかの

---

[55] 「疾病にかかった場合の病状の程度」とは、感染症法第6条第9項の新感染症の要件の表現から引用されたものであるが、当該疾病の性質として、罹患した場合の一般的な病状の程度を勘案して判断することを意味する概念であり、罹患した全ての個人における病状の程度が重篤ではないことが求められるものではない。

措置を意味するのであって、かかる措置を講じてもなおかつ本人が拒んで受けない場合は、もはや保護者の義務違反にはならない。」とされている。

> **補論** 16歳未満の者等に対する第1項の適用について

　16歳未満の者等については、予防接種の意義やワクチンの有効性及び安全性等を理解した上で予防接種を受けるか否か自ら判断できないため、第2項により、その保護者に対し、16歳未満の者等に予防接種を受けさせるため必要な措置を講ずる努力義務を課していると解すれば、16歳未満の者等に対し、第1項の努力義務は課されないとするのが妥当な結論であろう。しかし、次の理由から、16歳未満の者等に対しても第1項の努力義務が課されると解するのが相当であると思われる。この場合、16歳未満の者等には予防接種を受ける努力義務が形式的に課されるが、それは、第2項において、保護者に対し、16歳未満の者等に予防接種を受けさせるため必要な措置を講ずる義務を課す前提としての役割を果たすためであり、第1項より第2項の義務が重視されると思われる。

① 条文上、16歳未満の者等に対する第1項の適用が排除されていないこと。
② 予防接種法制定当初より、16歳未満の者等に対しても予防接種を受ける義務が課されていたことが、過去の逐条解説から明らかであること。

　すなわち、昭和27年逐条解説（239頁）においては、「16歳未満の者が予防接種を受けなかった場合であって、保護者が第2項の義務を怠ったときは当然罰則の対象になるが、刑法において全く刑罰を免れるのは14歳未満の者のみであるから、14歳以上の者である場合には本人も同時に処罰の対象となるわけである」とされており、16歳未満の者等に対しても予防接種を受ける義務が課されることを前提としている。また、昭和53年逐条解説（82頁）においては、「第4条（※著者注：定期の予防接種を受ける義務）、第7条（※著者注：一般的な臨時の予防接種を受ける義務）及び第10条（※著者注：緊急的な臨時の予防接種を受ける義務）の規定により予防接種を受ける義務を課された者が16歳未満の者又は禁治産者であるときは、その者自身には形式上義務が課されるが、むしろ、その形式的義務を前提とした本条の規定によるその者の保護者の義務が重要視される」とされている。なお、平成19年逐条解説（66頁）においては、「被接種者が16歳未満又は成年被後見人である場合にも、これらの者は、接種を受ける法的義務はなく、その保護者についても、被接種者に接種を受けさせる義務はなく、受けさせるための行為に努めなければならないとされるにとどまる」とされており、一見すると、16歳未満の者等に対しては第1項の努力義務が課されないと解釈できるが、この説明の前段において、「本条については、努力義務を定めたものと表現することも可能ではあるが、現行法は、予防接種を受け、又は受けさせる法的義務はなく、努力義務という表現はいささか不適切である」ことから、「第8条は、予防接種を受ける責務に関する規定である」と説明していることからすると、「被接種者が16歳未満又は成年被後見人である場合にも、これらの者は、接種を受ける法的義務はなく」という説明は、単に第13次改正（平成6年）前のよ

> うな予防接種を受ける義務はないという意味で用いられており、ここから直ちに16歳未満の者等に対しては予防接種を受ける努力義務が課されないという結論を導くことはできないと思われる。

第9条の2　予防接種の勧奨及び予防接種を受ける努力義務に関する規定の適用除外

> （予防接種の勧奨及び予防接種を受ける努力義務に関する規定の適用除外）
> **第9条の2**　臨時の予防接種については、前2条の規定は、その対象とする疾病のまん延の状況並びに当該疾病に係る予防接種の有効性及び安全性に関する情報その他の情報を踏まえ、政令で、当該規定ごとに対象者を指定して適用しないこととすることができる。

1. 概要

本条は、臨時の予防接種（特定B類疾病に係るものを除く。）について、一定の場合には、予防接種の勧奨及び予防接種を受ける努力義務に関する規定（以下「公的関与に係る規定」という。）を適用除外できることとする規定である。

2. 沿革

- 第26次改正（令和4年）：制定

3. 制定の趣旨

第25次改正（令和2年）において、新型コロナウイルス感染症に係る予防接種に関する規定が設けられたが、その際、次のような考え方により、公的関与に係る規定を適用除外できる規定が設けられた。当該予防接種の意義に鑑みれば、可能な限り多くの国民が当該予防接種を受けることが必要であるため、原則として公的関与を規定することが適当である一方で、①新型コロナウイルス感染症に係るワクチンについては、その評価が確定していないこと、②通常のワクチンは、国内外での使用実績等も踏まえ定期接種化が検討されるが、新型コロナウイルス感染症に係るワクチンは使用実績が極めて乏しいことを踏まえると、当該ワクチンの有効性及び安全性に関する情報が十分に蓄積していない場合等に、国民への公的関与の度合いを下げる必要があることから、政令により公的関与に係る規定（第8条及び第9条）を適用除外できることとされた。

この点、臨時の予防接種は、主に病原性が高く、感染力が強い疾病について、その「現実の流行又はその具体的な可能性を前提に流行の防止を目的として適宜行うもの」であることから、公的関与に係る規定を適用除外できることとする必要性は、新型コロナウイルス感染症に係る予防接種と異なるものではない。すなわち、臨時の予防接種が想定する疾病が発生又はまん延する中、当該疾病に係るワクチンが開発された際には、可能な限り早期に多くの国民に対して当該ワクチンを用いた臨時の予防接種を行うことにより、国民が生命及び健康を損なうリスクを低減させ、また、医療提供体制への負荷を軽減させること

ができるとともに、社会経済の安定が期待できる。したがって、原則として公的関与に係る規定を適用することが適当である。しかし、そのようなワクチンは、当該疾病の発生後に開発される可能性があり、その場合、当該ワクチンの使用時において、その有効性及び安全性の評価が確定していないことが想定される。また、定期の予防接種で用いるワクチンは、国内外での使用実績等を踏まえて使用の可否が検討される一方、臨時の予防接種で用いるワクチンは、開発後間もないという事情から、国内外における使用実績が極めて乏しく、定期の予防接種のような判断基準で使用の可否を検討することができないことが想定される。このように、ワクチンの有効性及び安全性に関する情報が十分に蓄積していない状況で臨時の予防接種を行う場合には、例外的に、公的関与に係る規定を適用除外する必要性が認められる。

そこで、第26次改正（令和4年）において、新型コロナウイルス感染症に係る予防接種について公的関与に係る規定を適用除外できる規定をもとに、臨時の予防接種（特定B類疾病に係るものを除く。）について、一定の場合には、公的関与に係る規定を適用除外できることとする規定が設けられた。

4. 解説

公的関与に係る規定を適用除外できる予防接種類型は、臨時の予防接種（特定B類疾病に係るものを除く。）に限定されている。この点、定期の予防接種が対象とされなかった理由は、定期の予防接種の対象疾病は、ワクチンの安定的な確保が可能であること等の条件を考慮して定められるため、上述のような特別な事情がないためである。また、特定B類疾病に係る臨時の予防接種が対象とされなかった理由は、当該臨時の予防接種は個人予防の観点が強く、予防接種を受ける努力義務が課されず、また、実費徴収が可能であるといった特徴を有しており、予防接種の勧奨に係る規定を適用除外してまで予防接種法に基づく予防接種を行う意義は乏しいと考えられたためである。

公的関与に係る規定を適用除外できる場合は、「その対象とする疾病のまん延の状況並びに当該疾病に係る予防接種の有効性及び安全性に関する情報その他の情報を踏まえ」、その必要があると認められるときであるが、「その対象とする疾病のまん延の状況」については、公衆衛生の観点から予防接種を行う必要性について考慮することが、「当該疾病に係る予防接種の有効性及び安全性に関する情報その他の情報」については、副反応疑い報告の状況や、効果の持続期間等の知見を考慮することが意味されている。なお、予防接種法上の原則は公的関与に係る規定を適用することであり、本条により公的関与に係る規定を適当除外できるのは、あくまで一時的・暫定的な場合である。この観点から、ある疾病に係る臨時の予防接種（特定B類疾病に係るものを除く。）を行う全期間について、その対象者全員に対して公的関与に係る規定を適用除外することは、本条の趣旨を潜脱するものであり、認められない一方で、一部の対象者に限り、全期間にわたって公的関与に係る規定を適用除外することは許容される余地があると思われる。例えば、臨時の予防接種の開始当初、妊婦について、予防接種の有効性及び安全性に関する情報が不足していたため、本条の規定により公的関与に係る規定を適用除外し、その後、十分な情報が集まることなく、当該臨時の予防接種を終了することとなった場合である。

本条の政令においては、公的関与に係る規定を適用除外する対象者を定めることとされ

ている。省令ではなく政令とされている理由は、定期の予防接種の対象者が政令で定められていることとの均衡を図るためである。なお、「対象者を指定して」とされているが、これは対象者の一部を指定して公的関与に係る規定を適用除外することだけを意味するのではなく、対象者の全部を指定して公的関与に係る規定を適用除外することもできると解される。ただし、この場合、上述の点に留意が必要である。また、厚生労働大臣は、この政令の制定又は改廃の立案をしようとするときは、専門的・技術的な観点から検討を行う必要があることから、厚生科学審議会の意見を聴かなければならないこととされている（第48条第1号参照）。

なお、健康被害救済制度の給付水準は、予防接種の趣旨や公的関与の度合いに応じて差が設けられているところ、本条の規定により公的関与に係る規定を適用除外した場合、当該給付水準を変更する必要があるのではないかとも思える。しかし、

Ⅰ）予防接種法上の原則は公的関与に係る規定を適用するものであること
Ⅱ）公的関与に係る規定の適用除外は一時的・暫定的な措置に留まることが想定されており、そのような一時的・暫定的な措置が実施されているときに予防接種を受けた場合とそれ以外の場合とで当該給付水準が変わることは適切ではないこと
Ⅲ）仮に公的関与に係る規定が適用除外されている間に当該給付水準を変更するとなれば、健康被害救済給付に係る政令の規定について経過措置を複数回規定することが想定され、国民にとって分かりにくい制度となりかねないこと

から、当該給付水準は変更しないこととされた。

本条が適用される状況の参考として、第26次改正（令和4年）前の附則第7条第4項に基づき新型コロナウイルス感染症に係る予防接種を受ける努力義務が適用除外とされた範囲等について、表9に示す。

【表9】新型コロナウイルス感染症に係る予防接種を受ける努力義務の適用除外の考え方

時期	予防接種法施行令改正時点の対象者	適用除外の範囲	考え方
令和3年2月16日〜（開始当初）	初回接種：16歳以上の者	・妊娠中の者	妊娠中の者は、ファイザー社のワクチンに係る臨床試験の対象から除外されており、胎児への影響が必ずしも明らかになっていないことから、予防接種を受けるか否か慎重に判断できるよう、適用除外とされた。
令和4年2月21日〜（小児接種開始時）	初回接種：5歳以上の者 3回目接種：18歳以上の者	・12歳未満の者	・妊娠中の者については、予防接種と早産又はSGA児のリスク増加との関連性を認めなかった等の科学的知見を踏まえ、適用除外が廃止された。 ・小児（12歳未満の者をいう。以下この表9において同じ。）については、オミクロン株流行下における小児の感染状況や、小児接種の有効性に関する知見が必ずしも十分ではないことを踏まえ、適用除外とされた。
令和4年5月25日〜（4回目接種開始時）	初回接種：5歳以上の者 3回目接種：12歳以上の者 4回目接種：60歳以上の者及び基礎疾患を有する者	・12歳未満の者 ・60歳未満の者（4回目接種のみ）	4回目接種について、60歳以上の者に関しては有効性に係る報告があったものの、基礎疾患を有する者等に関しては有効性に係る科学的知見が十分でなかったため、60歳未満の者は適用除外とされた。

令和4年9月6日～	初回接種：5歳以上の者 3回目接種：5歳以上の者 4回目接種：60歳以上の者、基礎疾患を有する者及び医療従事者等	・60歳未満の者（4回目接種のみ）	オミクロン株流行下における小児接種の有効性に関する知見が集積してきたため、小児の適用除外が廃止された。
令和4年9月20日～ （令和4年秋接種開始時）	初回接種：5歳以上の者 令和4年秋接種：12歳以上の者	なし	オミクロン株対応ワクチンには、従来のワクチンを上回る効果が期待されたため、適用除外すべき者はいないと判断された。
令和5年5月8日～ （令和5年春接種開始時）	初回接種：生後6月以上の者 令和5年春接種：65歳以上の者、基礎疾患を有する者及び医療従事者等	・65歳以上の者及び基礎疾患を有する者以外の者	重症者を減らすという目的を踏まえ、高齢者や基礎疾患を有する者といった重症化リスクが高い者にのみ努力義務を適用することとされた。

第9条の3　記録

> （記録）
> 第9条の3　市町村長又は都道府県知事は、定期の予防接種等を行ったときは、遅滞なく、厚生労働省令で定めるところにより、当該定期の予防接種等に関する記録を作成し、保存しなければならない。定期の予防接種等に相当する予防接種を受けた者又は当該定期の予防接種等に相当する予防接種を行った者から当該定期の予防接種等に相当する予防接種に関する証明書の提出を受けた場合又はその内容を記録した電磁的記録の提供を受けた場合における当該定期の予防接種等に相当する予防接種についても、同様とする。

注　第26次改正（令和8年6月8日までの間において政令で定める日施行分）による改正後の規定（下線＝該当箇所）。

1. 概要

本条は、市町村長又は都道府県知事に対し、定期の予防接種等及び定期の予防接種等に相当する予防接種に関する記録の作成及び保存の義務を課す規定である。

2. 沿革

- 第26次改正（令和4年）：制定

3. 制定の趣旨

予防接種法の制定当初は、第19条において、「市町村長（第6條の規定による予防接種については、都道府縣知事又は市町村長）は、省令の定めるところにより、この法律の規定により行つたすべての予防接種に関する記録を作成し、且つ、これを保存しなければならない。」とされていたが、第4次改正（昭和29年）において、行政事務の簡素化と行政事務処理方式の改善とを図る観点から、同条が削除された。その後、しばらくの間、予防接種法、予防接種法施行令、予防接種法施行規則及び予防接種実施規則において、定期の予防接種等に関する記録に係る規定は設けられなかったが、第21次改正（平成18年）において、疾病の発生及びまん延の状況を踏まえて的確に予防接種を行う観点から、予防接種

法施行令で「記録」について定めることとされた。

> **参照条文** 制定当初の予防接種法施行規則（抄）
> 第10條　法第19條の規定により、市町村長（法第6條の規定による予防接種については都道府縣知事又は市町村長、本條中以下同じ。）は、保健所長の指示を受けて予防接種施行後30日以内に予防接種の記録を作成しなければならない。
> 2　予防接種の記録の様式は、厚生大臣が別にこれを定める。
> 3　市町村長は、予防接種の記録を、その施行の日から、痘そう及びヂフテリアについては8年間、その他の疾病については3年間保存しなければならない。
> 第11條　居住の場所を変更するときは、本人又はその保護者は、現に居住する場所を管轄する市町村長から予防接種の記録を受け取り、新しい居住の場所を管轄する市町村長に提出しなければならない。

> **参照条文** 感染症の予防及び感染症の患者に対する医療に関する法律等の一部を改正する法律の施行に伴う関係政令の整備等に関する政令（平成19年政令第44号）による改正後の予防接種法施行令（抄）
> （予防接種に関する記録）
> 第6条の2　市町村長又は都道府県知事は、予防接種を行つたときは、遅滞なく、次に掲げる事項を記載した予防接種に関する記録を作成し、かつ、これを予防接種を行つたときから5年間保存しなければならない。
> 一　予防接種を受けた者の住所、氏名、生年月日及び性別
> 二　実施の年月日
> 三　前2号に掲げる事項のほか、厚生労働省令で定める事項
> 2　市町村長又は都道府県知事は、予防接種を受けた者から前項の規定により作成された記録の開示を求められたときは、正当な理由がなければ、これを拒んではならない。

しかし、第26次改正（令和4年）において、予防接種データベースを構築することとされたため、当該データベースに格納する情報の1つである定期の予防接種等に関する記録を法律上規定する必要が生じた。また、当該改正において、電子対象者確認が導入されたところ、市町村長又は都道府県知事が定期の予防接種等の対象者の確認を正確に行うため、定期の予防接種等に関する記録を作成及び保存することの重要性がより高まった。さらに、当該改正前は、定期の予防接種等以外の予防接種については、法令上、その記録の作成及び保存義務はなかったが、新型コロナウイルス感染症に係る予防接種を行う中で、当該予防接種のように複数回の追加接種を行うことで有効性が期待される予防接種の場合、そのうちのいずれかが市町村長及び都道府県知事以外の者により行われたときは、その予防接種について市町村長又は都道府県知事が把握していなければ、適切な予防接種を行うことができないため、市町村長及び都道府県知事以外の者により行われた予防接種に関する記録も作成及び保存すべきであると考えられた[56]。

そこで、当該改正において、市町村長又は都道府県知事が定期の予防接種等を円滑かつ効果的に行うため、市町村長又は都道府県知事は、定期の予防接種等を行ったときは、当該定期の予防接種等に関する記録を作成及び保存しなければならないこと、また、定期の予防接種等に相当する予防接種についても同様にその記録を作成及び保存しなければならないこととされた。なお、本条の制定により、予防接種法施行令の「予防接種に関する記

---

[56] 新型コロナウイルス感染症に係る予防接種は、市町村長以外に外務省や在日米軍により行われた。

録」に係る規定は削除された。

4. 解説

市町村長又は都道府県知事は、定期の予防接種等を行ったときは、遅滞なく、当該定期の予防接種等に関する記録を作成及び保存しなければならないこととされている。記録すべき内容等の細目については、厚生労働省令に委任されており、予防接種法施行規則第3条において、次のとおり挙げられている。

① 当該記録に含むべき事項（氏名、性別、生年月日、住所、被保険者等記号・番号等（健康保険法第194条の2第1項に規定する被保険者等記号・番号等をいう。以下同じ。）、予防接種の実施日、予診に関する情報等）
② 当該記録の保存期間
③ 当該記録の開示に関する事項

「定期の予防接種等に相当する予防接種」とは、その有効性、安全性等の点において、定期の予防接種等と同等と判断されるものをいう。市町村長又は都道府県知事は「定期の予防接種等に相当する予防接種」を受けた者や当該予防接種を行った者から証明書の提出等を受け、その記録を保存することとなるが、当該証明書及び記録の真正性を担保するため、公的機関が何らかの関与を行っている予防接種に限定することが想定される。この点、第26次改正（令和4年）において削除された第2条第4項第2号及び同条第5項第2号のように、厚生労働大臣が何らかの基準を定めることは法令上要請されていないが、国民や予防接種事務に携わる者の便宜のため、また、予防接種データベースの実効性を向上させるため、厚生労働大臣が何らかの基準を示すことが望ましいと思われる。

市町村長又は都道府県知事による「定期の予防接種等に相当する予防接種」に関する記録の収集方法としては、当該予防接種を受けた者又は当該予防接種を行った者が市町村長又は都道府県知事に対して提出する記録を受け取る方法や、第9条の4の規定により、関係者に対して資料の提供等を求める方法が考えられる。

第9条の4　資料の提供等

（資料の提供等）
第9条の4　市町村長又は都道府県知事は、定期の予防接種等の実施に関し必要があると認めるときは、官公署に対し、必要な書類の閲覧若しくは資料の提供を求め、又は病院若しくは診療所の開設者、医師その他の関係者に対し、必要な事項の報告を求めることができる。

1. 概要

本条は、市町村長又は都道府県知事が、定期の予防接種等の実施に関し必要があると認めるときは、関係者に対して資料の提供等を求めることができるものとする規定である。

2. 沿革

- 第26次改正（令和4年）：制定

3. 制定の趣旨

　新型コロナウイルス感染症に係る予防接種は長期にわたって複数回の追加接種が必要となるものであったため、その間に当該予防接種の対象者が市町村をまたいで転居することが多く、転居先の市町村長はその度に転居元の市町村長に当該予防接種の対象者に係る予防接種の記録を確認し、接種券の発行等を行う必要があった。このように、市町村長又は都道府県知事が、予防接種の記録など定期の予防接種等の実施に必要となる情報を他の市町村長又は都道府県知事に対して照会するとき、当該情報が特定個人情報（行政手続における特定の個人を識別するための番号の利用等に関する法律第2条第8項に規定する特定個人情報をいう。以下同じ。）である場合には、行政手続における特定の個人を識別するための番号の利用等に関する法律第19条第8号等により情報照会者への情報提供が根拠付けられるものの、当該情報が特定個人情報以外の個人情報である場合には、情報照会者への情報提供の法的根拠が必ずしも明確ではなかった。

　また、市町村長又は都道府県知事は、定期の予防接種等を実施することとされているところ、その実施事務は、通常、医療機関に委託することにより行われている。新型コロナウイルス感染症に係る予防接種については、当該予防接種の実施事務の医療機関への委託により、個別接種会場、大規模接種会場、職域接種会場等が設置され、円滑に進められたものの、一部の予防接種会場においては、不適切な実施事務が行われていた。そこで、予防接種の実施事務の適正性を担保するため、予防接種の実施事務を受託する者に対し、必要な報告を求める権限を法令上明確にすることが必要であると考えられた。

　新型コロナウイルス感染症に係る予防接種を行う中で顕在化したこれらの課題に対応するため、第26次改正（令和4年）において、市町村長又は都道府県知事は、定期の予防接種等の実施に関し必要があると認めるときは、官公署に対し、必要な書類の閲覧若しくは資料の提供を求め、又は病院若しくは診療所の開設者、医師その他の関係者に対し、必要な事項の報告を求めることができることとされた。

4. 解説

　本条は、定期の予防接種等の適正な実施を図るための規定である。この点で、第13条第4項と趣旨を同じくするが、関係者に求めることができる内容が異なり、第13条第4項は必要な協力であるのに対し、本条は資料の提供等である。

　市町村長又は都道府県知事が資料の提供等を求めることができるときは、「定期の予防接種等の実施に関し必要があると認めるとき」とされ、市町村長又は都道府県知事の判断に広範に委ねられている。ただし、関係者に対して一定の事務負担を生じさせるものである以上、関係者から求められたときに資料の提供等の必要性について説明を行うことは当然として、そもそも、資料の提供等を求めるに際し、その必要性について丁寧な説明を行うべきであろう。

　市町村長又は都道府県知事は、官公署に対しては、定期の予防接種等の対象者に係る記録の閲覧又は提供を求めることが、病院又は診療所の開設者、医師その他の関係者に対しては、定期の予防接種等の実施事務の体制に関する報告を求めることが想定される。ただし、これはあくまで一例であり、関係者に求める資料や報告内容についても、市町村長又は都道府県知事の裁量に広範に委ねられている。なお、「その他の関係者」としては、ワ

クチン製造販売業者が挙げられる。

第10条　保健所長への委任

（保健所長への委任）
第10条　都道府県知事又は保健所を設置する市若しくは特別区の長は、定期の予防接種等の実施事務を保健所長に委任することができる。

1. 概要

本条は、定期の予防接種等の実施事務について保健所長に委任することができるものとする規定である。

2. 沿革

- 第13次改正（平成6年）：制定（旧第9条）
- 第22次改正（平成23年）：一部改正
- 第23次改正（平成25年）：一部改正（旧第9条を本条に繰下げ）
- 第26次改正（令和4年）：一部改正

3. 制定の趣旨

予防接種法の制定当初、保健所長への委任に係る規定は同法ではなく予防接種法施行規則に置かれていた。しかし、「今後の予防接種制度の在り方について」（平成5年12月14日公衆衛生審議会答申）において「国が予防接種の実施方法等に関する原則を定め、都道府県知事の技術的支援の下に、住民に最も密接な立場にある市町村長が、その実施主体として予防接種を行うことが適当である」とされたことを踏まえ、第13次改正（平成6年）において、定期の予防接種等の実施事務については、疾病の予防に関する施策をはじめ、地域住民の健康の保持及び増進に関する施策について専門的・技術的な知見を有する保健所が担うことが望ましいとの考え方のもと、予防接種法施行規則ではなく予防接種法において、都道府県知事等が当該実施事務を保健所長に委任することができる旨を明記することとされた。

参照条文　制定当初の予防接種法施行規則（抄）
　　第１條　都道府縣知事又は保健所法（昭和22年法律第101号）第１條の規定に基く政令で定める市の長は、予防接種の実施を保健所長に委任することができる。

4. 解説

保健所は都道府県、地方自治法第252条の19第１項に規定する指定都市、同法第252条の22第１項に規定する中核市その他の政令で定める市又は特別区が設置するものであり（地域保健法第５条第１項参照）、都道府県知事等がその事務をその管理する行政庁に委任することは、地方自治法第153条第２項の規定により可能であるが、予防接種法においてもその旨を入念的に規定することとされたものである。なお、保健所を設置していない市町

村については、定期の予防接種等の実施事務を近隣の保健所に委任するといった対応を行うことはできない。

定期の予防接種は保健所長の指示を受けて行うものであり、保健所の専門的・技術的な知見を活用するという点で、本条は第5条第1項とその趣旨を同じくするものである。

第11条　政令及び厚生労働省令への委任

> （政令及び厚生労働省令への委任）
> **第11条**　この章に規定するもののほか、予防接種の実施に係る公告及び周知に関して必要な事項は政令で、その他予防接種の実施に関して必要な事項は厚生労働省令で定める。

1. 概要

本条は、予防接種の実施に関して必要な事項について政令及び省令に委任する規定である。

2. 沿革

- 制定（昭和23年）（旧第15条）
- 第10次改正（昭和51年）：全部改正（旧第15条の削除、旧第14条の全部改正）
- 第13次改正（平成6年）：一部改正（旧第14条を旧第10条に繰上げ）
- 第15次改正（平成11年）：一部改正
- 第17次改正（平成11年）：一部改正
- 第21次改正（平成18年）：一部改正
- 第23次改正（平成25年）：一部改正（旧第10条を本条に繰下げ）
- 第26次改正（令和4年）：一部改正

3. 制定及び主な改正の趣旨

(1) 法制定当初

> **旧第15條**　この法律で定めるものの外、予防接種の実施方法に関して必要な事項は、省令でこれを定める。

予防接種法の制定当初、予防接種の実施方法については、定期の接種期間など対象者を明確にするためのものは法律に規定し、それ以外の細目については省令に委任することとされた。なお、予防接種法施行規則第6条において「予防接種の施行心得は、厚生大臣が別にこれを定める。」とされ、使用するワクチンや手技等は、個別の疾病ごとに予防接種施行心得（告示）において定められた。

(2) 第10次改正（昭和51年）

> **旧第14条**　この章に規定するもののほか、予防接種の実施に関して必要な事項は、厚生省令で定める。

第10次改正（昭和51年）は、「予防接種の今後のあり方及び予防接種による健康被害に対する救済について」（昭和51年３月11日伝染病予防調査会制度改正特別部会取りまとめ）において、「現行の予防接種法では、予防接種の対象疾病及びその接種年齢を法定事項として具体的に規定しているが、近年における医学薬学等科学技術の進歩、公衆衛生の向上、生活環境施設の整備改善等に伴い、疾病の流行の様相も極めて流動的になってきており、また今日ではワクチンの開発及び改良も日進月歩の状況にあるので、今後の予防接種の実施については、これらの情勢の変化に敏速に対応できるように法律構成を再検討し、接種年齢等実施方法に関する具体的な内容は政令以下に委任する等の方策を講じるべきである。」とされたことを受けたものであり、「第２章　実施方法」が削除されるとともに、省令委任の範囲が「予防接種の実施方法」から「予防接種の実施」に拡大された。

　また、第10次改正（昭和51年）の目的の１つに、予防接種事務の適正実施を図ることがあったことから、予防接種法施行規則の一部を改正する省令（昭和51年厚生省令第42号。以下「昭和51年省令」という。）により、予防接種法施行規則において、予防接種による健康被害を巡る住民と医師との間の紛争防止等を目的として、予防接種を行う医師や予防接種の公告、予防接種の対象者等への周知に係る規定が設けられた。定期の予防接種等について、その実施に協力する旨を承諾した医師が行うよう制度の体系付けを行った趣旨に関して、昭和51年５月17日の衆議院社会労働委員会において、佐分利輝彦政府委員（厚生省公衆衛生局長）が「例えば眼科、耳鼻科の先生に予防接種を協力していただきたいということは大変困難なことでございます。そこで、あらかじめ予防接種に協力していただけるお医者さん方に申し出ていただきまして、市町村が広報で公示をしておく、そういった方法の方が間違いがなく、また、予防接種を受けられる所がはっきりして良いわけでございます。実態は従来とほとんど変わらないかと思いますが、今言ったような方法によりまして、予防接種のできる所をはっきりさせるという趣旨でございます」と述べている。

(3)　第15次改正（平成11年）

> **旧第10条**　この章に規定するもののほか、予防接種の実施に係る公告、周知及び報告に関して必要な事項は政令で、その他予防接種の実施に関して必要な事項は厚生省令で定める。

　第15次改正（平成11年）は、機関委任事務の廃止等に伴い規定の整理を行うためのものであり、昭和51年省令で設けられた予防接種を行う医師及び予防接種の公告に係る規定のうち臨時の予防接種に係る部分並びに予防接種法施行規則の制定当初から同令に規定されていた市町村長の報告に係る規定のうち臨時の予防接種に係る部分を第１号法定受託事務とするため、本条に政令委任に係る規定が追加されるとともに、地方分権の推進を図るための関係法律の整備等に関する法律の施行に伴う厚生省関係政令の整備等に関する政令（平成11年政令第393号）により予防接種法施行令に所要の規定が設けられた（表10参照）。なお、「周知」は自治事務であるが、昭和51年省令で予防接種事務の適正実施を図るために設けられた一連の規定のうちの１つであることから、政令委任事項

とされた。

「予防接種の実施に係る公告、周知及び報告に関して必要な事項」について、これを第1号法定受託事務とすることが目的であれば、政令委任事項ではなく法律事項とすることも考えられるが、法律事項とされなかった理由は明らかではない。ただし、予防接種の実施に係る公告、周知及び報告の方法は、情報伝達手段の発展・利用状況等によって柔軟に変更すべきものであり、その観点から、法律事項ではなく政令委任事項とされたのではないかと思われる。

> **参照条文** 制定当初の予防接種法施行規則（抄）
>
> 第13條　市町村長は、予防接種を行つたときは、予防接種を受けた者の数を、年令別及び疾病別並びに予防接種の定期別に計算して保健所長に報告しなければならない。
> 2　市町村長は、予防接種を行つたときは、予防接種を受けなかつた者の氏名を、保健所長に報告しなければならない。

(4)　第21次改正（平成18年）

> **旧第10条**　この章に規定するもののほか、予防接種の実施に係る公告、周知、記録及び報告に関して必要な事項は政令で、その他予防接種の実施に関して必要な事項は厚生労働省令で定める。

第21次改正（平成18年）においては、疾病の発生及びまん延の状況を踏まえて的確に予防接種を行う観点から、予防接種法施行令に予防接種の記録に係る規定を設けるため、政令委任事項に「記録」が追加された。

(5)　第26次改正（令和4年）

第26次改正（令和4年）においては、「記録」に関する内容については第9条の3で、「報告」に関する内容については第23条第3項で定めることとされたため、政令委任事項が「予防接種の実施に係る公告及び周知に関して必要な事項」とされた。

【表10】昭和51年省令により新設された規定（第13条を除く。）と地方分権の推進を図るための関係法律の整備等に関する法律の施行に伴う厚生省関係政令の整備等に関する政令により新設された規定の対比

昭和51年省令により新設された規定（第13条を除く。）	地方分権の推進を図るための関係法律の整備等に関する法律の施行に伴う厚生省関係政令の整備等に関する政令により新設された規定
第4条　市町村長は、法第3条、第6条又は第9条の規定による予防接種を、当該市町村長の要請に応じて予防接種の実施に関し協力する旨を承諾した医師により行うことができる。 2　都道府県知事は、法第6条又は第9条の規定による予防接種を、当該都道府県知事の要請に応じて予防接種の実施に関し協力する旨を承諾した医師により行うことができる。 3　都道府県知事又は市町村長は、前2項の規定により予防接種を行う医師について、その氏名及び予防接種を行	（予防接種を行う医師） **第2条の2**　市町村長又は都道府県知事は、法第3条第1項又は第6条第1項若しくは第2項の規定による予防接種を、当該市町村長又は都道府県知事の要請に応じて予防接種の実施に関し協力する旨を承諾した医師により行うときは、当該予防接種を行う医師について、その氏名及び予防接種を行う主たる場所を公告するものとする。ただし、専ら市町村長又は都道府県知事が自ら設ける場所において実施する予防接種を行う医師については、この限りでない。 2　市町村長又は都道府県知事は、前項の規定により公告

う主たる場所を公告するものとする。ただし、専ら都道府県知事又は市町村長が自ら設ける場所において実施する予防接種を行う医師については、この限りでない。 4　都道府県知事又は市町村長は、前項の規定により公告した事項に変更があつたとき、又は第1項若しくは第2項の承諾が撤回されたときは、速やかにその旨を公告するものとする。	した事項に変更があつたとき、又は同項の医師の承諾が撤回されたときは、速やかにその旨を公告しなければならない。
第5条　市町村長は、法第3条、第6条又は第9条の規定による予防接種を行う場合には、予防接種の種類、予防接種を受けるべき者の範囲、予防接種を行う期日及び場所、禁忌事項その他必要な事項を公告しなければならない。 2　都道府県知事は、法第6条又は第9条の規定による予防接種を行う場合には、予防接種の種類、予防接種を受けるべき者の範囲、予防接種を行う期日及び場所、禁忌事項その他必要な事項を公告しなければならない。	（予防接種の公告） 第2条の3　市町村長又は都道府県知事は、法第3条第1項又は第6条第1項若しくは第2項の規定による予防接種を行う場合には、予防接種の種類、予防接種の対象者の範囲、予防接種を行う期日又は期間及び場所、予防接種を受けるに当たつて注意すべき事項その他必要な事項を公告しなければならない。
第6条　市町村長は、法第3条又は第6条の規定による予防接種の対象者又はその保護者に対して、あらかじめ、予防接種の種類、予防接種を受ける期日及び場所、禁忌事項その他必要な事項を周知させるものとする。 2　都道府県知事は、法第6条の規定による予防接種の対象者又はその保護者に対して、あらかじめ、予防接種の種類、予防接種を受ける期日及び場所、禁忌事項その他必要な事項を周知させるものとする。	（対象者等への周知） 第2条の4　市町村長は、法第3条第1項の規定による予防接種を行う場合には、前条の規定による公告を行うほか、当該予防接種の対象者又はその保護者に対して、あらかじめ、予防接種の種類、予防接種を受ける期日又は期間及び場所、予防接種を受けるに当たつて注意すべき事項その他必要な事項を周知しなければならない。
第13条　市町村長は、予防接種を行つたときは、予防接種を受けた者の数を、年令別及び疾病別並びに予防接種の定期別に計算して保健所長に報告しなければならない。 2　市町村長は、予防接種を行つたときは、予防接種を受けなかつた者の氏名を、保健所長に報告しなければならない。	（市町村長の報告） 第2条の5　市町村長は、予防接種を行つたときは、予防接種を受けた者の数を、厚生省令で定めるところにより、保健所長（特別区及び地域保健法（昭和22年法律第101号）第5条第1項の規定に基づく政令で定める市の長にあつては都道府県知事）に報告しなければならない。
	（事務の区分） 第18条　第2条の2、第2条の3及び第2条の5（法第6条第1項又は第2項の規定による予防接種に係る部分に限る。）の規定により都道府県が処理することとされている事務は、地方自治法（昭和22年法律第67号）第2条第9項第1号に規定する第1号法定受託事務とする。 2　第2条の2、第2条の3及び第2条の5（法第6条第1項の規定による予防接種に係る部分に限る。）並びに第10条の規定により市町村が処理することとされている事務は、地方自治法第2条第9項第1号に規定する第1号法定受託事務とする。

4.　解説

　予防接種の実施に係る公告及び周知については、政令委任事項とされているが、その主な理由は次のとおりである[57]。

　①　予防接種事務を適正かつ円滑に実施するためには、対象者が予防接種を受けられる期

---

[57] 平成19年逐条解説（70頁）、平成25年逐条解説（80、81頁）においては、「予防接種の実施に係る公告、周知、記録及び報告に関して必要な事項は、予防接種の実施に関する基本的事項であるが、社会情勢の変化や行政の事務の実施体制等を勘案して、臨機に判断する必要があることから、政令で定めることとしている」とされている。しかし、社会情勢の変化等を踏まえて臨機に判断し、所要の改正を行うためには、省令委任事項とした方が機動的な対応を行いやすく、あえて政令委任事項とする必要はないこと、また、政令委任に係る規定は、機関委任事務等の廃止等に伴い規定の整理を行うためにされた第15次改正（平成11年）において設けられたことに鑑みると、この説明にはやや疑義がある。

日や場所、予防接種を受けるに当たっての注意事項等を的確に把握することが重要であること。

② 臨時の予防接種は疾病のまん延予防上緊急の必要があると認めるときに実施されるものであり、その適正かつ円滑な実施がとりわけ重要であることから、臨時の予防接種の実施に係る公告について第1号法定受託事務とする必要があること[58]。

予防接種の実施に係る公告及び周知以外の予防接種の実施に関して必要な事項については、省令に広範に委任されており、大別すると、多少の例外はあるが、事務的事項については予防接種法施行規則において、技術的事項については予防接種実施規則において定められている。省令に広範に委任されている理由は、予防接種の実施に当たっては、疾病の発生及びまん延の状況や、予防接種の有効性及び安全性に関する最新の医学的知見、予防接種の実施体制の確保に係る状況、被接種者の負担等について厚生労働大臣がその専門的な裁量によって総合的に判断する必要があるためである。なお、この観点から、厚生労働大臣は、医学的知見に基づき定めるべき事項に関する省令を制定し、又は改廃しようとするときは、あらかじめ、厚生科学審議会の意見を聴かなければならないこととされている（第48条第5号参照）。

本条の趣旨を踏まえれば、予防接種の実施に関して必要な事項は政令又は省令に定められなければならず、当該事項を通知やガイドラインで定め、予防接種の実施主体である都道府県や市町村を拘束することは許されないと解すべきであるが、地方自治法第245条の4又は第245条の9の規定により技術的助言を行うこと又は法定受託事務の実施に関する処理基準を定めることは可能である。

補論　医師の公告について

「予防接種の今後のあり方及び予防接種による健康被害に対する救済について」（昭和51年3月11日伝染病予防調査会制度改正特別部会取りまとめ）において、「予防接種は、市町村、保健所等の公的機関の医師が行うほかは、予防接種の業務に関し協力する旨の申出のあった医師が行うよう制度の体系づけを行う必要がある。」とされたことを受け、感染症の予防及び感染症の患者に対する医療に関する法律等の一部を改正する法律の一部の施行に伴う関係政令の整備等に関する政令（令和4年政令第377号。以下本項において「改正令」という。）第3条の規定による改正前の予防接種法施行令第4条において、予防接種を行う医師に係る規定が次のとおり設けられていた。しかし、令和3年の地方分権改革に関する提案募集において、地方公共団体より、予防接種を行う医師の公告に係る事務について、病院の人事異動により予防接種を行う医師が頻繁に変わるため、職員の負担が大きくなっており、その軽減を求める旨の意見があったことを踏まえ、改正令において同条は削除された。その背景には、改正令による改正前の予防接種法施行令第5条により予防接種を行う場所が公告されれば、予防接種を行う医師の氏名まで公告する意義

---

[58] 第26次改正（令和4年）において、予防接種の実施に関して必要な事項は全て厚生労働省令で定めることとすることが検討されたが、政府内の調整過程で、政令委任事項の一部が第1号法定受託事務とされた経緯を踏まえれば、安易に省令委任事項だけにすべきではないとの指摘があり、既存の枠組みが維持された。

は乏しいと考えられたこともある。なお、改正令により予防接種を行う医師に係る規定が削除された現在にあっても、当該取りまとめにおける「予防接種の推進をはかるためには、医師の十分な協力を得ることができるような条件を整備する必要があり、医師がその責任への配慮等から、予防接種の実施に協力する意欲を失うことにならないよう十分配慮する必要がある。」との記載は重要な意義を有すると思われる。

参照条文：改正令による改正前の予防接種法施行令第4条

（予防接種を行う医師）
第4条 市町村長又は都道府県知事は、法第5条第1項又は第6条第1項若しくは第3項の規定による予防接種を、当該市町村長又は都道府県知事の要請に応じて予防接種の実施に関し協力する旨を承諾した医師により行うときは、当該予防接種を行う医師について、その氏名及び予防接種を行う主たる場所を公告するものとする。ただし、専ら市町村又は都道府県知事が自ら設ける場所において実施する予防接種を行う医師については、この限りでない。
2 市町村長又は都道府県知事は、前項の規定により公告した事項に変更があったとき、又は同項の医師の承諾が撤回されたときは、速やかにその旨を公告しなければならない。

第4章 定期の予防接種等の適正な実施のための措置

　第4章は、定期の予防接種等の適正な実施のための措置として、副反応疑い報告制度等の枠組みを定めるものであり、当該制度が第23次改正（平成25年）において法定化された際、新設された章である。
　副反応疑い報告制度は、厚生労働大臣が、定期の予防接種等を受けた後の被接種者の健康状況の変化に関する情報を収集し、広く国民に提供すること、また、当該情報の分析結果等を踏まえ、定期の予防接種等の適正な実施のために必要な措置を講ずることを目的とするものであり、その概要は図2のとおりである。

【図2】副反応疑い報告制度の概要[59]

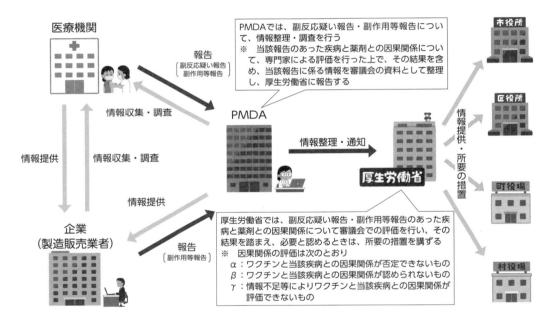

第12条　定期の予防接種等を受けたことによるものと疑われる症状の報告

> （定期の予防接種等を受けたことによるものと疑われる症状の報告）
> **第12条**　病院若しくは診療所の開設者又は医師は、定期の予防接種等を受けた者が、当該定期の予防接種等を受けたことによるものと疑われる症状として厚生労働省令で定めるものを呈していることを知ったときは、その旨を厚生労働省令で定めるところにより厚生労働大臣に報告しなければならない。

---

[59] 厚生労働省の資料を基に著者作成。あくまで概要であるため、細部まで網羅したものではないことに留意されたい。

2　厚生労働大臣は、前項の規定による報告があったときは、遅滞なく、厚生労働省令で定めるところにより、その内容を当該定期の予防接種等を行った市町村長又は都道府県知事に通知するものとする。

1. 概要

本条は、副反応疑い報告制度の根幹をなす規定であり、医師等が、定期の予防接種等を受けた者が当該定期の予防接種等を受けたことによるものと疑われる症状を呈していることを知ったときは、その旨を厚生労働大臣に報告することを義務付ける規定である。

2. 沿革

- 第23次改正（平成25年）：制定

3. 制定の趣旨

予防接種による健康被害に対する司法救済を求め、昭和50年代頃より各地で集団訴訟が提起されたが、平成4年12月18日に東京高裁判決が出され、同月26日に国は上告を断念した。当該判決において国の過失を問われ、今後、行政として取り組むべきとされた課題は、要約すれば、①予診の徹底など予防接種実施体制の充実、②予防接種に関する情報提供システムの充実の2点であった。そこで、これらについて公衆衛生審議会において検討が行われ、「今後の予防接種制度の在り方について」（平成5年12月14日公衆衛生審議会答申）において、②について、「国及び地方公共団体は、予防接種による副反応について、被害者からだけでなく、接種医や診察医からも情報を収集する体制を整備するとともに、収集された情報を解析し、適切な情報還元を行うための調査解析システムの構築を図るべきである。」と示された。これを受け、「予防接種の実施について」（平成6年8月25日健医発第962号　各都道府県知事・各政令市市長・各特別区区長宛／厚生省保健医療局長通知）[60]別添「予防接種実施要領」において、予防接種後副反応報告制度が創設された。

なお、インフルエンザに係る予防接種後副反応報告制度は、「予防接種法の一部を改正する法律等の施行について」（平成13年11月7日健発第1058号　各都道府県知事・各政令市市長・各特別区区長宛／厚生労働省健康局長通知）別添「インフルエンザ予防接種実施要領」により創設された。当該実施要領は、「定期のインフルエンザ予防接種の実施について」（平成17年6月16日健発第0616002号　各都道府県知事宛／厚生労働省健康局長通知）の発出に伴い、この通知の別添として引き継がれたが、この通知は「予防接種法第5条第1項の規定による予防接種の実施について」（平成25年3月30日健発0330第2号　各都道府県知事宛／厚生労働省健康局長通知）により平成25年3月31日をもって廃止され

---

[60] 本通知発出後の予防接種の実施に係る通知は次のとおり。
- 「予防接種の実施について」（平成15年11月28日健発第1128002号　各都道府県知事・各政令市市長・各特別区区長宛／厚生労働省健康局長通知）（※これにより、平成6年8月25日付医発第962号厚生省保健医療局長通知は平成15年12月31日をもって廃止された。）
- 「定期の予防接種の実施について」（平成17年1月27日健発第0127005号　各都道府県知事宛／厚生労働省健康局長通知）（※これにより、平成15年11月28日付発第1128002号厚生労働省健康局長通知は平成17年3月31日をもって廃止された。）
- 「予防接種法第5条第1項の規定による予防接種の実施について」（平成25年3月30日健発0330第2号　各都道府県知事宛／厚生労働省健康局長通知）（※これにより、平成17年1月27日付健発第0127005号厚生労働省健康局長通知は平成25年3月31日をもって廃止された。）

> 参照通知　「予防接種の実施について」（平成6年8月25日健医発第962号　各都道府県知事・各政令市市長・各特別区区長宛／厚生省保健医療局長通知）別添「予防接種実施要領」（抄）
>
> 　13　健康被害発生時の報告
> 　(1)　市町村長は、あらかじめ「予防接種後副反応報告書」（以下「報告書」という。）を管内医療機関に配布し、医師が予防接種後の健康被害を診断した場合に、直ちに当該健康被害者の居住地を管轄する市町村長へ報告するよう協力を求めること。
> 　　　医療機関から報告を受けた市町村長は、報告書を保健所長を経て都道府県知事に提出するとともに、健康被害者の居住地の地区医師会長へ同時に連絡すること。
> 　(2)　市町村長が、予防接種を受けた者又はその保護者等から健康被害の報告を受けた場合には、報告書に必要事項を記載の上、報告書を保健所長を経て都道府県知事に提出するとともに、健康被害者の居住地の地区医師会長に同時に連絡すること。
> 　(3)　都道府県知事は、市町村長からの健康被害発生の報告を受けた場合及び自ら実施した予防接種において健康被害が発生した場合には、本職あてに報告書を提出すること。
> 　(4)　国において報告事項に関して検討を加えた結果については、都道府県知事を通じて市町村長あて通知するので、市町村長は管内の関係機関への周知を図ること。
> 　(5)　健康被害に係る市町村長及び都道府県知事の報告書の提出については、速やかに行う必要があること。

　予防接種後副反応報告制度は、予防接種による副反応の発生状況に係る初めての全国的な調査であり、その結果が広く国民に提供されるという点で意義を有していたが、当該制度で得られた情報を整理・分析する仕組みが構築されていなかったこと等の課題があった。そこで、「予防接種制度の見直しについて（第1次提言）」（平成22年2月19日厚生科学審議会感染症分科会予防接種部会取りまとめ）以降の予防接種制度全般の見直しの中で、当該制度の現状の課題と見直しの方向性が次のとおり整理された[61]。

現状の課題	見直しの方向性
<報告ルート>	
予防接種制度上の副反応報告（医療機関→市区町村）と薬事法上の副作用等報告（医療機関→厚生労働省）の報告ルートが異なり、医療機関の事務が繁雑、かつ、適切に報告されないおそれがある。	予防接種制度上の副反応報告ルートと薬事法上の副作用等報告ルートを一元化し、医療機関等が副反応報告と副作用等報告で二重に報告する必要がないようにする。
<情報整理・調査>	
副反応報告の個別事例について、専門家が情報整理・調査する仕組みがなく、予防接種の副反応について十分な分析ができていない。	副反応報告については、独立行政法人医薬品医療機器総合機構（以下「PMDA」という。）の業務の目的や人員体制等を踏まえた上で、PMDAが情報整理・調査を行う。医療機関等が調査への協力に努めるものとする仕組みについて検討する。
<個別評価・対応>	
副反応報告の個別事例について、評価・検証した結果を予防接種行政に適切に反映できる仕組みが制度化されていない。	PMDAの情報整理・調査に基づき薬事・食品衛生審議会及び評価・検討組織で評価・検証を行う。評価・検証の結果、厚生労働大臣が必要と認めるものについては、予防接種の一時差止め等の措置を講ずる。

---

[61] 平成24年1月27日の第20回厚生科学審議会感染症分科会予防接種部会資料4より一部改変。

この見直しの方向性に基づき、「予防接種制度の見直しについて（第2次提言）」（平成24年5月23日厚生科学審議会感染症分科会予防接種部会取りまとめ）において、「副反応報告制度」に関する提言が次のとおり取りまとめられた。

① 予防接種法に基づく予防接種に係る副反応報告を医療機関に義務付けるとともに、子宮頸がん等ワクチン接種緊急促進臨時特例交付金事業等での対応を踏まえ、同法上の副反応報告と薬事法上の副作用等報告の報告ルートを厚生労働省宛に一元化し、医療機関の報告事務を簡素化すること。また、同省は副反応報告に係る情報を速やかに当該予防接種の実施主体である地方公共団体に対して提供すること。

② 予防接種法に基づく予防接種に係る副反応報告の個別事例について、PMDAの業務目的や人員体制等を踏まえた上で、PMDAが情報整理・調査を行うこと。また、医療機関や被接種者及びその保護者等の関係者は、当該調査に協力するよう努めるものとすること。

③ PMDAによる情報整理・調査に基づき、評価・検討組織が薬事・食品衛生審議会と連携し、副反応報告に係る評価を行った上で、国が必要に応じて予防接種の一時見合わせ等の措置を講ずること。

この提言を受け、第23次改正（平成25年）において予防接種後副反応報告制度が法定化され、①については本条に、②の前段については第14条に、②の後段については第13条第4項に、③については第13条第1項から第3項までに、それぞれ規定された。なお、当該改正に伴い、同制度を規定していた通知は廃止され、同制度の実務上の取扱いについては、「定期の予防接種等による副反応の報告等の取扱いについて」（平成25年3月30日健発0330第3号・薬食発0330第1号　各都道府県知事宛／厚生労働省健康局長・医薬食品局長連名通知。「4．解説」において「平成25年通知」という。）において定められた。なお、予防接種後副反応報告制度は同通知別紙様式1（予防接種後副反応報告書）の報告基準に該当する症状であれば、予防接種との因果関係の有無を問わず報告することを義務付けるものであることから、「「定期の予防接種等による副反応の報告等の取扱いについて」の一部改正について」（平成28年8月30日健発0830第6号・薬生発0830第7号　各都道府県知事宛／厚生労働省健康局長・医薬・生活衛生局長連名通知）において、「副反応報告」が「副反応疑い報告」に改正された。

4．解説

(1) 第1項について

本項は、①病院若しくは診療所の開設者又は医師に対し、②定期の予防接種等を受けた者が当該定期の予防接種等を受けたことによるものと疑われる症状として厚生労働省令で定めるものを呈していることを知ったときに、③その旨を厚生労働省令で定めるところにより厚生労働大臣に報告する義務を課すものである。

①のとおり、副反応疑い報告を行う義務が課される者は「病院若しくは診療所の開設者又は医師」とされている。これは、個々の症状が副反応疑い報告の基準に該当するか否かの判断は、それを診断した医師でなければ行うことができないため、当該義務の対象を医師又はその所属する医療機関に限定する趣旨である。

②のとおり、副反応疑い報告の対象となる症状は、「当該定期の予防接種等を受けた

ことによるものと疑われる症状として厚生労働省令で定めるもの」である。「定期の予防接種等」とされているのは、副反応疑い報告は医師等に対してその義務を課すものであることから、その対象となる症状を予防接種法に基づく予防接種によるものと疑われるものに限定するためである（なお、平成25年通知において、予防接種法に基づかない予防接種についても、都道府県及び市町村は、医師等に対し、副反応疑い報告への協力を求めることとされている。）。「当該定期の予防接種等を受けたことによるものと疑われる症状」とされているのは、定期の予防接種等と症状との間の因果関係が不明な場合でも、幅広く情報を収集し、当該症状の集団的な傾向を把握することにより、未知の副反応を発見することが可能となるためである。「厚生労働省令で定める」こととされているのは、副反応疑い報告を行うべき症状の基準を設定することにより、医師の主観を極力排除し、幅広く情報を収集するためであり、予防接種法施行規則第5条において、定期の予防接種等の対象疾病ごとに、報告すべき症状とその発症までの期間が定められている。なお、薬機法の副作用等報告の対象は「疾病、障害又は死亡」とされており、副反応疑い報告の対象とは異なる。この点、「疾病」とは、医師による治療の必要な程度の病気・疾患に罹ることを意味するが、副反応疑い報告では、「疾病、障害又は死亡」のいずれにもあてはまらない程度の軽度な異常状態に関しても報告を求めるため、「症状」と規定されている。

③のとおり、副反応疑い報告は厚生労働大臣に対して行うものとされている。これは、医師等の報告事務の便宜を図る観点から、副反応疑い報告と副作用等報告を一元化するため、副作用等報告が厚生労働大臣に対して行うものとされていたことに倣ったものである。ただし、実際は、第14条第3項の規定に基づき、医師等はPMDAに対して報告することとなる。なお、報告すべき事項は予防接種法施行規則第6条において定められている。

(2) 第2項について

本項は、副反応疑い報告があったときに、定期の予防接種等の実施主体である地方公共団体が被接種者など住民からの照会に対応できるよう、当該副反応疑い報告に係る情報を把握しておくべきとの観点から、厚生労働大臣は、副反応疑い報告があったときは、遅滞なく、その内容を当該定期の予防接種等を行った市町村長又は都道府県知事に通知するものとする規定である。当該定期の予防接種等の実施主体以外の地方公共団体については、厚生労働大臣が当該副反応疑い報告に係る情報を的確に分析及び整理した後、情報提供を行うことが望ましいため、本項の通知の対象とはされていない。

補論1　「副反応」、「副作用」、「有害事象」について

「副反応」、「副作用」、「有害事象」については、法律上の定義はないが、予防接種法においては「副反応」が、薬機法においては「副作用」が、それぞれ用いられている。これらの違いについては、日本小児科学会が令和4年4月に作成した知っておきたいわくちん情報「予防接種の副反応と有害事象　A-04」において分かりやすく解説されているため、以下、それを紹介する。

「副反応」と「副作用」の違いについては、次のとおり解説されている。

> 　病気の治療に使う薬の主な作用を主作用といいます。そして、主作用とは異なる別の作用や体に良くない作用のことを「副作用」といいます。一般的には医薬品などによって生じた患者さんにとって不都合で有害な作用が起こった時に使われます。
> 　ワクチンの場合には、ワクチンの投与（接種）によって体に免疫反応が起こり、それによって感染症の発生を防ぐ免疫ができます（主作用）。この時に免疫ができる以外の反応（例えば軽ければ発熱・注射部位のはれ、重ければ脳炎・脳症など）が発生することがあるので、医薬品による副作用とは分けて「副反応」という用語が主に用いられます。

　「有害事象」については、次のとおり解説されている。

> 　薬もワクチンも、使用後に副作用あるいは副反応のほかに、たまたま何かの原因によってある事象が起こることがあります。たとえば薬をのんだり、ワクチン接種をした後に、食べ物が原因で嘔吐をしたり、虫に刺されてはれたり、別の病気が原因で熱が出たりすることもあります。実際には、その原因はわからないことも多いのですが、それらをすべてまとめて、「有害事象」と呼びます。
> 　つまり有害事象には、その薬やワクチンとの因果関係が明らかなもの、不明なもの、他の原因によるものをすべて含んでいます。

補論2 副反応疑い報告制度が副作用等報告制度と異なる制度として創設された理由について

> 　薬事法（当時）に基づく感染症定期報告及び副作用等報告制度（企業報告制度及び医薬品・医療機器等安全性情報報告制度）の趣旨は、医薬品による重篤な副作用や医療機器の不具合等を早期に把握し、国が保健衛生上の危害の発生又は拡大の防止のために必要な措置を講じることにより、医薬品等の安全性対策を図るというものである。当該措置については、薬事法は業法であることから、最終的には製造販売業者等の承認取り消しにつながるものである。
> 　一方、予防接種法に基づく予防接種は、公的関与の下で国民に実施するものであるから、その適正な実施を図るためには、予防接種による副反応事例を、副作用等報告と比較して広範囲に把握した上で、予防接種の実施の可否、公的関与の在り方等を判断しなければならない。また、国民が正確な知識の下に安心して予防接種を受けることができるよう安全性に関する情報提供を行うなど、副作用等報告に基づく医薬品等の安全対策とは異なるより広範な措置を講じる必要がある。副反応疑い報告制度は、これらを担保するためのものであり、当該措置については、最終的には、国の事業である予防接種の対象疾病の削除等につながるものである。
> 　このような趣旨や講じる措置の違いから、副作用等報告とは別に、予防接種法上に副反応疑い報告制度を位置付けることとされた。

第13条　定期の予防接種等の適正な実施のための措置

> （定期の予防接種等の適正な実施のための措置）
> 第13条　厚生労働大臣は、毎年度、前条第１項の規定による報告の状況について厚生科学審議会に報告し、必要があると認めるときは、その意見を聴いて、定期の予防接種等の安全性に関する情報の提供その他の定期の予防接種等の適正な実施のために必要な措置を講ずるものとする。
> ２　厚生科学審議会は、前項の規定による措置のほか、定期の予防接種等の安全性に関する情報の提供その他の定期の予防接種等の適正な実施のために必要な措置について、調査審議し、必要があると認めるときは、厚生労働大臣に意見を述べることができる。
> ３　厚生労働大臣は、第１項の規定による報告又は措置を行うに当たっては、前条第１項の規定による報告に係る情報の整理又は当該報告に関する調査を行うものとする。
> ４　厚生労働大臣は、定期の予防接種等の適正な実施のため必要があると認めるときは、地方公共団体、病院又は診療所の開設者、医師、ワクチン製造販売業者（医薬品、医療機器等の品質、有効性及び安全性の確保等に関する法律（昭和35年法律第145号）第12条第１項の医薬品の製造販売業の許可を受けた者であって、ワクチンの製造販売（同法第２条第13項に規定する製造販売をいう。以下この項において同じ。）について同法第14条の承認を受けているもの（当該承認を受けようとするものを含む。）又は同法第13条の３第１項の医薬品等外国製造業者の認定を受けた者であって、ワクチンの製造販売について同法第19条の２第１項の承認を受けているもの（当該承認を受けようとするものを含む。）が同条第３項の規定により選任したものをいう。以下同じ。）、定期の予防接種等を受けた者又はその保護者その他の関係者に対して前項の規定による調査を実施するため必要な協力を求めることができる。

注　第26次改正（令和８年６月８日までの間において政令で定める日施行分）による改正後の規定（下線＝該当箇所）。

1．概要

本条は、副反応疑い報告制度の最終的な目的である定期の予防接種等の適正な実施を図るため、厚生労働大臣は、厚生科学審議会に副反応疑い報告の状況について毎年度報告するとともに、必要があると認めるときは、当該審議会の意見を聴いて定期の予防接種等の適正な実施のために必要な措置を講ずるものとする規定である。

2．沿革

- 第23次改正（平成25年）：制定
- 第24次改正（平成25年）：一部改正
- 第26次改正（令和４年）：一部改正

3. 制定及び主な改正の趣旨
(1) 第23次改正（平成25年）

> （定期の予防接種等の適正な実施のための措置）
> **旧第13条** 厚生労働大臣は、毎年度、前条第１項の規定による報告の状況について厚生科学審議会に報告し、必要があると認めるときは、その意見を聴いて、定期の予防接種等の安全性に関する情報の提供その他の定期の予防接種等の適正な実施のために必要な措置を講ずるものとする。
> 2　厚生科学審議会は、前項の規定による措置のほか、定期の予防接種等の安全性に関する情報の提供その他の定期の予防接種等の適正な実施のために必要な措置について、調査審議し、必要があると認めるときは、厚生労働大臣に意見を述べることができる。
> 3　厚生労働大臣は、第１項の規定による報告又は措置を行うに当たっては、前条第１項の規定による報告に係る情報の整理又は当該報告に関する調査を行うものとする。
> 4　厚生労働大臣は、定期の予防接種等の適正な実施のため必要があると認めるときは、地方公共団体、病院又は診療所の開設者、医師、ワクチン製造販売業者（薬事法（昭和35年法律第145号）第12条第１項の医薬品の製造販売業の許可を受けた者であって、ワクチンの製造販売（同法第２条第12項に規定する製造販売をいう。附則第６条第１項において同じ。）について、同法第14条の承認を受けているもの（当該承認を受けようとするものを含む。）をいう。第23条第５項において同じ。）、定期の予防接種等を受けた者又はその保護者その他の関係者に対して前項の規定による調査を実施するため必要な協力を求めることができる。

(2) 第26次改正（令和４年）

第25次改正（令和２年）において、附則第７条第２項が設けられ、同条第１項の規定による新型コロナウイルス感染症に係る予防接種については、本条第４項のワクチン製造販売業者の定義に、外国製造医薬品等の製造販売の承認を受けている者（当該承認を受けようとする者を含む。）が選任したものを追加することとされた。第26次改正（令和４年）において、今後も当該予防接種の実施時と同様の事情が生じる可能性があることから、本則において、附則第７条第２項と同様の規定を設けることとされた。

4. 解説
(1) 第１項について

定期の予防接種等の適正な実施を図るため、厚生労働大臣は、毎年度、副反応疑い報告の状況について厚生科学審議会に報告しなければならないこととされている。報告先としては、薬事・食品衛生審議会も考えられるところ、「想定される措置を考慮し、（中略）薬事法等の規定によりその権限に属させられた事項を処理する薬事・食品衛生審議会ではなく、公衆衛生に関する事項を処理する厚生科学審議会」（平成25年逐条解説92頁）とされている。当該報告の頻度は「毎年度」とされているが、年度ごとの報告回数

を1回に限定するものではなく、少なくとも毎年度1回は報告しなければならないという趣旨である。

また、厚生労働大臣は、必要があると認めるときは、厚生科学審議会の意見を聴いて、定期の予防接種等の適正な実施のために必要な措置を講ずるものとされている。「定期の予防接種等の適正な実施のために必要な措置」としては、①予防接種法施行令の改正による対象者の見直し、②予防接種実施規則の改正による予防接種の実施方法の見直し、③地方公共団体に対する勧告や助言、④国民への情報提供等が挙げられる[62]。なお、「定期の予防接種等の適正な実施のため」とされているのは、厚生労働大臣に課す義務の範囲を予防接種法に基づく予防接種に限定するためであり、同大臣は同法に基づかない予防接種についてまで何らかの措置を講ずる義務を負うものではない。

(2) 第2項について

厚生科学審議会は、第1項の規定による措置に限らず、定期の予防接種等の適正な実施のために必要な措置について、自ら調査審議し、必要があると認めるときは、厚生労働大臣に意見を述べることができるものとされている。本項は、「予防接種制度の見直しについて（第2次提言）」（平成24年5月23日厚生科学審議会感染症分科会予防接種部会取りまとめ）において、厚生科学審議会が「予防接種施策全般について、中長期的な課題設定の下、科学的な知見に基づき、総合的・恒常的に評価・検討を行い、厚生労働大臣に提言する機能を有する評価・検討組織」と位置付けられたことを受けて設けられた規定の1つであり、厚生科学審議会について、第1項や第48条の規定による厚生労働大臣の意見聴取に応じるだけでなく、能動的に活動を行うことを保障するものである。

(3) 第3項について

厚生労働大臣は、第1項の規定により厚生科学審議会に報告を行う際や定期の予防接種等の適正な実施のために必要な措置を講ずる際は、副反応疑い報告に係る情報の整理又は副反応疑い報告に関する調査を行わなければならないものとされている。「情報の整理」は、副反応疑い報告の内容の分類など第一段階での事務的な作業を意味し、「調査」は、その後の医療機関等への聞き取りなど、より能動的な作業を意味する。

(4) 第4項について

厚生労働大臣は、定期の予防接種等の適正な実施のため必要があると認めるときは、地方公共団体等の関係者に対し、必要な協力を求めることができるものとされている。この点、第23条第3項とは目的が異なり、同項は定期の予防接種等による免疫の獲得の状況に関する調査、定期の予防接種等による健康被害の発生状況に関する調査その他定期の予防接種等の有効性及び安全性の向上を図るために必要な調査及び研究の実施に関する地方公共団体等の協力に係る規定であるのに対し、本条は定期の予防接種等の適正な実施に関する地方公共団体等の協力に係る規定である。ただし、地方公共団体等の協力が任意である点は共通である。

---

[62] 副反応疑い報告制度において講じられる措置には、予防接種による健康被害の発生の防止を目的とするものだけではなく、予防接種の安全性に関する情報提供等、予防接種法に基づく予防接種を推進するためのものもある。このように、当該措置は多岐にわたるものであることから、「定期の予防接種等の安全性に関する情報の提供」と例示した上で、「定期の予防接種等の適正な実施のために必要な措置」と規定されている。なお、薬機法の副作用等報告制度において講じられる措置は、副作用による危害の発生の防止を目的としており、使用上の注意の改訂、安全性に関する情報提供等に加え、薬機法上の承認の取消しが想定されている。

「必要な協力」については、次のようなものが想定されている。
① 地方公共団体：定期の予防接種等の実施主体として把握している情報（予防接種台帳に記載されている情報や、当該地方公共団体内の同様の事例に関する情報等）の提供
② 病院又は診療所の開設者及び医師：予防接種を行った際（予診を含む。）の被接種者の状況に関する情報の提供
③ ワクチン製造販売業者：ワクチンの有効性及び安全性に関する情報の提供
④ 定期の予防接種等を受けた者又はその保護者：予防接種を受けた際の体調や、当該予防接種を受けた後の経過等に関する情報の提供
⑤ その他の関係者：看護師に対して、②と同様の情報提供を求めること

第14条　機構による情報の整理及び調査

> （機構による情報の整理及び調査）
> **第14条**　厚生労働大臣は、独立行政法人医薬品医療機器総合機構（以下この条において「機構」という。）に、前条第3項に規定する情報の整理を行わせることができる。
> 2　厚生労働大臣は、前条第1項の規定による報告又は措置を行うため必要があると認めるときは、機構に、同条第3項の規定による調査を行わせることができる。
> 3　厚生労働大臣が第1項の規定により機構に情報の整理を行わせることとしたときは、第12条第1項の規定による報告をしようとする者は、同項の規定にかかわらず、厚生労働省令で定めるところにより、機構に報告しなければならない。
> 4　機構は、第1項の規定による情報の整理又は第2項の規定による調査を行ったときは、遅滞なく、当該情報の整理又は調査の結果を厚生労働省令で定めるところにより、厚生労働大臣に通知しなければならない。

1. 概要

本条は、厚生労働大臣がPMDAに副反応疑い報告に係る情報の整理及び調査を行わせることができるものとし、PMDAは当該整理及び調査の結果を遅滞なく厚生労働大臣に通知しなければならないものとする規定である。

2. 沿革

- 第23次改正（平成25年）：制定
- 第24次改正（平成25年）：一部改正

3. 制定及び改正の趣旨

(1) 第23次改正（平成25年）

> （機構による情報の整理及び調査）
> **旧第14条**　厚生労働大臣は、独立行政法人医薬品医療機器総合機構（以下この条において「機構」という。）に、前条第3項に規定する情報の整理を行わせることがで

> 　きる。
> 2　厚生労働大臣は、前条第１項の規定による報告又は措置を行うため必要があると認めるときは、機構に、同条第３項の規定による調査を行わせることができる。
> 3　機構は、第１項の規定による情報の整理又は前項の規定による調査を行ったときは、遅滞なく、当該情報の整理又は調査の結果を厚生労働省令で定めるところにより、厚生労働大臣に通知しなければならない。

　PMDAは、許可医薬品等の副作用又は許可生物由来製品等を介した感染等による健康被害の迅速な救済を図り、並びに医薬品等の品質、有効性及び安全性の向上に資する審査等の業務を行い、もって国民保健の向上に資することを目的とする組織であり（PMDA法第３条参照）、この目的を達成するため、PMDA法第15条各項の業務を行うものとされている。当該業務の１つに副作用等報告に係る情報の整理及び調査があり、PMDAは本条の制定前からワクチンによる副反応に関する知見を有していたこと、また、副反応疑い報告に係る情報の整理及び調査を副作用等報告に係る情報の整理及び調査と一体的に行うことにより、これらの業務の効率的な実施が図られることから、厚生労働大臣はPMDAに副反応疑い報告に係る情報の整理及び調査を行わせることができることとされた。

(2)　第24次改正（平成25年）

　第24次改正（平成25年）においては、第３項が設けられた。本条の制定当初から、副反応疑い報告と副作用等報告との一元化を図るため、医師等の事実上の報告先はPMDAが想定されていたものの、本条の制定時には、薬事法（当時）上、厚生労働大臣がPMDAに副作用等報告に係る情報の整理及び調査を行わせる規定がなく、薬事法等の一部を改正する法律（平成25年法律第84号）により当該規定を新設する予定であったため、第23次改正（平成25年）ではなく第24次改正（平成25年）において、第３項が新設された。

4. 解説

(1)　第１項及び第２項について

　厚生労働大臣は、①副反応疑い報告の状況について厚生科学審議会に報告するとき、②厚生科学審議会の意見を聴いて、定期の予防接種等の適正な実施のために必要な措置を講ずるときのいずれも、副反応疑い報告に係る情報の整理又は調査を行うこととされている。第１項は前者の「情報の整理」について、第２項は後者の「調査」について、厚生労働大臣がPMDAに行わせる根拠となる規定である。なお、「情報の整理」と「調査」が項を分けて規定されている理由は、第３項が「情報の整理」にしか係らないため、その規定上の便宜を図るためと考えられる。また、「調査」の方にのみ「必要があると認めるとき」という条件が付されている理由も不明であるが、「情報の整理」と比較した場合の必要性やPMDAの負担が考慮されたものと思われる。

(2)　第３項について

　副反応疑い報告は、第12条第１項において、医師等から厚生労働大臣に報告することとされているが、本条第１項の規定により、厚生労働大臣がPMDAに副反応疑い報告

に係る情報の整理を行わせることとしたときは、手続を簡素化するため、医師等からPMDAに報告することとし、PMDAが当該情報の整理を行った上で、その内容を厚生労働大臣に通知することとされている。

　本項の厚生労働省令においては、医師等からPMDAに報告すべき内容等を定めることが想定されているが、その性質上、医師等から厚生労働大臣に報告すべき内容等と同一のものとすべきであろう（予防接種法施行規則第6条及び第7条の2参照）。

(3)　**第4項について**

　第1項又は第2項の規定により、PMDAが副反応疑い報告に係る情報の整理又は調査を行ったときは、その結果を踏まえて必要な検討等を迅速に行う必要があることから、PMDAはその結果を遅滞なく厚生労働大臣に通知しなければならないこととされている。

　本項の厚生労働省令においては、PMDAが厚生労働大臣に通知すべき内容等を定めることが想定されている（予防接種法施行規則第8条参照）。

第5章 定期の予防接種等による健康被害の救済措置

　第5章は、健康被害救済制度の枠組みを定めるものである。健康被害救済制度は、その創設当初は「負の歴史としての予防接種による健康被害を正当に予防接種制度の一角を占めさせる必要がある。しかし、このように法的に認知するとしても、健康被害の側面を肥大させてその観点からのみ予防接種の実施面を律するという考えに陥ってはならない。」（昭和53年逐条解説45頁）との考えの下、「第3章　雑則」に位置付けられていたが、第13次改正（平成6年）において、予防接種法の目的に「予防接種による健康被害の迅速な救済を図ること」が追加されたことに伴い、「第5章　予防接種による健康被害の救済措置」として独立して規定することとされた。

【図3】健康被害救済制度の概要[63]

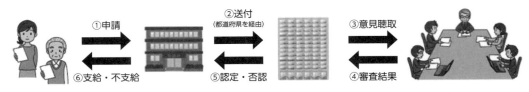

健康被害 救済給付	A類疾病に係る定期の予防接種 臨時の予防接種（括弧内の金額は特定B類疾病に係るもの）	B類疾病に係る定期の予防接種
医療費	健康保険等による給付の額を除いた自己負担分	A類疾病の額に準ずる（ただし、入院相当に限定）
医療手当	通院等3日未満（月額）　36,900円 通院等3日以上（月額）　38,900円 入院8日未満（月額）　36,900円 入院8日以上（月額）　38,900円 同一月入通院（月額）　38,900円	A類疾病の額に準ずる
障害児養育 年金（※）	1級（年額）　1,669,200円（1,298,400円） 2級（年額）　1,334,400円（1,038,000円）	
障害年金 （※）	1級（年額）　5,340,000円（4,153,200円） 2級（年額）　4,272,000円（3,322,800円） 3級（年額）　3,202,800円（2,491,200円）	1級（年額）　2,966,400円 2級（年額）　2,373,600円
死亡した場 合の補償	死亡一時金　46,700,000円 （生計維持者の場合：36,300,000円、それ以外の場合：27,200,000円）	生計維持者の場合：遺族年金（年額）2,594,400円 　　　　　　　　　　　　　　（※10年を限度） それ以外の場合　：遺族一時金　7,783,200円
葬祭料	215,000円	A類疾病の額に準ずる
（※） 介護加算	1級（年額）　854,400円 2級（年額）　569,600円	

[63] 図は厚生労働省の資料より引用。表は厚生労働省の資料を基に著者作成（金額は令和7年1月1日時点のもの。）。

第15条　健康被害の救済措置

（健康被害の救済措置）
第15条　市町村長は、当該市町村の区域内に居住する間に定期の予防接種等を受けた者が、疾病にかかり、障害の状態となり、又は死亡した場合において、当該疾病、障害又は死亡が当該定期の予防接種等を受けたことによるものであると厚生労働大臣が認定したときは、次条及び第17条に定めるところにより、給付を行う。
2　厚生労働大臣は、前項の認定を行うに当たっては、審議会等（国家行政組織法（昭和23年法律第120号）第８条に規定する機関をいう。）で政令で定めるものの意見を聴かなければならない。

1. 概要

本条は、健康被害救済制度の根幹をなす規定であり、市町村長は、当該市町村の区域内に居住する間に定期の予防接種等を受けた者について、厚生労働大臣が当該定期の予防接種等と当該者の疾病、障害又は死亡との因果関係を認定したときは、給付を行うものとする規定である。

2. 沿革

- 第10次改正（昭和51年）：制定（旧第16条）
- 第11次改正（昭和53年）：一部改正
- 第12次改正（昭和57年）：一部改正
- 第13次改正（平成６年）：一部改正（旧第16条を旧第11条に繰上げ）
- 第17次改正（平成11年）：一部改正
- 第23次改正（平成25年）：一部改正（旧第11条を本条に繰下げ）

3. 制定の趣旨
(1) 閣議了解による措置

予防接種事故に対する措置について（昭和45年７月31日閣議了解）

予防接種事故に関する措置については、今後恒久的な救済制度の創設について、検討することとするが、現に予防接種事故により疾病にかかり、若しくは後遺症を有し、又は死亡した者については、当面緊急の行政措置として、国は地方公共団体の協力を得て次のような措置を講ずることとする。
第一　措置の目標
　１　予防接種の副反応（通常生ずる副反応を除く。以下同じ。）と認められる疾病（副反応の疑いのある疾病を含む。以下同じ。）により、現に医療を必要とする者に対して、自ら負担した額に相当する額の給付を行なう。
　２　予防接種の副反応と認められる疾病に起因する後遺症を有する者に対し、次の区分により、給付を行なう。

厚生年金保険法に定める 廃疾の程度	後遺症を有するに至つた時の年齢	
	18歳未満	18歳以上
1級	270万円	330万円
2級	200万円	240万円
3級	130万円	160万円

3　予防接種の副反応と認められる疾病により死亡した者については、次の区分により、死亡した者の遺族に対し、給付を行なう。

死亡時の年齢	
18歳未満	18歳以上
270万円	330万円

第二　措置の実施

　国は、第一の措置に要する財源につき、その2分の1に相当する額を支出し、地方公共団体に対しては、国の措置に相応する額の支出を要請する。

　昭和40年代に入り、予防接種による健康被害に対する国家賠償請求訴訟が各地で提起されるようになり、予防接種による健康被害に対する国民の関心が高まった。そのような中、昭和45年6月、種痘による副反応が大きく報じられ[64]、いわゆる種痘禍として大きな社会的関心を集めたことを直接の契機として、予防接種事故に対する措置が閣議了解により講じられた。これはあくまで恒久的な健康被害救済制度が創設されるまでの間の暫定的な措置であったが、支給額の改善が図られたほか、昭和48年4月からは後遺症特別給付金の支給が開始された。最終的な給付内容は次のとおりである。

① 医療費
　Ⅰ）対象者
　　予防接種の副反応と認められる疾病により現に医療を必要とする者
　Ⅱ）給付内容
　　昭和45年8月1日以後の当該医療に要した費用について健康保険の例により算定した額のうちの自己負担相当額
② 後遺症一時金
　Ⅰ）対象者
　　予防接種の副反応と認められる疾病に起因する後遺症を有し、厚生年金保険法（昭和29年法律第115号）別表第一に掲げる程度の障害を有する者
　Ⅱ）給付内容

---

[64]「種痘の実施について」（昭和45年8月5日衛発第564号　各都道府県知事宛／厚生省公衆衛生局長通知）において、「本年6月中旬以降にわかに種痘の副反応に対する社会の関心が高まったため、これに対する不安から、本年9月以降の種痘の実施について危惧する向きもあるやに見受けられる。」と述べられている。なお、国会においては、昭和43年3月26日の参議院社会労働委員会における藤原道子委員の質疑や昭和44年2月28日の衆議院予算委員会第3分科会における島本虎三委員の質疑、昭和44年6月4日の衆議院社会労働委員会における山本政弘委員の質疑で種痘の副反応に関する問題が取り上げられている。

厚生年金保険法に定める廃疾の程度	後遺症を有するに至った時期	後遺症を有するに至った時の年齢	
		18歳未満	18歳以上
1級	昭和50年4月1日～昭和51年3月31日	590万円	720万円
	昭和51年4月1日～昭和52年3月31日	750万円	910万円
2級	昭和50年4月1日～昭和51年3月31日	430万円	520万円
	昭和51年4月1日～昭和52年3月31日	550万円	660万円
3級	昭和50年4月1日～昭和51年3月31日	290万円	350万円
	昭和51年4月1日～昭和52年2月24日	370万円	440万円

（後遺症を有する者には医療費の支給は行わない。）

③ 弔慰金
　Ⅰ）対象者
　　予防接種の副反応と認められる疾病により死亡した者の配偶者、子又は父母
　Ⅱ）給付内容

死亡の時期	死亡時の年齢	
	18歳未満	18歳以上
昭和50年4月1日～昭和51年3月31日	590万円	720万円
昭和51年4月1日～昭和52年2月24日	750万円	910万円

④ 後遺症特別給付金
　Ⅰ）対象者
　　予防接種の副反応と認められる疾病に起因する後遺症を有し、厚生年金保険法別表第一に定める廃疾の程度1級又は2級に該当する障害を有する者のうち、学齢期到達年齢以上のもの。ただし、施設入所者には支給しない。
　Ⅱ）給付内容

厚生年金保険法に定める廃疾の程度	適用時期	学齢期以上の在宅の者（月額）
1級	昭和50年10月～昭和51年9月	19,000円
	昭和51年10月～昭和52年2月	22,000円
2級	昭和50年10月～昭和51年9月	13,000円
	昭和51年10月～昭和52年2月	15,000円

(2) 第10次改正（昭和51年）

> **旧第16条**　市町村長は、当該市町村の区域内に居住する間に第4条、第7条又は第10条の規定により予防接種を受けた者（第5条、第8条又は第11条の規定により当該予防接種を受けたものとみなされる者を含む。）が、疾病にかかり、廃疾となり、又は死亡した場合において、当該疾病、廃疾又は死亡が当該予防接種を受けたことによるものであると厚生大臣が認定したときは、次条及び第18条第1項に定めると

> ころにより、給付を行う。
> 2 厚生大臣は、前項の認定を行うに当たつては、伝染病予防調査会の意見を聴かなければならない。

昭和43年5月31日に厚生大臣から「今後の伝染病予防対策のあり方」について諮問された伝染病予防調査会は、予防接種事故に対する措置が講じられる1か月前の昭和45年6月15日、基本的な考え方について中間答申を行った後、制度改正特別部会において法律上の救済制度の創設について検討を進め、その結果を「予防接種の今後のあり方及び予防接種による健康被害の救済について」として取りまとめ、昭和51年3月22日に厚生大臣に答申した。当該答申に基づき、健康被害救済制度が創設された。これに伴い、予防接種事故に対する措置は、昭和52年2月24日をもって廃止された。

補論 予防接種事故に対する措置や健康被害救済制度の創設の際に参考にされた制度について

> 予防接種事故に対する措置や健康被害救済制度の創設に当たって、どのような制度が参考にされたかについては、昭和53年逐条解説でも触れられておらず、必ずしも明らかではないが、手塚洋輔氏が、予防接種による健康被害の問題と公害問題との類似性に着目し、昭和42年以降、公害問題に係る様々な対策が講じられたこと等を踏まえ、「こうした機運は、多かれ少なかれ、予防接種の被害者救済制度の立案に際して影響を与えたと思われる。」[65]と述べているように、公害問題への対策に係る制度が参考にされたと思われる。実際に、「1973（昭和48）年に、公害健康被害補償法が制定され、新たに遺失利益の補填や慰謝料的要素が含まれた障害補償費・児童補償手当が設けられると、予防接種被害者救済制度においても同じく、生活保障型の「後遺症特別給付金」が新設され、後遺障害の程度に応じて月額1万円または7500円が支給されることとなった」[66]という経過があるほか、法制面では、公害に係る健康被害の救済に関する特別措置法（昭和44年法律第90号）や、これに代わるものとして制定された公害健康被害補償法（昭和48年法律第111号）[67]における医療費等の支給のスキーム及び規定の仕方が健康被害救済制度と類似している。

4. 解説

(1) 健康被害救済制度の趣旨について

　健康被害救済制度は、定期の予防接種等が集団予防という公共目的の達成のために必要不可欠な手段であるにもかかわらず、予防接種には関係者がいかに注意を払っても極めて稀ではあるが不可避的に健康被害が起こり得るという医学的特殊性があることに鑑

---

[65] 手塚洋輔『戦後行政の構造とディレンマ──予防接種行政の変遷』（藤原書店、2010年）194頁。
[66] 手塚洋輔『戦後行政の構造とディレンマ──予防接種行政の変遷』（藤原書店、2010年）196頁。
[67] 公害健康被害補償法の一部を改正する法律（昭和62年法律第97号）において、題名が「公害健康被害の補償等に関する法律」に改正されているが、第10次改正（昭和51年）当時の名称を使用している。

み、定期の予防接種等による健康被害を受けた者に対しては、国家補償的精神に基づき、損害賠償請求訴訟等の紛争解決手段に比べて簡易な手続で迅速な救済を行い、社会的公正を図る必要があることから設けられたものである（予防接種法施行令第8条参照）。

なお、昭和51年5月17日の衆議院社会労働委員会において、佐分利輝彦政府委員（厚生省公衆衛生局長）は健康被害救済制度の創設趣旨について次のとおり述べている。

> 予防接種法による予防接種は、第一に社会防衛のために国民に義務づけられたものでございますし、第二に関係者が幾ら注意を払ってもどうしてもごくわずか事故が起こり得るものでございますし、また、第三に事故発生の危険がありながら、どうしてもあえてこれを実施しなければならないという特殊性を持っております。このような社会的に特別の意味を持っております事故に対しまして、それがたとえ無過失の被害でありましても、相互扶助、社会的公正の理念に立ちながら公的補償の精神をも加味しながらその救済を図ることが必要と考えられるのでございまして、従来から講じられておりました閣議了解に基づく救済措置を、今回恒久的な救済制度として整備することとしたものでございます。

(2) 健康被害救済制度の性質について

健康被害救済制度においては、その趣旨を踏まえ、国又は地方公共団体が無過失の場合でも給付を行うこととされている。すなわち、定期の予防接種等が適法に行われた場合であっても、当該定期の予防接種等と健康被害との因果関係が厚生労働大臣により認定されたときは、給付が行われることとなる。このように、健康被害救済制度は、その対象となる健康被害の原因が不法行為に限定されない点で損害賠償ではなく[68]、財産的損失に対する補償を行うものではない点で損失補償でもないが、昭和51年5月20日の参議院社会労働委員会において、佐分利輝彦政府委員（厚生省公衆衛生局長）が「今回御審議願っております制度は、損害賠償ではないわけでございます。損失補償的な制度でございます。」と述べているように、一面的ではあるが、適法な行為による特別の犠牲に対する救済を行うという点において、損失補償に類似する性質を有すると言えよう。

なお、昭和51年5月14日の衆議院社会労働委員会において、佐分利輝彦政府委員（厚生省公衆衛生局長）が「この制度は損害賠償の制度ではございません。したがって、慰謝料は考えておりません。しかし公的補償的な精神に基づいた制度でございますので、約2割の慰謝的上積みをいたしております。」と述べている。この「約2割」の根拠は明らかではないが、同委員会において、同政府委員が「国がそれだけの敬意を表したということ」と説明している。

(3) 健康被害救済制度における主な手続について

健康被害救済制度は、主に次の手続により構成される（図3参照）。

① 健康被害救済給付を受けようとする者による市町村長への申請
② 市町村長から厚生労働大臣への進達
③ 厚生労働大臣による定期の予防接種等と健康被害との因果関係の判定
④ 厚生労働大臣から市町村長への通知
⑤ 市町村長による健康被害救済給付の支給決定処分又は不支給決定処分

健康被害救済給付を受けようとする者による市町村長への申請（①）は、予防接種法

---

[68] 昭和53年逐条解説（157頁）において、「救済制度は、その原因は無過失であるが、損害賠償責任に基づくものでないので、無過失損害賠償責任とは直接関係がありません。」とされている。

施行規則に規定する方法により行われる。診療録など一定の事実関係や因果関係を示す資料は健康被害救済給付を受けようとする者が用意することとされている。これに関して、平成19年逐条解説（76頁）及び平成25年逐条解説（100、101頁）において、「行政による任意調査によって事実関係等を把握することは可能であるが、調査権等が規定されていない趣旨からみて、関係機関の協力を得て、必要に応じて行うことができるというにとどまる」とされているが、定期の予防接種等の適正な実施のため、厚生労働大臣の地方公共団体に対する協力の求めに係る規定が設けられていることに鑑みると（第13条第4項参照）、健康被害救済制度においても同様の規定を設けるべきではないかと思われる。

健康被害救済給付を受けようとする者から申請を受けた市町村長は、予防接種健康被害調査委員会において、医学的な見地から当該申請に係る事案について調査し、必要な資料を整理した上で、都道府県知事を経由して厚生労働大臣への進達（②）を行う。

市町村長からの進達を受けた厚生労働大臣は、疾病・障害認定審査会の意見を聴いた上で、定期の予防接種等と健康被害との因果関係を判定する（③）。因果関係を認める場合は「認定」、認めない場合は「否認」との判定結果及びその理由が都道府県知事を経由して市町村長に通知される（④）。なお、厚生労働大臣が因果関係を判定するに当たって、疾病・障害認定審査会の意見を聴かなければならないこととされている理由は、当該判定には高度の医学的知見が必要とされるためであるが[69]、疾病・障害認定審査会の意見に法的拘束力はなく、厚生労働大臣は当該意見を参酌して因果関係を判定すれば足りるものであり、因果関係の判定は最終的には厚生労働大臣の裁量に委ねられている。また、健康被害救済給付の実施主体が市町村長である一方、因果関係の判定主体が厚生労働大臣である理由は、当該因果関係は全国的に公平に判定されるべきであるからである。

厚生労働大臣からの認定又は否認の通知を受けた市町村長は、当該通知の内容を踏まえ、支給決定処分又は不支給決定処分を行う（⑤）。第1項において、「市町村長は（中略）当該疾病、障害又は死亡が当該定期の予防接種等を受けたことによるものであると厚生労働大臣が認定したときは（中略）給付を行う。」と規定されていることから、否認の場合、市町村長は支給決定処分を行うことができない。なお、健康被害救済給付は、市町村長が当該処分を行うことにより、その内容が具体的に定まるものであることから、当該処分前においては、健康被害救済給付を受ける具体的な権利は存在しないと考えられる。この点、労働者災害補償保険法（昭和22年法律第50号）に関する判例（最2小判昭和29年11月26日、民集8巻11号2075頁）であるが、「労働者災害補償保険法による保険給付は、同法所定の手続により行政機関が保険給付の決定をすることによつて給付の内容が具体的に定まり、受給者は、これによつて、始めて政府に対し、その保険給付を請求する具体的権利を取得するのであり、従つて、それ以前においては、具体的な、一定の保険金給付請求権を有しないとした原判決の解釈は正当であつて、独自の見

---

[69] 高度の医学的知識が必要という観点からは、厚生科学審議会に意見聴取することも考えられるが、健康被害救済給付を円滑に実施するため、予防接種行政のうち予防接種事業、研究開発振興及び生産・流通の分野を担当する評価・検討組織とは独立した組織が客観的・中立的な立場から健康被害に関する審査を行うべきとの考えから、疾病・障害認定審査会に意見聴取することとされている。なお、組織の構成について、予防接種法上の規定はないが、本条の趣旨に照らし、医学的知見を有する専門家、法律の知識を有する専門家の参画が必要であると解される。

解にたつてこれを非難する論旨は採用できない。」と判示されている。

①から⑤までの諸手続のうち、行政処分に該当するのは市町村長による支給決定処分又は不支給決定処分（⑤）のみである。健康被害救済給付の実施事務は第1号法定受託事務であることから、当該処分については、都道府県知事に対する行政不服審査法（平成26年法律第68号）による審査請求や、行政事件訴訟法（昭和37年法律第139号）による抗告訴訟が可能である。一方で、厚生労働大臣による因果関係の判定（③）は、支給決定処分を行うか否かという市町村長の判断を実質的に拘束するものであるが、個々の国民の権利義務を設定する行為ではなく、市町村長による処分に先行する、市町村長と厚生労働大臣という行政機関同士の内部行為に過ぎない。そこで、厚生労働大臣による因果関係の判定（③）について審査請求等を行うことはできない。

審査請求を受けた都道府県知事は、厚生労働大臣による因果関係の判定（③）の当否を含めて検討し、市町村長による処分について判断することが可能であり、当該都道府県知事が処分取消の裁決を行った場合、図4の③から⑨までの手続を経て、健康被害救済給付の支給が行われることとなる。なお、裁決は関係行政庁を拘束するが（行政不服審査法第52条第1項参照）、例えば、申請拒否処分が取り消された場合、処分庁は必ず申請を認容すべき拘束を受けるものではなく、裁決の趣旨に反しない限りにおいて、別の理由により、再び申請拒否処分を行うことは妨げられない。

【図4】健康被害救済給付の不支給決定処分に対する審査請求の流れ

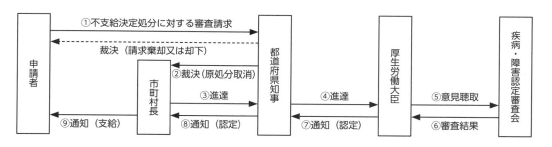

(4) 健康被害救済給付の実施主体について

健康被害救済給付の実施主体は、健康被害を受けた者がその原因となった定期の予防接種等を受けた当時居住していた区域を管轄する市町村長である。この理由は、定期の予防接種については、①当該者が定期の予防接種を受けたことにより、当該者がその当時居住していた区域の免疫水準が向上したこと、②当該者が受けた定期の予防接種は、通常、当該者がその当時居住していた区域を管轄する市町村長により行われており、当該市町村長が接種時の状況等の情報を把握していることであり、定期の予防接種の実施責任と健康被害救済給付の実施責任の主体が一致している。一方、広域的な接種体制が確保され、当該者がその居住地を管轄する市町村長以外の市町村長が行う定期の予防接種を受けた場合であっても、①の観点から、同様の整理となる。また、臨時の予防接種については、①や健康被害救済制度の円滑な施行が理由であり、臨時の予防接種の実施責任と健康被害救済給付の実施責任の主体は一致しない。この点、健康被害救済制度を損害賠償責任から基礎付けるのであれば、定期の予防接種等の実施責任と健康被害救済

給付の実施責任の主体が一致しなければならないが、健康被害救済制度は損害賠償の制度ではないため、問題とならない。

(5) 健康被害救済給付の支給要件について（総論）

健康被害救済給付の支給要件は、次の2つである。

① 被接種者の症状が「疾病」、「障害」又は「死亡」に該当すること。

② ①の要件を満たすことを前提として、定期の予防接種等と当該「疾病」、「障害」又は「死亡」との間に因果関係があること。

①については(6)、②については(7)において解説する。なお、厚生労働大臣は、因果関係の判定を行う際、その前提として、申請された被接種者の症状が①に該当するかについて判断するため、疾病・障害認定審査会は①、②の両方について意見を述べることができる。

(6) 健康被害救済給付の支給要件①について（「疾病」、「障害」及び「死亡」の意義）

健康被害救済給付の対象となる健康被害は、厚生労働大臣が定期の予防接種等によるものであると認定した疾病、障害及び死亡である。当該健康被害は、ワクチン自体によるものが多いと考えられるが、それに限らず、接種時に混入した他の病原菌によるもの、ワクチンの種類や量を誤ったことによるもの等も含まれるものである。ただし、通常生じる副反応は、健康被害救済制度が「公共の目的のために行われた予防接種により生じた特別の損害に対して国家補償的精神に基づき救済を図り、社会的公正を図ろうとするもの」（昭和53年逐条解説159頁）であることから、健康被害救済給付の対象とはならない。なお、平成19年逐条解説（75頁）において、「予防接種により通常生じうる副反応であって、発熱、発しん、神経の反射的症状、痛み、一時的な軽微な皮膚の腫れ、精神的不安、苦痛等、一時的又は軽微な身体又は精神の状態の変化は、本条にいう疾病又は障害には該当しないため、救済制度の対象にはならない。」とされている。

「疾病」とは、医師による治療が必要な程度の疾患、病気を意味し、無症状で治療の必要がない状態のものは原則として含まれない。「障害」とは、身体又は精神に日常生活上の支障が生じる程度の障害を意味し、具体的には、予防接種法施行令別表第一及び別表第二に定められている。

(7) 健康被害救済給付の支給要件②について（定期の予防接種等と健康被害との因果関係）

定期の予防接種等と健康被害との因果関係については、主に次の3点が認められるかについて医学的見地等から慎重な検討が行われる。当該因果関係を認定するに当たっては、厳密な医学的な因果関係までは必要とせず、予防接種後の症状が予防接種によって起こることを否定できない場合もその対象とするという方針がとられている[70]。

① 被接種者の症状がワクチンの副反応等として起こり得ることについて、医学的合理性があること。

② 当該症状が予防接種から一定の合理的な時期に発症していること。

③ 当該症状が他の原因によるものと考える合理性がないこと。

このような因果関係に対する考え方は、「予防接種の今後のあり方及び予防接種によ

---

[70] この点、昭和51年5月14日の衆議院社会労働委員会において、佐分利輝彦政府委員（厚生省公衆衛生局長）が「今後も疑わしきものは認定するという方針で臨みます。」と述べている。

る健康被害に対する救済について」（昭和51年3月11日伝染病予防調査会制度改正特別部会取りまとめ）において、「予防接種の副反応の態様は予防接種の種類によって多種多様であり、当該予防接種との因果関係について完全な医学的証明を求めることは事実上不可能な場合があるので、因果関係の判定は、特定の事実が特定の結果を予測し得る蓋然性を証明することによって足りることとするのもやむを得ない」とされたことを踏まえたものであり、「訴訟上の因果関係の立証は、一点の疑義も許されない自然科学的証明ではなく、経験則に照らして全証拠を総合検討し、特定の事実が特定の結果発生を招来した関係を是認しうる高度の蓋然性を証明することであり、その判定は、通常人が疑を差し挟まない程度に真実性の確信を持ちうるものであることを必要とし、かつ、それで足りるものである。」とする最高裁判決（最2小判昭和50年10月24日、民集29巻9号1417頁）にも通ずるものである。ただし、健康被害救済給付における因果関係の認定と裁判手続上の因果関係の認定を比較すると、前者の方が広く認定される傾向にあり、健康被害救済給付が支給された場合であっても、民事訴訟における因果関係の立証と同等の水準での因果関係の立証が行われたことには必ずしもならないことに留意を要する。

　仙台高判昭和63年2月23日は、予防接種健康被害認定部会（当時）は「3つの判定基準（※著者注：前述の①から③までを指す）を設けて認定判断を行い、厚生大臣も右認定部会の判定に従って認定を行っている」とした上で、健康被害救済制度の「健康被害者に対する簡易迅速な救済」を図るという趣旨等に照らすと、「右認定部会ひいて厚生大臣の運用方針及び判定基準は、合理的で法の趣旨によく適合している」と評している。なお、本判決は、これに続く形で、「逆に、厚生大臣において、具体的な事実関係が右運用方針に照らし右判定基準を十分に充たしていて因果関係を積極に認定すべきであるにもかかわらず因果関係の認定を拒んだときは、右厚生大臣の判断は、事実を誤認し、本件救済制度についての法の趣旨に反して、法が救済を予定した健康被害者への救済を拒む結果をもたらすものとして違法なものというべきである。」と判示している。

補論1　白木4原則について

　白木4原則とは、白木博次氏[71]が提唱した、予防接種と健康被害との因果関係の判定基準であり、その内容は次のとおりである。
① ワクチン接種と予防接種事故とが、時間的、空間的に密接していること。
　　時間的密接性とは、発症までの時間（潜伏期）が一定の合理的期間内に収まっていることを意味するが、ワクチンによる神経性障害の3つの型（急性脳症型、ウイルス血症型、遅延型アレルギー反応型）により異なり、更に被接種者の個体差があるため一定の時間を頂点に自然曲線を描き、したがって、長短一定の幅があることが認識されなければならない。更に免疫学と神経病理学の双方の総合考慮やワクチンの接種が経口であるか、皮下接種であるか、皮内接種であるかも潜伏期間を考慮する上で必要である。以上のような時間的密接性は、また、脳、脊

---

[71] 大正6年10月22日〜平成16年2月19日。神経病理学者であり、東京大学医学部長を務めた。

髄、末梢神経等のうちどの部位が侵されるかによっても変わるのである（空間的密接性）。
② 他に原因となるべきものが考えられないこと。
　これは、他の原因が、一般的抽象的に考え得るというのでは足りず、具体的に存在したことが明らかであり、かつ、その原因と障害との間の因果の関係も明らかとなっているものでなければならない。
③ 副反応の程度が他の原因不明のものによるよりも質量的に非常に強いこと。
　この要件は、①、②の要件ほどに重要ではないが、従前全く見られなかった症状が強烈に現れるということである。
④ 事故発生のメカニズムが実験・病理・臨床等の観点から見て、科学的、学問的に実証性があること。
　これは、事故発生のメカニズムについての知見が既存の科学的知見と整合し、それらによって説明されうるということである。

　白木4原則は、いわゆる東京予防接種禍集団訴訟についての東京地方裁判所判決（昭和59年5月18日）において、当該訴訟における予防接種と健康被害との因果関係の存否の判断基準として採用された。東京高裁判決は、「厳密な病理学的な因果関係が不明で、かつ、ワクチン接種後の疾病発生状況についての疫学的観点からの正確な調査も行われていない本件においては、原判決採用の4要件は特段不合理なものとはいえず、控訴人の主張は採用することができない。」と判示し、東京地裁判決の判断基準を是認した。

　しかし、厚生労働大臣が定期の予防接種等と健康被害との因果関係について判定する際に、白木4原則を用いているわけではない。この点、平成6年6月22日の衆議院厚生委員会において、谷修一政府委員（厚生省保健医療局長）が「各地の裁判所や何かでいわゆる白木4原則といったようなことが取り上げられたわけでございますけれども、これは一般論としておおむね妥当な考え方だと思いますけれども、個別具体的な事例について因果関係を判断するには、それだけを当てはめて具体的な基準とするようなものではないわけでございます。」と述べているほか、令和4年4月13日の衆議院厚生労働委員会において、後藤茂之厚生労働大臣が「認定については、審査会においても、個々の事例ごとに、症状の発生が医学的な合理性を有すること、時間的密接性があること、他の原因によるものと考える合理性がないこと等について医学的見地から検討が行われまして、その上で、請求された疾病等と予防接種の因果関係については、厳密な医学的な因果関係までは必要とせず、接種後の症状が予防接種により起こることが否定できない場合も対象とするとの方針に基づいて審査が行われております。このように、因果関係の判定において、白木4原則にのっとって審査を行っているというわけではないものの、これまで同様に、厳密な因果関係までは必要としないという考えの下で審査を進め、迅速な救済に努めてまいりたいというふうに思います。」と述べている。

参考：東京地方裁判所判決（昭和59年5月18日）（抄）

　本件における因果関係の存否の問題について、原告被告双方共、科学（医学）上の証明として論理必然的証明への努力をなしており、双方共にわが国医学界の最高峰に在る証人の証言によっ

てこれを立証しようとしていることが認められる。しかしながら、訴訟上におけるその証明は科学的証明とは異なり、科学上の可能性がある限り、他の事情と相俟つて因果関係を認めても支障はなく、またその程度の立証でよいというべきである。

そこで、当裁判所としては、原告被告双方の主張並びにその立証活動を比較検討した結果、本件においては、被告の主張も考慮に入れたうえで、原告主張の4つの要件の存在をもって、因果関係存否の判断基準とすることが合理的であると認め、以下、右の基準に従つて判断する。

補論2 定期の予防接種等の実施が適法でなかった場合の健康被害救済給付の取扱い等について

健康被害救済制度は、国又は地方公共団体の過失の有無にかかわらず、定期の予防接種等との因果関係が認定された健康被害について、損害賠償請求訴訟等の紛争解決手段に比べて簡易な手続で迅速に救済することを目的とする制度である。そのため、定期の予防接種等が適法に実施されなかった場合であっても、当該制度の対象からは除外されない。なお、当該制度の対象となる健康被害であっても、それについて損害賠償請求訴訟等を提起することは妨げられず、例えば、国家賠償法第1条に基づき、定期の予防接種の実施主体である市町村に対して訴訟を提起することが可能である。この場合において、市町村は、故意又は過失による違法行為の当事者に対し、求償権を行使することが可能であるが、同条に基づき、公務員個人に求償権を行使する場合は、当該公務員に故意又は重大な過失があったときに限られる。

定期の予防接種等が適法に実施されなかった場合、当該定期の予防接種等を実施し直すことが想定される。このとき、2回目の適法な定期の予防接種等のみを定期の予防接種等として取り扱い、1回目の適法でない「定期の予防接種等」は定期の予防接種等として取り扱わないことも考えられるが、これは1回目の適法でない「定期の予防接種等」による健康被害について健康被害救済制度の対象から除外することを意味し、また、第9条の3の規定による記録の義務が免除されることになるため、不適切である。したがって、1回目も形式上「定期の予防接種等」として取り扱いながら、これに要した費用は、市町村による求償権の行使等で対応することが妥当であると考えられる。

この他、定期の予防接種等が適法に実施されなかった場合の論点として、A類疾病に係る定期の予防接種の対象者に対し、B類疾病に係るワクチンを誤って接種した結果、健康被害が生じた場合の健康被害救済給付の取扱いがある。これは、A類疾病とB類疾病で健康被害救済給付の水準が異なるため、問題となるものである。予防接種法において、この場合の調整規定は置かれていないため、解釈に委ねられることになるが、健康被害救済制度の趣旨や社会通念を踏まえ、個別具体的に判断されるべきであろう。

補論3　いわゆる同時接種の場合の健康被害救済給付の取扱いについて

　同時接種とは、接種者の負担等に鑑み、複数のワクチンを同時に接種することをいう。同時接種の結果、健康被害が生じた場合は、その原因となった疾病がＡ類疾病かＢ類疾病かに応じて、健康被害救済給付が支給される。この点、例えば５種混合ワクチンを接種した場合やＡ類疾病とＢ類疾病に係るワクチンを同時接種した場合において健康被害が生じたとき、前者の場合は５倍の健康被害救済給付が、後者の場合はＡ類疾病に係る健康被害救済給付とＢ類疾病に係る健康被害救済給付が両方支給されると考えるのは、社会通念上不合理であり、同時接種を１つの予防接種とみなし、それに対する健康被害救済給付が支給されると解するのが相当である。なお、後者の場合に原因となったワクチンが不明な場合は、健康被害救済給付の趣旨に鑑み、水準の高いＡ類疾病に係る健康被害救済給付が支給されるべきであろう。

補論4　健康被害救済制度と副反応疑い報告制度の関係について

　健康被害救済制度と副反応疑い報告制度はその目的を異にする制度であり、それぞれの事例における因果関係の判定に当たっては、他方の制度における評価は勘案していないため、仮に副反応疑い報告制度において因果関係が評価できないとされている事例であっても、健康被害救済制度の対象となる場合がある。

第16条　給付の範囲

（給付の範囲）
第16条　Ａ類疾病に係る定期の予防接種等又はＢ類疾病に係る臨時の予防接種を受けたことによる疾病、障害又は死亡について行う前条第１項の規定による給付は、次の各号に掲げるとおりとし、それぞれ当該各号に定める者に対して行う。
一　医療費及び医療手当　予防接種を受けたことによる疾病について医療を受ける者
二　障害児養育年金　予防接種を受けたことにより政令で定める程度の障害の状態にある18歳未満の者を養育する者
三　障害年金　予防接種を受けたことにより政令で定める程度の障害の状態にある18歳以上の者
四　死亡一時金　予防接種を受けたことにより死亡した者の政令で定める遺族
五　葬祭料　予防接種を受けたことにより死亡した者の葬祭を行う者
2　Ｂ類疾病に係る定期の予防接種を受けたことによる疾病、障害又は死亡について行う前条第１項の規定による給付は、次の各号に掲げるとおりとし、それぞれ当該各号に定める者に対して行う。
一　医療費及び医療手当　予防接種を受けたことによる疾病について政令で定める程度

の医療を受ける者
　二　障害児養育年金　予防接種を受けたことにより政令で定める程度の障害の状態にある18歳未満の者を養育する者
　三　障害年金　予防接種を受けたことにより政令で定める程度の障害の状態にある18歳以上の者
　四　遺族年金又は遺族一時金　予防接種を受けたことにより死亡した者の政令で定める遺族
　五　葬祭料　予防接種を受けたことにより死亡した者の葬祭を行う者

1. 概要

本条は、健康被害救済給付の種類及びその対象者を定める規定である。

2. 沿革

- 第10次改正（昭和51年）：制定（旧第17条）
- 第12次改正（昭和57年）：一部改正
- 第13次改正（平成6年）：一部改正（旧第17条を旧第12条に繰上げ）
- 第19次改正（平成13年）：一部改正
- 第23次改正（平成25年）：一部改正（旧第12条を本条に繰下げ）

3. 制定及び主な改正の趣旨

(1) 第10次改正（昭和51年）

> 旧第17条　前条第1項の規定による給付（以下単に「給付」という。）は、次の各号に掲げるとおりとし、それぞれ当該各号に定める者に対して行う。
> 　一　医療費及び医療手当　予防接種を受けたことによる疾病について医療を受ける者
> 　二　障害児養育年金　予防接種を受けたことにより政令で定める程度の廃疾の状態にある18歳未満の者を養育する者
> 　三　障害年金　予防接種を受けたことにより政令で定める程度の廃疾の状態にある18歳以上の者
> 　四　死亡一時金　予防接種を受けたことにより死亡した者の政令で定める遺族
> 　五　葬祭料　予防接種を受けたことにより死亡した者の葬祭を行う者

第15条の制定に伴い設けられた規定であり、その内容は、「予防接種の今後のあり方及び予防接種による健康被害に対する救済について」（昭和51年3月11日伝染病予防調査会制度改正特別部会取りまとめ）を踏まえたものである。なお、当該取りまとめにおける健康被害救済給付の種類及び内容に係る記述は次のとおりである。

① 医療費

予防接種の異常な副反応に起因する疾病にかかっている者に対し、当該疾病に係る医療費の負担が生じないよう措置する。ただし、障害年金の支給について認定を受け

た時以後は措置の対象としない。
② 療養手当
医療費の支給を受けている者に対し、入院、通院等医療に伴い必要な諸雑費にあてるために支給する。
③ 養育手当
予防接種の異常な副反応に起因する疾病により一定の障害を有する者の養育者に対し、その障害を有する者が18歳に達するまでの間、障害の程度に応じて、月を単位として支給する。
④ 障害年金
予防接種の異常な副反応に起因する疾病により一定の障害を有する18歳以上の者に対し、障害の程度に応じて、月を単位として支給する。
⑤ 遺族一時金
予防接種の異常な副反応に起因する疾病により死亡した者の遺族に対して支給する。ただし、その死亡者が障害年金を受けていた場合には減額して支給する。
⑥ 葬祭料
予防接種の異常な副反応に起因する疾病により死亡した者の葬祭を行う者に対して支給する。

(2) 第13次改正（平成6年）

> 旧第12条　前条第1項の規定による給付（以下単に「給付」という。）は、次の各号に掲げるとおりとし、それぞれ当該各号に定める者に対して行う。
> 一　医療費及び医療手当　予防接種を受けたことによる疾病について医療を受ける者
> 二　障害児養育年金　予防接種を受けたことにより政令で定める程度の障害の状態にある18歳未満の者を養育する者
> 三　障害年金　予防接種を受けたことにより政令で定める程度の障害の状態にある18歳以上の者
> 四　死亡一時金　予防接種を受けたことにより死亡した者の政令で定める遺族
> 五　葬祭料　予防接種を受けたことにより死亡した者の葬祭を行う者

第13次改正（平成6年）においては、規定の整理が行われたのみである。ただし、「今後の予防接種制度の在り方について」（平成5年12月14日公衆衛生審議会答申）において、「国民に対する予防接種の義務づけを緩和した場合においても、予防接種健康被害救済のための給付は、国及び地方公共団体の施策として実施された予防接種による健康被害に対するものであることから、救済制度における給付内容及び給付水準については、健康被害の実態に応じ、社会的にみて妥当なものとなるよう配慮されるべきである。」との考え方の下、健康被害救済制度の特殊性に見合った給付水準を設定し、所要の改善を行うべきであるとされたことを受け、予防接種法施行令において、障害児養育年金及び障害年金について介護加算の創設や支給額の引上げが行われたほか、死亡一時金の大幅な引上げが行われた（予防接種法施行令及び結核予防法施行令の一部を改正す

る政令（平成6年政令第266号）参照）。
(3) 第19次改正（平成13年）

> **旧第12条** 一類疾病に係る定期の予防接種若しくは臨時の予防接種又は二類疾病に係る臨時の予防接種を受けたことによる疾病、障害又は死亡について行う前条第1項の規定による給付は、次の各号に掲げるとおりとし、それぞれ当該各号に定める者に対して行う。
> 一 医療費及び医療手当　予防接種を受けたことによる疾病について医療を受ける者
> 二 障害児養育年金　予防接種を受けたことにより政令で定める程度の障害の状態にある18歳未満の者を養育する者
> 三 障害年金　予防接種を受けたことにより政令で定める程度の障害の状態にある18歳以上の者
> 四 死亡一時金　予防接種を受けたことにより死亡した者の政令で定める遺族
> 五 葬祭料　予防接種を受けたことにより死亡した者の葬祭を行う者
> 2 二類疾病に係る定期の予防接種を受けたことによる疾病、障害又は死亡について行う前条第1項の規定による給付は、次の各号に掲げるとおりとし、それぞれ当該各号に定める者に対して行う。
> 一 医療費及び医療手当　予防接種を受けたことによる疾病について政令で定める程度の医療を受ける者
> 二 障害児養育年金　予防接種を受けたことにより政令で定める程度の障害の状態にある18歳未満の者を養育する者
> 三 障害年金　予防接種を受けたことにより政令で定める程度の障害の状態にある18歳以上の者
> 四 遺族年金又は遺族一時金　予防接種を受けたことにより死亡した者の政令で定める遺族
> 五 葬祭料　予防接種を受けたことにより死亡した者の葬祭を行う者

　第19次改正（平成13年）においては、二類疾病の創設に伴い、二類疾病に係る定期の予防接種等に関する健康被害救済給付の規定が設けられた。当該健康被害救済給付の水準は、「予防接種制度の見直しについて（意見）」（平成12年1月26日公衆衛生審議会取りまとめ）において、二類疾病に係る定期の予防接種等は個人予防目的に比重を置いていることや、予防接種を受ける努力義務が課されていないこと等を勘案し、「医薬品副作用被害救済・研究振興調査機構法の給付水準を参酌したものとするべきである。」とされたことを踏まえて設定された。

(4) 第22次改正（平成23年）
　第22次改正（平成23年）において、本条の改正は行われていないが、「新たな臨時接種」の創設に伴い、予防接種法施行令において当該予防接種類型に係る健康被害救済給付の規定が設けられた（予防接種法施行令及び新型インフルエンザ予防接種による健康被害の救済に関する特別措置法施行令の一部を改正する政令（平成23年政令第305号）

参照)。当該健康被害救済給付の水準は、「予防接種制度の見直しについて(第1次提言)」(平成22年2月19日厚生科学審議会感染症分科会予防接種部会取りまとめ)において、「努力義務を課さず勧奨のみを行う「新臨時接種(仮称)」に係る公的関与の度合いは、勧奨し国民に接種を受ける努力義務を課す「臨時接種及び一類疾病の定期接種」よりは低いものの、勧奨もせず努力義務も課さない「二類疾病の定期接種」よりは高い」ことから、「「臨時接種及び一類疾病の定期接種」と「二類疾病の定期接種」の間の水準とすることが適当である。」とされたことを踏まえて設定された。なお、この点について、平成22年4月8日の参議院厚生労働委員会において、上田博三政府参考人(厚生労働省健康局長)が「健康被害の給付水準は予防接種に対する公的関与の程度により設定することが適当だと考えているところでございます。二類疾病の定期接種につきましては、主に個人予防を目的としておりますことから接種を受ける努力義務を課しておらず、また接種を受けるよう勧奨を行っていないわけでございまして、こういう点からは公的関与の度合いは相対的に低いものと考えております。こういうことから、任意接種のワクチンや一般の医薬品を対象とする医薬品医療機器総合機構法の副作用被害救済制度と同様の額とすることが適当ではないかと考えているところでございます。」と述べている。

4. 解説

(1) 本条の構造及び健康被害救済給付の水準について

第1項は、A類疾病に係る定期の予防接種等又はB類疾病に係る臨時の予防接種を原因とする疾病、障害又は死亡についての給付に関する規定である。また、第2項は、B類疾病に係る定期の予防接種を原因とする疾病、障害又は死亡についての給付に関する規定である。第1項と第2項では、予防接種の目的や公的関与の程度により、給付の水準等に差が設けられており、当該水準の高い順に並べると①から③までの通りである。

① A類疾病に係る定期の予防接種等又はB類疾病に係る臨時の予防接種(特定B類疾病に係るものを除く。)

集団予防に比重を置いていることや、予防接種の勧奨及び予防接種を受ける努力義務の対象となることを踏まえ、②や③より高い給付水準とされている。

② 特定B類疾病に係る臨時の予防接種

①と比較した場合、集団予防の要素が小さく、個人予防の要素が大きいこと、また、予防接種の勧奨の対象となるが予防接種を受ける努力義務の対象とならないことを踏まえ、給付内容は①と同様であるが、給付水準は①と③の中間とされている。

③ B類疾病に係る定期の予防接種

個人予防に比重を置いている点や、予防接種の勧奨及び予防接種を受ける努力義務の対象とならない点において、予防接種法に基づかない予防接種と性質が類似していることから、PMDA法第15条第1項第1号イに規定する副作用救済給付と同等の給付水準、すなわち、①や②より低い給付水準とされている。なお、B類疾病に係る定期の予防接種についても健康被害救済給付の対象とされ、副作用救済給付の対象とされていない理由は次の2点である。1つは、当該予防接種は予防接種法に基づいて市町村長が実施義務を負うものである以上、それに起因する健康被害について救済を行

うことにより、公的な予防接種制度の信頼を確保し、その安定的な運営や円滑な施行を図るためである。もう1つは、副作用救済給付とは異なり、ワクチン自体の副作用による健康被害のみならず、予防接種体制や予防接種行為そのものに起因する健康被害についても救済の対象とするためである。

(2) 第1項第1号について

A類疾病に係る定期の予防接種等又はB類疾病に係る臨時の予防接種を受けたことによる疾病について医療を受ける者に対し、医療費及び医療手当を支給するものとする規定であり、当該者に医療費等の負担が生じないようにする趣旨である。

「医療」については、第17条の「4.(3)予防接種法施行令第10条について」を参照されたい。

(3) 第1項第2号及び第3号について

第2号は、A類疾病に係る定期の予防接種等又はB類疾病に係る臨時の予防接種を受けたことにより政令で定める程度の障害の状態にある18歳未満の者を養育する者に対し、障害児養育年金を支給するものとする規定である。また、第3号は、A類疾病に係る定期の予防接種等又はB類疾病に係る臨時の予防接種を受けたことにより政令で定める程度の障害の状態にある18歳以上の者に対し、障害年金を支給するものとする規定である。障害児養育年金、障害年金ともに、障害による経済的負担等に鑑みて支給されるものであるが、就職等による自立可能な年齢や制度的沿革、すなわち、「最近の高校進学の普及状況、かつての行政措置では、後遺症一時金、弔慰金の支給額が18歳で区別されていたこと等が考慮された」（昭和53年逐条解説92頁）結果、18歳を基準として、養育者への給付とするか本人への給付とするかが決定されている。なお、健康被害救済制度は損害賠償ではないが、昭和51年5月20日の参議院社会労働委員会において、佐分利輝彦政府委員（厚生省公衆衛生局長）が「若干の慰謝的配慮は、1級、2級、3級あるいは死亡者については考える所存でございます。」と述べている。

「政令で定める程度の障害の状態」とは、障害児養育年金については予防接種法施行令別表第一、障害年金については同令別表第二に定めるものである。前者については特別児童扶養手当の障害等級が、後者については特別児童扶養手当や障害厚生年金の障害等級が参照されている。この点、昭和51年5月14日の衆議院社会労働委員会において、佐分利輝彦政府委員（厚生省公衆衛生局長）が「まず第一に、新しい制度の障害児養育年金の級数が1級、2級となっておりまして、従来の後遺症一時金の1級、2級、3級よりも少し厳しくなっているではないかという御質問でございますが、これは先生がただいまおっしゃいました制度が変わってくるということでございます。具体的に申しますと、現在の1級、2級、3級は、この部分についても厚生年金の1級、2級、3級を使っているわけでございますけれども、特にこういった18歳未満の連中は、乳幼児だとかあるいは児童生徒でございますので、大人の障害等級を適用するところにはいささか問題がございます。そこで、私どもといたしましては、特別児童扶養手当の障害等級、こういったものに準じて新しい障害等級を考えたいと思っているのでございまして、その際、現在の3級が新しい2級に入ってくる、また現在の2級の一部は新しい1級に入ってくる、そのようなことを考えているわけでございます。次に、交通災害とか労災では14級まで、軽いものまで一時金でお世話しているではないかという御指摘でござい

ますが、そういった10級以降の障害というのは、すぐれて慰謝料的なものになってくるわけでございますので、損害賠償の制度であれば、そこまで考えるべきでございましょうが、私どものような公的補償的な制度といった場合には、そこまで考える必要はないと考えております。」と述べているほか、同月20日の参議院社会労働委員会において、同政府委員が「従来は厚生年金の障害等級を使ってまいりましたけれども、今後は予防接種事故の被害者は大部分が乳幼児であるという点に着目いたしまして、端的に申しますと、内部障害、また従来の障害等級が労働能力の喪失に重点を置いておりますが、私どもは生活能力の喪失、あるいは就学能力の喪失、そういった点に重点を置いて、そういう意味では特別児童扶養手当の障害等級、こういったものも勘案いたしまして、適正な障害等級を考えたいと思っております。なお、4級以下の軽いものになってまいりますと、慰謝的な要素が強くなっておりますので、私どもは対象といたしておりません。」と述べている。

「養育する者」とは、A類疾病に係る定期の予防接種等又はB類疾病に係る臨時の予防接種を受けたことにより政令で定める程度の障害の状態にある18歳未満の者を現に養育する者である。この要件に該当するか否かは、生計同一性、同居・別居の別、経済上・生活上の支援の実態等を総合的に勘案し、社会通念上、当該18歳未満の者を養育していると認めることができるか、また、その者に障害児養育年金を支給することが当該18歳未満の者を救済するという健康被害救済制度の趣旨に適合するかという点に基づき、個別具体的に判断される。なお、昭和53年逐条解説（92頁）においては、重度心身障害児施設に入所している障害児について、月に2、3度慰問に来る親も「養育する者」に該当するとされている。

(4) 第1項第4号について

A類疾病に係る定期の予防接種等又はB類疾病に係る臨時の予防接種を受けたことにより死亡した者の政令で定める遺族に対し、死亡一時金を支給するものとする規定であり、当該遺族の生活保障や見舞いの趣旨である。なお、健康被害救済制度は損害賠償ではないが、昭和51年5月20日の参議院社会労働委員会において、佐分利輝彦政府委員（厚生省公衆衛生局長）が「若干の慰謝的配慮は、1級、2級、3級あるいは死亡者については考える所存でございます。」と述べている。

「政令で定める遺族」については、第17条の「4. (10)予防接種法施行令第17条について」を参照されたい。

(5) 第1項第5号について

A類疾病に係る定期の予防接種等又はB類疾病に係る臨時の予防接種を受けたことにより死亡した者の葬祭を行う者に対し、葬祭料を支給するものとする規定であり、当該葬祭に要する費用を填補する趣旨である。

(6) 第2項第1号について

B類疾病に係る定期の予防接種を受けたことによる疾病について政令で定める程度の医療を受ける者に対し、医療費及び医療手当を支給するものとする規定である。その趣旨は第1項第1号と同様であるが、当該予防接種が個人予防に比重を置いて行われるものであること等に鑑み、支給対象となる「医療」が病院又は診療所への入院を要すると認められる場合に必要な程度のものに限定されている（予防接種法施行令第19条第1項

参照)。ただし、医療費及び医療手当の額自体は同号の医療費及び医療手当の額に準ずることとされている。

(7) 第2項第2号及び第3号について

　第2号は、B類疾病に係る定期の予防接種を受けたことにより政令で定める程度の障害の状態にある18歳未満の者を養育する者に対し、障害児養育年金を支給するものとする規定である。また、第3号は、B類疾病に係る定期の予防接種を受けたことにより政令で定める程度の障害の状態にある18歳以上の者に対し、障害年金を支給するものとする規定である。その趣旨や18歳が基準とされている理由は第1項第2号及び第3号と同様であるが、当該予防接種が個人予防に比重を置いて行われるものであること等に鑑み、障害年金の額が同号の障害年金の額より低く設定されている。

　障害児養育年金については、障害の状態を定める政令は規定されていない。これは、予防接種法の一部を改正する法律(平成13年法律第116号)附則第3条において、B類疾病であるインフルエンザに係る定期の予防接種を行う場合について、その対象を「当該市町村の区域内に居住する高齢者であつて政令で定めるもの」と読み替え、18歳未満の者を前提とする本項第2号の規定は適用しないこととされているためである。一方、障害年金については、予防接種法施行令別表第二(3級の項を除く。)において、障害の状態が定められている。ただし、当該予防接種が個人予防に比重を置いて行われるものであること等に鑑み、第1項第3号より限定されている。

　「養育する者」については、第1項第2号と同様である。

> **参照条文** 予防接種法の一部を改正する法律(平成13年法律第116号)(抄)
> 　　　附　則
> 第3条　新法第3条第1項の規定によりインフルエンザに係る予防接種を行う場合については、当分の間、同項中「当該市町村の区域内に居住する者であつて政令で定めるもの」とあるのは、「当該市町村の区域内に居住する高齢者であつて政令で定めるもの」とする。
> 2　前項の規定により読み替えられた新法第3条第1項の規定によるインフルエンザに係る予防接種による健康被害の救済に係る給付については、新法第12条第2項第2号の規定は、適用しない。

(8) 第2項第4号について

　B類疾病に係る定期の予防接種を受けたことにより死亡した者の政令で定める遺族に対し、遺族年金又は遺族一時金を支給するものとする規定である。どちらも当該遺族の生活を保障するとともに、当該遺族に対する見舞いを行う趣旨であるが、遺族年金は生活保障に、遺族一時金は見舞いに重点が置かれている。遺族年金又は遺族一時金の額は、当該予防接種が個人予防に比重を置いて行われるものであること等に鑑み、死亡一時金の額より低く設定されている。なお、A類疾病に係る定期の予防接種等又はB類疾病に係る臨時の予防接種を受けたことによる死亡については死亡一時金が支給される一方、B類疾病に係る定期の予防接種を受けたことによる死亡については遺族年金又は遺族一時金が支給されるのは、本項の制定時、副作用救済給付が参考にされたためである。

(9) 第2項第5号について

　B類疾病に係る定期の予防接種を受けたことにより死亡した者の葬祭を行う者に対し、葬祭料を支給するものとする規定である。その趣旨は第1項第5号と同様であり、

葬祭料の額は同号の葬祭料の額に準ずることとされている。

第17条　政令への委任等

> （政令への委任等）
> **第17条**　前条に定めるもののほか、第15条第１項の規定による給付（以下「給付」という。）の額、支給方法その他給付に関して必要な事項は、政令で定める。
> ２　前条第２項第１号から第４号までの政令及び同項の規定による給付に係る前項の規定に基づく政令は、独立行政法人医薬品医療機器総合機構法（平成14年法律第192号）第15条第１項第１号イに規定する副作用救済給付に係る同法第16条第１項第１号から第４号までの政令及び同条第３項の規定に基づく政令の規定を参酌して定めるものとする。

1. 概要

本条は、健康被害救済給付の支給に関して必要な事項について政令に委任する規定である。

2. 沿革

- 第10次改正（昭和51年）：制定（旧第18条）
- 第11次改正（昭和53年）：一部改正
- 第13次改正（平成６年）：一部改正（旧第18条を旧第13条に繰上げ）
- 第17次改正（平成11年）：一部改正
- 第19次改正（平成13年）：一部改正
- 第20次改正（平成14年）：一部改正
- 第23次改正（平成25年）：一部改正（旧第13条を本条に繰下げ）

3. 制定及び主な改正の趣旨

(1) 第10次改正（昭和51年）

> **旧第18条**　前条に定めるもののほか、給付の額、支給方法その他給付に関して必要な事項は、政令で定める。
> ２　厚生大臣は、前条第２号から第４号まで及び前項の政令の制定又は改廃の立案をしようとするときは、伝染病予防調査会の意見を聴かなければならない。

第15条の制定に伴い設けられた規定である。健康被害救済給付の額、支給方法その他給付に関して必要な事項は、健康被害救済給付の実施に関する基本的事項であるが、社会情勢の変化や行政の事務の実施体制等を勘案して、臨機に判断する必要があるため、政令に委任することとされた。また、当該政令の制定又は改廃の立案に当たっては、その重要性に鑑み、伝染病予防調査会の意見を聴かなければならないこととされた。

(2) 第17次改正（平成11年）

> **旧第13条** 前条に定めるもののほか、給付の額、支給方法その他給付に関して必要な事項は、政令で定める。

　第17次改正（平成11年）は、中央省庁等改革関係法による中央省庁等の改革に伴うものであるが、その中で、本条に基づく政令については、内閣の責任において主体的に決定されるべきものであるとされ、公衆衛生審議会の意見聴取を義務付ける規定は削除された。

(3) 第19次改正（平成13年）

> **旧第13条** 前条に定めるもののほか、第11条第1項の規定による給付（以下「給付」という。）の額、支給方法その他給付に関して必要な事項は、政令で定める。
> 2　前条第2項第1号から第4号までの政令及び同項の規定による給付に係る前項の規定に基づく政令は、医薬品副作用被害救済・研究振興調査機構法（昭和54年法律第55号）第27条第1項第1号に規定する救済給付に係る同法第28条第1項第1号から第4号までの政令及び同条第3項の規定に基づく政令の規定を参酌して定めるものとする。

　第16条の「3.(3)第19次改正（平成13年）」を参照されたい。

4. 解説

(1) 第1項について

　健康被害救済給付の額、支給方法等、健康被害救済給付の支給に関して必要な事項は、政令で定めることとされている。これは、当該事項は健康被害救済給付の実施に関する基本的事項であるが、社会情勢の変化や行政の事務の実施体制等を勘案して、臨機に判断する必要があるためであり、内閣の主体的な判断を尊重する観点から、審議会等の意見を聴くこととはされていない。

　なお、予防接種法施行令第8条において、健康被害救済給付に関して必要な事項は、「予防接種がA類疾病又はB類疾病からの社会の防衛に資するものであること及び予防接種を受けたことによる疾病が医学上の特性を有するものであることに鑑み、経済的社会的諸事情の変動及び医学の進歩に即応するよう定められるものとする。」とされている。これは、予防接種は疾病の発生及びまん延の予防に大きな効果を持つ一方、極めて稀ではあるが不可避的に健康被害が起こり得るものであるという特殊性に鑑み、定期の予防接種等による健康被害については社会通念上相当であると認められる程度の救済が行われなければならないこと、そして、そのためには、健康被害救済給付の内容や水準がその時々の経済的社会的諸事情や医学的知見に照らして適切なものとなるよう、不断の見直しが行われなければならないことを意味する訓示規定である。

(2) 第2項について

　B類疾病に係る定期の予防接種を受けたことによる疾病、障害又は死亡について支給

される健康被害救済給付に関して政令に委任された事項について、法律上、一定の基準を置く規定である。当該予防接種は、個人予防に比重を置いている点や、予防接種の勧奨及び予防接種を受ける努力義務の対象とならない点において、予防接種法に基づかない予防接種と性質が類似していることから、医療費及び医療手当に係る医療の範囲、障害児養育年金及び障害年金に係る障害の状態、遺族年金又は遺族一時金に係る遺族の範囲を定める政令、その他健康被害救済給付に関して必要な事項を定める政令については、副作用救済給付に係る同様の規定を参酌して定めるものとされている。

「参酌して定める」とは、十分参照して定めることを意味し、合理的な理由があれば、副作用救済給付に係る規定と異なる規定を設けることは許容されるが[72]、健康被害救済制度の趣旨を踏まえると、基本的に副作用救済給付と同等又はそれ以上の水準とされるべきである。

(3) 予防接種法施行令第10条について

> （Ａ類疾病に係る定期の予防接種等又はＢ類疾病に係る臨時の予防接種に係る医療費）
> **令第10条** 法第16条第１項第１号の規定による医療費の額は、次に掲げる医療に要した費用の額を限度とする。ただし、予防接種を受けたことによる疾病について医療を受ける者が、当該疾病につき、健康保険法（大正11年法律第70号）、船員保険法（昭和14年法律第73号）、国民健康保険法（昭和33年法律第192号）、高齢者の医療の確保に関する法律（昭和57年法律第80号）、国家公務員共済組合法（昭和33年法律第128号。他の法律において準用し、又は例による場合を含む。）若しくは地方公務員等共済組合法（昭和37年法律第152号）（以下この条において「社会保険各法」という。）、介護保険法（平成９年法律第123号）、労働基準法（昭和22年法律第49号）、労働者災害補償保険法（昭和22年法律第50号）、船員法（昭和22年法律第100号）、国家公務員災害補償法（昭和26年法律第191号。他の法律において準用し、又は例による場合を含む。）、地方公務員災害補償法（昭和42年法律第121号）若しくは公立学校の学校医、学校歯科医及び学校薬剤師の公務災害補償に関する法律（昭和32年法律第143号）の規定により医療に関する給付を受け、若しくは受けることができたとき、又は当該医療が法令の規定により国若しくは地方公共団体の負担による医療に関する給付として行われたときは、当該医療に要した費用の額から当該医療に関する給付の額を控除した額（その者が社会保険各法による療養の給付を受け、又は受けることができたときは、当該療養の給付に関する当該社会保険各法の規定による一部負担金に相当する額とし、当該医療が法令の規定により国又は地方公共団体の負担による医療の現物給付として行われたときは、当該医療に関する給付について行われた実費徴収の額とする。）を限度とする。
> 一　診察
> 二　薬剤又は治療材料の支給

---

[72] 条例委任する場合の基準設定に関する意義であるが、地方分権改革推進委員会第３次勧告（平成21年10月７日）において、「参酌すべき基準」とは、「十分参照しなければならない基準」であり、「法令の「参酌すべき基準」を十分参照した結果としてであれば、地域の実情に応じて、異なる内容を定めることは許容」されるものとされている。

> 三　医学的処置、手術及びその他の治療並びに施術
> 四　居宅における療養上の管理及びその療養に伴う世話その他の看護
> 五　病院又は診療所への入院及びその療養に伴う世話その他の看護
> 六　移送
> 2　前項の医療に要した費用の額は、厚生労働大臣の定める算定方法により算定した額とする。ただし、現に要した費用の額を超えることができない。

　A類疾病に係る定期の予防接種等又はB類疾病に係る臨時の予防接種を受けたことによる疾病について支給される医療費に関する規定であり、その対象となる医療の範囲や医療費の額、社会保険各法等の他法令における給付との調整について定めるものである。

　医療費の対象となる医療の範囲は、①から⑥までとされており、基本的には健康保険法第63条第1項に規定する療養の給付及び同法第97条第1項に規定する移送費と同様であるが、本条第1項第3号では施術が規定されている点等が異なる。

① 　診察
　　医師による診察をいう。
② 　薬剤又は治療材料の支給
　　治療上必要な医薬品、ガーゼ、包帯等の支給をいう。
③ 　医学的処置、手術及びその他の治療並びに施術
　　「医学的処置」とは、薬の塗布等をいう。「手術」とは、患部の切開、縫合等をいう。「その他の治療」としては、理学療法等が挙げられる。「施術」とは、按摩、鍼、マッサージ等をいう。
④ 　居宅における療養上の管理及びその療養に伴う世話その他の看護
　　「居宅における療養上の管理」とは、訪問診療等による在宅患者に対する医師の医学的管理をいう。「その療養に伴う世話その他の看護」とは、在宅患者に対する訪問看護等をいう。
⑤ 　病院又は診療所への入院及びその療養に伴う世話その他の看護
　　「病院」とは、医療法（昭和23年法律第205号）第1条の5第1項に規定するものをいい、「診療所」とは、同条第2項に規定するものをいう。「入院」とは、病院又は診療所への収容をいう。「その療養に伴う世話その他の看護」とは、入院に伴い必要となる医師や看護師等による監視、適切な処置の実施等をいう。
⑥ 　移送
　　入院、転院、転地療養等のために患者を移動させることをいう。ただし、通常の交通手段では不可能であるなど、その妥当性が客観的に認められる場合に限られる。

　なお、上記の医療の範囲に該当する場合であっても、A類疾病に係る定期の予防接種等又はB類疾病に係る臨時の予防接種との因果関係について厚生労働大臣の認定を受けていない疾病に係る医療に対して医療費が支給されないことは論を俟たない。当該認定を受けた疾病により生じた合併症であっても、当該合併症に係る医療に対して医療費が支給されるためには、当該合併症について当該認定を受けることが必要である。

　医療費の額は、医療に要した費用の額が上限とされており、当該医療に要した費用の

額は、厚生労働大臣の定める方法により算定した額（ただし、現に要した費用の額を上限とする。）とされている（図5参照）。当該厚生労働大臣の定める方法により算定した額は、予防接種法施行令第十条第一項の医療に要した費用の額の算定方法（昭和52年厚生省告示第103号）において定められており、その主な内容は次のとおりである。

- 特殊医療費については、当該告示において定める額とされている。これは、予防接種を受けたことによる疾病という医学上の特殊性に鑑み、特に免疫学的見地により必要と考えられる検査等について、医療費の支給対象とするものである。なお、昭和53年逐条解説（99頁）において、「特殊医療費に定められている諸検査は、予防接種が免疫原を人体に接種する行為であるので、免疫学的な特殊性を考慮する必要性があることに着目したものであり、いずれも現在専門的な領域において実施されているものであって、一般的に実施されている検査のように標準化された段階のものではないが、予防接種を受けたことによる疾病のうち、その診断及び治療にあたって、特に免疫学的見地により必要と考えられる場合に限ってこのような諸検査の実施を給付の対象としている。したがって検査の実施は、ごく限られた研究室においてのみ可能であり、かつ、具体的な実施対象の選択にあたっては、高度な専門的医学知識に基づいての判断が必要であるので、当面は免疫についての専門医師の指導の下に検査の実施が行われることが望ましいとされている。」とされており、健康被害救済制度の創設当初から特殊医療費の対象は限定的に解されていたと思われる。
- 特殊医療費以外の医療に要した費用の額については、健康保険の医療に要する費用の額の算定方法、後期高齢者医療の療養の給付に要する費用の額の算定方法（ⅰに掲げる者に限る。）又は介護保険の医療に要する費用の額の算定方法（ⅱに掲げる者に限る。）の例によるものとされている。
    - ⅰ）75歳以上の者（平成14年9月30日において70歳以上である者（同年10月1日において75歳以上である者を除く。以下「経過措置対象者」という。）を含む。）及び65歳以上75歳未満の者（経過措置対象者を除く。）であって高齢者の医療の確保に関する法律施行令（平成19年政令第318号）別表に定める程度の障害の状態にあるもの（ⅱに掲げる者を除く。）
    - ⅱ）介護保険法の規定により医療に関する給付を受ける者

【図5】令第10条の構造

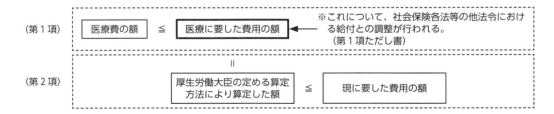

社会保険各法等の他法令における給付との調整は、健康被害救済制度の趣旨が損失の塡補にあることから行われるものであり、Ⅰ）社会保険各法等の規定により医療に関する給付を受け、若しくは受けることができたとき、又は、Ⅱ）当該医療が法令の規定に

より国若しくは地方公共団体の負担による医療に関する給付として行われたときは、他法令優先とし、医療に要した費用の額から当該給付の額を控除した額（ただし、Ⅰの場合であって、社会保険各法による療養の給付を受け、又は受けることができたときは、一部負担金相当額、Ⅱの場合であって、当該医療が現物給付として行われたときは、実費徴収額）が医療費の額の限度とされている。

Ⅰとは、①から⑬までの法律の規定により医療に関する給付を実際に受けたとき、又は、当該給付を実際には受けなかったものの、受けられる状況にあったときをいう。後者については、様々な状況が考えられるが、例えば、保険医療機関で医療に関する給付が受けられたにも関わらず、保険医療機関ではない医療機関において当該給付を受けた場合が挙げられる。なお、医療保険には高額療養費制度があるが、医療費の支給は、当該制度が適用された後の額について行われる。

① 健康保険法
② 船員保険法（昭和14年法律第73号）
③ 国民健康保険法（昭和33年法律第192号）
④ 高齢者医療確保法
⑤ 国家公務員共済組合法（昭和33年法律第128号。他の法律において準用し、又は例による場合を含む。）
⑥ 地方公務員等共済組合法（昭和37年法律第152号）
⑦ 介護保険法
⑧ 労働基準法（昭和22年法律第49号）
⑨ 労働者災害補償保険法
⑩ 船員法（昭和22年法律第100号）
⑪ 国家公務員災害補償法（昭和26年法律第191号。他の法律において準用し、又は例による場合を含む。）
⑫ 地方公務員災害補償法（昭和42年法律第121号）
⑬ 公立学校の学校医、学校歯科医及び学校薬剤師の公務災害補償に関する法律（昭和32年法律第143号）

Ⅱとは、いわゆる公費負担医療[73]が行われたときをいう。この点、「法令」に条例が含まれるかが問題となる。健康被害救済制度の趣旨が損失の填補にあることに鑑みると、二重の填補とならないよう、条例に基づく措置として医療に関する給付が行われた場合でも、本条第1項の給付調整が行われると解釈すべきであるが、条例で他法令優先の旨の規定を設けることも可能であり、この場合には、健康被害救済給付としての医療費が優先的に支給されることとなる。

なお、医療費については、他の健康被害救済給付との給付調整に係る規定は設けられていない。したがって、障害児養育年金や障害年金の受給者であっても、医療費を受給することは可能である。これは、「予防接種による健康被害にはてんかん等にみられるように年金の受給後も医療が必要なもの」（昭和53年逐条解説162頁）があるためであ

---

[73] 昭和53年逐条解説（97、98頁）においては、「予防接種法と競合する可能性がある代表的なもの」として、「精神衛生法第29条（措置入院）及び第32条（通院医療）」、「身体障害者福祉法第19条（更生医療）」、「児童福祉法第20条（育成医療）」が挙げられている。

る。

　医療費の支給は現金償還方式で行われ、現物給付方式はとられていないため、医療費の支給対象となる者は、一度、医療機関に現に要した医療費の患者負担額を支払わなければならない。支給手続については、予防接種法施行規則第10条において定められている。

(4) 予防接種法施行令第11条について

> （A類疾病に係る定期の予防接種等又はB類疾病に係る臨時の予防接種に係る医療手当）
> **令第11条** 法第16条第1項第1号の規定による医療手当は、月を単位として支給するものとし、その額は、1月につき、次の各号に掲げる区分に従い、当該各号に定める額とする。
> 一　その月において前条第1項第1号から第4号までに規定する医療（同項第5号に規定する医療に伴うものを除く。以下同じ。）を受けた日数が3日以上の場合　3万8900円
> 二　その月において前号に規定する医療を受けた日数が3日未満の場合　3万6900円
> 三　その月において前条第1項第5号に規定する医療を受けた日数が8日以上の場合　3万8900円
> 四　その月において前号に規定する医療を受けた日数が8日未満の場合　3万6900円
> 2　同一の月において前条第1項第1号から第4号までに規定する医療と同項第5号に規定する医療とを受けた場合にあっては、その月分の医療手当の額は、前項の規定にかかわらず、3万8900円とする。

　A類疾病に係る定期の予防接種等又はB類疾病に係る臨時の予防接種を受けたことによる疾病について支給される医療手当に関する規定であり、その支給方法及び支給額について定めるものである。医療費が診察、薬剤又は治療材料の支給等のいわば直接医療費を対象としているのに対し、医療手当は通院に要する交通費、入院に伴う諸雑費等のいわば間接医療費を対象としている。

　医療手当は、予防接種法施行令第10条第1項第1号から第4号までに規定する医療（同項第5号に規定する医療に伴うものを除く。表11において「通院等」という。）又は同号に規定する医療（表11において「入院」という。）を受けた者に対し、月を単位として、当該医療を受けた日数に応じて支給され、その額は表11のとおりである。日数の計算に当たって主に留意すべきことは、同一日に医療機関で2回以上の医療に関する給付を受けた場合であっても、1日として計算すること、また、医療に関する給付を受けた日数とは、実際に当該給付を受けた日数をいい、例えば、医療機関から3日分の薬剤を支給された場合であっても、1日として計算することである。

　医療手当の支給に当たっては、現に費用を要したかは問われず、また、他法令における給付との調整はない。支給手続については、予防接種法施行規則第11条において定め

られている。なお、昭和53年逐条解説（102頁）において、「同一月に関して医療費と医療手当の請求があるときは、同時に請求を行う方が、請求者にとっては、請求書、添付書類等の観点から、行政サイドでは審査等の観点から能率的であるので、請求者に対してその方向で指導することが望ましい。」とされている。

【表11】 Ａ類疾病に係る定期の予防接種等又はＢ類疾病に係る臨時の予防接種に係る医療手当の額

	月額
通院等３日未満	36,900円
通院等３日以上	38,900円
入院８日未満	36,900円
入院８日以上	38,900円
※　同一月に入院及び通院等があった場合	38,900円

(5) 予防接種法施行令第12条について

>　　（Ａ類疾病に係る定期の予防接種等又はＢ類疾病に係る臨時の予防接種に係る障害児養育年金）
>
>**令第12条**　法第16条第１項第２号の政令で定める程度の障害の状態は、別表第一に定めるとおりとする。
>
>２　法第16条第１項第２号の規定による障害児養育年金の額は、次の各号に掲げる区分に従い、当該各号に定める額とする。
>
>一　法第９条第１項に規定する特定Ｂ類疾病に係る臨時の予防接種（以下「特定Ｂ類疾病臨時予防接種」という。）を受けたことにより障害の状態にある者を養育する者に支給する場合　次のイ又はロに掲げる区分に従い、それぞれイ又はロに定める額
>
>　　イ　別表第一に定める１級の障害の状態にある18歳未満の者（以下この条において「１級障害児」という。）を養育する者に支給する場合　129万8400円
>
>　　ロ　別表第一に定める２級の障害の状態にある18歳未満の者（以下この条において「２級障害児」という。）を養育する者に支給する場合　103万8000円
>
>二　前号に掲げる場合以外の場合　次のイ又はロに掲げる区分に従い、それぞれイ又はロに定める額
>
>　　イ　１級障害児を養育する者に支給する場合　166万9200円
>
>　　ロ　２級障害児を養育する者に支給する場合　133万4400円
>
>３　前項の規定による障害児養育年金の額は、別表第一に定める障害の状態にある18歳未満の者（以下「障害児」という。）であって児童福祉法（昭和22年法律第164号）にいう医療型障害児入所施設その他これに類する施設で厚生労働省令で定めるものに入所又は入院をしていないものを養育する者に支給する場合は、同項の規定にかかわらず、同項に規定する額に介護加算額を加算した額とする。
>
>４　前項に規定する介護加算額は、１級障害児を養育する者に支給する場合は85万

> 4400円とし、2級障害児を養育する者に支給する場合は56万9600円とする。
> 5　障害児について、予防接種を受けたことによる障害に関し、特別児童扶養手当等の支給に関する法律（昭和39年法律第134号）の規定により特別児童扶養手当又は障害児福祉手当が支給されるときは、法第16条第1項第2号の規定による障害児養育年金の額は、前3項の規定にかかわらず、前3項の規定により算定した額から同号の規定による障害児養育年金の支給期間中の各年に支給される特別児童扶養手当又は障害児福祉手当の額を控除して得た額とする。

　A類疾病に係る定期の予防接種等又はB類疾病に係る臨時の予防接種を受けたことによる障害について支給される障害児養育年金に関する規定であり、その対象となる障害の状態や障害児養育年金の額について定めるものである。

　障害児養育年金の対象となる障害の状態は、予防接種法施行令別表第一において定められている。1級の障害の状態については、表12に示すとおり、特別児童扶養手当等の支給に関する法律施行令（昭和50年政令第207号）別表第一に定める重度の障害の状態とおよそ同じであり、2級の障害の状態については、表13に示すとおり、同令別表第三に定める2級の障害の状態とある程度類似している。なお、障害児の障害の状態が予防接種法施行令別表第一に定める障害の状態に該当するか否かは、厚生労働大臣による因果関係の判定の際に判断されるものであり、疾病・障害認定審査会の意見聴取が必要である。

【表12】予防接種法施行令別表第一に定める1級の障害の状態と特別児童扶養手当等の支給に関する法律施行令別表第一に定める重度の障害の状態の対比

予防接種法施行令別表第一に定める1級の障害の状態	特別児童扶養手当等の支給に関する法律施行令別表第一に定める重度の障害の状態
一　両眼の視力の和が0.02以下のもの 二　両耳の聴力が、耳殻に接して大声による話をしてもこれを解することができない程度のもの 三　両上肢の機能に著しい障害を有するもの （なし） 四　両下肢の用を全く廃したもの （なし） 五　体幹の機能に座っていることができない程度の障害を有するもの 六　前各号に掲げるもののほか、身体の機能の障害又は長期にわたる安静を必要とする病状が前各号と同程度以上と認められる状態であって、日常生活の用を弁ずることを不能ならしめる程度のもの 七　精神の障害であって、前各号と同程度以上と認められる程度のもの 八　身体の機能の障害若しくは病状又は精神の障害が重複する場合であって、その状態が前各号と同程度以上と認められる程度のもの	一　両眼の視力がそれぞれ0.02以下のもの 二　両耳の聴力が補聴器を用いても音声を識別することができない程度のもの 三　両上肢の機能に著しい障害を有するもの 四　両上肢の全ての指を欠くもの 五　両下肢の用を全く廃したもの 六　両大腿を2分の1以上失つたもの 七　体幹の機能に座つていることができない程度の障害を有するもの 八　前各号に掲げるもののほか、身体の機能の障害又は長期にわたる安静を必要とする病状が前各号と同程度以上と認められる状態であつて、日常生活の用を弁ずることを不能ならしめる程度のもの 九　精神の障害であつて、前各号と同程度以上と認められる程度のもの 十　身体の機能の障害若しくは病状又は精神の障害が重複する場合であつて、その状態が前各号と同程度以上と認められる程度のもの

【表13】予防接種法施行令別表第一に定める2級の障害の状態と特別児童扶養手当等の支給に関する法律施行令別表第三に定める2級の障害の状態の対比

予防接種法施行令別表第一に定める2級の障害の状態	特別児童扶養手当等の支給に関する法律施行令別表第三に定める2級の障害の状態
一　両眼の視力の和が0.08以下のもの	一　次に掲げる視覚障害 　　イ　両眼の視力がそれぞれ0.07以下のもの 　　ロ　一眼の視力が0.08、他眼の視力が手動弁以下のもの 　　ハ　ゴールドマン型視野計による測定の結果、両眼のⅠ／4視標による周辺視野角度の和がそれぞれ80度以下かつⅠ／2視標による両眼中心視野角度が56度以下のもの 　　ニ　自動視野計による測定の結果、両眼開放視認点数が70点以下かつ両眼中心視野視認点数が40点以下のもの
二　両耳の聴力が、耳殻に接して大声による話をした場合においてのみこれを解することができる程度のもの	二　両耳の聴力レベルが90デシベル以上のもの
三　平衡機能に著しい障害を有するもの	三　平衡機能に著しい障害を有するもの
四　咀嚼又は言語の機能に著しい障害を有するもの 　（第4号と類似） 　（なし） 　（なし）	四　そしゃくの機能を欠くもの 五　音声又は言語機能に著しい障害を有するもの 六　両上肢のおや指及びひとさし指又は中指を欠くもの 七　両上肢のおや指及びひとさし指又は中指の機能に著しい障害を有するもの
五　一上肢の機能に著しい障害を有するもの 　（なし） 　（なし） 　（なし）	八　一上肢の機能に著しい障害を有するもの 九　一上肢の全ての指を欠くもの 十　一上肢の全ての指の機能に著しい障害を有するもの 十一　両下肢の全ての指を欠くもの
六　一下肢の機能に著しい障害を有するもの 　（なし）	十二　一下肢の機能に著しい障害を有するもの 十三　一下肢を足関節以上で欠くもの
七　体幹の機能に歩くことができない程度の障害を有するもの	十四　体幹の機能に歩くことができない程度の障害を有するもの
八　前各号に掲げるもののほか、身体の機能の障害又は長期にわたる安静を必要とする病状が前各号と同程度以上と認められる状態であって、日常生活が著しい制限を受けるか、又は日常生活に著しい制限を加えることを必要とする程度のもの	十五　前各号に掲げるもののほか、身体の機能の障害又は長期にわたる安静を必要とする病状が前各号と同程度以上と認められる状態であつて、日常生活が著しい制限を受けるか、又は日常生活に著しい制限を加えることを必要とする程度のもの
九　精神の障害であって、前各号と同程度以上と認められる程度のもの	十六　精神の障害であつて、前各号と同程度以上と認められる程度のもの
十　身体の機能の障害若しくは病状又は精神の障害が重複する場合であって、その状態が前各号と同程度以上と認められる程度のもの	十七　身体の機能の障害若しくは病状又は精神の障害が重複する場合であつて、その状態が前各号と同程度以上と認められる程度のもの

　障害児養育年金の額は表14のとおりであり、①介護加算額の加算や、②特別児童扶養手当又は障害児福祉手当の額の控除の仕組みがある。1級障害児と2級障害児で支給額に差が設けられている理由は、必要となる介護の費用等に差があるためであり、特定B類疾病臨時予防接種による障害の場合とそれ以外の場合で支給額に差が設けられている理由は、特定B類疾病臨時予防接種は、A類疾病に係る定期の予防接種等又はB類疾病に係る臨時の予防接種（特定B類疾病に係るものを除く。）と比較した場合、個人予防の要素が大きく、また、予防接種を受ける努力義務の対象とならないためである。

① 介護加算額の加算

　　障害児の介護は在宅で行う方が施設で行うよりも費用等の負担が大きいことから、施設への入所又は入院をしていない障害児を養育する場合には、本条第2項に規定する障害児養育年金の額に介護加算額を加算した額を支給することとされている。介護加算額は、1級障害児の養育者は85万4400円、2級障害児の養育者は56万9600円とされている。

② 特別児童扶養手当又は障害児福祉手当の額の控除

　　健康被害救済制度の趣旨が損失の填補にあることに鑑み、二重の填補とならないよ

う、特別児童扶養手当又は障害児福祉手当が支給されるときは、その額を障害児養育年金の額から控除して支給することとされている。この点、医療費や障害年金と同様、他制度優先の考え方がとられている。

障害児養育年金の支給手続については、予防接種法施行規則第11条の2において定められている。なお、同令第11条の3において、障害児養育年金の支給を受けている者が、その養育する障害児の障害の程度が減退し、又は増進した場合において、その受けている障害児養育年金の額の変更を請求しようとするときは、所定の請求書等を市町村長に提出しなければならないこととされている。

【表14】 A類疾病に係る定期の予防接種等又はB類疾病に係る臨時の予防接種に係る障害児養育年金の額

	特定B類疾病臨時予防接種による障害の場合	左記以外の場合
1級障害児の養育者	1,298,400円 (2,152,800円)	1,669,200円 (2,523,600円)
2級障害児の養育者	1,038,000円 (1,607,600円)	1,334,400円 (1,904,000円)

＊：括弧内は介護加算額を加算した額である。なお、特別児童扶養手当等の額の控除は考慮していない。

(6) 予防接種法施行令第13条について

> （A類疾病に係る定期の予防接種等又はB類疾病に係る臨時の予防接種に係る障害年金）
> **令第13条** 法第16条第1項第3号の政令で定める程度の障害の状態は、別表第二に定めるとおりとする。
> 2 法第16条第1項第3号の規定による障害年金の額は、次の各号に掲げる区分に従い、当該各号に定める額とする。
> 　一 特定B類疾病臨時予防接種を受けたことにより障害の状態にある者に支給する場合　次のイからハまでに掲げる区分に従い、それぞれイからハまでに定める額
> 　　イ 別表第二に定める1級の障害の状態にある18歳以上の者（以下「1級障害者」という。）に支給する場合　415万3200円
> 　　ロ 別表第二に定める2級の障害の状態にある18歳以上の者（以下「2級障害者」という。）に支給する場合　332万2800円
> 　　ハ 別表第二に定める3級の障害の状態にある18歳以上の者（次号ハにおいて「3級障害者」という。）に支給する場合　249万1200円
> 　二 前号に掲げる場合以外の場合　次のイからハまでに掲げる区分に従い、それぞれイからハまでに定める額
> 　　イ 1級障害者に支給する場合　534万円
> 　　ロ 2級障害者に支給する場合　427万2000円
> 　　ハ 3級障害者に支給する場合　320万2800円
> 3 前項の規定による障害年金の額は、1級障害者又は2級障害者であって、児童福

祉法にいう医療型障害児入所施設その他これに類する施設で厚生労働省令で定めるものに入所又は入院をしていないものに支給する場合は、同項の規定にかかわらず、同項に規定する額に介護加算額を加算した額とする。
4　前項に規定する介護加算額は、1級障害者に支給する場合は85万4400円とし、2級障害者に支給する場合は56万9600円とする。
5　法第16条第1項第3号の規定による障害年金を受ける者について、予防接種を受けたことによる障害に関し、特別児童扶養手当等の支給に関する法律の規定により特別児童扶養手当、障害児福祉手当若しくは特別障害者手当が支給されるとき、国民年金法等の一部を改正する法律（昭和60年法律第34号）附則第97条第1項の規定により福祉手当が支給されるとき、又は国民年金法（昭和34年法律第141号）第30条の4の規定による障害基礎年金が支給されるときは、同号の規定による障害年金の額は、前3項の規定にかかわらず、前3項の規定により算定した額から同号の規定による障害年金の支給期間中の各年に支給される特別児童扶養手当、障害児福祉手当若しくは特別障害者手当の額若しくは福祉手当の額又は障害基礎年金の額の100分の40に相当する額を控除して得た額とする。

　A類疾病に係る定期の予防接種等又はB類疾病に係る臨時の予防接種を受けたことによる障害について支給される障害年金に関する規定であり、その対象となる障害の状態や障害年金の額について定めるものである。

　障害年金の対象となる障害の状態は、予防接種法施行令別表第二において定められている。障害者の障害の状態が同表に定める障害の状態に該当するか否かは、厚生労働大臣による因果関係の判定の際に判断されるものであり、疾病・障害認定審査会の意見聴取が必要である。なお、障害児養育年金の障害等級は2つであるのに対し、障害年金の障害等級は3つであり、それぞれの1級と2級の内容は異なっている。そのため、障害児養育年金の支給対象であった障害児が18歳になり、障害年金の支給対象となったときは、当該者の障害の状態が障害年金のどの等級になるかが改めて確認される。

　障害年金の額は表15のとおりであり、①介護加算額の加算や、②特別児童扶養手当、障害児福祉手当若しくは特別障害者手当、福祉手当又は障害基礎年金の額の控除の仕組みがある。1級障害者、2級障害者、3級障害者で支給額に差が設けられている理由は、必要となる生活の費用等に差があるためであり、特定B類疾病臨時予防接種による障害の場合とそれ以外の場合で支給額に差が設けられている理由は、特定B類疾病臨時予防接種は、A類疾病に係る定期の予防接種等又はB類疾病に係る臨時の予防接種（特定B類疾病に係るものを除く。）と比較した場合、個人予防の要素が大きく、また、予防接種を受ける努力義務の対象とならないためである。

① 介護加算額の加算
　　施設への入所又は入院をしていない1級障害者及び2級障害者については、施設への入所又は入院をした場合と比較して生活費用等の負担が重いことから、本条第2項に規定する障害年金の額に介護加算額を加算した額を支給することとされている。介護加算額は、1級障害者は85万4400円、2級障害者は56万9600円とされている。
② 特別児童扶養手当、障害児福祉手当若しくは特別障害者手当、福祉手当又は障害基

礎年金の額の控除

　健康被害救済制度の趣旨が損失の填補にあることに鑑み、二重の填補とならないよう、特別児童扶養手当、障害児福祉手当若しくは特別障害者手当、福祉手当又は障害基礎年金が支給されるときは、その額の100分の40に相当する額を障害年金の額から控除して支給することとされている。この点、医療費や障害児養育年金と同様、他制度優先の考え方がとられている。

　障害年金の支給手続については、予防接種法施行規則第11条の4において定められている。なお、同令第11条の5において、障害年金の支給を受けている者が、その障害の程度が減退し、又は増進した場合において、その受けている障害年金の額の変更を請求しようとするときは、所定の請求書等を市町村長に提出しなければならないこととされている。

【表15】 A類疾病に係る定期の予防接種等又はB類疾病に係る臨時の予防接種に係る障害年金の額

	特定B類疾病臨時予防接種による障害の場合	左記以外の場合
1級障害者	4,153,200円 (5,007,600円)	5,340,000円 (6,194,400円)
2級障害者	3,322,800円 (3,892,400円)	4,272,000円 (4,841,600円)
3級障害者	2,491,200円	3,202,800円

＊：括弧内は介護加算額を加算した額である。なお、特別児童扶養手当等の額の控除は考慮していない。

(7)　予防接種法施行令第14条について

（A類疾病に係る定期の予防接種等又はB類疾病に係る臨時の予防接種に係る年金たる給付の支給期間等）

令第14条　法第16条第1項第2号の規定による障害児養育年金又は同項第3号の規定による障害年金（以下「予防接種に係る年金たる給付」という。）の支給は、支給すべき事由が生じた日の属する月の翌月から始め、支給すべき事由が消滅した日の属する月で終わる。

2　予防接種に係る年金たる給付は、毎年1月、4月、7月及び10月の4期に、それぞれその前月分までを支払う。ただし、前支払期月に支払うべきであった予防接種に係る年金たる給付又は支給すべき事由が消滅した場合におけるその期の予防接種に係る年金たる給付は、その支払期月でない月であっても、支払うものとする。

　A類疾病に係る定期の予防接種等又はB類疾病に係る臨時の予防接種を受けたことによる障害について支給される障害児養育年金又は障害年金の支給期間及び支給方法に関する規定である。

　障害児養育年金又は障害年金の支給期間は、支給すべき事由が生じた日の属する月の翌月から当該事由が消滅した日の属する月までの期間とされている。「支給すべき事由

が生じた日」とは、予防接種法施行令別表第一又は別表第二に定める障害の状態となった日である。「支給すべき事由が消滅した日」とは、同令別表第一又は別表第二に定める障害の状態でなくなった日や、障害児を養育しなくなった日、障害児が18歳になった日等、支給要件に該当しなくなった日である。

障害児養育年金又は障害年金の支給方法は、毎年1月、4月、7月及び10月の4期に、それぞれその前月分までを支払うものとされている。

なお、障害児養育年金又は障害年金の適正な支給のため、予防接種法施行規則第11条の7及び第11条の8において、支給要件に該当しなくなったとき等、一定の場合の届出義務が規定されている。

(8) 予防接種法施行令第15条について

> （A類疾病に係る定期の予防接種等又はB類疾病に係る臨時の予防接種に係る年金たる給付の額の変更）
> 令第15条　障害児又は法第16条第1項第3号の規定による障害年金の支給を受けている者の障害の状態に変更があったため、新たに別表第一又は別表第二に定める他の等級に該当することとなった場合においては、新たに該当するに至った等級に応ずる額を支給するものとし、従前の給付は行わない。

A類疾病に係る定期の予防接種等又はB類疾病に係る臨時の予防接種を受けたことによる障害について支給される障害児養育年金又は障害年金の額の変更に関する規定である。

障害児又は障害年金の支給を受けている者の障害の状態に変更があったため、当該支給に係る等級ではなく他の等級に該当することとなった場合、新たに該当することとなった等級に応ずる額を支給し、従前の給付は行わないこととされている。この点、従前の給付を引き続き行った上で、新たに該当することとなった等級に応ずる額と従前の等級に応ずる額の差額を追加支給することも考えられるところ、従前の給付に代えて新たな給付を行うことを明確にするものである。

本条による障害児養育年金又は障害年金の額の変更は、市町村長の職権により行われる。その発動を促すものとしては、障害児養育年金又は障害年金の支給を受けている者からの請求や届出がある（予防接種法施行規則第11条の3及び第11条の5並びに第11条の7第3号参照）。なお、新たに該当することとなった等級に応ずる額が支給されるのは、障害の状態に変更があった日の属する月の翌月からである。

(9) 予防接種法施行令第16条について

> （A類疾病に係る定期の予防接種等又はB類疾病に係る臨時の予防接種に係る年金たる給付に係る診断及び報告）
> 令第16条　市町村長は、予防接種に係る年金たる給付の支給に関し特に必要があると認めるときは、予防接種に係る年金たる給付を受けている者に対して、医師の診断を受けるべきこと若しくはその養育する障害児について医師の診断を受けさせるべきことを命じ、又は必要な報告を求めることができる。

> 2 予防接種に係る年金たる給付を受けている者が、正当な理由がなくて前項の規定による命令に従わず、又は報告をしないときは、市町村長は、予防接種に係る年金たる給付の支給を一時差し止めることができる。

　A類疾病に係る定期の予防接種等又はB類疾病に係る臨時の予防接種を受けたことによる障害について支給される障害児養育年金又は障害年金の受給者に対する診断の命令及び報告徴収に関する規定である。

　市町村長は、受給者が法令に基づく手続を怠っている場合や、届出等の内容に疑義がある場合のほか、障害児養育年金又は障害年金の適正な支給を図るため特に必要があると認めるときは、障害児養育年金又は障害年金の受給者に対し、医師の診断を受けるべきこと若しくはその養育する障害児について医師の診断を受けさせるべきことを命じ、又は必要な報告を求めることができることとされている。なお、当該命令及び報告徴収の名宛人は受給者であるため、障害児養育年金の場合は、障害児を養育する者であり、障害児本人ではない。

　受給者が正当な理由がなくて本条第1項の命令に従わず、又は報告をしないときは、当該命令等の実効性を担保するため、市町村長は、障害児養育年金又は障害年金の支給を一時差し止めることができることとされている。「正当な理由」としては、障害児又は障害者が重篤な病気で診断が受けられないときや、天災に遭ったとき等が挙げられる。

　本条第2項による差止め後、受給者が命令に従い、又は必要な報告を行ったときは、市町村長は支給要件を確認し、それを満たす場合には、当該差止めに係る障害児養育年金又は障害年金を再び支給することとなる（差し止められた障害児養育年金又は障害年金は遡って支給することとなる。）。一方、受給者が命令に従わず、又は必要な報告を行わない状況が続くときは、市町村長は、支給要件が確認できないものとして、職権で、支給決定処分を取り消し、又は撤回することができる。

⑽　予防接種法施行令第17条について

> （死亡一時金）
> **令第17条**　法第16条第1項第4号の政令で定める遺族は、配偶者（届出をしていないが、事実上婚姻関係と同様の事情にあった者を含む。以下同じ。）、子、父母、孫、祖父母及び兄弟姉妹とする。ただし、配偶者以外の者にあっては、予防接種を受けたことにより死亡した者の死亡の当時その者と生計を同じくしていた者に限る。
> 2　死亡一時金を受けることができる遺族の順位は、次の各号に掲げる区分に従い、当該各号に定める順序とする。
> 　一　特定B類疾病臨時予防接種を受けたことにより死亡した者の遺族に支給する場合　次のイ及びロの順序（イ及びロに掲げる者のうちにあっては、それぞれイ及びロに掲げる順序）
> 　　イ　特定B類疾病臨時予防接種を受けたことにより死亡した者の死亡の当時その者によって生計を維持していた配偶者、子、父母、孫、祖父母及び兄弟姉妹
> 　　ロ　イに該当しない配偶者、子、父母、孫、祖父母及び兄弟姉妹

二　前号に掲げる場合以外の場合　前項に規定する順序
3　予防接種を受けたことにより死亡した者の死亡前にその者の死亡によって死亡一時金を受けることができる先順位又は同順位となるべき者を故意に死亡させた者及び死亡一時金を受けることができる先順位又は同順位の者を故意に死亡させた者は、死亡一時金を受けることができる遺族としない。
4　死亡一時金の額は、次の各号に掲げる区分に従い、当該各号に定める額とする。
　一　第2項第1号に掲げる場合　次のイ又はロに掲げる区分に従い、それぞれイ又はロに定める額
　　イ　第2項第1号イに掲げる者に支給する場合　3630万円
　　ロ　第2項第1号ロに掲げる者に支給する場合　2720万円
　二　第2項第2号に掲げる場合　4670万円
5　前項の規定による死亡一時金の額は、予防接種を受けたことにより死亡した者が法第16条第1項第3号の規定による障害年金の支給を受けたことがあるときは、前項の規定にかかわらず、同項に規定する額に次の表の上欄に掲げる同号の規定による障害年金の支給を受けた期間の区分に応じて同表の下欄に掲げる率を乗じて得た額とする。

法第16条第1項第3号の規定による障害年金の支給を受けた期間	率
1年未満	0.98
1年以上3年未満	0.89
3年以上5年未満	0.78
5年以上7年未満	0.67
7年以上9年未満	0.56
9年以上11年未満	0.44
11年以上13年未満	0.33
13年以上15年未満	0.22
15年以上17年未満	0.10
17年以上	0.05

6　死亡一時金を受けることができる同順位の遺族が2人以上ある場合における各人の死亡一時金の額は、第4項の額（前項の規定に該当する場合には、同項の規定により算定した額）をその人数で除して得た額とする。

　A類疾病に係る定期の予防接種等又はB類疾病に係る臨時の予防接種を受けたことによる死亡について支給される死亡一時金に関する規定であり、その受給資格者及び受給権者並びに支給額について定めるものである。
　死亡一時金の受給資格者は、配偶者（届出をしていないが、事実上婚姻関係と同様の事情にあった者を含む。以下同じ。）、子、父母、孫、祖父母及び兄弟姉妹とされている。ただし、死亡一時金の趣旨が遺族の受けた損失の填補にあることに鑑み、配偶者以外の者にあっては、予防接種を受けたことにより死亡した者の死亡の当時その者と生計を同じくしていた者に限ることとされている。この生計同一要件とは、日常生活において何らか継続的な関係を結んでいたこと（例：常に生活費や学費等を送金してもらって

いたこと）をいい、必ずしも同居を必要とするものではない[74]。具体的には、次の書類に基づき、生計同一要件に該当するか否かが判断される。
① 請求者と死亡者が同一世帯の場合
　請求者世帯の住民票と死亡者の除票
② 請求者と死亡者が同一世帯でない場合
　原則として、Ⅰ）請求者世帯の住民票と死亡者の除票、Ⅱ）請求者と死亡者が生計を同一にしていたことを証明する民生委員等の説得力のある第三者による証明書の2つが必要であるが、次のいずれかの書類を提出した場合には、Ⅱを省略することができる。
　　請求者と死亡者が健康保険等の扶養の関係であったことが分かる書類（例：健康保険証等の写し）
　　請求者か死亡者が所得税法（昭和40年法律第33号）上の控除対象扶養親族であったことが分かる書類（例：源泉徴収票、課税台帳等の写し）
　　請求者か死亡者が他方の生活費の一部を負担していたことを裏付けることができる書類（例：生活費、学費又は療養費の送金を証明する預金通帳、振込明細書、現金書留封筒等の写し）

　死亡一時金の受給権者は、次の各区分におけるそれぞれの最先順位者である。
① 特定B類疾病臨時予防接種を受けたことにより死亡した者の遺族に支給する場合
　次のⅠ及びⅡの順序（Ⅰ及びⅡに掲げる者のうちにあっては、それぞれⅠ及びⅡに掲げる順序）
　Ⅰ）特定B類疾病臨時予防接種を受けたことにより死亡した者の死亡の当時その者によって生計を維持していた配偶者、子、父母、孫、祖父母及び兄弟姉妹
　Ⅱ）Ⅰに該当しない配偶者、子、父母、孫、祖父母及び兄弟姉妹
② ①以外の場合
　配偶者、子、父母、孫、祖父母及び兄弟姉妹

　なお、予防接種を受けたことにより死亡した者の遺族に本条第1項に規定する者に該当する者がいないときは、予防接種を受けたことにより死亡した者に係る相続人があるときでも、死亡一時金は支給されない。これは、死亡一時金の趣旨が遺族の損失填補であることに鑑み、その受給資格者に限定を付しているためである。また、予防接種を受けたことにより死亡した者の死亡前にその者の死亡によって死亡一時金を受けることができる先順位又は同順位となるべき者を故意に死亡させた者及び死亡一時金を受けることができる先順位又は同順位の者を故意に死亡させた者は、死亡一時金を受けることができる遺族としないこととされている。これは、そのような不法な行為を行った者に対して公費による給付を行うことが社会正義や社会通念に照らして適当でないこと、また、不法な行為の発生を防止する必要があることによるものである。

　死亡一時金の支給額は、次のとおりである。ただし、予防接種を受けたことにより死

---

[74] 昭和53年逐条解説（164頁）において、「「生計を同じくしていた」とは、死亡した者とその遺族との間に生活の一体性があったことをいうものであり、同居していた場合は通常これに合致すると思われます。しかし、同居していない場合でも、例えば施設に入所していたケースで、被害者に仕送りをし、月2～3回慰問していたような者は、生計を同じくしていたと言えると思います。」とされている。

亡した者が障害年金の支給を受けたことがあるときは、その期間に応じて一定の減額調整を行うこととされている。これは、障害年金の受給の有無や受給期間の長短による不公平が生じないようにしながら、死亡一時金の趣旨が遺族の損失填補であることに鑑み、一定額を保障しようとするものである。なお、死亡一時金への年齢の反映については、公衆衛生審議会感染症部会予防接種問題検討小委員会報告書（平成11年7月5日）において、「予防接種法の健康被害救済制度の趣旨や同じく民事上の賠償責任ではない医薬品による健康被害救済を行っている医薬品副作用被害救済・研究振興調査機構法との整合性からは難しいと考えられるが、今後有識者の意見等の世論の反応も踏まえて中長期的に検討する必要がある。」とされている。

① 特定Ｂ類疾病臨時予防接種を受けたことにより死亡した者の遺族に支給する場合
　Ⅰ）特定Ｂ類疾病臨時予防接種を受けたことにより死亡した者の死亡の当時その者によって生計を維持していた配偶者、子、父母、孫、祖父母及び兄弟姉妹：3630万円
　Ⅱ）Ⅰに該当しない配偶者、子、父母、孫、祖父母及び兄弟姉妹：2720万円
② ①以外の場合：4670万円

　Ａ類疾病に係る定期の予防接種等又はＢ類疾病に係る臨時の予防接種（特定Ｂ類疾病に係るものを除く。）については、集団予防に比重を置いており、予防接種の勧奨及び予防接種を受ける努力義務の対象となるため、生計維持者であったか否かにかかわらず、一律に死亡一時金を支給することとされている。一方、Ｂ類疾病に係る定期の予防接種は、個人予防に比重を置いており、予防接種の勧奨及び予防接種を受ける努力義務の対象とならないため、遺族に対する生活保障や見舞金としての性質を有するものとして、最低保障の観点から遺族一時金を支給し、生計維持者の遺族については、特に生活保障の要請が強いことから遺族年金を支給することとされている。この点、特定Ｂ類疾病臨時予防接種は両者の中間的な性質を有するため、その死亡一時金は、公的責任としての給付という性格と遺族に対する生活保障や見舞金としての給付という性格の中間的なものとすることとされ、生計維持者の遺族については、特別の配慮として、それ以外の遺族より優先的な支給順位とされるとともに、支給額が増額されている。

　なお、死亡一時金を受けることができる同順位の遺族が2人以上ある場合における各人の死亡一時金の額は、支給額をその人数で除して得た額とされている。この点、予防接種法施行令第29条第3項のように、「給付を受けることができる同順位者が2人以上あるときは、その全額をその1人に支給することができるものとし、この場合において、その1人にした支給は、全員に対してしたものとみなす。」という規定はないが、予防接種法施行規則第11条の9第1項第2号において、死亡一時金の請求書に請求者及び請求者以外の死亡一時金を受けることができる遺族の氏名等を記載することを求めていること、市町村に当該請求書に記載のない遺族の有無について調査して確定した上で給付することを求めることは実務上困難であることから、予防接種法施行令第29条第3項を類推適用し、死亡一時金を受けることができる同順位者が2人以上あるときは、その全額をその1人に支給することができるものとし、この場合において、その1人にした支給は、全員に対してしたものとみなすこととすべきである。なお、紛争が生じないようにするため、市町村には戸籍や住民票等で可能な限り確認を行うことが求められる。その上で、別途、請求者に同意書等を求めるか否かは、市町村の個別的な判断によ

ると思われる。
　死亡一時金の支給手続については、予防接種法施行規則第11条の9において定められている。

(11)　予防接種法施行令第18条について

> （Ａ類疾病に係る定期の予防接種等又はＢ類疾病に係る臨時の予防接種に係る葬祭料）
> **令第18条**　法第16条第1項第5号の規定による葬祭料の額は、21万5000円とする。

　Ａ類疾病に係る定期の予防接種等又はＢ類疾病に係る臨時の予防接種を受けたことによる死亡について支給される葬祭料に関する規定であり、その額について定めるものである。
　葬祭料の額は、実際に要した費用にかかわらず、定額（21万5000円）とされている。
　葬祭料の支給手続については、予防接種法施行規則第11条の10において定められている。

(12)　予防接種法施行令第19条について

> （Ｂ類疾病に係る定期の予防接種に係る医療費）
> **令第19条**　法第16条第2項第1号の政令で定める程度の医療は、病院又は診療所への入院を要すると認められる場合に必要な程度の医療とする。
> 2　法第16条第2項第1号の規定による医療費の支給の請求は、当該医療費の支給の対象となる費用の支払が行われた時から5年を経過したときは、することができない。
> 3　第10条の規定は、法第16条第2項第1号の規定による医療費の額について準用する。

　Ｂ類疾病に係る定期の予防接種を受けたことによる疾病について支給される医療費に関する規定であり、その対象となる医療の範囲、請求期限及び医療費の額について定めるものである。
　医療費の対象となる医療の範囲は、病院又は診療所への入院を要すると認められる場合に必要な程度の医療とされている。これは、Ｂ類疾病に係る定期の予防接種は、個人予防に比重を置いており、予防接種の勧奨及び予防接種を受ける努力義務の対象とならないこと、また、健康被害救済制度が公費で賄われる制度であることから設けられた制限である。「病院又は診療所への入院を要すると認められる場合に必要な程度」とは、Ｂ類疾病に係る定期の予防接種を受けたことによる疾病について医学的に入院が必要であることを前提とし、その場合に通常必要とされる医療を支給対象とする趣旨であり、当該疾病について医学的に入院が必要でない場合に、他の理由により入院したという場合は支給対象とならない。
　医療費の請求期限は、当該医療費の支給対象となる費用の支払が行われた時から5年を経過するまでとされている。

医療費の額は、Ａ類疾病に係る定期の予防接種等又はＢ類疾病に係る臨時の予防接種を受けたことによる疾病について支給される医療費の額に係る規定を準用することとされている。したがって、社会保険各法等の他法令における給付との調整が行われることとなる。

医療費の支給手続は、Ａ類疾病に係る定期の予防接種等又はＢ類疾病に係る臨時の予防接種を受けたことによる疾病について支給される医療費と同様である（予防接種法施行規則第11条の11参照）。

⒀　予防接種法施行令第20条について

> （Ｂ類疾病に係る定期の予防接種に係る医療手当）
> **令第20条**　法第16条第２項第１号の規定による医療手当は、月を単位として支給するものとし、その額は、第11条に規定する金額とする。
> ２　法第16条第２項第１号の規定による医療手当の支給の請求は、その請求に係る医療が行われた日の属する月の翌月の初日から５年を経過したときは、することができない。

Ｂ類疾病に係る定期の予防接種を受けたことによる疾病について支給される医療手当に関する規定であり、その支給方法、支給額及び請求期限について定めるものである。

医療手当の支給方法及び支給額は、Ａ類疾病に係る定期の予防接種等又はＢ類疾病に係る臨時の予防接種を受けたことによる疾病について支給される医療手当と同様であり、予防接種法施行令第19条第１項に規定する医療を受けた者に対し、月を単位として、当該医療を受けた日数に応じて支給され、その額は表11のとおりである。なお、医療手当の支給に当たっては、現に費用を要したかは問われず、また、他法令における給付との調整はない。

医療手当の請求期限は、その請求に係る医療が行われた日の属する月の翌月の初日から５年を経過するまでとされている。

医療手当の支給手続は、Ａ類疾病に係る定期の予防接種等又はＢ類疾病に係る臨時の予防接種を受けたことによる疾病について支給される医療手当と同様である（予防接種法施行規則第11条の11参照）。

⒁　予防接種法施行令第21条について

> （Ｂ類疾病に係る定期の予防接種に係る障害年金）
> **令第21条**　法第16条第２項第３号の政令で定める程度の障害の状態は、別表第二（３級の項を除く。）に定めるとおりとする。
> ２　法第16条第２項第３号の規定による障害年金の額は、次の各号に掲げる者の区分に従い、当該各号に定める額とする。
> 　　一　別表第二に定める１級の障害の状態にある者　　296万6400円
> 　　二　別表第二に定める２級の障害の状態にある者　　237万3600円

Ｂ類疾病に係る定期の予防接種を受けたことによる障害について支給される障害年金

に関する規定であり、その対象となる障害の状態や障害年金の額について定めるものである。

障害年金の対象となる障害の状態は、予防接種法施行令別表第二（3級の項を除く。以下本項において同じ。）において定められている。なお、障害者の障害の状態が同表に定める障害の状態に該当するか否かは、厚生労働大臣による因果関係の判定の際に判断されるものであり、疾病・障害認定審査会の意見聴取が必要である。

障害年金の額は次のとおりであり、A類疾病に係る定期の予防接種等又はB類疾病に係る臨時の予防接種を受けたことによる障害について支給される障害年金と異なり、介護加算額の加算や他の手当等の額の控除の仕組みはない。1級障害者と2級障害者で支給額に差が設けられている理由は、必要となる生活の費用等に差があるためである。

① 1級障害者：296万6400円
② 2級障害者：237万3600円

障害年金の支給手続については、予防接種法施行規則第11条の12において定められている。なお、同令第11条の13において、2級障害者であって、障害年金の支給を受けている者が、その障害の程度が増進した場合において、その受けている障害年金の額の変更を請求しようとするときは、所定の請求書等を市町村長に提出しなければならないこととされている。また、障害年金の適正な支給のため、同令第11条の14において、支給要件に該当しなくなったとき等、一定の場合の届出義務が規定されている。

(15) 予防接種法施行令第22条について

> （B類疾病に係る定期の予防接種に係る障害年金の額の変更）
> **令第22条** 法第16条第2項第3号の規定による障害年金の支給を受けている者の障害の状態に変更があったため、新たに別表第二に定める他の等級（3級を除く。）に該当することとなった場合においては、新たに該当するに至った等級に応ずる額を支給するものとし、従前の給付は行わない。

B類疾病に係る定期の予防接種を受けたことによる障害について支給される障害年金の額の変更に関する規定である。その趣旨及び内容は予防接種法施行令第15条と同様であるため、「(8)予防接種法施行令第15条について」を参照されたい。

(16) 予防接種法施行令第23条について

> （B類疾病に係る定期の予防接種に係る障害年金の給付に係る診断及び報告）
> **令第23条** 第16条の規定は、法第16条第2項第3号の規定による障害年金の給付に係る診断及び報告について準用する。

B類疾病に係る定期の予防接種を受けたことによる障害について支給される障害年金の受給者に対する診断の命令及び報告徴収に関する規定である。予防接種法施行令第16条の規定を準用するとされているように、その趣旨及び内容は同条と同様であるため、「(9)予防接種法施行令第16条について」を参照されたい。

⒄　予防接種法施行令第24条について

> （遺族年金）
> **令第24条**　法第16条第２項第４号の政令で定める遺族年金を受けることができる遺族は、配偶者、子、父母、孫、祖父母及び兄弟姉妹であって、予防接種を受けたことにより死亡した者の死亡の当時その者によって生計を維持していたものとする。
> 2　予防接種を受けたことにより死亡した者の死亡の当時胎児であった子が出生したときは、前項の規定の適用については、将来に向かって、その子は、予防接種を受けたことにより死亡した者の死亡の当時その者によって生計を維持していた子とみなす。
> 3　遺族年金を受けることができる遺族の順位は、第１項に規定する順序による。
> 4　遺族年金は、10年を限度として支給するものとする。ただし、予防接種を受けたことにより死亡した者が当該予防接種を受けたことによる障害について法第16条第２項第３号の規定による障害年金の支給を受けたことがある場合には、10年からその支給を受けた期間（その期間が７年を超えるときは、７年とする。）を控除して得た期間を限度として支給するものとする。
> 5　遺族年金の額は、259万4400円とする。
> 6　遺族年金を受けることができる同順位の遺族が２人以上ある場合における各人の遺族年金の額は、前項の額をその人数で除して得た額とする。
> 7　遺族年金を受けることができる同順位の遺族の数に増減を生じたときは、遺族年金の額を改定する。
> 8　遺族年金を受けることができる先順位者がその請求をしないで死亡した場合においては、次順位者が遺族年金を請求することができる。遺族年金を受けることができる先順位者の死亡により遺族年金が支給されないこととなった場合において、同順位者がなくて後順位者があるときも、同様とする。
> 9　遺族年金の支給の請求は、予防接種を受けたことにより死亡した者の当該予防接種を受けたことによる疾病又は障害について法第16条第２項第１号の規定による医療費若しくは医療手当又は同項第３号の規定による障害年金の支給の決定があった場合には、その死亡の時から２年、それ以外の場合には、その死亡の時から５年を経過したとき（前項後段の規定による請求により支給する遺族年金にあっては、遺族年金を受けることができる先順位者の死亡の時から２年を経過したとき）は、することができない。

　Ｂ類疾病に係る定期の予防接種を受けたことによる死亡について支給される遺族年金に関する規定であり、その受給資格者及び受給権者、支給期間、支給額並びに請求期限について定めるものである。
　遺族年金の受給資格者は、配偶者、子、父母、孫、祖父母及び兄弟姉妹であって、予防接種を受けたことにより死亡した者の死亡の当時その者によって生計を維持していたものとされている。この点、死亡一時金より要件が厳しいが、遺族の生活保障という遺族年金の趣旨に鑑み、生計同一要件ではなく生計維持要件とされていると解される。な

お、予防接種を受けたことにより死亡した者の死亡の当時胎児であった子が出生したときは、将来に向かって、その子を当該予防接種を受けたことにより死亡した者の死亡の当時その者によって生計を維持していた子とみなし、受給資格者とすることとされている。これは、生計維持者の遺族の生活を保障するという遺族年金の趣旨によるものである。

　遺族年金の受給権者は、受給資格者のうちの最先順位者とされている。

　遺族年金を受けることができる先順位者がその請求をしないで死亡した場合においては、次順位者が遺族年金を請求することができ、また、遺族年金を受けることができる先順位者の死亡により遺族年金が支給されないこととなった場合において、同順位者がなくて後順位者があるときも、同様とすることとされている。これは、先順位者の意思や死亡等の事情によって、遺族年金の趣旨が没却されないよう、公平の観点から調整するものである。

　予防接種を受けたことにより死亡した者の遺族に本条第1項に規定する者に該当する者がいないときは、予防接種を受けたことにより死亡した者に係る相続人があるときでも、遺族年金は支給されない。これは、遺族年金の趣旨に鑑み、その受給資格者に限定を付しているためである。また、予防接種を受けたことにより死亡した者の死亡前にその者の死亡によって遺族年金を受けることができる先順位又は同順位となるべき者を故意に死亡させた者及び遺族年金を受けることができる先順位又は同順位の者を故意に死亡させた者は、遺族年金を受けることができる遺族としないこととされている（予防接種法施行令第27条参照）。これは、そのような不法な行為を行った者に対して公費による給付を行うことが社会正義や社会通念に照らして適当でないこと、また、不法な行為の発生を防止する必要があることによるものである。

　遺族年金の支給期間は、10年が限度とされている。ただし、予防接種を受けたことにより死亡した者が当該予防接種を受けたことによる障害について障害年金の支給を受けたことがある場合には、10年からその支給を受けた期間（その期間が7年を超えるときは、7年）を控除して得た期間が限度とされている。これは、障害年金の受給の有無や受給期間の長短による不公平が生じないようにしながら、遺族年金の趣旨に鑑み、一定額を保障しようとするものである。

　遺族年金の支給額は、259万4400円である。なお、遺族年金を受けることができる同順位の遺族が2人以上ある場合における各人の遺族年金の額は、支給額をその人数で除して得た額とされている。また、遺族年金を受けることができる同順位の遺族の数に増減を生じたときは、遺族年金の額を改定することとされている。これは、遺族年金は最長10年間継続して支給される給付であることから、受給権者となる遺族の数が増減することがあるためである。

　遺族年金の請求期限は、次のとおりである。
① 予防接種を受けたことにより死亡した者の当該予防接種を受けたことによる疾病又は障害について医療費若しくは医療手当又は障害年金の支給の決定があった場合：当該者の死亡時から2年を経過するまで
② ①以外の場合：当該者の死亡時から5年を経過するまで（ただし、遺族年金を受けることができる先順位者の死亡により遺族年金が支給されないこととなった場合で

あって、同順位者がなくて後順位者があるとき、次順位者が請求することにより支給する遺族年金については、当該先順位者の死亡時から2年を経過するまで）

遺族年金の支給手続については、予防接種法施行規則第11条の15から第11条の17までにおいて定められている。また、遺族年金の適正な支給のため、同令第11条の18及び第11条の19において、遺族年金の受給者が氏名又は住所を変更したとき等、一定の場合の届出義務が規定されている。

⒅　予防接種法施行令第25条について

> （B類疾病に係る定期の予防接種に係る障害年金等の支給期間等）
> **令第25条**　法第16条第2項第3号の規定による障害年金又は同項第4号の規定による遺族年金（次項において「障害年金等」と総称する。）の支給は、その請求があった日の属する月の翌月から始め、支給すべき事由が消滅した日の属する月で終わる。
> 2　第14条第2項の規定は、障害年金等の支払期月について準用する。

B類疾病に係る定期の予防接種を受けたことによる障害について支給される障害年金及び当該定期の予防接種を受けたことによる死亡について支給される遺族年金（以下「障害年金等」と総称する。）の支給期間及び支給方法に関する規定である。

障害年金等の支給期間は、その請求があった日の属する月の翌月から当該障害年金等を支給すべき事由が消滅した日の属する月までの期間とされている[75]。「支給すべき事由が消滅した日」とは、別表第二（3級の項を除く。）に定める障害の状態でなくなった日や、遺族の範囲の要件に該当しなくなった日等、支給要件に該当しなくなった日である。

障害年金等の支給方法は、毎年1月、4月、7月及び10月の4期に、それぞれその前月分までを支払うものとされている。

⒆　予防接種法施行令第26条について

> （遺族一時金）
> **令第26条**　法第16条第2項第4号の政令で定める遺族一時金を受けることができる遺族は、配偶者、子、父母、孫、祖父母及び兄弟姉妹とする。ただし、配偶者以外の者にあっては、予防接種を受けたことにより死亡した者の死亡の当時その者と生計を同じくしていた者に限る。
> 2　遺族一時金を受けることができる遺族の順位は、前項に規定する順序による。
> 3　遺族一時金は、次の各号に掲げる場合に支給するものとし、その額は、それぞれ当該各号に定める額とする。
> 　一　予防接種を受けたことにより死亡した者の死亡の当時遺族年金を受けることができる遺族（当該死亡の当時胎児である子がある場合であって当時胎児であった

---

[75] 予防接種法施行令第14条第1項においては、「支給すべき事由が生じた日の属する月の翌月から始め」とされているが、予防接種法第17条第2項を踏まえ、独立行政法人医薬品医療機器総合機構法施行令（平成16年政令第83号）第14条第1項と同じく「その請求があった日の属する月の翌月から始め」とされている。

子が出生した場合における当該子を含む。以下この項において同じ。）がないとき、又は遺族年金を受けることができる遺族が遺族年金の支給の請求をしないで死亡した場合において、他に同順位若しくは後順位の遺族年金を受けることができる遺族がないとき　778万3200円
　　二　遺族年金を受けていた者が死亡した場合において、他に遺族年金を受けることができる遺族がなく、かつ、当該予防接種を受けたことにより死亡した者の死亡により支給された遺族年金の額の合計額が前号に定める額に満たないとき　同号に定める額から当該予防接種を受けたことにより死亡した者の死亡により支給された遺族年金の額の合計額を控除した額
4　第3項第2号の規定による遺族一時金の支給の請求は、遺族年金を受けていた者が死亡した時から2年を経過したときは、することができない。
5　第24条第6項及び第9項の規定は、遺族一時金の額及び第3項第1号の規定による遺族一時金の支給の請求について準用する。

　B類疾病に係る定期の予防接種を受けたことによる死亡について支給される遺族一時金に関する規定であり、その受給資格者及び受給権者、支給額並びに請求期限について定めるものである。
　遺族一時金の受給資格者は、配偶者、子、父母、孫、祖父母及び兄弟姉妹とされている。ただし、遺族一時金の趣旨が遺族の生活の保障や見舞いにあることに鑑み、配偶者以外の者にあっては、予防接種を受けたことにより死亡した者の死亡の当時その者と生計を同じくしていた者に限ることとされている。この生計同一要件の判断基準は、死亡一時金と同様である。
　遺族一時金の受給権者は、受給資格者のうちの最先順位者とされている。
　予防接種を受けたことにより死亡した者の遺族に本条第1項に規定する者に該当する者がいないときは、予防接種を受けたことにより死亡した者に係る相続人があるときでも、遺族一時金は支給されない。これは、遺族一時金の趣旨に鑑み、その受給資格者に限定を付しているためである。また、予防接種を受けたことにより死亡した者の死亡前にその者の死亡によって遺族一時金を受けることができる先順位又は同順位となるべき者を故意に死亡させた者及び遺族一時金を受けることができる先順位又は同順位の者を故意に死亡させた者は、遺族一時金を受けることができる遺族としないこととされている（予防接種法施行令第27条参照）。これは、そのような不法な行為を行った者に対して公費による給付を行うことが社会正義や社会通念に照らして適当でないこと、また、不法な行為の発生を防止する必要があることによるものである。
　遺族一時金の支給額は、次のとおりである。健康被害救済制度の趣旨は損失の填補にあることから、遺族年金の全部又は一部を受けていないときは遺族一時金を支給し、遺族に対する給付に関して公平を図ることとされている。なお、遺族一時金を受けることができる同順位の遺族が2人以上ある場合における各人の遺族一時金の額は、支給額をその人数で除して得た額とされている。
①−1）予防接種を受けたことにより死亡した者の死亡の当時遺族年金を受けることができる遺族（当該死亡の当時胎児である子がある場合であって当時胎児であった子が

出生した場合における当該子を含む。以下この項において同じ。）がないとき：778万3200円

①−2）遺族年金を受けることができる遺族が遺族年金の支給の請求をしないで死亡した場合において、他に同順位又は後順位の遺族年金を受けることができる遺族がないとき：778万3200円

② 遺族年金を受けていた者が死亡した場合において、他に遺族年金を受けることができる遺族がなく、かつ、予防接種を受けたことにより死亡した者の死亡により支給された遺族年金の額の合計額が①に定める額に満たないとき：①に定める額から当該予防接種を受けたことにより死亡した者の死亡により支給された遺族年金の額の合計額を控除した額

　遺族一時金の請求期限は、①の場合は次のⅠ及びⅡのとおりであり、②の場合は遺族年金を受けていた者の死亡時から2年を経過するまでである。

Ⅰ）予防接種を受けたことにより死亡した者の当該予防接種を受けたことによる疾病又は障害について医療費若しくは医療手当又は障害年金の支給の決定があった場合：当該者の死亡時から2年を経過するまで

Ⅱ）Ⅰ以外の場合：当該者の死亡時から5年を経過するまで

　遺族一時金の支給手続については、予防接種法施行規則第11条の20及び第11条の21において定められている。

⒇　予防接種法施行令第27条について

> （遺族年金等の支給の制限）
> **令第27条**　第17条第3項の規定は、遺族年金又は遺族一時金の支給の制限について準用する。

　B類疾病に係る定期の予防接種を受けたことによる死亡について支給される遺族年金及び遺族一時金の支給の制限に関する規定である。その趣旨及び内容は、「⒄予防接種法施行令第24条について」及び「⒆予防接種法施行令第26条について」を参照されたい。

(21)　予防接種法施行令第28条について

> （B類疾病に係る定期の予防接種に係る葬祭料）
> **令第28条**　法第16条第2項第5号の規定による葬祭料の額は、第18条に規定する金額とする。
> 2　第24条第9項の規定は、法第16条第2項第5号の規定による葬祭料の支給の請求について準用する。

　B類疾病に係る定期の予防接種を受けたことによる死亡について支給される葬祭料に関する規定であり、その額及び請求期限について定めるものである。

　葬祭料の額は、実際に要した費用にかかわらず、定額（21万5000円）とされている。

　葬祭料の請求期限は、次のとおりである。

① 予防接種を受けたことにより死亡した者の当該予防接種を受けたことによる疾病又は障害について医療費若しくは医療手当又は障害年金の支給の決定があった場合：当該者の死亡時から2年を経過するまで
② ①以外の場合：当該者の死亡時から5年を経過するまで

葬祭料の支給手続については、予防接種法施行規則第11条の22において定められている。

(22) 予防接種法施行令第29条について

> （未支給の給付）
> **令第29条** 給付を受けることができる者が死亡した場合において、その死亡した者に支給すべき給付でまだその者に支給していなかったものがあるときは、その者の配偶者、子、父母、孫、祖父母又は兄弟姉妹であってその者の死亡の当時その者と生計を同じくしていたものに支給する。
> 2 未支給の給付を受けることができる者の順位は、前項に規定する順序による。
> 3 未支給の給付を受けることができる同順位者が2人以上あるときは、その全額をその1人に支給することができるものとし、この場合において、その1人にした支給は、全員に対してしたものとみなす。

本条は、健康被害救済給付を受けることができる者が死亡した場合において、当該者に支給すべき健康被害救済給付で未支給のものがあるときの支給について定める規定である。

健康被害救済給付は一身専属権であり、相続の対象とはならないが、その趣旨が損失の填補にあることに鑑み、給付を受けることができた者で死亡したもの（以下「支給前死亡者」という。）の死亡の当時、その者と生計を同じくしていた配偶者、子、父母、孫、祖父母又は兄弟姉妹のうち最先順位者に対し、未支給の健康被害救済給付を支給することとされている。生計同一要件が課されている理由は、支給前死亡者との間に生活の一体性があった者に支給することが、遺族の生活の保障といった健康被害救済給付の趣旨に合致するためである。

未支給の健康被害救済給付を受けることができる同順位者が2人以上あるときは、その全額をその1人に支給することができるものとし、この場合において、その1人にした支給は、全員に対してしたものとみなすこととされている。これは、「同順位の遺族間の問題は、私的自治に委ね、行政と遺族全体との間の処理等は画一的に早期に処理する」（平成19年逐条解説122頁及び平成25年逐条解説148頁）ためである。

なお、未支給の健康被害救済給付の請求権は、支給前死亡者が有していた健康被害救済給付の請求権を法令により配偶者等が承継したものであり、本条第1項の規定により配偶者等が固有に取得したものではない。

本条の対象となる「死亡した者に支給すべき給付でまだその者に支給していなかったもの」とは、予防接種法第15条第1項の規定による厚生労働大臣の認定が行われることを前提とし、次の3つである[76]。ただし、死亡一時金並びに遺族年金及び遺族一時金はそれぞれの規定により支給されることとなるため、本条の適用はない。

① 支給事由が生じたが、未だ請求されていないもの
② 請求されたが、未だ支給決定処分がないもの
③ 支給決定処分があったが、未だ支払われていないもの

　未支給の健康被害救済給付の支給手続については、予防接種法施行規則第11条の23において定められている。なお、未支給の健康被害救済給付に関する請求書の提出先は、当該健康被害救済給付を受けることができる者が請求すべきであった市町村長である。

㉓　予防接種法施行令第30条について

> （厚生労働省令への委任）
> **令第30条**　この政令に定めるもののほか、給付の請求の手続その他給付の実施に関し必要な事項は、厚生労働省令で定める。

　本条は、健康被害救済給付の請求の手続その他健康被害救済給付の実施に関し必要な事項について省令に委任する規定である。

　健康被害救済給付の実施に関し必要な事項は、社会情勢の変化や行政の事務の実施体制等を勘案して臨機に判断し、政令に定めるもののほか、詳細に規定する必要があるため、省令に委任することとされている。これを受け、予防接種法施行規則第10条から第11条の29までが定められている。

> **補論**　健康被害救済給付の消滅時効について
>
> 　健康被害救済給付を受ける権利は、原則として消滅時効にかからない。これは、「消滅時効制度のある趣旨は、真実の権利関係の証明が困難になることにありますが、これから発生する予防接種事故については、予防接種健康被害調査委員会によって直ちに調査が実施されますので、証明の困難性が比較的に薄いから」（昭和53年逐条解説157頁）であるとされている。
> 　ただし、A類疾病に係る定期の予防接種等又はB類疾病に係る臨時の予防接種に係る障害児養育年金又は障害年金の支給決定処分がされ、金銭債権となった場合、当該障害児養育年金又は障害年金の給付を受ける権利は、地方自治法第236条第1項の規定により5年間で消滅する。また、B類疾病に係る定期の予防接種に係る医療費及び医療手当、遺族年金及び遺族一時金並びに葬祭料については、副作用救済給付と同様に請求期限が設けられている。

---

[76] 労働者災害補償保険法においては、第11条第1項で②及び③を、同条第2項で①を規定しているが、本条では①から③までが区別されることなく規定されている。本条には同法第11条第2項のような規定がないため、①は対象外であるとも思えるが、第10次改正（昭和51年）を受けて改正された予防接種法施行規則第11条の11（現11条の23）第3項において、「第1項の請求書を提出する場合において、支給前死亡者が死亡前に当該給付に係る請求書を提出していなかったときは、未支給の給付を受けようとする者は、当該未支給の給付の種類に応じて第10条から第11条の5まで、第11条の9又は第11条の10の例による請求書及びこれに添えるべき書類等を市町村長に提出しなければならない。」とされていることから、①も対象であることは明らかかである。

第18条　損害賠償との調整

> （損害賠償との調整）
> **第18条**　市町村長は、給付を受けるべき者が同一の事由について損害賠償を受けたときは、その価額の限度において、給付を行わないことができる。
> 2　市町村長は、給付を受けた者が同一の事由について損害賠償を受けたときは、その価額の限度において、その受けた給付の額に相当する金額を返還させることができる。

1. 概要

本条は、健康被害救済給付を受けるべき者が同一の事由について損害賠償を受けた場合における、健康被害救済給付と損害賠償との調整について定める規定である。

2. 沿革

- 第10次改正（昭和51年）：制定（旧第19条）
- 第13次改正（平成６年）：一部改正（旧第19条を旧第14条に繰上げ）
- 第23次改正（平成25年）：一部改正（旧第14条を本条に繰下げ）

3. 制定の趣旨

第15条の制定に伴い設けられた規定である。昭和51年５月14日の衆議院社会労働委員会において、佐分利輝彦政府委員（厚生省公衆衛生局長）が「もしも過失があった場合には、これは当然国賠法によってその過失の有無が争われるわけでございまして、その際に過失が本当にあったということになれば、国家賠償が行われるということは当然でございます。ただ、そのような裁判にも時日がかかりますので、その間はこの新しい制度によって救済措置を講じておく、そして国賠法の決着がつけば、それから従来払ったこちらの制度の金額をお返し願うという仕組みになっております。」と述べているように、本条は主に国家賠償請求訴訟による損害賠償との調整が念頭に置かれていたと考えられる。なお、昭和53年逐条解説（121頁）において、「ワクチンの製造過程における重大な欠陥によるもののように過失によることが明白な予防接種健康被害については、本法の救済の対象外としているが、過失の有無の判定が難しい場合は、一応本制度の対象として給付し、損害賠償を受けた段階で本規定に基づき調整することになる。」とされている。

4. 解説

健康被害救済制度の趣旨は、定期の予防接種等による健康被害に起因する損失の填補であることから、既にその損失が填補された場合、健康被害救済給付を支給する必要はなく、また、そのような場合にまで健康被害救済給付を支給することは、公費を原資とする当該制度における公正、公平の観点から不適当である。そこで、健康被害救済給付と損害賠償は二者択一の関係にあるとされている。すなわち、第１項においては、健康被害救済給付を受けるべき者が当該健康被害救済給付を受けるより前に同一の事由について損害賠償を受けたときは、その価額の限度において、健康被害救済給付を支給しないことができることとされており、第２項においては、健康被害救済給付を受けた者が同一の事由につ

いて損害賠償を受けたときは、その価額の限度において、その受けた健康被害救済給付の額に相当する金額を返還させることができることとされている。第1項、第2項ともできる旨の規定であり、市町村長の裁量に委ねられているが、公正及び公平の観点から、特別の事情のない限り、原則として第1項又は第2項に規定する措置が講じられるべきである。

「同一の事由について」とは、定期の予防接種等による健康被害が生じたことに起因して損害賠償を受けたことを意味し、損害賠償を受けた際の形式的な名目や理由によって影響を受けるものではない。

「損害賠償を受けた」とは、定期の予防接種等による健康被害に関して損害賠償責任を負う者その他の関係者から現に当該健康被害に対する損害や損失を賠償する趣旨による金銭給付等があった場合を意味し、裁判、和解、示談等の形式によらず、また、その名目を問わず、損害賠償の趣旨に該当するものは全て含まれる。なお、「損害賠償を受けた」者には、定期の予防接種等による健康被害を受けた者本人だけでなく、その者を養育する者や法定代理人等も含まれる。

定期の予防接種等による健康被害について国家賠償請求訴訟で賠償が認められた場合には、当該定期の予防接種等は違法な公権力の行使として認定されていることになるが、同一の定期の予防接種等による健康被害について健康被害救済給付が支給されている場合には、二重の填補とならないよう、健康被害救済給付の額を控除して賠償が行われることとなる。

なお、予防接種法施行規則第11条の24において、健康被害救済給付を受けようとする者又は受けた者が、同一の事由について損害賠償を受けたときは、速やかに、その旨を記載した届書を市町村長に提出しなければならないこととされている。

第19条　不正利得の徴収

（不正利得の徴収）
第19条　市町村長は、偽りその他不正の手段により給付を受けた者があるときは、国税徴収の例により、その者から、その受けた給付の額に相当する金額の全部又は一部を徴収することができる。
2　前項の規定による徴収金の先取特権の順位は、国税及び地方税に次ぐものとする。

1. 概要

本条は、市町村長は偽りその他不正の手段により健康被害救済給付を受けた者から不正利得を徴収することができるものとする規定である。

2. 沿革
- 第10次改正（昭和51年）：制定（旧第19条の2）
- 第13次改正（平成6年）：一部改正（旧第19条の2を旧第15条に繰上げ）
- 第23次改正（平成25年）：一部改正（旧第15条を本条に繰下げ）

3. 制定の趣旨

第15条の制定に伴い設けられた規定である。

4. 解説

健康被害救済制度の適正な運用を図るため、市町村長は、偽りその他不正の手段により健康被害救済給付を受けた者があるときは、国税徴収の例により、その者から、その受けた健康被害救済給付の額に相当する金額の全部又は一部を徴収することができることとされている。本条は、第18条と同様、できる旨の規定であり、市町村長の裁量に委ねられているが、公正及び公平の観点から、特別の事情のない限り、原則として本条第1項に規定する措置が講じられるべきである。また、予防接種法に不正受給罪は設けられていないが、偽りその他不正の手段が刑法（明治40年法律第45号）の詐欺罪を構成する場合には、市町村長は刑事訴訟法（昭和23年法律第131号）に基づき告発や告訴を行うべきである。

「偽りその他不正の手段」とは、犯罪を構成する場合に限らず、社会通念上、不正の手段と認められるものをいい、例えば、医師に虚偽の申立てをして診断書を作成させ、医療費の支給を受けた場合や、障害児を養育していないにも関わらず、養育しているとして障害児養育年金の支給を受けた場合をいう。なお、作為、不作為は問わず、例えば、疾病が治癒しているにもかかわらず申告しない場合も含まれる。

「その受けた給付の額に相当する金額の全部又は一部」とは、健康被害救済給付について、偽りその他不正の手段により支給された部分はその全額を徴収することを意味し、情状によってその一部の金額のみを徴収するという意味ではない。

本条第1項の規定による徴収金の先取特権の順位は、国税及び地方税に次ぐものとされている。

第20条　受給権の保護

> （受給権の保護）
> **第20条**　給付を受ける権利は、譲り渡し、担保に供し、又は差し押さえることができない。

1. 概要

本条は、健康被害救済給付の受給権の譲渡、担保供与又は差押えを禁止し、定期の予防接種等による健康被害を受けた者を保護する規定である。

2. 沿革

- 第10次改正（昭和51年）：制定（旧第19条の3）
- 第13次改正（平成6年）：一部改正（旧第19条の3を旧第16条に繰上げ）
- 第23次改正（平成25年）：一部改正（旧第16条を本条に繰下げ）

3. 制定の趣旨

第15条の制定に伴い設けられた規定である。

4. 解説

健康被害救済給付を受ける権利は、一身専属権として、譲渡、担保供与又は差押えが禁止されることを法律上明確にし、定期の予防接種等による健康被害を受けた者を保護するものである。そのため、本条に反する契約等は違法となる。

なお、本条の類例としては、健康保険法第61条がある。「譲り渡し、担保に供し、又は差し押さえることができない」に係る解釈は同条と同様である。

第21条　公課の禁止

> （公課の禁止）
> **第21条**　租税その他の公課は、給付として支給を受けた金銭を標準として、課することができない。

1. 概要

本条は、健康被害救済給付として支給された金銭を標準として、租税その他の公課を課すことを禁止し、定期の予防接種等による健康被害を受けた者を保護する規定である。

2. 沿革

- 第10次改正（昭和51年）：制定（旧第19条の4）
- 第13次改正（平成6年）：一部改正（旧第19条の4を旧第17条に繰上げ）
- 第23次改正（平成25年）：一部改正（旧第17条を本条に繰下げ）

3. 制定の趣旨

第15条の制定に伴い設けられた規定である。

4. 解説

健康被害救済給付として支給された金銭を標準として、租税その他の公課を課すことを禁止することにより、健康被害救済給付の効果を十全なものとし、定期の予防接種等による健康被害を受けた者を保護するものである。

「租税その他の公課」とは、国税や地方税など、国や地方公共団体が賦課・徴収する金銭をいう。

「給付として支給を受けた金銭を標準として、課することができない」とは、健康被害救済給付として支給された金銭を課税等の標準とする収入としないことを意味する。

なお、本条の類例としては、健康保険法第62条がある。

第22条　保健福祉事業の推進

> （保健福祉事業の推進）
> **第22条**　国は、第16条第1項第1号から第3号まで又は同条第2項第1号から第3号までに掲げる給付の支給に係る者であって居宅において介護を受けるものの医療、介護等に

関し、その家庭からの相談に応ずる事業その他の保健福祉事業の推進を図るものとする。

1. 概要

本条は、定期の予防接種等による健康被害を受けた者のうち、居宅において介護を受けるものの医療、介護等に関し、保健福祉事業の推進を図ることを国の責務とする規定である。

2. 沿革

- 第13次改正（平成6年）：制定（旧第18条）
- 第19次改正（平成13年）：一部改正
- 第23次改正（平成25年）：一部改正（旧第18条を本条に繰下げ）

3. 制定の趣旨

「予防接種の今後のあり方及び予防接種による健康被害に対する救済について」（昭和51年3月11日伝染病予防調査会制度改正特別部会取りまとめ）において、「国及び地方公共団体は、健康被害を受けた者の福祉を増進するため、補装具の支給及び修理を行う等必要な福祉に関する事業について全般的な社会保障の施策のなかで十分配慮する必要がある。また、健康被害の影響は教育、就職等広い範囲に及ぶので、就学、技能修得、職業指導等について関係行政機関との有機的連携及び協力等に十分配慮して積極的にこれを行うべきである。」とされたことを受け、昭和52年10月に予防接種リサーチセンターにその一部として予防接種健康被害者保健福祉センターが開設され、予防接種健康被害者に対する相談事業等が開始された。

その後、「今後の予防接種制度の在り方について」（平成5年12月14日公衆衛生審議会答申）において、「予防接種によって健康被害を受けた者は精神的障害と身体的障害の重複を伴う場合が多く、その面で介護の負担が重く、また、親の高齢化による負担や不安も増大してきている等の状況にかんがみ、今後、国及び地方公共団体において、関係機関との有機的連携と協力の下に健康被害者の現状に十分配慮した保健福祉施策が推進されるような体制の整備について検討すべきである。」とされたことを受け、保健福祉事業をより一層推進するため、その根拠規定として本条が設けられた。具体的な施策としては、従来行われてきた保健福祉事業が大幅に拡充され、①都道府県単位で保健婦等を保健福祉相談員に委嘱し、予防接種健康被害者を定期的に訪問すること、②予防接種健康被害者の家族等を対象に介護技術等の講習会を開催すること等が行われた。この点、平成6年6月22日の衆議院厚生委員会において、谷修一政府委員（厚生省保健医療局長）が「予防接種リサーチセンターの役員数は10名、職員数でございますが、非常勤も含めて5名、事業内容につきましては、予防接種に関する調査研究、あるいは健康被害者に対する保健福祉事業の実施を主な内容としております。具体的には、センターの保健婦が電話による相談あるいは被害者の家庭への訪問というようなことを実施をしております。今回の改正に伴いまして保健福祉事業を拡充をするということで、都道府県単位での保健婦等を保健福祉相談員に委嘱して被害者の方の定期的な訪問を行うとか、あるいはその際必要に応じて専門医が同

行する、また被害者の家族を対象にした講習会を実施するといったようなことを考えております。」と述べている。

4. 解説

国は、①及び②の健康被害救済給付の支給に係る者であって、居宅において介護を受けるものの医療、介護等に関し、その家庭からの相談に応ずる事業その他の保健福祉事業の推進を図ることとされている。

① A類疾病に係る定期の予防接種等又はB類疾病に係る臨時の予防接種を受けたことによる疾病又は障害について支給される医療費、医療手当、障害児養育年金又は障害年金
② B類疾病に係る定期の予防接種を受けたことによる疾病又は障害について支給される医療費、医療手当、障害児養育年金又は障害年金

これは、定期の予防接種等による健康被害を受けた者のうち、特に介護を要する状態となった者が在宅で介護を受ける場合、その者の家庭の身体的、精神的、経済的負担が非常に重いことから、相談事業をはじめとする保健福祉事業の推進を図ることにより、健康被害救済制度を補完するという趣旨である。本条は訓示規定であり、国は、個々の定期の予防接種等による健康被害を受けた者に対して措置を講ずる義務を負うものではないが、その趣旨に照らし、十分な保健福祉事業を行うことが求められよう。なお、本条を受け、予防接種リサーチセンターによる相談事業や、講習会等が行われている。

第6章 予防接種の有効性及び安全性の向上に関する調査等

　第6章は、予防接種の有効性及び安全性の向上に関する厚生労働大臣の調査等について定めるとともに、匿名予防接種等関連情報の利活用に関して必要な事項を規定するものである。新型コロナウイルス感染症に係る予防接種の実施により、予防接種の有効性及び安全性の向上を図るための調査及び研究の重要性が改めて認識されたものの、そのために必要となる厚生労働大臣による情報収集の手段が不十分であったことや、定期の予防接種等の実施状況と副反応に関する情報を連結して解析できるデータベースが構築されていなかったことを踏まえ、第26次改正（令和4年）において本章が設けられ、所要の規定が整備された（本書の作成時において未施行であり、令和8年6月8日までの間において政令で定める日に施行される予定である。）。なお、予防接種データベースの運用イメージは、図6のとおりである。

【図6】予防接種事務のデジタル化等のイメージ[77]

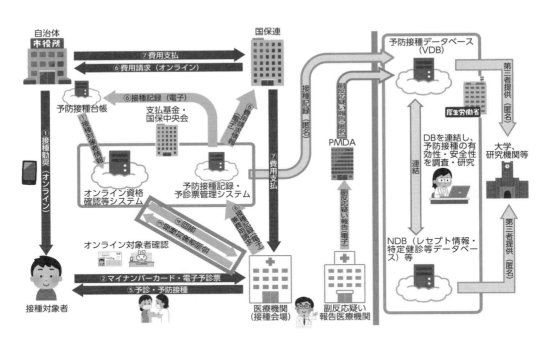

第23条　予防接種の有効性及び安全性の向上に関する厚生労働大臣の調査等

（予防接種の有効性及び安全性の向上に関する厚生労働大臣の調査等）
第23条　厚生労働大臣は、定期の予防接種等による免疫の獲得の状況に関する調査、定期

---

[77] 令和4年9月2日の第36回厚生科学審議会予防接種・ワクチン分科会資料2より一部改変。

の予防接種等による健康被害の発生状況に関する調査その他定期の予防接種等の有効性及び安全性の向上を図るために必要な調査及び研究を行うものとする。
2　市町村長又は都道府県知事は、厚生労働省令で定めるところにより、厚生労働大臣に対し、定期の予防接種等の実施状況に関する情報その他の前項の規定による調査及び研究の実施に必要な情報として厚生労働省令で定めるものを提供しなければならない。
3　厚生労働大臣は、第1項の規定による調査及び研究の実施に関し必要があると認めるときは、厚生労働省令で定めるところにより、地方公共団体、病院若しくは診療所の開設者、医師又はワクチン製造販売業者に対し、当該調査及び研究の実施に必要な情報を提供するよう求めることができる。

注　本条は、第26次改正（令和8年6月8日までの間において政令で定める日施行分）による追加規定。

1.　概要

本条は、厚生労働大臣が定期の予防接種等の有効性及び安全性の向上を図るために必要な調査及び研究を行うものとし、当該調査及び研究の実効性を担保するため、市町村長又は都道府県知事による厚生労働大臣に対する情報提供等を根拠付ける規定である。本条の類例としては、高齢者医療確保法第16条及び介護保険法第118条の2がある。

2.　沿革

- 第26次改正（令和4年）：制定

3.　制定の趣旨

(1)　第1項について

予防接種は疾病の発生及びまん延の予防に大きな効果を持つ一方、極めて稀ではあるが不可避的に健康被害が起こり得るものであるため、予防接種の有効性及び安全性や健康被害救済制度等について、予防接種の対象者やその保護者に十分に理解いただき、同意していただいた上で実施すべきものである。そのためには、予防接種の有効性及び安全性に関し、正確かつ迅速に情報収集・分析を行うことが不可欠である。そこで、第26次改正（令和4年）前の第23条第4項において、「国は、予防接種による免疫の獲得の状況に関する調査、予防接種による健康被害の発生状況に関する調査その他予防接種の有効性及び安全性の向上を図るために必要な調査及び研究を行うものとする。」とされていた。

しかし、当該改正前は、予防接種の有効性に関する調査及び研究を行うために必要な情報を国が収集する手段が十分に規定されていなかった。また、予防接種の安全性に関する調査及び研究に関しては、第12条第1項の規定により、副反応と疑われる症状についての情報収集は可能であったが、予防接種後に発現した症状が当該予防接種によるものであるか否か判断するためには、当該予防接種を受けていない者における当該症状の発現状況を把握する必要があるところ、そのような情報を網羅的に入手する手段がなかった。したがって、第23条第4項の調査及び研究を十分に行うことは困難であった。

これらの課題は、新型コロナウイルス感染症に係る予防接種が行われる中で改めて認識された。例えば、令和4年3月28日の参議院決算委員会において、柳ヶ瀬裕文委員が、新型コロナウイルス感染症に係る予防接種による後遺症を「上手く捉えられない」のは「ワクチン接種による後遺症を一体的に把握する制度、システムがないためにワクチン接種による有害事象や後遺症の存在を網羅的に把握できていないということが原因であり、これを解決するためには、医師や製薬会社の報告だけではなくて、ワクチン接種者が自らワクチン接種後の体調や症状を直接報告するいわゆるワクチンレジストリーの構築が喫緊の課題であるというふうに考えて」おり、「ワクチンレジストリーの構築を急ぐべきだと考えますけれども、総理の御見解を伺いたいと思います」と質問したのに対し、岸田文雄内閣総理大臣は「ワクチン接種後に副反応と疑われる症状の発生を把握した場合、医師やワクチンの製造販売業者等は医薬品医療機器総合機構、PMDAに報告することとされており、副反応と疑われる症状の発生を早期に探知できるシステムは構築されています。しかしながら、今委員の方から御指摘がありましたように、予防接種の実施状況と副反応と疑われる症状の発現状況等を個人単位で連結し、効率的に報告、把握するシステムがない、これが課題になっているということは承知をしております。よって、この予防接種の安全性等に関する調査をより的確に行うためのデータベースの整備に向けた具体的な検討は、政府としても進めていかなければならないと認識をしております」と答弁している。そこで、第26次改正（令和4年）において、厚生労働大臣が定期の予防接種等の有効性及び安全性の向上のための調査及び研究を行うことを明確化するとともに、当該調査及び研究の実施に必要な情報の収集手段を法律上規定することとされた。

(2)　第2項について

　第26次改正（令和4年）時点では、定期の予防接種等に関する記録は各地方公共団体においてそれぞれ独自のシステムで管理されており、国は定期の予防接種等の詳細な実施状況を把握していなかったため[78]、定期の予防接種等による疾病のまん延予防の効果等について詳細な調査及び研究を行うことができなかった。また、副反応疑い報告制度は運用されていたものの、国が定期の予防接種等の詳細な実施状況を把握していなかったことから、個人単位で定期の予防接種等に関する記録や副反応疑い報告に関する情報等を結び付け、副反応に係る詳細な分析を行うことができなかった。

　そこで、そのような調査及び研究や分析が可能となる環境を整備するため、市町村長又は都道府県知事は、厚生労働大臣に対し、定期の予防接種等の実施状況に関する情報等を提供しなければならないこととされた。

(3)　第3項について

　ある疾病について、定期の予防接種等の対象疾病とするか否かを判断するに当たっては、定期の予防接種等として備えるべき有効性及び安全性が確保されているか否かを考慮すべきところ、当該疾病に対する予防接種が既に予防接種法に基づかない予防接種や

---

[78] 新型コロナウイルス感染症に係る予防接種については、市町村が住民の当該予防接種の記録を把握するために国が整備したシステム、ワクチン接種記録システム（VRS）に入力された当該予防接種の記録を集計することにより、全国の当該予防接種の実施状況を把握することができた。しかし、市町村によるVRSへの入力はあくまで任意であり、法制上の裏付けはなかった。

治験として実施されている場合においては、そのような予防接種に関する情報を収集し、第1項の調査及び研究の対象に加えることが有益である。

そこで、厚生労働大臣は、当該調査及び研究の実施に関し必要があると認めるときは、地方公共団体等に対し、当該調査及び研究の実施に必要な情報を提供するよう求めることができることとされた。

4. 解説
（1）第1項について

厚生労働大臣は、定期の予防接種等の有効性及び安全性の向上を図るため、定期の予防接種等による免疫の獲得の状況に関する調査、定期の予防接種等による健康被害の発生状況に関する調査等を行うこととされている。本項の趣旨に照らせば、既に予防接種法又は予防接種法施行令に規定されている疾病に係る調査及び研究だけでなく、今後、定期の予防接種等の対象疾病として位置付けることが想定される疾病に係る調査及び研究も本項からは排除されないと解される。この点、本条の「定期の予防接種等」を単に「予防接種」と規定することも考えられるが、個人情報の収集範囲が予防接種全般に際限なく拡大してしまうおそれがあること、また、第47条第4項との区別が困難になることから、「定期の予防接種等」とされた（同項において、国は、本項の規定による厚生労働大臣による調査及び研究のほか、予防接種による免疫の獲得の状況に関する調査、予防接種による健康被害の発生状況に関する調査その他予防接種の有効性及び安全性の向上を図るために必要な調査及び研究を行うものとされている。このように、第47条第4項の調査及び研究は、実施主体が国である点、また、対象が予防接種全般である点で異なっている。）。

（2）第2項について

定期の予防接種等の実施状況に関する情報は第1項の規定による調査及び研究に欠かせないものであるため、市町村長又は都道府県知事は、厚生労働大臣に対し、定期の予防接種等の実施状況に関する情報その他の当該調査及び研究に必要な情報を提供しなければならないこととされている。

本項の「厚生労働省令で定めるところ」においては、情報提供の方法を定めることが想定されている。また、「厚生労働省令で定めるもの」としては、例えば、定期の予防接種等に関する記録に含まれる情報が考えられる。

（3）第3項について

厚生労働大臣は、第1項の規定による調査及び研究を実効的に行うため、第2項の規定により提供された情報以外にも当該調査及び研究の実施に必要となる情報を、地方公共団体等に対して求めることができることとされている。第2項とは異なり、地方公共団体等に対して情報提供の義務が課されていない理由は、本項では主に予防接種法に基づかない予防接種に関する情報を収集することが念頭に置かれているところ、そのような予防接種全てについてその実施状況等に関する情報を収集することは企図されておらず、今後、定期の予防接種等に位置付けることが想定されるものについてのみ情報を収集することが想定されているため、すべからく情報提供を義務付けることは不適切であると考えられたためである。したがって、本項の情報提供は地方公共団体等に対して任

意の協力を求め、地方公共団体等がそれに応ずる形で行われることとなる。
　厚生労働大臣が情報提供を求めることができる者は、地方公共団体、病院若しくは診療所の開設者、医師又はワクチン製造販売業者であり、基本的には第13条第4項に規定する者と同一である。同項に含まれている定期の予防接種等を受けた者又はその保護者が本項に含まれていない理由は、本項に規定している者に情報提供を求めれば、定期の予防接種等を受けた者又はその保護者に直接情報提供を求めることまでは必要ないと考えられたためである。
　本項の厚生労働省令においては、情報提供の方法を定めることが想定されている[79]。

第24条　国民保健の向上のための匿名予防接種等関連情報の利用又は提供

（国民保健の向上のための匿名予防接種等関連情報の利用又は提供）

第24条　厚生労働大臣は、国民保健の向上に資するため、匿名予防接種等関連情報（予防接種等関連情報（前条第2項及び第3項の規定により提供された情報並びに第12条第1項の規定による報告に係る情報をいう。以下この項及び次条において同じ。）に係る特定の定期の予防接種等の対象者その他の厚生労働省令で定める者（次条において「本人」という。）を識別すること及びその作成に用いる予防接種等関連情報を復元することができないようにするために厚生労働省令で定める基準に従い加工した予防接種等関連情報をいう。以下同じ。）を利用し、又は厚生労働省令で定めるところにより、次の各号に掲げる者であって、匿名予防接種等関連情報の提供を受けて行うことについて相当の公益性を有すると認められる業務としてそれぞれ当該各号に定めるものを行うものに提供することができる。

　一　国の他の行政機関及び地方公共団体　適正な保健医療サービスの提供に資する施策の企画及び立案に関する調査

　二　大学その他の研究機関　疾病の原因並びに疾病の予防、診断及び治療の方法に関する研究その他の公衆衛生の向上及び増進に関する研究

　三　民間事業者その他の厚生労働省令で定める者　医療分野の研究開発に資する分析その他の厚生労働省令で定める業務（特定の商品又は役務の広告又は宣伝に利用するために行うものを除く。）

　2　厚生労働大臣は、前項の規定による匿名予防接種等関連情報の利用又は提供を行う場合には、当該匿名予防接種等関連情報を高齢者の医療の確保に関する法律（昭和57年法律第80号）第16条の2第1項に規定する匿名医療保険等関連情報、感染症法第56条の41第1項に規定する匿名感染症関連情報その他の厚生労働省令で定めるものと連結して利用し、又は連結して利用することができる状態で提供することができる。

注　本条は、第26次改正（令和8年6月8日までの間において政令で定める日施行分）による追加規定。

---

[79] 高齢者医療確保法施行規則第5条第3項が類例として挙げられる。

1. 概要

本条は、厚生労働大臣が匿名予防接種等関連情報を利用又は提供する根拠となる規定である。本条の類例としては、健康保険法第150条の2第1項及び第2項、高齢者医療確保法第16条の2第1項及び第2項並びに介護保険法第118条の3第1項及び第2項がある。

2. 沿革

- 第26次改正（令和4年）：制定

3. 制定の趣旨

(1) 第1項について

第26次改正（令和4年）において第23条が制定され、厚生労働大臣が定期の予防接種等の有効性及び安全性の向上に関する調査及び研究を行うこととされたが、当該調査及び研究に当たっては、個人単位で定期の予防接種等に関する記録や副反応疑い報告に関する情報等を結び付けることが必要となるため、厚生労働大臣が匿名予防接種等関連情報を利用することができることとされた。

また、予防接種に関する調査及び研究を推進するためには、厚生労働大臣だけでなく、国の他の行政機関や民間事業者等も匿名予防接種等関連情報を用いて予防接種に関する調査及び研究を行えるようにすることが有益であることから、厚生労働大臣は国の他の行政機関等に対して匿名予防接種等関連情報を提供することができることとされた。

(2) 第2項について

匿名予防接種等関連情報により、定期の予防接種等に関する記録と副反応疑い報告に関する情報とを連結した調査及び研究が可能となるが、これだけでは、予防接種を受けた者と予防接種を受けていない者の疾病の発現状況を比較して予防接種の有効性及び安全性を評価すること等ができない。そこで、匿名予防接種等関連情報と他の医療や公衆衛生に関する記録とを連結し、そのような調査及び研究を行うことを可能とするため、匿名予防接種等関連情報と匿名医療保険等関連情報等を連結することができることとされた。

4. 解説

(1) 第1項について

匿名予防接種等関連情報の利用又は提供の目的が「国民保健の向上に資するため」とされている理由は、本条と同様の規定である健康保険法第150条の2第1項に規定する匿名診療等関連情報や高齢者医療確保法第16条の2第1項に規定する匿名医療保険等関連情報の利用又は提供の目的が「国民保健の向上に資するため」と規定されており、予防接種法においても同様に規定することが、次に示すとおり、適当であると考えられたためである。

① 「社会保障制度に関する勧告」（昭和25年10月16日社会保障制度審議会）では、社会保障を社会保険、国家扶助、公衆衛生及び医療、社会福祉の4分野に大別した上で、公衆衛生を「あまねく国民に対して体位の向上や疾病の予防を計るために行う保

健衛生活動」と定義しており、「保健」は公衆衛生の一部として位置付けられていたが、平成6年に、それまで公衆衛生の趣旨の具体化してきた保健所法が地域保健法に改正されるとともに、引き続き公衆衛生の向上という要素を残しつつも、同法の目的として、「地域住民の健康の保持及び増進」と掲げることで、「保健」の概念が、公衆衛生の要素も含みながら、個々人の健康の保持及び増進に重点を置く形へと再構築されたこと。

② 予防接種法が「国民の健康の保持」を目的としていること。

③ ①及び②を踏まえれば、公衆衛生についてもカバーする概念と言える「国民保健の向上」を匿名予防接種等関連情報の利用及び提供に係る目的とするのが適当であること。

予防接種等関連情報とは、第23条第2項及び第3項の規定により提供された情報並びに第12条第1項の規定による報告に係る情報をいう。第23条第2項の規定により提供された情報とは、市町村長又は都道府県知事により提供された情報であり、第9条の3の規定により作成された記録に記載された情報等が想定されている。また、第23条第3項の規定により提供された情報とは、地方公共団体、病院若しくは診療所の開設者、医師又はワクチン製造販売業者から提供された情報であり、予防接種の際の詳細な記録、ワクチンの副反応に関する情報、その診療録等が想定されている。

予防接種等関連情報は個人に関する情報であり、それが公になることにより被接種者本人の権利利益が侵害されるおそれがあることから、調査及び研究に当たっては、予防接種等関連情報を匿名化した匿名予防接種等関連情報を用いることとされている。

匿名化の目的は2つ規定されており、①予防接種等関連情報に係る特定の定期の予防接種等の対象者その他の厚生労働省令で定める者を識別することができないようにすること、②その作成に用いる予防接種等関連情報を復元することができないようにすることである。①は、匿名化を行うに当たっては、当然、特定の定期の予防接種等の対象者等を識別することができないように加工しなければならない旨を定めたものである。なお、「その他の厚生労働省令で定める者」の例としては、定期の予防接種等に相当する予防接種を受けた者が挙げられる。②は、例えば、匿名化したとしても、特異な記述等が残っていれば、それを手がかりとして匿名予防接種等関連情報のもととなった予防接種等関連情報を復元し、個人を特定することが可能となるおそれがあるため、そのような復元ができないように加工しなければならない旨を定めたものである。具体的な加工措置の内容である「厚生労働省令で定める基準」については、医療情報に関する健康保険法施行規則（大正15年内務省令第36号）第155条の3が類例として挙げられる。

厚生労働大臣が匿名予防接種等関連情報を提供することができる相手方は「次の各号に掲げる者であって、匿名予防接種等関連情報の提供を受けて行うことについて相当の公益性を有すると認められる業務としてそれぞれ当該各号に定めるものを行うもの」とされている。「匿名予防接種等関連情報の提供を受けて行うことについて相当の公益性を有すると認められる業務」については、「相当の公益性」の概念が各時代における社会情勢等により変動する幅広いものであり、その判断に当たっては、提供を受けようとする匿名予防接種等関連情報の内容や利用主体の性質、利用目的、分析結果の公表の有無等について、個々の事例に即し、総合的に勘案する必要がある上、その判断のために

は、医療分野における高度な専門性が必要となることから、その具体的な考え方や範囲については、適切に判断するための基準を柔軟に設定する観点から、厚生労働省令で規定することとされている。ただし、それらの全てを厚生労働省令で規定することは、実質的に利用者の範囲の全てを下位法令で規定することとなり、不適切であることから、公益性を有する場合とそうでない場合について、法律上に利用主体や利用目的を例示することで、一定のメルクマールとしている。この点、公益性を有する場合とは、本項と同様の規定である健康保険法第150条の2第1項や高齢者医療確保法第16条の2第1項に倣い、第26次改正（令和4年）時点の運用上の対応でも予防接種に関する記録等の活用を認めている、国や地方公共団体による適正な保健医療サービスの提供に資する施策の企画及び立案に関する調査や、研究機関による公衆衛生の向上及び増進に関する研究、民間事業者による医療分野の研究開発に資する分析等としている。一方で、公益性を有しない場合とは、民間事業者等が行う医療分野の研究開発に資する分析その他の厚生労働省令で定める業務であって、特定の商品又は役務の広告又は宣伝に利用するために行うものとしている。これは、特定の商品又は役務の広告又は宣伝に利用するために匿名予防接種等関連情報を用いた調査及び研究を行うような場合には、仮にその研究成果等が公表されたとしても、匿名予防接種等関連情報の利用によって生じる利益の大半が個別の事業者に帰属することが容易に想定されるため、公的制度に基づいて収集される匿名予防接種等関連情報を利用することが相当の公益性を有するとは認められないことを考慮したものである[80]。

匿名予防接種等関連情報の提供に係る手続等については、柔軟に設定する必要があることから、厚生労働省令で定めることとされている。健康保険法施行規則第155条の4や高齢者医療確保法施行規則第5条の5、介護保険法施行規則（平成11年厚生省令第36号）第140条の72の9が類例として挙げられる。

(2) 第2項について

定期の予防接種等を受けた者と受けていない者との間で副反応の発生頻度を比較し、当該定期の予防接種等で用いられているワクチンの有効性及び安全性を比較しようとした場合、匿名予防接種等関連情報には定期の予防接種等により予防しようとする疾病の罹患状況に関する情報が含まれていないことから、それだけでは定期の予防接種等の有効性及び安全性に関する調査及び研究を十分に行うことができない。そこで、当該調査及び研究を効果的に行うため、匿名予防接種等関連情報を他の情報と連結して分析できることとされている。

匿名予防接種等関連情報を他の情報と連結して分析を行うに当たっても、情報の匿名性が維持されることが必要であることから、連結可能な情報を無際限に認めることは適当ではなく、匿名性の維持が技術的に可能な情報に限定すべきであるとの考え方の下、連結可能な情報は厚生労働省令で定めることとされている。

しかし、主に想定されるのは、副反応疑い報告に係る情報と連結して分析することで

---

[80] 民間事業者等による研究開発を目的とする匿名予防接種等関連情報の利用については、多かれ少なかれ個々の民間事業者等に利益が生じることが想定されるが、有効性及び安全性の面で質の高いワクチン、医薬品、医療機器や医療サービスの実現等を通じ、広く国民の利益となることが期待できる点において、基本的には公益性を有すると認められる。しかし、特定の商品等の広告又は宣伝までは公益性が認められないと考えられたところである。

予防接種の安全性に関する調査及び研究を行うことができるレセプト情報・特定健診等情報データベース（NDB）、疾病の発生及びまん延状況に係る情報と連結して分析することで予防接種の有効性に関する調査及び研究を行うことができる感染症関連のデータベースであることから、匿名医療保険等関連情報及び匿名感染症関連情報は法律上に明記されている。

第25条　照合等の禁止

> （照合等の禁止）
> **第25条**　前条第1項の規定により匿名予防接種等関連情報の提供を受け、これを利用する者（以下「匿名予防接種等関連情報利用者」という。）は、匿名予防接種等関連情報を取り扱うに当たっては、当該匿名予防接種等関連情報の作成に用いられた予防接種等関連情報に係る本人を識別するために、当該予防接種等関連情報から削除された記述等（文書、図画若しくは電磁的記録に記載され、若しくは記録され、又は音声、動作その他の方法を用いて表された一切の事項をいう。）若しくは匿名予防接種等関連情報の作成に用いられた加工の方法に関する情報を取得し、又は当該匿名予防接種等関連情報を他の情報と照合してはならない。

注　本条は、第26次改正（令和8年6月8日までの間において政令で定める日施行分）による追加規定。

1. 概要

本条は、匿名予防接種等関連情報利用者が、匿名予防接種等関連情報の作成に用いられた予防接種等関連情報に係る本人を識別するために、当該匿名予防接種等関連情報を他の情報と照合すること等を禁止する規定である。本条の類例としては、健康保険法第150条の3、高齢者医療確保法第16条の3及び介護保険法第118条の4がある。

2. 沿革

- 第26次改正（令和4年）：制定

3. 制定の趣旨

本条から第30条までは、第24条の制定に伴い、同条と一体的に設けられた規定である。匿名予防接種等関連情報利用者において、セキュリティ対策が不十分であることにより情報漏洩が生じたり、提供を受けた目的と異なる不適切な利用が行われたりすれば、個人に不測の損害が生じ得るだけでなく、匿名予防接種等関連情報の利活用に対する国民からの信頼が失墜し、予防接種等関連情報の収集が困難となるおそれがある。このような事態を回避するため、本条から第28条までにおいて、匿名予防接種等関連情報利用者に対し、匿名予防接種等関連情報の適切な利用や管理に関する義務を課すとともに、第29条及び第30条において、厚生労働大臣が立入検査等及び是正命令をすることができることとし、実効性を担保することとされている。

匿名予防接種等関連情報は、特定の者が識別できないよう加工が施されているものであるが、悪意のある者が匿名予防接種等関連情報の提供を受け、他の情報との照合等を行った場合、特定の者が推定できる可能性を完全に排除することはできないことから、匿名予防接種等関連情報を他の情報と照合すること等を禁止することとされた。

4. 解説

　本条により禁止されるのは、①匿名予防接種等関連情報利用者が、②提供を受けた匿名予防接種等関連情報の作成に用いられた予防接種等関連情報に係る本人を識別するという目的で、③当該予防接種等関連情報から削除された記述等若しくは匿名予防接種等関連情報の作成に用いられた加工の方法に関する情報を取得すること又は当該匿名予防接種等関連情報を他の情報と照合することである。

　①の「匿名予防接種等関連情報利用者」とは、匿名予防接種等関連情報の提供を受け、これを利用する者をいう。匿名予防接種等関連情報は何らかの業務を行うために提供されるものであることから、単に匿名予防接種等関連情報の提供を受けるだけの者は想定されないため、「提供を受け、これを利用する者」と定義されている。

　②は、本条の主観的要件を定めるものである。本条の保護法益は個人のプライバシーの保護であるため、照合等が禁止されるのは、匿名予防接種等関連情報利用者が、提供を受けた匿名予防接種等関連情報の作成に用いられた予防接種等関連情報に係る本人を識別する目的の場合に限定されている。

　③は、本条の客観的要件を定めるものであり、次のⅠからⅢまでの行為が禁止されている。Ⅰ及びⅡは主に匿名予防接種等関連情報から予防接種等関連情報を復元することが想定されているのに対し、Ⅲは当該記述等又は他の情報を用いて本人を識別することが念頭に置かれている。

Ⅰ）予防接種等関連情報から削除された記述等を取得すること。
Ⅱ）匿名予防接種等関連情報の作成に用いられた加工の方法に関する情報を取得すること。
Ⅲ）匿名予防接種等関連情報を他の情報と照合すること。

　本条に違反した場合、罰則の適用はないが、厚生労働大臣は当該違反を是正するため必要な措置をとるべきことを命ずることができる（第30条参照）。

第26条　消去

(消去)
第26条　匿名予防接種等関連情報利用者は、提供を受けた匿名予防接種等関連情報を利用する必要がなくなったときは、遅滞なく、当該匿名予防接種等関連情報を消去しなければならない。

注　本条は、第26次改正（令和8年6月8日までの間において政令で定める日施行分）による追加規定。

1. 概要

本条は、匿名予防接種等関連情報利用者に対し、匿名予防接種等関連情報を利用する必要がなくなったときは、遅滞なく、当該匿名予防接種等関連情報を消去する義務を課す規定である。本条の類例としては、健康保険法第150条の4、高齢者医療確保法第16条の4及び介護保険法第118条の5がある。

2. 沿革

- 第26次改正（令和4年）：制定

3. 制定の趣旨

第24条の制定に伴い設けられた規定である。匿名予防接種等関連情報利用者のセキュリティ対策が不十分であること等による個人情報の漏洩リスクを可能な限り低減させるため、匿名予防接種等関連情報利用者は、提供を受けた匿名予防接種等関連情報を利用する必要がなくなったときは、遅滞なく、当該匿名予防接種等関連情報を消去しなければならないこととされた。

4. 解説

匿名予防接種等関連情報利用者は、提供を受けた匿名予防接種等関連情報を利用する必要がなくなったときは、遅滞なく、当該匿名予防接種等関連情報を消去しなければならないこととされている。匿名予防接種等関連情報利用者とは、匿名予防接種等関連情報の提供を受け、これを利用する者と定義されているため、本条の義務の対象は匿名予防接種等関連情報利用者であった者とすべきとも思われるが、匿名予防接種等関連情報を利用する必要がなくなった場合でも、当該匿名予防接種等関連情報を消去するまでは、匿名予防接種等関連情報を利用する可能性がある者として、匿名予防接種等関連情報利用者として取り扱われている。

本条に違反した場合、罰則の適用はないが、厚生労働大臣は当該違反を是正するため必要な措置をとるべきことを命ずることができる（第30条参照）。

第27条　安全管理措置

（安全管理措置）
第27条　匿名予防接種等関連情報利用者は、匿名予防接種等関連情報の漏えい、滅失又は毀損の防止その他の当該匿名予防接種等関連情報の安全管理のために必要かつ適切なものとして厚生労働省令で定める措置を講じなければならない。

注　本条は、第26次改正（令和8年6月8日までの間において政令で定める日施行分）による追加規定。

1. 概要

本条は、匿名予防接種等関連情報利用者に対し、匿名予防接種等関連情報に係る安全管

理措置を講ずる義務を課す規定である。本条の類例としては、健康保険法第150条の5、高齢者医療確保法第16条の5及び介護保険法第118条の6がある。

2. 沿革
- 第26次改正（令和4年）：制定

3. 制定の趣旨
　第24条の制定に伴い設けられた規定である。匿名予防接種等関連情報利用者のセキュリティ対策が不十分であること等による個人情報の漏洩リスクを可能な限り低減させるため、匿名予防接種等関連情報利用者は、匿名予防接種等関連情報に係る安全管理措置を講じなければならないこととされた。

4. 解説
　匿名予防接種等関連情報利用者は、匿名予防接種等関連情報の漏洩、滅失又は毀損の防止その他の当該匿名予防接種等関連情報の安全管理のために必要かつ適切な措置を講じなければならないこととされている。当該措置は社会情勢や技術の発展を踏まえて柔軟に講ずる必要があることから、厚生労働省令で定めることとされている。当該厚生労働省令の類例としては、健康保険法施行規則第155条の8や高齢者医療確保法施行規則第5条の9、介護保険法施行規則第140条の72の13が挙げられる。これらの法令においては、①組織的な安全管理に関する措置、②人的な安全管理に関する措置、③物理的な安全管理に関する措置、④技術的な安全管理に関する措置、⑤その他の安全管理に関する措置が定められている。
　本条に違反した場合、罰則の適用はないが、厚生労働大臣は当該違反を是正するため必要な措置をとるべきことを命ずることができる（第30条参照）。

第28条　利用者の義務

（利用者の義務）
第28条　匿名予防接種等関連情報利用者又は匿名予防接種等関連情報利用者であった者は、匿名予防接種等関連情報の利用に関して知り得た匿名予防接種等関連情報の内容をみだりに他人に知らせ、又は不当な目的に利用してはならない。

注　本条は、第26次改正（令和8年6月8日までの間において政令で定める日施行分）による追加規定。

1. 概要
　本条は、匿名予防接種等関連情報利用者又は匿名予防接種等関連情報利用者であった者について、匿名予防接種等関連情報の漏洩や不当目的利用を禁止する規定である。本条の類例としては、健康保険法第150条の6、高齢者医療確保法第16条の6及び介護保険法第118条の7がある。

2. 沿革

- 第26次改正（令和4年）：制定

3. 制定の趣旨

第24条の制定に伴い設けられた規定である。個人のプライバシーを保護し、匿名予防接種等関連情報の利活用に対する国民からの信頼を保持するため、匿名予防接種等関連情報利用者又は匿名予防接種等関連情報利用者であった者は、匿名予防接種等関連情報の利用に関して知り得た匿名予防接種等関連情報の内容をみだりに他人に知らせ、又は不当な目的に利用してはならないこととされた。

4. 解説

本条の対象者は、匿名予防接種等関連情報利用者及び匿名予防接種等関連情報利用者であった者とされている。これは、個人のプライバシーの保護を徹底するため、匿名予防接種等関連情報利用者であった者についても、匿名予防接種等関連情報の漏洩や不当目的利用を禁止する必要があるからである。

本条により禁止されるのは、匿名予防接種等関連情報の利用に関して知り得た匿名予防接種等関連情報の内容について、みだりに他人に知らせること及び不当な目的に利用することである。これらの行為に該当するか否かは、個別具体的な事情に基づき判断されるものであるが、いずれにしても、匿名予防接種等関連情報を第24条第1項各号に掲げる業務の目的の範囲内で利用することが要請されている。

本条に違反した場合、厚生労働大臣は当該違反を是正するため必要な措置をとるべきことを命ずることができる（第30条参照）。また、当該違反行為をした者は、1年以下の拘禁刑若しく50万円以下の罰金に処し、又はこれを併科することとされている（第59条第1号参照）。第25条から第27条までの違反については罰則がないのに対し、本条の違反については罰則があるのは、本条の違反は個人のプライバシーの毀損に直結することから、特に罰則で担保する必要があるためである。

第29条　立入検査等

（立入検査等）

第29条　厚生労働大臣は、この章（第23条を除く。）の規定の施行に必要な限度において、匿名予防接種等関連情報利用者（国の他の行政機関を除く。以下この項及び次条において同じ。）に対し報告若しくは帳簿書類の提出若しくは提示を命じ、又は当該職員に関係者に対して質問させ、若しくは匿名予防接種等関連情報利用者の事務所その他の事業所に立ち入り、匿名予防接種等関連情報利用者の帳簿書類その他の物件を検査させることができる。

2　前項の規定による質問又は立入検査を行う場合においては、当該職員は、その身分を示す証明書を携帯し、関係者に提示しなければならない。

3　第1項の規定による権限は、犯罪捜査のために認められたものと解釈してはならない。

注　本条は、第26次改正（令和8年6月8日までの間において政令で定める日施行分）による追加規定。

1. 概要

本条は、厚生労働大臣が匿名予防接種等関連情報利用者に対して立入検査等を行う根拠となる規定である。本条の類例としては、健康保険法第150条の7、高齢者医療確保法第16条の7及び介護保険法第118条の8がある。

2. 沿革

- 第26次改正（令和4年）：制定

3. 制定の趣旨

第24条の制定に伴い設けられた規定である。第25条から第28条までに規定する匿名予防接種等関連情報利用者の義務を果たすため、匿名予防接種等関連情報利用者は匿名予防接種等関連情報を管理する設備や人員体制を設けることが想定されるが、その履行状況について、個々の実態を正確に把握するとともに、違反があった場合には、当該違反の内容に則した是正命令をすることを可能とするため、厚生労働大臣は、匿名予防接種等関連情報利用者に対する報告徴収や立入検査を行うことができることとされた。

4. 解説

厚生労働大臣は、第6章（第23条を除く。）の規定の施行に必要な限度において、匿名予防接種等関連情報利用者（国の他の行政機関を除く。）に対し、次の命令等を行うことができることとされている。この権限は、「この章（第23条を除く。）の規定の施行に必要な限度において」と規定されていることから明らかなように、匿名予防接種等関連情報の適正な利活用を図るために行使することが許されているものであり、犯罪捜査のために認められたものと解釈してはならないこととされている。

① 報告の命令
② 帳簿書類の提出又は提示の命令
③ 当該職員による関係者に対する質問
④ 匿名予防接種等関連情報利用者の事務所その他の事業所への立入り及び匿名予防接種等関連情報利用者の帳簿書類その他の物件の検査

①及び②については、厚生労働大臣名の文書等により行われることが想定されるが、③及び④については、通常、当該職員に行わせることが想定されるため、③及び④の場合には、当該職員は、その身分を示す証明書を携帯し、関係者に提示しなければならないこととされている[81]。

なお、公権力の行使に当たる立入検査や是正命令は、一般的に、公益上必要最小限度の

---

[81] 健康保険法第150条の7第2項において準用する同法第7条の38第2項、高齢者医療確保法第16条の7第2項及び介護保険法第118条の8第2項において準用する同法第24条第3項においては、「当該職員は、その身分を示す証明書を携帯し、かつ、関係者の請求があるときは、これを提示しなければならない。」とされているが、政府内の調整過程で、近年は「当該職員は、その身分を示す証明書を携帯し、関係者に提示しなければならない。」とする立法例が多いとの指摘があり、このように規定された。

ものとすべきであるとされており、国の行政機関も対象とする立入検査等に係る規定が設けられている法律は、私的独占の禁止及び公正取引の確保に関する法律（昭和22年法律第54号。第47条第１項において、立入検査等に係る規定が設けられており、官製談合を防止する観点から、国の行政機関も対象とされている。）や行政手続における特定の個人を識別するための番号の利用等に関する法律（第35条第１項において、立入検査等に係る規定が設けられており、特定個人情報を保護する観点から、国の行政機関も対象とされている。）等、その性質上、極めて必要性の高いものに限られることを踏まえ、本条の立入検査や第30条の是正命令の対象から国の行政機関は除外することとされている。

本条に関して次の違反行為をした者は、50万円以下の罰金に処することとされている（第61条参照）。

① 報告をしないこと又は虚偽の報告をしたこと。
② 帳簿書類の提出若しくは提示をしないこと又は虚偽の帳簿書類の提出若しくは提示をしたこと。
③ 質問に対して答弁をしないこと又は虚偽の答弁をしたこと。
④ 検査を拒み、妨げ、又は忌避したこと。

第30条　是正命令

> （是正命令）
> **第30条**　厚生労働大臣は、匿名予防接種等関連情報利用者が第25条から第28条までの規定に違反していると認めるときは、その者に対し、当該違反を是正するため必要な措置をとるべきことを命ずることができる。

注　本条は、第26次改正（令和８年６月８日までの間において政令で定める日施行分）による追加規定。

1. 概要

    本条は、厚生労働大臣が匿名予防接種等関連情報利用者に対して是正命令をする根拠となる規定である。本条の類例としては、健康保険法第150条の８、高齢者医療確保法第16条の８及び介護保険法第118条の９がある。

2. 沿革
    - 第26次改正（令和４年）：制定

3. 制定の趣旨

    匿名予防接種等関連情報に係る個人のプライバシーの侵害の防止や、匿名予防接種等関連情報の利活用に対する国民の信頼の保持を図るため、厚生労働大臣は、匿名予防接種等関連情報利用者が第25条から第28条までの規定に違反していると認めるときは、その者に対し、是正命令をすることができることとされた。

4. 解説

　厚生労働大臣は、匿名予防接種等関連情報利用者が第25条から第28条までの規定に違反していると認めるときは、その者に対し、当該違反を是正するため必要な措置をとるべきことを命ずることができることとされている。当該措置は個別具体的な事情に基づき厚生労働大臣が提示するものである。なお、本条はできる旨の規定であり、厚生労働大臣の裁量に委ねられているが、匿名予防接種等関連情報の適正な利活用の観点から、特別の事情のない限り、原則として是正命令がなされるべきである。

　本条の是正命令の対象から国の行政機関が除かれている理由は、第29条の「4．解説」を参照されたい。

　本条の命令に違反した場合、1年以下の拘禁刑若しく50万円以下の罰金に処し、又はこれを併科することとされている（第59条第2号参照）。

第31条　支払基金等への委託

（支払基金等への委託）
第31条　厚生労働大臣は、第23条第1項の規定による調査及び研究並びに第24条第1項の規定による匿名予防接種等関連情報の利用又は提供に係る事務の全部又は一部を社会保険診療報酬支払基金法（昭和23年法律第129号）による社会保険診療報酬支払基金（以下「支払基金」という。）、国民健康保険法（昭和33年法律第192号）第45条第5項に規定する国民健康保険団体連合会（以下「連合会」という。）その他厚生労働省令で定める者（次条及び第57条第1項において「支払基金等」という。）に委託することができる。

注　本条は、第26次改正（令和8年6月8日までの間において政令で定める日施行分）による追加規定。

1. 概要

　本条は、第23条第1項の規定による調査及び研究等を支払基金等に委託することができるものとする規定である。本条の類例としては、健康保険法第150条の9、高齢者医療確保法第17条及び介護保険法第118条の10がある。

2. 沿革

- 第26次改正（令和4年）：制定

3. 制定の趣旨

　支払基金等は、高齢者医療確保法第16条第1項の規定により厚生労働大臣が行う医療保険等関連情報を用いた調査及び分析について厚生労働大臣から委託を受け業務を行う立場にあり、医療保険等関連情報の特質や、それを踏まえた取扱いに関して高い専門性を有している。医療保険等関連情報は、被保険者等の診療日、診療内容等の記録を含むものであり、被接種者の予防接種を受けた日、接種したワクチンの種類、副反応疑い報告の記録等

を含む予防接種等関連情報とその内容が類似していることから、予防接種等関連情報を用いた予防接種の有効性及び安全性の調査及び研究に係る事務を適切に行うことが期待できる。

また、予防接種の有効性及び安全性を調査及び研究するためには、匿名予防接種等関連情報と匿名医療保険等関連情報の連結が必要となるところ、支払基金等は、匿名医療保険等関連情報と匿名介護保険等関連情報の連結解析に知見を有している。さらに、支払基金等は、匿名医療保険等関連情報の利用及び提供に係る事務の委託を受けることができるとされており、支払基金等の匿名医療保険等関連情報及び匿名予防接種等関連情報の一体的利用及び提供の観点から、匿名予防接種等関連情報の利用及び提供に係る事務も支払基金等に委託することができることとするのが適当である。

そこで、支払基金、連合会その他厚生労働省令で定める者に対し、第23条第1項の規定による調査及び研究並びに第24条第1項の規定による利用又は提供に係る事務の全部又は一部を行わせることができることとされた。

4. 解説

厚生労働大臣は、①及び②の全部又は一部を支払基金、連合会その他厚生労働省令で定める者に委託することができることとされている。「その他厚生労働省令で定める者」としては、予防接種の有効性及び安全性の調査及び研究並びに匿名予防接種等関連情報の利用及び提供につき、支払基金及び連合会と同程度の能力を有する者が想定されている。

① 定期の予防接種等による免疫の獲得の状況に関する調査、定期の予防接種等による健康被害の発生状況に関する調査その他定期の予防接種等の有効性及び安全性の向上を図るために必要な調査及び研究
② 匿名予防接種等関連情報の利用又は提供に係る事務

第32条　手数料

(手数料)
第32条　匿名予防接種等関連情報利用者は、実費を勘案して政令で定める額の手数料を国（前条の規定により厚生労働大臣からの委託を受けて、支払基金等が第24条第1項の規定による匿名予防接種等関連情報の提供に係る事務の全部を行う場合にあっては、支払基金等）に納めなければならない。
2　厚生労働大臣は、前項の手数料を納めようとする者が都道府県その他の国民保健の向上のために特に重要な役割を果たす者として政令で定める者であるときは、政令で定めるところにより、当該手数料を減額し、又は免除することができる。
3　第1項の規定により支払基金等に納められた手数料は、支払基金等の収入とする。

注　本条は、第26次改正（令和8年6月8日までの間において政令で定める日施行分）による追加規定。

1. 概要

本条は、匿名予防接種等関連情報の提供に係る手数料に関する規定である。本条の類例としては、健康保険法第150条の10、高齢者医療確保法第17条の2及び介護保険法第118条の11がある。

2. 沿革

- 第26次改正（令和4年）：制定

3. 制定の趣旨

匿名予防接種等関連情報を提供するに当たっては、当該提供の内容に対する作業量に応じた費用が発生する。匿名予防接種等関連情報の利用により匿名予防接種等関連情報利用者に利益が発生することを考慮すれば、当該者がその費用を負担することが適当であるため、原則として、当該者から手数料を徴収することとされた。

4. 解説

匿名予防接種等関連情報利用者は、実費を勘案して政令で定める額の手数料を国に納めなければならないこととされている。ただし、匿名予防接種等関連情報が広く国民一般に利益が及ぶような公益性の高い研究等に利用される場合には、手数料を減額又は免除することにより、当該利用を促すことが適当であるため、国民保健の向上のために特に重要な役割を果たす者として政令で定める者については、厚生労働大臣が手数料を減額又は免除することができることとされている。当該政令の類例としては、健康保険法施行令（大正15年勅令第243号）第44条の3や高齢者の医療の確保に関する法律施行令第1条の2、介護保険法施行令（平成10年政令第412号）第37条の18が挙げられる。

第31条の規定により支払基金等が厚生労働大臣からの委託を受けて匿名予防接種等関連情報の提供に係る事務の全部を行う場合にあっては、行政運営の効率化や支払基金等の事務の便宜を図るため、手数料の納付先は支払基金等とされており、このとき納められた手数料は支払基金等の収入とすることとされている。なお、同条の規定により支払基金等が厚生労働大臣からの委託を受けて匿名予防接種等関連情報の提供に係る事務の一部を行う場合にあっては、多数の主体が当該事務に関与し、各主体が負担するコストとそれに対応する手数料の算出が非常に複雑になるため、このときの手数料は国に納めることとされている。

手数料の額は、「実費を勘案して政令で定める額」とされている。この点、匿名予防接種等関連情報の提供に要する経費として主に想定されるのは、①必要な匿名予防接種等関連情報を抽出する作業に係る人件費、②提供に係る匿名予防接種等関連情報を記録する媒体の経費、③記録媒体の郵送料等であり、手数料の額はこれらを踏まえて政令で定められることとなる。当該政令の類例としては、健康保険法施行令第44条の2や高齢者の医療の確保に関する法律施行令第1条、介護保険法施行令第37条の17が挙げられる。

第7章 社会保険診療報酬支払基金の業務

　第7章は、支払基金が厚生労働大臣等から委託を受けた業務を行うに際して必要な事項を規定するものである。支払基金は支払基金法の規定に基づいて設立された法人であり、その業務は同法第15条第1項から第3項までに規定されているが、予防接種法において支払基金に委託することが予定されている業務は、医療保険における審査支払業務との関連性がないことから、支払基金の本来業務と位置付けることができず、支払基金の特例業務として、同法に所要の規定を設けることとされた（本書の作成時において未施行であり、令和8年6月8日までの間において政令で定める日に施行される予定である。）。

第33条　支払基金の業務

> （支払基金の業務）
> **第33条**　支払基金は、社会保険診療報酬支払基金法第15条に規定する業務のほか、第1条に規定する目的を達成するため、次に掲げる業務を行う。
> 　一　第31条の規定により厚生労働大臣から委託を受けて行う第23条第1項の規定による調査及び研究並びに第24条第1項の規定による匿名予防接種等関連情報の利用又は提供に係る事務に関する業務
> 　二　第57条第1項の規定により市町村長又は都道府県知事から委託を受けて行う同項第1号に掲げる事務に関する業務
> 　三　前2号に掲げる業務に附帯する業務

注　本条は、第26次改正（令和8年6月8日までの間において政令で定める日施行分）による追加規定。

1. **概要**

　本条は、予防接種法の規定により支払基金が行うこととされている業務を定める規定である。本条の類例としては、高齢者医療確保法第139条及び介護保険法第160条がある。

2. **沿革**

　・ 第26次改正（令和4年）：制定

3. **制定の趣旨**

　支払基金は、支払基金法第1条の目的を達成するため、支払基金法第15条第1項から第3項までに規定する業務を行うこととされている。

【表16】支払基金法第15条による支払基金の業務

目的規定（第１条）	業務規定（第15条）
1. 保険者の委託を受けて、審査支払を行う	① 保険者から委託された診療報酬の審査支払に関する業務（同条第１項第１号〜第４号）
2. 保険者の委託を受けて、審査支払以外の医療保険各法等に定める事務を行う	② 保険者から委託された医療保険各法等による保険給付の支給に関する事務（①を除く。）（同項第５号） ③ 保険者から委託されたマイナンバーを活用して行う情報の収集、整理に関する事務（同項第６号及び第７号）
3. 国民の保健医療の向上及び福祉の増進に資する情報の収集、整理及び分析並びにその結果の活用の促進に関する事務を行う	④ 診療報酬請求書及び特定健康診査等に関する記録に係る情報その他の国民の保健医療の向上及び福祉の増進に資する情報の収集、整理及び分析並びにその結果の活用の促進に関する事務（同項第８号）
―	⑤ ①〜④の業務に附帯する業務（同項第９号） ⑥ ①〜⑤の業務のほか、第１条の目的を達成するために必要な業務（同項第10号）
―	⑦ 公費負担医療各法に基づく審査支払に関する業務（同条第２項） ⑧ 国や地方公共団体等が行う「医療に関する給付」のうち厚生労働大臣が定めるものに関する審査支払に関する業務（同条第３項）

※ ⑦及び⑧の業務は、保険者以外から委託を受けた審査支払に関する業務であり、支払基金法の目的（保険者から委託を受けた、審査支払等の業務を行うこと）の範囲外ではあるが、実施している業務内容は審査支払に関する業務という点で支払基金法の目的に合致するため、業務規定において規定されている。

　この点、支払基金予防接種調査等業務や支払基金予防接種対象者情報収集等業務は、定期の予防接種等の対象者の正確・迅速な確認や予防接種記録等の閲覧を可能とするものであり、国民の保健医療の向上に資するものの、定期の予防接種等の実施は市町村又は都道府県の事務であり、保険診療の一環として行われる業務と解することができない[82]。したがって、支払基金予防接種調査等業務や支払基金予防接種対象者情報収集等業務を支払基金法第15条に規定する業務と位置付けることはできず、予防接種法に本条等を設け、支払基金の特例業務として位置付けることとされた。

4. 解説

　予防接種法における支払基金への委託に係る規定は、第31条と第57条の２つであり、本条はこれらの規定により支払基金に委託された事務等について、支払基金の業務として位置付けるものである。

　第１号は、厚生労働大臣から委託を受けて行う業務であり、具体的には、次の２つである。

① 定期の予防接種等による免疫の獲得の状況に関する調査、定期の予防接種等による健康被害の発生状況に関する調査その他定期の予防接種等の有効性及び安全性の向上を図るために必要な調査及び研究に関する業務（第23条第１項参照）

② 匿名予防接種等関連情報の利用又は提供に係る事務に関する業務（第24条第１項参

---

[82] 医療保険制度の適正かつ効率的な運営を図るための健康保険法等の一部を改正する法律（令和元年法律第９号）により、支払基金法第１条が改正され、「情報の収集、整理及び分析並びにその結果の活用の促進」が目的規定に組み込まれたが、当該規定は、DPC、NDBや介護DBに係る調査・分析・利用・提供に関する業務といった、審査支払業務と関連性がある業務を位置付けるために組み込まれたものである。

照)

第2号は、市町村長又は都道府県知事から委託を受けて行う業務であり、具体的には、定期の予防接種等の実施事務等に係る当該定期の予防接種等の対象者又はその保護者に係る情報の収集若しくは整理又は利用若しくは提供に関する事務に関する業務である(第57条第1項第1号参照)。なお、本条の制定前、定期の予防接種等に関する審査支払事務は支払基金ではなく連合会に委託されていたことから、同項第2号に掲げる事務に関する業務については、本条ではなく第43条において規定されている。

第3号は、第1号及び第2号に掲げる業務に附帯する業務についてまとめて規定するものである。

第34条　業務の委託

> (業務の委託)
> **第34条**　支払基金は、厚生労働大臣の認可を受けて、前条の規定により行う同条第1号に掲げる業務及びこれに附帯する業務(以下「支払基金予防接種調査等業務」という。)並びに同条の規定により行う同条第2号に掲げる業務及びこれに附帯する業務(以下「支払基金予防接種対象者情報収集等業務」という。)の全部又は一部を連合会その他厚生労働省令で定める者に委託することができる。

注　本条は、第26次改正(令和8年6月8日までの間において政令で定める日施行分)による追加規定。

1. 概要

　本条は、支払基金が厚生労働大臣等から委託を受けて行う業務について、連合会等への委託を可能とする規定である。本条の類例としては、高齢者医療確保法第140条及び介護保険法第161条がある。

2. 沿革

　・　第26次改正(令和4年):制定

3. 制定の趣旨

　支払基金の特例業務については、各法において、業務規定のほか、業務委託や業務方法書、区分経理等に係る規定を設けることが通例である。そこで、予防接種法において、支払基金の特例業務を規定している法律に共通する業務関連の規定(本条から第42条まで)が設けられたほか、地域における医療及び介護の総合的な確保の促進に関する法律(平成元年法律第64号)において、特に必要となる規定(同法第11条の2)が設けられた。

4. 解説

　支払基金が支払基金予防接種調査等業務や支払基金予防接種対象者情報収集等業務を行うに当たっては、連合会等と互いに情報を共有し、また、委託し合う可能性があるため、

厚生労働大臣の認可を受けて、これらの業務の全部又は一部を連合会その他厚生労働省令で定める者に委託することができることとされている。厚生労働大臣の認可が必要とされているのは、これらの業務においては個人情報を扱うことも想定されることから、無制限に委託を許すのは望ましくないためである。なお、支払基金予防接種対象者情報収集等業務は市町村長又は都道府県知事から委託を受けたものであるが、支払基金は全国的な団体であり、事務の性質上、市町村長や都道府県知事ごとに認可を受けることは想定されないため、支払基金予防接種調査等業務と同様、厚生労働大臣の認可を受けることとされている。

第35条　業務方法書

（業務方法書）
第35条　支払基金は、支払基金予防接種調査等業務及び支払基金予防接種対象者情報収集等業務に関し、これらの業務の開始前に、業務方法書を作成し、厚生労働大臣の認可を受けなければならない。これを変更するときも、同様とする。
2　前項の業務方法書に記載すべき事項は、厚生労働省令で定める。

注　本条は、第26次改正（令和8年6月8日までの間において政令で定める日施行分）による追加規定。

1. 概要

　本条は、支払基金に対し、支払基金予防接種調査等業務及び支払基金予防接種対象者情報収集等業務に関する業務方法書の作成等を義務付ける規定である。本条の類例としては、高齢者医療確保法第141条及び介護保険法第162条がある。

2. 沿革
   - 第26次改正（令和4年）：制定

3. 制定の趣旨

　第34条の「3．制定の趣旨」を参照されたい。

4. 解説

　支払基金は、支払基金予防接種調査等業務及び支払基金予防接種対象者情報収集等業務を適正かつ効率的に実施するため、これらの業務の開始前に、業務方法書を作成し、厚生労働大臣の認可を受けなければならないこととされている。また、業務方法書を変更するときも同様とされている。

　業務方法書に記載すべき事項は、事務的事項であり、厚生労働省令で定めることとされている。当該厚生労働省令の類例としては、社会保険診療報酬支払基金の高齢者医療制度関係業務に係る業務方法書に記載すべき事項を定める省令（平成20年厚生労働省令第15号）及び社会保険診療報酬支払基金の介護保険関係業務に係る業務方法書に記載すべき事

項を定める省令（平成11年厚生省令第44号）が挙げられる。

第36条　区分経理

> （区分経理）
> <u>第36条</u>　支払基金は、<u>支払基金予防接種調査等業務及び支払基金予防接種対象者情報収集等業務に係る経理</u>については、その他の業務に係る経理と<u>区分</u>して、特別の会計を設けて行わなければならない。

注　本条は、第26次改正（令和8年6月8日までの間において政令で定める日施行分）による追加規定。

1. 概要

　本条は、支払基金に対し、支払基金予防接種調査等業務及び支払基金予防接種対象者情報収集等業務に係る経理について、区分経理を義務付ける規定である。本条の類例としては、高齢者医療確保法第143条及び介護保険法第164条がある。

2. 沿革
   - 第26次改正（令和4年）：制定

3. 制定の趣旨

　第34条の「3．制定の趣旨」を参照されたい。

4. 解説

　支払基金は、支払基金予防接種調査等業務及び支払基金予防接種対象者情報収集等業務に係る経理について、当該経理を明確にするため、その他の業務に係る経理と区分して、特別の会計を設けて行わなければならないこととされている。区分経理の方法については、社会保険診療報酬支払基金の高齢者医療制度関係業務に係る財務及び会計に関する省令（平成20年厚生労働省令第16号）第2条第2項及び社会保険診療報酬支払基金の介護保険関係業務に係る財務及び会計に関する省令（平成11年厚生省令第45号）第2条第2項を参考に、厚生労働省令で定めることが想定される。

第37条　予算等の認可

> （予算等の認可）
> <u>第37条</u>　支払基金は、<u>支払基金予防接種調査等業務及び支払基金予防接種対象者情報収集等業務</u>に関し、毎事業年度、予算、事業計画及び資金計画を作成し、当該事業年度の開始前に、厚生労働大臣の認可を受けなければならない。これを変更するときも、同様とする。

注　本条は、第26次改正（令和8年6月8日までの間において政令で定める日施行分）による追加規定。

1. 概要

　　本条は、支払基金に対し、支払基金予防接種調査等業務及び支払基金予防接種対象者情報収集等業務に関する予算の作成等を義務付ける規定である。本条の類例としては、高齢者医療確保法第144条及び介護保険法第165条がある。

2. 沿革

　　• 第26次改正（令和4年）：制定

3. 制定の趣旨

　　第34条の「3．制定の趣旨」を参照されたい。

4. 解説

　　支払基金は、支払基金予防接種調査等業務及び支払基金予防接種対象者情報収集等業務を適正かつ効率的に実施するため、毎事業年度、予算、事業計画及び資金計画を作成し、当該事業年度の開始前に、厚生労働大臣の認可を受けなければならないこととされている。また、予算等を変更するときも同様とされている。予算等の作成方法等については、社会保険診療報酬支払基金の高齢者医療制度関係業務に係る財務及び会計に関する省令第3条から第10条まで（予算）及び第11条（事業計画及び資金計画）並びに社会保険診療報酬支払基金の介護保険関係業務に係る財務及び会計に関する省令第3条から第9条まで（予算）及び第10条（事業計画及び資金計画）を参考に、厚生労働省令で定めることが想定される。

第38条　財務諸表等

　（財務諸表等）
第38条　支払基金は、支払基金予防接種調査等業務及び支払基金予防接種対象者情報収集等業務に関し、毎事業年度、財産目録、貸借対照表及び損益計算書（以下この条において「財務諸表」という。）を作成し、当該事業年度の終了後3月以内に厚生労働大臣に提出し、その承認を受けなければならない。
2　支払基金は、前項の規定により財務諸表を厚生労働大臣に提出するときは、厚生労働省令で定めるところにより、これに当該事業年度の事業報告書及び予算の区分に従い作成した決算報告書並びに財務諸表及び決算報告書に関する監事の意見書を添付しなければならない。
3　支払基金は、第1項の規定による厚生労働大臣の承認を受けたときは、遅滞なく、財務諸表又はその要旨を官報に公告し、かつ、財務諸表及び附属明細書並びに前項の事業報告書、決算報告書及び監事の意見書を、主たる事務所に備えて置き、厚生労働省令で定める期間、一般の閲覧に供しなければならない。

注　本条は、第26次改正（令和8年6月8日までの間において政令で定める日施行分）による追加規定。

1. 概要

　本条は、支払基金に対し、支払基金予防接種調査等業務及び支払基金予防接種対象者情報収集等業務に関する財務諸表の作成等を義務付ける規定である。本条の類例としては、高齢者医療確保法第145条及び介護保険法第166条がある。

2. 沿革
   - 第26次改正（令和4年）：制定

3. 制定の趣旨

　第34条の「3．制定の趣旨」を参照されたい。

4. 解説

　支払基金は、支払基金予防接種調査等業務及び支払基金予防接種対象者情報収集等業務を適正かつ効率的に実施するため、毎事業年度、財務諸表を作成し、当該事業年度の終了後3月以内に厚生労働大臣に提出し、その承認を受けなければならないこととされている。また、当該提出の際は、当該事業年度の事業報告書及び予算の区分に従い作成した決算報告書並びに財務諸表及び決算報告書に関する監事の意見書を添付しなければならないこととされている。

　また、支払基金予防接種調査等業務及び支払基金予防接種対象者情報収集等業務の運営の透明性を担保するため、支払基金は、厚生労働大臣の承認を受けたときは、遅滞なく、財務諸表又はその要旨を官報に公告し、かつ、財務諸表及び附属明細書並びに事業報告書、決算報告書及び監事の意見書を、主たる事務所に備えて置き、一定の期間、一般の閲覧に供しなければならないこととされている。

　本条の厚生労働省令は、社会保険診療報酬支払基金の高齢者医療制度関係業務に係る財務及び会計に関する省令や社会保険診療報酬支払基金の介護保険関係業務に係る財務及び会計に関する省令を参考に制定することが想定される。前者においては、事業報告書は第13条、決算報告書は第14条から第16条まで、附属明細書は第17条、閲覧期間は第18条に規定されている。後者においては、事業報告書は第12条、決算報告書は第13条及び第14条、附属明細書は第15条、閲覧期間は第16条に規定されている。

第39条　余裕金の運用

（余裕金の運用）
第39条　支払基金は、次の方法によるほか、支払基金予防接種調査等業務及び支払基金予防接種対象者情報収集等業務に係る業務上の余裕金を運用してはならない。
　一　国債その他厚生労働大臣が指定する有価証券の保有
　二　銀行その他厚生労働大臣が指定する金融機関への預金

> 三　信託業務を営む金融機関（金融機関の信託業務の兼営等に関する法律（昭和18年法律第43号）第１条第１項の認可を受けた金融機関をいう。）への金銭信託
> ２　厚生労働大臣は、前項第１号又は第２号の規定による指定をしようとするときは、あらかじめ、財務大臣に協議しなければならない。

注　本条は、第26次改正（令和8年6月8日までの間において政令で定める日施行分）による追加規定。

1.　概要

本条は、支払基金予防接種調査等業務及び支払基金予防接種対象者情報収集等業務に係る業務上の余裕金の運用について、一定の方法に限定する規定である。本条の類例としては、高齢者医療確保法第149条及び介護保険法第170条がある。

2.　沿革

- 第26次改正（令和4年）：制定

3.　制定の趣旨

第34条の「３．制定の趣旨」を参照されたい。

4.　解説

支払基金予防接種調査等業務及び支払基金予防接種対象者情報収集等業務の安定的な運営を確保するため、これらの業務に係る業務上の余裕金を運用する方法は、次のものに限定されている。
① 　国債その他厚生労働大臣が指定する有価証券の保有
② 　銀行その他厚生労働大臣が指定する金融機関への預金
③ 　信託業務を営む金融機関（金融機関の信託業務の兼営等に関する法律（昭和18年法律第43号）第１条第１項の認可を受けた金融機関をいう。）への金銭信託

厚生労働大臣が①又は②の指定を行うに当たっては、金融に関する専門的知見等が必要となるため、あらかじめ、財務大臣に協議しなければならないこととされている。

第40条　報告の徴収等

> （報告の徴収等）
> **第40条**　厚生労働大臣又は都道府県知事は、支払基金又は第34条の規定による委託を受けた者（以下「支払基金業務受託者」という。）について、支払基金予防接種調査等業務及び支払基金予防接種対象者情報収集等業務に関し必要があると認めるときは、その業務又は財産の状況に関する報告をさせ、又は当該職員に実地にその状況を検査させることができる。ただし、支払基金業務受託者に対しては、当該受託業務の範囲内に限る。
> ２　第29条第２項の規定は前項の規定による検査について、同条第３項の規定は前項の規定による権限について、それぞれ準用する。

> 3　都道府県知事は、支払基金につき支払基金予防接種調査等業務及び支払基金予防接種対象者情報収集等業務に関し社会保険診療報酬支払基金法第29条の規定による処分が行われる必要があると認めるとき、又は支払基金の理事長、理事若しくは監事につき支払基金予防接種調査等業務及び支払基金予防接種対象者情報収集等業務に関し同法第11条第2項若しくは第3項の規定による処分が行われる必要があると認めるときは、理由を付して、その旨を厚生労働大臣に通知しなければならない。

注　本条は、第26次改正（令和8年6月8日までの間において政令で定める日施行分）による追加規定。

1.　概要
本条は、支払基金予防接種調査等業務及び支払基金予防接種対象者情報収集等業務の適正かつ効率的な実施を担保するため、厚生労働大臣又は都道府県知事が報告徴収や検査を行う根拠となる規定である。本条の類例としては、高齢者医療確保法第152条及び介護保険法第172条がある。

2.　沿革
- 第26次改正（令和4年）：制定

3.　制定の趣旨
第34条の「3．制定の趣旨」を参照されたい。

4.　解説
(1)　第1項について

厚生労働大臣又は都道府県知事は、支払基金又はその受託者（以下「支払基金業務受託者」という。）について、支払基金予防接種調査等業務及び支払基金予防接種対象者情報収集等業務の適正かつ効率的な実施等を図るため必要があると認めるときは、その業務又は財産の状況に関する報告の徴収や、実地検査を行うことができることとされている。ただし、この報告徴収等は、その目的に照らし、必要最低限であるべきことから、支払基金業務受託者に対しては、当該受託業務の範囲内に限ることとされている。

報告徴収等の主体が厚生労働大臣又は都道府県知事とされている理由は、支払基金が全国的な団体であり、各都道府県に事務所があること等を踏まえたものである。

第1項の規定により報告を求められて、これに従わず、若しくは虚偽の報告をし、又は検査を拒み、妨げ、若しくは忌避したときは、50万円以下の罰金に処することとされている（第62条第1号参照）。

(2)　第2項について

第2項の趣旨等は第29条第2項及び第3項と同様であるため、同条の「4．解説」を参照されたい。

(3)　第3項について

支払基金法第11条第2項において、厚生労働大臣は、支払基金の理事長、理事及び監

事が、法令若しくは定款又は支払基金法第29条に規定する命令に違反したときは、支払基金に対し、その役員を解任すべきことを命ずることができることとされている。また、支払基金法第11条第3項において、支払基金が当該命令に従わなかったときは、厚生労働大臣はその役員を解任することができることとされている。

また、支払基金法第29条において、厚生労働大臣は、支払基金の適正な運営を確保するため必要があると認めるときは、その業務に関し監督上必要な命令をすることができることとされている。

しかし、厚生労働大臣が常に支払基金の業務状況を確認し、違反等を速やかに把握することは困難な場合があり得るため、都道府県知事は、①支払基金につき支払基金予防接種調査等業務及び支払基金予防接種対象者情報収集等業務に関し同条の規定による処分が行われる必要があると認めるとき、又は、②支払基金の理事長、理事又は監事につき支払基金予防接種調査等業務及び支払基金予防接種対象者情報収集等業務に関し同法第11条第2項又は第3項の規定による処分が行われる必要があると認めるときは、理由を付して、その旨を厚生労働大臣に通知しなければならないこととし、支払基金予防接種調査等業務及び支払基金予防接種対象者情報収集等業務の適正かつ効率的な実施を担保することとされている。

第41条　社会保険診療報酬支払基金法の適用の特例

(社会保険診療報酬支払基金法の適用の特例)
第41条　支払基金予防接種調査等業務及び支払基金予防接種対象者情報収集等業務は、社会保険診療報酬支払基金法第32条第2項の規定の適用については、同法第15条に規定する業務とみなす。

注　本条は、第26次改正（令和8年6月8日までの間において政令で定める日施行分）による追加規定。

1. 概要

　本条は、支払基金予防接種調査等業務及び支払基金予防接種対象者情報収集等業務について、支払基金法の適用の特例を定める規定である。本条の類例としては、高齢者医療確保法第153条及び介護保険法第173条がある。

2. 沿革

- 第26次改正（令和4年）：制定

3. 制定の趣旨

　第34条の「3．制定の趣旨」を参照されたい。

4. 解説

　支払基金法第32条第2項において、支払基金の理事長、理事又は監事が、支払基金法第

15条に規定されていない業務を支払基金の業務として行ったときは、30万円以下の罰金に処することとされている。この点、支払基金予防接種調査等業務及び支払基金予防接種対象者情報収集等業務は支払基金の特例業務として予防接種法に位置付けられているものであり、その保護の必要性は支払基金法第15条に規定する業務と変わらないことから、支払基金予防接種調査等業務及び支払基金予防接種対象者情報収集等業務を支払基金法第15条に規定する業務とみなし、支払基金法第32条第2項の罰則を適用することとされている。

第42条　厚生労働省令への委任

> （厚生労働省令への委任）
> **第42条**　この章に規定するもののほか、支払基金予防接種調査等業務及び支払基金予防接種対象者情報収集等業務に係る支払基金の財務及び会計に関し必要な事項は厚生労働省令で定める。

注　本条は、第26次改正（令和8年6月8日までの間において政令で定める日施行分）による追加規定。

1.　概要

本条は、支払基金予防接種調査等業務及び支払基金予防接種対象者情報収集等業務に係る支払基金の財務及び会計に関し必要な事項について省令に委任する規定である。本条の類例としては、高齢者医療確保法第151条及び介護保険法第171条がある。

2.　沿革

- 第26次改正（令和4年）：制定

3.　制定の趣旨

第34条の「3．制定の趣旨」を参照されたい。

4.　解説

支払基金予防接種調査等業務及び支払基金予防接種対象者情報収集等業務に係る支払基金の財務及び会計に関し必要な事項については、省令に委任することとされている。

第8章 国民健康保険団体連合会の業務

　第8章は、連合会が厚生労働大臣等から委託を受けた業務を行うに際して必要な事項を規定するものである。連合会は国民健康保険法第83条第1項の規定に基づいて設立された法人であり、その業務は同法第85条の3に規定されているが、予防接種法において連合会に委託することが予定されている業務は、医療保険における審査支払業務との関連性がないことから、連合会の本来業務と位置付けることができず、連合会の特例業務として、同法に所要の規定を設けることとされた（本書の作成時において未施行であり、令和8年6月8日までの間において政令で定める日に施行される予定である。）。

第43条　連合会の業務

> （連合会の業務）
> **第43条**　連合会は、国民健康保険法第85条の3に規定する業務のほか、第1条に規定する目的を達成するため、次に掲げる業務を行う。
> 　一　第31条の規定により厚生労働大臣から委託を受けて行う第23条第1項の規定による調査及び研究並びに第24条第1項の規定による匿名予防接種等関連情報の利用又は提供に係る事務に関する業務
> 　二　第57条第1項の規定により市町村長又は都道府県知事から委託を受けて行う同項各号に掲げる事務に関する業務
> 　三　前2号に掲げる業務に附帯する業務

注　本条は、第26次改正（令和8年6月8日までの間において政令で定める日施行分）による追加規定。

1. **概要**

　本条は、予防接種法の規定により連合会が行うこととされている業務を定める規定である。本条の類例としては、高齢者医療確保法第155条及び地域における医療及び介護の総合的な確保の促進に関する法律第35条がある。

2. **沿革**

　　• 第26次改正（令和4年）：制定

3. **制定の趣旨**

　連合会の業務については、国民健康保険法第85条の3に規定されているが、予防接種法において連合会に委託することが予定されている業務は、医療保険における審査支払業務との関連性がないことから、連合会の本来業務と位置付けることができず、連合会の特例

業務として、同法に所要の規定を設けることとされた。

4. 解説

予防接種法における連合会への委託に係る規定は、第31条と第57条の2つであり、本条はこれらの規定により連合会に委託された事務等について、連合会の業務として位置付けるものである。

第1号は、厚生労働大臣から委託を受けて行う業務であり、具体的には、次の2つである。

① 定期の予防接種等による免疫の獲得の状況に関する調査、定期の予防接種等による健康被害の発生状況に関する調査その他定期の予防接種等の有効性及び安全性の向上を図るために必要な調査及び研究に関する業務（第23条第1項参照）
② 匿名予防接種等関連情報の利用又は提供に係る事務に関する業務（第24条第1項参照）

第2号は、市町村長又は都道府県知事から委託を受けて行う業務であり、具体的には、次の2つである。

① 定期の予防接種等の実施事務等に係る当該定期の予防接種等の対象者又はその保護者に係る情報の収集若しくは整理又は利用若しくは提供に関する事務に関する業務（第57条第1項第1号参照）
② 当該市町村長又は都道府県知事から定期の予防接種等の実施事務等の委託を受けた者に対する当該定期の予防接種等の実施事務等の処理に要する費用の支払に関する事務に関する業務（第57条第1項第2号参照）

第3号は、第1号及び第2号に掲げる業務に附帯する業務についてまとめて規定するものである。

第44条　業務の委託

（業務の委託）
第44条　連合会は、前条の規定により行う同条第1号に掲げる業務及びこれに附帯する業務（以下「連合会予防接種調査等業務」という。）並びに同条の規定により行う同条第2号に掲げる業務及びこれに附帯する業務（以下「連合会予防接種対象者情報収集等業務」という。）の全部又は一部を支払基金その他厚生労働省令で定める者に委託することができる。

注　本条は、第26次改正（令和8年6月8日までの間において政令で定める日施行分）による追加規定。

1. 概要

本条は、連合会が厚生労働大臣等から委託を受けて行う業務について、支払基金等への委託を可能とする規定である。本条の類例としては、地域における医療及び介護の総合的な確保の促進に関する法律第37条の2がある。

2. 沿革
- 第26次改正（令和4年）：制定

3. 制定の趣旨

　　連合会の特例業務については、各法において、業務規定のほか、業務委託や区分経理等に係る規定を設けることが通例である。そこで、予防接種法においても、そのような規定を設けることとされた。具体的には、地域共生社会の実現のための社会福祉法等の一部を改正する法律（令和2年法律第52号）において、地域における医療及び介護の総合的な確保の促進に関する法律が改正され、履歴照会・回答システムの運営に関する業務が同法第35条から第37条までにおいて連合会の業務として位置付けられたことに倣い、業務規定、区分経理及び報告の徴収等に関する規定を設けることとされた[83]。また、第34条と同様の理由から、本条を設けることとされた。

4. 解説

　　連合会が連合会予防接種調査等業務や連合会予防接種対象者情報収集等業務を行うに当たっては、支払基金等と互いに情報を共有し、また、委託し合う可能性があるため、これらの業務の全部又は一部を支払基金その他厚生労働省令で定める者に委託することができることとされている。なお、連合会の性質上、第34条とは異なり、委託に当たって厚生労働大臣の認可は必要とされていない。

第45条　区分経理

（区分経理）
第45条　連合会は、連合会予防接種調査等業務及び連合会予防接種対象者情報収集等業務に係る経理については、その他の経理と区分して整理しなければならない。

注　本条は、第26次改正（令和8年6月8日までの間において政令で定める日施行分）による追加規定。

1. 概要

　　本条は、連合会に対し、連合会予防接種調査等業務及び連合会予防接種対象者情報収集等業務に係る経理について、区分経理を義務付ける規定である。本条の類例としては、高齢者医療確保法第157条及び地域における医療及び介護の総合的な確保の促進に関する法律第36条がある。

---

[83] 地域共生社会の実現のための社会福祉法等の一部を改正する法律において、地域における医療及び介護の総合的な確保の促進に関する法律が改正された際、支払基金の業務については、その運営や財務会計に関し、区分経理のほか、業務方法書、予算等の認可、財務諸表等、余裕金の運用等の規定が設けられたが、連合会の業務については、これらの規定は設けないこととされた。これは、特別民間法人である支払基金は、法律に規定された業務のみを行うものであることに鑑み、個別法に規定する特例業務に関しても法律上明確に業務の運営や財務会計に係る規定が設けられるものである一方、連合会は、会員である保険者が共同して国民健康保険事業の目的を達成するために必要な事業を行うものであり、法律上明確に業務の運営や財務会計に係る規定がない場合でも、保険者の共同目的のために必要なものであれば、各連合会において独自に業務を定めて行うことも可能であるという、両法人の性質上の差異を踏まえたものである。

2. 沿革
- 第26次改正（令和4年）：制定

3. 制定の趣旨
第44条の「3．制定の趣旨」を参照されたい。

4. 解説
連合会は、連合会予防接種調査等業務及び連合会予防接種対象者情報収集等業務に係る経理について、当該経理を明確にするため、その他の業務に係る経理と区分して、特別の会計を設けて行わなければならないこととされている。

第46条　報告の徴収等

> （報告の徴収等）
> **第46条**　厚生労働大臣又は都道府県知事は、連合会又は第44条の規定による委託を受けた者（以下「連合会業務受託者」という。）について、連合会予防接種調査等業務及び連合会予防接種対象者情報収集等業務に関し必要があると認めるときは、その業務又は財産の状況に関する報告をさせ、又は当該職員に実地にその状況を検査させることができる。ただし、連合会業務受託者に対しては、当該受託業務の範囲内に限る。
> 2　第29条第2項の規定は前項の規定による検査について、同条第3項の規定は前項の規定による権限について、それぞれ準用する。

注　本条は、第26次改正（令和8年6月8日までの間において政令で定める日施行分）による追加規定。

1. 概要
本条は、連合会予防接種調査等業務及び連合会予防接種対象者情報収集等業務の適正かつ効率的な実施を担保するため、厚生労働大臣又は都道府県知事が報告徴収や検査を行う根拠となる規定である。本条の類例としては、地域における医療及び介護の総合的な確保の促進に関する法律第37条がある。

2. 沿革
- 第26次改正（令和4年）：制定

3. 制定の趣旨
第44条の「3．制定の趣旨」を参照されたい。

4. 解説
(1) 第1項について
　厚生労働大臣又は都道府県知事は、連合会又はその受託者（以下「連合会業務受託

者」という。）について、連合会予防接種調査等業務及び連合会予防接種対象者情報収集等業務の適正かつ効率的な実施等を図るため必要があると認めるときは、その業務又は財産の状況に関する報告の徴収や、実地検査を行うことができることとされている。ただし、この報告徴収等は、その目的に照らし、必要最低限であるべきことから、連合会業務受託者に対しては、当該受託業務の範囲内に限ることとされている。

　報告徴収等の主体が厚生労働大臣又は都道府県知事とされている理由は、厚生労働大臣については、連合会予防接種調査等業務に関係するため、また、都道府県知事については、連合会予防接種対象者情報収集等業務に関係するとともに、連合会の設立時には都道府県知事の認可が必要であるなど（国民健康保険法第84条第1項参照）、市町村長より都道府県知事に本条の業務を担わせることが適当であると考えられるためである。

　第1項の規定により報告を求められて、これに従わず、若しくは虚偽の報告をし、又は検査を拒み、妨げ、若しくは忌避したときは、50万円以下の罰金に処することとされている（第62条第2号参照）。

(2) **第2項について**

　第2項の趣旨等は第29条第2項及び第3項と同様であるため、同条の「4．解説」を参照されたい。

第9章 雑則

　第9章は、第1章から第8章までの各規定に共通して適用される事項等を規定するものである。

第47条　国等の責務

> （国等の責務）
> **第47条**　国は、国民が正しい理解の下に予防接種を受けるよう、予防接種に関する啓発及び知識の普及を図るものとする。
> 2　国は、予防接種の円滑かつ適正な実施を確保するため、予防接種の研究開発の推進及びワクチンの供給の確保等必要な措置を講ずるものとする。
> 3　国は、予防接種による健康被害の発生を予防するため、予防接種事業に従事する者に対する研修の実施等必要な措置を講ずるものとする。
> 4　国は、<u>第23条第1項に定めるもののほか</u>、予防接種による免疫の獲得の状況に関する調査、予防接種による健康被害の発生状況に関する調査その他予防接種の有効性及び安全性の向上を図るために必要な調査及び研究を行うものとする。
> 5　病院又は診療所の開設者、医師、ワクチン製造販売業者、予防接種を受けた者又はその保護者その他の関係者は、前各項の国の責務の遂行に必要な協力をするよう努めるものとする。

注　本条は、第26次改正（令和8年6月8日までの間において政令で定める日施行分）による旧第23条の改正後の規定（下線＝該当箇所）。

1. 概要
　本条は、予防接種施策全般に関する国等の責務を定める規定である。

2. 沿革
    - 第13次改正（平成6年）：制定（旧第19条）
    - 第23次改正（平成25年）：一部改正（旧第19条を旧第23条に繰下げ）
    - 第26次改正（令和4年）：一部改正（旧第23条を本条に繰下げ）

3. 制定及び主な改正の趣旨
（1）第13次改正（平成6年）

> **旧第19条**　国は、国民が正しい理解の下に予防接種を受けるよう、予防接種に関する知識の普及を図るものとする。

> 2　国は、予防接種による健康被害の発生を予防するため、予防接種事業に従事する者に対する研修の実施等必要な措置を講ずるものとする。
> 3　国は、予防接種による健康被害の発生状況に関する調査その他予防接種の有効性及び安全性の向上を図るために必要な調査及び研究を行うものとする。

　　第13次改正（平成6年）は、「今後の予防接種制度の在り方について」（平成5年12月14日公衆衛生審議会答申）において、「予防接種が今後とも高い接種率を確保していくためには、予防接種について国民の理解を得るとともに、予防接種による健康被害をできる限り防止していくことが極めて重要である。このため、予防接種の必要性、有効性、副反応及び接種に際して留意すべき事項等について、接種医や接種を受ける国民に対し周知徹底するとともに、接種医に対して研修を実施すべきである。」とされたこと、また、「国は、予防接種による健康被害の発生の防止や予防接種の効果の向上のために、より安全で効果的なワクチンの研究開発、副反応の発生に関する基礎的、臨床的研究、感染症の流行予測精度の向上等について、さらに積極的に推進すべきである。」とされたことを受けたものであり、前者に対応するものとして第1項及び第2項が、後者に対応するものとして第3項が設けられた。いずれにしても、予防接種を受ける義務の廃止により接種率の低下が懸念されたところ、予防接種に関する知識の普及や予防接種の有効性及び安全性の向上を図るための措置を国の責務として行うこととし、これらの取組をもって接種率を確保しようとするものであった。

(2)　第23次改正（平成25年）

> （国等の責務）
> **旧第23条**　国は、国民が正しい理解の下に予防接種を受けるよう、予防接種に関する啓発及び知識の普及を図るものとする。
> 2　国は、予防接種の円滑かつ適正な実施を確保するため、予防接種の研究開発の推進及びワクチンの供給の確保等必要な措置を講ずるものとする。
> 3　国は、予防接種による健康被害の発生を予防するため、予防接種事業に従事する者に対する研修の実施等必要な措置を講ずるものとする。
> 4　国は、予防接種による免疫の獲得の状況に関する調査、予防接種による健康被害の発生状況に関する調査その他予防接種の有効性及び安全性の向上を図るために必要な調査及び研究を行うものとする。
> 5　病院又は診療所の開設者、医師、ワクチン製造販売業者、予防接種を受けた者又はその保護者その他の関係者は、前各項の国の責務の遂行に必要な協力をするよう努めるものとする。

　　第23次改正（平成25年）においては、第2項及び第5項の新設、第4項の改正等が行われた[84]。

①　第2項の新設について

---

[84] 本条の各項は、予防接種施策を実施する順番に沿って、普及啓発、ワクチンの研究開発・供給、予防接種の有効性及び安全性と規定されている。

「予防接種制度の見直しについて（第1次提言）」（平成22年2月19日厚生科学審議会感染症分科会予防接種部会取りまとめ）において、「パンデミック時には、世界中でワクチンの需給がひっ迫することが見込まれることから、我が国におけるまん延の防止を図るために、国として一定量のワクチンを確保する必要がある。」とされたことを受け、輸入ワクチンの購入や安定的な供給の前提となる需要の把握等の措置を講ずることにより臨時の予防接種の円滑な実施を確保するため、第22次改正（平成23年）において、第6条第4項として、「国は、第1項又は前項に規定する予防接種の円滑な実施を確保するため、ワクチンの供給等に関し必要な措置を講ずるものとする。」という国の責務規定が新設された。

第23次改正（平成25年）においては、国の緊急時における責務を規定した第6条第4項を拡充する形で本項が設けられ、緊急時、平常時を問わず、予防接種が円滑かつ適正に実施されるよう、国が必要な措置を講ずる責務を有することとされた（これに伴い、第6条第4項は削除された）。その背景には、対象疾病の拡大による接種回数の増加や接種スケジュールの過密化など被接種者や地方公共団体の負担の増加が懸念されたところ、そのような負担を軽減するためにも、混合ワクチンや経鼻ワクチンなど利便性の高いワクチンの研究開発が求められていたこと、また、子宮頸がん等ワクチン接種緊急促進臨時特例交付金事業が海外のワクチン製造販売業者の供給不足により一時中止となり、平常時においてもワクチンの安定供給の確保がより一層求められるようになったことがあった。

② 第4項の改正について

「予防接種による免疫の獲得の状況に関する調査」とは、感染症流行予測調査を指し、従来、「その他予防接種の有効性及び安全性の向上を図るために必要な調査」に含まれることとされていた。しかし、当該調査に協力する都道府県が減少傾向にあったことや[85]、当該調査に際して被接種者やその保護者、医療機関等からの協力が得られないことにより、有効な調査結果を得ることが困難になっていたため、当該調査を国が責任を持って実施することを明確化し、当該調査の実施体制の更なる充実を図ることとされた。

③ 第5項の新設について

第1項から第4項までの規定は、予防接種施策を実施する上での国の責務を定めるものであるが、これらの国の責務を達成するためには、関係者の協力が不可欠であることから、その担保として、本項を設け、関係者の責務を定めることとされた。

4. 解説

(1) 第1項について

予防接種は、予防接種法に基づくものか否かを問わず、被接種者又はその保護者が受けるか否かを判断するものであることから、国は、その判断に資するよう、予防接種の有効性及び安全性をはじめとする予防接種に関する啓発及び知識の普及を図ることとされている。これにより、予防接種に対する信頼を醸成し、円滑な予防接種の実施を確保

---

[85] 平成20年度時点で、協力する都道府県の数は、ポリオで14、百日咳・ジフテリア・破傷風で7となっていた。

(2) 第2項について

　予防接種を円滑に実施するためにはワクチンが安定的に供給されることが必要であり、また、適正な実施を図るためには、予防接種の研究開発の推進が欠かせないことから、国は、予防接種の円滑かつ適正な実施を確保するため、予防接種の研究開発の推進及びワクチンの供給の確保等必要な措置を講ずることとされている。

　「予防接種の研究開発の推進」の具体的な内容としては、必要とされるワクチンの追加・見直しを踏まえて研究開発に係る優先順位や方向性を示すことによる研究開発の推進や、ワクチンの研究開発に対する助成の実施等が挙げられる。また、「ワクチンの供給の確保」については、ワクチンの安定的な供給の確保の前提となる需要の把握や更なる生産基盤の強化の推進、接種費用の適正化等が挙げられる。

(3) 第3項について

　予防接種による健康被害は、ワクチン自体によるものが多いと考えられるが、それに限らず、接種時に混入した他の病原菌によるもの、ワクチンの種類や量を誤ったことによるもの等も含まれるものである。後者の健康被害については、法令やガイドラインに規定されている予防接種の実施の手順や注意事項を遵守することにより未然に防止できるものも少なくないことから、国は予防接種による健康被害の発生を予防するため、予防接種事業に従事する者に対する研修の実施等必要な措置を講ずることとされている。

(4) 第4項について

　予防接種施策を推進するに当たっては、予防接種の有効性及び安全性の向上が極めて重要である。そこで、国は、予防接種の有効性及び安全性の向上を図るために必要な調査及び研究を行うこととされている。なお、第23条第1項の規定による調査及び研究は、厚生労働大臣が定期の予防接種等に関して実施するものであり、本項の方が幅広い規定であることから、第23条第1項との重複を排除するため、本項において、「第23条第1項に定めるもののほか」と規定されている。

　本項の調査及び研究は、具体的には次のとおりである。①と②の順は「有効性及び安全性」の順とされている。

① 予防接種による免疫の獲得の状況に関する調査

　これは、感染症流行予測調査を指している。この調査は、集団免疫の現況把握、病原体の検索等の調査を行い、各種疫学資料と併せて検討し、予防接種事業の効果的な運用を図り、さらに、長期的視野に立ち総合的に疾病の流行を予測することを目的として、厚生労働省が国立感染症研究所（令和7年4月より国立健康危機管理研究機構に改組予定。以下同じ。）や都道府県、都道府県衛生研究所等の協力を得て実施しているものである。疾病別に感受性調査又は感染源調査を行い、その結果について、地域、年齢、季節、予防接種歴、罹患歴等の観点から観察分析し、総合的に判断することにより、当該疾病の流行予測が行われている。調査結果は疾病の流行状況の推定、ワクチン株の選定、接種スケジュールの見直し等に活用されている。

② 予防接種による健康被害の発生状況に関する調査

　これは、予防接種後健康状況調査を指している。この調査は、国民が正しい理解の下に予防接種を受けることができるよう予防接種に関する正しい知識の普及啓発の一

環として、適正かつ最新の予防接種後の健康状況に関する情報を広く国民に提供するとともに、副反応の発生要因等に関する研究の一助とすることにより、有効かつより安全な予防接種の実施に資することを目的として、厚生労働省が地方公共団体や公益社団法人日本医師会、各地域の医師会及び予防接種実施医療機関等の協力を得て実施しているものである。調査対象は定期の予防接種を受けた者であり、各都道府県において、原則として各ワクチンにつき1実施機関を選定し、医師が対象者に対して本事業の趣旨等を十分に説明の上、当該対象者の同意を得た後、予防接種後の健康状況について調査表に記入してもらい、回収するという方式で行われている。

③ その他

例えば、国立感染症研究所や大学で実施される基礎医学的な研究や予防接種に関する疫学的研究が挙げられる。

(5) 第5項について

第1項から第4項までの規定は、予防接種施策を実施する上での国の責務を定めるものであるが、これらの国の責務を達成するためには、関係者の協力が不可欠であることから、病院又は診療所の開設者、医師、ワクチン製造販売業者、予防接種を受けた者又はその保護者その他の関係者は、第1項から第4項までの国の責務の遂行に必要な協力をするよう努めることとされている。本項の制定当初想定されていた、関係者の協力の具体的な内容は表17のとおりである。

なお、第13条第4項は定期の予防接種等の適正な実施のため関係者の協力を求める規定であり、その趣旨は本項と類似しているが、第13条第4項は定期の予防接種等に関するものであるのに対し、本項は定期の予防接種等に限らない予防接種全般に関するものであるといった相違点がある[86]。

【表17】国の責務と関係者の協力の整理

責務	協力が必要な関係者	協力内容の例
予防接種に関する普及啓発 (第1項)	地方公共団体	予防接種の有効性及び安全性に関する情報提供
	病院又は診療所の開設者、医師	予防接種の際の適切な説明
	ワクチン製造販売業者	予防接種の有効性及び安全性に関する情報提供
	被接種者、保護者	
	その他	
予防接種の研究開発の推進及びワクチンの供給の確保 (第2項)	地方公共団体	需要の見通しの把握
	病院又は診療所の開設者、医師	
	ワクチン製造販売業者	混合ワクチン等の研究開発
	被接種者、保護者	
	その他：卸売業者 　　　　研究者	ワクチンの円滑な流通の確保 混合ワクチン等の研究開発

[86] この他、本項では協力が必要な関係者に地方公共団体が含まれていない点が挙げられる。これは、地方公共団体は定期の予防接種等の実施主体であることから、本条の対象とするのは適当でないためである。この点、第13条第4項においては、地方公共団体が定期の予防接種等の実施主体であることに着目し、予防接種記録等を提供してもらうことを想定して、地方公共団体も対象とされている。

予防接種事業に従事する者に対する研修の実施 （第3項）	地方公共団体	研修の実施
	病院又は診療所の開設者、医師	研修の受講
	ワクチン製造販売業者	
	被接種者、保護者	
	その他：医療関係者	研修の受講
予防接種の有効性及び安全性の向上を図るために必要な調査及び研究 （第4項）	地方公共団体	地方衛生研究所における情報収集（感染症流行予測調査）
	病院又は診療所の開設者、医師	情報提供
	ワクチン製造販売業者	予防接種の有効性及び安全性に関する調査及び研究
	被接種者、保護者	情報提供
	その他：研究者	予防接種の有効性及び安全性に関する調査及び研究

第48条　厚生科学審議会の意見の聴取

> （厚生科学審議会の意見の聴取）
> **第48条**　厚生労働大臣は、次に掲げる場合には、あらかじめ、厚生科学審議会の意見を聴かなければならない。
> 一　第２条第２項第12号及び第13号並びに第３項第２号及び第３号、第５条第１項及び第２項並びに第９条の２の政令の制定又は改廃の立案をしようとするとき。
> 二　予防接種基本計画及び個別予防接種推進指針を定め、又は変更しようとするとき。
> 三　第６条第１項及び第３項に規定する疾病を定めようとするとき。
> 四　第６条第２項及び第３項の規定による指示をしようとするとき。
> 五　第７条の定期の予防接種等を受けることが適当でない者を定める厚生労働省令、第11条の厚生労働省令（医学的知見に基づき定めるべき事項に限る。）及び第12条第１項の定期の予防接種等を受けたことによるものと疑われる症状を定める厚生労働省令を制定し、又は改廃しようとするとき。
> 六　特定Ｂ類疾病を定めようとするとき。
> 七　<u>第24条第１項の規定により匿名予防接種等関連情報を提供しようとするとき。</u>

注　本条は、第26次改正（令和８年６月８日までの間において政令で定める日施行分）による旧第24条の改正後の規定（下線＝該当箇所）。

1. 概要

本条は、厚生労働大臣が厚生科学審議会の意見を聴かなければならないときを定める規定である。

2. 沿革

- 第23次改正（平成25年）：制定（旧第24条）
- 第26次改正（令和４年）：一部改正（旧第24条を本条に繰下げ）

3. 制定及び改正の趣旨

(1) 第23次改正（平成25年）

> （厚生科学審議会の意見の聴取）
> **旧第24条** 厚生労働大臣は、次に掲げる場合には、あらかじめ、厚生科学審議会の意見を聴かなければならない。
> 一 第2条第2項第12号及び第3項第2号並びに第5条第1項及び第2項の政令の制定又は改廃の立案をしようとするとき。
> 二 予防接種基本計画及び個別予防接種推進指針を定め、又は変更しようとするとき。
> 三 第6条第1項及び第3項に規定する疾病を定めようとするとき。
> 四 第6条第2項及び第3項の規定による指示をしようとするとき。
> 五 第7条の予防接種を受けることが適当でない者を定める厚生労働省令、第11条の厚生労働省令（医学的知見に基づき定めるべき事項に限る。）及び第12条第1項の定期の予防接種等を受けたことによるものと疑われる症状を定める厚生労働省令を制定し、又は改廃しようとするとき。

第23次改正（平成25年）前の予防接種法においては、第11条第2項において、厚生労働大臣が同条第1項の認定を行うに当たって「審議会等（国家行政組織法（昭和23年法律第120号）第8条に規定する機関をいう。）で政令で定めるものの意見を聴かなければならない。」とされていたが、それ以外の事項に係る審議会等への付議規定は設けられていなかった。

しかし、予防接種行政を取り巻く現状は年々変化しており、研究の進捗やワクチンの開発状況、予防接種施策に係る国際的動向について的確に把握しながら、新たな動きを我が国の予防接種施策においてどのように位置付けるべきか適切に評価し、反映させていくことで、変化に対応していくことが望ましいこと、また、医学の進歩によりワクチンによって予防可能な疾患が増える中で、今後、予防接種法の対象としていくワクチンを検討するに当たっては、科学的根拠に基づき有効性や安全性、予防接種の対象者やその実施方法について透明性のある議論が行われることが適当であり、これにより予防接種施策の推進に関して国民の理解を得ることが期待できることから、予防接種施策の立案に当たり高度に専門的な知見を必要とする事項について厚生科学審議会に付議することとされた。

(2) 第26次改正（令和4年）

第26次改正（令和4年）においては、次の①から③までの改正のほか、規定の整理が行われた。

① 第1号の改正について

新設された第2条第2項第12号及び第3項第2号の政令について、同条第2項第13号及び第3項第3号の政令と同様の観点から、厚生科学審議会に付議することとされた。また、新設された第9条の2の政令について、専門的・技術的な観点から検討を行う必要があることから、厚生科学審議会に付議することとされた。

② 第6号の新設について

第26次改正（令和4年）前の第6条第3項において規定されていた「B類疾病のうち当該疾病にかかった場合の病状の程度を考慮して厚生労働大臣が定めるもの」について、「新たな臨時接種」の廃止に伴い、第9条の2において特定B類疾病として定義することとされたことから、第6号が新設された。

③ 第7号の新設について

匿名予防接種等関連情報の提供の可否に係る基準となる相当の公益性を判断するに当たっては、国による事実関係等の確認だけでなく、医療分野における専門的な知見を有した者による、個々の事例に則した利用目的や利用内容、成果の公表等を踏まえた総合的な審査が必要となる。そこで、このような相当の公益性について検討するとともに、匿名予防接種等関連情報の不適切利用による個人の権利利益の侵害防止を図るため、厚生労働大臣が匿名予防接種等関連情報を提供しようとするときは、厚生科学審議会に付議することとされた。数多くある審議会の中から厚生科学審議会に付議することとされた理由は、厚生科学審議会は、①予防接種法の規定に基づき、予防接種制度の企画立案、運用に関して、厚生労働大臣に対して意見する権限を付与されていること、②研究者等で構成され、予防接種制度について具体的に議論するために組織される予防接種・ワクチン分科会が設置されており、既に体制が構築されていることから、厚生労働大臣が意見を聴取する組織体として適当と考えられたためである。

4. 解説

予防接種施策の立案に当たり高度に専門的な知見を必要とする事項については、厚生科学審議会に事前に付議することにより、その妥当性、適正性等を担保することとされている。厚生科学審議会への付議事項は、本条に限定列挙されており、整理すると表18及び表19のとおりである。

本条の意見聴取の方法としては、厚生科学審議会を実際に開催する方法が一般的であるが、緊急の場合は委員持ち回りによる意見聴取も想定されるものである。なお、本条では「厚生科学審議会」とされているが、厚生科学審議会令（平成12年政令第283号）第5条第1項の規定により、厚生科学審議会の下に予防接種・ワクチン分科会が設置され、当該分科会において、予防接種及びワクチンに関する重要事項の調査審議や、予防接種法の規定により審議会の権限に属させられた事項の処理を行うこととされているため、実際上の意見聴取先はこの分科会となる。

【表18】厚生科学審議会への付議事項の整理（政省令等の制定に関する付議事項）

内容	事項	条文	付議	理由
A類疾病（新型インフルエンザ等感染症、指定感染症又は新感染症のうち一定のもの）	政令	第2条第2項第12号	○	医学的知見を用いて、専門的・技術的な観点から検討する必要があるため。
A類疾病（その他）	政令	第2条第2項第13号	○	同上
B類疾病（新型インフルエンザ等感染症、指定感染症又は新感染症のうち一定のもの）	政令	第2条第3項第2号	○	同上

B類疾病（その他）	政令	第2条第3項第3号	○	同上
個別予防接種推進指針を定める疾病	省令	第4条第1項	○	同上
定期の予防接種の対象疾病	政令	第5条第1項	○	同上
定期の予防接種の対象者	政令	第5条第1項	○	同上
統一的に定期の予防接種を行う必要のない疾病	政令	第5条第2項	○	同上
臨時の予防接種の対象疾病	告示等	第6条第1項及び第3項	○	同上
電子対象者確認	省令	第6条第2項	×	事務的事項であるため。
予防接種を行ってはならない場合	省令	第7条	○	医学的知見を用いて、専門的・技術的な観点から検討する必要があるため。
予防接種済証	省令	第7条の2	×	事務的事項であるため。
特定B類疾病	告示等	第9条第1項	○	医学的知見を用いて、専門的・技術的な観点から検討する必要があるため。
予防接種の勧奨及び予防接種を受ける努力義務に関する規定の適用除外	政令	第9条の2	○	同上
定期の予防接種等に係る記録等	省令	第9条の3	×	事務的事項であるため。
予防接種の実施に係る公告及び周知に関して必要な事項	政令	第11条	×	同上
予防接種の実施に関して必要な事項であって、医学的知見に基づき定めるべきもの	省令	第11条	○	医学的知見を用いて、専門的・技術的な観点から検討する必要があるため。
副反応疑い報告の対象となる症状	省令	第12条第1項	○	同上
副反応疑い報告の報告方法	省令	第12条第1項	×	事務的事項であるため。
副反応疑い報告に係る厚生労働大臣の通知	省令	第12条第2項	×	同上
副反応疑い報告のPMDAへの報告方法	省令	第14条第3項	×	同上
副反応疑い報告に係るPMDAの通知	省令	第14条第4項	×	同上
厚生労働大臣が認定の際に意見聴取する審議会等	政令	第15条第2項	×	同上
障害児養育年金の対象となる障害の状態	政令	第16条第1項第2号	×	内閣の主体的な判断を尊重するため。
障害年金の対象となる障害の状態	政令	第16条第1項第3号	×	同上
死亡一時金の対象となる遺族	政令	第16条第1項第4号	×	同上
医療費及び医療手当の対象となる医療	政令	第16条第2項第1号	×	同上
障害児養育年金の対象となる障害の状態	政令	第16条第2項第2号	×	同上
障害年金の対象となる障害の状態	政令	第16条第2項第3号	×	同上
遺族年金又は遺族一時金の対象となる遺族	政令	第16条第2項第4号	×	同上
健康被害救済給付の額、支給方法その他健康被害救済給付に関して必要な事項	政令	第17条第1項	×	同上
市町村長等の定期の予防接種等の実施状況に関する情報提供	省令	第23条第2項	×	事務的事項であるため。
厚生労働大臣による情報提供の求め	省令	第23条第3項	×	同上
国民保健の向上のための匿名予防接種等関連情報の利用又は提供	省令	第24条第1項	×	事務的又は技術的事項であって、医学的知見を要しないため。
匿名予防接種等関連情報の連結先	省令	第24条第2項	×	同上
安全管理措置	省令	第27条	×	同上
厚生労働大臣の委託先	省令	第31条	×	事務的事項であるため。
手数料の額	政令	第32条第1項	×	同上
手数料の減額又は免除	政令	第32条第2項	×	同上
支払基金の委託先	省令	第34条	×	同上
業務方法書	省令	第35条第2項	×	同上
財務諸表等	省令	第38条第2項及び第3項	×	同上
支払基金予防接種調査等業務及び支払基金予防接種対象者情報収集等業務に係る支払基金の財務及び会計に関し必要な事項	省令	第42条	×	同上

連合会の委託先	省令	第44条	×	同上
都道府県の負担	政令	第50条第1項及び第2項	×	同上
国庫の負担	政令	第51条第1項及び第2項	×	同上
実費の徴収	政令	第52条	×	同上
対象者番号等の利用制限等	省令	第54条第1項及び第2項	×	同上
市町村長等による共同委託	省令	第57条第2項	×	同上

【表19】厚生科学審議会への付議事項の整理（厚生労働大臣の指示等に関する付議事項）

内容	条文	付議	理由
予防接種基本計画及び個別予防接種推進指針の制定又は変更	第3条第1項及び第4条第1項	○	医学的知見を用いて、専門的・技術的な観点から検討する必要があるため。
第6条第2項及び第3項の規定による指示	第6条第2項及び第3項	○	同上
匿名予防接種等関連情報の提供	第24条第1項	○	同上

補論1 第13条第1項及び第2項との関係について

　予防接種法においては、第48条とは別に、第13条第1項及び第2項において厚生科学審議会に係る規定が設けられている。その背景には、副反応疑い報告制度が設けられた際、①副反応疑いに係る一連の事務は第4章にまとめて規定するため、法的な一覧性を保つという観点から、厚生科学審議会への付議も同章に規定することが望ましいと考えられたこと、②第13条第2項に規定する厚生科学審議会の業務は能動的なものであり、他の厚生科学審議会への付議事項とは性質が異なるため、別途規定した方が望ましいと考えられたことがある。

補論2 緊急時における厚生科学審議会への付議について

　予防接種行政においては、臨時の予防接種を行う場合など、厚生労働大臣が緊急に対応しなければならない事態が想定されるが、そのような場合における本条の除外規定は置かれていない。これは、次のような他法令の規定を参考に検討が行われたためである。
① 医薬品等の製造販売を承認する際や、医薬品等の製法等に関する基準を設ける際、薬事・食品衛生審議会の意見を聴くこととされている。これらについては緊急的な対応が必要となることも想定されるところ、薬事法（当時）においては緊急時に係る除外規定は設けられていない。
② 感染症法においては、厚生科学審議会への付議規定を設けているもののうち、新感染症の発生に伴う対処など極めて緊急的な対応が想定される事項にのみ、限定的に厚生科学審議会への付議に係る除外規定を設けている。具体的には、新感染症に罹患した者が発生した場合等において、その入院に係る指示や患者のいた場所の消毒等、当該患者から他者への更なる感染を防ぐため、緊急にとるべき個

別の措置について特別に当該除外規定を設けており、厚生労働大臣がいつ、どのタイミングで当該措置を行ったかは当該新感染症のまん延防止に大きく影響すると考えられる。この点、予防接種法に基づく事務の中で緊急性の高いものとして位置付けられている臨時接種については、それが実際に必要となったとしても、まん延の状況の把握や必要なワクチンの用意にある程度の時間が必要となることが予想され、厚生科学審議会を開催することすらできないようなスケジュールで早急に意思決定等を行うようなことは想定されない。

③ 食品衛生法において、必ずしも緊急性が想定されないと考えられる事項も含めて、緊急時における厚生科学審議会への付議に係る除外規定を設けている例はあるものの、当該規定は国民に対する意見聴取に関する規定であり、審議会への諮問といった実質的な内容を伴うものではない。

第49条　予防接種等に要する費用の支弁

（予防接種等に要する費用の支弁）
第49条　この法律の定めるところにより予防接種を行うために要する費用は、定期の予防接種については市町村、臨時の予防接種については都道府県又は市町村の支弁とする。
2　給付に要する費用は、市町村の支弁とする。

注　本条は、第26次改正（令和8年6月8日までの間において政令で定める日施行分）による旧第25条の改正後の規定（下線＝該当箇所）。

1. 概要

本条は、予防接種を行うために要する費用及び健康被害救済給付に要する費用の支弁について定める規定である。

2. 沿革

- 制定（昭和23年）（旧第20条）
- 第2次改正（昭和26年）：一部改正
- 第10次改正（昭和51年）：一部改正
- 第13次改正（平成6年）：一部改正
- 第19次改正（平成13年）：一部改正（旧第20条を旧第21条に繰下げ）
- 第23次改正（平成25年）：一部改正（旧第21条を旧第25条に繰下げ）
- 第26次改正（令和4年）：一部改正（旧第25条を本条に繰下げ）

3. 制定及び主な改正の趣旨

（1）制定（昭和23年）

旧第20條　この法律の定めるところにより、予防接種を行うため必要な経費は、市町

村（第6條の規定による予防接種については、都道府縣又は市町村）の支弁とする。

　予防接種を行うため必要な経費はその実施主体の支弁とすることとされ、市町村長が行う定期の予防接種等に必要な経費については市町村が、都道府県知事が行う臨時の予防接種に必要な経費については都道府県が、それぞれ支弁することとされた。

(2) 第10次改正（昭和51年）

　旧第20条　この法律の定めるところにより予防接種を行うために要する費用は、市町村（第6条及び第9条第1項の規定による予防接種については、都道府県又は市町村）の支弁とする。
　2　給付に要する費用は、市町村の支弁とする。

　第10次改正（昭和51年）においては、新設された緊急的な臨時の予防接種に係る費用について、一般的な臨時の予防接種と同様、都道府県又は市町村の支弁とすることとされた。また、健康被害救済制度の創設に伴い、第2項が新設され、健康被害救済給付に要する費用は、市町村の支弁とすることとされた。この点、「予防接種の今後のあり方及び予防接種による健康被害に対する救済について」（昭和51年3月11日伝染病予防調査会制度改正特別部会取りまとめ）において、「予防接種による健康被害に対する救済に要する費用については、国、都道府県及び市町村がそれぞれ応分の負担をすることとするのが適当である。」とされたところであるが、健康被害救済給付の実施主体が市町村長であることから、その要する費用の支弁については、市町村とすることとされた。

(3) 第13次改正（平成6年）

　旧第20条　この法律の定めるところにより予防接種を行うために要する費用は、市町村（第6条第1項の規定による予防接種については、都道府県又は市町村）の支弁とする。
　2　給付に要する費用は、市町村の支弁とする。

　第13次改正（平成6年）においては、一般的な臨時の予防接種が廃止され、緊急的な臨時の予防接種を臨時の予防接種として取り扱うこととされたことに伴い、所要の改正が行われた。

(4) 第26次改正（令和4年）

　第26次改正（令和4年）においては、いわゆる「相当する予防接種」が廃止され、第2条第4項において、「「定期の予防接種」とは、第5条第1項の規定による予防接種をいう。」と、同条第5項において、「「臨時の予防接種」とは、第6条第1項から第3項までの規定による予防接種をいう。」とされたことを受け、「市町村（第6条第1項の規定による予防接種については、都道府県又は市町村）の支弁とする。」が「定期の予防接種については市町村、臨時の予防接種については都道府県又は市町村の支弁とする。」に改正された。

4. 解説
 (1) 第1項について
　　定期の予防接種等を行うために要する費用は、その実施主体の支弁とすることとされており、定期の予防接種については市町村、臨時の予防接種については都道府県又は市町村の支弁とされている。「支弁」とは、ある主体が事業の執行費用をその財源から支出する義務を負うことをいう。

　　国庫、都道府県及び市町村の費用負担割合は、表20のとおりである。なお、定期の予防接種又は臨時の予防接種（特定B類疾病に係るものに限る。）については実費の徴収が可能であり、実際の負担は当該実費を除いた額となる。また、定期の予防接種に要する費用については、低所得者層に係る部分等に相当する費用が地方交付税で措置されている。

【表20】定期の予防接種等に係る費用負担

根拠規定	定期の予防接種 第5条第1項	臨時の予防接種 第6条第1項	第6条第2項	第6条第3項
費用負担	市町村 ［地方交付税措置 　A類疾病：9割 　B類疾病：3割］	ⅰ）都道府県知事が実施 　国庫　　　1/2 　都道府県　1/2 ⅱ）市町村長が実施 　国庫　　　1/3 　都道府県　1/3 　市町村　　1/3	ⅰ）都道府県知事が実施 　国庫　　　1/2 　都道府県　1/2 ⅱ）市町村長が実施 　国庫　　　1/2 　都道府県　1/4 　市町村　　1/4	国庫

 (2) 第2項について
　　健康被害救済給付に要する費用は、その実施主体である市町村の支弁とすることとされている。国庫、都道府県及び市町村の費用負担割合は、国庫が2分の1、都道府県が4分の1、市町村が4分の1である。

　　なお、定期の予防接種等の実施が適法でなかった場合の健康被害救済給付に要する費用については、「定期の予防接種による事故の防止について（勧告）」（平成17年6月7日健感発第0607001号　各都道府県衛生主管部（局）長宛／厚生労働省健康局結核感染症課長通知）において、「適法な定期の予防接種が実施されなかった場合に、健康被害が生じたときは、第一義的には、当該定期の予防接種を実施した市町村に損害賠償責任が生ずるものであること。なお、予防接種法第11条第1項に基づく定期の予防接種による健康被害の救済の給付の申請があって、厚生労働大臣による因果関係の認定があった場合においては、市町村は救済の給付を行うこととなるが、これについては、補助金等に係る予算の執行の適正化に関する法律（昭和30年法律第179号）の規定により、予防接種法第23条第2項による国庫の負担の対象外となること。」とされている。定期の予防接種等の実施が適法でなかった場合であっても、当該定期の予防接種等により健康被害が生じたときは、市町村長は健康被害救済給付を支給することとし、それに要する費用は市町村長が負担すべきであるとされている理由は、市町村長は定期の予防接種等を適法に実施すべきであったことに求められる。

第50条　都道府県の負担

> （都道府県の負担）
> **第50条**　都道府県は、政令の定めるところにより、前条第1項の規定により市町村の支弁する額（第6条第1項の規定による予防接種に係るものに限る。）の3分の2を負担する。
> 2　都道府県は、政令の定めるところにより、前条第1項の規定により市町村の支弁する額（第6条第2項の規定による予防接種に係るものに限る。）及び前条第2項の規定により市町村の支弁する額の4分の3を負担する。

注　本条は、第26次改正（令和8年6月8日までの間において政令で定める日施行分）による旧第26条の改正後の規定（下線＝該当箇所）。

1.　概要

本条は、予防接種を行うために要する費用及び健康被害救済給付に要する費用に係る市町村の支弁に対する都道府県の負担について定める規定である。

2.　沿革

- 制定（昭和23年）（旧第21条）
- 第10次改正（昭和51年）：一部改正
- 第18次改正（平成13年）：一部改正
- 第19次改正（平成13年）：一部改正（旧第21条を旧第22条に繰下げ）
- 第22次改正（平成23年）：一部改正
- 第23次改正（平成25年）：一部改正（旧第22条を旧第26条に繰下げ）
- 第26次改正（令和4年）：一部改正（旧第26条を本条に繰下げ）

3.　制定及び主な改正の趣旨

(1)　制定（昭和23年）

> **旧第21條**　都道府縣は、政令の定めるところにより、前條の規定により市町村の支弁する額の3分の2を負担しなければならない。

予防接種法の制定当初、定期の予防接種等は機関委任事務とされたことを踏まえ、国庫及び都道府県が一定の負担を行うこととされた。ただし、予防接種法等による国庫負担の特例等に関する法律（昭和25年法律第212号）において、予防接種法第21条、第22条及び第24条第1項（同法第5条の規定による定期の予防接種を行うために要する経費に関する国庫及び都道府県の負担に関する部分に限る。）の規定については、これらの規定による国庫及び都道府県の負担が、地方財政平衡交付金法（昭和25年法律第211号）に基く平衡交付金に繰り入れられるため、昭和25年度に限り、適用しないこととされ、昭和26年度以降もこの取扱いが継続されたことから、本条による都道府県の負担

は、臨時の予防接種に要する費用のみとなっていた。

> **参照条文** 制定当初の予防接種法（抄）
> 第21條　都道府縣は、政令の定めるところにより、前條の規定により市町村の支弁する額の3分の2を負担しなければならない。
> 第22條　國庫は、政令の定めるところにより、第20條の規定により都道府縣の支弁する額及び前條の規定により都道府縣の負担する額の2分の1を負担する。
> 第24條　東京都の区の存する区域にあつては、第20條から第22條までの規定にかかわらず、予防接種を行うため必要な経費は、東京都の支弁とし、國庫は、その額の2分の1を負担する。
> 2　（略）

(2) 第6次改正（昭和36年）

第6次改正（昭和36年）において、本条の改正は行われていないが、第32条の2が新設され、急性灰白髄炎以外の疾病に係る定期の予防接種については、第21条、第22条及び第24条第1項（国庫の負担に関する部分に限る。）の規定は、当分の間、適用しないこととされた。これは、急性灰白髄炎に係る定期の予防接種については、ワクチンの原価が相当高額であることから、他の疾病に係る予防接種と比較して事業費が膨大となり、市町村の財政措置が困難になるため、補助金形式をとる一方、急性灰白髄炎以外の疾病に係る定期の予防接種については、地方交付税への繰入れが行われることを明確化するものであった。

> **参照条文** 第6次改正（昭和36年）後の予防接種法（抄）
> 第32条の2　急性灰白髄炎以外の疾病の定期の予防接種については、第21条、第22条及び第24条第1項（国庫の負担に関する部分に限る。）の規定は、当分の間、適用しない。

(3) 第10次改正（昭和51年）

> **旧第21条**　都道府県は、政令の定めるところにより、前条第1項の規定により市町村の支弁する額の3分の2を負担する。
> 2　都道府県は、政令の定めるところにより、前条第2項の規定により市町村の支弁する額の4分の3を負担する。

第10次改正（昭和51年）は、「予防接種の今後のあり方及び予防接種による健康被害に対する救済について」（昭和51年3月11日伝染病予防調査会制度改正特別部会取りまとめ）において、「予防接種による健康被害に対する救済に要する費用については、国、都道府県及び市町村がそれぞれ応分の負担をすることとするのが適当である。」とされたことを受けたものであり、第2項が新設され、都道府県は、政令の定めるところにより、市町村が支弁する健康被害救済給付に要する費用の4分の3を負担することとされた。

(4) 第18次改正（平成13年）

> **旧第21条**　都道府県は、政令の定めるところにより、前条第1項の規定により市町村の支弁する額（第6条第1項の規定による予防接種に係るものに限る。）の3分の

2を負担する。
　2　都道府県は、政令の定めるところにより、前条第2項の規定により市町村の支弁する額の4分の3を負担する。

　　第18次改正（平成13年）は、地方交付税の見直しに伴うものであり、第32条の2が削除され、本条において、市町村が支弁する予防接種に要する費用に対する都道府県の負担は臨時の予防接種に係るものに限ることが明確化された。

(5)　第22次改正（平成23年）

　旧第22条　都道府県は、政令の定めるところにより、前条第1項の規定により市町村の支弁する額（第6条第1項の規定による予防接種に係るものに限る。）の3分の2を負担する。
　2　都道府県は、政令の定めるところにより、前条第1項の規定により市町村の支弁する額（第6条第3項の規定による予防接種に係るものに限る。）及び前条第2項の規定により市町村の支弁する額の4分の3を負担する。

　　第22次改正（平成23年）においては、「新たな臨時接種」の創設に伴い、その費用負担について規定された。厚生労働大臣が都道府県知事を通じて市町村長に対して「新たな臨時接種」を行うよう指示する場合は、疾病が全国的に急激な感染拡大を見せているような状況など、より危機管理的な要素が強い場合が想定されること等を踏まえ、「新たな臨時接種」に要する費用については、国庫がその2分の1を負担し、その残余について、都道府県と市町村が2分の1ずつ負担することとされた。

(6)　第26次改正（令和4年）
　　第26次改正（令和4年）においては、第6条第2項に規定する臨時の予防接種の実施主体に市町村長が追加されたことに伴い、その費用負担について規定された。同項に規定する臨時の予防接種は、「A類疾病及びB類疾病のうち厚生労働大臣が定めるもの」が複数の都道府県にまたがって発生又はまん延し、同条第1項に規定する臨時の予防接種を各都道府県知事の判断で行うだけでは足りず、国として当該疾病に係る予防接種を行う必要があるときに行われることが主に想定されるため、第6条第2項に規定する臨時の予防接種に要する費用については、国庫がその2分の1を負担し、その残余について、都道府県知事が実施主体となる場合は都道府県が負担し、市町村長が実施主体となる場合は都道府県と市町村が2分の1ずつ負担することとされた。

4.　解説
(1)　予防接種を行うために要する費用について
　　予防接種を行うために要する費用に係る市町村の支弁に対し、都道府県の負担が生じるのは、臨時の予防接種に要する費用についてのみであり、第6条第1項に規定する臨時の予防接種については市町村の支弁する額の3分の2、同条第2項に規定する臨時の予防接種については市町村の支弁する額の4分の3とされている。両者で差異が設けられている理由は、「3.(6)第26次改正（令和4年）」において示したとおりである。な

お、臨時の予防接種（特定Ｂ類疾病に係るものに限る。）については実費の徴収が可能であり、実際の負担は当該実費を除いた額となる。

当該都道府県の負担は、第51条第1項及び第3項の規定により、国庫がその2分の1又は3分の2を負担することとされているため、最終的な国庫、都道府県及び市町村の費用負担割合は、表20のとおりである。

(2) **健康被害救済給付に要する費用について**

健康被害救済給付に要する費用に係る市町村の支弁に対する都道府県の負担は、当該市町村の支弁する額の4分の3とされている。ただし、当該都道府県の負担は、第51条第3項の規定により、国庫がその3分の2を負担することとされているため、最終的な国庫、都道府県及び市町村の費用負担割合は、国庫が2分の1、都道府県が4分の1、市町村が4分の1である。

> **補論** 本条の「政令」について
>
> 都道府県の負担の細目は政令で定めることとされている。令和7年1月1日現在、第26次改正（令和4年）は施行されていないため、本条の委任を受けた現行の予防接種法施行令第31条と上記(1)及び(2)の記載は一致しないが、同条の規定内容について、簡単に説明する。
>
> (1)については、基本的に、各年度において、市町村が支弁する費用について厚生労働大臣が定める基準によって算定した医師の報酬、薬品、材料その他に要する経費の額（その額が当該年度において現に要した当該費用の額（その費用のための寄附金があるときは、その寄附金の額を控除するものとする。）を超えるときは、当該費用の額とする。）とされている。ただし、徴収金があるときは、当該徴収金の額を控除した額とされている。
>
> (2)については、各年度において、市町村が支弁する費用について厚生労働大臣が定める基準によって算定した額（その額が当該年度において現に要した当該費用の額（その費用のための寄附金があるときは、その寄附金の額を控除するものとする。）を超えるときは、当該費用の額とする。）とされている。
>
> (1)及び(2)の厚生労働大臣が定める基準については、その制定の際、あらかじめ、総務大臣及び財務大臣と協議しなければならないこととされている。これは、総務大臣については地方財政の観点、財務大臣については国家財政の観点から、その意見が当該基準に適切に反映される必要があるためである。この趣旨から、厚生労働大臣は単に協議するだけでなく、総務大臣及び財務大臣の同意を得た上で当該基準を制定しなければならないと考えられる。

第51条　国庫の負担

（国庫の負担）
第51条　国庫は、政令の定めるところにより、第49条第1項の規定により都道府県の支弁

する額（第6条第1項及び第2項の規定による予防接種に係るものに限る。）及び前条第1項の規定により都道府県の負担する額の2分の1を負担する。
2　国庫は、政令の定めるところにより、<u>第49条第1項</u>の規定により都道府県又は市町村の支弁する額（第6条第3項の規定による予防接種に係るものに限る。）の全額を負担する。
3　国庫は、前条第2項の規定により都道府県の負担する額の3分の2を負担する。

注　本条は、第26次改正（令和8年6月8日までの間において政令で定める日施行分）による旧第27条の改正後の規定（下線＝該当箇所）。

1. 概要

本条は、都道府県又は市町村の支弁又は負担に対する国庫の負担について定める規定である。

2. 沿革

- 制定（昭和23年）（旧第22条）
- 第10次改正（昭和51年）：一部改正
- 第19次改正（平成13年）：一部改正（旧第22条を旧第23条に繰下げ）
- 第23次改正（平成25年）：一部改正（旧第23条を旧第27条に繰下げ）
- 第26次改正（令和4年）：一部改正（旧第27条を本条に繰下げ）

3. 制定及び主な改正の趣旨

(1) 制定（昭和23年）

> **旧第22條**　國庫は、政令の定めるところにより、第20條の規定により都道府縣の支弁する額及び前條の規定により都道府縣の負担する額の2分の1を負担する。

予防接種法の制定当初、定期の予防接種等は機関委任事務とされたことを踏まえ、国庫及び都道府県が一定の負担を行うこととされた。ただし、予防接種法等による国庫負担の特例等に関する法律において、予防接種法第21条、第22条及び第24条第1項（同法第5条の規定による定期の予防接種を行うために要する経費に関する都道府県及び国庫の負担に関する部分に限る。）の規定については、これらの規定による国庫及び都道府県の負担が、地方財政平衡交付金法に基づく平衡交付金に繰り入れられるため、昭和25年度に限り、適用しないこととされ、昭和26年度以降もこの取扱いが継続されたことから、本条による国庫の負担は、臨時の予防接種に要する費用のみとなっていた。

(2) 第10次改正（昭和51年）

> **旧第22条**　国庫は、政令の定めるところにより、第20条第1項の規定により都道府県の支弁する額及び前条第1項の規定により都道府県の負担する額の2分の1を負担する。

> 2　国庫は、前条第2項の規定により都道府県の負担する額の3分の2を負担する。

　第10次改正（昭和51年）は、「予防接種の今後のあり方及び予防接種による健康被害に対する救済について」（昭和51年3月11日伝染病予防調査会制度改正特別部会取りまとめ）において、「予防接種による健康被害に対する救済に要する費用については、国、都道府県及び市町村がそれぞれ応分の負担をすることとするのが適当である。」とされたことを受けたものであり、第2項が新設され、国庫は、都道府県の負担する額の3分の2を負担することとされた。

(3)　第26次改正（令和4年）
　　第26次改正（令和4年）においては、次の①及び②の改正のほか、規定の整理が行われた。
　①　第6条第2項に規定する臨時の予防接種に関する改正
　　　第6条第2項に規定する臨時の予防接種の実施主体に市町村長が追加されたことに伴い、その費用負担について規定された。同項に規定する臨時の予防接種は、「A類疾病及びB類疾病のうち厚生労働大臣が定めるもの」が複数の都道府県にまたがって発生又はまん延し、同条第1項に規定する臨時の予防接種を各都道府県知事の判断で行うだけでは足りず、国として当該疾病に係る予防接種を行う必要があるときに行われることが主に想定されるため、第6条第2項に規定する臨時の予防接種に要する費用については、国庫がその2分の1を負担することとされた。
　②　第6条第3項に規定する臨時の予防接種に関する改正
　　　第6条第3項において臨時の予防接種の新たな類型が設けられたことに伴い、その費用負担について規定された。当該類型は、高い病原性及び感染力を有する疾病が全国的かつ急速にまん延し、国民の生命及び健康に重大な影響を与えるおそれがあると認められるような場合に予防接種を行うことを想定したものであり、国が全国的な予防接種を強力に主導する必要があることから、当該予防接種を行うために要する費用は全額国庫負担とすることとされた。

4.　解説
(1)　予防接種を行うために要する費用について
　　予防接種を行うために要する費用に係る国庫の負担は、次のとおりであり、最終的な国庫、都道府県及び市町村の費用負担割合は、表20のとおりである。
　①　都道府県知事が行う第6条第1項又は第2項に規定する予防接種については、都道府県の支弁する額の2分の1
　②　市町村長が行う第6条第1項に規定する予防接種については、都道府県の負担する額（市町村の支弁する額の3分の2）の2分の1
　③　市町村長が行う第6条第2項に規定する予防接種については、都道府県の負担する額（市町村の支弁する額の4分の3）の3分の2
　④　第6条第3項に規定する予防接種については、都道府県又は市町村の支弁する額の全額

(2) 健康被害救済給付に要する費用について

健康被害救済給付に要する費用に係る国庫の負担は、都道府県の負担する額（市町村の支弁する額の4分の3）の3分の2とされている。これにより、最終的な国庫、都道府県及び市町村の費用負担割合は、国庫が2分の1、都道府県が4分の1、市町村が4分の1となる。

補論 本条の「政令」について

> 国庫の負担の細目は政令で定めることとされている。令和6年4月1日現在、第26次改正（令和4年）は施行されていないため、本条の委任を受けた現行の予防接種法施行令第32条と上記(1)及び(2)の記載は一致しないが、同条に基づき検討すると、(1)の①及び④については、厚生労働大臣が定める基準によって算定した医師の報酬、薬品、材料その他に要する経費の額（その額が当該年度において現に要した当該費用の額（その費用のための寄附金があるときは、その寄附金の額を控除するものとする。）を超えるときは、当該費用の額とする。）と、②及び③については、当該年度において現に要した当該費用の額と規定することが考えられる。なお、同条第3項において、同令第31条第3項の規定を準用することとされているが、その趣旨は、第50条の「4.の補論 本条の「政令」について」を参照されたい。

第52条　実費の徴収

> （実費の徴収）
> **第52条** 定期の予防接種又は臨時の予防接種（特定Ｂ類疾病に係るものに限る。）を行った者は、予防接種を受けた者又はその保護者から、政令の定めるところにより、実費を徴収することができる。ただし、これらの者が、経済的理由により、その費用を負担することができないと認めるときはこの限りでない。

注　本条は、第26次改正（令和8年6月8日までの間において政令で定める日施行分）による旧第28条の改正後の規定（下線＝該当箇所）。

1. 概要

本条は、定期の予防接種又は臨時の予防接種（特定Ｂ類疾病に係るものに限る。）に関する実費徴収の根拠となる規定である。

2. 沿革

- 制定（昭和23年）（旧第23条）
- 第2次改正（昭和26年）：一部改正
- 第6次改正（昭和36年）：一部改正
- 第10次改正（昭和51年）：一部改正

- 第13次改正（平成6年）：一部改正
- 第19次改正（平成13年）：一部改正（旧第23条を旧第24条に繰下げ）
- 第22次改正（平成23年）：一部改正
- 第23次改正（平成25年）：一部改正（旧第24条を旧第28条に繰下げ）
- 第26次改正（令和4年）：一部改正（旧第28条を本条に繰下げ）

3. 制定及び主な改正の趣旨

(1) 制定（昭和23年）

> **旧第23條** 市町村長は、この法律の定めるところにより、予防接種を受けた者又はその保護者から、政令の定めるところにより、実費を徴収しなければならない。但し、これらの者が、経済的理由により、その費用を負担することができないと認めるとき及び第6條の規定による予防接種を行うときはこの限りでない。

　予防接種法の制定当初、市町村長は、実費を徴収しなければならないこととされていた。これは、昭和23年6月27日の衆議院厚生委員会において、濱野規矩雄政府委員（厚生技官）が「困っている人はどんどんただでいたしますが、国家財政上とれる者からはとっていきたい。」と述べているように、財政の安定的な運営という観点からの措置であったと思われる。昭和27年逐条解説（257、258頁）において、「本條の表現は、実費徴収を市町村長の義務としているが、これは都道府県及び国庫の負担の算定に当つて必らず徴収されていることを前提とするために規定されたものであつて、経済的に余裕のある市町村に於て無料で予防接種を行つてもこれを法令違反としてとがめる必要はないと考えられる。」とされていることは、その証左である。

(2) 第6次改正（昭和36年）

> **旧第23条** 市町村長は、第5条の規定による予防接種を行つたときは、予防接種を受けた者又はその保護者から、政令の定めるところにより、実費を徴収することができる。但し、これらの者が、経済的理由により、その費用を負担することができないと認めるときはこの限りでない。

　第6次改正（昭和36年）は、急性灰白髄炎の大流行を受け、急性灰白髄炎を予防接種を行うべき疾病に加え、予防措置の徹底を図ることを目的としたものであり、第50条の改正と併せて、実費徴収に係る規定が義務規定からできる旨の規定に改正された[87]。当該改正により実費徴収の対象となる被接種者又はその保護者がどの程度となるかについては、昭和36年2月28日の参議院社会労働委員会において、尾村偉久政府委員（厚生省公衆衛生局長）が「現在の予定では全対象人員すなわち今の法律に基づく年令層の対象

---

[87] 昭和36年2月28日の参議院社会労働委員会において、坂本昭委員が「今日でも小児麻痺の予防接種については1回1000円以上、3回3000円取られるということは、これはもう社会問題になっておった。しかるに外国から入るものは、120～130円で輸入されておる。日本で注射するときには1回1000円以上もかかる、こんなばかなことがあるかという、そういう非難にこたえて、今度国が予防接種法を改正して、公費負担とするようになってきた。」と述べている。

人員の約半数が実費を徴収する、半数は7割5分引きまたは全額引き、すなわちゼロ、こういうようなふうにいたすことに予定いたしております。」と述べているほか、同年3月10日の衆議院社会労働委員会において、牛丸義留政府委員（厚生省薬務局長）が「全国平均にいたしまして49％は有料、51％が無料ないしは減額、こういうことになる。」と述べている。

(3) 第10次改正（昭和51年）

> **旧第23条** 第3条又は第6条の規定による予防接種を行つた者は、予防接種を受けた者又はその保護者から、政令の定めるところにより、実費を徴収することができる。ただし、これらの者が、経済的理由により、その費用を負担することができないと認めるときはこの限りでない。

第10次改正（昭和51年）においては、定期の予防接種に加え、一般的な臨時の予防接種について、実費を徴収できることとされた。この理由については、昭和53年逐条解説（129頁）において、「予防接種は疾病から社会を防衛するという公共の目的のために行われるものである一方、疾病から被接種者を予防するという個人の受益の要素もかなり濃厚にあることによるものである。」と説明されている。一般的な臨時の予防接種が「年々歳々流行する疾病に対応する」（昭和53年逐条解説77頁）ものであることを踏まえると、臨時の予防接種は実費徴収の対象としないという制定以来の考えが変更されたとまでは言えないと思われる。

(4) 第13次改正（平成6年）

> **旧第23条** 第3条第1項の規定による予防接種を行つた者は、予防接種を受けた者又はその保護者から、政令の定めるところにより、実費を徴収することができる。ただし、これらの者が、経済的理由により、その費用を負担することができないと認めるときはこの限りでない。

第13次改正（平成6年）においては、一般的な臨時の予防接種が廃止され、緊急的な臨時の予防接種を臨時の予防接種として取り扱うこととされたことに伴い、本条から「第6条」が削除されたほか、規定の整理が行われた。

(5) 第22次改正（平成23年）

> **旧第24条** 第3条第1項又は第6条第3項の規定による予防接種を行つた者は、予防接種を受けた者又はその保護者から、政令の定めるところにより、実費を徴収することができる。ただし、これらの者が、経済的理由により、その費用を負担することができないと認めるときはこの限りでない。

第22次改正（平成23年）は、「予防接種制度の見直しについて（第1次提言）」（平成22年2月19日厚生科学審議会感染症分科会予防接種部会取りまとめ）において、「現行の制度においては、接種を行う緊急性が最も高い臨時接種以外の定期接種については、

実施主体である市町村が費用を支出した上で経済的困窮者を除く被接種者から実費徴収することが可能となっている。公的関与の度合いが高い「一類疾病の定期接種」についても実費徴収を可能としていることとの均衡を考慮すれば、これよりも公的関与の度合いが低い「新臨時接種（仮称）」については、経済的困窮者を除く被接種者からは実費徴収を可能とすることが適当である。」とされたことを受けたものであり、「新たな臨時接種」について、実費徴収の対象とされた。

4. 解説

(1) 実費徴収の内容及び性質について

本条は、定期の予防接種又は臨時の予防接種（特定Ｂ類疾病に係るものに限る。）の実施者に対し、予防接種を受けた者又はその保護者から実費を徴収する権限を与える規定である。これは、予防接種が、当該予防接種を受けた個人について、疾病の発症予防や重症化予防という受益を発生させるものであることに着目したものである。ただし、集団予防に比重を置いて行われる予防接種については、その公共目的に鑑み、実費を徴収することは妥当でない。そのため、本条による実費徴収が可能となる予防接種は、個人予防に比重を置いて行われる定期の予防接種又は臨時の予防接種（特定Ｂ類疾病に係るものに限る。）に限定されている。

実費徴収の性質は、定期の予防接種又は臨時の予防接種（特定Ｂ類疾病に係るものに限る。）の実施者が一方的に賦課徴収する公課としての性質を有する公法上の債権である。

(2) 実費徴収の対象となる者について

実費徴収の対象となる者は、定期の予防接種又は臨時の予防接種（特定Ｂ類疾病に係るものに限る。）を受けた者又はその保護者であるが、経済的理由により、その費用を負担することができないと認められる者は対象から除かれる。この点、平成19年逐条解説（143頁）において、「経済的理由により負担できない者の数については、市町村民税の課税状況や生活保護世帯数等を勘案して、概ね全体の2割程度が想定されており、市町村支弁の財源の8割程度が実費徴収により賄われるべきものと解されるが、実際には、市町村の独自の判断により、公費による接種費用の軽減、免除が行われている。」とされている。

なお、Ａ類疾病に係る定期の予防接種については、第23次改正（平成25年）において対象疾病が追加されたこともあり、より多くの対象者が予防接種を受けられる体制を整備することが望ましいことから、当該改正に併せて予防接種法施行令第33条第2項が新設され、Ａ類疾病に係る定期の予防接種を行った者は、予防接種を受けた者又はその保護者の負担能力、地域の実情その他の事情を勘案して、当該予防接種について、実費を徴収するかどうかを決定するとともに、徴収する場合にあっては徴収する者の基準及び徴収する額を定めることとされた。また、上記の体制整備の観点や、市町村による定期の予防接種の安定的な実施の観点から、公費負担額の範囲を拡大させ、実費徴収額の範囲を縮小させることが望まれるため、Ａ類疾病に係る定期の予防接種に要する費用の9割程度、Ｂ類疾病に係る定期の予防接種に要する費用の3割程度について、地方交付税の算定において基準財政需要額に算入され、地方財政措置が講じられている。

(3) 実費の内容及び性質について

　　実費とは、薬品費、材料費及び予防接種を行うため臨時に雇われた者に支払う経費をいうこととされている（予防接種法施行令第33条第1項参照）。したがって、予防接種を行う者が常勤の職員である場合には、その給与費等を含めることはできない。

　　実費の性質は、受益者負担の考えに基づき、予防接種法が特別に定めた現実に要する費用であると解される。そのため、実費徴収に当たって条例の制定は不要である。なお、地方自治法第224条に規定する分担金や同法第227条に規定する手数料として実費を徴収することも考えられるが、その際には条例の制定が必要となる（同法第228条第1項参照）。

(4) 実費の徴収方法について

　　定期の予防接種又は臨時の予防接種（特定B類疾病に係るものに限る。）の実施者である都道府県知事又は市町村長は、雑収入として実費を徴収するほか、当該予防接種の実施に関する委託契約を締結している医療機関に対し、実費の徴収も併せて委託することが可能である。後者の場合、当該委託を受けて医療機関が徴収した実費は、市町村からの委託料の支払いに充当することができ、当該実費は市町村の歳入には該当しない。

第53条　損失補償契約

（損失補償契約）

第53条　政府は、次の各号に掲げる疾病に係るワクチンについて、世界的規模で需給が著しくひっ迫し、又はひっ迫するおそれがあり、これを早急に確保しなければ当該疾病の全国的かつ急速なまん延により国民の生命及び健康に重大な影響を与えるおそれがあると認められるときは、それぞれ当該各号に定める期間を限り、次項又は第3項の規定による閣議の決定をし、かつ、第4項の規定による国会の承認を得た上で、厚生労働大臣が当該疾病に係るワクチンの供給に関する契約を締結する当該疾病に係るワクチン製造販売業者又はそれ以外の当該疾病に係るワクチンの開発若しくは製造に関係する者を相手方として、当該契約に係るワクチンを使用する予防接種による健康被害に係る損害を賠償することにより生ずる損失その他当該契約に係るワクチンの性質等を踏まえ国が補償することが必要な損失を政府が補償することを約する契約（以下この項及び次項において「損失補償契約」という。）を締結することができる。ただし、緊急の必要がある場合には、国会の承認を得ないで当該損失補償契約（第4項の規定による国会の承認を受けることをその効力の発生の条件とするものに限る。）を締結することができる。

一　新型インフルエンザ等感染症　感染症法第44条の2第1項の規定による公表が行われたときから同条第3項の規定による公表が行われるまでの間

二　指定感染症（当該指定感染症にかかった場合の病状の程度が重篤であり、かつ、全国的かつ急速なまん延のおそれのあるものと厚生労働大臣が認めたものに限る。）感染症法第44条の7第1項の規定による公表が行われたときから同条第3項の規定による公表が行われるまでの間

三　新感染症　感染症法第44条の10第1項の規定による公表が行われたときから感染症法第53条第1項の政令の廃止が行われるまでの間

2 　厚生労働大臣は、損失補償契約を締結する必要があると認めるときは、当該損失補償契約に係るワクチンに係る疾病、当該損失補償契約を締結することができる期間その他補償の範囲に係る事項につき閣議の決定を求めなければならない。
3 　前項の規定による閣議の決定後、その変更の必要が生じたときは、閣議において、当該閣議の決定の変更を決定しなければならない。
4 　政府は、前2項の規定による閣議の決定があったときは、当該閣議の決定に係る事項につき、速やかに、国会の承認を求めなければならない。

注　本条は、第26次改正（令和8年6月8日までの間において政令で定める日施行分）による旧第29条の改正後の規定（下線＝該当箇所）。

1. 概要

本条は、政府に対し、ワクチンに係る損失補償契約を締結する権限を与える規定である。

2. 沿革

- 第26次改正（令和4年）：制定（旧第29条として追加、本条に繰下げ）

3. 制定の趣旨

(1) 新型インフルエンザ予防接種による健康被害の救済等に関する特別措置法の制定

> 新型インフルエンザ予防接種による健康被害の救済等に関する特別措置法（平成21年法律第98号）（抄）
>
> 　旧第3章　特例承認新型インフルエンザワクチン製造販売業者との補償契約
> 旧第11条　政府は、厚生労働大臣が新型インフルエンザワクチンの購入契約を締結する特例承認新型インフルエンザワクチン製造販売業者を相手方として、当該購入契約に係る新型インフルエンザワクチンの国内における使用による健康被害に係る損害を賠償することその他当該購入契約に係る新型インフルエンザワクチンに関して行われる請求に応ずることにより当該相手方及びその関係者に生ずる損失を政府が補償することを約する契約を締結することができる。

　ワクチンに係る損失補償契約に関する規定は、新型インフルエンザ予防接種による健康被害の救済等に関する特別措置法（平成21年法律第98号）第11条において初めて設けられた[88]。これは、平成21年4月に発生した新型インフルエンザ（A／H1N1）に対応するためのものであり、当該規定が設けられた経緯については、平成21年11月17日の衆議院本会議において、長妻昭厚生労働大臣が「約5400万人の優先接種対象者のほか、広く接種を希望する国民に必要なワクチンを確保するためには、海外企業からの輸入が必

---

[88] 本条は、第22次改正（平成23年）において、予防接種法附則第6条の制定に伴い削除されているが、以下単に「新型インフルエンザ予防接種による健康被害の救済等に関する特別措置法第11条」と記載する。

要でございます。一方、こうした海外企業は、今回のようなパンデミックと呼ばれる世界的な流行の中で、短期間のうちに大量に製造したワクチンが健康被害を引き起こし、多大な損害が生じることを懸念し、ワクチンを提供する各国に対して、ワクチンを原因として生じた損失を政府が補償するように求めております。こうした要求に対して、我が国としては、健康危機管理の観点から、必要なワクチンを確保するため、これを受け入れたものであります。」と述べている。

損失補償契約の相手方は特例承認新型インフルエンザワクチン製造販売業者[89]であり、損失補償の対象となるワクチンは海外のワクチン製造販売業者から輸入されるものに限定することが想定されていた。この理由については、平成21年11月17日の衆議院本会議において、長妻昭厚生労働大臣が「この損失補償については、（中略）健康危機管理の必要性から緊急かつ例外的な対応として実施するものであること、また、輸入ワクチンについては通常の承認の要件を緩和した特例承認までも行うこととしていることから、海外の企業から輸入するワクチンに限って損失補償の対象とすることとしております。」と述べている。国産の新型インフルエンザワクチンについては、①既存の季節性インフルエンザワクチンと同様の製法であり、株が異なるのみであることから、通常の審査手続を経て、薬機法第14条第1項に基づき承認されるものであること[90]、②国産の季節性インフルエンザワクチンは日本国内における長年の使用実績があることに鑑みると、季節性インフルエンザワクチンと比して負い難い損失が発生するとは考えられないことから、損失補償の対象とはされなかった。

なお、平成21年11月17日の衆議院本会議において、長妻昭厚生労働大臣が新型インフルエンザ予防接種による健康被害の救済等に関する特別措置法の制定の趣旨及び内容について次のように述べている。

> 国内で今般発生している新型インフルエンザについては、季節性インフルエンザと類似する点が多く見られますが、基礎疾患を有する方、妊婦等において重症化する可能性が高いこと、国民の大多数に免疫がないことから、季節性インフルエンザの感染者を大きく上回る感染者が発生し、国民の健康を初め、我が国の社会経済に深刻な影響を与えるおそれがございます。
>
> このため、政府においては、新型インフルエンザの発生は国家の危機管理上重大な課題であるとの認識のもと、その対策に総力を挙げて取り組んでいるところであります。
>
> 今回の新型インフルエンザ予防接種については、新型インフルエンザ対策の1つとして、接種の必要性がより高い方に優先的に接種機会を確保しつつ、その他の国民についても接種機会を提供できるよう、厚生労働大臣が実施主体として臨時応急的に実施することとしております。
>
> このような中、厚生労働大臣が行う新型インフルエンザ予防接種による健康被害を救済するための給付を行うとともに、特例承認を受けた新型インフルエンザワクチンの製造販売業者等に生ずる損失を政府が補償することにより、新型インフルエンザ予防接種の円滑な実施を図ることを目的として、この法律案を提出した次第でございます。
>
> 以下、この法律案の内容について、その概要を御説明申し上げます。
>
> 第一に、新型インフルエンザ予防接種による健康被害の救済措置として、厚生労働大臣は、みずからが行う新型インフルエンザ予防接種を受けた方が、疾病にかかり、障害の状態となり、ま

---

[89] 新型インフルエンザ予防接種による健康被害の救済等に関する特別措置法第2条第4項において、「薬事法（昭和35年法律第145号）第12条第1項の医薬品の製造販売業の許可を受けた者であって、新型インフルエンザワクチンの製造販売（同法第2条第12項に規定する製造販売をいう。）について、同法第14条の3第1項の規定により同法第14条の承認を受けているもの（当該承認を受けようとするものを含む。）をいう。」と定義されている。

[90] インフルエンザウイルスは変異を頻繁に起こしやすいという特性があるため、年によって異なるウイルス株が季節性インフルエンザとして流行することとなる。これに対応するため、インフルエンザワクチンについては、株が異なることをもって異なる品目として取り扱うことはせず、製造方法が同じであれば、新たな承認は不要とされている。

たは死亡した場合において、当該疾病、障害または死亡が当該新型インフルエンザ予防接種を受けたことによるものであると認定したときは、給付を行うこととしております。
　第二に、政府は、特例承認を受けた新型インフルエンザワクチンの製造販売業者を相手方として、当該製造販売業者から厚生労働大臣が購入する新型インフルエンザワクチンの使用により生じた健康被害に係る損害を賠償すること等により当該企業に生じた損失等について政府が補償することを約する契約を締結することができることとしております。
　なお、この法律の施行期日については、公布の日から施行することとしております。
　以上が、この法律案の趣旨でございます。

(2) 第22次改正（平成23年）

　　　附　則
旧第6条　政府は、予防接種法及び新型インフルエンザ予防接種による健康被害の救済等に関する特別措置法の一部を改正する法律（平成23年法律第85号）の施行の日から5年間を限り、新型インフルエンザ等感染症ワクチン（感染症法第6条第7項に規定する新型インフルエンザ等感染症に係るワクチンをいう。以下同じ。）について、世界的規模で需給が著しくひっ迫し、又はひっ迫するおそれがあり、これを早急に確保しなければ国民の生命及び健康に重大な影響を与えるおそれがあると認められるときは、厚生労働大臣が新型インフルエンザ等感染症ワクチンの購入契約を締結する製造販売業者（薬事法（昭和35年法律第145号）第12条第1項の医薬品の製造販売業の許可を受けた者であつて、新型インフルエンザ等感染症ワクチンの製造販売（同法第2条第12項に規定する製造販売をいう。）について、同法第14条の3第1項の規定により同法第14条の承認を受けているもの（当該承認を受けようとするものを含む。）に限る。）を相手方として、当該購入契約に係る新型インフルエンザ等感染症ワクチンを使用する予防接種による健康被害に係る損害を賠償することにより生ずる損失その他当該新型インフルエンザ等感染症ワクチンの性質等を踏まえ国が補償することが必要な損失を政府が補償することを約する契約（以下「損失補償契約」という。）を締結することができる。
2　厚生労働大臣は、前項の購入契約（当該購入契約に係る新型インフルエンザ等感染症ワクチンについて損失補償契約を締結する場合における当該購入契約に限る。）を締結する場合には、あらかじめ、閣議の決定を経なければならない。
3　政府は、損失補償契約の締結前に、当該損失補償契約を締結することにつき国会の承認を得なければならない。ただし、緊急の必要がある場合には、国会の承認を得ないで当該損失補償契約（次項の規定による国会の承認を受けることをその効力の発生の条件とするものに限る。）を締結することができる。
4　前項ただし書の規定により国会の承認を得ないで損失補償契約を締結した場合には、政府は、速やかに、当該損失補償契約の締結につき国会の承認を求めなければならない。

　新型インフルエンザ予防接種による健康被害の救済等に関する特別措置法の適用対象は、平成21年4月に発生した新型インフルエンザ（A／H1N1）に限定されていたため、その後、同様の事態が生じた場合でも、同法第11条の規定により損失補償契約を締

結することはできず、損失補償契約を締結するためには、その都度、新たな立法措置が必要とされた。この課題を解決するため、「予防接種制度の見直しについて（第1次提言）」（平成22年2月19日厚生科学審議会感染症分科会予防接種部会取りまとめ）において、「今後も、ワクチン確保のため、通常想定され企業が負担すべきレベルを上回るリスクについては、国がワクチンの買上げをする際にワクチン製造販売業者を相手方とした損失補償に関する契約を締結することにより、対応できるようにすべきである。この場合、特別措置法の規定や今回の損失補償に関する契約を締結するまでの経緯を踏まえて、損失補償契約の要件等を定めるべきである。」とされたことを受け、第22次改正（平成23年）において、予防接種法附則第6条に損失補償契約に係る規定が設けられた[91]。

この損失補償契約に係る規定の特色は、主に次の3点である。
① 損失補償の対象となるワクチンが新型インフルエンザ等感染症に係るものであること。
② 原則として、損失補償契約の締結前に、当該損失補償契約を締結することにつき国会の承認を得る必要があること。
③ 5年間の時限措置であること。

①は、損失補償の対象を新型インフルエンザ等感染症に係るワクチンに一般化し、損失補償契約を締結する必要があると想定される事態に対応できるようにされたものである。

②は、国会の財政処理権限を担保するためのものである。

③は、損失補償契約の在り方は「緊急事態下における国とメーカーの責任の在り方などにも関わる問題であり、議論に十分時間をかける必要があることから、引き続き検討を進めるため、直ちに恒久措置とはせず、国内の生産体制が十分ではなく、輸入の必要性が特に高いと考えられる5年間の暫定措置」とされたものである。

(3) 第25次改正（令和2年）

> 附　則
> （損失補償契約）
> **旧第8条**　政府は、厚生労働大臣が新型コロナウイルス感染症に係るワクチンの供給に関する契約を締結する当該感染症に係るワクチン製造販売業者（前条第2項の規定により読み替えて適用する第13条第4項に規定するワクチン製造販売業者をいう。）又はそれ以外の当該感染症に係るワクチンの開発若しくは製造に関係する者を相手方として、当該契約に係るワクチンを使用する予防接種による健康被害に係る損害を賠償することにより生ずる損失その他当該契約に係るワクチンの性質等を踏まえ国が補償することが必要な損失を政府が補償することを約する契約を締結することができる。

新型コロナウイルス感染症に係るワクチンについては、その研究開発段階から各国に

---

[91] 本条は、第26次改正（令和4年）において、第29条（別に政令で定める日以降は第53条に繰下げ）の制定に伴い削除されているが、以下単に「附則第6条」と記載する。

よる獲得競争が生じるなど、世界中で需要が高まっていた一方、ワクチンが開発されたとしても、短期間に大量生産できる設備が存在しないこと、また、大量生産を行ったとしても一度に製造・出荷できる量には限りがあることから、世界的に需給が逼迫することが想定された。このような状況下で、ワクチン製造販売業者は、これまで薬事承認されたワクチンには使用されていない新たな技術により開発されたワクチンを短期間に大量に供給することにより、通常の場合に比して負い難い損失を被るリスクを恐れ、ワクチンを供給する条件として、当該ワクチンに起因して被った損失を補償する契約を締結することを求めた。当該契約を締結しない場合、ワクチン製造販売業者が我が国においてワクチンを上市しない可能性があり、仮にワクチンが上市されないときは、国民の生命及び健康が危険に曝されるおそれがあったため、第25次改正（令和2年）において、附則第8条に損失補償契約に係る規定が設けられた[92]。

この損失補償契約に係る規定は、現に新型コロナウイルス感染症が国内で流行する中、実際に複数のワクチンメーカーからの損失補償契約締結の求めに応じなければワクチンの確保ができない状況にあったという点が、新型インフルエンザ予防接種による健康被害の救済等に関する特別措置法の制定時の状況と類似していたことから、同法第11条を参考に設けられた。

(4) 第26次改正（令和4年）

新型コロナウイルス感染症のように、新型インフルエンザ等感染症等がまん延した場合、それに対応するワクチンが世界的に供給不足に陥ることが想定されるため、ワクチンの開発に並行して各国で獲得競争が生じる可能性がある。ワクチンについて損失補償を行うためには財政法（昭和22年法律第34号）との関係から立法措置が必要となるが、パンデミックが発生してから立法措置を講じていたのでは、ワクチン製造販売業者と円滑に契約交渉を行うことができず、十分なワクチンを確保できないおそれがある[93]。また、第26次改正（令和4年）当時、世界的に100日でのワクチン開発が目指されており、さらに、薬機法第14条の2の2第1項に緊急承認に係る規定が設けられたことから、ワクチンの実用化に必要な期間がさらに短縮され、それに伴い、ワクチンを確保・供給する時期がより早期になることが想定された。

このような状況を踏まえ、今後、パンデミックが発生した際、他国に劣後することなく、直ちにワクチンの供給契約に関して必要な対応を行うことができるよう、第26次改正（令和4年）において、損失補償契約に係る規定が恒久的なものとして設けられた。この規定は、①新型コロナウイルス感染症の経験を踏まえ、円滑なワクチンの確保に向けた交渉が可能となるよう、当該疾病に対応するワクチンは基本的に損失補償契約を締結できる対象とするという附則第8条と類似の内容を念頭に置きながら、②将来の感染症に係るワクチンについて一般的に損失補償契約を締結することができるようにするに

---

[92] 本条は、第26次改正（令和4年）において、第29条（別に政令で定める日以降は第53条に繰下げ）の制定に伴い削除されているが、以下単に「附則第8条」と記載する。

[93] 「新型コロナウイルス感染症へのこれまでの取組を踏まえた次の感染症危機に向けた中長期的な課題について」（令和4年6月15日新型コロナウイルス感染症対応に関する有識者会議取りまとめ）において、「ワクチンの確保に向けて企業と交渉を行うに当たり損失補償契約の締結を可能とする規定も用意されていなかったことから、改めて立法措置が必要となった。」と指摘されており、損失補償契約に係る規定の欠如がワクチン確保の環境整備等に時間を要した原因の1つとされている。

当たって、国会の財政処理権限を担保するため、将来に向かって一般的な規定を置いた附則第6条のスキームのように、閣議決定と国会承認を要するものとして規定された。

なお、本条は、①金銭に関する規定であること、②予防接種を受けたことによる健康被害等についての損失を補償するものであることから、予防接種の実施に係る費用に関する規定である第25条から第28条までの後、予防接種法における地方公共団体の事務の区分に関する規定である第29条の前に規定することとされた。その際、同法の本則の規定が第29条までであるため、枝番号にはせず、損失補償契約については第29条（別に政令で定める日以降は第53条に繰下げ）として規定することとされた。

4. 解説

(1) 損失補償契約に係る規定の必要性について

憲法第85条において、「国が債務を負担するには、国会の議決に基くことを必要とする」とされており、これを受け、財政法第15条第1項において、「法律に基くもの又は歳出予算の金額（第43条の3に規定する承認があつた金額を含む。）若しくは継続費の総額の範囲内におけるものの外、国が債務を負担する行為をなすには、予め予算を以て、国会の議決を経なければならない。」とされている。

国による損失補償は将来に向かって無制限に債務を負うことになり得るものであるため、「国が債務を負担する行為」に該当し、①法律に基づくもの、②歳出予算の金額又は継続費の総額の範囲内におけるもの、③予め予算を以て、国会の議決を経るもののいずれかに位置付ける必要がある。この点、歳出予算は単年度のものであり、複数年度にわたる支出を可能とする継続費による場合でも原則として5か年度が上限であること（財政法第15条第3項参照）、また、継続費や国庫債務負担行為は総額又は限度額を明らかにする必要があることから（同法第25条及び第26条参照）、将来に向かって無制限に債務を負担する損失補償については、②及び③として位置付けることはできず、①として位置付けることとされた。

(2) 損失補償契約に係る規定の許容性について

ワクチン製造販売業者に対する損失補償は、ワクチンの需給が世界的に逼迫した場合において、ワクチンの供給を確保し、予防接種を円滑に実施するために必要な施策の1つであり、究極的には国民の健康の保持に寄与するものであることから、ワクチンに係る損失補償契約に関する規定を予防接種法の中に位置付けることは可能である。

(3) 損失補償に係る要件について（総論）

国の財政処理権限を国民の代表機関である国会の権能に服させる財政民主主義の原則を支出面において具体化した憲法第85条の趣旨に鑑みると、損失補償の対象が必要以上に広がり、国会の財政処理権限を不当に侵害することがないよう、政府の裁量は厳格に制限されるべきであり、損失補償契約を締結してまでワクチンを確保しなければならないという緊急性に係る要件や、国会の財政処理権限を担保できるような手続を法定することが必要であると考えられる。

そこで、本条では、次のⅠからⅤまでについて必要十分な要件を設けるとともに、Ⅴにより国会の財政処理権限を担保することとされている。

Ⅰ　損失補償契約の必要性

Ⅱ　損失補償契約の対象となるワクチン等
　　　Ⅲ　損失補償契約の相手方
　　　Ⅳ　損失補償の範囲
　　　Ⅴ　閣議決定及び国会承認

(4) **損失補償に係る要件Ⅰについて（損失補償契約の必要性）**
　損失補償契約の必要性に係る要件は、次のとおりである。
　① ワクチンについて、世界的規模で需給が著しく逼迫し、又は逼迫するおそれがあること。
　② 当該ワクチンを早急に確保しなければ当該疾病の全国的かつ急速なまん延により国民の生命及び健康に重大な影響を与えるおそれがあること。

　損失補償契約が必要となる状況は、平成21年4月に発生した新型インフルエンザ（A／H1N1）や新型コロナウイルス感染症と同様のものが想定される。そこで、附則第6条と同様に、「世界的規模で需給が著しくひつ迫し、又はひつ迫するおそれがあり、これを早急に確保しなければ国民の生命及び健康に重大な影響を与えるおそれがあると認められるとき」と規定し、損失補償契約の必要性を条文上担保することとされている。また、損失補償契約が必要なほどワクチンを確保する要請が強い場面としては、第6条第3項に規定する予防接種を行う必要があるときが想定されるため、同項の「当該疾病の全国的かつ急速なまん延により（国民の生命及び健康に重大な影響を与えるおそれがある）」という要件を規定し、本条の適用範囲が徒に拡大しないようにされている。

　あるワクチンについて「世界的規模で需給が著しくひつ迫し、又はひつ迫するおそれがあり、これを早急に確保しなければ国民の生命及び健康に重大な影響を与えるおそれがあると認められる」か否かに係る判断は、政府がその裁量により行うものである。なお、ワクチンの一定の供給が見込まれる場合であっても、①海外情勢の影響により、ワクチン製造販売業者からの供給に問題が生じるおそれがある場合、②ウイルスの変異に対応したワクチンや異なるモダリティのワクチンの開発が進められている場合、③追加接種の可能性に備えて供給を受ける必要がある場合等には、この要件Ⅰに該当すると考えられる。

(5) **損失補償に係る要件Ⅱについて（損失補償契約の対象となるワクチン等）**
　損失補償契約が必要となる状況は、(4)で述べたとおり、主に第6条第3項に規定する予防接種を行う必要があるときであるため、損失補償契約の対象となるワクチンは、当該予防接種の対象疾病として想定されている新型インフルエンザ等感染症、指定感染症（当該指定感染症にかかった場合の病状の程度が重篤であり、かつ、全国的かつ急速なまん延のおそれのあるものと厚生労働大臣が認めたものに限る。以下同じ。）及び新感染症に係るものとされている。なお、損失補償契約は、ワクチンが開発されている最中に締結されることも想定されるため、本条の「ワクチン」には薬機法上の承認を受けていないものも含まれると解される。

　また、損失補償契約の対象となるワクチンであっても、本条の趣旨に適合する期間においてのみ損失補償契約を締結可能とすることが適当であるため、ワクチンに係る疾病ごとに、損失補償契約を締結できる期間が次のとおり規定されている。
　① 新型インフルエンザ等感染症については、感染症法第44条の2第1項の規定による

公表が行われたときから同条第3項の規定による公表が行われるまでの間
② 指定感染症については、感染症法第44条の7第1項の規定による公表が行われたときから同条第3項の規定による公表が行われるまでの間
③ 新感染症については、感染症法第44条の10第1項の規定による公表が行われたときから感染症法第53条第1項の政令の廃止が行われるまでの間

(6) 損失補償に係る要件Ⅲについて（損失補償契約の相手方）

損失補償契約の相手方は、「厚生労働大臣が当該疾病に係るワクチンの供給に関する契約を締結する当該疾病に係るワクチン製造販売業者又はそれ以外の当該疾病に係るワクチンの開発若しくは製造に関係する者」とされている。

「厚生労働大臣が当該疾病に係るワクチンの供給に関する契約を締結する」については、単なる購入契約だけでなく、新型コロナウイルス感染症に係るワクチンのような契約形態（厚生労働大臣とワクチンメーカーがワクチンの供給に係る契約を締結し、当該ワクチンメーカーに対しては、ワクチン生産体制等緊急整備事業から支出を行うという方式）も含まれるように規定されているものである。

「当該疾病に係るワクチン製造販売業者又はそれ以外の当該疾病に係るワクチンの開発若しくは製造に関係する者」については、ワクチン製造販売業者だけでなく、外国製造医薬品等特例承認取得者や、ワクチンの製造方法について国内のワクチン製造販売業者に技術移管を行うワクチンメーカーも損失補償契約の相手方になることを想定して規定されているものである。

(7) 損失補償に係る要件Ⅳについて（損失補償の範囲）

損失補償の範囲は、「当該契約に係るワクチンを使用する予防接種による健康被害に係る損害を賠償することにより生ずる損失その他当該契約に係るワクチンの性質等を踏まえ国が補償することが必要な損失」である。過去のワクチンに係る損失補償契約に係る規定とは若干の文言の違いがあるものの、損失補償の範囲は過去の規定と同様であり、具体的な範囲については、個別企業との契約において規定されることとなる。なお、「当該契約に係るワクチン」と規定されていることから、損失補償の対象は、損失補償契約の締結後（第1項ただし書により、国会の承認を得ないで損失補償契約を締結した場合は、国会の承認を受けた後）に当該ワクチンを原因として生じた損失であり、損失補償契約の締結前（同項ただし書により、国会の承認を得ないで損失補償契約を締結した場合は、国会の承認を受ける前）に当該ワクチンを原因として生じた損失は含まれないと解される。

過去のワクチンに係る損失補償契約に関する規定で想定されていた損失の範囲を整理すると表21のとおりである。

【表21】過去のワクチンに係る損失補償契約に関する規定で想定されていた損失の範囲

	健康被害に係る損失	その他の損失
新型インフルエンザ予防接種による健康被害の救済等に関する特別措置法第11条	【条文】購入契約に係る新型インフルエンザワクチンの国内における使用による健康被害に係る損害を賠償することにより相手方及びその関係者に生ずる損失	【条文】購入契約に係る新型インフルエンザワクチンに関して行われる請求に応ずることにより相手方及びその関係者に生ずる損失

予防接種法附則第6条	【想定されていた損失】ワクチンの輸入、保管、流通、使用及び投与に起因又は関連して行われる請求により生じる全ての損失（ワクチンの輸送中に海難事故が生じた場合の損失や、保管中のワクチンが破損し倉庫が使用不可能になった場合の損失等も含み得る。）	
	【条文】購入契約に係る新型インフルエンザ等感染症ワクチンを使用する予防接種による健康被害に係る損害を賠償することにより生ずる損失	【条文】新型インフルエンザ等感染症ワクチンの性質等を踏まえ国が補償することが必要な損失
	【想定されていた損失】新型インフルエンザ予防接種による健康被害の救済等に関する特別措置法第11条と同様の範囲	
予防接種法附則第8条	【条文】契約に係るワクチンを使用する予防接種による健康被害に係る損害を賠償することにより生ずる損失	【条文】契約に係るワクチンの性質等を踏まえ国が補償することが必要な損失
	【想定されていた損失】被接種者の健康被害に係る損害を賠償することによる損失	【想定されていた損失】 ・安全対策に係る費用 ・リコール費用 ・訴訟に係る費用 ・紛争処理に係る弁護士費用 ・流通過程における想定外の損害

(8) 損失補償に係る要件Ⅴについて（閣議決定及び国会承認）

① 第1項本文について

政府が損失補償を行うに当たっては、憲法第85条の規定により国会の議決に基づくことが必要となるが[94]、これに加え、適正手続を担保するため、閣議決定が行われることが望ましい。この点、附則第6条においては、損失補償契約を締結する場合における購入契約の締結の際に閣議決定が、損失補償契約の締結の際に国会承認が、それぞれ必要とされていた。これは、同条が損失補償契約に係る一般的な規定であることを踏まえ、国会の財政処理権限をより担保するため、損失補償契約を締結するたびに国会承認を要求したものである。しかし、個別の損失補償契約ごとに閣議決定及び国会承認を必要とすると、機動的な対応が困難となり、契約交渉に支障が生じるおそれがあること、また、ワクチン製造販売業者等との秘密保持契約の締結が必要となる可能性が高いが、その場合、そもそも損失補償契約の内容を公表することができないことから、本条においては、個別の損失補償契約ごとの閣議決定及び国会承認は必要とされず、Ⅰ）損失補償契約の対象となる疾病、Ⅱ）損失補償契約を締結することができる期間、Ⅲ）その他損失補償の範囲に係る事項について、閣議決定及び国会承認を求めることにより、国会の財政処理権限及び適正手続を担保することとされている。

Ⅰは、そのような事情から、疾病を規定し、当該疾病に係るワクチンについて一般に損失補償契約の対象とするものである。

Ⅱは、政府に一定の裁量を認めつつ、国会の財政処理権限を担保する観点から、政府が実際に損失補償契約を締結することができる期間を定め、当該期間について、閣

---

[94] 原子力損害賠償補償契約に関する法律（昭和36年法律第148号）など、個別の損失補償契約の締結に際して国会承認が必要とされていないものもあるが、これは毎年度の予算の中で損失補償の上限額について国会の議決を経ているため、憲法第85条の要請に応えていると考えられるためである。また、新型インフルエンザ予防接種による健康被害の救済等に関する特別措置法第11条及び予防接種法附則第8条において、国会承認が要件とされなかったのは、1回限りの措置であること、また、立法時における国会の議決と損失補償契約の締結の承認がほぼ同義であり、損失補償契約にも国会統制が働くと考えられたためである。

議決定及び国会承認に係らしめるものである。なお、第1項各号に定める期間は、損失補償契約を締結することができる最長の期間であり、これより短い期間を定めることは可能である。

Ⅲは、Ⅰ及びⅡに加え、損失補償契約を締結する際の状況に応じ、閣議決定及び国会承認が必要な事項を明確化するためのものである。

② 第1項ただし書について

国会承認は、その性質上、損失補償契約の締結前にされなければならないが、国会の閉会中に損失補償契約を締結する必要が生じた場合等、国会承認を待っていたのでは損失補償契約の締結に支障が生じる場合が想定される。そのため、緊急の必要がある場合には、国会の承認を得ないで損失補償契約（第4項の規定による国会の承認を受けることをその効力の発生の条件とするものに限る。）を締結することができることとされている。

この点、国会承認を損失補償契約の締結後に得ることとし、かつ、国会承認を効力発生要件とした場合には、既に構築された私人間の契約関係が、第三者の意思により左右されることになり、契約の法的安定性を害し、相手方の地位を不安定にするおそれがあるとも思えるが、国会承認は国会の財政処理権限を担保するため必要不可欠な手続であること、また、条文で明定されていることにより相手方に対する不意打ちとはならないことから、本項ただし書は許容されると考えられる。

③ 第2項及び第3項について

ワクチン製造販売業者等を相手方として損失補償契約を締結するのは政府であるが、予防接種の実施に係る判断やワクチンの供給等を担うのは、予防接種行政を所管する厚生労働大臣であることから、厚生労働大臣は、損失補償契約を締結する必要があると認めるときは、当該損失補償契約に係るⅠからⅢまでの事項について、閣議の決定を求めなければならないこととされている。

また、ⅠからⅢまでの事項については、当該閣議の決定後、疾病の感染状況やワクチンの供給状況の変化等により、その内容を変更する可能性があることから、その場合、閣議において、当該閣議の決定の変更を決定しなければならないこととされている。

④ 第4項について

政府は、損失補償契約に関する事項について閣議決定した際は、当該閣議決定に係る事項について、速やかに、国会の承認を求めなければならないこととされている。損失補償契約が必要となる状況に鑑みれば、閣議決定後、速やかに国会承認が求められるものと考えられるが、国会の財政処理権限を担保するため、入念的に設けられた規定である。なお、この趣旨は、第1項ただし書の規定により損失補償契約が締結された場合における国会承認にも妥当すると思われる。

補論1 薬機法との関係について

薬機法は保健衛生の向上を図ることを目的とし、医薬品の品質、有効性及び安全性を確保するため、医薬品を業として販売する行為等について許可制を設けてい

る。この「業として」行うとは、①ある者が反復継続の意思を持って遂行した同種の行為が、②社会通念上、事業の遂行と見ることができる程度のものである場合を指すこととされている。

　政府が損失補償契約を締結することは、医薬品を販売する行為等に該当しないことから、薬機法の規制対象とはならないが、政府が購入契約を締結し、地方公共団体に譲渡等することは、薬機法の規制対象となる可能性がある。この点、政府による譲渡等が感染症の流行時に必要最小限の範囲で行われるのみであれば、①反復継続性は極めて限定的であること、②保健衛生の向上を図るという薬機法の目的を達成するために必要な正当業務行為であり、通常の事業とは異なる性格を持つことから、当該譲渡等は「業として」の行為に該当せず、薬機法第24条第1項に規定する医薬品の販売業の許可は要しないと解される。

補論2　法人に対する政府の財政援助の制限に関する法律第3条との関係について

　法人に対する政府の財政援助の制限に関する法律（昭和21年法律第24号）第3条において、国及び地方公共団体の健全な財政運営を確保する観点から、「政府又は地方公共団体は、会社その他の法人の債務については、保証契約をすることができない。」とされている。このため、損失補償契約が同条に規定する保証契約（以下単に「保証契約」という。）に該当する場合には、同条の規定の適用を除外する規定を設ける必要がある。

　この点、保証契約については、一般的には民法第446条以下に規定する保証債務が想定されており、次のとおり、損失補償契約とはその内容及び効果を異にするものである。

① 　保証債務は、主たる債務者がその債務を履行しないときに履行する責任を負うものであるが、損失補償にはそのような制限がない。
② 　保証債務では、その目的又は態様が主たる債務より重くなることが認められていないが、損失補償にはそのような制限がない。
③ 　保証債務では、契約上、主たる債務者に求償することを明らかにしていない場合でも保証人は求償権を行使することができるが、損失補償では、契約上、主たる債務者に求償することができる旨を明定していなければ、当然に求償権が生じない。

　このように、損失補償契約は保証契約ではないと解されるため、法人に対する政府の財政援助の制限に関する法律第3条の規定の適用を除外する規定は設けられていない。なお、原子力損害賠償補償契約に関する法律（昭和36年法律第148号）や水銀等による水産動植物の汚染に係る被害漁業者等に対する資金の融通に関する特別措置法（昭和48年法律第100号）等、類似の損失補償法制についても、同様である。

第54条　対象者番号等の利用制限等

（対象者番号等の利用制限等）
第54条　厚生労働大臣、都道府県知事、市町村長その他の定期の予防接種等の実施事務及びこれに関連する事務（以下この条及び第57条第1項各号において「定期の予防接種等の実施事務等」という。）の遂行のため対象者番号等（市町村等番号（厚生労働大臣が定期の予防接種等の実施事務等において市町村及び都道府県を識別するための番号として、市町村及び都道府県ごとに定めるものをいう。）及び対象者番号（市町村長及び都道府県知事が定期の予防接種等の対象者に係る情報を管理するための番号として、当該対象者ごとに定めるものをいう。）をいう。以下この条において同じ。）を利用する者として厚生労働省令で定める者（以下この条において「厚生労働大臣等」という。）は、当該定期の予防接種等の実施事務等の遂行のため必要がある場合を除き、何人に対しても、その者又はその者以外の者に係る対象者番号等を告知することを求めてはならない。

2　厚生労働大臣等以外の者は、定期の予防接種等の実施事務等の遂行のため対象者番号等の利用が特に必要な場合として厚生労働省令で定める場合を除き、何人に対しても、その者又はその者以外の者に係る対象者番号等を告知することを求めてはならない。

3　何人も、次に掲げる場合を除き、その者が業として行う行為に関し、その者に対し売買、貸借、雇用その他の契約（以下この項において「契約」という。）の申込みをしようとする者若しくは申込みをする者又はその者と契約の締結をした者に対し、当該者又は当該者以外の者に係る対象者番号等を告知することを求めてはならない。

　一　厚生労働大臣等が、第1項に規定する場合に、対象者番号等を告知することを求めるとき。
　二　厚生労働大臣等以外の者が、前項に規定する厚生労働省令で定める場合に、対象者番号等を告知することを求めるとき。

4　何人も、次に掲げる場合を除き、業として、対象者番号等の記録されたデータベース（その者以外の者に係る対象者番号等を含む情報の集合物であって、それらの情報を電子計算機を用いて検索することができるように体系的に構成したものをいう。）であって、当該データベースに記録された情報が他に提供されることが予定されているもの（以下この項において「提供データベース」という。）を構成してはならない。

　一　厚生労働大臣等が、第1項に規定する場合に、提供データベースを構成するとき。
　二　厚生労働大臣等以外の者が、第2項に規定する厚生労働省令で定める場合に、提供データベースを構成するとき。

5　厚生労働大臣は、前2項の規定に違反する行為が行われた場合において、当該行為をした者が更に反復してこれらの規定に違反する行為をするおそれがあると認めるときは、当該行為をした者に対し、当該行為を中止することを勧告し、又は当該行為が中止されることを確保するために必要な措置を講ずることを勧告することができる。

6　厚生労働大臣は、前項の規定による勧告を受けた者がその勧告に従わないときは、その者に対し、期限を定めて、当該勧告に従うべきことを命ずることができる。

注　本条は、第26次改正（令和8年6月8日までの間において政令で定める日施行分）による追加規定。

1. 概要

　本条は、定期の予防接種等の実施事務及びこれに関連する事務（以下「定期の予防接種等の事務等」という。）の遂行のため個人単位で付与される対象者番号等について、個人情報保護の観点から利用制限等を設ける規定である。本条の類例としては、健康保険法第194条の2、高齢者医療確保法第161条の2及び生活保護法第80条の2がある。

2. 沿革

- 第26次改正（令和4年）：制定

3. 制定の趣旨

　電子対象者確認等の定期の予防接種等の事務等を行うに当たり、個人ごとに情報を管理するため、定期の予防接種等の対象者ごとに重複のない番号を付与する必要があることから、当該対象者ごとに対象者番号等を付与することとされた。

　対象者番号等は、個人が定期の予防接種等の対象者である期間のみ付与される符号であり、悉皆性はないが、電子対象者確認の導入により医療保険の被保険者等記号・番号等も含めた履歴管理が可能になることを踏まえると、個人との対応性は高い。また、対象者等番号等に関連付けられる情報の範囲は広く、個人情報の保護に関する法律（平成15年法律第57号）に違反して不正に収集された場合、対象者番号等を利用したデータ突合によるプライバシー侵害の影響も大きいと考えられる。そこで、対象者番号等の利用制限等に係る措置を講じることとされた。

　なお、本条及び第55条の規定位置の考え方は、次のとおりである。

・　対象者番号等の利用制限等に係る規定については、
　①　健康保険法において、被保険者等記号・番号等の利用制限等（同法第194条の2）が第10章（雑則）に規定されていること、
　②　高齢者医療確保法において、被保険者番号等の利用制限等（同法第161条の2）が第7章（雑則）に規定されていること、
を踏まえ、予防接種法においても第8章（雑則）に規定することとする。

・　第8章における規定位置については、
　①　第47条から第52条までが、国等の責務や費用負担等、予防接種全体に関する規定である一方、対象者番号等は定期の予防接種等の実施事務に係るものであること
　②　高齢者医療確保法第7章（雑則）において、事務の区分（同法第165条）の後に規定されているのは、支払基金等への事務の委託（同法第165条の2）、関係者の連携及び協力（同法第165条の3）及び実施規定（同法第166条）だけであり、被保険者番号等の利用制限等（同法第161条の2）は事務の区分（同法第165条）よりも前に規定されていること

を踏まえ、予防接種法第53条（損失補償契約）の後、同法第56条（事務の区分）の前に第54条及び第55条として規定することとする。

4. 解説
(1) 対象者番号等について

対象者番号等とは、市町村等番号と対象者番号からなる番号をいう。

市町村等番号とは、厚生労働大臣が定期の予防接種等の実施事務等において市町村及び都道府県を識別するための番号として、市町村及び都道府県ごとに定めるものをいう。

対象者番号とは、市町村長及び都道府県知事が定期の予防接種等の対象者に係る情報を管理するための番号として、当該対象者ごとに定めるものをいう。

なお、次のような番号は、市町村長及び都道府県知事が定期の予防接種等の対象者に係る情報を管理するための番号として、当該対象者ごとに一意に定められるものではないため、対象者番号等には当たらない。

① 電磁的方法により提供された予防接種済証の真正性を検証するため当該予防接種済証に表示された番号であって、定期的に変更されるもの（いわゆるワンタイムコード）

② 予防接種済証に印字又は表示された番号であって、定期の予防接種等の対象者ごとではなく当該予防接種済証ごとに付与されたもの

③ 予防接種済証の記載事項である氏名、接種したワクチン等の情報を二次元コード化等の方法により符号化したもの

(2) 対象者番号等を利用する者について

対象者番号等は、定期の予防接種等の実施に当たって必要となるものであることから、その利用者は、厚生労働大臣、都道府県知事、市町村長など、定期の予防接種等の実施事務等の遂行のため対象者番号等を利用する者として厚生労働省令で定める者（以下「厚生労働大臣等」という。）とされている。

「厚生労働省令で定める者」としては、厚生労働大臣、都道府県知事、市町村長のほか、支払基金や連合会が挙げられる。なお、定期の予防接種等の実施事務等を委託された医療機関は、都道府県知事又は市町村長と同視できることから、当該厚生労働省令において規定することは想定されていない。当該厚生労働省令の類例としては、健康保険法施行規則第156条の2第1項、高齢者医療確保法施行規則第118条の3第1項及び生活保護法施行規則（昭和25年厚生省令第21号）第22条の5第1項がある。

(3) 対象者番号等の利用制限等に係る措置について

対象者番号等の不正利用を防止し、個人情報を保護する観点から、医療保険の被保険者等記号・番号等と同様、次の措置を設けることとされている。なお、市町村等番号又は対象者番号とその他の情報を組み合わせることにより個人が特定される可能性があることから、本条の措置は市町村等番号又は対象者番号のみの告知等にも適用されると解するのが相当である。

① 対象者番号等の告知の求めの禁止（第1項及び第2項）

対象者番号等の適正な利用や個人情報の保護を図るため、厚生労働大臣等については、定期の予防接種等の実施事務等の遂行のため必要がある場合を除き、それ以外の者については、定期の予防接種等の実施事務等の遂行のため対象者番号等の利用が特に必要な場合として厚生労働省令で定める場合を除き、何人に対しても、その者又は

その者以外の者に係る対象者番号等を告知することを求めてはならないこととされている。なお、第2項の厚生労働省令の類例としては、健康保険法施行規則第156条の2第2項、高齢者医療確保法施行規則第118条の3第2項及び生活保護法施行規則第22条の5第2項がある。

「定期の予防接種等の実施事務及びこれに関連する事務」と規定されているのは、定期の予防接種等の実施事務以外にも、健康被害救済給付に係る事務等において対象者番号等を参照することが想定されるためである。

② 対象者番号等の告知の求めの禁止（第3項）

①の場合を除き、何人も、その者が業として行う行為に関し、その者に対し売買、貸借、雇用その他の契約（以下「契約」という。）の申込みをしようとする者若しくは申込みをする者又はその者と契約の締結をした者に対し、当該者又は当該者以外の者に係る対象者番号等を告知することを求めてはならないこととされている。①は定期の予防接種等の実施事務等の遂行に関するものであるのに対し、②はそれ以外の契約の締結等に関するものである。

③ 提供データベースの構成の禁止（第4項）

①の場合を除き、何人も、業として、対象者番号等の記録されたデータベース（その者以外の者に係る対象者番号等を含む情報の集合物であって、それらの情報を電子計算機を用いて検索することができるように体系的に構成したものをいう。）であって、当該データベースに記録された情報が他に提供されることが予定されているもの（以下「提供データベース」という。）を構成してはならないこととされている。対象者番号等の告知の求めを禁止するだけでなく、提供データベースの構成を禁止することにより、個人情報の保護の徹底を図る趣旨である。

④ 厚生労働大臣の勧告（第5項）

厚生労働大臣は、②又は③に違反する行為が行われた場合において、当該行為をした者が更に反復して②又は③に違反する行為をするおそれがあると認めるときは、当該行為をした者に対し、当該行為の中止や、当該行為の中止を確保するために必要な措置の構築を勧告することができることとされている。できる旨の規定であり、厚生労働大臣の裁量に委ねられているが、公正及び公平の観点から、特別の事情のない限り、原則として勧告が行われるべきである。

⑤ 厚生労働大臣の命令（第6項）

厚生労働大臣は、④の勧告を受けた者がその勧告に従わないときは、その者に対し、期限を定めて、当該勧告に従うべきことを命ずることができることとされている。④と同様、できる旨の規定であり、厚生労働大臣の裁量に委ねられているが、公正及び公平の観点から、特別の事情のない限り、原則として命令が行われるべきである。

⑥ 罰則（第60条）

⑤の命令に違反したときは、当該違反行為をした者は、1年以下の拘禁刑又は50万円以下の罰金に処することとされている。

第55条　報告及び検査

> （報告及び検査）
> **第55条**　厚生労働大臣は、前条第5項及び第6項の規定による措置に関し必要があると認めるときは、その必要と認められる範囲内において、同条第3項若しくは第4項の規定に違反していると認めるに足りる相当の理由がある者に対し、必要な事項に関し報告を求め、又は当該職員に当該者の事務所若しくは事業所に立ち入って質問させ、若しくは帳簿書類その他の物件を検査させることができる。
> 2　第29条第2項の規定は前項の規定による質問又は検査について、同条第3項の規定は前項の規定による権限について、それぞれ準用する。

注　本条は、第26次改正（令和8年6月8日までの間において政令で定める日施行分）による追加規定。

1. 概要

本条は、対象者番号等の利用制限等を担保するため、厚生労働大臣が報告徴収や立入検査を行う根拠となる規定である。

2. 沿革

- 第26次改正（令和4年）：制定

3. 制定の趣旨

第54条の制定に伴い設けられた規定である。同条第5項及び第6項において、厚生労働大臣が勧告等を行うことができるものとされているが、当該勧告等を行うに当たっては、同条第3項又は第4項の違反の態様を踏まえ、その性質に応じた措置を検討する必要があることから、本条において、報告徴収や立入検査ができるものとされた。

4. 解説

(1) 第1項について

厚生労働大臣は、第54条第5項及び第6項の規定による措置に関し必要があると認めるときは、報告徴収や立入検査を行うことができる。この報告徴収等は、その目的に照らし、必要最低限であるべきことから、「必要と認められる範囲内」において、「同条第3項又は第4項の規定に違反していると認めるに足りる相当の理由がある者」に対してのみ可能である。

正当な理由がなくて第1項の規定による報告をせず、若しくは虚偽の報告をし、又は同項の規定による質問に対して、正当な理由がなくて答弁をせず、若しくは虚偽の答弁をし、若しくは正当な理由がなくて同項の規定による検査を拒み、妨げ、若しくは忌避したときは、当該違反行為をした者は、30万円以下の罰金に処することとされている（第63条参照）。

(2) 第2項について

第2項の趣旨等は第29条第2項及び第3項と同様であるため、同条の「4．解説」を参照されたい。

第56条　事務の区分

> （事務の区分）
> **第56条**　第6条、第6条の2第1項（臨時の予防接種に係る部分に限る。以下同じ。）、<u>第7条の2</u>（臨時の予防接種に係る部分に限る。以下同じ。）、第9条の3（臨時の予防接種に係る部分に限る。以下同じ。）及び第9条の4（臨時の予防接種に係る部分に限る。以下同じ。）の規定により都道府県が処理することとされている事務並びに第6条第1項から第3項まで、<u>第6条の2第1項</u>、<u>第7条の2</u>、第9条の3、第9条の4、第15条第1項、第18条及び第19条第1項の規定により市町村が処理することとされている事務は、地方自治法（昭和22年法律第67号）第2条第9項第1号に規定する第1号法定受託事務とする。

注　本条は、第26次改正（令和8年6月8日までの間において政令で定める日施行分）による旧第30条の改正後の規定（下線＝該当箇所）。

1. 概要

   本条は、予防接種法に基づく事務のうち、第1号法定受託事務とするものを明示する規定である。

2. 沿革

   - 第15次改正（平成11年）：制定（旧第24条）
   - 第19次改正（平成13年）：一部改正（旧第24条を旧第25条に繰下げ）
   - 第22次改正（平成23年）：一部改正
   - 第23次改正（平成25年）：一部改正（旧第25条を旧第29条に繰下げ）
   - 第25次改正（令和2年）：一部改正
   - 第26次改正（令和4年）：一部改正（旧第29条を旧第30条に繰下げ、本条に繰下げ）

3. 制定及び主な改正の趣旨

   (1) 第15次改正（平成11年）

   > **旧第24条**　第6条の規定により都道府県が処理することとされている事務並びに同条第1項、第11条第1項、第14条及び第15条第1項の規定により市町村が処理することとされている事務は、地方自治法（昭和22年法律第67号）第2条第9項第1号に規定する第1号法定受託事務とする。

   地方分権推進計画（平成10年5月29日閣議決定）において、法定受託事務は概ね次の

とおりとされた。
① 法律又はこれに基づく政令により都道府県又は市町村が処理する事務のうち、国が本来果たすべき責務に係るものであって、国民の利便性又は事務処理の効率性の観点から都道府県又は市町村が処理するものとして法律又はこれに基づく政令に特に定めるもの
② 法律又はこれに基づく政令により市町村が処理する事務のうち、都道府県が本来果たすべき責務に係るものであって、国民の利便性又は事務処理の効率性の観点から市町村が処理するものとして法律又はこれに基づく政令に特に定めるもの

また、同計画においては、法定受託事務とするメルクマールも掲げられ、そのうちの1つである、「広域にわたり国民に健康被害が生じること等を防止するために行う伝染病のまん延防止や医薬品等の流通の取締りに関する事務」として「法定の伝染病のまん延防止に関する事務」が挙げられた。これに基づき、予防接種法に基づく事務は、基本的に、平常時のものは自治事務、緊急性や広域性を有するものは法定受託事務として整理することとされた。具体的には、臨時の予防接種と健康被害救済給付の実施事務が第1号法定受託事務とされた。

(2) 第26次改正（令和4年）

第26次改正（令和4年）においては、当該改正で追加された事務について、地方分権推進計画における整理に基づき、第1号法定受託事務とするものが規定された。個々の事務が第1号法定受託事務とされた理由については、「4．解説」を参照されたい。

4. 解説

(1) 第1号法定受託事務とされる事務について

第1号法定受託事務は、地方自治法第2条第9項第1号において、「法律又はこれに基づく政令により都道府県、市町村又は特別区が処理することとされる事務のうち、国が本来果たすべき役割に係るものであつて、国においてその適正な処理を特に確保する必要があるものとして法律又はこれに基づく政令に特に定めるもの」とされている。予防接種法に基づく事務のうち、第1号法定受託事務とされるものは、地方分権推進計画における「伝染病のまん延防止に関する事務」をメルクマールとし、次のとおりである。なお、これらの事務以外の同法に基づく事務は、都道府県又は市町村長が処理する自治事務である[95]。

① 都道府県が処理することとされている事務
　Ⅰ）第6条
　Ⅱ）第6条の2第1項（臨時の予防接種に係る部分に限る。②において同じ。）
　Ⅲ）第7条の2（臨時の予防接種に係る部分に限る。②において同じ。）
　Ⅳ）第9条の3（臨時の予防接種に係る部分に限る。②において同じ。）
　Ⅴ）第9条の4（臨時の予防接種に係る部分に限る。②において同じ。）

---

[95] 2点ほど補足する。予防接種の有効性及び安全性の向上に関する厚生労働大臣の調査等における都道府県知事又は市町村長の情報提供の事務（第23条第2項）は、市町村長による事業の実施状況に係る厚生労働大臣への報告義務を規定する介護保険法第197条の2について、第1号法定受託事務と整理されていないこと等を踏まえ、自治事務とされている。また、実費の徴収の事務（第52条）は、直接的には「伝染病のまん延防止に関する事務」ではなく、地方公共団体の裁量を認めつつ行う方が適当であるため、自治事務とされている。

②　市町村が処理することとされている事務
　　Ⅰ）第6条第1項から第3項まで
　　Ⅱ）第6条の2第1項
　　Ⅲ）第7条の2
　　Ⅳ）第9条の3
　　Ⅴ）第9条の4
　　Ⅵ）第15条第1項
　　Ⅶ）第18条
　　Ⅷ）第19条第1項

(2)　臨時の予防接種に関する事務について　((1)①及び②のⅠからⅤまで)
　　臨時の予防接種（第6条）は疾病のまん延防止のための緊急性及び広域性を有する措置であることから、これに関する事務は第1号法定受託事務とされている。一方、定期の予防接種（第5条）は緊急性及び広域性を有するものではなく、市町村長が最終的な責任を負うべきことから、地域による格差を許容するものとして、自治事務として整理されている。
　　電子対象者確認（第6条の2第1項）の事務は、都道府県知事又は市町村長が、定期の予防接種等を受けようとする者が当該定期の予防接種等の対象者であるか否かを確認するために行うものであり、臨時の予防接種の事務との関連性が強いことから、臨時の予防接種に係る部分に限り、第1号法定受託事務とされている。
　　予防接種済証（第7条の2）の事務は、都道府県知事又は市町村長が定期の予防接種等を受けた者に対して交付等するものであり、臨時の予防接種の事務との関連性が強いことから、臨時の予防接種に係る部分に限り、第1号法定受託事務とされている。
　　記録（第9条の3）の事務は、都道府県知事又は市町村長が定期の予防接種等を円滑かつ効果的に行うためのものであり、臨時の予防接種の事務との関連性が強いこと、また、感染症の予防及び感染症の患者に対する医療に関する法律等の一部を改正する法律の一部の施行に伴う関係政令の整備等に関する政令（令和4年政令第377号）による改正前の予防接種法施行令第34条において、第1号法定受託事務とされていたことを踏まえ、臨時の予防接種に係る部分に限り、第1号法定受託事務とされている。
　　資料の提供等（第9条の4）の事務は、都道府県知事又は市町村長が定期の予防接種等を円滑かつ効果的に行うためのものであり、臨時の予防接種の事務との関連性が強いこと、また、他法における同様の規定も第1号法定受託事務とされていることを踏まえ（児童手当法（昭和46年法律第73号）第8条及び第28条参照）、臨時の予防接種に係る部分に限り、第1号法定受託事務とされている。

(3)　健康被害救済給付に関する事務について　((1)②のⅥからⅧまで)
　　健康被害救済制度は、予防接種には関係者がいかに注意を払っても極めて稀ではあるが不可避的に健康被害が起こり得るという医学的特殊性があることに鑑み設けられたものであり、健康被害救済給付に関する事務は当該制度を所管する国の責任において処理すべきものであることから、第1号法定受託事務とされている。

第57条　支払基金等への事務の委託

>　（支払基金等への事務の委託）
>
>**第57条**　市町村長及び都道府県知事は、次に掲げる事務の全部又は一部を支払基金等に委託することができる。
>　一　定期の予防接種等の実施事務等に係る当該定期の予防接種等の対象者又はその保護者に係る情報の収集若しくは整理又は利用若しくは提供に関する事務
>　二　当該市町村長又は都道府県知事から定期の予防接種等の実施事務等の委託を受けた者に対する当該定期の予防接種等の実施事務等の処理に要する費用の支払に関する事務
>　2　市町村長又は都道府県知事は、前項の規定により同項第1号に掲げる事務を委託する場合は、他の市町村長又は都道府県知事、社会保険診療報酬支払基金法第1条に規定する保険者、法令の規定により医療に関する給付その他の事務を行う者であって厚生労働省令で定めるもの並びに介護保険法（平成9年法律第123号）第3条の規定により介護保険を行う市町村及び特別区と共同して委託するものとする。

注　本条は、第26次改正（令和8年6月8日までの間において政令で定める日施行分）による追加規定（二重下線部は第27次改正による改正後の規定）。

1. 概要

本条は、市町村長又は都道府県知事が一定の事務を支払基金等に委託する根拠となる規定である。本条の類例としては、健康保険法第205条の4、高齢者医療確保法第165条の2及び生活保護法第80条の4がある。

2. 沿革

- 第26次改正（令和4年）：制定
- 第27次改正（令和5年）：一部改正

3. 制定の趣旨

>　（支払基金等への事務の委託）
>
>**旧第57条**　市町村長及び都道府県知事は、次に掲げる事務の全部又は一部を支払基金等に委託することができる。
>　一　定期の予防接種等の実施事務等に係る当該定期の予防接種等の対象者又はその保護者に係る情報の収集若しくは整理又は利用若しくは提供に関する事務
>　二　当該市町村長又は都道府県知事から定期の予防接種等の実施事務等の委託を受けた者に対する当該定期の予防接種等の実施事務等の処理に要する費用の支払に関する事務
>　2　市町村長又は都道府県知事は、前項の規定により同項第1号に掲げる事務を委託する場合は、他の市町村長又は都道府県知事、社会保険診療報酬支払基金法第1条

> に規定する保険者及び法令の規定により医療に関する給付その他の事務を行う者であって厚生労働省令で定めるものと共同して委託するものとする。

(1) **第1項第1号について**

　第26次改正（令和4年）においては、電子対象者確認が導入された。医療保険における電子資格確認等においては、支払基金等が被保険者の資格情報を保有し、指定医療機関に対し、被保険者の資格情報を回答しているところ、定期の予防接種等の電子対象者確認においても、支払基金等が定期の予防接種等の対象者の情報を保有し、市町村長若しくは都道府県知事又は定期の予防接種等の実施事務等を委託された医療機関等に対し、当該対象者であるとの情報を回答することとされた。また、支払基金等が、予診票に係る情報といった定期の予防接種等の実施事務等に必要な情報を保有した上で、電子対象者確認の際、当該情報を市町村長等に提供することとされた。

　さらに、当該改正においては、予防接種済証の交付等が法定化されたが、その交付等は、支払基金等が保有する定期の予防接種等の記録を基に行われることが想定された。

　そこで、定期の予防接種等の実施事務等に係る当該定期の予防接種等の対象者又はその保護者に係る情報の収集若しくは整理又は利用若しくは提供に関する事務について、支払基金等に委託できることとされた。

　なお、本条の規定位置は、高齢者医療確保法第165条の2が、事務の区分に係る規定の直後に置かれていることに倣ったものである。

(2) **第1項第2号について**

　市町村長又は都道府県知事から厚生労働大臣への定期の予防接種等に関する情報の報告（第23条第2項）のうち、定期の予防接種等に関する記録の報告は、定期の予防接種等の実施事務等を委託された医療機関等からの費用請求について支払基金等を経由させ、これと一体的に行うことが効率的である。そこで、定期の予防接種等の実施事務等の委託を受けた者に対する当該定期の予防接種等の実施事務等の処理に要する費用の支払に関する事務について、支払基金等に委託できることとされた。

(3) **第2項について**

　電子対象者確認の導入に伴い、定期の予防接種等を受けた者はマイナポータル等において当該定期の予防接種等に関する記録の閲覧が可能となるところ、当該記録を確認するためには、全ての市町村長又は都道府県知事が、支払基金等に対し、第1項第1号に掲げる事務を共同して委託する必要がある。

　また、全ての市町村長又は都道府県知事が支払基金等に共同して委託することにより、支払基金等のシステム上において、電子対象者確認に関する事務を効率的かつ合理的に行うことができる。さらに、電子対象者確認は、医療保険における電子資格確認等と同様にオンライン資格確認等システムを利用して行われることから、医療保険者等と共同して委託することによって、事務の効率化や合理化を図ることができる。

　そこで、市町村長又は都道府県知事が同号に掲げる事務を委託する場合は、他の市町村長又は都道府県知事、支払基金法第1条に規定する保険者及び法令の規定により医療に関する給付その他の事務を行う者であって厚生労働省令で定めるものと共同して委託することとされた。

4. 解説
 (1) 第1項について
　　市町村長又は都道府県知事は、次の事務について、支払基金等に委託できることとされている。
　① 定期の予防接種等の実施事務等に係る当該定期の予防接種等の対象者又はその保護者に係る情報の収集若しくは整理又は利用若しくは提供に関する事務
　② 当該市町村長又は都道府県知事から定期の予防接種等の実施事務等の委託を受けた者に対する当該定期の予防接種等の実施事務等の処理に要する費用の支払に関する事務

　　なお、①において、保護者に係る情報の収集等に関する事務について規定されている理由は、Ⅰ）定期の予防接種等の対象者が16歳未満の者又は成年被後見人である場合における定期の予防接種等の勧奨は、これらの者の保護者に対して行われるところ、支払基金等が保護者の情報をも保有した上で、当該情報に基づき市町村長又は都道府県知事が保護者に対して勧奨を行うため、また、Ⅱ）支払基金等は、定期の予防接種等の対象者に係る予診票に係る情報を保有するところ、定期の予防接種等の対象者が16歳未満の者又は成年被後見人の場合、その保護者が予診票への署名をもって接種に対する同意をすることとされており、予診票に係る情報に保護者の氏名等の情報が含まれることになるためである。

 (2) 第2項について
　　市町村長又は都道府県知事が第1項の規定により同項第1号に掲げる事務を委託する場合は、当該事務の効率的・合理的な実施を図るため、他の市町村長又は都道府県知事、社会保険診療報酬支払基金法第1条に規定する保険者、法令の規定により医療に関する給付その他の事務を行う者であって厚生労働省令で定めるもの並びに介護保険法第3条の規定により介護保険を行う市町村及び特別区と共同して委託するものとされている。

第10章 罰則

　第10章は、第6章から第9章までの規定のうち、その適正な実施等を特に担保する必要があるものについて、所要の罰則を設けるものである。

第58条　罰則

> <u>第58条</u>　<u>支払基金若しくは連合会の役員若しくは職員若しくはこれらの職にあった者又は支払基金業務受託者若しくは連合会業務受託者（これらの者が法人である場合にあっては、その役員）若しくはこれらの職員その他の当該受託業務に従事する者若しくはこれらの者であった者</u>が、<u>正当な理由がないのに、支払基金予防接種調査等業務若しくは支払基金予防接種対象者情報収集等業務又は連合会予防接種調査等業務若しくは連合会予防接種対象者情報収集等業務に関して知り得た秘密を漏らしたときは、1年以下の拘禁刑又は100万円以下の罰金に処する。</u>

注　本条は、第26次改正（令和8年6月8日までの間において政令で定める日施行分）による追加規定。

1. 概要

　本条は、支払基金等の役員等に対する秘密漏示罪を設ける規定である。秘密保持義務に係る規定を設けた上で当該義務に違反した場合の罰則を設けるのではなく、本条のように罰則において秘密漏示罪を規定する例としては、国民健康保険法第121条及び高齢者医療確保法第167条第2項がある。

2. 沿革

- 第26次改正（令和4年）：制定

3. 制定の趣旨

　第26次改正（令和4年）において、定期の予防接種等の有効性及び安全性の向上を図るために必要な調査及び研究や、匿名予防接種等関連情報の利用又は提供に係る事務、定期の予防接種等の対象者等に係る情報の収集等に関する事務、定期の予防接種等の実施事務等の処理に要する費用の支払に関する事務は、支払基金等に委託することができることとされた。支払基金等は予防接種記録や対象者番号等を活用してこれらの業務を行うため、個人情報保護の観点から、支払基金等の役員等について、秘密漏示に対する罰則を設けることとされた。また、支払基金等はこれらの業務を他の者に委託することができるところ、その受託者もこれらの業務に関する個人情報を取り扱うため、個人情報保護の観点から、支払基金業務受託者等についても、秘密漏示に対する罰則を設けることとされた。

4. 解説

　本条において秘密保持義務を有するとされている者について整理すると、以下のとおりである。
(1)　支払基金の①役員、②職員、③役員又は職員であった者
(2)　連合会の①役員、②職員、③役員又は職員であった者
(3)　①　支払基金業務受託者（これらの者が法人である場合にあっては、その役員）
　　　②　①の職員
　　　③　①、②のほか、当該受託業務に従事する者
　　　④　①、②又は③であった者
(4)　①　連合会業務受託者（これらの者が法人である場合にあっては、その役員）
　　　②　①の職員
　　　③　①、②のほか、当該受託業務に従事する者
　　　④　①、②又は③であった者

　違法性阻却事由となる「正当な理由」とは、裁判で証人として証言する場合等、法令上、証言義務や告知義務を負う場合、医療保険被保険者番号等（地域における医療及び介護の総合的な確保の促進に関する法律第12条第1項に規定する医療保険被保険者番号等をいう。）により特定される本人の同意がある場合等が該当する。

　支払基金予防接種調査等業務等に関して知り得た「秘密」とは、本条の趣旨からすれば、個人情報が第一に挙げられるが、それにとどまらず、当該支払基金予防接種調査等業務等を適正に執行するために必要な情報も含まれ得るものである。

　罰則の水準については、医療保険における審査支払業務に従事する者に対する秘密漏示罪を規定している支払基金法第33条や国民健康保険法第121条第1項と同程度とされている。

第59条　罰則

> **第59条**　次の各号のいずれかに該当する場合には、当該違反行為をした者は、1年以下の拘禁刑若しくは50万円以下の罰金に処し、又はこれを併科する。
> 　一　第28条の規定に違反して、匿名予防接種等関連情報の利用に関して知り得た匿名予防接種等関連情報の内容をみだりに他人に知らせ、又は不当な目的に利用したとき。
> 　二　第30条の規定による命令に違反したとき。

注　本条は、第26次改正（令和8年6月8日までの間において政令で定める日施行分）による追加規定。

1. 概要

　本条は、匿名予防接種等関連情報利用者等の義務や厚生労働大臣の是正命令の実効性を担保するため、これらの違反に対する罰則を設ける規定である。

2. 沿革

- 第26次改正（令和4年）：制定

3. 制定の趣旨

第26次改正（令和4年）において、匿名予防接種等関連情報の漏洩や不適切な利用等に伴う個人の権利利益の侵害や匿名予防接種等関連情報に対する信頼の失墜を防止するため、匿名予防接種等関連情報利用者等に対して一定の義務を課すとともに、厚生労働大臣が是正命令を行うことができることとされた。これらの実効性を担保するため、罰則を設けることとされた。

4. 解説

第28条の規定に違反して、匿名予防接種等関連情報の利用に関して知り得た匿名予防接種等関連情報の内容をみだりに他人に知らせ、又は不当な目的に利用したとき、また、第30条の規定による命令に違反したときは、1年以下の拘禁刑若しくは50万円以下の罰金に処し、又はこれを併科することとされている。

罰則の水準については、匿名予防接種等関連情報の保護の必要性は匿名診療等関連情報や匿名医療保険等関連情報、匿名介護保険等関連情報と変わらないことから、健康保険法第207条の3、高齢者医療確保法第167条の2及び介護保険法第205条の3と同程度とされている。

なお、本条は日本国外における違反行為にも適用される（第64条参照）。また、両罰規定である（第65条参照）。

第60条　罰則

> **第60条**　第54条第6項の規定による命令に違反したときは、当該違反行為をした者は、1年以下の拘禁刑又は50万円以下の罰金に処する。

注　本条は、第26次改正（令和8年6月8日までの間において政令で定める日施行分）による追加規定。

1. 概要

本条は、対象者番号等の利用制限に係る厚生労働大臣の命令の実効性を担保するため、当該命令の違反に対する罰則を設ける規定である。

2. 沿革

- 第26次改正（令和4年）：制定

3. 制定の趣旨

第26次改正（令和4年）において、対象者番号等の不正利用を防止し、個人情報を保護する観点から、厚生労働大臣等以外の者について、契約の締結等における対象者番号等の

告知の求めや対象者番号等の記録されたデータベースの構成を禁止する規定が設けられ、これらの規定に違反した場合には、厚生労働大臣が勧告又は命令をすることができることとされた。当該命令の実効性を担保するため、罰則を設けることとされた。

4. 解説

対象者番号等の不正利用を防止し、個人情報を保護する観点から、第54条第6項の規定による厚生労働大臣の命令に違反したときは、1年以下の拘禁刑又は50万円以下の罰金に処することとされている。

罰則の水準については、対象者番号等の保護の必要性は被保険者等記号・番号等や被保険者番号等（高齢者医療確保法第161条の2第1項に規定する被保険者番号等をいう。以下同じ。）、受給者番号等（生活保護法第80条の2第1項に規定する受給者番号等をいう。以下同じ。）と変わらないことから、健康保険法第207条の4、高齢者医療確保法第167条の3及び生活保護法第85条の3と同程度とされている。

なお、本条は両罰規定である（第65条参照）。

第61条　罰則

> **第61条**　第29条第1項の規定による報告若しくは帳簿書類の提出若しくは提示をせず、若しくは虚偽の報告若しくは虚偽の帳簿書類の提出若しくは提示をし、又は同項の規定による質問に対して答弁をせず、若しくは虚偽の答弁をし、若しくは同項の規定による検査を拒み、妨げ、若しくは忌避したときは、当該違反行為をした者は、50万円以下の罰金に処する。

注　本条は、第26次改正（令和8年6月8日までの間において政令で定める日施行分）による追加規定。

1. 概要

本条は、匿名予防接種等関連情報に係る厚生労働大臣による報告徴収又は立入検査の実効性を担保するため、所要の罰則を設ける規定である。

2. 沿革
- 第26次改正（令和4年）：制定

3. 制定の趣旨

第59条の「3．制定の趣旨」を参照されたい。

4. 解説

匿名予防接種等関連情報に係る厚生労働大臣による報告徴収又は立入検査に関して、次の違反行為をしたときは、50万円以下の罰金に処することとされている。

① 報告をせず、又は虚偽の報告をしたとき。

② 帳簿書類の提出若しくは提示をせず、又は虚偽の帳簿書類の提出若しくは提示をしたとき。
③ 質問に対して答弁をせず、又は虚偽の答弁をしたとき。
④ 立入検査を拒み、妨げ、又は忌避したとき。

罰則の水準については、匿名予防接種等関連情報の保護の必要性は匿名診療等関連情報や匿名医療保険等関連情報、匿名介護保険等関連情報と変わらないことから、健康保険法第213条の2第1号、高齢者医療確保法第168条第3項及び介護保険法第206条の2第4号と同程度とされている。

なお、本条は両罰規定である（第65条参照）。

第62条　罰則

> <u>第62条</u>　次の各号のいずれかに該当する場合には、当該違反行為をした<u>支払基金若しくは支払基金業務受託者の役員若しくは職員又は連合会若しくは連合会業務受託者の役員若しくは職員は、50万円以下の罰金に処する。</u>
> <u>一　第40条第1項の規定により報告を求められて、これに従わず、若しくは虚偽の報告をし、又は同項の規定による検査を拒み、妨げ、若しくは忌避したとき。</u>
> <u>二　第46条第1項の規定により報告を求められて、これに従わず、若しくは虚偽の報告をし、又は同項の規定による検査を拒み、妨げ、若しくは忌避したとき。</u>

注　本条は、第26次改正（令和8年6月8日までの間において政令で定める日施行分）による追加規定。

1. 概要

　　本条は、支払基金予防接種調査等業務等に係る厚生労働大臣による報告徴収又は検査の実効性を担保するため、所要の罰則を設ける規定である。

2. 沿革
   - 第26次改正（令和4年）：制定

3. 制定の趣旨

　　第26次改正（令和4年）において、支払基金予防接種調査等業務及び支払基金予防接種対象者情報収集等業務並びに連合会予防接種調査等業務及び連合会予防接種対象者情報収集等業務が設けられるとともに、支払基金等はこれらの業務を他の者に委託することができることとされた。また、支払基金等やその受託者によるこれらの業務の適正な執行を確保するため、厚生労働大臣は支払基金等に対して報告徴収や検査を行うことができることとされた。当該報告徴収や検査の実効性を担保するため、罰則を設けることとされた。

4. 解説

　　支払基金予防接種調査等業務及び支払基金予防接種対象者情報収集等業務並びに連合会

予防接種調査等業務及び連合会予防接種対象者情報収集等業務に関して報告を求められて、これに従わず、若しくは虚偽の報告をし、又は検査を拒み、妨げ、若しくは忌避したときは、当該違反行為をした支払基金若しくは支払基金業務受託者の役員若しくは職員又は連合会若しくは連合会業務受託者の役員若しくは職員は、50万円以下の罰金に処することとされている。

罰則の水準については、支払基金予防接種調査等業務等に求められるセキュリティレベルは支払基金連結情報提供業務（地域における医療及び介護の総合的な確保の促進に関する法律第25条に規定する支払基金連結情報提供業務をいう。）等と同じであることから、第41条と同程度とされている。

第63条　罰則

> **第63条**　正当な理由がなくて第55条第１項の規定による報告をせず、若しくは虚偽の報告をし、又は同項の規定による質問に対して、正当な理由がなくて答弁をせず、若しくは虚偽の答弁をし、若しくは正当な理由がなくて同項の規定による検査を拒み、妨げ、若しくは忌避したときは、当該違反行為をした者は、30万円以下の罰金に処する。

注　本条は、第26次改正（令和８年６月８日までの間において政令で定める日施行分）による追加規定。

1. **概要**

    本条は、対象者番号等に係る厚生労働大臣による報告徴収又は検査の実効性を担保するため、所要の罰則を設ける規定である。

2. **沿革**
    - 第26次改正（令和４年）：制定

3. **制定の趣旨**

    第26次改正（令和４年）において、対象者番号等の不正利用を防止し、個人情報を保護する観点から、厚生労働大臣等以外の者について、契約の締結等における対象者番号等の告知の求めや対象者番号等の記録されたデータベースの構成を禁止する規定が設けられ、これらの規定に違反した場合には、厚生労働大臣が勧告又は命令をすることができることとされた。当該勧告又は命令に当たっては、個々の違反行為の態様を踏まえ、その性質に応じた措置を検討する必要があることから、厚生労働大臣が報告徴収や検査をできることとされ、その実効性を担保するため、罰則を設けることとされた。

4. **解説**

    対象者番号等に係る厚生労働大臣による報告徴収又は検査に関して、次の違反行為をしたときは、30万円以下の罰金に処することとされている。

    ①　正当な理由がなくて報告をせず、又は虚偽の報告をしたとき。

②　質問に対して、正当な理由がなくて答弁をせず、又は虚偽の答弁をしたとき。
③　正当な理由がなくて検査を拒み、妨げ、又は忌避したとき。

　本条においては、第61条と異なり、「正当な理由がなくて」という要件が規定されているが、これは、健康保険法における整理が踏襲されたものである。すなわち、同法第213条の2（第61条の基）は、要配慮個人情報である診療情報を匿名化したDPCデータを確実に保護するため、より厳しい規制（仮に正当な理由があったとしても報告拒否等は罰する）とされているのに対し、同法第213条の3（本条の基）は、行政手続における特定の個人を識別するための番号の利用等に関する法律等の告知要求制限との並びの規制であり、番号それ自体が漏洩したとしても被害は少ないことから、健康保険法第213条の2と比較して緩い規制（正当な理由があれば報告拒否等をすることも可能）とされているものである。

　罰則の水準については、対象者番号等の保護の必要性は被保険者等記号・番号等や被保険者番号等、受給者番号等と変わらないことから、健康保険法第213条の3、高齢者医療確保法第169条第3号及び生活保護法第86条と同程度とされている。

　なお、本条は両罰規定である（第65条参照）。

第64条　罰則

> **第64条**　第59条の罪は、日本国外において同条の罪を犯した者にも適用する。

注　本条は、第26次改正（令和8年6月8日までの間において政令で定める日施行分）による追加規定。

1.　概要

　本条は、匿名予防接種等関連情報に係る罰則について、日本国外における違反行為についても適用することとする規定である。本条の類例としては、健康保険法第213条の4、高齢者医療確保法第169条の2及び介護保険法第210条の2がある。

2.　沿革

- 第26次改正（令和4年）：制定

3.　制定の趣旨

　第26次改正（令和4年）において、匿名予防接種等関連情報の漏洩や不適切な利用等に伴う個人の権利利益の侵害や匿名予防接種等関連情報に対する信頼の失墜を防止するため、所要の措置が講じられるとともに、その一部については罰則で担保することとされた。

　匿名予防接種等関連情報は国内だけでなく国外での利用も想定されるところ、国内犯だけを処罰したのでは、当該罰則の目的を十分に果たせないため、国外犯についても当該罰則を適用することとされた。

4. 解説

匿名予防接種等関連情報に係る第59条の罪は、日本国外において同条の罪を犯した者にも適用することとされている。当該罪の内容は、同条の「4．解説」を参照されたい。

第65条　罰則

> **第65条**　法人（法人でない社団又は財団で代表者又は管理人の定めがあるもの（以下この条において「人格のない社団等」という。）を含む。以下この項において同じ。）の代表者（人格のない社団等の管理人を含む。）又は法人若しくは人の代理人、使用人その他の従業者が、その法人又は人の業務に関して、第59条から第61条まで又は第63条の違反行為をしたときは、行為者を罰するほか、その法人又は人に対しても、各本条の罰金刑を科する。
> 2　人格のない社団等について前項の規定の適用がある場合には、その代表者又は管理人がその訴訟行為につき当該人格のない社団等を代表するほか、法人を被告人又は被疑者とする場合の刑事訴訟に関する法律の規定を準用する。

注　本条は、第26次改正（令和8年6月8日までの間において政令で定める日施行分）による追加規定。

1. 概要

本条は、匿名予防接種等関連情報や対象者番号等に係る罰則の実効性を十分に確保するための両罰規定である。本条の類例としては、健康保険法第214条及び高齢者医療確保法第169条の3がある。

2. 沿革

- 第26次改正（令和4年）：制定

3. 制定の趣旨

第26次改正（令和4年）において、匿名予防接種等関連情報の漏洩や不適切な利用等に伴う個人の権利利益の侵害や匿名予防接種等関連情報に対する信頼の失墜を防止するため、所要の措置が講じられるとともに、その一部については罰則で担保することとされた。

また、当該改正において、厚生労働大臣等以外の者について、契約の締結等における対象者番号等の告知の求めや対象者番号等の記録されたデータベースの構成を禁止する規定が設けられた。これらの規定に違反した場合には、厚生労働大臣が勧告又は命令をし、当該命令に違反したときは、1年以下の拘禁刑又は50万円以下の罰金に処することとされた。また、当該勧告又は命令に当たって行われる厚生労働大臣による報告徴収又は立入検査について、正当な理由がなく応じなかった場合等には、30万円以下の罰金に処することとされた。

しかし、違反行為により利益を受けるのは必ずしも当該違反行為を行った者に限られな

いため、これらの罰則だけでは十分な実効性が担保されない。そこで、両罰規定を設けることとされた。

4. 解説

(1) 第1項について

法人の代表者又は法人若しくは人の代理人、使用人その他の従業者が、その法人又は人の業務に関して、第59条から第61条まで又は第63条の違反行為をしたときは、行為者を罰するほか、その法人又は人に対しても、各本条の罰金刑を科することとされている。なお、本条の実効性を十全にするため、法人には、法人でない社団又は財団で代表者又は管理人の定めがあるもの（以下「人格のない社団等」という。）を含み、法人の代表者には、人格のない社団等の管理人を含むこととされている。

(2) 第2項について

人格のない社団等について両罰規定が適用される場合の訴訟上の取扱いを定めるものである。その場合には、人格のない社団等の代表者又は管理人がその訴訟行為につき当該人格のない社団等を代表するほか、法人を被告人又は被疑者とする場合の刑事訴訟に関する法律の規定を準用することとされている。

第66条　罰則

> **第66条**　次の各号のいずれかに該当する場合には、当該違反行為をした支払基金の役員は、20万円以下の過料に処する。
> 一　この法律の規定により厚生労働大臣の認可又は承認を受けなければならない場合において、その認可又は承認を受けなかったとき。
> 二　第39条第1項の規定に違反して支払基金予防接種調査等業務又は支払基金予防接種対象者情報収集等業務に係る業務上の余裕金を運用したとき。

注　本条は、第26次改正（令和8年6月8日までの間において政令で定める日施行分）による追加規定。

1. 概要

本条は、支払基金の業務の適正性を担保するため、その役員に対する罰則を設ける規定である。

2. 沿革

- 第26次改正（令和4年）：制定

3. 制定の趣旨

第26次改正（令和4年）において、支払基金の業務規定が新設されたことに伴い、支払基金の業務が適正に行われることを担保するため、所要の罰則が設けられた。そのうち、本条は支払基金の役員に対する罰則を規定するものである。

4. **解説**

支払基金の役員は、次のいずれかに該当する場合、20万円以下の過料に処することとされている。

① 第34条（業務の委託）、第35条第１項（業務方法書）若しくは第37条（予算等）の認可又は第38条第１項（財務諸表）の承認を受けなかったとき。

② 第39条第１項の規定に違反して支払基金予防接種調査等業務又は支払基金予防接種対象者情報収集等業務に係る業務上の余裕金を運用したとき。

罰則の水準については、支払基金の役員に対する過料について規定している高齢者医療確保法第170条第１項、地域における医療及び介護の総合的な確保の促進に関する法律第43条及び介護保険法第212条と同程度とされている。

第3編

資料

第1章　通知

1. 公布・施行通知

(1) 予防接種法施行に関する件　―制定―

〔昭和23年9月24日　厚生省発予第74号〕
〔各都道府県知事宛　厚生事務次官通知〕
注　昭和26年5月22日厚生省発衛第65号改正現在

　予防接種法は本年6月28日国会を通過し、7月1日施行せられ、政令、省令は夫々7月30日、8月10日に公布されたが、今般施行心得が関係方面と慎重折衝の結果近く公布の運びとなったので、この法律実施に当りては、これ等附属法令を併せ、周知徹底せられると共に下記事項に留意して法の運用に遺憾なき様努められたい。

記

第一　一般事項
(1) この法律は種痘を除いて、従来任意に行われていた、ヂフテリア、腸パラ、その他の疾病の予防接種を免疫の効果が確認されているのを法律上の義務として広汎且つ強力に行うことにより、伝染病予防の完璧を期さんとするものである。
(2) この法律の目的を達成するため最も必要なことは、国民の公衆衛生知識の向上であるから、講演、ラジオ、新聞、雑誌等あらゆる機会を利用して、予防接種に関する衛生思想普及に努められたい。
　　又予防接種を受ける義務に違反した者に対しては、罰則が適用されるが、罰則の規定によって予防接種を強制的に施行することは、立法の根本趣旨ではなく、国民が予防接種の伝染病予防に対する効果を明らかに認識し、自ら進んで予防接種を受けるようになる事がこの法律の施行を円滑にさせるのであるから、この点に御留意の上御指導を願いたい。
(3) この法律は、伝染病予防法、結核予防法、保健所法、労働基準法、国民健康保険法等の関連が極めて密接であるから、常に競合事項の調整に留意すると共に関係機関との連絡をはかり、法律施行の円滑を期すること。
(4) 都道府県知事又は保健所法第1条の規定に基く政令で定める市の長は、予防接種の施行を出来得る限り、保健所長に委任するよう措置すること。

第二　実施方法に関する事項
(1)・(2)　削除
(3)　免除
　　保健所長は、予防接種を免除する証明書を交付するときは、その者が、その疾病を経過しているかどうかを十分注意すること。
(4)　施術
　　技術的細部に関しては、別途「予防接種施行心得」を厚生省告示にて示す予定であるが、之に基いて医師及び補助者の作業に技術的粗漏のない様指導監督に当たられたい。
(5)　予防接種法施行の際生後12箇月から学

令1年前までの者のデフテリアの予防接種について

　　生後12箇月から学令1年前までの者で、またデフテリアの予防接種を受けていない者は、早い機会において、初回免疫を受けた方がよいと思われるので、これ等の者に対して本年中にデフテリアの予防接種を受けさせる措置を市町村長において行うよう指導されたい。

第三　証明書及び記録に関する事項

　　証明書及び記録は伝染病が発生した際又は発生若しくはまん延の虞がある場合、防疫措置についての有力な参考となるのであるから、整理に確実を期すること。尚予防接種手帳については、当分の間之を作製しない予定である。

第四　費用に関する事項

(1) 第20条に規定する予防接種を行うため必要な経費に関する基準については、目下大蔵省及び地方財政委員会と協議中であるので決定次第速やかに通牒する。

(2) 第23条に規定する実費の徴収については、政令第3条に規定する以外の費用を徴収しないこと。実費の算定基準については、別途通牒する。

(3) 同条の経済的理由により費用を負担することが出来ないものの範囲は、生活保護法の適用者又はこれと同程度と認められるものとすること。

第五　種痘法廃止について

　　種痘法は、この法律の施行により廃止されたのであるが、旧法から新法へ切替については、法第32条の規定に基いて遺憾なきを期されたい。

(2) 予防接種法の一部改正について　―第2次改正―

〔昭和26年5月22日　厚生省発衛第65号　各都道府県知事宛　厚生事務次官通知〕

　今国会において、予防接種法が別紙1の通り改正され、これに伴って、同法施行規則も別紙2の通り改正されたので、その施行に当たっては、下記の点に留意すると共に、その周知徹底に努められたい。

記

1　今回の改正は、定期の予防接種について、市町村長（東京都の区の存する区域にあっては保健所長とする。以下同じ。）の行うもののみならず一般医師について自発的に受けたもの、工場、学校等に於いて集団的に行ったもの等についても、この法律によるものとして認めることを骨子としたものである。すなわち、従前第3条の「この法律に定める予防接種」は定期の予防接種については、第5条、第8条及び第9条等の規定によって、市町村長の行うもののみを指したのであるが第8条が削除され、第9条が改正されたことによって第3条の解釈が改められ、第10条から第13条迄に規定されている定期内に、市町村長の行うものに限らず、広く医師について当該予防接種を受ければよいこととし、ただその実施を確認し、且つ、記録の作成に供するために、第6条の2によって証明書を提出することとされたのであること。

2　事業場、学校等一定の集団で、その長の責任において、定期の予防接種を行うことは、予防接種の普及のためにも被接種者の便宜のためにも望ましいことであるので、かかるものについては、なるべく自発的に

予防接種を行わしめ、その証明書を一括して、市町村長に提出せしめる様に指導すること。

3　臨時の予防接種については、対象の範囲を指定するに当たって、今回の改正の趣旨に添うよう、指定期日前一定期間内に同一の予防接種を受け、且つ、施行期日迄にその証明書を実施者たる都道府県知事又は、市町村長に提出した者を除外する旨を明らかにすること。

4　第9条は、やむを得ない事故のために定期内に予防接種を受けることが出来なかった者について、事故の消滅した後において免疫を得させる必要があることを考慮して、事故消滅後1箇月以内にその予防接種を受けるべき旨が規定されたものである。但書は、次の定期と重なった場合には、2度以上受ける必要のない旨を注意的に規定したものであり、従って、定期の連続している腸チフス、パラチフスについては、本条は適用がなく、本条によって、事故消滅後予防接種を受けなければならないものは、種痘、ヂフテリア及び百日咳の3種である。この規定は、定期経過後においても一人でも多く予防接種を受けさせて、国民全体の免疫力を高めることを目的とするものであり、従って、これについての証明書提出等の規定はないが、この趣旨を理解し、自発的に受ける様に指導すること。

5　第19条の2は、第6条の2に対応して、予防接種に関する証明書の交付義務が規定されたものである。本条中の「正当な理由」としては、その証明書が不正の目的に使用される虞のある場合の如きが考えられる。本条は、医師法第19条第2項と同趣旨のもので従って、この違反に対する罰則はないが、本条違反の場合には、医師免許の取消又は医業の停止等の行政処分によって取締を行い得るものである。なお、第2項は一般医師が行った場合においても、種痘証明書は、検診を行った後でなければ交付してはならない旨を規定したものであること。

6　医師が予防接種を行った時は、医師法第24条の規定に基いて、診療録に記載する義務がある。なお、医師が都道府県知事又は市町村長の行う予防接種の実施に当たる場合においても、やはり、診療録の記載義務が、あるわけであるが、同時に、都道府県知事又は市町村長も本法第19条に基いて記録を作成する義務があるので、事務の重複を避けるために、都道府県知事又は市町村長の作成保管すべき記録を予防接種に当たった医師の責任において、記載し、記録の一部に医師の氏名を明記し、且つ、当該欄に検印することによって同時に医師の診療録として認めることとした。なお、施行規則第10条第3項を削除したのは、予防接種の記録の様式が個人票となっている関係上、原則として、すべての記入が終る迄は当然保存すべきものであることを考慮したためであること。

7　新たに制定された結核予防法によって、予防接種法中、第2条第2項第6号及び第14条が削除され、第18条中「若しくは」が「又は」に改められ同条中「又は結核にかかっているか、若しくはツベルクリン反応の陽性の者で省令で定めるもの」が削られたから、念のために申し添える。

8　予防接種法施行に関する件（昭和23年9月24日発予第74号、厚生次官から各都道府県知事宛）の第二中(1)及び(2)を削除する。

別紙1・2　（略）

(3) 予防接種法の一部を改正する法律等の施行について
―第5次改正―

[昭和33年11月24日　厚生省発衛第467号]
[各都道府県知事宛　厚生事務次官通知]

　予防接種法の一部を改正する法律は、昭和33年4月19日法律第66号をもって公布、7月1日から施行され、これに関連して、予防接種実施規則及び予防接種法施行規則の一部を改正する省令がそれぞれ昭和33年9月17日厚生省令第27号及び第28号をもって公布、即日施行されたが、これらの施行に当っては、特に次の事項に留意して管下市町村長にその趣旨を周知せしめ、もって予防接種の実施に遺憾なきを期せられたく、命により通達する。

記

第一　予防接種法の一部改正に関する事項
　1　ジフテリアの定期予防接種に関しては、その第1期を繰り上げるとともに、従来の第2期との間に新たに一期を設けることとしたが、これは、昭和30年度のジフテリア免疫調査により、ジフテリアに対する免疫効果が乳児にあっては生後3月以降、幼児にあっては3歳以降において著しく低下していることが判明したので、これらの年令層に対して強力な免疫効果を付与することを企図したものであること。
　　なお、この改正により、ジフテリアの第1期及び第2期の定期の予防接種は、それぞれ百日せきの第1期及び第2期の定期の予防接種と同一時期に行われることとなるので、百日せきジフテリア混合ワクチンの使用によって、これら両種の予防接種を同時に行うことが可能になったこと（予防接種法（以下「法」という。）第11条の改正）。
　2　しょう紅熱の予防接種については、これに関する規定を削除したが、これは現在におけるワクチンの効果にかんがみ、この予防接種を行わないこととしたものであること（法第2条の改正）。
　3　その他の改正は、字句の整理を行ったものであること（法第5条、第8条及び第25条の改正）。

第二　予防接種実施規則の制定に関する事項
　1　法第15条の規定により、予防接種の実施方法は省令により定めることとされ、従来は、予防接種法施行規則によりその一部を定めるとともに、施行心得については、別に厚生大臣が定めることとし、これを昭和23年11月厚生省告示第95号（痘そう、ジフテリア、腸チフス、パラチフス、発しんチフス及びコレラの予防接種施行心得）、百日せき予防接種施行心得（昭和25年2月厚生省告示第38号）及びインフルエンザ予防接種施行心得（昭和28年5月厚生省告示第165号）により定めていたのであるが、法改正に関連しこれらの内容の全般にわたって検討整理を行い、予防接種の実施方法を定める省令として新たに予防接種実施規則を制定したものであること。
　2　従来の実施方法と異なる点の主なものは、次のとおりであること。
　(1)　ジフテリアの予防接種について、法改正により新たに追加された定期の予防接種の接種方法を定めたこと。
　(2)　百日せき及びジフテリアの予防接種について、百日せきジフテリア混合ワクチンによる予防接種の方法を定めたこと。
　(3)　種痘の検診の基準及び期日を改めた

(4) ワイル病の予防接種の接種方法を定めたこと。
(5) 接種用器具は一定の方法により滅菌しなければならないこととし、とくに、注射針等については被接種者一人ごとに滅菌したものと取り換えなければならないこととしたこと。

第三　予防接種法施行規則の一部改正に関する事項

予防接種実施規則の制定に伴い、予防接種の実施方法に関する規定を削除し、従来昭和23年11月厚生省告示第96号（種痘済証その他の証明書の様式）により定められていた種痘証、予防接種済証、法第18条の規定による証明書及び法第19条の規定による証明書の様式に改正を加え、この省令により定めることとしたほか、条文の整理を行ったものであること。

(4) 予防接種法の一部を改正する法律の施行について
―第6次改正―

（昭和36年4月15日　厚生省発衛第166号
各都道府県知事宛　厚生事務次官通知）

予防接種法の一部を改正する法律は、昭和36年3月28日法律第7号をもって公布、同年4月1日から施行され、これに伴う予防接種法施行規則の一部を改正する省令及び予防接種実施規則の一部を改正する省令も、昭和36年4月15日それぞれ厚生省令第16号及び厚生省令第17号をもって公布、即日施行されたが、その運用に当たっては、次の事項に留意のうえ、予防接種の実施に遺憾なきを期せられたく、通達する。

なお、この通達においては、予防接種法を「法」と予防接種法の一部を改正する法律を「改正法」と、予防接種法施行規則を「規則」と、予防接種実施規則を「実施規則」と予防接種実施規則の一部を改正する省令を「改正実施規則」とそれぞれ略称する。

第一　改正の趣旨
　昭和35年度において緊急対策として実施された行政措置による「急性灰白髄炎予防接種緊急措置」に引き続き、これと一貫性を保ち、かつ、恒久的対策としてその効率を確保するため、急性灰白髄炎の予防接種を制度化し、これが予防の徹底を図ることとしたこと。

第二　改正の要点
1　急性灰白髄炎を定期及び臨時の予防接種を行なうべき疾病として加え、その定期の期間を定めたこと。
2　市町村長が定期の予防接種を実施したときは実費を徴収しなければならないものとされていたのを改め、精神衛生法その他の例にならい、実費を徴収することができるものとしたこと。
3　経過的措置として、改正法施行の際生後6月から生後36月までの間にある者について、別に定期を定めて予防接種を行なうこととしたこと。
4　その他必要な条文の整理をしたこと。

第三　急性灰白髄炎の定期予防接種
1　急性灰白髄炎の予防接種の定期については、法第14条の改正規定によって定められたが、その実施方法はおおむね、次のとおりであること。
(1) 市町村長が行なう定期の予防接種は、毎年2回以上行なうものとしたこ

(2) 第1期の予防接種は不活化急性灰白髄炎ワクチンを1.0ccずつ3回皮下に接種し、各回の間隔は第1回と第2回の間は2〜6週間、第2回と第3回の間はおおむね7箇月としたこと。（実施規則第21条の3）

(3) 第2期の予防接種は1.0ccの接種を1回実施するものとしたこと。（実施規則第21条の4）

なお、規則の改正によって急性灰白髄炎の定期予防接種を受けた者に対して市町村長が交付する予防接種済証の様式を定めることとしたこと。（規則第8条及び様式第4の2）

2 改正法附則第3項の規定による急性灰白髄炎の予防接種（以下「特例による定期予防接種」という。）では法第14条に規定する定期の第1期予防接種に相当する接種を行なうものとしたこと。

なお、特例による定期予防接種を受けるべき者は本予防接種の終了時には危険な年齢を脱することになるので、第2期予防接種に相当する接種は行なわないものであること。

3 改正法附則第2項又は第3項に規定する者で、改正法の施行前に、急性灰白髄炎の予防接種（3回以上の注射によるものとし、接種量等が実施規則で定める基準に適合しないものを除く。）を受けたことがあるものについては、それぞれ第1期予防接種又は特例による定期予防接種を受けたものとみなすこととしたこと。その結果前者については、第1期予防接種を受ける必要がなくなるので以後第2期予防接種のみを受けるべきものとし、後者については、特例による定期予防接種が免除されるものであること。

4 改正法附則第2項又は第3項に規定する者で、昭和35年度における行政措置等により、急性灰白髄炎の第1期予防接種に相当する予防接種の一部を受けたものについては、改正実施規則附則第2項の規定により、残りの接種を受けるべきものとしたこと。

5 定期予防接種の実施に当たっては、第1期予防接種の所要期間（第1回から第3回まで約8箇月）が他の予防接種に比し相当長期に定められているので、定期内に所要回数（3回）の注射がもれなく行なわれるよう実施時期、実施回数等につき特段の配意をすること。

6 急性灰白髄炎ウイルスには3つの型があり、すでに一度急性灰白髄炎にかかったことのある者であっても他の型に罹患する場合が考えられるので、定期に該当するものはすべて予防接種を受けるべきものとしたこと。

第四 急性灰白髄炎の臨時予防接種

1 急性灰白髄炎の流行時にその流行の中心地で予防接種を実施することは原則として避け、その周辺地域において実施すること。

なお、この場合には定期予防接種のように年齢に制限はないものであること。

2 急性灰白髄炎の臨時予防接種は原則として基礎免疫をもっている者に対し臨時応急の措置として実施するものであり、1回のみの接種で追加免疫の効果をあげるものであるが、昭和36年度に限り、現に基礎免疫を有しない者が相当多数存在すると考えられるので、必要に応じた回数の接種を行なって差し支えないこと。

3 過去の実績、生活環境等諸般の状況からみて、急性灰白髄炎の流行のおそれが顕著であって、流行期までに定期の第1期予防接種の一部のみが行なわれ全部を終了していない地域にあっては、適宜臨時予防接種を行ない、疾病の流行防止に

努めること。

第五　費用負担
1　市町村長が行なう急性灰白髄炎の定期予防接種の費用は、市町村、都道府県及び国がそれぞれ3分の1を負担するものであること。ただし、東京都の区の存する区域にあっては、従来予防接種を行なうために必要な経費は東京都の支弁とし、国はその2分の1を負担することとされていたが、これを他の道府県における市町村の負担部分が相当する部分もあわせて東京都の負担としたので、国は残りの3分の1を負担することとされたこと。
2　急性灰白髄炎の臨時予防接種については、都道府県知事が施行した場合は都道府県と国が折半負担し、市町村長に行なわせた場合は定期予防接種と同様市町村、都道府県及び国がそれぞれ3分の1を負担するものであること。

3　急性灰白髄炎の予防接種に係る昭和36年度の国庫補助金交付基準等については、予防接種法施行令を改正のうえ、近く別途通知する予定であること。
4　急性灰白髄炎以外の疾病の定期予防接種については、法第32条の2の規定により、都道府県及び国の負担に関する規定は、当分の間これを適用しないこととしたこと。

第六　実費徴収
1　法第23条の改正規定により市町村長が予防接種を受けた者又はその保護者から実費の徴収を行なう場合の徴収基準は、急性灰白髄炎の予防接種にあっては、別途通知の予定であること。
2　負担能力の認定に当っては、法第2条第2項に規定する保護者（親権を行なう者又は後見人）につき行なうべきものとし、それ以外の世帯主等の資力を対象とすべきものでないこと。

(5)　予防接種法の一部を改正する法律の施行について
―第7次改正―

〔昭和39年4月16日　厚生省発衛第93号〕
〔各都道府県知事宛　厚生事務次官通知〕

予防接種法の一部を改正する法律は、昭和39年4月16日法律第60号をもって公布、即日施行され、これに伴い、予防接種法施行規則の一部を改正する省令及び予防接種実施規則の一部を改正する省令も、それぞれ厚生省令第16号及び厚生省令第17号をもって、同日公布即日施行された。

従来予防接種法による急性灰白髄炎の予防接種は、不活化ワクチンを用いてこれを行なってきたが、昭和36年7月の緊急対策以降経口生ポリオワクチンによる予防接種を、約4千万人の乳幼児に対して行なってきた。このような経口生ポリオワクチンの国内における使用の経験と、これについての専門家の検討の結果、経口生ポリオワクチンは、その効果並びに普及性の点から不活化ワクチンにかわるべきものとされるに至り、また、昭和38年7月23日厚生省告示第320号をもって「経口生ポリオワクチン基準」が制定され経口生ポリオワクチンが薬事法上正規の医薬品とされるに至った。ここにおいて、法による急性灰白髄炎の予防接種においては不活化ワクチンにかえて、経口生ポリオワクチンを用いることとし、法第14条に定める接種時期を改めることとなったものであるが、その運用に当たっては、次の事項に留意のうえ、予防接種

の実施に遺憾なきを期するよう通達する。

　なお、この通達においては、予防接種法を「法」と、予防接種法の一部を改正する法律を「改正法」と、予防接種法施行規則を「施行規則」と、予防接種法施行規則の一部を改正する省令による改正後の予防接種法施行規則を「改正施行規則」と、予防接種実施規則を「実施規則」と、予防接種実施規則の一部を改正する省令による改正後の予防接種実施規則を「改正実施規則」とそれぞれ略称する。

記

第一　改正の要点
　1　従来急性灰白髄炎の予防接種は、不活化ワクチンによって行なっていたが、これを、経口生ポリオワクチンに改めることに伴い、急性灰白髄炎の予防接種の定期を生後3月から生後18月に至る期間と定めたこと。
　2　この法律の施行の際、生後3月から生後18月までの間にある者については、特に予防接種の義務履行期間が短い者のあることを考慮して、経過措置として一律に改正法施行の日から昭和40年3月31日までの期間を改正法による改正後の法第14条の定期として、予防接種を行なうものとしたこと。
　3　前記2に該当する者のほか、この法律の施行の際法第14条の不活化ワクチンによる予防接種の定期に該当し、当該予防接種を未だ完了するに至っていない者についても、前記2と同様に、改正法施行の日から昭和40年3月31日までの期間を改正法による改正後の法第14条の定期として、予防接種を行なうものとしたこと。
　4　前記2又は3に該当する者が、これまで急性灰白髄炎緊急対策又は特別対策に基づき、経口生ポリオワクチンによる予防接種を受けたことがある場合においては、改正実施規則附則第2項及び第3項の定めるところにより、改正法による改正後の法第14条の予防接種を受けたものとみなすこと。

第二　定期予防接種の実施方法等
　1　急性灰白髄炎の予防接種の定期は、改正法による改正後の法第14条によって定められたが、その実施方法等は次のとおりであること。
　(1)　市町村長が行なう定期の予防接種は、毎年、1回以上行なうこととし、原則として、6月から9月までの期間を避けることとしたこと。（改正実施規則第21条の2）
　(2)　急性灰白髄炎の予防接種は、希釈した3価混合の経口生ポリオワクチンを、6週間以上の間隔をおいて、2回経口投与するものとし、接種量は毎回1.0ccとしたこと。（改正実施規則第21条の3）
　(3)　法の改正に伴い、予防接種を行なうに当たっての禁忌事項及び接種時の注意事項を改めたこと。（改正実施規則第4条及び第5条）
　2　改正法附則第3項において、改正法による改正後の法第14条の予防接種を受けた者とみなす者については、次のとおりであること。
　(1)　弱毒ポリオウイルスの各型について、それぞれ2回以上単価又は多価の経口生ポリオワクチンの経口投与を受けた者は、改正法による改正後の法第14条による経口生ポリオワクチンの経口投与を完了したものとみなすこと。（改正実施規則附則第3項第1号）
　(2)　弱毒ポリオウイルスの各型について、それぞれ1回以上単価又は多価の経口生ポリオワクチンの経口投与を受

けた者（(1)に掲げる者を除く。）は、改正実施規則第21条の3に定める第1回の経口投与を受けたものとみなすこと。（改正実施規則附則第3項第2号）
3 施行規則の様式を改めたこと。（改正施行規則様式第3、第4、第4の2、第5及び第8）

第三 費用負担
急性灰白髄炎の予防接種に関する費用の負担については、ワクチンの単価を除き、改正前と変りがないが、昭和39年度予防接種費国庫負担金交付要綱については、近く別途通知する予定であること。

附　帯　決　議

予防接種法の一部を改正する法律案附帯決議　　　　　　　　　　　　（参議院3月25日）
一　経口生ポリオワクチンの投与に当っては基準を設け、投与しても健康上支障のないよう医師をして万全を期せしめること。
一　経口生ポリオワクチン投与後の事態を把握し、調査研究するとともに、特に、副作用等の起きた場合は、万全の措置を講ずること。
一　経口生ポリオワクチン予防接種の費用については、国民の負担がかからないよう努力すること。
　右決議する。

予防接種法の一部を改正する法律案に対する附帯決議　　　　　　　　（衆議院4月10日）
一　国産生ワクチンに対する国民の不安が依然として残っている現況に鑑み、その安全性を明らかにし、その不安を一掃するため、政府は努力を行なうべきである。
二　ワクチンの投与にあたっての管理使用の方法等については更に改善の要があるので、服用前後の健康管理等には政府は遺憾なきを期すべきである。
三　ワクチンは国民保健上欠くことの出来ないものであるので、政府はこれが投与の際の国民の負担を軽減すべきである。

(6) 予防接種法等の一部改正について　—第9次改正—

［昭和45年7月15日　衛発第501号
各都道府県知事宛　厚生省公衆衛生局長通知］

　昭和45年6月1日公布即日施行された「許可、認可等の整理に関する法律」（昭和45年法律第111号）第13条により予防接種法の一部改正が行なわれ、これに伴い、「予防接種法施行規則の一部を改正する省令」及び「予防接種実施規則の一部を改正する省令」も、それぞれ厚生省令第43号及び厚生省令第44号をもって昭和45年7月11日公布即日施行された。
　今回の改正は、腸チフス及びパラチフスの予防接種を定期予防接種の対象から除外し、それに伴う条文の整理を行なうとともに、予防接種の実施方法について若干の改正を行なうものであるが、改正の趣旨は下記のとおりであるので、これが実施に遺憾なきを期されたい。

記

第一　予防接種法の一部改正に関する事項
　　腸チフス及びパラチフスの予防接種を定期予防接種の対象から除外したこと。（法第12条の削除）

第二　予防接種実施規則の一部改正に関する

事項
1 腸チフス及びパラチフスの臨時予防接種の実施方法を次のように定めたこと。（第21条）

なお、臨時予防接種の実施については、「予防接種実施要領」（昭和34年1月21日衛発第32号別紙）第一中17にしたがい、指示又は実施に先立って当局に協議すること。
(1) 接種対象は、法改正前の定期の場合と同様に、3歳以上60歳未満の者とすること。
(2) 接種回数は、初めて受ける者については、5日から10日までの間隔をおいて3回、前に受けたことのある者については1回とし、皮下に注射するものとするが、副反応が強いと認められる者については皮内に注射するものとすること。
(3) 接種量は、4歳未満の者にあっては0.25cc、4歳以上の者にあっては0.4ccとすること。ただし皮内注射にあっては0.1ccとすること。
2 種痘に関し、「乱刺」の名称が、従来より実態に即したものでなく、接種方法について誤解を生じることもあったことから、「多圧」の名称に改めたこと。（第3条、第9条、第10条）

なお、多圧法については下図を参照し、誤りのないよう指導されたいこと。

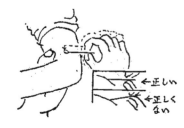

接種する皮膚面に痘苗の一滴をおき、皮膚を緊張させて、皮膚面に平行にとった多圧針の側面で図のように皮膚面を圧する。
3 予防接種の禁忌例を、次のように拡げたこと。（第4条）
(1) 妊娠6月までの妊婦を加えることにより、妊産婦は全て禁忌とすること。（4号）
(2)ア 種痘については、麻しんの予防接種後1月を経ない者を加え、急性灰白髄炎の予防接種後2週間を経ない者とあったのを、1月を経ない者にまで拡げること。（5号）
イ 急性灰白髄炎の予防接種については、麻しんの予防接種後1月を経ない者を加え、種痘を受けた後2週間を経ない者とあったのを、1月を経ない者にまで拡げること。（6号）
ウ 前記ア、イの趣旨は、生ワクチンを使用する予防接種を続けて受ける際には、その間隔を少なくとも1月はおくべきことであるから、ア、イ列記以外の予防接種で、生ワクチンを使用するものについても、禁忌については同様に考えるべきこと。
4 第1期の定期の種痘の方法を次のとおり改めたこと。（第10条）
(1) 多圧の回数を従来の10～15回から5～10回に減らすこと。
(2) 接種する皮膚面の範囲を従来直径3～5ミリメートルの円内であったのを直径3ミリメートル以内の円内とすること。

第三 予防接種法施行規則の一部改正に関する事項

前記第一、第二に伴い、所要の条文の整理を行なったこと。

第四 予防接種実施要領（昭和34年1月21日衛発第32号別紙）の改正について　（略）

(7) 予防接種法及び結核予防法の一部を改正する法律等の施行について ―第10次改正―

［昭和51年9月14日　厚生省発衛第176号　　　　　
　各都道府県知事宛　厚生事務次官通知　　　　　］

　予防接種法及び結核予防法の一部を改正する法律は、昭和51年6月19日法律第69号をもって公布され、同法第1条、附則第1条及び附則第2条が即日施行された。これに伴い、予防接種法施行令の一部を改正する政令が昭和51年6月19日政令第159号をもって公布、即日施行され、予防接種法施行規則の一部を改正する省令及び予防接種実施規則の一部を改正する省令も昭和51年9月14日それぞれ厚生省令第42号及び厚生省令第43号をもって公布、即日施行され、予防接種の実施に関する改正が施行される運びとなった。これらの運用に当たっては、次の事項に留意の上、遺憾なきを期されたく通知する。

　なお、この通知においては、予防接種法及び結核予防法の一部を改正する法律による改正前の予防接種法を「旧法」と、改正後の予防接種法を「改正法」と、改正後の予防接種法施行令を「改正政令」と、改正後の予防接種法施行規則を「改正施行規則」と略称する。

　おって、今回の法改正により、予防接種の実施に関する改正と併せて、予防接種による健康被害の救済に関する措置の法制化が図られたが、この関係規定は、公布の日から起算して1年を超えない範囲内において政令で定める日から施行されることとなっており、その政令は未制定であるため、救済措置に関しては、関係規定が施行された時点で別途通知することとしているので、念のため申し添える。

　　　　　　　　記

第一　改正の趣旨
　　今回の改正は、最近における伝染病の発生状況、医学医術の進歩、生活環境の改善等予防接種行政の背景となる諸状況に変化が生じていることにかんがみ、予防接種の対象疾病、実施方法、義務づけ等予防接種の実施に関して大幅な改善を図り、予防接種のより適正かつ円滑な実施を期するものであること。

第二　改正の要点
　1　対象疾病
　　内外における疾病の流行状況、疾病の特質、防疫体制等を考慮して、予防接種法の対象疾病から、腸チフス、パラチフス、発しんチフス及びペストを削除するとともに、新たに、麻しん、風しん及び日本脳炎を加えたほか、特に必要があると認められる疾病を政令で指定できることとしたこと（改正法第2条）。

　2　定期の予防接種
　　伝染病をめぐる諸状況の変化に迅速かつ弾力的に対応できるように、従来定期の予防接種を行う疾病及びその定期を法定していたのを改正法では政令で定めることとしたこと（改正法第3条）。
　　なお、改正政令では、定期の予防接種を行う疾病は旧法におけるのと同様に痘そう、ジフテリア、百日せき及び急性灰白髄炎を定めるとともに、その定期について必要な変更を加えたこと（改正政令第1条）。

　3　臨時の予防接種
　　旧法の臨時の予防接種を、現実の運用等を考慮し、疾病のまん延予防上必要があると認められるときに行う臨時の予防接種（以下「一般的な臨時の予防接種」

という。）と緊急の必要があると認められるときに行う臨時の予防接種（以下「緊急的な臨時の予防接種」という。）とに区分したこと。この場合において、一般的な臨時の予防接種の対象疾病は法定されているすべての疾病であるが、現実にはインフルエンザ、日本脳炎及びワイル病が予定され、また、緊急的な臨時の予防接種の対象疾病は、痘そう、コレラその他厚生大臣が定める疾病であること（改正法第6条、第9条）。

4　予防接種を受ける義務

予防接種の実施者（市町村長又は都道府県知事）から予防接種の対象者とされた者は、その実施者の実施する予防接種を指定された期日に受けなければならないこと。この場合において、対象者とされなかった者は、予防接種法に定める予防接種を受ける義務がないものであること（改正法第4条、第7条、第10条）。

なお、予防接種を受けるべき者が、定期の予防接種についてはその定期内に、臨時の予防接種についてはその予防接種を受けるべき期日前3月以内で予防接種を受けるべき者として指定された日からその期日までの間に、予防接種の実施者以外の者について予防接種法に定める予防接種に相当する予防接種を受けたときは、予防接種法に定める予防接種を受けたものとみなされること（改正法第5条、第8条、第11条）。

5　罰則

旧法においてすべての予防接種について義務違反に罰則を設けていたのを緊急的な臨時の予防接種に限定したこと（改正法第26条）。

6　実費徴収

臨時の予防接種を2区分したことに伴い、一般的な臨時の予防接種の実施者は、実費を徴収することができることとしたこと（改正法第23条）。

7　費用

定期の予防接種及び一般的な臨時の予防接種については、予防接種法の都道府県の負担及び国庫の負担に関する規定は、当分の間、適用しないこと。ただし、従来の経緯を踏まえて急性灰白髄炎及びワイル病の予防接種については、その適用があること（改正法附則第32条の2、改正政令附則第2項）。

第三　予防接種の実施と医師の協力

予防接種法による定期又は臨時の予防接種の実施者は、市町村長又は都道府県知事であるが、その実施の形態は、当該地方公共団体の医師又は市町村長若しくは都道府県知事の要請に応じて予防接種の実施に関し協力する旨を承諾した医師により集団接種として行う場合及び協力する旨を承諾した医師により当該医師に係る医療機関で個別接種として行う場合があること（改正法第3条、改正施行規則第4条）。

また、当該予防接種により万一健康被害が発生した場合は、その当事者は、当該予防接種を実施した市町村長又は都道府県知事であり、これらの者において健康被害への対応を行うものであること。

なお、予防接種の実施に当たっては、市町村長又は都道府県知事は、当該地域の医師会と密接な連係のもとに実施計画を策定するとともに予防接種を行う医師の十分な協力が得られるよう配慮し、その円滑な実施に努められたいこと。

(8) 予防接種法及び結核予防法の一部を改正する法律等の施行について ―第10次改正―

〔昭和51年9月14日　衛発第725号　　　　　　　　　　　〕
〔各都道府県知事宛　厚生省公衆衛生局長通知〕

　予防接種法及び結核予防法の一部を改正する法律及び関係政省令の施行については、昭和51年9月14日厚生省発衛第176号厚生事務次官通知によるほか、細部に関しては、次の事項に留意の上適切に処理されたい。

　なお、この通知においては、改正前の予防接種法を「旧法」と、改正後の予防接種法、予防接種法施行令、予防接種法施行規則及び予防接種実施規則をそれぞれ「改正法」、「改正政令」、「改正施行規則」及び「改正実施規則」と略称する。

記

第一　対象疾病
　1　腸チフス等の削除
　　　腸チフス、パラチフス、発しんチフス及びペストについては、その疾病の流行状況、予防接種以外により有効な予防手段が可能であること等により削除したものであること。
　2　麻しん等の追加
　　(1)　麻しんは、小児にとって重篤な合併症の多い伝染病であり、風しんは、妊婦がり患すれば先天異常児の出生のおそれがあることにより対象疾病としたものであること（改正法第2条第2項）。
　　(2)　日本脳炎は、その症状の重篤さ及び致命率の高さにかんがみて従来日本脳炎予防特別対策により勧奨接種として行われてきたところであるが、実施上の責任を明確にする等のため対象疾病としたものであること（改正法第2条第2項）。
　3　特に必要があると認められる疾病の政令指定
　　　従来、予防接種の対象疾病は法に限定列挙されていたためその加除を行うには法律改正によるしか方法がなく状況の変化に柔軟に対応することがむずかしかったが、通常流行が予想されない疾病が例外的に流行した場合において、必要に応じ、その疾病を対象疾病として政令で定めることができることとし、予防接種の運用に弾力性を持たせたものであること（改正法第2条第2項）。

第二　定期の予防接種
　1　定期の予防接種を行う疾病
　　　定期の予防接種の対象疾病は、痘そう、ジフテリア、百日せき、急性灰白髄炎、麻しん及び風しんの6疾病のうちから政令で定めることとされているが、麻しん及び風しんについては現段階における実施上の準備状況を考慮して、政令では、痘そう、ジフテリア、百日せき及び急性灰白髄炎の4疾病を定めたものであること（改正法第3条、改正政令第1条）。
　2　定期
　　　定期の期間は、疾病の流行状況の変化等の医学的理由及び国民の予防接種を受ける機会をできるだけ多くするという配慮から、変更したものであること（改正政令第1条）。

第三　臨時の予防接種
　1　一般的な臨時の予防接種
　　(1)　一般的な臨時の予防接種の対象疾病は、法的には改正法第2条第2項の疾

病であるが、現実にはインフルエンザ、日本脳炎及びワイル病について流行予測、地域特性等を考慮して行う予定であること（改正法第6条）。
(2) ワイル病については、旧法の臨時の予防接種として実施されてきたところであるが、インフルエンザ及び日本脳炎については、今後は、従来の特別対策を行わず、新たに改正法に基づき予防接種を行うものであること。
2　緊急的な臨時の予防接種
緊急的な臨時の予防接種の対象疾病は、痘そう、コレラのほか厚生大臣が定める疾病であるが、厚生大臣が定める疾病は改正法第2条第2項の疾病の中から定めるものであり、万一異例の疾病が我が国に侵入し、緊急に予防接種を行う必要が生じた場合等には、いったん改正法第2条第2項第11号の規定に基づき当該疾病を政令で定めた上で更に改正法第9条第1項の規定に基づき厚生大臣が定めるものであること（改正法第9条）。

第四　予防接種の実施
1　予防接種の対象者
(1) 定期の予防接種の対象者は、改正法第3条ただし書の規定により、予防接種を受けることが適当でない者として改正施行規則第3条に規定された者を除いた者であること（改正法第3条）。
(2) 臨時の予防接種の対象者は、疾病の流行状況、流行予測等に基づき、改正施行規則第3条の規定を考慮して、年齢、地域等について適正妥当な範囲において定めること（改正法第6条）。
(3) 予防接種の個々の対象者は、指定した期日において問診等を経た上で確定するものであるが、事前に客観的に判明する範囲内で一応対象者として予定される者に予防接種の種類、予防接種を受ける期日及び場所、禁忌事項その他必要な事項について通知、回覧その他適当な方法により周知を図ること（改正施行規則第6条）。
2　協議
臨時の予防接種の実施に当たっては、従前と同様、都道府県知事は、その予防接種の種類、予防接種を受けるべき者の範囲及び概数、実施期日並びにその実施を必要とする理由を示して本職あて協議すること。
なお、この協議は、緊急の場合には、電話等を利用して差し支えないこと。
3　技術的事項
予防接種の実施に係る技術的事項については、改正実施規則によられたいが、具体的には別途通知するものであること。
4　旧法第6条の2の削除
定期の予防接種について、旧法においては、市町村長の行う予防接種に限らず、広く医師について予防接種を受ければよく、その実施を確認し、記録の作成に供するために旧法第6条の2の規定により証明書の提出を義務づけていたが、改正法においては、予防接種の実施における市町村長の責任を明確にするため実施を市町村長のみにかからしめ、国民が義務として受けるのは市町村長の行う予防接種のみとし、例外的に第5条の規定により住民が定期的に市町村長以外の者についてこの法律による予防接種に相当する予防接種を受けたときは、特に市町村長の行う予防接種を受けたものとみなして法律上の義務が履行されたものとしたこと。なお、この場合には特に証明書の提出は必要とされていないものであること（改正法第3条～第5条）。
5　市町村長又は都道府県知事以外の者が行う予防接種、予防接種の対象者は、で

きるだけ改正法第3条、第6条及び第9条の規定により市町村長又は都道府県知事の行う集団接種又は個別接種を受けるよう趣旨徹底を図られたいこと。

　なお、個人的事情等によりこれらの予防接種が受けられず、市町村長又は都道府県知事以外の者についてこれに相当する予防接種（改正法第5条、第8条又は第11条）を受ける者もあるので、これらの者が、円滑に予防接種を受けられるよう配慮するとともに、管下各市町村においてその旨を留意するよう指導されたいこと。

　例えば、特別の事情により、協力する旨を承諾した医師以外の者により予防接種を受けることを希望する者に対して、市町村長又は都道府県知事が当該医師あての依頼書を発行し、当該依頼書により予防接種を行った医師は市町村長又は都道府県知事にかわって当該業務を行ったものとする等の措置が考えられること。

第五　予防接種を行う医師
　1　実施体制の整備
　　　予防接種の実施に当たっては、予防接種を受ける者の便宜、接種率の確保等を考慮して、予防接種を受ける機会をできるだけ多くすることが望ましいので、予防接種の実施に関して十分に医師の協力を得て、広くその実施ができるよう体制の整備に努め、また、管下市町村長を指導すること。
　2　医師の協力
　　　市町村長又は都道府県知事は、その実施する集団接種又は個別接種に協力する旨を承諾した医師について協力関係を文書で確認するとともに、個別接種に係る医師については改正施行規則第4条第3項の規定に基づき、別紙1の例により公告を行うこと。この場合、都道府県知事に対する医師の承諾は、当該知事が実施する予防接種につき、対象となる県民全般に対して集団接種又は個別接種を行う旨のものであること。また、市町村長が実施する予防接種に関する協力については、一市町村長のみならず都道府県下全市町村長に対してなされる場合もあるので、この場合の事務は次により処理することとされたいこと。

　なお、この趣旨を管下各市町村長に徹底されたいこと。
(1)　都道府県下全市町村長の行う予防接種につき協力する旨を承諾する医師が得られる場合には、当該医師の住所地又は予防接種を行う主たる場所の市町村長がその旨を申し受け、承諾した医師の代理人として都道府県知事を経由して管下全市町村長との協力関係を結ぶものとすること。
(2)　都道府県知事は、(1)により提出された医師に関してとりまとめ、管下全市町村に取次ぐこととなるが、この場合においても、各市町村長と医師との間で協力関係を文書で確認する必要があるが、便宜上、都道府県段階で一括して行うのが適当であること。
(3)　これらの医師については、都道府県知事が、別紙2の例により一括して公告すること。また、各市町村において、さらに公告を行う等住民に周知をはかること。
　3　健康被害への対応
　　　市町村長又は都道府県知事の行う予防接種に協力する医師は、集団接種の場合はもとより個別接種の場合も、当該市町村長又は都道府県知事の補助者の立場で予防接種の業務を行うものであるので、当該予防接種により万一健康被害が発生した場合においても、その当事者は、当該市町村長又は都道府県知事であり、当

該健康被害への対応は、これらの者においてなされるものであること。従って、健康被害について賠償責任が生じた場合であっても、その責任は市町村、都道府県又は国が負うものであり、当該医師は故意又は重大な過失がない限り、責任を問われるものではないこと。

なお、第四の5に規定する例により行われた予防接種の場合においても、万一健康被害が発生したときの当事者は、当該市町村長又は都道府県知事であること。

第六　予防接種を受ける義務及び罰則
　1　予防接種を受ける義務
　　　従来、旧法第3条第1項で予防接種が一般的に義務づけられ、義務免除に関しては旧法第10条第1項ただし書及び第13条ただし書に極めて限定的に規定されるにとどまっていたが、改正法では個別具体的に義務づけに関して規定するとともに、定期の予防接種の対象者又は臨時の予防接種を受けるべき者として指定された者以外の者には予防接種を受ける義務に関する規定が及ばないことにより義務が免除されることとしたこと（改正法第4条、第7条、第10条）。
　2　罰則
　　　旧法においては、予防接種を受けない者すべてに対して罰則が及ぶ建前であったが、改正法においては、国民の自発的意志に基づいて予防接種を受けることが望ましいこと等を考慮して、不測の事態も想定される緊急的な臨時の予防接種についてのみ罰則を設けることとしたこと（改正法第26条）。
　3　旧法第9条の削除
　　　旧法においては、疾病その他やむを得ない事故のため定期内に予防接種を受けることができなかった者に対して事故消滅後にその予防接種を受ける義務を課していたが、改正法においては、集団としての免疫水準の確保等の観点から定期の期間を過ぎた者に対しては予防接種を受ける義務を課さないこととしたこと。

第七　証明書
　1　旧法第3章の削除
　　　旧法第3章で予防接種済証等の証明書に関して規定していたが、予防接種を受ける義務に関する規定の改正等にあわせて、改正法では証明書に関する規定を削除し、改正施行規則第7条の規定により予防接種を受けた者の便宜等を考慮し、その者から請求があった場合等に交付するものとしたこと（改正施行規則第7条）。
　2　予防接種台帳
　　　市町村長又は都道府県知事の予防接種済証の交付義務に関する規定が削除されたことにより、予防接種の実施に関する記録は、一般的には予防接種の実施者が作成する予防接種台帳のみであるので、その記載及び保管には特に留意するとともに、その保存年限を厳守されたいこと。

第八　費用
　1　旧法第32条の2の改正
　（1）　従来の臨時の予防接種を2区分し、定期の予防接種を行う疾病を政令で定めることとしたことに伴い、予防接種を行うために要する費用に関し、都道府県の負担及び国庫の負担に関する規定の適用関係を定めた第32条の2の規定の改正が行われたこと（改正法第32条の2）。
　（2）　緊急的な臨時の予防接種については、都道府県の負担及び国庫の負担に関する規定が適用されるが、定期の予

防接種及び一般的な臨時の予防接種については原則として適用されず、急性灰白髄炎及びワイル病の予防接種についてのみ、旧法において負担規定の適用があったことにかんがみ、改正法においても負担規定の適用があることとされたこと（改正法第32条の2、改正政令附則第2項）。

2　実費徴収
　従来、定期の予防接種についてのみ実費を徴収することができることとされていたが、今回、臨時の予防接種を2区分したことに伴い、一般的な臨時の予防接種についても実費の徴収ができることとされたこと（改正法第23条）。

（別紙1）

㈠　従来の臨時の予防接種を2区分し、定期の予防接種を行う疾病を政令で定めることとしたことに伴い、予防接種を行うために要する費用に関し、都道府県の負担及び国庫の負担に関する規定の適用関係を定めた第32条の2の規定の改正が行われたこと（改正法第32条の2）。
㈡　緊急的な臨時の予防接種については、都道府県の負担及び国庫の負担に関する規定が適用されるが、定期の予防接種及び一般的な臨時の予防接種については原則として適用されず、急性灰白髄炎及びワイル病の予防接種についてのみ、旧法において負担規定の適用があったことにかんがみ、改正法においても負担規定の適用があることとされたこと（改正法第32条の2、改正政令附則第2項）。

二　実費徴収
　従来、定期の予防接種についてのみ実費を徴収することができることとされていたが、今回、臨時の予防接種を2区分したことに伴い、一般的な臨時の予防接種についても実費の徴収ができることとされたこと（改正法第23条）。

告示第　　号
　　　　予防接種の業務を行う医師

　○○市町村長（○○都道府県知事）が予防接種法第〈(注)〉3条、第6条又は第9条の規定により行う予防接種については、別表に掲げる医師が同表に掲げる場所等で当該業務を行うので、予防接種法施行規則第4条第3項の規定に基づき、告示する。

　　昭和　　年　　月　　日

　　　　　　　　　　　　　　　　　　　　　○○市町村長　○　○　○　○
　　　　　　　　　　　　　　　　　　　　（○○都道府県知事　○　○　○　○）

別表

医師名	予防接種を行う主たる場所
○　○　○　○	
○　○　○　○	○○市○○町○○病院

○ ○ ○ ○	○○市民病院

(注)　都道府県知事の場合は、「第3条」は削ること。

(別紙2)

　　告示第　　号

　　　予防接種の業務を行う医師

　○○（都道府）県下各市町村長が予防接種法第3条、第6条又は第9条の規定により行う予防接種については、当該市町村長が集団接種として行うほか、別表に掲げる医師が同表に掲げる場所等で当該業務を行うので、予防接種法施行規則第4条第3項の規定に基づき、告示する。

　　昭和　　年　　月　　日

　　　　　　　　　　　　　　　　　　　　　　　　○○（都道府）県知事　○　○　○　○

別表

医師名	予防接種を行う主たる場所
○ ○ ○ ○	○○市○○町○○病院
○ ○ ○ ○	○○市民病院

(9)　予防接種法及び結核予防法の一部を改正する法律の一部等の施行について（依命通知）　―第10次改正―

〔昭和52年3月7日　厚生省発衛第46号〕
〔各都道府県知事宛　厚生事務次官通知〕
注　昭和57年10月1日厚生省発児第187号改正現在

　予防接種法及び結核予防法の一部を改正する法律は、昭和51年6月19日法律第69号をもって公布され、即日施行された同法の一部等については昭和51年9月14日厚生省発衛第176号本職通知「予防接種法及び結核予防法の一部を改正する法律等の施行について」等により通知したところであるが、今回予防接種法及び結核予防法の一部を改正する法律の一部の施行期日を定める政令（昭和52年政令第16号）により予防接種による健康被害の法的救済措置が昭和52年2月25日から実施されることとされ、これに伴い、予防接種法施行

令及び結核予防法施行令の一部を改正する政令（昭和52年政令第17号）、予防接種法施行規則の一部を改正する省令（昭和52年厚生省令第5号）、予防接種法及び結核予防法の一部を改正する法律の規定に基づき、厚生大臣が定める予防接種を定める件（昭和52年2月厚生省告示第21号）及び予防接種法施行令及び結核予防法施行令の一部を改正する政令の規定に基づき、厚生大臣が定める給付及び厚生大臣が定める額を定める件（昭和52年2月厚生省告示第22号）が昭和52年2月22日に公布、昭和52年2月25日より施行されることとなり、また、昭和52年2月18日の閣議において「予防接種事故に対する措置について」（昭和45年7月31日閣議了解）を昭和52年2月24日をもって廃止することが了解された。ついては、次の事項に留意の上貴管下市町村長の指導に遺憾なきを期されるよう命により通知する。

なお、前記本職通知において、予防接種法に基づき実施された予防接種によって万一健康被害が発生した場合、その当事者は、当該予防接種を実施した市町村長又は都道府県知事であり、これらの者において健康被害への対応を行うものとされているが、この機会にこの趣旨を再度周知願いたいこと。

おって、この通知においては、改正後の予防接種法、同法施行令及び同法施行規則をそれぞれ「法」「令」及び「規則」と、予防接種法及び結核予防法の一部を改正する法律を「一部改正法」と略称する。

記

第一　改正の趣旨等
　　今回の改正は、予防接種法及び結核予防法による予防接種が、急性伝染性疾患に対して社会防衛上行われる重要な予防的措置であり、関係者がいかに注意を払っても極めてまれではあるが不可避的に健康被害が起こり得るという医学上の特殊性があるにもかかわらず、あえてこれを実施しなければならないということにかんがみ、予防接種により健康被害を受けた者に対して特別な配慮が必要であるので、新たに法的救済措置を設けたものであること。

　　この趣旨にかんがみ、救済措置による給付に関して必要な事項は、経済的社会的諸事情の変動及び医学の進歩に即応するよう定められるものとされていること（令第3条）。

第二　改正の要点
1　救済措置の対象となる予防接種
　　救済措置の対象となる予防接種は、法第16条第1項の規定による給付については、法第3条、第6条又は第9条の規定により行われた定期又は臨時の予防接種及び法第5条、第8条又は第11条の規定により定期又は臨時の予防接種とみなされた予防接種であり、一部改正法附則第3条第1項の規定による給付については、昭和45年9月28日厚生省発衛第145号本職通知「予防接種事故に対する措置について」により予防接種事故に対する措置の対象とされた予防接種であり、改正後の結核予防法第21条の2の規定による給付については、結核予防法第13条又は第14条の規定により行われた予防接種、結核予防法第17条第1項の規定により定期又は定期外の予防接種とみなされた予防接種及び結核予防法第18条第1項に規定する予防接種であること（法第16条第1項、一部改正法附則第3条第1項、改正後の結核予防法第21条の2第1項）。

2　救済措置の対象となる健康被害
　　救済措置の対象となる健康被害は、厚生大臣が予防接種を受けたことによるものであると認定した疾病、障害又は死亡であり、この認定を行うに当たっては、

厚生大臣は伝染病予防調査会の意見を聴かなければならないとされていること（法第16条、一部改正法附則第3条、改正後の結核予防法第21条の2）。

3　救済措置の実施主体

救済措置の実施主体は、予防接種を受けたことにより健康被害を有するに至った者が当該予防接種を受けた当時居住していた区域を管轄する市町村長であること（法第16条第1項、一部改正法附則第3条第1項、改正後の結核予防法第21条の2第1項）。

4　給付の種類と内容

(1)　予防接種法及び結核予防法の一部を改正する法律の給付関係規定の施行期日（昭和52年2月25日）後に予防接種法又は結核予防法の規定により行われた予防接種による健康被害に関する給付

ア　医療費

医療費は、予防接種を受けたことによる疾病について、令第4条第1項各号に掲げる医療を受けた場合に、これに要した費用を支給するものであり、その額の算定方法は、予防接種を受けたことによる疾病に対して医学上の特殊性に基づく諸検査、治療等を行う必要があることにかんがみ、厚生大臣が伝染病予防調査会の意見を聴いて定めるところによるものであること。

ただし、予防接種を受けたことによる疾病について医療を受ける者が、その疾病について、令第4条第1項ただし書に列挙する法令の規定により医療に関する給付を受け、又は受けることができた場合には、当該医療に要した費用の額から当該医療に関する給付の額を控除した額であること（法第17条第1号、令第4条）。

イ　医療手当

医療手当は、予防接種を受けたことによる疾病について、令第4条第1項第1号から第4号までに規定する医療を受けた場合に月を単位として支給されるが、その額は次のとおりであること（法第17条第1号、令第5条）。

(ｱ)　1月のうちに入院外医療を受けた日数が3日以上の場合は月額15,500円、3日未満の場合は月額13,500円であること。

(ｲ)　1月のうちに入院医療を受けた日数が8日以上の場合は月額15,500円、8日未満の場合は月額13,500円であること。

(ｳ)　(ｱ)、(ｲ)にかかわらず、1月のうちに入院外医療を受けた日と入院医療を受けた日がともにある場合は月額15,500円であること。

ウ　障害児養育年金

障害児養育年金は、予防接種による健康被害を受け令別表第一に定める程度の障害の状態にある18歳未満の者（以下「障害児」という。）を養育する者に支給されるが、その額はその養育する障害児の障害の程度が令別表第一に定める1級に該当する場合は624,000円、同表に定める2級に該当する場合は378,000円であること。ただし、障害児が重症心身障害児施設又は規則第9条に定める施設に収容されている場合は、その額は、障害児の該当する等級に応じてそれぞれ312,000円、216,000円であること（法第17条第2号、令第6条第1項及び第2項、別表第一、規則第9条）。

エ　障害年金

障害年金は、予防接種による健康被害を受け、令別表第二に定める程度の障害の状態にある18歳以上の者に支給されるが、その額は、障害者の障害の程度が令別表第二に定める1級に該当する場合は1,668,000円、同表に定める2級に該当する場合は1,080,000円、同表に定める3級に該当する場合は816,000円であること（法第17条第3号、令第7条第1項及び第2項、別表第二）。

オ　死亡一時金

死亡一時金は、予防接種を受けたことにより死亡した者の配偶者（内縁関係を含む。）又は死亡した者の死亡の当時その者と生計を同じくしていた子、父母、孫、祖父母若しくは兄弟姉妹に支給されるが、その額は、11,700,000円であること。ただし、死亡した者が障害年金の支給を受けたことがあるときは、その支給を受けた期間に応じて減額されるものであること（法第17条第4号、令第11条第1項及び第4項）。

カ　葬祭料は、予防接種を受けたことにより死亡した者の葬祭を行う者に支給されるが、その額は44,000円であること（法第17条第5号、令第12条）。

(2)　予防接種法及び結核予防法の一部を改正する法律の給付関係規定の施行期日（昭和52年2月25日）前に行われた予防接種による健康被害に関する給付

(1)のアからカまでの給付と同様の給付を行うものであること。ただし、昭和45年9月28日厚生省発衛第145号本職通知「予防接種事故に対する措置について」に基づく後遺症一時金を受けた者にあっては、障害年金及び死亡一時金について一定の減額を行うものであること（一部改正法附則第3条第1項）。

5　給付に要する費用の負担

給付に要する費用は市町村が支弁するものとし、都道府県はその費用について厚生大臣が定める基準により算定した額の4分の3を負担し、国は都道府県の負担する額の3分の2を負担するものであること（法第20条第2項、第21条第2項、第22条第2項、令第15条第2項、改正後の結核予防法第52条第5号、第55条の2、第56条の2第2項、改正後の結核予防法施行令第3条の2）。

第三　「予防接種事故に対する措置について」の廃止

「予防接種事故に対する措置について」（昭和45年7月31日閣議了解）は、昭和52年2月18日の閣議において、昭和52年2月24日をもって廃止する旨了解されたこと。従って、昭和45年9月28日厚生省発衛第145号本職通知「予防接種事故に対する措置について」は同日限りで廃止すること。

⑽ 予防接種法及び結核予防法の一部を改正する法律の一部等の施行について　—第10次改正—

［昭和52年3月7日　衛発第186号　　　　　　　　］
［各都道府県知事宛　厚生省公衆衛生局長通知　］

注　平成27年12月21日健発1221第4号改正現在

　標記については、本日厚生事務次官から依命通知されたところであるが、細部については、次の事項に御留意の上貴管下市町村長の指導に遺憾なきを期されるよう願いたい。

　なお、既に昭和51年9月14日衛発第725号本職通知「予防接種法及び結核予防法の一部を改正する法律等の施行について」により通知したように、市町村長又は都道府県知事の行う予防接種に協力する医師は集団接種の場合はもとより個別接種の場合も、当該市町村長又は都道府県知事の補助者の立場で予防接種の業務を行うものであるので、当該予防接種により万一健康被害が発生した場合においても、その当事者は当該市町村長又は都道府県知事であり、当該健康被害への対応は、これらの者においてなされるものである。従って、健康被害について賠償責任が生じた場合であっても、その責任は市町村、都道府県又は国が負うものであり、当該医師は故意又は重大な過失がない限り、責任を問われるものではないという趣旨をこの機会に改めて徹底願いたい。

　おって、この通知においては、昭和52年2月25日以後の予防接種法、同法施行令及び同法施行規則をそれぞれ「法」、「令」及び「規則」と、予防接種法及び結核予防法の一部を改正する法律及び予防接種法施行令及び結核予防法施行令の一部を改正する政令をそれぞれ「一部改正法」及び「一部改正政令」と略称する。

第一　医療費の支給
　1　支給額
　　医療費の支給額は、予防接種を受けたことによる疾病（認定疾病が原因となって併発した疾病も含む。）について令第4条第1項ただし書に定める法令の規定により医療に関する給付を受け、又は受けることができた場合には、当該医療に要した費用の額から当該医療に関する給付の額を控除した額とされるが、同項ただし書に定める「国若しくは地方公共団体の負担による医療に関する給付」には、次の給付が挙げられること（令第4条第1項）。
　⑴　精神保健法第29条（措置入院）及び第32条（通院医療）
　⑵　身体障害者福祉法第19条（更生医療）
　⑶　児童福祉法第20条（育成医療）
　2　支給手続
　⑴　医療費の支給を受けようとする者は、別紙1に定める医療費・医療手当請求書に次の書類を添えて、請求者の予防接種時の居住地を管轄する市町村長（特別区長を含む。以下同じ。）に提出するものとすること（規則第10条）。
　　ア　受けた予防接種の種類及びその年月日を証する書類
　　イ　疾病の発病年月日及びその症状を証する医師の作成した書面又は診療録の写し
　　ウ　医療機関又は薬局（以下「医療機関」という。）で作成された別紙2—⑴に定める受診証明書。ただし、厚生大臣への認定進達には、別紙2—⑵に定める受診証明書

(2) 市町村長は、請求に係る疾病と予防接種との因果関係について厚生大臣の認定を受けるため、請求書と請求書の添付書類の写し並びに予防接種健康被害調査委員会（第一〇参照）の調査報告を添え、都道府県知事を経由して厚生大臣に認定進達を行うものとすること（法第16条）。

(3) 厚生大臣は、公衆衛生審議会の意見を聴いて請求に係る疾病のうち予防接種と因果関係にあると認められる疾病があるときは、当該疾病名を、予防接種と因果関係にあると認められる疾病がないときは、その旨を、都道府県知事を経由して市町村長に通知するものであること（法第16条）。

(4) 市町村長は、支給を決定したときは、請求者にその旨を書面で通知するとともに、厚生大臣によって認定された疾病名を予防接種被害者健康手帳（第一一参照）に記入するものとすること。

　不支給を決定したときは、請求者にその旨及びその理由を書面で通知するものとすること。この場合、行政不服審査法に基づき不服申立できる旨教示するものとすること（規則第11条の13）。

(5) 支給決定後認定を受けた疾病について医療が継続して行われているときは、(1)に掲げる添付書類のうち(ア)及び(イ)は添付する必要がなく、また、(2)及び(3)の手続は必要でないこと。

第二　医療手当の支給
1　支給要件
　同一日に医療機関で2回以上の医療を受けた場合であっても、医療手当の支給要件としての日数は、1日として計算するものであること（令第5条）。

2　支給手続
(1) 医療手当の支給を受けようとする者は、別紙1に定める医療費・医療手当請求書に医療費の請求の場合と同一の書類を添えて、請求者の予防接種時の居住地を管轄する市町村長に提出するものとすること（規則第11条）。
　なお、医療手当と同一月分の医療費が併せて請求されている場合は、医療手当についての書類の添付は、省略して差し支えないこと（規則第11条の14）。

(2) (1)に掲げる外、医療手当の支給手続については、第一の2に定める医療費の支給手続に準ずるものとすること。

(3) 同一月に関して医療費と医療手当の請求があるときは、同時に請求を行うよう請求者に対して指導されたいこと。

第三　障害児養育年金の支給
1　支給要件等
(1) 障害児養育年金は、障害児を養育する者（以下「養育者」という。）に対して支給されるものであるが、養育者であるか否かについては、障害児を監護しているか否か、障害児と同居しているか否か、障害児の生計を維持しているか否か等を考慮して、社会通念上障害児を養育していると認めることができ、その者に支給することが障害児の救済という趣旨に適合すると考えられる者であることが必要であること。この場合において「監護」とは、障害児の生活について通常必要とされる監督、保護を行っていると社会通念上考えられる主観的意思と客観的事実が認められることをいうものであること（法第17条第2号）。

(2) 障害児養育年金の額は、令第6条第

2項に規定するところであるが、障害児について、予防接種を受けたことによる障害に関し、特別児童扶養手当等の支給に関する法律の規定により特別児童扶養手当又は福祉手当が支給されるときは、同項に規定する額から支給される特別児童扶養手当又は福祉手当の額を控除して得た額とすること（令第6条第3項）。

2 支給手続
(1) 障害児養育年金の支給を受けようとする者は、別紙3に定める障害児養育年金請求書に次の書類を添えて、請求者の予防接種時の居住地を管轄する市町村長に提出するものとすること（規則第11条の2）。
　ア　受けた予防接種の種類及びその年月日を証する書類
　イ　障害児の障害の状態に関する医師の診断書
　　なお、障害の状態に関する医師の診断書の様式例を別紙9に示したので参考とされたいこと。
　ウ　障害児が令別表第一に定める障害の状態に該当するに至った年月日及び予防接種を受けたことにより障害の状態となったことを証明することができる医師の作成した書面又は診療録の写し
　エ　障害児の属する世帯の全員の住民票の写し
　オ　障害児を養育することを明らかにすることができる書類
(2) 厚生大臣は、市町村長に対して因果関係の認否、等級及び障害の状態に至った年月日を通知すること。
(3) 市町村長が支給決定をしたときは、予防接種被害者健康手帳に編綴された障害児養育年金証書に所要の記載を行うものとすること。

(4) (1)から(3)のほか、第一の2の(2)から(4)までに定める医療費の支給手続に準ずるものとすること。

3 支給期間等
　障害児養育年金の支給期間は、支給すべき事由が生じた日の属する月の翌月から支給すべき事由が消滅した日の属する月までであり、その支払は、毎年1月、4月、7月及び10月の4期に行うこと（令第8条）。

4 額の変更
(1) 障害児の障害の状態に変更があったため、新たに令別表第一に定める他の等級に該当することとなった場合においては、新たに該当するに至った等級に応ずる額を支給することとされているが、その前提としては、額の変更の請求、現況の届出及び障害の状態の変更の届出があり得ること（令第9条、規則第11条の3、規則第11条の6、規則第11条の7第3号）。
(2) 障害児養育年金の支給を受けている者が、その養育する障害児の障害の程度が増進した場合において、その受けている障害児養育年金の額の変更を請求しようとするときは、別紙4に定める年金額変更請求書に次の書類を添えて当該市町村長に提出するものとすること（規則第11条の3）。
　ア　障害児の障害の状態に関する医師の診断書
　イ　障害児が令別表第一に定める他の等級に該当するに至った年月日を証明することができる医師の作成した書面又は診療録の写し
(3) (2)のほか、額の変更のための手続については、第三の2の(2)から(4)までに定める障害児養育年金の支給手続に準ずるものとすること。

第四　障害年金の支給
　1　支給額
　　　障害年金の額は、令第7条第2項に規定するところであるが、障害年金を受ける者について、予防接種を受けたことによる障害に関し、特別児童扶養手当若しくは福祉手当又は国民年金法の規定による障害福祉年金が支給されるときは、同項に規定する額から支給される特別児童扶養手当若しくは福祉手当又は障害福祉年金の額を控除して得た額とすること（令第7条第3項）。
　2　支給手続
　(1)　障害年金の支給を受けようとする者は、別紙5に定める障害年金請求書に次の書類を添えて、請求者の予防接種時の居住地を管轄する市町村長に提出するものとすること（規則第11条の4）。
　　ア　受けた予防接種の種類及びその年月日を証する書類
　　イ　障害者の障害の状態に関する医師の診断書
　　ウ　障害者が令別表第二に定める障害の状態に該当するに至った年月日及び予防接種を受けたことにより障害の状態となったことを証明することができる医師の作成した書面又は診療録の写し
　(2)　(1)のほか、第三の2の(2)から(4)までに定める障害児養育年金の支給手続に準ずるものとすること。
　3　支給期間、額の変更等
　　　障害年金の支給期間、額の変更等については、第三の3及び4に準ずるものとすること（令第8条、令第9条、規則第11条の5、規則第11条の6、規則第11条の7第3号）。

第五　死亡一時金の支給
　1　支給要件等
　(1)　死亡一時金は、予防接種を受けたことにより死亡した者の令第11条第1項に定める遺族に対して支給されるものであるが、この遺族のうち、配偶者以外のものについて要求されている「生計を同じくしていた」とは、死亡した者と、その遺族との間に生活の一体性があったことをいうものであり、必ずしも同居を必要とするものではないこと（法第17条第4号、令第11条第1項）。
　(2)　死亡一時金の請求があった場合は、当該請求者が令第11条第3項の規定により遺族の範囲から除外されている者でないこと及び当該請求者より先順位の死亡一時金を受けることができる遺族がいないことを確認されたいこと（令第11条第2項及び第3項）。
　2　支給手続
　(1)　死亡一時金の支給を受けようとする者は、別紙6に定める死亡一時金、請求書に次の書類を添えて、死亡した者の予防接種時の居住地を管轄する市町村長に提出するものとすること（規則第11条の9）。
　　ア　受けた予防接種の種類及びその年月日を証する書類
　　イ　死亡した者に係る死亡診断書その他死亡を証する書類
　　ウ　予防接種を受けたことにより死亡したことを証明することができる医師の作成した書面
　　エ　請求者と死亡した者との身分関係を明らかにすることができる戸籍の謄本又は抄本
　　オ　請求者が死亡した者と内縁関係にあった場合は、その事実に関する当事者（内縁関係にあった夫及び妻）双方の父母、その他尊属、媒酌人若

しくは、民生委員等の証明書又は内縁関係にあったと認められる通信書その他の書面
　　　カ　請求者が死亡した者の配偶者以外の場合は、死亡した者の死亡の当時その者と生計を同じくしていたことを明らかにすることができる住民票等の書類
　(2)　(1)のほか、死亡一時金の支給手続は、第一の2の(2)から(4)までに定める医療費の支給手続に準ずるものとすること。

第六　葬祭料の支給
　1　支給要件等
　　葬祭料は、予防接種を受けたことにより死亡した者の葬祭を行う者に対して支給されるものであるが、この「葬祭を行う者」とは、現実に葬祭を行う者をいい、葬祭を2人以上の者が行うときは、そのうちの主として葬祭を行う者であること。また、「葬祭を行う者」は、死亡した者の遺族に限定されないが、死亡した者に遺族がいるにもかかわらず、遺族以外の者から葬祭料が請求されたときは、当該請求者が「葬祭を行う者」であることを確認する等その支給の適正を期されたいこと（法第17条第5号、規則第11条の10）。
　2　支給手続
　(1)　葬祭料の支給を受けようとする者は、別紙7に定める葬祭料請求書に次の書類を添えて、死亡した者の予防接種時の居住地を管轄する市町村長に提出するものとすること（規則第11条の10）。
　　　ア　第五の2の(1)のアからエに掲げる書類、ただし、同時に死亡一時金の請求がなされている場合には、葬祭料についての書類の添付は省略して差し支えないこと。
　　　イ　請求者が死亡した者について葬祭を行う者であることを明らかにすることができる埋葬許可証の写し等の書類
　(2)　(1)のほか、葬祭料の支給手続については、第一の2の(2)から(4)までに定める医療費の支給手続に準ずるものとすること。

第七　未支給の給付の支給
　1　支給要件等
　(1)　未支給の給付は、給付を受けることができる者が死亡した場合において、その死亡した者（以下「支給前死亡者」という。）に支給すべき給付でまだその者に支給していなかつたものがあるときに、その者の配偶者、子、父母、孫、祖父母又は兄弟姉妹でその者の死亡の当時その者と生計を同じくしていたものに対して支給されるものであるが、「生計を同じくしていた」の意義は第五の1の(1)と同様であること（令第13条規則第11条の11）。
　(2)　未支給の給付は、支給前死亡者が給付の請求を行わないで死亡した場合にも支給されるものであること（規則第11条の11第3項）。
　2　支給手続
　(1)　未支給の給付を受けようとする者は、別紙8に定める未支給給付請求書に次の書類を添えて、支給前死亡者が当該給付を請求する場合に提出すべきであった市町村長に提出するものとすること（規則第11条の11第1項及び第2項）。
　　　ア　支給前死亡者に係る死亡診断書その他死亡を証する書類
　　　イ　請求者と支給前死亡者との身分関係を明らかにすることができる戸籍

の謄本又は抄本
　　ウ　請求者が支給前死亡者と内縁関係にあった場合は、第五の2の(1)のオと同様の書類
　　エ　請求者が死亡した者の配偶者以外の場合は、第五の2の(1)のカと同様の書類
　　オ　支給前死亡者が死亡前に給付の請求を行っていた場合において提出すべきでありながらまだ提出していなかった書類があるときは、当該書類
(2)　(1)の場合で、支給前死亡者が、給付の請求を行わないで死亡したときは、未支給の給付を受けようとする者は、受けようとする未支給の給付の種類に応じた医療費・医療手当・請求書等の請求書及びそれに添付すべき書類等を、(1)の請求書及び書類に併せて市町村長に提出するものとすること（規則第11条の11第3項）。
(3)　請求書を受理した市町村長が未支給の給付の支給に関する決定を行うに当たっては、先ず、支給前死亡者に当該給付を支給すべきであったか否かを決定する必要があるため、当該給付の種類に応じて第一から第六までに定める支給手続のうち、当該給付の支給に関する決定に必要な手続を経るものとし、この結果、当該給付の支給が決定されていることが前提となっていること（令第13条第1項）。
(4)　市町村長は、支給を決定したときは、請求者にその旨を書面で通知するものとすること。
　　　不支給を決定したときは、その旨及びその理由を請求者に書面で通知するものとすること。この場合、行政不服審査法に基づき、不服申立てできる旨教示するものとすること（規則第11条の13）。

第八　給付に関するその他の事項
　1　診断及び報告
　　　市町村長は、年金たる給付の支給に関し特に必要があると認めるときは、年金たる給付を受けている者（以下「年金受給者」という。）に対して、医師の診断を受けるべきこと若しくはその養育する障害児について医師の診断を受けさせるべきことを命じ、又は必要な報告を求めることができるものであること。年金受給者が、正当な理由がなくてこの命令に従わず、又は報告をしないときは、市町村長は、年金たる給付の支給を一時差し止めることができるものであること（令第10条）。
　2　現況の届出
　　　年金受給者は、毎年（厚生大臣が公衆衛生審議会の意見を聴いて特に指定する者は、その定めるところによる。）4月1日から同月30日までの間に、その氏名及び生年月日を記載した届書に、当該届書の提出を行う日前1月以内に作成された障害児又は障害年金の支給を受けている者の障害の現状に関する医師の診断書及び予防接種被害者健康手帳を添えて、当該年金たる給付を行う市町村長に提出しなければならないものであること（規則第11条の6）。
　3　氏名又は住所の変更等の届出
　　　年金受給者は、氏名又は住所を変更した場合などには速やかに、当該年金たる給付を行う市町村長にその旨を記載した届書及び予防接種被害者健康手帳を提出しなければならないものであるが、次のアからオの場合には、それぞれに掲げる事項を届書に記載するとともに、所要の書類を添えなければならないものであること（規則第11条の7）。
　　ア　氏名を変更した場合は、変更前及び変更後の氏名並びに戸籍の抄本

イ　住所を変更した場合は、変更前及び変更後の住所地並びに変更の年月日並びに住民票の写し
ウ　障害児養育年金又は障害年金の支給要件に該当しなくなった場合はその年月日及び理由
エ　特別児童扶養手当若しくは福祉手当又は障害福祉年金の支給を受けることとなった場合又は支給を受けている特別児童扶養手当若しくは福祉手当又は障害福祉年金の額の改定があった場合は、改定された年月日及び改定後の等級並びに支給額
オ　障害児が令第6条第2項ただし書に規定する施設に収容されることとなった場合又は収容されることがなくなった場合は、その施設名及び事由の生じた年月日。
4　年金受給者の死亡の届出
　　年金受給者が死亡したときは、戸籍法の規定による死亡の届出義務者は、速やかに、その死亡した者の氏名及び死亡した年月日を記載した届書にその死亡の事実を証する書類を添えて、当該年金たる給付を行っていた市町村長に提出しなければならないものであること（規則第11条の8）。

第九　従前の予防接種による健康被害の救済に関する措置
　　予防接種法及び結核予防法の一部を改正する法律の給付関係規定の施行期日（昭和52年2月25日）前に行われた予防接種による健康被害を受けた者に対する措置については以下に定めるもののほか、第一から第八までと同様であること（一部改正法附則第3条第1項、一部改正政令附則第2条）。
1　医療費及び医療手当の支給
　(1)　支給額
　　　　一部改正法に基づく医療費の支給は、昭和52年2月25日以後の医療に要した費用について行い、同日前に係る医療費は、「予防接種事故に対する措置について」（昭和45年7月31日閣議了解）に基づく行政措置（以下「閣議了解措置」という。）によって支給されるものであること（一部改正法附則第3条第1項）。
　(2)　支給手続
　　　　閣議了解措置に基づき継続医療費の支給を受けている者が当該医療費に係る疾病について昭和52年2月25日以後医療を受け、医療費又は医療手当の請求を行う場合は、第一の2の(1)に掲げる添付書類のうちア及びイの添付を省略して差し支えないものであること。
2　障害児養育年金の支給
　(1)　昭和52年2月25日において、現に障害の状態にある障害児を養育する者に対して支給される障害児養育年金の始期は同年3月分からであり、2月分までは従前の後遺症特別給付金が支給されること。
　(2)　障害児養育年金の請求を行うに当っては、現に後遺症特別給付金の支給を受けている者にあっては第三の2の(1)のア、イ及びウ、後遺症一時金の支給を受けた者にあっては第三の2の(1)のア及びウの書類の添付を省略して差し支えないものであること。
3　障害年金の支給
　(1)　障害年金の支給の始期及び添付書類の省略については、2に準ずること。
　(2)　障害年金の額は、次の区分に応じて定める額とすること。
　　ア　障害者が従前の後遺症一時金を受けたことがない場合
　　　　令第7条第2項又は第3項に規定する額
　　イ　障害者が従前の後遺症一時金を受

けたことがある場合
- (ｱ) 障害年金の支給期間が16年に満たない間

  令第7条第2項又は第3項に規定する額から別表第一に定める調整額を控除して得た額（当該額に、1円未満の端数が生ずるときは、50銭未満を切り捨て、50銭以上を切り上げるものとする。）
- (ｲ) 障害年金の支給が16年を経過したとき

  令第7条第2項又は第3項に規定する額

4 死亡一時金の支給

死亡一時金の額は、次の区分に応じて定める額とすること。

ア 死亡した者が従前の後遺症一時金を受けたことがない場合

　令第11条第4項に規定する額

イ 死亡した者が従前の後遺症一時金を受けたことがある場合
- (ｱ) 障害年金の支給を受けたことがないとき

  令第11条第4項本文に規定する額から別表第二に定める額を控除して得た額
- (ｲ) 障害年金の支給を受けたことがあるとき

  令第11条第4項ただし書に規定する額から、別表第一に定める調整額に調整残期間に係る別表第三に定める率を乗じて得た額を控除して得た額

5 通知の廃止

昭和45年9月28日衛発第678号本職通知「予防接種事故に対する措置の取扱いについて」は廃止する。

第一〇 予防接種健康被害調査委員会

1 設置

市町村長は、予防接種による健康被害の適正かつ円滑な処理に資するため、予防接種健康被害調査委員会（以下「委員会」という。）を設けるものとすること。

2 任務

委員会は、市町村長からの指示により主として予防接種による健康被害発生に際し当該事例について医学的な見地からの調査を行うものとすること。具体的には、当該事例の疾病の状況及び診療内容に関する資料収集、必要と考えられる場合の特殊検査又は剖検の実施についての助言等を行うものとすること。

なお、下図は、委員会の任務等の概要を示したものであること。

3 組織

委員会は、市町村長、地区医師会の代表者、保健所長、専門医師等をもって構成されるものであること。

なお、専門医師等については、貴職において専門医師集団を編成し、その中から適任者を管下市町村長に推薦されるよう配意願いたいこと。

4 経費

委員会の設置運営に要する経費については、昭和52年度政府予算案において国庫補助金が計上されているが詳細については、おって通知するものであること。

予防接種健康被害発生時対策の概要について

第一 予防接種被害者健康手帳

1 交付

予防接種を受けた者が疾病にかかり、又は障害の状態となった場合において、当該疾病又は障害が当該予防接種を受けたことによるものであると厚生大臣が認定したときは、市町村長は、厚生大臣から送付された予防接種被害者健康手帳を認定を受けた者に交付するものとすること。

2 内容

予防接種被害者健康手帳は、厚生大臣によって認定された疾病名が記載されるとともに、障害児養育年金又は障害年金の証書が編綴されるものであること。

第一二 その他

1 海外渡航時の予防接種

法第16条第1項の規定による給付の対象となる予防接種については、本日厚生事務次官からなされた依命通知中第二の1によるところであるが、現在、種痘については国際情勢の推移を見守りながらその一斉の実施を見合わせていること等にかんがみて、海外渡航時に必要とされる種痘であって、定期の種痘を受けることができないと見込まれる者又は定期の種痘を受けることができなかつた者が初めて受けるものについても給付の対象とするものであること。この場合において、これらの者については、その居住する区域を管轄する市町村長から医師あての依頼書の発行を受けた者に限るものとすること。

2 個別接種

法第3条に基づき市町村長が実施する定期の予防接種を個別接種の方式によって行う場合は、被接種者の健康状態が最適なときに予防接種の実施が可能となるよう通年の形で期日の指定をされたいこと。

別紙1～9・別表第一～第三　（略）

(11) 予防接種法施行令第四条第一項の医療に要した費用の額の算定方法の制定について

〔昭和52年4月28日　衛発第392号　各都道府県知事宛　厚生省公衆衛生局長通知〕

　予防接種法施行令及び結核予防法施行令の一部を改正する政令は、昭和52年2月22日政令第17号をもって公布、2月25日から施行され、その改正の内容については既に通知されたところであるが、同政令による改正後の予防接種法施行令第4条第2項では同条第1項の医療に要した費用の額は、厚生大臣が伝染病予防調査会の意見を聴いて定める算定方法により算定した額とするとされたところである。今回この規定に基づき昭和52年4月28日厚生省告示第103号をもって予防接種法施行令第四条第一項の医療に要した費用の額の算定方法（以下「算定方法」という。）が別添のとおり告示され、昭和52年2月25日から適用されることとされた。

　ついては、次の事項にご留意の上貴管下市町村長、医療機関等の指導に遺憾なきを期されたく通知する。

記

第一　算定方法の趣旨

　　算定方法は、伝染病予防調査会の本月15日付け厚生大臣宛の答申に基づき制定され、予防接種を受けたことによる疾病に対して医学上の特殊性に基づく諸検査等を行うことができるよう配意されていること。

第二　算定方法の内容

　　算定方法は、第1章特殊医療費と第2章その他の医療費に区分されているが、前者はリンパ球（T細胞及びB細胞）サブポピュレーション測定等予防接種を受けたことによる疾病に対する特殊な検査について定められており、後者は特殊医療費以外の医療費について健康保険法の規定による療養に要する費用の額の算定方法（昭和33年6月厚生省告示第177号）の例による旨定められていること。

第三　特殊医療費の支給の特例

　　医療費の支給は、現金償還方式によるものとされているが、特殊医療費は医療保険の給付の対象とならない反面、高額に上ることが多いこと等にかんがみ、厚生大臣によって認定を受けた疾病に関して特殊医療費に定める医療（以下「特殊医療」という。）を受けるときは、次に定める方法により現物給付的取扱いを受けることができるものであること。

1　予防接種を受けたことによる疾病について医療を受ける者（以下「医療受給者」という。）が、市町村長が開設者と協議して現物給付的取扱いを行う旨の同意を得た医療機関で特殊医療を受ける場合に限られること。この場合、医療受給者は、予防接種被害者健康手帳を当該医療機関に提示するものとすること。

2　医療機関は、医療受給者が市町村長に請求できる特殊医療費相当額を医療受給者に代わって市町村長に請求し、市町村長は当該医療機関に特殊医療費相当額を支払うことにより医療受給者に対して医療費の支給を行ったものとみなされること。

別添　（略）

(12) 予防接種法施行令第四条第一項の医療に要した費用の額の算定方法の制定について

> 昭和52年4月28日　衛情第14号
> 各都道府県衛生主管部(局)長宛　厚生省公衆衛生局保健情報課長通知

　標記については、本日厚生省公衆衛生局長から通知されたところであるが、細部については、次の事項に御留意の上、貴管下市町村長の指導に遺憾なきを期されるよう願いたい。

　なお、この通知において予防接種法施行令第四条第一項の医療に要した費用の額の算定方法（昭和52年4月厚生省告示第103号）は「算定方法」と略称する。

記

第一　算定方法の第1章の特殊医療費については、全額予防接種法から支給され、第2章のその他の医療費については予防接種法施行令第4条第1項ただし書に列挙する法令の規定による医療に関する給付が優先し、予防接種法からは自己負担額相当分が支給されるものであること。

第二　算定方法の第1章の特殊医療費に定める諸検査は、予防接種が免疫原を人体に接種する行為であるので、免疫学的な特殊性を考慮する必要があることに着目したものであり、いずれも現在専門的な領域において実施されているものであって、一般的に実施されている検査のように標準化された段階のものではないが、予防接種を受けたことによる疾病のうち、その診断及び治療に当たって、特に免疫学的見地より必要と考えられる場合に限ってこのような諸検査の実施を給付の対象としたものであること。

　従って、検査の実施は、ごく限られた研究室においてのみ可能であり、かつ、具体的な実施対象の選択に当たっては、高度な専門的医学知識に基づいた判断が必要であるので、当面は専門医師の指導の下に検査の実施が行われることが望ましいこと。

　なお、昭和52年3月7日衛発第186号厚生省公衆衛生局長通知「予防接種法及び結核予防法の一部を改正する法律の一部等の施行について」の第一〇の3における専門医師集団の編成に当たっては、できるだけ上記の専門医師の研究グループに属する医師が含まれるように配慮願いたいこと。

第三　算定方法の第1章の特殊医療費に定める各項目に含まれる具体的内容は次のものであること。
 1　リンパ球（T細胞及びB細胞）サブポピュレーション測定
　　免疫担当細胞であるT細胞及びB細胞を分離同定するための検査であって、Eロゼットの検査、表面免疫グロブリンの検査及びEACロゼットの検査が含まれる。
 2　リンパ球機能検査
　　細胞性免疫に関与するリンパ球の刺激物質に対する反応性を測定するための検査である。
　(1)　リンパ球培養試験
　　　リンパ球の幼若化を起こす物質を添加して培養を行い、リンパ球の機能障害を調べるものであってPHA（Phytohemagglutinin）、PWM（Pokeweed mitogen）及びLPS（Lipopolysaccharide）に対する反応が含まれる。

(2) マクロファージ遊走阻止試験
　　感作されたリンパ球が抗原物質の存在下で産生するマクロファージ遊走阻止因子の測定によって細胞性免疫を検査するものである。
3　免疫学的唾液検査
　　唾液について免疫に関与する因子（特に分泌型IgA）の検査を行うものであり蛋白分画測定、免疫電気泳動検査及び免疫グロブリン測定が含まれる。
4　免疫学的血清検査
　　体液性免疫に関与する抗体及び補体を産生する細胞の検査である。
(1) 抗A、抗Bその他の既存抗体の抗体価測定及び活動免疫能試験
　　既存抗体の検出及び抗原刺激による抗体価の測定によって抗体産生能の障害を調べるものであり、既存抗体として同種血球凝集素価（抗A及び抗B抗体）の測定及びフラゼリンポリマー等の負荷による活動免疫能の検査が含まれる。
(2) 補体成分測定
　　免疫反応を強化する各種補体成分C_1〜C_9の定量が含まれる。
5　免疫学的白血球検査
　　生体の免疫機構において抗原情報の取込みに関与する白血球の機能を調べる検査であって白血球の抗原への遊走能（Chemotaxis, Ramdom mobility）、貧食能（Phagocytosis）、細胞内殺菌能及びNBT還元検査が含まれる。

⒀　予防接種法及び結核予防法の一部を改正する法律等の施行について　—第13次改正—

〔平成6年8月25日　厚生省発健医第213号
各都道府県知事・各政令市市長・各特別区区長宛　厚生事務次官通知〕

　予防接種法及び結核予防法の一部を改正する法律は、平成6年6月29日法律第51号をもって公布され、本年10月1日に施行されることとなっている。また、予防接種法施行令及び結核予防法施行令の一部を改正する政令が平成6年8月17日政令第266号をもって、予防接種法施行規則等の一部を改正する省令が平成6年8月17日厚生省令第51号をもってそれぞれ公布され、いずれも本年10月1日に施行される運びとなった。今回の改正の趣旨及び要点は、下記のとおりであるので、十分留意の上、運用に当たっては遺憾なきを期されたく通知する。

記

第一　改正の趣旨
　　最近における伝染病の発生状況、医学医術の進歩、生活環境の改善、予防接種に関する国民の意識の変化など予防接種を取り巻く環境が大きく変化してきており、こうした諸環境の中で、極めて稀ではあるが健康被害が発生する予防接種について高い接種率を維持していくためには、国民の理解を得られる制度としていくことが必要であること。今回の改正は、こうした状況を踏まえ、予防接種の対象疾病、実施方法等を改めるとともに、予防接種による健康被害についての救済措置の充実等を図るものであること。

第二　予防接種法の改正の要点
　1　目的
　　　予防接種健康被害救済制度が、予防接種法の目的である社会防衛を達成するた

めの手段として不可欠のものとなったことに鑑み、予防接種法の目的に予防接種による健康被害の迅速な救済を図ることを追加したこと。

2　対象疾病

内外における疾病の発生の有無及びその状況、予防接種の有効性等を考慮して、予防接種法の対象疾病から、痘そう、コレラ、インフルエンザ及びワイル病を削除するとともに、新たに破傷風を加えたこと。

3　定期の予防接種

市町村長が行う定期の予防接種については、疾病の発生状況等に迅速に対応できるよう、その対象疾病及び対象者を政令で定めることとしたこと。

また、地域特性のある疾病に係る予防接種について、都道府県知事が、これを行う必要がないと認めて指定した区域内の市町村の長は、当該予防接種を行うことを要しないこととしたこと。

4　予防接種を行ってはならない者

予防接種による健康被害を防止するには、接種に当たり、医師が事前に十分予診を行い、予防接種を行ってはならない者を的確に識別、除外することが重要であること。このため、市町村長又は都道府県知事が定期の予防接種及び臨時の予防接種を行うに当たっては、当該予防接種を受けようとする者について健康状態を調べることとするとともに、当該予防接種を受けることが適当でない者に該当すると認めるときは、その者に対して当該予防接種を行ってはならないことを法律上明らかにしたこと。

5　被接種者等の責務

伝染病のまん延が減少する一方、国民の健康意識や予防接種に対する関心が高まる中で、国民に理解と協力を求め、自覚を促すことにより接種率を確保することが求められていることから、予防接種の対象者は当該予防接種を受けなければならないこととされていたのを受けるよう努めなければならないこととしたこと。また、16歳未満の予防接種の対象者等の保護者についても同様としたこと。

なお、今回の改正により予防接種制度の重要性は何ら変わるものではなく、安全な予防接種の実施体制の整備、被接種者等関係者に対する正しい知識の普及など予防接種を受けやすい条件の整備を図りつつ、十分な勧奨を行うことにより接種率の維持・向上に努めていくべきことについて遺憾なきを期されたいこと。

6　健康被害の救済措置

予防接種による健康被害に係る救済給付額については、予防接種の接種率を確保するための条件整備の一環として、その大幅な引上げを行うとともに、障害年金について障害の程度に応じた介護加算を設けるなどその大幅な改善を行ったこと。

また、国は、障害児養育年金等の支給に係る者で居宅において介護を受けるものの医療、介護等に関し、その家庭からの相談に応ずる事業その他の保健福祉事業の推進を図るものとすること。

7　有効かつ安全な予防接種の実施のための措置

国は、予防接種に関する知識の普及、予防接種事業の従事者に対する研修の実施等予防接種による健康被害の発生を予防するため必要な措置を講ずるとともに、予防接種による健康被害の発生状況に関する調査その他予防接種の有効性及び安全性の向上を図るために必要な調査及び研究を行うものとすること。

第三　結核予防法の改正の要点

1　定期の予防接種

予防接種法と同様の趣旨から、結核に係る予防接種（以下「BCG」という。）について義務づけを努力義務にするとともに、BCGを行う必要があるか否かを判断するために行われるツベルクリン反応検査について、受診義務のかかる定期の健康診断からはずし、新たに定期の予防接種の項に位置づけることとしたこと。

  2　予防接種を行ってはならない者

予防接種法と同様の趣旨から、事業者、学校及び施設の長並びに市町村長並びに都道府県知事が定期及び定期外の予防接種を行うに当たっては、当該予防接種を受けようとする者について健康状態を調べることとするとともに、当該予防接種を受けることが適当でない者に該当すると認めるときは、その者に対して当該予防接種を行ってはならないことを法律上明らかにしたこと。

  3　ツベルクリン反応検査及び予防接種を受ける責務

予防接種法と同様の趣旨から、定期の予防接種に係るツベルクリン反応検査の対象者及び定期外の健康診断において都道府県知事によりツベルクリン反応検査の対象者として指定された者は、ツベルクリン反応検査又は予防接種を受けるよう努めなければならないこととしたこと。

  4　予防接種による健康被害の救済措置

予防接種法と同様の趣旨から、国は、障害児養育年金等の支給に係る者で居宅において介護を受けるものの医療、介護等に関し、その家庭からの相談に応ずる事業その他の保健福祉事業の推進を図るものとすること。

第四　その他

予防接種の実施に当たっては、市町村長及び都道府県知事は、当該地域の医師会と密接な連携の下に実施計画を策定するとともに、予防接種を行う医師の十分な協力が得られるよう配慮し、その円滑な実施に努められたいこと。

(14)　予防接種法及び結核予防法の一部を改正する法律等の施行について　—第13次改正—

〔平成6年8月25日　健医発第961号
各都道府県知事・各政令市市長・各特別区区長宛　厚生省保健医療局長通知〕

予防接種法及び結核予防法の一部を改正する法律及び関係政省令の施行については、平成6年8月25日厚生省発健医第213号厚生事務次官通知によるほか、細部に関しては、下記の事項に留意の上適切に処理されたい。

なお、この通知においては、改正前の予防接種法を「旧予防接種法」と、改正後の予防接種法、予防接種法施行令、予防接種法施行規則及び予防接種実施規則をそれぞれ「新予防接種法」、「新予防接種法施行令」、「新予防接種法施行規則」及び「新実施規則」と、改正後の結核予防法、結核予防法施行令及び結核予防法施行規則をそれぞれ「新結核予防法」、「新結核予防法施行令」及び「新結核予防法施行規則」と、予防接種法及び結核予防法の一部を改正する法律（平成6年法律第51号）並びに予防接種法及び結核予防法の一部を改正する法律（昭和51年法律第69号）をそれぞれ「一部改正法」及び「昭和51年一部改正法」と略称する。

記

第一　対象疾病
  1　痘そう等の削除
    痘そう、コレラ、インフルエンザ及びワイル病については、その疾病の流行状況、疾病の特質、予防接種の有効性、予防接種以外に有効な予防方法・治療方法が存在すること等により削除したものであること。
  2　破傷風の追加
    破傷風については、予防接種が極めて有効である一方、いったん発症すると症状が重篤であり、死亡率も高く、有効な治療方法が存在しないことから、これを予防することが特に重要であり、予防接種により個人の疾病予防をすることが社会全体の疾病予防にもつながることから対象疾病としたものであること（新予防接種法第2条第2項関係）。

第二　定期の予防接種
  1　定期の予防接種を行う疾病
    定期の予防接種の対象疾病として、政令でジフテリア、百日せき、急性灰白髄炎、麻しん、風しん、日本脳炎及び破傷風を定めたものであること。また、疾病の発生状況やワクチンの開発状況等に鑑み、国民に必要な免疫を速やかに付与することができるよう、政令改正により、迅速に対象疾病の追加ができるようにしたこと（新予防接種法第3条第1項関係、新予防接種施行令第1条関係）。
  2　対象者
  (1)　伝染病の発生が減少するなど予防接種制度創設時以降の諸環境の変化に伴い、国民の接種機会を増やし、接種率の確保を図ることがより重要になってきたことから、接種時期をより広くとる傾向が生じてきたという実態を踏まえ、「時期」から「対象者の年齢」で対象を捉えることとしたものであり、疾病・ワクチンの特性等を踏まえ、各疾病ごとに基礎免疫付与が必要となる予防接種対象者と追加免疫付与が必要となる予防接種対象者を整理したものであること（新予防接種施行令第1条関係）。
  (2)　経過措置として、平成7年3月31日までの間における定期の予防接種の対象疾病及びその定期は従来どおりとし、破傷風の定期についてはジフテリアの従来の定期と同じとしたこと。
    また、風しんの予防接種については、基礎免疫を付与する観点から乳幼児期に接種時期を早めたことに伴い、すでにこの時期を過ぎており、かつ、従来の風しんの定期の予防接種を受けていない者への免疫付与の観点から必要な経過措置を講じるため、昭和54年4月2日から昭和62年10月1日までの間に生まれた者（平成7年4月1日において生後90月を超えている16歳未満の者）のうち、従来の風しんの定期の予防接種を受けていない者に対する風しんの予防接種については12歳以上16歳未満の者を対象としたこと。
  3　都道府県知事の区域指定
  (1)　地域特性のある疾病に係る予防接種については市町村の長の実施義務を免除するため、都道府県知事が、政令で定める疾病についてその発生状況等を勘案して、当該都道府県の区域のうち当該疾病に係る予防接種を行う必要がないと認められる区域を指定できるようにし、この場合、その区域の全部が当該指定に係る区域に含まれる市町村の長は、当該指定に係る疾病について予防接種を行うことを要しないこととしたこと（新予防接種法第3条第2項

関係)。なお、政令で定める疾病として日本脳炎を定めたこと（新予防接種法施行令第1条の2関係）。
(2) 都道府県知事は、区域指定に当たっては、各都道府県における疾病の発生の状況のほか、各種サーベイランス、疫学調査等により得られる流行予測、発生が予想される疾病に対する抗体保有者の比率、疾病が発生した場合の重症度等を勘案して行うものであること。なお、各都道府県における疾病の発生状況、流行予測及び予防接種の実績を示して事前に本職あて協議すること。

第三 臨時の予防接種
(1) 旧法に基づく臨時の予防接種のうち「一般的な臨時の予防接種」については、従来対象となっていた3疾病のうちインフルエンザとワイル病が予防接種法の対象疾病からはずれ、日本脳炎が定期の予防接種として位置付けられることとなったことに伴い対象疾病が想定されないことから廃止し、旧法に基づく「緊急的な臨時の予防接種」を「臨時の予防接種」として扱うこととしたこと。
(2) 臨時の予防接種の対象疾病は、新予防接種法第2条第2項の疾病の中から厚生大臣が定める疾病であり、万一、予防接種制度が対象としていない疾病が我が国で流行し、緊急に予防接種を行う必要が生じた場合には、いったん新予防接種法第2条第2項第8号の規定に基づき当該疾病を政令で定めた上で更に新予防接種法第6条第1項の規定に基づき厚生大臣が定めるものであること。

第四 予防接種の実施
1 予防接種の対象者
(1) 定期の予防接種の対象者は、予防接種の対象疾病にかかっている者、かかったことのある者及び新予防接種法施行規則第2条に規定された者を除いた者であること（新予防接種法第3条第1項関係、新予防接種法施行令第1条関係）。
(2) 臨時の予防接種の対象者は、疾病の流行状況、流行予測等に基づき、新実施規則第6条の規定を考慮しつつ、年齢、地域等について適正妥当な範囲において定めること（新予防接種法第6条関係）。
(3) 予防接種の対象者として予定される者に対して、予防接種の種類、予防接種を受ける期日又は期間及び場所、予防接種を受けるに当たって注意すべき事項その他必要な事項について通知等により周知を図ること（新予防接種法施行規則第5条関係）。
2 予診の方法
(1) 新予防接種法第7条に規定する予診の方法は、問診、検温及び診察とすること（新実施規則第4条関係）。
(2) 予防接種の対象者が乳幼児の場合には、予防接種を行うに当たり、実施者はその保護者に対し、母子健康手帳の提示を求めなければならないこととしたこと（新実施規則第5条関係）。
3 技術的事項
予防接種の実施に係る技術的事項については、新実施規則によられたいが、具体的には別途通知するものであること。
4 市町村長又は都道府県知事以外の者が行う予防接種
予防接種の対象者は、できる限り新予防接種法第3条及び第6条の規定により市町村長又は都道府県知事の実施する予防接種を受けるよう趣旨徹底を図られたいこと。

なお、個人的事情によりこれらの予防

接種が受けられず、市町村長又は都道府県知事以外の者についてこれに相当する予防接種を受ける者もあるので、これらの者が円滑に予防接種を受けられるよう配慮するとともに、管下市町村等においてもその旨を留意するよう指導されたいこと。

例えば、特別の事情により、協力する旨を承諾した医師以外の者により予防接種を受けることを希望する者に対して、市町村又は都道府県知事が当該医師あての依頼書を発行し、当該依頼書により予防接種を行った医師は市町村長又は都道府県知事にかわって当該業務を行ったものとする等の措置が考えられること。

第五　予防接種を行う医師

予防接種の実施に当たっては、昭和51年9月14日衛発第725号本職通知の「第五　予防接種を行う医師」の例により、十分に医師の協力を得て、予防接種を受ける者の便宜、接種率の確保等を考慮して広くその実施ができるよう体制の整備に努めるよう管下市町村長等を指導すること。

なお、市町村長又は都道府県知事の行う予防接種に協力する医師は、個別接種、集団接種のいずれの実施形態であるかにかかわらず、当該市町村長又は都道府県知事の補助者の立場で予防接種の業務を行うものであるので、当該予防接種により、万一健康被害が発生した場合においても、その当事者は当該市町村長又は都道府県知事であり、当該健康被害への対応はこれらの者においてなされるものであること。従って、健康被害について賠償責任が生じた場合であっても、その責任は市町村、都道府県又は国が負うものであり、当該医師は故意又は重大な過失がない限り、責任を問われるものではないこと。なお、第四の4に規定する例により行われた予防接種の場合においても、万一健康被害が発生したときの当事者は、当該市町村長又は都道府県知事であること。

第六　予防接種済証の交付

予防接種を受けた者の健康管理上の便宜等を図るため、予防接種を行った者はすべての場合において予防接種を受けた者に対して予防接種済証を交付するものとし、対象者が母子健康手帳に係る乳児又は幼児である場合には、これに代えて、予防接種の実施者が当該手帳に予防接種に関し証明すべき事項を記載するものとしたこと。なお、定期の予防接種の対象疾病の見直しに伴う様式の変更を行うとともに、すべての予防接種済証をＢ８版からＡ４版に改めたこと(新予防接種法施行規則第6条関係)。

第七　結核予防法に基づく予防接種

1　定期の予防接種

定期の健康診断を行うべき者は、当該健康診断の対象者のうち定期の予防接種を受けた者であって政令で定めるものに対して、政令で定める定期において、定期の予防接種を行わなければならないものとし（新結核予防法第13条第3項関係）、新結核予防法施行令で、それぞれ政令で定める者に応じた政令で定める定期として、7歳に達する日の属する年度（小学校1年時）に定期の健康診断を受け、かつ、定期の予防接種を受けた者については8歳に達する日の属する年度（小学校2年時）を、13歳に達する日の属する年度（中学校1年時）に定期の健康診断を受け、かつ、定期の予防接種を受けた者については14歳に達する日の属する年度（中学校2年時）を定めたこと（新結核予防法施行令第2条の2関係）。なお、これらについては定期の健康診断の対象者から除外したこと（新結

核予防法施行令第2条第1項関係)。
　　また、経過措置として、平成6年4月1日から同年9月30日までの間に定期の健康診断として前記に係るものを受けた者については、新結核予防法施行令第2条の2の項は適用しないこととしたこと。
　2　予防接種の対象者
　　定期及び定期外の予防接種の対象者は、新結核予防法第16条の規定により、予防接種を受けることが適当でない者として新結核予防法施行規則第9条の2に規定された者を除いた者であること。
　3　ツベルクリン反応判読の基準
　　結核感染率が急減した現状を考慮すると、現在の疑陽性のうち特に14歳以下の者はほとんど結核未感染例と考えられることから、今後は疑陽性も陰性として取り扱い、BCGの対象とすべきであるとの公衆衛生審議会意見具申(平成6年8月10日「当面の結核対策について」)を踏まえて、平成7年4月1日から、発赤の長径9ミリメートル以下を陰性として扱うこととしたこと(新結核予防法施行規則第2条第2項関係)。

第八　予防接種健康被害救済制度
　1　救済制度の対象となる予防接種
　(1)　予防接種法に基づく救済制度の対象となる予防接種は、新予防接種法第11条第1項の規定による給付については、新予防接種法第3条第1項に規定する予防接種(当該予防接種に相当する予防接種であって市町村長以外の者により行われるものを含む。)、新予防接種法第6条第1項に規定する予防接種(当該予防接種に相当する予防接種であって、同項の規定による指定があった日以後当該指定に係る期日又は期間の満了の日までの間に都道府県知事及び市町村長以外の者により行われるものを含む。)及び一部改正法附則第4条の規定により定期の予防接種又は臨時の予防接種とみなされたものであり、昭和51年一部改正法附則第3条第1項の規定による給付については、昭和45年9月28日厚生省発衛第145号厚生事務次官通知「予防接種事故に対する措置について」により予防接種事故に対する措置の対象とされた予防接種であること(新予防接種法第11条第1項関係、一部改正法附則第4条関係、昭和51年一部改正法附則第3条第1項関係)。
　(2)　新結核予防法第21条の2の規定による給付については、新結核予防法第13条又は第14条の規定により行われた予防接種、新結核予防法第17条第2項又は第3項の規定により新結核予防法施行規則第10条に定める技術的基準に適合する予防接種及び一部改正法附則第5条により新結核予防法第17条第2項又は第3項に規定する予防接種とみなされたものであること(新結核予防法第21条の2第1項関係、一部改正法附則第5条関係)。
　2　給付の内容
　(1)　予防接種健康被害救済制度は、予防接種が感染症に対する社会防衛上の重要な予防的措置であるが、関係者がいかに注意を払っても極めて稀ではあるが不可避的に健康被害が起こり得るという医学上の特殊性があることに鑑み、これにより健康被害を受けた者に対する特別な配慮が必要であることから設けられたものである。
　　今回の改正では、被接種者の予防接種制度に対する信頼を確保し、制度の安定を図るため、従来の規制中心の手法からの転換を図り、接種の義務付け

を緩和し、予防接種を受けやすい条件整備を進めることとしており、こうした観点から、予防接種法及び結核予防法に基づく予防接種による健康被害に係る救済給付額についても大幅な改善を図ったこと。

(2) 障害児養育年金は、予防接種を受けたことにより新予防接種法施行令別表第一に定める程度の障害の状態にある18歳未満の者（以下「障害児」という。）を養育する者に支給されるが、その額は、その養育する障害児の障害の程度が別表第一に定める1級に該当する者（以下「1級障害児」という。）である場合は142万4900円から150万7700円に、同表に定める2級に該当する者（以下「2級障害児」という。）である場合は84万1200円から120万5300円に引き上げたこと。ただし、重症心身障害児施設その他新予防接種法施行規則第9条に定める施設に収容されていない障害児を養育する者に支給する場合は、その額に、1級障害児には82万4400円を、2級障害児には54万9600円を介護加算額として加算するものであること（新予防接種法施行令第6条関係）。

(3) 障害年金は、予防接種を受けたことにより新予防接種法施行令別表第二に定める程度の障害にある18歳以上の者（以下「障害者」という。）に支給されるが、その額は、障害者の障害の程度が別表第二に定める1級に該当する者（以下「1級障害者」という。）である場合は301万4600円から481万9000円に、同表に定める2級に該当する者（以下「2級障害者」という。）である場合は196万8400円から385万5600円に、同表に定める3級に該当する場合は147万8300円から289万2200円に引き上げたこと。ただし、重症心身障害児施設その他新予防接種法施行規則第9条の2に定める施設に収容されていない者に支給する場合は、その額に1級障害者には82万4400円を、2級障害者には54万9600円を介護加算額として加算するものであること（新予防接種法施行令第7条関係）。

3 届出書類等

(1) 障害年金の請求に当たっては、関係書類の記載事項として施設入所の有無等に関する事項を追加することとし、昭和52年3月7日衛発第186号本職通知の別紙5を別紙のとおり改正するものであること（新予防接種法施行規則第11条の4第1項関係）。

(2) 毎年提出する年金受給者の現況届に添付する医師の診断書について、当該障害児又は障害者の障害の状態に変更がないこと等により診断書を添える必要がないとあらかじめ市町村長が認める場合についてはこれを省略できるものとしたこと（新予防接種法施行規則第11条の6第2項関係）。

別紙　（略）

⒂ 予防接種法の一部を改正する法律等の施行について
―第19次改正―

> 平成13年11月7日　健発第1058号
> 各都道府県知事・各政令市市長・各特別区区長宛　厚生労働省健康局長通知

注　平成27年12月21日健発1221第4号改正現在

　予防接種法の一部を改正する法律が平成13年11月7日法律第116号をもって、予防接種法施行令及び予防接種法施行令及び結核予防法施行令の一部を改正する政令の一部を改正する政令が平成13年11月7日政令第347号をもって、予防接種法施行規則及び予防接種実施規則の一部を改正する省令が平成13年11月7日厚生労働省令第210号をもってそれぞれ公布され、いずれも同日に施行された。

　これらの施行の細部に関しては、下記の事項に留意の上、実施主体である市町村長において、定期の予防接種の適切な実施に努められるとともに、健康被害発生時の各種給付等の事務に遺漏なきを期されたく、貴職よりよろしく周知願いたい。

　なお、この通知においては、改正後の予防接種法、予防接種法施行令、予防接種法施行規則及び予防接種法実施規則をそれぞれ「法」、「施行令」、「施行規則」及び「実施規則」と、改正前の予防接種法施行令及び結核予防法施行令の一部を改正する政令を「旧平成6年政令」と、改正後の予防接種法施行令及び結核予防法施行令の一部を改正する政令を「新平成6年政令」と略称する。

記

第一　対象疾病
　1　インフルエンザの追加
　　　インフルエンザについては、予防接種が高齢者の発病防止や特に重症化防止に有効であることが確認され、個人予防の積み重ねとしての社会全体の疾病予防にもつながることから、インフルエンザの予防接種を促進するため、対象疾病としたものであること。（法第2条第3項関係）

　2　類型化
　　　従来から予防接種法に基づく予防接種を行う疾病とされている、ジフテリア、百日せき、急性灰白髄炎、麻しん、風しん、日本脳炎及び破傷風は、その発生及びまん延を予防することを目的として、集団予防目的に比重を置いて予防接種を行うものであり、一類疾病としたこと。これら一類疾病については、引き続き従前と同じく予防接種を行われたいこと。
（法第2条第2項関係）
　　　インフルエンザは、個人の発病又はその重症化を防止し、併せてこれによりそのまん延の予防に資することを目的として、個人予防目的に比重を置いて予防接種を行うものであり、二類疾病としたこと。また、二類疾病の予防接種については、その対象者が当該予防接種を受けるよう努めなければならないものとはしていないこと。（法第2条第3項、第8条関係）

第二　定期の予防接種
　1　対象者
　⑴　インフルエンザ
　　　インフルエンザについて、⑴65歳以上の者、及び、⑵60歳以上65歳未満の者であって一定の心臓、じん臓若しくは呼吸器の機能又はヒト免疫不全ウイルスによる免疫の機能の障害を有する

ものを対象者としたこと。かつ、インフルエンザにかかっている者を除いた者であること。

なお、心臓、じん臓若しくは呼吸器の機能又はヒト免疫不全ウイルスによる免疫の機能の障害の程度は、次のいずれかに該当するものであること。なお、これらに該当することについては、医師の診断書又は身体障害者福祉手帳の写しなど、接種対象者であることの認定に必要と思われる資料の提出を求められたいこと。（施行令第1条、施行規則第2条の2関係）

ア　心臓機能障害

(ｱ)　次のいずれか2以上の所見があり、かつ、安静時又は自己身辺の日常生活活動でも心不全症状、狭心症症状又は繰返しアダムスストークス発作が起こるもの。

　　a　胸部エックス線写真所見で心胸比0.60以上のもの
　　b　心電図で陳旧性心筋梗塞所見があるもの
　　c　心電図で脚ブロック所見があるもの
　　d　心電図で完全房室ブロック所見があるもの
　　e　心電図で第2度以上の不完全房室ブロック所見があるもの
　　f　心電図で心房細動又は粗動所見があり、心拍数に対する脈拍数の欠損が10以上のもの
　　g　STの低下が0.2mV以上の所見があるもの
　　h　心電図で第Ⅰ誘導、第Ⅱ誘導及び胸部誘導（ただしⅤ1を除く。）のいずれかのTが逆転した所見があるもの

(ｲ)　人工ペースメーカーを装着したもの又は人工弁移植、弁置換を行ったもの

イ　じん臓機能障害

じん臓機能検査において、内因性クレアチニンクリアランス値が10ml/分未満、又は血清クレアチニン濃度が8.0mg/dl以上であって、かつ、自己の身辺の日常生活活動が著しく制限されるか、又は血液浄化を目的とした治療を必要とするもの若しくは極めて近い将来に治療が必要となるもの。

ウ　呼吸器機能障害

予測肺活量1秒率、動脈血ガス及び医師の臨床所見により、呼吸困難が強いため歩行がほとんどできないもの、呼吸障害のため予測肺活量1秒率の測定ができないもの、予測肺活量1秒率が20以下のもの又は動脈血Ｏ2分圧が50Torr以下のもの。予測肺活量1秒率とは、1秒量（最大呼気位から最大努力下呼出の最初の1秒間の呼気量）の予測肺活量（性別、年齢、身長の組合せで正常ならば当然あると予測される肺活量の値）に対する百分率である。

エ　ヒト免疫不全ウイルスによる免疫の機能障害

ヒト免疫不全ウイルスに感染していて、次のいずれかに該当するものをいう。

(ｱ)　CD4陽性Tリンパ球数が200/μl以下で、次の項目（a〜l）のうち6項目以上が認められるもの。

　　a　白血球数について3,000/μl未満の状態が4週以上の間隔をおいた検査において連続して2回以上続く
　　b　Hb量について男性12g/dl未満、女性11g/dl未満の状態が

　　　　　4週以上の間隔をおいた検査に
　　　　　おいて連続して2回以上続く
　　　　c　血小板について10万/μl未満
　　　　　の状態が4週以上の間隔をおい
　　　　　た検査において連続して2回以
　　　　　上続く
　　　　d　ヒト免疫不全ウイルス−
　　　　　RNA量について5,000コピー/
　　　　　ml以上の状態が4週以上の間隔
　　　　　をおいた検査において連続して
　　　　　2回以上続く
　　　　e　1日1時間以上の安静臥床を
　　　　　必要とするほどの強い倦怠感及
　　　　　び易疲労が月に7日以上ある
　　　　f　健常時に比し10％以上の体重
　　　　　減少がある
　　　　g　月に7日以上の不定の発熱
　　　　　（38℃以上）が2か月以上続く
　　　　h　1日に3回以上の泥状ないし
　　　　　水様下痢が月の7日以上ある
　　　　i　1日に2回以上の嘔吐あるい
　　　　　は30分以上の嘔気が月に7日以
　　　　　上ある
　　　　j　口腔内カンジタ症（頻回に繰
　　　　　り返すもの）、赤痢アメーバ
　　　　　症、帯状疱疹、単純ヘルペスウ
　　　　　イルス感染症（頻回に繰り返す
　　　　　もの）、糞線虫症及び伝染性軟
　　　　　属種等の日和見感染症の既往が
　　　　　ある
　　　　k　生鮮食料品の摂取禁止等の日
　　　　　常生活活動上の制限が必要であ
　　　　　る
　　　　l　軽作業を越える作業の回避が
　　　　　必要である
　　　(イ)　回復不能なエイズ合併症のため
　　　　介助なくしては日常生活がほとん
　　　　ど不可能な状態のもの
　(2)　風しん
　　　風しんについては、旧平成6年政令において、接種時期を早めたことの経過措置として、昭和54年4月2日から昭和62年10月1日までの間に生まれた者（平成7年4月1日において生後90月を超えている16歳未満の者）のうち、従来の風しんの定期の予防接種を受けていない者については12歳以上16歳未満の者をその対象としたところであるが、当該経過措置の対象者はいまだに未接種である者が多いことから再度予防接種の機会を提供するため、昭和54年4月2日から昭和62年10月1日までの間に生まれた者（平成13年10月1日現在で14歳以上22歳未満の者）であって14歳以上の者を対象としたこと。これら対象者が平成15年9月30日までの経過措置の期間内に予防接種を受けるよう普及啓発されたいこと。（新平成6年政令附則第3条関係）
　2　技術的事項
　　　インフルエンザの定期の予防接種は、インフルエンザHAワクチンを毎年度1回皮下に注射するものとし、接種量は0.5mlとしたこと。（実施規則第18条）

第三　削除

第四　二類疾病の定期の予防接種に係る予防接種健康被害救済制度
　1　考え方
　　　二類疾病（インフルエンザ）の定期の予防接種については、①個人予防目的に比重を置いていること、②被接種者等に予防接種を受けるよう努める義務が課されておらず、被接種者の自由な判断に基づいて接種を受けるものであり、一般の医療と同様の性格を有することから、健康被害に係る救済給付の水準については、医薬品副作用被害救済・研究振興調査機構法と同程度としたこと。（法第13

条第2項）
2 医療費の支給
(1) 支給要件
　　予防接種を受けたことによる疾病が病院又は診療所への入院治療を要する程度である場合に行われる当該疾病の治療に必要な程度の医療をいうこと。この場合において、疾病が入院治療を要する程度である場合とは、入院治療が行われる場合に必ずしも限定されるものではなく、これと同程度の疾病の状態にあると認められる場合であれば、諸事情からやむを得ず自宅療養を行っている場合等を含むこと。（施行令第19条関係）
(2) 支給手続
① 医療費の支給を受けようとする者は、別紙1に定める医療費・医療手当請求書に次の書類を添えて、請求者の予防接種時の居住地を管轄する市町村長（特別区長を含む。以下同じ）に提出するものとすること。（施行規則第11条の11関係）
ア 当該予防接種を受けた年月日を証する書類
イ 第二の1の(1)の②に掲げる対象者の場合、その障害の状態を証する書類又は医師の作成した書面
ウ 疾病の発病年月日及びその症状を証する医師の作成した書面又は診療録の写し
エ 医療機関又は薬局で作成された別紙2(1)に定める受診証明書。ただし、厚生労働大臣への認定進達には、別紙2(2)に定める受診証明書
② 市町村長は、請求に係る疾病と予防接種との因果関係について厚生労働大臣の認定を受けるため、請求書と請求書の添付書類の写し並びに予防接種健康被害調査委員会の調査報告を添え、都道府県知事を経由して厚生労働大臣に認定進達を行うものとすること。（法第16条関係）
③ 厚生労働大臣は、疾病・障害認定審査会の意見を聴いて請求に係る疾病のうち予防接種と因果関係にあると認められる疾病があるときは、当該疾病名を、予防接種と因果関係にあると認められる疾病がないときは、その旨を、都道府県知事を経由して市町村長に通知するものであること。（法第16条）
④ 市町村長は、支給を決定したときは、請求者にその旨を書面で通知するとともに、厚生労働大臣によって認定された疾病名を予防接種被害者健康手帳に記入するものとすること。
　不支給を決定したときは、請求者にその旨及びその理由を書面で通知するものとすること。この場合、行政不服審査法に基づき不服申立できる旨教示するものとすること。（施行規則第11条の25関係）
⑤ 支給決定認定を受けた疾病について医療が継続して行われているときは、①に掲げる添付書類のうちア、イ及びウは添付する必要がなく、また、②及び③の手順は必要でないこと。
(3) 請求の期限
　　医療費の支給の請求は、当該医療費の支給の対象となる費用の支払いが行われた時から2年を経過したときは、することができないとしたこと。（施行令第19条）
3 医療手当の支給
(1) 支給要件
　　医療手当の支給の対象となる医療と

は、2(1)に定めるものと同様であること。(施行令第20条関係)
(2) 支給手続
① 医療手当の支給を受けようとする者は、別紙1に定める医療費・医療手当請求書に医療費の請求の場合と同一の書類を添えて、請求書の予防接種時の居住地を管轄する市町村長に提出するものとすること。(施行規則第11条の12関係)

なお、医療手当と同一月分の医療費が併せて請求されている場合は、医療手当についての書類の添付は、省略して差し支えないこと。
② ①に掲げる外、医療手当の支給手続については、2(2)に定める医療費の支給手続に準ずるものとすること。
③ 同一月に医療費と医療手当の請求があるときは、同時に請求を行うよう請求者に対して指導されたいこと。
(3) 請求の期限
医療手当の支給の請求は、当該医療手当の支給の対象となる医療が行われた時から2年を経過したときは、することができないとしたこと。(施行令第20条)

4 障害年金の支給
(1) 支給額
障害年金の額は、施行令第21条第2項に規定するところによることとし、障害年金を受ける者について、予防接種を受けたことによる障害に関し、福祉手当又は国民年金法の規定による障害福祉年金が支給されているときであっても、同項に規定する額から支給される福祉手当又は障害福祉年金の額を控除しないこと。
(2) 支給手続
① 障害年金の支給を受けようとする者は、別紙3に定める障害年金請求書に次の書類を添えて、請求者の予防接種時の居住地を管轄する市町村長に提出するものとすること。(施行規則第11条の13関係)
ア 当該予防接種を受けた年月日を証する書類
イ 第二の1の(1)の②に掲げる対象者の場合、その障害を証する書類又は医師の作成した書面
ウ 障害者の障害の状態に関する医師の診断書

なお、障害の状態に関する医師の診断書の様式例を別紙10に示したので参考とされたいこと。
エ 障害者が施行令別表2に定める障害の状態に該当するに至った年月日及び予防接種を受けたことにより障害の状態になったことを証明することができる医師の作成した書面又は診療録の写し
② 厚生労働大臣は、市町村長に対して因果関係の認否、等級及び障害の状態に至った年月日を通知すること。
③ 市町村長が支給決定をしたときは、予防接種被害者健康手帳に編綴された障害年金証書に所要の記載を行うものとすること。
④ ①から③のほか、2(2)に定める医療費の支給手続に準じるものとすること。
(3) 支給期間等
障害年金の支給期間は、支給すべき事由が生じた日の属する月の翌月から支給すべき事由が消滅した日の属する月までであり、その支払は、毎年1月、4月、7月及び10月の4期に行うこと。(施行令第25条)

(4) 額の変更
① 障害の状態に変更があったため、新たに新予防接種法施行令別表2に定める他の等級に該当することとなった場合においては、新たに該当するに至った等級に応ずる額を支給することとされているが、その前提としては、額の変更の請求及び障害の状態の変更の届出があり得ること。（施行令第22条、施行規則第11条の14、施行規則第11条の15第3号）
② 障害年金の支給を受けている者が、その障害の程度が増進した場合において、その受けている障害年金の額の変更を請求しようとするときは、別紙4に定める年金額変更請求書に次の書類を添えて当該市町村長に提出するものとすること。（施行規則第11条の14）
　ア　障害の状態に関する医師の診断書
　イ　障害者が令別表第二に定める他の等級に該当するに至った年月日を証明することができる医師の作成した書面又は診療録の写し
③ ②のほか、額の変更のための手続については、3の(2)の②から④までに定める障害年金の支給手続に準ずるものとすること。

5　遺族年金の支給
(1) 支給要件
① 遺族年金は、一家の生計維持者が予防接種を受けたことにより死亡した場合に、その者の遺族の生活の立て直し等を目的として行われる給付であること。
② 施行令第24条第1項に規定する生計維持要件についての取扱は、次のとおりとすること。
　ア　予防接種を受けたことにより死亡した者の経済的役割からみて生計維持に該当するか否か、個々の事例について慎重に判断されたいこと
　イ　死亡者の収入によって日常の消費生活活動の全部又は一部を営んでおり、死亡者の収入がなければ通常の生活水準を維持することが困難となるような関係が常態である者については、死亡者によって生計を維持しているものと解して差し支えないこと
　ウ　生計維持要件を認めるに当たっての死亡した者の収入については、必ずしも死亡した者本人の資産又は所得である必要はなく、その者が家計を別にする他の者から仕送りを受け、又は公的社会保障給付を受けている場合、更に、本制度の救済給付を受けている場合には、それをその者の収入として取り扱って差し支えないこと
③ 予防接種を受けたことにより死亡した者の死亡の当時胎児であった子の取扱は、次のとおりとすること。
　ア　当該胎児であった子が出生したときは、その子は将来に向かって死亡者の死亡の当時その者によって生計を維持していた子とみなされるので、その子については、生計を維持していたことの確認は要しないこと
　イ　当該胎児であった子の出生により遺族の順位等に変更が生じるが、これは将来に向かってのみ効果を生ずるものであるので、既に支給した遺族年金を返還させる等の問題は生じないこと
　ウ　当該胎児であった子が出生し、

遺族年金の請求があった場合において、他の子が遺族年金の支給を受けていたときは、遺族年金の額を改定することとなり、後順位の遺族が遺族年金の支給を受けていたときは、その請求があった日の属する月の翌月から遺族年金はその子に支給することとなるものであること

(2) 支給手続
① 遺族年金の支給を受けようとする者は、別紙5に定める遺族年金・遺族一時金請求書に次の書類を添えて、請求者の予防接種時の居住地を管轄する市町村長に提出するものとすること。(施行規則第11条の16関係)
　ア　当該予防接種を受けた年月日を証する書類
　イ　第二の1の(1)の②に掲げる対象者の場合、その障害を証する書類又は医師の作成した書面
　ウ　死亡した者に係る死亡診断書その他死亡を証する書類
　エ　予防接種を受けたことにより死亡したことを証明することができる医師の作成した書面
　オ　請求者と死亡した者との身分関係を明らかにすることができる戸籍の謄本又は抄本
　カ　請求者が死亡した者と内縁関係にあった場合は、その事実に関する当事者(内縁関係にあった夫又は妻)、双方の父母、その他尊属、媒酌人若しくは、民生委員等の証明書又は内縁関係にあったと認められる通信書その他の書面
　キ　請求者が死亡した者の死亡の当時その者によって生計を維持していたことを証明することができる住民票の写し及び所得税源泉徴収証明書等の収入の状況を示す書類
　ク　アからカのほか、2(2)に定める医療費の支給手続に準じるもの
② 施行規則第11条の17又は第11条の18の規定に基づき遺族年金の支給を請求しようとする場合の請求書は、それぞれ別紙6(遺族年金請求書(胎児用))又は別紙7(遺族年金請求書(後順位者用))によること。

(3) 支給額及び額の改定
① 遺族年金の額は、遺族年金を受けることができる同順位の遺族が1人であるときはその者に全額を、2人以上であるときは各人にその人数で除して得た額をそれぞれ支給する。この場合において、同順位の遺族であって遺族年金の支給を請求しない者があるときは、その者は遺族年金を受けることができる同順位の遺族とはならないので、その者を除いた同順位の遺族の数で除して得た額が支給額となること。(施行令第24条第6項)
② 遺族年金の支給を請求していなかった同順位の遺族がその支給を請求したときは、その者の請求の日の属する月の翌月から遺族年金を受けることができる遺族の数が増加することとなるので、①に定めるところにより各人に支給する額を改定すること。(施行令第24条第7項)
なお、予防接種を受けたことにより死亡した者の死亡の当時胎児であった子が出生し、遺族年金の支給を請求した場合において、既に他の子が遺族年金の支給の決定を受けていたときも同様の取扱となること。(施行令第24条第2項)
③ 遺族年金の支給を受けていた者が

死亡した場合においては、遺族年金を受けることができる遺族の数が減少するため、①に定めるところにより各人に支給する額を改定すること。

(4) 支給期間

遺族年金の支給は、10年間を限度として行うものであるが、この趣旨は実質の支給期間を10年間とするものである。したがって、遺族年金の支給を受けていた遺族が死亡した場合において、同順位者がなくて後順位者があるときの当該後順位者の請求に基づき支給される遺族年金の支給期間は、10年から死亡した先順位の遺族に対して当該遺族年金が支給された期間を控除して得た期間となる。(1)①ウに定めるところにより、先順位の胎児が出生した場合において、後順位の遺族に対して既に支給した遺族年金があるときの取扱も同様となること。(施行令第24条第4項)

(5) 請求の期限

遺族年金の請求の期限は、予防接種を受けたことにより死亡した者が当該予防接種を受けたことによる疾病又は障害について、医療費、医療手当又は障害年金の支給があった場合には、その死亡の時から2年、それ以外の場合には、その死亡の時から5年としたこと。(施行令第24条第9項)

6 遺族一時金の支給

(1) 支給要件

① 遺族一時金は、一家の生計維持者以外の者が予防接種を受けたことにより死亡した場合に、その遺族に対する見舞金等を目的として行われる給付であるので、遺族一時金の請求があった場合には、胎児の有無も含めて、遺族年金を受けることができる遺族がいないことを確認されたいこと。(施行令第26条関係)

② 施行令第26条第1項に定める遺族のうち、配偶者以外の者について要求されている「生計を同じくしていた」とは、死亡した者と、その遺族との間に生活の一体性があったことをいうものであり、必ずしも同居を必要とするものではないこと。

③ 遺族一時金の請求があった場合は、当該請求者が施行令第27条により準用された第17条第3項の規定により遺族の範囲から除外されている者でないこと及び胎児の有無も含め当該請求者より先順位の遺族一時金を受けることができる遺族がいないことを確認されたいこと。

(2) 支給手続

① 遺族一時金の支給を受けようとする者は、別紙5に定める遺族年金・遺族一時金請求書に次の書類を添えて、死亡した者の予防接種時の居住地を管轄する市町村長に提出するものとすること。(施行規則第11条の21)

ア 4の(2)の①のアからカに掲げる書類

イ 請求者が死亡した者の配偶者以外の場合は、死亡した者の死亡の当時その者と生計を同じくしていたことを明らかにすることができる住民票等の書類

ウ ア及びイのほか、2(2)に定める医療費の支給手続に準じるもの

② 施行規則第11条の22の規定に基づき遺族一時金の支給を請求しようとする場合の請求書は、別紙8(遺族一時金請求書(差額一時金用))によること。

(3) 請求の期限

新施行令第26条第3項第1号の規定に基づく遺族一時金の請求の期限は、予防接種を受けたことにより死亡した者が当該予防接種を受けたことによる疾病又は障害について、医療費、医療手当又は障害年金の支給があった場合には、その死亡の時から2年、それ以外の場合には、その死亡の時から5年としたこと。（第26条第5項関係）

新施行令第26条第3項第2号の規定に基づく遺族一時金の請求の期限は、遺族年金を受けていた者が死亡した時から2年としたこと。（第26条第4項）

7　葬祭料の支給
 (1)　支給要件
　　葬祭料は、予防接種を受けたことにより死亡した者の葬祭を行う者に対して支給されるものであるが、この「葬祭を行う者」とは、現実に葬祭を行う者をいい、葬祭を2人以上の者が行うときは、そのうちの主として葬祭を行う者であること。また、「葬祭を行う者」は、死亡した者の遺族に限定されないが、死亡した者に遺族がいるにもかかわらず、遺族以外の者から葬祭料が請求されたときは、当該請求者が、「葬祭を行う者」であることを確認する等その支給の適正を期されたいこと。（施行令第28条関係）
 (2)　支給手続
　　葬祭料の支給を受けようとする者は、別紙9に定める葬祭料請求書に次の書類を添えて、死亡した者の予防接種時の居住地を管轄する市町村長に提出するものとすること。（施行規則第11条の23関係）
　ア　5の(2)の①のア及びイに掲げる書類。ただし、同時に遺族年金又は遺族一時金の請求がなされている場合には、葬祭料についての資料の添付は省略して差し支えないこと。
　イ　請求者が死亡した者について葬祭を行う者であることを明らかにすることができる埋葬許可証の写し等の書類
　ウ　ア及びイのほか、2(2)に定める医療費の支給に準ずるもの

8　給付に関するその他の事項
 (1)　診断及び報告
　　市町村長は、障害年金の支給に関し特に必要があると認めるときは、給付を受けている者（以下「障害年金受給者」という。）に対して、医師の診断を受けるべきことを命じ、又は必要な報告を求めることができるものであること。障害年金受給者が、正当な理由がなくてこの命令に従わず、又は報告をしないときは、市町村長は、障害年金の給付を一時差し止めることができるものであること。（施行令第23条関係）
 (2)　氏名又は住所の変更等の届出
　　障害年金受給者及び遺族年金の受給者は、氏名又は住所を変更した場合などには速やかに、当該年金たる給付を行う市町村長にその旨を記載した届書及び予防接種被害者健康手帳を提出しなければならないものであるが、次の場合には、それぞれ掲げる事項を届書に記載するとともに、所要の書類を添えなければならないものであること。（施行規則第11条の7、第11条の14、第11条の18）
　ア　氏名を変更した場合は、変更前及び変更後の氏名並びに戸籍の抄本
　イ　住所を変更した場合は、変更前及び変更後の住所地並びに変更の年月日並びに住民票の写し
　ウ　障害年金の支給要件に該当しなくなった場合はその年月日及び理由

(3) 年金受給者の死亡の届出

　　年金受給者が死亡したときは、戸籍法の規定による死亡の届出義務者は、速やかに、その死亡した者の氏名及び死亡した年月日を記載した届書にその死亡の事実を証する書類を添えて、当該年金たる給付を行っていた市町村長に提出しなければならないものであること。（施行規則第11条の19関係）

第五　予防接種被害者健康手帳
 1　交付
　　予防接種を受けた者が疾病にかかり、又は障害の状態となった場合において、当該疾病又は障害が当該予防接種を受けたことによるものであると厚生労働大臣が認定したときは、市町村長は、厚生労働大臣が作成し送付する予防接種被害者健康手帳を認定を受けた者に交付するものとすること。
 2　内容
　　予防接種被害者健康手帳は、厚生労働大臣によって認定された疾病名が記載されるとともに、障害年金又は遺族年金の証書が編綴されるものであること。

第六　インフルエンザの定期の予防接種に係る意思確認
　　二類疾病の予防接種は、個人予防目的に比重を置いて行うものであることから、インフルエンザの予防接種の対象者には予防接種を受けるよう努める義務は課されておらず、対象者が接種を希望する場合にのみ接種を行うこと。
 (1)　接種を受ける意思があるがそれを自署できない場合
　　被接種者本人にインフルエンザの予防接種を受ける意思があるが、自署できない場合は、家族等の代筆者が署名し、代筆者氏名及び被接種者との続柄を記載すること。接種医は、本人の意思を確認して接種を行うこととされたいこと。
 (2)　接種を受ける意思の確認が困難な場合
　　対象者の意思確認が困難な場合は、家族又はかかりつけ医の協力により対象者本人の意思確認をすることとし、接種希望であることが確認できた場合に接種を行うこと。対象者の意思確認が最終的にできない場合は、予防接種法に基づいた接種を行うことはできないこと。

第七　実費の徴収
　　従前から予防接種法第3条第1項の規定による予防接種を行った場合は、経済的理由によりその費用を負担することができない場合を除き、実費を徴収することができるとされており、二類疾病の場合であっても同様に、経済的理由によりその費用を負担することができない場合を除き、実費を徴収することができるものとすること。

第八　予防接種済証の交付
　　定期の予防接種が自治事務とされていることにかんがみ、地方公共団体の自主性を尊重する観点から予防接種済証の大きさをA列4番に指定しないこととしたこと。（施行規則第4条関係）

別紙1～10　（略）

(16) 予防接種法及び新型インフルエンザ予防接種による健康被害の救済等に関する特別措置法の一部を改正する法律等の施行について ―第22次改正―

［平成23年7月22日　健発0722第1号・薬食発0722第1号
各都道府県知事宛　厚生労働省健康・医薬食品局長連名通知］

　予防接種法及び新型インフルエンザ予防接種による健康被害の救済等に関する特別措置法の一部を改正する法律（平成23年法律第85号。以下「改正法」という。）については、平成22年3月12日に第174回通常国会に提出され、第177回通常国会に継続審議となり、本年7月15日に可決成立し、本日公布・一部施行されたところである。

　また、改正法の施行のため、予防接種法及び新型インフルエンザ予防接種による健康被害の救済等に関する特別措置法の一部を改正する法律の施行に伴う関係政令の整理に関する政令（平成23年政令第226号）及び予防接種法及び新型インフルエンザ予防接種による健康被害の救済等に関する特別措置法の一部を改正する法律の施行に伴う厚生労働省関係省令の整理に関する省令（平成23年厚生労働省令第90号）が本日公布され、施行されたところである。

　これらの改正の趣旨及び主な内容は下記のとおりであるので、十分御了知の上、管内市町村（特別区を含む。）を始め、関係者、関係団体等に対し、その周知徹底を図るとともに、その運用に遺漏のないようにされたい。

記

第一　改正法の趣旨

　平成21年春に発生した新型インフルエンザ（A／H1N1）については、感染力は強いものの、病状の程度がそれほど重くならないものであったことを踏まえ、予防接種を受ける努力義務を国民に対して課すことは適切ではないと判断し、予防接種法（昭和23年法律第68号）に基づく臨時接種としてではなく、厚生労働大臣が実施主体となり臨時応急的に接種を実施した。

　また、この接種による健康被害の救済等については、同年秋の第173回臨時国会で成立した「新型インフルエンザ予防接種による健康被害の救済等に関する特別措置法」（平成21年法律第98号）に基づき実施することとした。

　このような経緯を踏まえ、今後、先般の新型インフルエンザ（A／H1N1）と同程度の感染力や病状を呈する新型インフルエンザが発生した場合の対応に万全を期するため、予防接種法において新たな臨時の予防接種の類型を創設する等所要の規定を整備するものである。

第二　改正法による予防接種法の一部改正

一　予防接種の実施に関する事項

　1　臨時の予防接種

　（1）厚生労働大臣は、二類疾病のうち当該疾病にかかった場合の病状の程度を考慮して厚生労働大臣が定めるもののまん延予防上緊急の必要があると認めるときは、その対象者及びその期日又は期間を指定して、政令の定めるところにより、都道府県知事を通じて市町村長に対し、臨時に予防接種を行うよう指示することができるものとすること。この場合において、都道府県知事は、当該都道

府県の区域内で円滑に当該予防接種が行われるよう、当該市町村長に対し、必要な協力をするものとすること。（第6条第3項関係）

(2) 国は、臨時の予防接種（(1)の予防接種を含む。以下同じ。）の円滑な実施を確保するため、ワクチンの供給等に関し必要な措置を講ずるものとすること。（第6条第4項関係）

2　予防接種の勧奨

市町村長又は都道府県知事は、一類疾病に係る定期の予防接種又は臨時の予防接種の対象者に対し、当該予防接種を受けることを勧奨するものとすること。また、当該対象者が16歳未満の者又は成年被後見人であるときは、その保護者に対し、当該予防接種を受けさせることを勧奨するものとすること。（第7条の2関係）

3　被接種者等の責務

予防接種を受けるよう努める責務を、1の(1)の予防接種の対象者については課さないものとすること。（第8条関係）

二　費用負担に関する事項

1　費用の負担

一の1の(1)の予防接種を行うために要する費用は、市町村が支弁し、その費用の4分の1を都道府県が、2分の1を国がそれぞれ負担すること。（第22条第2項関係）

2　実費の徴収

一の1の(1)の予防接種を行った市町村は、経済的理由により、その費用を負担することが困難な場合を除き、予防接種を受けた者又はその保護者から、政令の定めるところにより、実費を徴収することができるものとすること。（第24条関係）

三　事務の区分に関する事項

都道府県知事又は市町村長が処理することとされている一の1の(1)の予防接種の実施に係る事務は地方自治法の第1号法定受託事務とすること。（第25条関係）

四　損失補償契約に関する事項

政府は、この法律の施行の日から5年間を限り、新型インフルエンザ等感染症ワクチン（感染症の予防及び感染症の患者に対する医療に関する法律（平成10年法律第114号）第6条第7項に規定する新型インフルエンザ等感染症に係るワクチンをいう。以下同じ。）について、世界的規模で需給が著しくひっ迫し、又はひっ迫するおそれがあり、これを早急に確保しなければ国民の生命及び健康に重大な影響を与えるおそれがあると認められるときは、厚生労働大臣が新型インフルエンザ等感染症ワクチンの購入契約を締結する製造販売業者（新型インフルエンザ等感染症ワクチンの製造販売について、薬事法（昭和35年法律第145号）第14条の3第1項（特例承認）の規定により同法第14条の承認を受けているものに限る。）を相手方として、当該購入契約に係る新型インフルエンザ等感染症ワクチンを使用する予防接種による健康被害に係る損害を賠償することにより生ずる損失その他当該新型インフルエンザ等感染症ワクチンの性質等を踏まえ国が補償することが必要な損失を政府が補償することを約する契約を締結することができること。また、購入契約（損失補償契約を締結する場合に限る。）を締結する場合には閣議の決定を、損失補償契約を締結する場合には国会の承認を得なければならないこと。（附則第6条関係）

第三　改正法による新型インフルエンザ予防接種による健康被害の救済等に関する特別措置法の一部改正

一　題名を「新型インフルエンザ予防接種による健康被害の救済に関する特別措置法」とすること。
二　独立行政法人医薬品医療機器総合機構法（平成14年法律第192号）の副作用救済給付に係る政令の規定を参酌して、給付の額、支給方法その他給付に関して必要な事項を政令で定める旨の規定を削除すること。（第 5 条関係）
三　「特例承認新型インフルエンザワクチン製造販売業者」との補償契約に関する規定を削除すること。（第11条関係）

第四　改正法の附則
　一　施行期日
　　　この法律は、公布の日から施行すること。ただし、第二の一から三まで、第三の二及び第四の二については、この法律の公布の日から起算して 3 月を超えない範囲内において政令で定める日から施行すること。（改正法附則第 1 条関係）
　二　新型インフルエンザ等感染症に係る定期の予防接種に関する特例
　　　新型インフルエンザ等感染症のうち臨時の予防接種の対象としたもの等については、予防接種法の一部を改正する法律（平成13年法律第116号）附則第 3 条のインフルエンザに係る定期の予防接種の対象者を高齢者に限定する規定を適用しないこととすること。（改正法附則第 3 条関係）
　三　検討
　　１　政府は、伝染のおそれがある疾病の発生及びまん延の状況、改正後予防接種法の規定の施行の状況等を勘案し、予防接種の在り方等について総合的に検討を加え、その結果に基づいて所要の措置を講ずるものとすること。（改正法附則第 6 条第 1 項関係）
　　２　政府は、この法律の施行の日から 5 年以内に、緊急時におけるワクチンの確保等に関する国、製造販売業者等の関係者の役割の在り方等について総合的に検討を加え、その結果に基づいて必要な措置を講ずるものとすること。（改正法附則第 6 条第 2 項関係）
　四　経過措置等
　　　この法律の施行に関し必要な経過措置等を定めるとともに、関係法律について所要の改正を行うものとすること。

第五　その他
　　　健康被害の救済等に関する特別措置法の一部を改正する法律の施行に伴う関係政令の整理に関する政令及び予防接種法及び新型インフルエンザ予防接種による健康被害の救済等に関する特別措置法の一部を改正する法律の施行に伴う厚生労働省関係省令の整理に関する省令は、改正法により新型インフルエンザ予防接種による健康被害の救済等に関する特別措置法の法律名が変更となることに伴い、必要となる政省令の整理を行うものであること。

(17) 「予防接種法及び新型インフルエンザ予防接種による健康被害の救済等に関する特別措置法の一部を改正する法律」の一部施行及び関係政省令の施行について
—第22次改正—

[平成23年9月30日　健発0930第3号]
[各都道府県知事宛　厚生労働省健康局長通知]

　「予防接種法及び新型インフルエンザ予防接種による健康被害の救済等に関する特別措置法の一部を改正する法律（平成23年法律第85号。以下「改正法」という。）」については、平成23年7月22日付け厚生労働省健発0722第1号、厚生労働省薬食発0722第1号「予防接種法及び新型インフルエンザ予防接種による健康被害の救済等に関する特別措置法の一部を改正する法律等の施行について」（以下「改正法施行通知」という。）により通知したところであるが、今般、予防接種法（昭和23年法律第68号。以下「法」という。）に新たに臨時接種が創設されることに伴う改正部分について、平成23年10月1日から施行されることとなった。

　また、改正法の一部施行に併せ、「予防接種法施行令及び新型インフルエンザ予防接種による健康被害の救済に関する特別措置法施行令の一部を改正する政令」（平成23年政令第305号）及び「予防接種法及び新型インフルエンザ予防接種による健康被害の救済等に関する特別措置法の一部を改正する法律の一部の施行に伴う厚生労働省関係省令の整備等に関する省令」（平成23年厚生労働省令第122号）が本日公布され、平成23年10月1日から施行されることとなった。

　これらの改正の趣旨及び主な内容は下記のとおりであるので、十分御了知の上、管内市町村（特別区を含む。）を始め、関係者、関係団体等に対し、その周知徹底を図るとともに、その運用に遺漏のないようにされたい。
　なお、下記の第一については、改正法施行通知により既に通知している内容と同じである。

記

第一　改正法関係
　一　予防接種法の改正
　　1　予防接種の実施に関する事項
　　(1)　新たな臨時の予防接種
　　　イ　厚生労働大臣は、二類疾病のうち当該疾病にかかった場合の病状の程度を考慮して厚生労働大臣が定めるもののまん延予防上緊急の必要があると認めるときは、その対象者及びその期日又は期間を指定して、政令の定めるところにより、都道府県知事を通じて市町村長に対し、臨時に予防接種を行うよう指示することができるものとすること。この場合において、都道府県知事は、当該都道府県の区域内で円滑に当該予防接種（以下「新たな臨時接種」という。）が行われるよう、当該市町村長に対し、必要な協力をするものとすること。（第6条第3項関係）
　　　ロ　国は、臨時の予防接種（新たな臨時接種を含む。以下同じ。）の円滑な実施を確保するため、ワクチンの供給等に関し必要な措置を講ずるものとすること。（第6条第4項関係）
　　(2)　予防接種の勧奨
　　　　市町村長又は都道府県知事は、一類疾病に係る定期の予防接種又は臨

時の予防接種の対象者に対し、当該予防接種を受けることを勧奨するものとすること。また、当該対象者が16歳未満の者又は成年被後見人であるときは、その保護者に対し、当該予防接種を受けさせることを勧奨するものとすること。（第7条の2関係）

(3) 被接種者等の責務

予防接種を受けるよう努める責務を、新たな臨時接種の対象者については課さないものとすること。（第8条関係）

2 費用負担に関する事項

(1) 費用の負担

イ 新たな臨時接種を行うために要する費用は、市町村が支弁し、その費用の4分の1を都道府県が、2分の1を国がそれぞれ負担すること。（第22条第2項関係）

ロ 新たな臨時接種により健康被害を受けた者に対する救済給付に要する費用は、市町村が支弁し、その費用の4分の1を都道府県が、2分の1を国がそれぞれ負担すること。（第22条第2項関係）

(2) 実費の徴収

新たな臨時接種を行った市町村は、経済的理由により、その費用を負担することが困難な場合を除き、予防接種を受けた者又はその保護者から、政令の定めるところにより、実費を徴収することができるものとすること。（第24条関係）

3 事務の区分に関する事項

都道府県知事又は市町村長が処理することとされている新たな臨時接種の実施に係る事務は地方自治法（昭和22年法律第67号）の第1号法定受託事務とすること。（第25条関係）

二 新型インフルエンザ予防接種による健康被害の救済等に関する特別措置法の一部改正

独立行政法人医薬品医療機器総合機構法（平成14年法律第192号）の副作用救済給付に係る政令の規定を参酌して、給付の額、支給方法その他給付に関して必要な事項を政令で定める旨の規定を削除すること。（第5条関係）

三 改正法の附則

新型インフルエンザ等感染症のうち臨時の予防接種の対象としたもの等については、予防接種法の一部を改正する法律（平成13年法律第116号）附則第3条のインフルエンザに係る定期の予防接種の対象者を高齢者に限定する規定を適用しないこととすること。（改正法附則第3条関係）

第二 予防接種法施行令及び新型インフルエンザ予防接種による健康被害の救済に関する特別措置法施行令の一部を改正する政令関係

一 予防接種法施行令の一部改正

1 予防接種の実施に関する事項

(1) 新たな臨時接種の実施に関して、厚生労働大臣が都道府県知事を通じて市町村長に予防接種を行うよう指示することができるのは、次のいずれかに該当する場合とすること。

イ 法第6条第3項に規定する疾病が発生し、若しくは流行し、又はそのおそれがあるとき。

ロ 日本との交通が密接である地域でイの疾病が流行している場合において、その病毒が日本に侵入するおそれがあるとき。

ハ 災害その他によりイの疾病が流行するおそれが著しいとき。

（第3条の2関係）

(2) 市町村長は、新たな臨時接種の実施に関して、予防接種を行う医師及び予防接種の公告を行うものとすること。（第4条及び第5条関係）

2 医療費及び医療手当に関する事項

(1) 一類疾病に係る定期の予防接種若しくは臨時の予防接種又は二類疾病に係る定期の予防接種若しくは臨時の予防接種を受けたことによる疾病について行う医療費の額について、以下の法律による給付との調整を新たに行うこととすること。

・労働基準法（昭和22年法律第49号）
・労働者災害補償保険法（昭和22年法律第50号）
・船員法（昭和22年法律第100号）
・国家公務員災害補償法（昭和26年法律第191号。他の法律において準用し、又は例による場合を含む。）
・地方公務員災害補償法（昭和42年法律第121号）
・公立学校の学校医、学校歯科医及び学校薬剤師の公務災害補償に関する法律（昭和32年法律第143号）

（第10条第1項及び第19条第3項関係）

(2) 新たな臨時接種に係る医療手当の額（月額）は、以下の通りとすること。

イ 通院3日未満　33,700円
ロ 通院3日以上　35,700円
ハ 入院8日未満　33,700円
ニ 入院8日以上　35,700円
ホ 同月に通院と入院をした場合　35,700円

（第11条関係）

3 障害児養育年金に関する事項

(1) 新たな臨時接種に係る障害児養育年金の額は、以下の通りとすること。

イ 別表第一に定める1級の障害の状態にある18歳未満の者を養育する者に支給する場合　1,185,600円
ロ 別表第一に定める2級の障害の状態にある18歳未満の者を養育する者に支給する場合　949,200円

（第12条第2項関係）

(2) 新たな臨時接種に係る障害児養育年金の額は、別表第一に定める障害の状態にある18歳未満の者であって厚生労働省令で定めるものに入院又は入所していないものを養育する者に支給する場合は、以下の介護加算額を加算した額とすること。

イ (1)イの場合　836,200円
ロ (1)ロの場合　557,400円

（第12条第3項及び第4項関係）

4 障害年金に関する事項

(1) 新たな臨時接種に係る障害年金の額は、以下の通りとすること。

イ 別表第二に定める1級の障害の状態にある18歳以上の者に支給する場合　3,793,200円
ロ 別表第二に定める2級の障害の状態にある18歳以上の者に支給する場合　3,033,600円
ハ 別表第二に定める3級の障害の状態にある18歳以上の者に支給する場合　2,276,400円

（第13条第2項関係）

(2) 新たな臨時接種に係る障害年金の額は、別表第二に定める1級又は2級の障害の状態にある者であって厚生労働省令で定めるものに入院又は入所していないものに支給する場合は、以下の介護加算額を加算した額とすること。

イ　(1)イの場合　836,200円
　　ロ　(1)ロの場合　557,400円
　（第13条第3項及び第4項関係）
5　死亡一時金に関する事項
(1)　新たな臨時接種に係る死亡一時金について、給付を受けることができる遺族の範囲は、配偶者（届出をしていないが、事実上婚姻関係と同様の事情にあった者を含む。以下同じ。）、子、父母、孫、祖父母及び兄弟姉妹（ただし、配偶者以外の者にあっては、予防接種を受けたことにより死亡した者の死亡の当時その者と生計を同じくしていた者に限る。）とすること。（第17条第1項関係）
(2)　新たな臨時接種に係る死亡一時金について、給付を受けることができる遺族の順位は、以下のイ及びロの順序（イ及びロに掲げる者のうちにあっては、それぞれイ及びロに掲げる順序）とすること。
　　イ　新たな臨時接種を受けたことにより死亡した者の死亡の当時その者によって生計を維持していた配偶者、子、父母、孫、祖父母及び兄弟姉妹
　　ロ　イに該当しない配偶者、子、父母、孫、祖父母及び兄弟姉妹
　（第17条第2項関係）
(3)　新たな臨時接種に係る死亡一時金の額は、以下の通りとすること。
　　イ　(2)イに掲げる者に支給する場合　33,200,000円
　　ロ　(2)ロに掲げる者に支給する場合　24,905,000円
　（第17条第4項関係）
6　葬祭料に関する事項
　　新たな臨時接種に係る葬祭料の額は、201,000円とすること。（第18条関係）
7　費用負担に関する事項
(1)　新たな臨時接種に係る国及び都道府県の負担は、以下の額について行うこと。
　　イ　第一の一の2の(1)のイの負担については、厚生労働大臣が定める基準によって算定した医師の報酬、薬品、材料その他に要する経費の額（その額が当該年度において現に要した当該費用の額（その費用のための寄附金があるときは、その寄附金の額を控除するものとする。）を超えるときは、当該費用の額とする。）から当該年度において現に要した当該費用に係る第一の一の2の(2)の徴収金の額（その額が厚生労働大臣が定める基準によって算定した額に満たないときは、当該基準によって算定した額とする。）を控除した額
　　ロ　第一の一の2の(1)のロの負担については、厚生労働大臣が定める基準によって算定した額（その額が当該年度において現に要した当該費用の額（その費用のための寄附金があるときは、その寄附金の額を控除するものとする。）を超えるときは、当該費用の額とする。）
　（第31条第2項関係）
8　新たな臨時接種の事務に係る事項
　　都道府県知事又は市町村長が処理することとされている、新たな臨時接種に係る公告、記録及び被接種者数の報告の事務は地方自治法の第1号法定受託事務とすること。（第34条関係）
二　新型インフルエンザ予防接種による健康被害の救済に関する特別措置法施行令の一部改正

1 障害児養育年金に関する事項
 (1) 新型インフルエンザ予防接種に係る障害児養育年金の額は、以下の通りとすること。
  イ 別表に定める1級の障害の状態にある18歳未満の者を養育する者に支給する場合　1,185,600円
  ロ 別表に定める2級の障害の状態にある18歳未満の者を養育する者に支給する場合　949,200円
  （第4条第2項関係）
 (2) 新型インフルエンザ予防接種に係る障害児養育年金の額は、別表に定める障害の状態にある18歳未満の者であって厚生労働省令で定めるものに入院又は入所していないものを養育する者に支給する場合は、以下の介護加算額を加算した額とすること。
  イ (1)イの場合　836,200円
  ロ (1)ロの場合　557,400円
  （第4条第3項及び第4項関係）
 (3) 障害児について、新型インフルエンザ予防接種を受けたことによる障害に関し、特別児童扶養手当等の支給に関する法律（昭和39年法律第134号）の規定により特別児童扶養手当又は障害児福祉手当が支給されるときは、障害児養育年金の額は、(1)又は(2)により算定した額から障害児養育年金の支給期間中の各年に支給される特別児童扶養手当又は障害児福祉手当の額を控除して得た額とすること。（第4条第5項関係）
2 障害年金に関する事項
 (1) 新型インフルエンザ予防接種に係る障害年金の額は、以下の通りとすること。
  イ 別表に定める1級の障害の状態にある18歳以上の者に支給する場合　3,793,200円
  ロ 別表に定める2級の障害の状態にある18歳以上の者に支給する場合　3,033,600円
  （第5条第2項関係）
 (2) 新型インフルエンザ予防接種に係る障害年金の額は、別表に定める障害の状態にある18歳以上の者であって厚生労働省令で定めるものに入院又は入所していないものに支給する場合は、下記の介護加算額を加算した額とすること。
  イ (1)イの場合　836,200円
  ロ (1)ロの場合　557,400円
  （第5条第3項及び第4項関係）
 (3) 新型インフルエンザ予防接種を受けたことによる障害に関し、特別児童扶養手当等の支給に関する法律の規定により特別児童扶養手当、障害児福祉手当若しくは特別障害者手当が支給されるとき、国民年金法等の一部を改正する法律（昭和60年法律第34号）附則第97条第1項の規定により福祉手当が支給されるとき、又は国民年金法（昭和34年法律第141号）第30条の4の規定による障害基礎年金が支給されるときは、障害年金の額は、(1)又は(2)により算定した額から障害年金の支給期間中の各年に支給される特別児童扶養手当、障害児福祉手当若しくは特別障害者手当の額若しくは福祉手当の額又は障害基礎年金の額の100分の40に相当する額を控除して得た額とすること。（第5条第5項関係）
3 遺族年金及び遺族一時金に関する事項
 (1) 新型インフルエンザ予防接種に係る遺族年金について、給付を受けることができる遺族の範囲は、配偶

者、子、父母、孫、祖父母及び兄弟姉妹（ただし、配偶者以外の者にあっては、予防接種を受けたことにより死亡した者の死亡の当時その者と生計を同じくしていた者に限る。）とし、遺族年金の給付を受けることができる遺族は、遺族年金の支給に代えて遺族一時金の支給を請求することができることとすること。（第8条第1項、第10条第1項及び第3項関係）

(2) 予防接種を受けたことにより死亡した者の死亡の当時胎児であった子が出生したときは、将来に向かって、その子は(1)の子と見なすこととすること。（第8条第2項）

(3) 新型インフルエンザ予防接種に係る遺族年金又は遺族一時金について、給付を受けることができる遺族の順位は以下のイからハの順序（イ又はハに掲げる者のうちにあっては、それぞれイ又はハに掲げる順序）とすること。

　イ　新型インフルエンザ予防接種を受けたことにより死亡した者の死亡の当時その者によって生計を維持していた配偶者、子、父母、孫、祖父母及び兄弟姉妹

　ロ　イに該当しない配偶者

　ハ　イに該当しない子、父母、孫、祖父母及び兄弟姉妹（予防接種を受けたことにより死亡した者の死亡の当時その者と生計を同じくしていた者に限る。）

（第8条第3項及び第10条第2項関係）

(4) 新型インフルエンザ予防接種に係る遺族年金は10年を限度として支給すること。（第8条第4項関係）

(5) 新型インフルエンザ予防接種に係る遺族年金の額は、以下の通りとすること。

　イ　(3)イに掲げる者に支給する場合　3,320,000円（年額）

　ロ　(3)ロ又はハに掲げる者に支給する場合　2,490,500円（年額）

（第8条第5項関係）

(6) 新型インフルエンザ予防接種に係る遺族年金の額について、予防接種を受けたことにより死亡した者が障害年金の支給を受けたことがあるときは、その支給を受けた期間の区分に応じて調整すること。（第8条第6項関係）

(7) 新型インフルエンザ予防接種に係る遺族年金の支給に代えて遺族一時金の支給の請求をした場合においては、(5)及び(6)により算定した額に相当する額に10を乗じて得た額（(10)の後段により遺族年金を請求することができる者にあっては、当該額から当該額に厚生労働大臣が行う新型インフルエンザ予防接種を受けたことにより死亡した者に係る遺族年金が支給されている月数を120で除して得た率を乗じて得た額を控除して得た額）とすること。（第10条第4項関係）

(8) 遺族年金を受けることができる同順位の遺族が2人以上ある場合の各人の遺族年金の額は、調整後の額をその人数で除して得た額とすること。（第8条第7項関係）

(9) 新型インフルエンザ予防接種に係る遺族年金を受けることができる同順位の遺族の数に増減を生じたときは、遺族年金の額を改定すること。（第8条第8項関係）

(10) 新型インフルエンザ予防接種に係る遺族年金を受けることができる先

順位者がその請求をしないで死亡した場合においては、次順位者が遺族年金を請求することができること。また、遺族年金を受けることができる先順位者の死亡により遺族年金が支給されないこととなった場合において、同順位者がなくて後順位者があるときも、同様とすること。(第8条第9項関係)

(11) 新型インフルエンザ予防接種に係る遺族年金の支給の請求は、新型インフルエンザ予防接種を受けたことにより死亡した者の当該新型インフルエンザ予防接種を受けたことによる疾病又は障害について医療費、医療手当、障害児養育年金又は障害年金の支給の決定があった場合には、その死亡の時から2年、それ以外の場合には、その死亡の時から5年を経過したとき((10)の後段の規定による請求により支給する遺族年金にあっては、遺族年金を受けることができる先順位者の死亡の時から2年を経過したとき)は、することができないこと。(第8条第10項関係)

(12) (8)及び(11)は、遺族一時金についても準用することとすること。(第10条第5項関係)

4 障害児養育年金等の支給期間に関する事項

障害児養育年金、障害年金又は遺族年金の支給期間は、支給すべき事由が生じた日の属する月の翌月から、支給すべき事由が消滅した日の属する月までとすること。(第9条第1項関係)

三 その他

1 この政令の施行の日前に支給すべき事由が生じた予防接種法による医療費については、なお従前の例によること。(附則第2条関係)

2 改正後の新型インフルエンザ予防接種による健康被害の救済に関する特別措置法施行令の規定は、新型インフルエンザ予防接種を受けた者に係る障害児養育年金、障害年金又は遺族年金若しくは遺族一時金について支給決定がされていない者について適用すること。(附則第3条関係)

第三 予防接種法及び新型インフルエンザ予防接種による健康被害の救済等に関する特別措置法の一部を改正する法律の一部の施行に伴う厚生労働省関係省令の整備等に関する省令関係

一 予防接種法施行規則の一部改正

1 新たな臨時接種を受けた者に交付する予防接種済証の様式を定めたこと。(第4条関係)

2 新たな臨時接種に係る死亡一時金の請求について、請求者が新たな臨時接種を受けたことにより死亡した者の死亡の当時その者によって生計を維持していたことを明らかにすることができる書類の提出を求めることとしたこと。(第11条の9関係)

二 予防接種実施規則の一部改正

予防接種の対象者が乳児又は幼児である場合に行う母子健康手帳の提示について、新たな臨時接種を行う者についても、その提示を求めることとしたこと。(第5条関係)

三 新型インフルエンザ予防接種による健康被害の救済に関する特別措置法施行規則の一部改正

1 障害児養育年金及び障害年金の請求について、特別児童扶養手当等の支給額や支給期間等を記載した書類の提出を求めることとしたこと。(第3条及び第5条関係)

2 新型インフルエンザ予防接種による

健康被害の救済に関する特別措置法施行令第4条第3項及び第5条第3項に規定する施設を定めたこと。（第4条の2及び第5条の2関係）
3 遺族年金を受けることができる者について、遺族年金の支給に代えて遺族一時金の支給を請求することができることとしたこと等に伴い、関係規定について以下の整備を行うこと。
(1) 遺族年金又は遺族一時金の請求書の様式を統一し、遺族一時金の支給を請求しようとする者はその旨を記載することとしたこと（第7条第1項関係）
(2) 遺族年金又は遺族一時金の請求について、新型インフルエンザ予防接種を受けたことにより死亡した者の死亡の当時のその者と請求者との生計の関係を明らかにすることができる書類の提出を求めることとしたこと（第7条第2項関係）

第四 施行期日
平成23年10月1日から施行すること。

(18) 予防接種法の一部を改正する法律の施行等について
―第23次改正―

［平成25年3月30日　健発0330第1号　各都道府県知事宛　厚生労働省健康局長通知］

予防接種法の一部を改正する法律（平成25年法律第8号。以下「改正法」という。）、予防接種法施行令及び厚生科学審議会令の一部を改正する政令（平成25年政令第119号。以下「改正政令」という。）及び予防接種法施行規則等の一部を改正する省令（平成25年厚生労働省令第50号。以下「改正省令」という。）が本日公布されたところであるが、その改正の概要等は下記のとおりであるので、貴職におかれては、貴管内市町村（保健所を設置する市及び特別区を含む。）及び関係機関等へ周知を図るとともに、その実施に遺漏なきを期されたい。
なお、本日、本通知と併せて「予防接種法第5条第1項の規定による予防接種の実施について」（平成25年3月30日付健発0330第2号厚生労働省健康局長通知）及び「定期の予防接種等による副反応の報告等の取扱いについて」（平成25年3月30日付健発0330第3号、薬食発0330第1号厚生労働省健康局長、医薬食品局長連名通知）を発出しているところである。

記

第一　改正法関係
1　改正の趣旨
我が国における予防接種の総合的な推進を図るため、厚生労働大臣が予防接種に関する基本的な計画を策定すること、新たにHib感染症、小児の肺炎球菌感染症及びヒトパピローマウイルス感染症を定期の予防接種の対象とすること、定期の予防接種等の適正な実施のための措置に関する規定を整備すること等所要の措置を講ずること。

2　改正の要点
一　目的に関する事項
法の目的を、伝染のおそれがある疾病の発生及びまん延を予防するために公衆衛生の見地から予防接種の実施その他必要な措置を講ずることにより、国民の健康の保持に寄与するとともに、予防接種による健康被害の迅速な救済を図るものとすること。（第1条

関係)
二 対象疾病に関する事項
　(1) 一類疾病をA類疾病とし、対象疾病にHib感染症、小児の肺炎球菌感染症及びヒトパピローマウイルス感染症を追加するとともに、人から人に伝染することによるその発生及びまん延を予防するため、又はかかった場合の病状の程度が重篤になり、若しくは重篤になるおそれがあることからその発生及びまん延を予防するため特に予防接種法を行う必要があると認められる疾病として政令で定める疾病を対象とすること。(第2条第2項関係)
　(2) 二類疾病をB類疾病とし、インフルエンザのほか、個人の発病又はその重症化を防止し、併せてこれによりそのまん延の予防に資するため特に予防接種を行う必要があると認められる疾病として政令で定める疾病を対象疾病とすること。(第2条第3項関係)
三 予防接種基本計画等に関する事項
　(1) 厚生労働大臣は、予防接種に関する施策の総合的かつ計画的な推進を図るため、予防接種基本計画を定めるものとすること。(第3条関係)
　(2) 厚生労働大臣は、A類疾病及びB類疾病のうち特に総合的に予防接種を推進する必要があるものに係る予防接種について、個別予防接種推進指針を(1)の予防接種基本計画に即して定めるものとすること。(第4条関係)
四 定期の予防接種等の適正な実施のための措置に関する事項
　(1) 病院若しくは診療所の開設者又は医師は、定期の予防接種等を受けた者が、当該定期の予防接種等を受けたことによるものと疑われる症状として厚生労働省令で定めるものを呈していることを知ったときは、厚生労働大臣に報告しなければならないものとすること。また、厚生労働大臣は、当該報告があったときは、その内容を当該定期の予防接種等を行った市町村長又は都道府県知事に通知するものとすること。(第12条関係)
　(2) 厚生労働大臣は、(1)の報告の状況について厚生科学審議会に報告し、必要があると認めるときは、その意見を聴いて、予防接種の適正な実施のために必要な措置を講ずるものとすること。(第13条第1項関係)
　(3) 厚生科学審議会は、予防接種の適正な実施のために必要な措置について、調査審議し、必要があると認めるときは、厚生労働大臣に意見を述べることができるものとすること。(第13条第2項関係)
　(4) (2)により厚生労働大臣が厚生科学審議会への報告又は必要な措置を行うに当たっては、(1)の報告に係る情報の整理又は当該報告に関する調査を行うものとすること。(第13条第3項関係)
　(5) 厚生労働大臣は、地方公共団体、病院又は診療所の開設者、医師、ワクチン製造販売業者及び予防接種を受けた者又はその保護者その他の関係者に対し、(4)の調査を実施するため必要な協力を求めることができるものとすること。(第13条第4項関係)
　(6) 厚生労働大臣は、独立行政法人医薬品医療機器総合機構に(4)の情報の整理又は調査を行わせることができるものとし、機構が当該情報の整理

又は調査を行ったときは、遅滞なく、当該情報の整理又は調査の結果を厚生労働大臣に通知しなければならないものとすること。（第14条関係）

　五　国等の責務に関する事項
　（1）　国は、予防接種の円滑かつ適正な実施を確保するため、予防接種の研究開発の推進及びワクチンの供給の確保等に関し必要な措置を講ずるものとすること。（第23条第2項関係）
　（2）　国は、予防接種による免疫の獲得の状況に関する調査及び研究を行うものとすること。（第23条第4項関係）
　（3）　病院又は診療所の開設者、医師、ワクチン製造販売業者及び予防接種を受けた者又はその保護者その他の関係者は、国の責務の遂行に必要な協力をするよう努めるものとすること。（第23条第5項関係）

　六　厚生科学審議会の意見の聴取に関する事項
　　　厚生労働大臣は、三の(1)の予防接種基本計画及び三の(2)の個別予防接種推進指針を定め、若しくは変更しようとするとき等は、あらかじめ、厚生科学審議会の意見を聴かなければならないものとすること。（第24条関係）

3　施行期日等
　一　平成25年4月1日から施行すること。ただし、一部の附則規定については、公布の日（平成25年3月30日）から施行すること。（附則第1条関係）
　二　政府は、この法律の施行後5年を目途として、伝染のおそれがある疾病の発生及びまん延の状況、予防接種の接種率の状況、予防接種による健康被害の発生の状況その他この法律による改正後の予防接種法の規定の施行の状況を勘案し、必要があると認めるときは、改正後の予防接種法の規定について検討を加え、その結果に基づいて所要の措置を講ずるものとすること。（附則第2条関係）
　三　その他この法律の施行に関し必要な経過措置等を定めるとともに、厚生労働省設置法等関係法律について所要の改正を行うものとすること。（附則第3条から第19条まで関係）

第二　改正政令関係
1　予防接種法施行令（昭和23年政令第197号）の一部改正
　一　Hib感染症及び小児の肺炎球菌感染症の定期の予防接種の対象者を生後2月から生後60月に至るまでの間にある者とし、ヒトパピローマウイルス感染症の定期の予防接種の対象者を12歳となる日の属する年度の初日から16歳となる日の属する年度の末日までの間にある女子とすること。（第1条の2関係）
　二　A類疾病に係る定期の予防接種を行った者は、その徴収する額は、予防接種を受けた者又はその保護者の負担能力、地域の実情その他の事情を勘案して、当該予防接種について、実費を徴収するかどうかを決定するとともに、徴収する場合にあっては徴収する者の基準及び徴収する額を定めるものとすること。（第33条第2項関係）

2　厚生科学審議会令（平成12年政令第283号）の一部改正
　　厚生科学審議会に、感染症分科会に代えて予防接種・ワクチン分科会を置くものとすること。

3　施行期日
　　平成25年4月1日から施行すること。

第三　改正省令関係
1　予防接種法施行規則（昭和23年厚生省令第36号）の一部改正
　一　厚生労働大臣が個別予防接種推進指針を定める疾病は、現行と同様、麻しん、結核及びインフルエンザとすること。（第1条関係）
　二　長期にわたり療養を必要とする疾病にかかったこと等の特別の事情により、Hib感染症又は小児の肺炎球菌感染症の予防接種を受けることができなかったと認められる者について、特別の事情がなくなった日から起算して2年を経過する日までの間、当該疾病の定期接種の対象者とする場合において、その上限年齢は、10歳に達するまでの間とすること。（第2条の5関係）
　三　結核に係る予防接種を受けた者の数に関する1月ごとの市町村長の報告を廃止するものとすること。（第3条関係）
　四　予防接種済証の様式は、下記のとおりとすること（別添）。また、改正省令の施行前の規定により使用されている予防接種済証は、なお効力を有するものとし、旧様式による用紙は、当分の間、これを取り繕って使用することができるものとすること。（第4条及び改正省令附則第2条関係）
　　(1)　法第5条第1項の規定による予防接種　様式第一
　　(2)　法第6条第1項又は第3項の規定による予防接種　様式第二
　五　第一の2の四(1)の報告すべき症状は、次の表の対象疾病ごとにそれぞれ掲げるものであって、それぞれ掲げる接種からの期間内に確認されたものとすること。（第5条関係）

対象疾病	症状	期間
ジフテリア、百日せき、急性灰白髄炎、破傷風	アナフィラキシー	4時間
	けいれん	7日
	血小板減少性紫斑病	28日
	脳炎又は脳症	28日
	その他医師が予防接種との関連性が高いと認める症状であって、入院治療を必要とするもの、死亡、身体の機能の障害に至るもの又は死亡若しくは身体の機能の障害に至るおそれのあるもの	予防接種との関連性が高いと医師が認める期間
麻しん、風しん	アナフィラキシー	4時間
	急性散在性脳脊髄炎	28日
	けいれん	21日
	血小板減少性紫斑病	28日
	脳炎又は脳症	28日
	その他医師が予防接種との関連性が高いと認める症状であって、入院治療を必要とするもの、死亡、身体の機能の障害に至るもの又は死亡若しくは身体の機能の障害に至るおそれのあるもの	予防接種との関連性が高いと医師が認める期間
日本脳炎	アナフィラキシー	4時間
	急性散在性脳脊髄炎	28日
	けいれん	7日
	血小板減少性紫斑病	28日
	脳炎又は脳症	28日
	その他医師が予防接種との関連性が高いと認める症状であって、入院治療を必要とするもの、死亡、身体の機能の障害に至るもの又は死亡若しくは身体の機能の障害に至るおそれのあるもの	予防接種との関連性が高いと医師が認める期間
結核	アナフィラキシー	4時間
	化膿性リンパ節炎	4月
	全身播種性BCG感染症	1年
	BCG骨炎（骨髄炎、骨膜炎）	2年
	皮膚結核様病変	3月
	その他医師が予防接種との関連性が高いと認める症状であって、入院治療を必要とするもの、死亡、身体の機能の障害に至るもの又は	予防接種との関連性が高いと医師が認める期間

	死亡若しくは身体の機能の障害に至るおそれのあるもの	
Hib感染症、肺炎球菌感染症（小児がかかるものに限る。）	アナフィラキシー	4時間
	けいれん	7日
	血小板減少性紫斑病	28日
	その他医師が予防接種との関連性が高いと認める症状であって、入院治療を必要とするもの、死亡、身体の機能の障害に至るもの又は死亡若しくは身体の機能の障害に至るおそれのあるもの	予防接種との関連性が高いと医師が認める期間
ヒトパピローマウイルス感染症	アナフィラキシー	4時間
	急性散在性脳脊髄炎	28日
	ギラン・バレ症候群	28日
	血管迷走神経反射（失神を伴うものに限る。）	30分
	血小板減少性紫斑病	28日
	その他医師が予防接種との関連性が高いと認める症状であって、入院治療を必要とするもの、死亡、身体の機能の障害に至るもの又は死亡若しくは身体の機能の障害に至るおそれのあるもの	予防接種との関連性が高いと医師が認める期間
インフルエンザ	アナフィラキシー	4時間
	肝機能障害	28日
	間質性肺炎	28日
	急性散在性脳脊髄炎	28日
	ギラン・バレ症候群	28日
	けいれん	7日
	血管炎	28日
	血小板減少性紫斑病	28日
	喘息発作	24時間
	ネフローゼ症候群	28日
	脳炎又は脳症	28日
	皮膚粘膜眼症候群	28日
	その他医師が予防接種との関連性が高いと認める症状であって、入院治療を必要とするもの、死亡、身体の機能の障害に至るもの又は死亡若しくは身体の機能の障害に至るおそれのあるもの	予防接種との関連性が高いと医師が認める期間

六　第一の2の四(1)の報告は、次に掲げる事項について速やかに行うものとすること。なお、当該報告は、「定期の予防接種等による副反応の報告等の取扱いについて」（平成25年3月30日付健発0330第3号、薬食発0330第1号厚生労働省健康局長、医薬食品局長連名通知）で示す様式1により行うことが可能であること。（第6条関係）

(1)　被接種者の氏名、性別、生年月日、接種時の年齢及び住所

(2)　報告者の氏名並びに報告者が所属し、又は開設した医療機関の名称、住所及び電話番号

(3)　被接種者が報告に係る予防接種を受けた期日及び場所

(4)　報告に係る予防接種に使用されたワクチンの種類、製造番号又は製造記号、製造所の名称及び接種回数

(5)　予防接種を受けたことによるものと疑われる症状並びに当該症状の発症時刻及び概要

(6)　その他必要な事項

七　第一の2の四(1)の市町村長等への通知は、上記六の(1)から(6)までに掲げる事項について速やかに行うものとすること。（第7条関係）

八　第一の2の四(6)の独立行政法人医薬品医療機器総合機構から厚生労働大臣への通知は、次に掲げる事項について速やかに行うものとすること。（第8条関係）

(1)　情報の整理を行った件数及びその結果

(2)　調査の結果

(3)　その他必要な事項

2　予防接種実施規則（昭和33年厚生省令第27号）の一部改正

一　Hib感染症の予防接種

(1)　Hib感染症の予防接種の初回接種

は、次の表の対象者ごとにそれぞれ掲げる方法で行うものとすること。（第17条第1項関係）

対象者	方法
初回接種の開始時に生後2月から生後7月に至るまでの間にある者	乾燥ヘモフィルスb型ワクチンを27日（医師が必要と認めるときは、20日）から56日までの間隔をおいて3回皮下に注射するものとし、接種量は、毎回0.5ミリリットルとする。
初回接種の開始時に生後7月に至った日の翌日から生後12月に至るまでの間にある者	乾燥ヘモフィルスb型ワクチンを27日（医師が必要と認めるときは、20日）から56日までの間隔をおいて2回皮下に注射するものとし、接種量は、毎回0.5ミリリットルとする。
初回接種の開始時に生後12月に至った日の翌日から生後60月に至るまでの間にある者	乾燥ヘモフィルスb型ワクチンを1回皮下に注射するものとし、接種量は、0.5ミリリットルとする。

(2) Hib感染症の予防接種の追加接種は、初回接種の開始時に生後2月から生後12月に至るまでの間にあった者に対し、初回接種終了後7月から13月までの間隔をおいて、乾燥ヘモフィルスb型ワクチンを1回皮下に注射するものとし、接種量は、0.5ミリリットルとすること。（第17条第2項関係）

(3) (1)又は(2)の接種の間隔をおいている間に、明らかな発熱を呈していること又は急性の疾患にかかっていること等のやむを得ない事情により、予防接種を受けることができなかった者については、その要因が解消された後、対象期間内に速やかに接種したときは、(1)又は(2)の接種の間隔をおいたものとみなすものとすること。（第17条第3項関係）

(4) 長期にわたり療養を必要とする疾病にかかったこと等の特別の事情により、Hib感染症の予防接種を受けることができなかったと認められる者について、当該疾病の定期接種の対象者とする場合においては、乾燥ヘモフィルスb型ワクチンを1回皮下に注射するものとし、接種量は、0.5ミリリットルとすること。（第17条第4項関係）

三 小児の肺炎球菌感染症の予防接種

(1) 小児の肺炎球菌感染症の予防接種の初回接種は、次の表の対象者ごとにそれぞれ掲げる方法で行うものとすること。（第18条第1項関係）

対象者	方法
初回接種の開始時に生後2月から生後7月に至るまでの間にある者	生後12月に至るまでの間に、沈降7価肺炎球菌結合型ワクチンを27日以上の間隔をおいて3回皮下に注射するものとし、接種量は、毎回0.5ミリリットルとする。
初回接種の開始時に生後7月に至った日の翌日から生後12月に至るまでの間にある者	生後12月に至るまでの間に、沈降7価肺炎球菌結合型ワクチンを27日以上の間隔をおいて2回皮下に注射するものとし、接種量は、毎回0.5ミリリットルとする。
初回接種の開始時に生後12月に至った日の翌日から生後24月に至るまでの間にある者	沈降7価肺炎球菌結合型ワクチンを60日以上の間隔をおいて2回皮下に注射するものとし、接種量は、毎回0.5ミリリットルとする。
初回接種の開始時に生後24月に至った日の翌日から生後60月に至るまでの間にある者	沈降7価肺炎球菌結合型ワクチンを1回皮下に注射するものとし、接種量は、0.5ミリリットルとする。

(2) 小児の肺炎球菌感染症の予防接種の追加接種は、次の表の対象者ごとにそれぞれ掲げる方法で行うものと

すること。(第18条第2項関係)

対象者	方法
初回接種の開始時に生後2月から生後7月に至るまでの間にあった者	(1)の初回接種に係る最後の注射終了後60日以上の間隔をおいて沈降7価肺炎球菌結合型ワクチンを1回皮下に注射するものとし、接種量は、0.5ミリリットルとする。
初回接種の開始時に生後7月に至った日の翌日から生後12月に至るまでの間にあった者	(1)の初回接種に係る最後の注射終了後60日以上の間隔をおいた後であって、生後12月に至った日以降において、沈降7価肺炎球菌結合型ワクチンを1回皮下に注射するものとし、接種量は、0.5ミリリットルとする。

(3) 長期にわたり療養を必要とする疾病にかかったこと等の特別の事情により、小児の肺炎球菌感染症の予防接種を受けることができなかったと認められる者について、当該疾病の定期接種の対象者とする場合においては、沈降7価肺炎球菌結合型ワクチンを1回皮下に注射するものとし、接種量は、0.5ミリリットルとすること。(第17条第4項関係)

四 ヒトパピローマウイルス感染症の予防接種

(1) ヒトパピローマウイルス感染症の予防接種の初回接種は、組換え沈降2価ヒトパピローマウイルス様粒子ワクチンを1月から2月半までの間隔をおいて2回筋肉内に注射した後、1回目接種から5月から12月までの間隔をおいて1回筋肉内に注射するか、又は、組換え沈降4価ヒトパピローマウイルス様粒子ワクチンを1月以上の間隔をおいて2回筋肉内に注射した後、3月以上の間隔をおいて1回筋肉内に注射するものとし、接種量は、毎回0.5ミリリットルとすること。(第19条第1項関係)

(2) (1)の接種の間隔をおいている間に、明らかな発熱を呈していること又は急性の疾患にかかっていること等のやむを得ない事情により、予防接種を受けることができなかった者については、その要因が解消された後、対象期間内に速やかに接種したときは、(1)の接種の間隔をおいたものとみなすものとすること。(第19条第2項関係)

五 平成22年11月26日から平成25年3月31日までの間に「子宮頸がん等ワクチン接種緊急促進事業の実施について」(平成22年11月26日付健発1126第10号、薬食発1126第3号厚生労働省健康局長、医薬食品局長連名通知)に基づき、対象者が一部接種したHib感染症、小児の肺炎球菌感染症又はヒトパピローマウイルス感染症の予防接種の回数については、これを定期の予防接種とみなし、残りの接種回数を決定すること。なお、当該通知に基づき接種を完了した者は、予防接種法施行令第1条の2第1項及び予防接種法施行規則第2条第1号に基づき、接種の対象者から除外すること。(附則第3条から第5条まで関係)

3 施行期日
平成25年4月1日から施行すること。

第四 その他
ヒトパピローマウイルス感染症の定期接種を行う際は、使用するワクチンについて、子宮頸がんそのものを予防する効果は現段階で証明されていないものの、子宮頸がんの原因となるがんに移行する前段階の病変の発生を予防する効果は確認されており、定期接種が子宮頸がんの予防を主眼と

したものであることが適切に伝わるよう努めるとともに、接種に当たっては、子宮頸がん検診の受診や性感染症予防の重要性についても十分に説明すること。

別添　（略）

(19) 予防接種法及び検疫法の一部を改正する法律等の施行について　—第25次改正—

〔令和2年12月9日　健発1209第2号
各都道府県・各保健所設置市・各特別区衛生主管部
(局)長宛　厚生労働省健康局長通知〕

予防接種法及び検疫法の一部を改正する法律（令和2年法律第75号。以下「改正法」という。）については、令和2年10月27日に第203回臨時国会に提出され、本年12月2日に可決成立し、本日公布、施行されたところです。

また、改正法の施行のため、予防接種法及び検疫法の一部を改正する法律の施行に伴う関係政令の整備に関する政令（令和2年政令第346号）及び予防接種法及び検疫法の一部を改正する法律の施行に伴う厚生労働省関係省令の整理に関する省令（令和2年厚生労働省令第199号）が本日公布され、施行されたところです。

これらの改正及び主な内容は下記のとおりであるので、十分御了知の上、管内市町村をはじめ、関係者、関係団体等に対し、その周知を図るとともに、その運用に遺漏のなきようお願いします。

なお、新型コロナウイルス感染症に係る予防接種の実施に関する事項については、「新型コロナウイルスワクチン接種体制確保事業の実施について」（令和2年10月23日付け健発1023第3号厚生労働省健康局長通知）等において別途お知らせしているところですので、これらについても御了知をお願いします。

記

第一　改正法の趣旨

新型コロナウイルス感染症に係るワクチンについては、現在開発中であるが、仮に有効性、安全性が確認されたワクチンが開発された場合には、当該ワクチンを確保するとともに、国民への円滑な接種を実施するため、必要な体制の確保を図ることが必要である。

また、必要な水際対策を引き続き講ずるため、新型コロナウイルス感染症を政令で指定し、検疫法上の隔離・停留等の規定を準用している期間の延長を可能とすることが必要である。

このような状況を踏まえ、今般、現下の新型コロナウイルス感染症の発生の状況に対処するため、新型コロナウイルス感染症に係る予防接種の実施方法等について定めるとともに、検疫法第34条の感染症の政令指定の期限について延長できるようにする等所要の規定を整備するものである。

第二　改正法による予防接種法の一部改正
一　予防接種の実施に関する事項
（1）厚生労働大臣は、新型コロナウイルス感染症のまん延予防上緊急の必要があると認めるときは、その対象者、その期日又は期間及び使用するワクチンを指定して、都道府県知事を通じて市町村長に対し、臨時に予防接種を行うよう指示することができるものとすること。この場合において、都道府県知

事は、当該都道府県の区域内で円滑に当該予防接種が行われるよう、当該市町村長に対し、必要な協力をするものとすること。(附則第7条第1項関係)
(2) 市町村長が行う予防接種を第6条第1項の規定による予防接種とみなして、規定を適用するものとすること。(附則第7条第2項関係)
(3) 一の(1)の予防接種を行うために要する費用は、国が負担するものとすること。(附則第7条第3項関係)
(4) 一の(1)の予防接種を行う場合において、第8条又は第9条の規定は、新型コロナウイルス感染症のまん延の状況並びに予防接種の有効性及び安全性に関する情報その他の情報を踏まえ、政令で、当該規定ごとに対象者を指定して適用しないこととすることができるものとすること。(附則第7条第4項関係)
二　損失補償契約に関する事項
　　政府は、新型コロナウイルス感染症に係るワクチンの供給に関する契約を締結するワクチンの製造販売業者又はそれ以外のワクチンの開発若しくは製造に関係する者を相手方として、当該契約に係るワクチンを使用する予防接種による健康被害に係る損害を賠償することにより生ずる損失その他当該契約に係るワクチンの性質等を踏まえ国が補償することが必要な損失を政府が補償することを約する契約を締結することができるものとすること。(附則第8条関係)

第三　改正法による検疫法の一部改正
　　外国に検疫感染症以外の感染症(新感染症を除く。)が発生し、これについて検疫を行わなければ、その病原体が国内に侵入し、国民の生命及び健康に重大な影響を与えるおそれがあるときは、政令で、感染症の種類を指定し、1年以内の期間を限り、当該感染症について検疫法の規定を準用することができることとされているところ、当該政令で定められた期間について、当該感染症の外国及び国内における発生及びまん延の状況その他の事情に鑑み、当該政令により準用することとされた規定を当該期間の経過後なお準用することが必要であると認められる場合は、1年以内の政令で定める期間に限り延長することができるものとすること。(第34条関係)

第四　施行期日等
　一　施行期日
　　　この法律は、公布の日から施行すること。(改正法附則第1条関係)
　二　その他
　　　その他所要の改正を行うこと。

第五　その他
　　予防接種法及び検疫法の一部を改正する法律の施行に伴う関係政令の整備に関する政令及び予防接種法及び検疫法の一部を改正する法律の施行に伴う厚生労働省関係省令の整理に関する省令において、必要となる政省令の整備等を行うものであること。

⒇　「感染症の予防及び感染症の患者に対する医療に関する法律等の一部を改正する法律」の公布及び一部施行について　―第26次改正―

> 令和4年12月9日　医政発1209第22号・産情発1209第2号・健発1209第2号・生食発1209第7号・保発1209第3号
> 各都道府県知事・各保健所設置市市長・各特別区区長宛　厚生労働省医政局長・大臣官房医薬産業振興・医療情報審議官・健康局長・大臣官房生活衛生・食品安全審議官・保険局長連名通知

　「感染症の予防及び感染症の患者に対する医療に関する法律等の一部を改正する法律」（令和4年法律第96号。以下「改正法」という。）が本日公布され順次施行されることとなりました。

　また、改正法の一部が公布日等に施行されることに伴い、感染症の予防及び感染症の患者に対する医療に関する法律等の一部を改正する法律の一部の施行に伴う関係政令の整備等に関する政令（令和4年政令第377号。以下「整備政令」という。）及び感染症の予防及び感染症の患者に対する医療に関する法律等の一部を改正する法律の一部の施行に伴う厚生労働省関係省令の整備に関する省令（令和4年厚生労働省令第165号。以下「整備省令」という。）が本日公布され、関係法令が改正されました。令和5年4月1日以降の施行に必要な政省令及び通知等については、今後制定し、その具体的な内容について別途通知する予定です。

　これらの改正の趣旨等は下記のとおりですので、十分御了知の上、管内の関係機関等に対し、その周知を図るとともに、その運用に遺漏のなきようお願いします。なお、本改正に関するQ＆A等を後日発出する予定ですので、当該Q＆A等についても御参照いただきますようお願いします。

記

第一　改正の趣旨
　　新型コロナウイルス感染症への対応を踏まえ、国民の生命及び健康に重大な影響を与えるおそれがある感染症の発生及びまん延に備えるため、国又は都道府県及び関係機関の連携協力による病床、外来医療及び医療人材並びに感染症対策物資の確保の強化、保健所や検査等の体制の強化、情報基盤の整備、機動的なワクチン接種の実施、水際対策の実効性の確保等の措置を講ずるもの。

第二　改正の概要
　一・二　（略）
　三　予防接種法の一部改正
　　1　臨時の予防接種の見直し（公布日施行）
　　　(1)　改正の趣旨
　　　　今後、新型コロナウイルス感染症のような全国的かつ急速なまん延により国民の生命及び健康に重大な影響を与えるおそれがある疾病が新たに発生することが考えられ、そのまん延予防上の緊急の必要があると認められるときに、改正法による改正前の予防接種法（昭和23年法律第68号）附則第7条第1項に基づく新型コロナウイルス感染症に係る予防接種（以下「特例臨時接種」という。）と同様に、国が全国的な予防接種を主導する必要がある場合が想定されることを踏まえ、特例臨時接種に係る規定と同様の規定を、予防

接種法の本則に新設することとする。

また、改正法による改正前の予防接種法（以下「旧予防接種法」という。）第6条第2項に基づく臨時の予防接種の指示についても、都道府県知事に加え、都道府県知事を通じて市町村長に対しても行うことができるよう、改正を行う。

(2) 改正の概要

厚生労働大臣は、A類疾病のうち当該疾病の全国的かつ急速なまん延により国民の生命及び健康に重大な影響を与えるおそれがあると認められるものとして厚生労働大臣が定めるもののまん延予防上緊急の必要があると認めるときは、その対象者及びその期日又は期間を指定して、都道府県知事に対し、又は都道府県知事を通じて市町村長に対し、臨時に予防接種を行うよう指示することができるものとし、当該予防接種に係る費用は全額国費負担とする。（予防接種法第6条第3項及び第27条第2項関係）

国庫の負担は、各年度において、都道府県又は市町村が支弁する予防接種法に定めるところにより予防接種を行うために要する費用について厚生労働大臣が定める基準によって算定した医師の報酬、薬品、材料その他に要する経費の額（その額が当該年度において現に要した当該費用の額（その費用のための寄附金があるときは、その寄附金の額を控除するものとする。）を超えるときは、当該費用の額とする。）について行うこととする。（予防接種法施行令（昭和23年政令第197号）第32条第2項関係）

また、厚生労働大臣は、A類疾病及びB類疾病のうち厚生労働大臣が定めるもののまん延予防上緊急の必要があると認めるときは、その対象者及びその期日又は期間を指定して、都道府県知事に対し、又は都道府県知事を通じて市町村長に対し、臨時に予防接種を行うよう指示することができることとする。（予防接種法第6条第2項関係）

2 予防接種の勧奨及び予防接種を受ける努力義務に関する規定の適用除外（公布日施行）

(1) 改正の趣旨

新設する予防接種法第6条第3項の規定による臨時の予防接種については、特例臨時接種と同様に、その接種の勧奨を行い、予防接種を受ける努力義務を課すことを規定する。その上で、同法第6条第1項から第3項までの臨時の予防接種については、その対象とする疾病のまん延状況や当該疾病に係る予防接種の有効性等に関する情報を踏まえ、当該規定ごとに対象者を指定して適用しないこととすることができる旨の規定を新設する。

(2) 改正の概要

改正法による改正後の予防接種法（以下「新予防接種法」という。）第6条第3項の臨時の予防接種についても、予防接種法第8条による予防接種の勧奨及び同法第9条による予防接種を受ける努力義務の対象とするよう規定する。また、その対象とする疾病のまん延の状況並びに当該疾病に係る予防接種の有効性及び安全性等に関する情報を踏まえ、政令で、当該規定ごとに対象者を指定して適用しないこととすることがで

きるものとする。(予防接種法第8条、第9条及び第9条の2関係)
3 予防接種に関する記録(公布日施行)
(1) 改正の趣旨
　市町村長又は都道府県知事が定期の予防接種及び臨時の予防接種(以下「定期の予防接種等」という。)の対象者を把握し、当該接種を円滑かつ効果的に実施するためには、自らが実施した定期の予防接種等の記録のほか、定期の予防接種等に相当する接種についても記録の保存を行うことが必要であるため、これらの記録の保存に関する規定を新設する。
(2) 改正の概要
　市町村長又は都道府県知事は、
・ 定期の予防接種等を行ったとき
・ 定期の予防接種等に相当する接種を受けた者又は当該定期の予防接種等に相当する接種を行った者から当該定期の予防接種等に相当する接種に関する証明書の提出を受けた場合又はその内容を記録した電磁的記録の提供を受けたときは、遅滞なく、当該定期の予防接種等又は当該定期の予防接種等に相当する接種に関する記録を作成し、保存しなければならないものとする。
(予防接種法第9条の3関係)
　作成する記録の記載事項は、予防接種を受けた者の氏名、性別、生年月日、住所等、予防接種を行った年月日等とし、定期の予防接種等を行ったとき又は定期の予防接種等に相当する接種を受けた者若しくは当該定期の予防接種等に相当する接種を行った者から当該定期の予防接種等に相当する接種に関する証明書等の提供を受けたときから5年間保存しなければならないものとする。
(予防接種法施行規則(昭和23年厚生省令第36号)第3条関係)
　また、定期の予防接種等を行った者又は定期の予防接種等に相当する接種を受けた者若しくは当該定期の予防接種等に相当する接種を行った者から当該定期の予防接種等に相当する接種に関する証明書等の提供を受けた者はそれぞれ規定する様式(様式第1号又は様式第2号)による予防接種済証を交付するものとし、臨時の予防接種を受けた者又は臨時の予防接種に相当する予防接種を受けた者であって、海外渡航その他の事情を有するものから求めがあったときは、当該予防接種済証のほか別途規定する様式(様式第3号)による予防接種済証を交付することができることとする。(予防接種法施行規則第4条及び様式第1号から様式第3号まで)
4 資料の提供等(公布日施行)
(1) 改正の趣旨
　市町村長又は都道府県知事が他の市町村等に対し、接種記録等の定期の予防接種等の実施に必要となる情報を照会する場合における情報提供を受ける法的根拠を明確にするとともに、市町村から予防接種の実施を委託された医療機関等における予防接種の実施事務の適正を担保するためには、当該医療機関等に対して報告を求めることができる必要がある。
　そのため、市町村長又は都道府県知事が、官公署への資料の提供や、医師その他の関係者に対して必要な報告を求める権限を法律上明記す

る。
(2) 改正の概要
市町村長又は都道府県知事は、定期の予防接種等の実施に関し必要があると認めるときは、官公署に対し、必要な書類の閲覧若しくは資料の提供を求め、又は病院若しくは診療所の開設者、医師その他の関係者に対し、必要な事項の報告を求めることができるものとする。(予防接種法第9条の4関係)

5 損失補償契約(公布日施行)
(1) 改正の趣旨
新型インフルエンザ等感染症、指定感染症又は新感染症に係るワクチンについて、世界的規模で需給が著しくひっ迫する等し、これを早急に確保しなければ全国的かつ急速なまん延により国民の生命及び健康に重大な影響を与えるおそれがあると認められるときは、一定の期間に限り、国会承認等の手続を経た上で、厚生労働大臣は、当該疾病に係るワクチンの供給に関して製造販売業者等と損失補償契約を締結することができる旨の規定を整備する。
(2) 改正の概要
政府は、新型インフルエンザ等感染症、指定感染症又は新感染症に係るワクチンについて、世界的規模で需給が著しくひっ迫し、又はひっ迫するおそれがあり、これを早急に確保しなければ当該疾病の全国的かつ急速なまん延により国民の生命及び健康に重大な影響を与えるおそれがあると認められるときは、一定の期間に限り、閣議の決定をし、かつ、国会の承認を得た上で、厚生労働大臣が当該疾病に係るワクチンの供給に関する契約を締結する当該疾病に係るワクチン製造販売業者等を相手方として、当該契約に係るワクチンを使用する予防接種による健康被害に係る損害を賠償することにより生ずる損失等を政府が補償することを約する契約を締結することができるものとする。
ただし、緊急の必要がある場合には、国会の承認を得ないで当該契約(国会の承認を受けることをその効力の発生条件とするものに限る。)を締結することができるものとする。(予防接種法第29条関係)

6 電子対象者確認(公布日から起算して3年6月を超えない範囲内において政令で定める日施行)
(1) 改正の趣旨
定期の予防接種等の対象者であることの確認に係る市町村又は都道府県知事の事務負担を軽減する等の観点から、個人番号カードに記録された利用者証明用電子証明書等による定期の予防接種等の対象者確認(以下「電子対象者確認」という。)を導入する。
(2) 改正の概要
市町村長又は都道府県知事は、定期の予防接種等を行うに当たっては、電子対象者確認の方法により、当該定期の予防接種等を受けようとする者が当該定期の予防接種等の対象者であることの確認を行うことができるものとする。(予防接種法第6条の2関係)

7 予防接種の有効性及び安全性の向上に関する調査等(公布日から起算して3年6月を超えない範囲内において政令で定める日施行)
(1) 改正の趣旨
厚生労働大臣が、定期の予防接種

等の有効性及び安全性の向上のための調査及び研究を行うことを明確化するとともに、当該調査及び研究に必要な情報の収集等についての規定を新設する。

(2) 改正の概要

厚生労働大臣は、定期の予防接種等の有効性及び安全性の向上を図るために必要な調査及び研究を行うものとする。

また、市町村長又は都道府県知事は、それらの調査及び研究の実施に必要な情報を厚生労働大臣に対して提供しなければならないこととするとともに、厚生労働大臣は、地方公共団体、病院若しくは診療所の開設者、医師又はワクチン製造販売業者に対し、当該調査及び研究の実施に必要な情報を提供するよう求めることができるものとする。（予防接種法第23条関係）

8 匿名予防接種等関連情報の利用又は提供等（公布日から起算して3年6月を超えない範囲内において政令で定める日施行）

(1) 改正の趣旨

国民保健の向上に資するため、定期の予防接種等に関する情報、医師等が厚生労働大臣に報告した副反応疑い報告に係る情報等を匿名化したもの（以下「匿名予防接種等関連情報」という。）を外部の研究機関等に提供することができることとするための規定を新設する。

(2) 改正の概要

① 厚生労働大臣は、国民保健の向上に資するため、匿名予防接種等関連情報を利用し、又は次に掲げる者であって、匿名予防接種等関連情報の提供を受けて行うことについて相当の公益性を有すると認められる業務としてそれぞれ次に定めるものを行うものに提供することができるものとする。（予防接種法第24条第1項関係）

・ 国の他の行政機関及び地方公共団体　適正な保健医療サービスの提供に資する施策の企画及び立案に関する調査

・ 大学その他の研究機関　疾病の原因並びに疾病の予防、診断及び治療の方法に関する研究その他の公衆衛生の向上及び増進に関する研究

・ 民間事業者その他の者　医療分野の研究開発に資する分析その他の業務（特定の商品又は役務の広告又は宣伝に利用するために行うものを除く。）

② 厚生労働大臣は、①による利用又は提供を行う場合には、当該匿名予防接種等関連情報を高齢者の医療の確保に関する法律（昭和57年法律第80号）に規定する匿名医療保険等関連情報等と連結して利用し、又は連結して利用することができる状態で提供することができるものとする。（予防接種法第24条第2項関係）

③ 匿名予防接種等関連情報の適切な管理、利用が行われるよう必要な規定を整備する。（予防接種法第25条から第30条まで関係）

④ 支払基金等への委託、手数料、対象者番号等の利用制限その他所要の規定の整備を行う。（予防接種法第31条から第46条まで、第54条、第55条及び第57条関係）

9 その他（公布日施行）

予防接種法第11条の見直しに伴い、

政令への委任事項の見直しを行い、予防接種を行う医師の氏名等の公告に係る規定を削除することとする。（予防接種法施行令第4条関係）

四～十一　（略）

第三　検討規定

1・2　（略）

3　政府は、予防接種の有効性及び安全性に関する情報（副反応に関する情報を含む。）の公表の在り方について検討を加え、その結果に基づいて必要な措置を講ずるものとする。（附則第2条第3項）

4　政府は、この法律の施行後5年を目途として、この法律による改正後のそれぞれの法律（以下この項において「改正後の各法律」という。）の施行の状況等を勘案し、必要があると認めるときは、改正後の各法律の規定について検討を加え、その結果に基づいて所要の措置を講ずるものとする。（附則第2条第4項）

第四　経過措置等

1～4　（略）

5　新型コロナウイルス感染症に係る予防接種については、改正法の公布日前に行われた旧予防接種法附則第7条第1項の規定による厚生労働大臣の指定及び指示は、新予防接種法第6条第3項の規定により行われた指定及び指示とみなし、かつ、改正法の公布日前に行われた旧予防接種法附則第7条第1項の規定による予防接種は新予防接種法第6条第3項の規定により行われた予防接種とみなして、新予防接種法の規定を適用することとし、それに伴う必要な読替えを規定する。（附則第14条第1項）

新型コロナウイルス感染症に係るワクチンの供給に関する契約に係る損失補償契約については、旧予防接種法附則第8条の規定は、なお効力を有することとし、この場合において新予防接種法第29条の規定は適用しないこととする。（附則第14条第2項）

新型コロナウイルス感染症に係る予防接種については、整備省令による改正前の予防接種法施行規則及び予防接種実施規則（昭和33年厚生省令第27号）の規定は、なおその効力を有することとする。（整備省令附則第4項）

6～8　（略）

様式第1号～第3号　（略）

2. 予防接種の実施に関する通知

(1) 予防接種法第5条第1項の規定による予防接種の実施について

> 平成25年3月30日　健発0330第2号
> 各都道府県知事宛　厚生労働省健康局長通知
>
> 注　令和6年9月27日健発0927第2号改正現在

予防接種法（昭和23年法律第68号）第5条第1項の規定により市町村長が行う予防接種については、下記事項のとおりその具体的運営を図ることとしたので、貴職におかれては、貴管内市町村（保健所を設置する市及び特別区を含む。）及び関係機関等へ周知を図るとともに、その実施に遺漏なきを期されたい。

なお、本通知は、地方自治法（昭和22年法律第67号）第245条の4第1項に規定する技術的な助言とし、平成25年4月1日から適用する。

記

1　定期接種実施要領
　予防接種法第5条第1項の規定による予防接種の実施に当たっては、予防接種法等関係法令を遵守するとともに、別添「定期接種実施要領」によること。

2　通知の廃止
　本通知の適用に伴い、「定期の予防接種の実施について」（平成17年1月17日付健発第0127005号厚生労働省健康局長通知）、「定期のインフルエンザ予防接種の実施について」（平成17年6月16日付健発第0616002号厚生労働省健康局長通知）及び「日本脳炎の定期の予防接種について」（平成22年4月1日付健発0401第19号、薬食発0401第25号厚生労働省健康局長、医薬食品局長連名通知）は、平成25年3月31日をもって廃止する。

〔別　添〕

定期接種実施要領

第1　総論

1　予防接種台帳
　市町村長（特別区の長を含む。以下同じ。）は、予防接種法（昭和23年法律第68号。以下「法」という。）第5条第1項の規定による予防接種（以下「定期接種」という。）の対象者について、あらかじめ住民基本台帳その他の法令に基づく適法な居住の事実を証する資料等に基づき様式第一の予防接種台帳を参考に作成し、法第9条の3や予防接種法施行規則（昭和23年厚生省令第36号。以下「施行規則」という。）第3条、文書管理規程等に従い、少なくとも5年間は適正に管理・保存すること。
　また、予防接種台帳を、未接種者の把握や市町村（特別区を含む。以下同じ。）間での情報連携等に有効活用するため、電子的な管理を行うことが望ましい。

2　対象者等に対する周知
(1) 定期接種を行う際は、予防接種法施行令（昭和23年政令第197号。以下「政令」という。）第5条の規定による公告を行い、政令第6条の規定により定期接種の対象者又はその保護者に対して、あらかじめ、予防接種の種類、予防接種を受ける期日又は期間及び場所、予防接種を受けるに当たって注意すべき事項、予防接種を受けるこ

とが適当でない者、接種に協力する医師その他必要な事項を十分周知すること。その周知方法については、やむを得ない事情がある場合を除き、個別通知とし、確実な周知に努めること。

　　　B類疾病の定期接種を行う際は、接種を受ける法律上の義務はなく、かつ、自らの意思で接種を希望する者のみに接種を行うものであることを明示した上で、上記内容を十分周知すること。
（2）予防接種の対象者又はその保護者に対する周知を行う際は、必要に応じて、母子健康手帳の持参、費用等も併せて周知すること。なお、母子健康手帳の持参は必ずしも求めるものではないが、接種を受けた記録を本人が確認できるような措置を講じること。
（3）近年、定期接種の対象者に外国籍の者が増えていることから、多言語（日本語、英語、中国語、韓国語、ベトナム語、スペイン語、ポルトガル語、タイ語、インドネシア語、タガログ語、ネパール語等）による周知等に努めること。
（4）麻しん及び風しんの定期接種については、「麻しんに関する特定感染症予防指針」（平成19年厚生労働省告示第442号）及び「風しんに関する特定感染症予防指針」（平成26年厚生労働省告示第122号）において、第1期及び第2期の接種率目標を95％以上と定めており、また、結核の定期接種についても、「結核に関する特定感染症予防指針」（平成19年厚生労働省告示第72号）において、接種率目標を95％以上と定めていることから、予防接種を受けやすい環境を整え、接種率の向上を図ること。
（5）マイナポータルを通じたプッシュ型のお知らせ機能を積極的に活用すること。
3　予防接種実施状況の把握
（1）既接種者及び未接種者の確認
　　予防接種台帳等の活用により、「7　予防接種の実施計画」で設定した接種予定時期を前提として、接種時期に応じた既接種者及び未接種者の数を早期のうちに確認し、管内における予防接種の実施状況について的確に把握すること。
（2）未接種者への再度の接種勧奨
　　A類疾病の定期接種の対象者について、本実施要領における標準的な実施時期を過ぎてもなお、接種を行っていない未接種者については、疾病罹患予防の重要性、当該予防接種の有効性、発生しうる副反応及び接種対象である期間について改めて周知した上で、本人及びその保護者への個別通知等を活用して、引き続き接種勧奨を行うこと。ただし、ロタウイルス感染症の定期接種について、生まれた日の翌日から起算して14週6日（以下「出生14週6日後」という。本通知においては、ロタウイルス感染症に係る週齢計算については、生まれた日を0日として計算することとし、以下「出生〇週後」又は「出生〇日後」とする。）を過ぎた場合はこの限りではないこと。
（3）定期的な健診の機会を利用した接種状況の確認
　　母子保健法（昭和40年法律第141号）に規定する健康診査（1歳6か月児健康診査及び3歳児健康診査のほか、3〜4か月児健康診査など必要に応じて実施する健康診査）及び学校保健安全法（昭和33年法律第56号）に規定する健康診断（就学時の健康診断）の機会を捉え、市町村長は、定期接種

の対象となっている乳幼児の接種状況について、保健所又は教育委員会と積極的に連携することにより、その状況を把握し、未接種者に対しては、引き続き接種勧奨を行うこと。

(4) 風しんの第5期の定期接種の対象者への接種勧奨

風しんの第5期の定期接種の対象者について、風しんに係る抗体検査を受けた結果、十分な量の風しんの抗体がないことが判明した者のうち未接種者については、疾病罹患予防の重要性、当該予防接種の有効性、発生しうる副反応及び接種対象である期間について周知した上で、本人への個別通知等を活用して、接種勧奨を行うこと。

4 予防接種に関する周知

市町村長は、予防接種制度の概要、予防接種の有効性・安全性及び副反応その他接種に関する注意事項等について、十分な周知を図ること。

5 接種の場所

定期接種については、適正かつ円滑な予防接種の実施のため、市町村長の要請に応じて予防接種に協力する旨を承諾した医師が医療機関で行う個別接種を原則とすること。ただし、予防接種の実施に適した施設において集団を対象にして行うこと（集団接種）も差し支えない。

また、定期接種の対象者が寝たきり等の理由から、当該医療機関において接種を受けることが困難な場合においては、予防接種を実施する際の事故防止対策、副反応対策等の十分な準備がなされた場合に限り、当該対象者が生活の根拠を有する自宅や入院施設等において実施しても差し支えない。これらの場合においては、「13 A類疾病の定期接種を集団接種で実施する際の注意事項」及び「14 医療機関以外の場所で定期接種を実施する際の注意事項」に留意すること。

なお、市町村長は、学校等施設を利用して予防接種を行う場合は、管内の教育委員会等関係機関と緊密な連携を図り実施すること。

6 接種液

(1) 接種液の使用に当たっては、標示された接種液の種類、有効期限内であること及び異常な混濁、着色、異物の混入その他の異常がない旨を確認すること。

(2) 接種液の貯蔵は、生物学的製剤基準の定めるところによるほか、所定の温度が保たれていることを温度計によって確認できる冷蔵庫等を使用する方法によること。

また、ワクチンによって、凍結させないこと、溶解は接種直前に行い一度溶解したものは直ちに使用すること、溶解の前後にかかわらず光が当たらないよう注意すること、冷凍保存し解凍後の冷蔵保存では保存期間が変わるものがあることなどの留意事項があるので、それぞれ添付文書を確認の上、適切に使用すること。

7 予防接種の実施計画

(1) 予防接種の実施計画の策定については、次に掲げる事項に留意すること。

ア 実施計画の策定に当たっては、地域医師会等の医療関係団体と十分協議するものとし、個々の予防接種が時間的余裕をもって行われるよう計画を策定すること。

また、インフルエンザの定期接種については、接種希望者がインフルエンザの流行時期に入る前（通常は12月中旬頃まで）に接種を受けられるよう計画を策定すること。

イ ヒトパピローマウイルス感染症の定期接種については、積極的勧奨の

差控えにより接種機会を逃した方に対して、公平な接種機会を確保する観点から、時限的に、従来の定期接種の対象年齢を超えて接種（以下「キャッチアップ接種」という。）を実施するため、「HPVワクチンのキャッチアップ接種の実施等について」（令和4年3月18日健健発0318第3号厚生労働省健康局健康課長通知）を参考に計画を策定すること。
　ウ　接種医療機関において、予防接種の対象者が他の患者から感染を受けることのないよう、十分配慮すること。
　エ　予防接種の判断を行うに際して注意を要する者（㋐から㋗までに掲げる者をいう。以下同じ。）について、接種を行うことができるか否か疑義がある場合は、慎重な判断を行うため、予防接種に関する相談に応じ、専門性の高い医療機関を紹介する等、一般的な対処方法等について、あらかじめ決定しておくこと。
　　㋐　心臓血管系疾患、腎臓疾患、肝臓疾患、血液疾患、発育障害等の基礎疾患を有する者
　　㋑　予防接種で接種後2日以内に発熱のみられた者及び全身性発疹等のアレルギーを疑う症状を呈したことがある者（なお、インフルエンザの定期接種に際しては、10(5)に記載したように、接種不適当者となることに注意すること）。
　　㋒　過去にけいれんの既往のある者
　　㋓　過去に免疫不全の診断がされている者及び近親者に先天性免疫不全症の者がいる者
　　㋔　接種しようとする接種液の成分に対してアレルギーを呈するおそれのある者
　　㋕　バイアルのゴム栓に乾燥天然ゴム（ラテックス）が含まれている製剤を使用する際の、ラテックス過敏症のある者
　　㋖　結核の予防接種にあっては、過去に結核患者との長期の接触がある者その他の結核感染の疑いのある者
　　㋗　ロタウイルス感染症の予防接種にあっては、活動性胃腸疾患や下痢等の胃腸障害のある者
　(2)　市町村長は、予防接種の実施に当たっては、あらかじめ、予防接種を行う医師に対し実施計画の概要、予防接種の種類、接種対象者等について説明すること。
　(3)　接種医療機関及び接種施設には、予防接種直後の即時性全身反応等の発生に対応するために必要な薬品及び用具等を備え、又は携行すること。
8　対象者の確認
　接種前に、予防接種の通知書その他本人確認書類の提示を求める等の方法により、接種の対象者であることを慎重に確認すること。
　風しんの第5期の定期接種の実施に当たっては、風しんに係る抗体検査を受けた結果、十分な量の風しんの抗体があることが判明し、当該予防接種を行う必要がないと認められる者は定期接種の対象外となるため、対象者に抗体検査の結果の提示を求める等の方法により、接種の対象者を確認すること。
　　（注）風しんの第5期の定期接種の対象となる抗体価の基準は、別表1に掲げるとおりである。
　なお、接種回数を決定するに当たっては、次のことに留意すること。
(1)　「子宮頸がん等ワクチン接種緊急促進事業の実施について」（平成22年11

月26日厚生労働省健康局長、医薬食品局長連名通知）に基づき過去に一部接種した回数や、任意接種として過去に一部接種した回数については、既に接種した回数分の定期接種を受けたものとしてみなすこと。
(2) 海外等で受けた予防接種については、医師の判断と保護者の同意に基づき、既に接種した回数分の定期接種を受けたものとしてみなすことができること。
9 予診票
(1) 乳幼児や主に小学生が接種対象となっている定期接種（ジフテリア、百日せき、破傷風、急性灰白髄炎、麻しん、風しん、日本脳炎、結核、Hib感染症、小児の肺炎球菌感染症又は水痘）については様式第二予防接種予診票（乳幼児・小学生対象）を、ヒトパピローマウイルス感染症の定期接種のうち、接種を受ける者に保護者が同伴する場合及び接種を受ける者が満16歳以上の場合については様式第三ヒトパピローマウイルス感染症予防接種予診票（保護者が同伴する場合、受ける人が満16歳以上の場合）を、満16歳未満の接種を受ける者に保護者が同伴しない場合については様式第四ヒトパピローマウイルス感染症予防接種予診票（保護者が同伴しない場合）を、インフルエンザの定期接種については様式第五インフルエンザ予防接種予診票を、高齢者の肺炎球菌感染症の定期接種については様式第六高齢者用肺炎球菌ワクチン予防接種予診票を、Ｂ型肝炎の定期接種については、様式第八Ｂ型肝炎予防接種予診票を、風しんの第5期の定期接種については、様式第九風しんの第5期の予防接種予診票を、ロタウイルス感染症の定期接種については様式第十ロタウイルス感染症予防接種予診票を、新型コロナウイルス感染症の定期接種については様式第十一新型コロナウイルス感染症予防接種予診票を、それぞれ参考にして予診票を作成すること。

なお、満16歳以上であって未成年である者に対するヒトパピローマウイルス感染症の定期接種（キャッチアップ接種を含む。）及び日本脳炎の定期接種については、各市町村の判断で、本人の同意の他、保護者に対して接種の意向を確認することは差し支えない。この場合であっても、満16歳以上の者は保護者の同意は必要無く、予防接種を受けるかどうかについて満16歳以上の者が自ら判断できることから、保護者の意向により判断することなく、本人の同意の有無によって接種の実施を判断するよう留意すること。ただし、仮に予診票の自署欄に保護者の自署が記載されていた場合であっても、本人が接種を受けることを同意していることについて明示的に確認できる場合には、自署欄の修正は不要である。

なお、予診票については、予防接種の種類により異なる紙色のものを使用すること等により予防接種の実施に際して混同を来さないよう配慮すること。
(2) 作成した予診票については、風しんの第5期の定期接種、インフルエンザの定期接種及び高齢者の肺炎球菌感染症の定期接種を除き、あらかじめ保護者に配布し、各項目について記入するよう求めること。
(3) 市町村長は、接種後に予診票を回収し、文書管理規程等に従い、少なくとも5年間は適正に管理・保存すること。

10 予診並びに予防接種不適当者及び予防接種要注意者
(1) 接種医療機関及び接種施設において、問診、検温、視診、聴診等の診察を接種前に行い、予防接種を受けることが適当でない者又は予防接種の判断を行うに際して注意を要する者に該当するか否かを調べること（以下「予診」という。）。
(2) 個別接種については、原則、保護者の同伴が必要であること。

　ただし、政令第3条第2項の規定による対象者に対して行う予防接種、政令附則第2項による日本脳炎の定期接種及びヒトパピローマウイルス感染症の定期接種（いずれも13歳以上の者に接種する場合に限る。）において、あらかじめ、接種することの保護者の同意を予診票上の保護者自署欄にて確認できた者については、保護者の同伴を要しないものとする。

　また、接種の実施に当たっては、被接種者本人が予防接種不適当者又は予防接種要注意者か否かを確認するために、予診票に記載されている質問事項に対する回答に関する本人への問診を通じ、診察等を実施した上で、必要に応じて保護者に連絡するなどして接種への不適当要件の事実関係等を確認するための予診に努めること。

　なお、被接種者が満16歳以上である場合は、この限りではない。
(3) 乳幼児・小児に対して定期接種を行う場合は、保護者に対し、接種前に母子健康手帳の提示を求めること。
(4) B類疾病の定期接種の実施に際しては、接種を受ける努力義務がないことを踏まえ、対象者が自らの意思で接種を希望していることを確認すること。
　また、B類疾病の定期接種については、法の趣旨を踏まえ、積極的な接種勧奨とならないよう特に留意すること。なお、対象者の意思の確認が容易でない場合は、家族又はかかりつけ医の協力を得て、その意思を確認することも差し支えないが、明確に対象者の意思を確認できない場合は、接種してはならないこと。
(5) 予診の結果、異常が認められ、予防接種実施規則（昭和33年厚生省令第27号。以下「実施規則」という。）第6条に規定する者（予防接種を受けることが適当でない者）に該当する疑いのある者と判断される者に対しては、当日は接種を行わず、必要があるときは、精密検査を受けるよう指示すること。なお、インフルエンザの定期接種で接種後2日以内に発熱のみられた者及び全身性発疹等のアレルギーを疑う症状を呈したことがある者で、インフルエンザワクチンの接種をしようとするものは、施行規則第2条第10号（予防接種を行うことが不適当な状態にある者）に該当することに留意すること。
(6) 予防接種の判断を行うに際して注意を要する者については、被接種者の健康状態及び体質を勘案し、慎重に予防接種の適否を判断するとともに、説明に基づく同意を確実に得ること。

11 予防接種後副反応等に関する説明及び同意
　予診の際は、予防接種の有効性・安全性、予防接種後の通常起こり得る副反応及びまれに生じる重い副反応並びに予防接種健康被害救済制度について、定期接種の対象者又はその保護者がその内容を理解し得るよう適切な説明を行い、予防接種の実施に関して文書により同意を得た場合に限り接種を行うものとするこ

と。

ただし、政令第3条第2項の規定による対象者に対して行う予防接種、政令附則第2項による日本脳炎の定期接種及びヒトパピローマウイルス感染症の定期接種（いずれも13歳以上の者に接種する場合に限る。）において、保護者が接種の場に同伴しない場合には、予防接種の有効性・安全性、予防接種後の通常起こり得る副反応及びまれに生じる重い副反応並びに予防接種健康被害救済制度についての説明を事前に理解する必要があるため、様式第四ヒトパピローマウイルス感染症予防接種予診票（保護者が同伴しない場合）を参考に、説明に関する情報を含んだ予診票を作成した上で、事前に保護者に配布し、保護者がその内容に関する適切な説明を理解したこと及び予防接種の実施に同意することを当該予診票により確認できた場合に限り接種を行うものとすること。

なお、児童福祉施設等において、接種の機会ごとに保護者の文書による同意を得ることが困難であることが想定される場合には、当該施設等において、保護者の包括的な同意文書を事前に取得しておくことも差し支えなく、また、被接種者が満16歳以上である場合は、被接種者本人の同意にて足りるものとする。

さらに、児童福祉施設等において、被接種者の保護者と連絡をとることができないため保護者の同意の有無を確認することができない場合の取扱いについては、「予防接種実施規則第5条の2第2項に基づき行われる児童相談所長等の予防接種に係る同意について」（平成28年3月31日健発0331第24号・雇児発0331第7号・障発0331第14号厚生労働省健康局長・雇用均等・児童家庭局長・社会・援護局障害保健福祉部長通知）を参照すること。

また、被接種者が次に掲げるいずれかに該当する場合であって、それぞれに定める者が、被接種者の保護者の住所又は居所を確認できるものの当該被接種者の保護者と連絡をとることができない等の事由により、保護者の同意の有無を確認することができないときは、当該被接種者の保護者に代わって、それぞれに定める者から予防接種に係る同意を得ることができる。

　ア　小規模住居型児童養育事業を行う者又は里親（以下「里親等」という。）に委託されている場合　当該里親等

　イ　児童福祉施設に入所している場合　当該児童福祉施設の長

　ウ　児童相談所に一時保護されている場合　当該児童相談所長

12　接種時の注意
(1)　予防接種を行うに当たっては、次に掲げる事項を遵守すること。

　ア　予防接種に従事する者は、手指を消毒すること。

　イ　ワクチンによって、凍結させないこと、溶解は接種直前に行い一度溶解したものは直ちに使用すること、溶解の前後にかかわらず光が当たらないよう注意することなどの留意事項があるので、それぞれ添付文書を確認の上、適切に使用すること。

　ウ　接種液の使用に当たっては、有効期限内のものを均質にして使用すること。

　エ　バイアル入りの接種液は、栓及びその周囲をアルコール消毒した後、栓を取り外さないで吸引すること。

　オ　接種液が入っているアンプルを開口するときは、開口する部分をあらかじめアルコール消毒すること。

カ 沈降精製百日せきジフテリア破傷風不活化ポリオヘモフィルスｂ型混合ワクチン（以下「５種混合ワクチン」という。）を使用するジフテリア、百日せき、急性灰白髄炎、破傷風及びHib感染症、沈降20価肺炎球菌結合型ワクチン又は沈降15価肺炎球菌結合型ワクチンを使用する肺炎球菌感染症並びに結核、ヒトパピローマウイルス感染症、ロタウイルス感染症、高齢者の肺炎球菌感染症及び新型コロナウイルス感染症以外の予防接種にあっては、原則として上腕伸側に皮下接種により行う。接種前には接種部位をアルコール消毒すること。同一部位への反復しての接種は避けること。

キ ５種混合ワクチンを使用するジフテリア、百日せき、急性灰白髄炎、破傷風及びHib感染症並びに沈降20価肺炎球菌結合型ワクチン又は沈降15価肺炎球菌結合型ワクチンを使用する肺炎球菌感染症の予防接種にあっては、皮下接種又は筋肉内注射により行う。また、接種部位については、皮下接種の場合は原則として上腕伸側（外側）、筋肉内注射の場合は原則として三角筋部又は大腿四頭筋部（ただし、乳児にあっては三角筋部ではなく大腿四頭筋部）にそれぞれ行う。接種前には接種部位をアルコール消毒し、接種に際しては、注射針の先端が血管内に入っていないことを確認すること。同一部位への反復しての接種は避けること。

ク 結核の予防接種にあっては、接種前に接種部位をアルコール消毒し、接種に際しては接種部位の皮膚を緊張させ、ワクチンの懸濁液を上腕外側のほぼ中央部に滴下塗布し、９本針植付けの経皮用接種針（管針）を接種皮膚面に対してほぼ垂直に保ちこれを強く圧して行うこと。接種数は２箇とし、管針の円跡は相互に接するものとすること。

ケ ヒトパピローマウイルス感染症の予防接種にあっては、ワクチンの添付文書の記載に従って、組換え沈降２価ヒトパピローマウイルス様粒子ワクチンを使用する場合は原則として上腕の三角筋部に、組換え沈降４価ヒトパピローマウイルス様粒子ワクチンを使用する場合は原則として上腕の三角筋部又は大腿四頭筋部に筋肉内注射する。

組換え沈降９価ヒトパピローマウイルス様粒子ワクチンを使用する場合は原則として上腕の三角筋部に筋肉内注射することとし、当該部位への接種が困難な場合は、大腿前外側部への接種を考慮すること。なお、その際、臀部には接種しないこと。

接種前に接種部位をアルコール消毒し、接種に際しては注射針の先端が血管内に入っていないことを確認すること。同一部位への反復しての接種は避けること。

コ ロタウイルス感染症の予防接種にあっては、母子健康手帳等により接種記録を確認の上、原則として同一ワクチンを複数回（経口弱毒生ヒトロタウイルスワクチンは２回、５価経口弱毒生ロタウイルスワクチンは３回）接種する。接種に際しては接種液が封入されている容器より直接、全量をゆっくりと経口投与する。他の薬剤や溶液と混合してはならない。

サ 高齢者の肺炎球菌感染症の予防接

種にあっては、原則として上腕伸側に皮下接種又は上腕の三角筋部に筋肉内注射により行う。接種前には接種部位をアルコール消毒し、接種に際しては注射針の先端が血管内に入っていないことを確認すること。
シ　新型コロナウイルス感染症の予防接種にあっては、原則として上腕の三角筋部に筋肉内注射により行う。接種前には接種部位をアルコール消毒し、接種に際しては注射針の先端が血管内に入っていないことを確認すること。
ス　接種用具等の消毒は、適切に行うこと。
セ　キ、ケ、サ又はシにおいて、筋肉内注射により行う場合には、注射針の先端が血管内に入っていないことの確認の際、陰圧をかける必要はないこと。
(2) 被接種者及び保護者に対して、次に掲げる事項を要請すること。
ア　接種後は、接種部位を清潔に保ち、接種当日は過激な運動を避けるよう注意し、又は注意させること。
イ　接種後、接種局所の異常反応や体調の変化を訴える場合は、速やかに医師の診察を受け、又は受けさせること。
ウ　被接種者又は保護者は、イの場合において、被接種者が医師の診察を受けたときは、速やかに当該予防接種を行った市町村（特別区を含む。以下同じ。）の担当部局に連絡すること。
13　A類疾病の定期接種を集団接種で実施する際の注意事項
(1) 実施計画の策定
予防接種の実施計画の策定に当たっては、予防接種を受けることが適当でない者を確実に把握するため、特に十分な予診の時間を確保できるよう留意すること。
(2) 接種会場
ア　冷蔵庫等の接種液の貯蔵設備を有するか、又は接種液の貯蔵場所から短時間で搬入できる位置にあること。
イ　2種類以上の予防接種を同時に行う場合は、それぞれの予防接種の場所が明確に区別され、適正な実施が確保されるよう配慮すること。
(3) 接種用具等の整備
ア　接種用具等、特に注射針、体温計等多数必要とするものは、市町村が準備しておくこと。
イ　注射器は、2ミリリットル以下のものを使用すること。
ウ　接種用具等を滅菌する場合は、煮沸以外の方法によること。
(4) 予防接種の実施に従事する者
ア　予防接種を行う際は、予診を行う医師1名及び接種を行う医師1名を中心とし、これに看護師、保健師等の補助者2名以上及び事務従事者若干名を配して班を編制し、各班員が行う業務の範囲をあらかじめ明確に定めておくこと。
イ　班の中心となる医師は、あらかじめ班員の分担する業務について必要な指示及び注意を行い、各班員はこれを遵守すること。
(5) 保護者の同伴要件
集団接種については、原則、保護者の同伴が必要であること。
ただし、政令第3条第2項の規定による対象者に対して行う予防接種、政令附則第2項による日本脳炎の定期接種及びヒトパピローマウイルス感染症の定期接種（いずれも13歳以上の者に

接種する場合に限る。）において、あらかじめ、接種することの保護者の同意を予診票上の保護者自署欄にて確認できた者については、保護者の同伴を要しないものとする。

また、接種の実施に当たっては、被接種者本人が予防接種不適当者又は予防接種要注意者か否かを確認するために、予診票に記載されている質問事項に対する回答内容に関する本人への問診を通じ、診察等を実施した上で、必要に応じて保護者に連絡するなどして接種への不適当要件の事実関係等を確認するための予診に努めること。

なお、被接種者が満16歳以上である場合は、この限りではない。

(6) 予防接種を受けることが適当でない状態の者への注意事項

予診を行う際は、接種場所に予防接種を受けることが適当でない状態等の注意事項の掲示、印刷物の配布又は厚生労働省ホームページに掲載されている予防接種を受けることが適当でない状態等の注意事項の活用により、保護者等から予防接種の対象者の健康状態、既往症等の申出をさせる等の措置をとり、接種を受けることが不適当な者の発見を確実にすること。

(7) 女性に対する接種の注意事項

政令第3条第2項の規定による対象者に対して行う予防接種、政令附則第2項で定める日本脳炎の定期接種及びヒトパピローマウイルス感染症の定期接種対象者のうち、13歳以上の女性への接種に当たっては、妊娠中若しくは妊娠している可能性がある場合には原則接種しないこととし、予防接種の有益性が危険性を上回ると判断した場合のみ接種できる。このため、接種医は、入念な予診が尽くされるよう、予診票に記載された内容だけで判断せず、必ず被接種者本人に、口頭で記載事実の確認を行うこと。また、その際、被接種者本人が事実を話しやすいような環境づくりに努めるとともに、本人のプライバシーに十分配慮すること。

14 医療機関以外の場所で定期接種を実施する際の注意事項

(1) 安全基準の遵守

市町村長は、医療機関以外の場所での予防接種の実施においては、被接種者に副反応が起こった際に応急対応が可能なように下記における安全基準を確実に遵守すること。

ア 経過観察措置

市町村長は、予防接種が終了した後に、短時間のうちに、被接種者の体調に異変が起きても、その場で応急治療等の迅速な対応ができるよう、接種を受けた者の身体を落ち着かせ、接種した医師、接種に関わった医療従事者又は実施市町村の職員等が接種を受けた者の身体の症状を観察できるように、接種後ある程度の時間は接種会場に止まらせること。また、被接種者の体調に異変が起きた場合に臥床することが可能なベッド等を準備するよう努めること。

イ 応急治療措置

市町村長は、医療機関以外の場所においても、予防接種後、被接種者にアナフィラキシーやけいれん等の重篤な副反応がみられたとしても、応急治療ができるよう救急処置物品（血圧計、静脈路確保用品、輸液、エピネフリン・抗ヒスタミン剤・抗けいれん剤・副腎皮質ステロイド剤等の薬液、喉頭鏡、気管内チュー

　　　　　ブ、蘇生バッグ等）を準備すること。
　　　ウ　救急搬送措置
　　　　　市町村長は、被接種者に重篤な副反応がみられた場合、速やかに医療機関における適切な治療が受けられるよう、医療機関への搬送手段を確保するため、市町村にて保有する車両を活用すること又は、事前に緊急車両を保有する消防署、近隣医療機関等と接種実施日等に関して、情報共有し、連携を図ること。
　(2)　次回以降の接種時期及び接種方法の説明
　　　市町村長は、医療機関以外の場所で行った予防接種について、次回以降の接種が必要な場合は、被接種者本人又はその保護者に対して、次回以降の接種時期及び接種方法について十分に説明すること。
　(3)　副反応が発生した場合の連絡先
　　　市町村長は、接種後に接種局所の異常反応や体調の変化が生じた際の連絡先として、接種医師の氏名及び接種医療機関の連絡先を接種施設に掲示し、又は印刷物を配布することにより、被接種者本人等に対して確実に周知すること。
　(4)　実施体制等
　　　(1)から(3)までに定めるもののほか、医療機関以外の場所で定期接種を実施する場合は、「13　A類疾病の定期接種を集団接種で実施する際の注意事項」の(1)から(3)まで、(6)及び(7)と同様とすること。
15　実費の徴収
　　法第28条の規定による実費の徴収について、同条ただし書に規定する経済的理由には、市町村民税の課税状況や生活保護又は中国残留邦人等支援給付の受給の有無が含まれるため、予防接種を受けた者又はその保護者のこれらの状況を勘案し、実費を徴収することができるかどうかを判断すること。
16　予防接種に関する記録及び予防接種済証の交付
　(1)　予防接種を行った際は、施行規則に定める様式による予防接種済証を交付すること。
　(2)　予防接種を行った際、乳幼児・小児については、(1)に代えて、母子健康手帳に予防接種及びワクチンの種類、接種年月日その他の証明すべき事項を記載すること。
　(3)　平成24年に改正された母子健康手帳では、乳幼児のみならず、学童、中学校、高等学校相当の年齢の者に接種する予防接種についても記載欄が設けられていることから、母子健康手帳に予防接種及びワクチンの種類、接種年月日その他の証明すべき事項を記載することにより、(1)に代えることができること。
17　都道府県の麻しん及び風しん対策の会議への報告
　　「麻しんに関する特定感染症予防指針」及び「風しんに関する特定感染症予防指針」に基づき、都道府県知事は、管内市町村長と連携し、管内における麻しん及び風しんの予防接種実施状況等を適宜把握し、都道府県を単位として設置される麻しん及び風しん対策の会議に速やかに報告すること。
18　他の予防接種との関係
　(1)　乾燥弱毒生麻しん風しん混合ワクチン、乾燥弱毒生麻しんワクチン、乾燥弱毒生風しんワクチン、経皮接種用乾燥BCGワクチン又は乾燥弱毒生水痘ワクチンを接種した日から、乾燥弱毒生麻しん風しん混合ワクチン、乾燥弱

毒生麻しんワクチン、乾燥弱毒生風しんワクチン、経皮接種用乾燥BCGワクチン又は乾燥弱毒生水痘ワクチンの予防接種（同一種類のワクチンを接種する場合において、接種の間隔に関する定めがある場合は、その定めるところによる。）を行うまでの間隔は、27日以上おくこと。

(2) 2種類以上の予防接種を同時に同一の接種対象者に対して行う同時接種（混合ワクチン・混合トキソイドを使用する場合は、1つのワクチンと数え、同時接種としては扱わない。）は、医師が特に必要と認めた場合に行うことができること。

19 長期にわたり療養を必要とする疾病にかかった者等の定期接種の機会の確保

(1) ロタウイルス感染症、インフルエンザ及び新型コロナウイルス感染症を除く法の対象疾病（以下「特定疾病」という。）について、それぞれ政令で定める予防接種の対象者であった者（当該特定疾病にかかっている者又はかかったことのある者その他施行規則第2条各号に規定する者を除く。）であって、当該予防接種の対象者であった間に、(2)の特別の事情があることにより予防接種を受けることができなかったと認められる者については、当該特別の事情がなくなった日から起算して2年（高齢者の肺炎球菌感染症に係る定期接種を受けることができなかったと認められるものについては、当該特別の事情がなくなった日から起算して1年）を経過する日までの間（(3)に掲げる疾病については、それぞれ、(3)に掲げるまでの間である場合に限る。）、当該特定疾病の定期接種の対象者とすること。

(2) 特別の事情

ア 次の(ｱ)から(ｳ)までに掲げる疾病にかかったこと（やむを得ず定期接種を受けることができなかった場合に限る。）

(ｱ) 重症複合免疫不全症、無ガンマグロブリン血症その他免疫の機能に支障を生じさせる重篤な疾病

(ｲ) 白血病、再生不良性貧血、重症筋無力症、若年性関節リウマチ、全身性エリテマトーデス、潰瘍性大腸炎、ネフローゼ症候群その他免疫の機能を抑制する治療を必要とする重篤な疾病

(ｳ) (ｱ)又は(ｲ)の疾病に準ずると認められるもの

（注）上記に該当する疾病の例は、別表2に掲げるとおりである。ただし、これは、別表2に掲げる疾病にかかったことのある者又はかかっている者が一律に予防接種不適当者であるということを意味するものではなく、予防接種実施の可否の判断は、あくまで予診を行う医師の診断の下、行われるべきものである。

イ 臓器の移植を受けた後、免疫の機能を抑制する治療を受けたこと（やむを得ず定期接種を受けることができなかった場合に限る。）

ウ 医学的知見に基づきア又はイに準ずると認められるもの

エ 災害、ワクチンの大幅な供給不足その他これに類する事由が発生したこと（やむを得ず定期接種を受けることができなかった場合に限る。）

(3) 対象期間の特例

ア ジフテリア、百日せき、急性灰白髄炎及び破傷風については、15歳（沈降精製百日せきジフテリア破傷

風不活化ポリオ混合ワクチン（以下「4種混合ワクチン」という。）及び5種混合ワクチンを使用する場合に限る。）に達するまでの間
　　イ　結核については、4歳に達するまでの間
　　ウ　Hib感染症については、10歳に達するまでの間（5種混合ワクチンを使用する場合にあっては、15歳に達するまでの間）
　　エ　小児の肺炎球菌感染症については、6歳に達するまでの間
(4)　留意事項
　　市町村は、(2)の「特別の事情」があることにより定期接種を受けることができなかったかどうかについては、被接種者が疾病にかかっていたことや、やむを得ず定期接種を受けることができなかったと判断した理由等を記載した医師の診断書や当該者の接種歴等により総合的に判断すること。
(5)　厚生労働省への報告
　　上記に基づき予防接種を行った市町村長は、被接種者の接種時の年齢、当該者がかかっていた疾病の名称等特別の事情の内容、予防接種を行った疾病、接種回数等を、任意の様式により速やかに厚生労働省健康・生活衛生局感染症対策部予防接種課に報告すること。
20　他の市町村等での予防接種
　　保護者が里帰りをしている場合、定期接種の対象者が医療機関等に長期入院している場合等の理由により、通常の方法により定期接種を受けることが困難な者等が定期接種を受けることを希望する場合には、予防接種を受ける機会を確保する観点から、居住地以外の医療機関と委託契約を行う、居住地の市町村長から里帰り先の市町村長へ予防接種の実施を依頼する、又は居住地の市町村長が定期接種の対象者から事前に申請を受け付けた上で償還払いを行う等の配慮をすること。
（注）居住地の市町村が定期接種の対象者から事前に申請を受けていない場合においても、当該居住地の市町村の判断によって当該定期接種の対象者が受けた予防接種を定期接種として取り扱うことは差し支えないこと。

21　予防接種の間違い
(1)　市町村長は、定期接種を実施する際、予防接種に係る間違いの発生防止に努めるとともに、間違いの発生を迅速に把握できる体制をとり、万が一、誤った用法用量でワクチンを接種した場合や、有効期限の切れたワクチンを接種した場合、血液感染を起こしうる場合等の重大な健康被害につながるおそれのある間違いを把握した場合には、以下の①から⑨までの内容を任意の様式に記載し、都道府県を経由して、厚生労働省健康・生活衛生局感染症対策部予防接種課に速やかに報告すること。
　　①予防接種を実施した機関
　　②ワクチンの種類、メーカー、ロット番号
　　③予防接種を実施した年月日（間違い発生日）
　　④間違いに係る被接種者数
　　⑤間違いの概要と原因
　　⑥市町村長の講じた間違いへの対応（公表の有無を含む。）
　　⑦健康被害発生の有無（健康被害が発生した場合は、その内容）
　　⑧今後の再発防止策
　　⑨市町村担当者の連絡先（電話番号、メールアドレス等）

(2) 接種間隔の誤りなど、直ちに重大な健康被害につながる可能性が低い間違いについては、(1)で報告した間違いを含めて、都道府県において、管内の市町村で当該年度（毎年4月1日から翌年3月31日までの間）に発生した間違いを取りまとめの上、その間違いの態様ごとに平成29年3月30日付事務連絡の別添様式を用いて、翌年度4月30日までに厚生労働省健康・生活衛生局感染症対策部予防接種課に報告すること。

(3) 予防接種の間違いが発生した場合は、市町村において、直ちに適切な対応を講じるとともに、再発防止に万全を期すこと。

22 副反応疑い報告

法の規定による副反応疑い報告については、「定期の予防接種等による副反応疑いの報告等の取扱いについて」（平成25年3月30日健発0330第3号、薬食発0330第1号厚生労働省健康局長、医薬食品局長連名通知）を参照すること。

23 「行政手続における特定の個人を識別するための番号の利用等に関する法律」における予防接種分野の対応

「行政手続における特定の個人を識別するための番号の利用等に関する法律」に基づく情報連携については、「「行政手続における特定の個人を識別するための番号の利用等に関する法律」の改正に伴う予防接種分野の対応について」（平成27年11月11日付事務連絡）、「医療費・医療手当請求書等の様式変更について」（平成27年12月21日健発1221第4号厚生労働省健康局長通知）、「子育てワンストップサービスの導入に向けた検討について」（平成28年12月14日付事務連絡）及び「情報提供ネットワークシステムを使用して地方税関係情報の提供を行う場合に本人の同意が必要となる事務における所要の措置について」（平成29年6月27日付事務連絡）等の関係通知等に留意して、適切に運用すること。

第2　各論

1　ジフテリア、百日せき、急性灰白髄炎、破傷風及びHib感染症の定期接種

(1) ジフテリア、百日せき、急性灰白髄炎、破傷風及びHib感染症について同時に行う第1期の予防接種は、5種混合ワクチンを使用し、初回接種については生後2月に達した時から生後7月に至るまでの期間を標準的な接種期間として20日以上、標準的には20日から56日までの間隔をおいて3回、追加接種については初回接種終了後6月以上、標準的には6月から18月までの間隔をおいて1回行うこと。なお、Hib感染症の定期接種として、後述する乾燥ヘモフィルスb型ワクチンを使用する場合は初回接種の開始時の月齢ごとに接種回数を減じることとされているが、5種混合ワクチンを使用する場合はこの接種回数を減じる取扱いは不要であることに留意すること。

(2) ジフテリア、百日せき、急性灰白髄炎及び破傷風について同時に行う第1期の予防接種は、(1)と同様とするか、4種混合ワクチンを使用し、初回接種については生後2月に達した時から生後12月に達するまでの期間を標準的な接種期間として20日以上、標準的には20日から56日までの間隔をおいて3回、追加接種については初回接種終了後6月以上、標準的には12月から18月までの間隔をおいて1回行うこと。

(3) ジフテリア、百日せき、急性灰白髄炎及びHib感染症について、ジフテリア、百日せき、破傷風及びHib感染症

(3) について、ジフテリア、急性灰白髄炎、破傷風及びHib感染症について又は百日せき、急性灰白髄炎、破傷風及びHib感染症について同時に行う第1期の予防接種は、(1)と同様とすること。

(4) ジフテリア、百日せき及び急性灰白髄炎について、ジフテリア、急性灰白髄炎及び破傷風について又は百日せき、急性灰白髄炎及び破傷風について同時に行う第1期の予防接種は、(2)と同様とすること。

(5) ジフテリア、百日せき及び破傷風について同時に行う第1期の予防接種は、(2)と同様とするか、沈降精製百日せきジフテリア破傷風混合ワクチンを使用し、初回接種については生後2月に達した時から生後12月に達するまでの期間を標準的な接種期間として20日以上、標準的には20日から56日までの間隔をおいて3回、追加接種については初回接種終了後6月以上、標準的には12月から18月までの間隔をおいて1回行うこと。

(6) ジフテリア、百日せき及びHib感染症について、ジフテリア、急性灰白髄炎及びHib感染症について、ジフテリア、破傷風及びHib感染症について、百日せき、急性灰白髄炎及びHib感染症について、百日せき、破傷風及びHib感染症について又は急性灰白髄炎、破傷風及びHib感染症について同時に行う第1期の予防接種は、(1)と同様とすること。

(7) ジフテリア及び百日せきについて又は百日せき及び破傷風について同時に行う第1期の予防接種は、(5)と同様とすること。

(8) ジフテリア及び急性灰白髄炎について、百日せき及び急性灰白髄炎について又は急性灰白髄炎及び破傷風について同時に行う第1期の予防接種は、(2)と同様とすること。

(9) ジフテリア及び破傷風について同時に行う第1期の予防接種は、(5)と同様とするか、沈降ジフテリア破傷風混合トキソイドを使用し、初回接種については生後3月に達した時から生後12月に達するまでの期間を標準的な接種期間として20日以上、標準的には20日から56日までの間隔をおいて2回、追加接種については初回接種終了後6月以上、標準的には12月から18月までの間隔をおいて1回行うこと。

(10) ジフテリア及びHib感染症について、百日せき及びHib感染症について、急性灰白髄炎及びHib感染症について又は破傷風及びHib感染症について同時に行う第1期の予防接種は、(1)と同様とすること。

(11) ジフテリア又は破傷風の第1期の予防接種は、(9)と同様とすること。

(12) 百日せきの第1期の予防接種は、(5)と同様とすること。

(13) 急性灰白髄炎の予防接種は、(2)と同様とするか、不活化ポリオワクチンを使用し、初回接種については、生後2月に達した時から生後12月に達するまでの期間を標準的な接種期間として、20日以上の間隔をおいて3回、追加接種については初回接種終了後6月以上、標準的には12月から18月までの間隔をおいて1回行うこと。

(14) Hib感染症の予防接種は(1)と同様とするか、初回接種の開始時の月齢ごとに以下の方法により行うこととし、アの方法を標準的な接種方法とすること。

　ア　初回接種開始時に生後2月から生後7月に至るまでの間にある者

乾燥ヘモフィルスｂ型ワクチンを使用し、初回接種については27日（医師が必要と認めた場合には20日）以上、標準的には27日（医師が必要と認めた場合には20日）から56日までの間隔をおいて３回、追加接種については初回接種終了後７月以上、標準的には７月から13月までの間隔をおいて１回行うこと。ただし、初回接種のうち２回目及び３回目の注射は、生後12月に至るまでに行うこととし、それを超えた場合は行わないこと。この場合、追加接種は実施可能であるが、初回接種に係る最後の注射終了後、27日（医師が必要と認めた場合には20日）以上の間隔をおいて１回行うこと。

イ　初回接種開始時に生後７月に至った日の翌日から生後12月に至るまでの間にある者

乾燥ヘモフィルスｂ型ワクチンを使用し、初回接種については27日（医師が必要と認めた場合には20日）以上、標準的には27日（医師が必要と認めた場合には20日）から56日までの間隔をおいて２回、追加接種については初回接種終了後７月以上、標準的には７月から13月までの間隔をおいて１回行うこと。ただし、初回接種のうち２回目の注射は、生後12月に至るまでに行うこととし、それを超えた場合は行わないこと。この場合、追加接種は実施可能であるが、初回接種に係る最後の注射終了後、27日（医師が必要と認めた場合には20日）以上の間隔をおいて１回行うこと。

ウ　初回接種開始時に生後12月に至った日の翌日から生後60月に至るまでの間にある者

乾燥ヘモフィルスｂ型ワクチンを使用し、１回行うこと。なお、政令第３条第２項の規定による対象者に対しても同様とすること。

エ　Hib感染症の予防接種について、平成26年４月１日より前に、予防接種実施規則の一部を改正する省令（平成26年厚生労働省令第22号。以下「改正省令」という。）による改正前の実施規則（以下「旧規則」という。）に規定する接種の間隔を超えて行った接種であって、実施規則に規定する予防接種に相当する接種を受けた者は、医師の判断と保護者の同意に基づき、既に接種した回数分の定期接種を受けたものとしてみなすことができること。

(15)　第１期の予防接種の初回接種においては、５種混合ワクチン、４種混合ワクチン、沈降精製百日せきジフテリア破傷風混合ワクチン又は沈降ジフテリア破傷風混合トキソイドのうちから、使用するワクチンを選択することが可能な場合であっても、原則として、同一種類のワクチンを必要回数接種すること。ただし、市町村長が、この方法によることができないやむを得ない事情があると認める場合には、以下のいずれかの方法又はこれに準ずる方法により接種を実施して差し支えないこととする。

ア　初回接種の１回目に４種混合ワクチン及び乾燥ヘモフィルスｂ型ワクチンを接種した者であって初回接種の２回目又は３回目を接種していない者が、前回の注射から20日以上の間隔をおいて５種混合ワクチンを２回接種し、同ワクチンにより追加接種として初回接種終了後６月以上、標準的には６月から18月までの間隔

をおいて1回接種する方法。
イ　初回接種の1回目及び2回目に4種混合ワクチン及び乾燥ヘモフィルスb型ワクチンを接種した者であって初回接種の3回目を接種していない者が、前回の注射から20日以上の間隔をおいて5種混合ワクチンを1回接種し、同ワクチンにより追加接種として初回接種終了後6月以上、標準的には6月から18月までの間隔をおいて1回接種する方法。
ウ　4種混合ワクチンを接種した者であって初回接種を完了した者が、5種混合ワクチンを初回接種終了後6月以上、標準的には6月から18月までの間隔をおいて1回接種する方法。
(16)　ジフテリア及び破傷風について同時に行う第2期の予防接種は、沈降ジフテリア破傷風混合トキソイドを使用し、11歳に達した時から12歳に達するまでの期間を標準的な接種期間として1回行うこと。
(17)　ジフテリア又は破傷風の第2期の予防接種は、(16)と同様とすること。
(18)　ジフテリア、百日せき、急性灰白髄炎又は破傷風のいずれかの既罹患者においては、既罹患疾病以外の疾病に係る予防接種のために既罹患疾病に対応するワクチン成分を含有する混合ワクチンを使用することを可能とする。
　　ただし、第2期の予防接種に使用するワクチンは沈降ジフテリア破傷風混合トキソイドのみとする。
(19)　ジフテリア、百日せき、急性灰白髄炎及び破傷風の予防接種について、旧規則に規定する接種の間隔を超えて行った接種であって、改正省令による改正後の実施規則に規定する予防接種に相当する接種を受けた者は、医師の判断と保護者の同意に基づき、既に接種した回数分の定期接種を受けたものとしてみなすことができること。
2　麻しん又は風しんの定期接種
(1)　対象者
ア　麻しん又は風しんの第1期の予防接種は、乾燥弱毒生麻しんワクチン又は乾燥弱毒生風しんワクチン若しくは乾燥弱毒生麻しん風しん混合ワクチンにより、生後12月から生後24月に至るまでの間にある者に対し、1回行うこと。この場合においては、早期の接種機会を確保すること。
イ　麻しん又は風しんの第2期の予防接種は、乾燥弱毒生麻しんワクチン又は乾燥弱毒生風しんワクチン若しくは乾燥弱毒生麻しん風しん混合ワクチンにより、5歳以上7歳未満の者であって、小学校就学の始期に達する日の1年前の日から当該始期に達する日の前日までの間にあるもの（小学校就学前の1年間にある者）に対し、1回行うこと。なお、麻しん及び風しんの第1期又は第2期の予防接種において、麻しん及び風しんの予防接種を同時に行う場合は、乾燥弱毒生麻しん風しん混合ワクチンを使用すること。
ウ　風しんの第5期の予防接種は、原則、乾燥弱毒生麻しん風しん混合ワクチンにより、昭和37年4月2日から昭和54年4月1日の間に生まれた男性（風しんに係る抗体検査を受けた結果、十分な量の風しんの抗体があることが判明し、当該予防接種を行う必要がないと認められる者を除く。）に対し、1回行うこと。
(2)　接種液の用法
　　乾燥弱毒生麻しんワクチン、乾燥弱

毒生風しんワクチン及び乾燥弱毒生麻しん風しん混合ワクチンは、溶解後にウイルス力価が低下することから、溶解後速やかに接種すること。
(3) 麻しん又は風しんに既罹患である場合の混合ワクチンの使用
　麻しん又は風しんに既に罹患した者については、既罹患疾病以外の疾病に係る予防接種を行う際、混合ワクチンを使用することが可能である。
(4) 風しんの第5期の予防接種における休日・夜間における接種機会の確保
　風しんの第5期の予防接種については、被接種者の利便性向上の観点から、休日・夜間における接種機会を確保するよう努めること。

3　日本脳炎の定期接種
(1) 日本脳炎の第1期の予防接種は、乾燥細胞培養日本脳炎ワクチンにより、初回接種については3歳に達した時から4歳に達するまでの期間を標準的な接種期間として6日以上、標準的には6日から28日までの間隔をおいて2回、追加接種については、初回接種終了後6月以上、標準的にはおおむね1年を経過した時期に、4歳に達した時から5歳に達するまでの期間を標準的な接種期間として1回行うこと。
(2) 第2期の予防接種は、乾燥細胞培養日本脳炎ワクチンにより、9歳に達した時から10歳に達するまでの期間を標準的な接種期間として1回行うこと。
(3) 予防接種の特例
　ア　実施規則附則第2条の対象者（平成19年4月2日から平成21年10月1日に生まれた者で、平成22年3月31日までに日本脳炎の第1期の予防接種が終了していない者で、生後6月から90月又は9歳以上13歳未満にある者）

(ｱ) 実施規則附則第2条第1項により、残り2回の日本脳炎の予防接種を行う場合は、乾燥細胞培養日本脳炎ワクチンにより、6日以上の間隔をおいて2回接種すること。なお、既に接種済みの1回と今回の接種間隔については、6日以上の間隔をおくこと。
(ｲ) 実施規則附則第2条第1項により、残り1回の日本脳炎の予防接種を行う場合は、乾燥細胞培養日本脳炎ワクチンにより、1回接種すること。なお、既に接種済みの2回と今回の接種間隔については、6日以上の間隔をおくこと。
(ｳ) 実施規則附則第2条第2項による日本脳炎の予防接種は、乾燥細胞培養日本脳炎ワクチンにより、6日以上、標準的には6日から28日までの間隔をおいて2回、追加接種については2回接種後6月以上、標準的にはおおむね1年を経過した時期に1回接種すること。
(ｴ) 実施規則附則第2条第3項による日本脳炎の予防接種は、乾燥細胞培養日本脳炎ワクチンにより、実施規則附則第4条第1項又は第2項により、9歳以上13歳未満の者が第1期の接種を受け終え、第2期の接種を受ける場合、6日以上の間隔をおいて、1回接種すること。
　イ　実施規則附則第3条の対象者（平成7年4月2日から平成19年4月1日に生まれた者で、20歳未満にある者：平成17年5月30日の積極的勧奨の差し控えによって第1期、第2期の接種が行われていない可能性がある者）
(ｱ) 実施規則附則第3条第1項によ

り、残り3回の日本脳炎の予防接種を行う場合（第1期の初回接種を1回受けた者（第1回目の接種を受けた者））は、乾燥細胞培養日本脳炎ワクチンにより、6日以上の間隔をおいて残り2回の接種を行うこととし、第4回目の接種は、9歳以上の者に対して、第3回目の接種終了後6日以上の間隔をおいて行うこと。

(イ) 実施規則附則第3条第1項により、残り2回の日本脳炎の予防接種を行う場合（第1期の初回接種を2回受けた者（第2回目の接種を受けた者））は、乾燥細胞培養日本脳炎ワクチンにより、6日以上の間隔をおいて第3回目の接種を行うこととし、第4回目の接種は、9歳以上の者に対して、第3回目の接種終了後6日以上の間隔をおいて行うこと。

(ウ) 実施規則附則第3条第1項により、残り1回の日本脳炎の予防接種を行う場合（第1期の接種が終了した者（第3回目の接種を受けた者））は、乾燥細胞培養日本脳炎ワクチンにより、第4回目の接種として、9歳以上の者に対して、第3回目の接種終了後6日以上の間隔をおいて行うこと。

(エ) 実施規則附則第3条第2項から第5項による日本脳炎の予防接種は、乾燥細胞培養日本脳炎ワクチンにより、第1回目及び第2回目の接種として6日以上、標準的には6日から28日までの間隔をおいて2回、第3回目の接種については第2回目の接種後6月以上、標準的にはおおむね1年を経過した時期に1回接種すること。第4回目の接種は、9歳以上の者に対して第3回目の接種終了後、6日以上の間隔をおいて1回接種すること。

(4) 平成29～令和6年度における予防接種の特例に係る積極的な勧奨

ア　対象者

平成29～令和6年度に18歳となる者（平成11年4月2日から平成19年4月1日までに生まれた者）については、平成17年5月30日から平成22年3月31日までの積極的な勧奨の差し控えにより、第2期の接種勧奨が十分に行われていないことから、(3)の接種方法に沿って、年度毎に18歳となる者に対して予防接種の積極的な勧奨を行うこと。

イ　積極的な勧奨に当たって、個別通知を行う際には、予防接種台帳を確認して予防接種を完了していない者にのみ通知を行う方法又は対象年齢の全員に通知した上で、接種時に母子健康手帳等により残りの接種すべき回数を確認する方法のいずれの方法でも差し支えない。

ウ　積極的勧奨の差し控えが行われていた期間に、定期接種の対象者であった者のうち、第1期接種（初回接種及び追加接種）を完了していた者に対しては、市町村長等が実施可能な範囲で、第2期接種の積極的勧奨を行って差し支えない。

(5) 日本脳炎の予防接種について、平成26年4月1日より前に、旧規則に規定する接種の間隔を超えて行った接種であって、実施規則に規定する予防接種に相当する接種を受けた者は、医師の判断と保護者の同意に基づき、既に接種した回数分の定期接種を受けたものとしてみなすことができること。

4 結核の定期接種
(1) 結核の予防接種は、経皮接種用乾燥BCGワクチン(以下「BCG」という。)を使用し、生後5月に達した時から生後8月に達するまでの期間を標準的な接種期間として1回行うこと。
　ただし、結核の発生状況等市町村の実情に応じて、上記の標準的な接種期間以外の期間に行うことも差し支えない。
(2) コッホ現象について
　健常者がBCGを初めて接種した場合は、接種後10日頃に針痕部位に発赤が生じ、接種後1月から2月までの頃に化膿巣が出現する。
　一方、結核菌の既感染者にあっては、接種後10日以内に接種局所の発赤・腫脹及び針痕部位の化膿等を来し、通常2週間から4週間後に消炎、瘢痕化し、治癒する一連の反応が起こることがあり、これをコッホ現象という。これは、BCG再接種においてみられる反応と同一の性質のものが結核菌感染後の接種において比較的強く出現したものである。
(3) コッホ現象出現時の対応
　ア 保護者に対する周知
　　市町村は、予防接種の実施に当たって、コッホ現象に関する情報提供及び説明を行い、次の事項を保護者に周知しておくこと。
　　(ア) コッホ現象と思われる反応が被接種者にみられた場合は、速やかに接種医療機関を受診させること。
　　(イ) コッホ現象が出現した場合は、接種局所を清潔に保つ以外の特別の処置は不要である。反応が起こってから、びらんや潰瘍が消退するまでの経過がおおむね4週間を超える等治癒が遷延する場合は、混合感染の可能性もあることから、接種医療機関を受診させること。
　イ 市町村長におけるコッホ現象事例報告書の取扱い
　　市町村長は、あらかじめ様式第七のコッホ現象事例報告書を管内の医療機関に配布し、医師がコッホ現象を診断した場合に、保護者の同意を得て、直ちに当該被接種者が予防接種を受けた際の居住区域を管轄する市町村長へ報告するよう協力を求めること。
　　また、市町村長は、医師からコッホ現象の報告を受けた場合は、保護者の同意を得て、コッホ現象事例報告書を都道府県知事に提出すること。
　ウ 都道府県知事のコッホ現象事例報告書の取扱い
　　都道府県知事は、市町村長からコッホ現象の報告を受けた場合は、厚生労働大臣宛てにコッホ現象事例報告書の写し(個人情報に係る部分を除く。)を提出すること。
　エ コッホ現象事例報告書等における個人情報の取扱い
　　イにおいて、保護者の同意が得られない場合は、個人情報を除く事項をそれぞれ報告及び提出すること。
5 小児の肺炎球菌感染症の定期接種
　小児の肺炎球菌感染症の予防接種は、初回接種の開始時の月齢ごとに以下の方法により行うこととし、(1)の方法を標準的な接種方法とすること。なお、原則として沈降20価肺炎球菌結合型ワクチンを使用することとするが、当面の間、沈降15価肺炎球菌結合型ワクチンも使用できること。また、沈降13価肺炎球菌結合型

ワクチンを使用して1回目、2回目又は3回目までの接種を終了した者の接種について、残りの接種は、沈降20価肺炎球菌結合型ワクチンを用いて行うことを原則とするが、沈降15価肺炎球菌結合型ワクチンを用いて行うこともできること。

(1) 初回接種開始時に生後2月から生後7月に至るまでの間にある者

　　沈降20価肺炎球菌結合型ワクチン又は沈降15価肺炎球菌結合型ワクチンを使用し、初回接種については、標準的には生後12月までに27日以上の間隔をおいて3回、追加接種については生後12月から生後15月に至るまでの間を標準的な接種期間として、初回接種終了後60日以上の間隔をおいた後であって、生後12月に至った日以降において1回行うこと。ただし、初回接種のうち2回目及び3回目の注射は、生後24月に至るまでに行うこととし、それを超えた場合は行わないこと（追加接種は実施可能）。また、初回接種のうち2回目の注射は生後12月に至るまでに行うこととし、それを超えた場合は、初回接種のうち3回目の注射は行わないこと（追加接種は実施可能）。

(2) 初回接種開始時に生後7月に至った日の翌日から生後12月に至るまでの間にある者

　　沈降20価肺炎球菌結合型ワクチン又は沈降15価肺炎球菌結合型ワクチンを使用し、初回接種については標準的には生後12月までに、27日以上の間隔をおいて2回、追加接種については生後12月以降に、初回接種終了後60日以上の間隔をおいて1回行うこと。ただし、初回接種のうち2回目の注射は、生後24月に至るまでに行うこととし、それを超えた場合は行わないこと（追加接種は実施可能）。

(3) 初回接種開始時に生後12月に至った日の翌日から生後24月に至るまでの間にある者

　　沈降20価肺炎球菌結合型ワクチン又は沈降15価肺炎球菌結合型ワクチンを使用し、60日以上の間隔をおいて2回行うこと。

(4) 初回接種開始時に生後24月に至った日の翌日から生後60月に至るまでの間にある者

　　沈降20価肺炎球菌結合型ワクチン又は沈降15価肺炎球菌結合型ワクチンを使用し、1回行うこと。なお、政令第3条第2項の規定による対象者に対しても同様とすること。

(5) 小児の肺炎球菌の感染症の予防接種に当たっては、同一の者には、過去に接種歴のあるワクチンと同一の種類のワクチンを使用することを原則とするが、ある回数投与した後に転居した際、転居後の定期接種を実施する市町村において、沈降20価肺炎球菌結合型ワクチンの接種しか実施していない等の理由により、原則によることができないやむを得ない事情があると当該市町村長が認める場合には、沈降15価肺炎球菌結合型ワクチンで接種を開始した者について、次に掲げる方法で、残りの接種を沈降20価肺炎球菌結合型ワクチンを用いて行って差し支えないこととする。

　　ア　初回接種開始時に生後2月から生後7月に至るまでの間にある者

　　　(ア)　初回接種の1回目に沈降15価肺炎球菌結合型ワクチンを接種した者であって初回接種の2回目又は3回目を接種していない者が、前回の注射から27日以上の間隔をおいて沈降20価肺炎球菌結合型ワクチンを2回接種し、同ワクチンに

より追加接種として初回接種終了後60日以上の間隔をおいて1回接種する方法。
　(イ)　初回接種の1回目及び2回目に沈降15価肺炎球菌結合型ワクチンを接種した者であって初回接種の3回目を接種していない者が、前回の注射から27日以上の間隔をおいて沈降20価肺炎球菌結合型ワクチンを1回接種し、同ワクチンにより追加接種として初回接種終了後60日以上の間隔をおいて1回接種する方法。
　(ウ)　沈降15価肺炎球菌結合型ワクチンを接種した者であって初回接種を完了した者が、沈降20価肺炎球菌結合型ワクチンを初回接種終了後60日以上の間隔をおいて1回接種する方法。
イ　初回接種開始時に生後7月に至った日の翌日から生後12月に至るまでの間にある者
　(ア)　初回接種の1回目に沈降15価肺炎球菌結合型ワクチンを接種した者であって初回接種の2回目を接種していない者が、前回の注射から27日以上の間隔をおいて沈降20価肺炎球菌結合型ワクチンを1回接種し、同ワクチンにより追加接種として初回接種終了後60日以上の間隔をおいて1回接種する方法。
　(イ)　沈降15価肺炎球菌結合型ワクチンを接種した者であって初回接種を完了した者が、沈降20価肺炎球菌結合型ワクチンを初回接種終了後60日以上の間隔をおいて1回接種する方法。
ウ　初回接種開始時に生後12月に至った日の翌日から生後24月に至るまでの間にある者

　　沈降15価肺炎球菌結合型ワクチンを1回接種した後、沈降20価肺炎球菌結合型ワクチンを1回目の接種から60日以上の間隔をおいて1回接種する方法。

6　ヒトパピローマウイルス感染症の定期接種
(1)　次に掲げる者については、ヒトパピローマウイルス感染症の予防接種後に広範な疼痛又は運動障害を中心とする多様な症状が発生する場合があるため、予診に当たっては、これらの者の接種について慎重な判断が行われるよう留意すること。
　ア　外傷等を契機として、原因不明の疼痛が続いたことがある者
　イ　他のワクチンを含めて以前にワクチンを接種した際に激しい疼痛や四肢のしびれが生じたことのある者
(2)　ヒトパピローマウイルス感染症の予防接種に当たっては、ワクチンを接種する目的、副反応等について、十分な説明を行った上で、かかりつけ医など被接種者が安心して予防接種を受けられる医療機関で行うこと。
(3)　キャッチアップ接種の実施に当たっては、次のことに留意すること。
　ア　令和4年4月1日から令和7年3月31日までの3年間の期間中に実施し、平成9年4月2日から平成18年4月1日までの間に生まれた女子を対象者とすること。
　　また、期間中に定期接種の対象から新たに外れる世代（平成18年4月2日から平成19年4月1日までの間に生まれた女子及び平成19年4月2日から平成20年4月1日までの間に生まれた女子）についても、順次、対象者とすること。

なお、過去に1回又は2回のワクチン接種歴があり、長期にわたり接種を中断していた者についても、接種間隔にかかわらず、対象者とすること。その際、接種を初回からやり直すことなく、残りの回数の接種（2、3回目又は3回目）を行うこと。
イ　従来の定期接種の対象年齢を超えて接種を実施するため、次に掲げるワクチンの安全性、免疫原性及び有効性に関する事項についても、十分な説明を行うこと。
　㋐　ヒトパピローマウイルス感染症の子宮病変に対するワクチンの有効性は、概ね16歳以下の接種で最も有効性が高いものの、20歳頃の初回接種までは一定程度の有効性が保たれること。さらに、性交経験がない場合はそれ以上の年齢についても一定程度の有効性があることが示されていること。
　㋑　従来の定期接種の対象年齢を超えて接種を実施した場合においても、明らかな安全性の懸念は示されていないこと。
(4)　ヒトパピローマウイルス感染症の予防接種に、組換え沈降2価ヒトパピローマウイルス様粒子ワクチンを使用する場合には、13歳となる日の属する年度の初日から当該年度の末日までの間を標準的な接種期間とし、標準的な接種方法として、1月の間隔をおいて2回行った後、1回目の注射から6月の間隔をおいて1回行うこと。ただし、当該方法をとることができない場合は、1月以上の間隔をおいて2回行った後、1回目の注射から5月以上、かつ2回目の注射から2月半以上の間隔をおいて1回行うこと。

　　キャッチアップ接種においては、1回目の注射から行う場合は、前段の方法により接種を行うこと。2回目の注射から行い、当該方法をとることができない場合は、1回目の注射から1月以上の間隔をおいて2回目を行った後、1回目の注射から5月以上、かつ2回目の注射から2月半以上の間隔をおいて3回目を行うこと。3回目の注射から行う場合は、上記の間隔を全て満たすことを確認のうえ、可能な限り速やかに行うこと。
(5)　ヒトパピローマウイルス感染症の予防接種に、組換え沈降4価ヒトパピローマウイルス様粒子ワクチンを使用する場合には、13歳となる日の属する年度の初日から当該年度の末日までの間を標準的な接種期間とし、標準的な接種方法として、2月の間隔をおいて2回行った後、1回目の注射から6月の間隔をおいて1回行うこと。ただし、当該方法をとることができない場合は、1月以上の間隔をおいて2回行った後、2回目の注射から3月以上の間隔をおいて1回行うこと。

　　キャッチアップ接種においては、1回目の注射から行う場合は、前段の方法により接種を行うこと。2回目の注射から行い、当該方法をとることができない場合は、1回目の注射から1月以上の間隔をおいて2回目を行った後、2回目の注射から3月以上の間隔をおいて3回目を行うこと。3回目の注射から行う場合は、上記の間隔を全て満たすことを確認のうえ、可能な限り速やかに行うこと。
(6)　ヒトパピローマウイルス感染症の予防接種に、組換え沈降9価ヒトパピローマウイルス様粒子ワクチンを使用する場合には、13歳となる日の属する

年度の初日から当該年度の末日までの間を標準的な接種期間とし、以下のいずれかの方法（アに掲げる方法については、第1回目の接種時に12歳となる日の属する年度の初日から15歳に至るまでの間にある者に対して当該予防接種を行う場合に限る。）により行うものとする。

ア 標準的な接種方法として、6月の間隔をおいて2回行うこと。ただし、当該方法をとることができない場合は、5月以上の間隔をおいて2回行うこと。

イ 標準的な接種方法として、2月の間隔をおいて2回行った後、1回目の注射から6月の間隔をおいて1回行うこと。ただし、当該方法をとることができない場合は、1月以上の間隔をおいて2回行った後、2回目の注射から3月以上の間隔をおいて1回行うこと。

(7) ヒトパピローマウイルス感染症の予防接種に当たっては、同一の者には、過去に接種歴のあるワクチンと同一の種類のワクチンを使用することを原則とするが、同一の者が組換え沈降2価ヒトパピローマウイルス様粒子ワクチン又は組換え沈降4価ヒトパピローマウイルス様粒子ワクチンと組換え沈降9価ヒトパピローマウイルス様粒子ワクチンを接種した場合の安全性、免疫原性及び有効性は一定程度明らかになっていることを踏まえ、市町村長が、組換え沈降2価ヒトパピローマウイルス様粒子ワクチン又は組換え沈降4価ヒトパピローマウイルス様粒子ワクチンを使用して1回目又は2回目までの接種を終了した者の接種について、(4)又は(5)に掲げる方法によることができないやむを得ない事情があると認める場合には、以下のいずれかの方法により接種を実施して差し支えないこととする。

ア 1回目に組換え沈降2価ヒトパピローマ様粒子ワクチン又は組換え沈降4価ヒトパピローマ様粒子ワクチンを接種した者が、1回目の注射から2月の間隔をおいて組換え沈降9価ヒトパピローマウイルス様粒子ワクチンを1回筋肉内に注射した後、1回目の注射から6月の間隔をおいて同ワクチンを1回注射するものとし、接種量は毎回0.5ミリリットルとする方法。ただし、当該方法をとることができない場合は、1回目の注射から1月以上の間隔をおいて組換え沈降9価ヒトパピローマウイルス様粒子ワクチンを1回筋肉内に注射した後、2回目の注射から3月以上の間隔をおいて同ワクチンを1回筋肉内に注射し、接種量は毎回0.5ミリリットルとすることとする。

イ 1回目及び2回目に組換え沈降2価ヒトパピローマウイルス様粒子ワクチン又は組換え沈降4価ヒトパピローマウイルス様粒子ワクチンを接種した者が、1回目の注射から6月の間隔をおいて組換え沈降9価ヒトパピローマウイルス様粒子ワクチンを1回筋肉内に注射し、接種量は0.5ミリリットルとする方法。ただし、当該方法をとることができない場合は、2回目の注射から3月以上の間隔をおいて組換え沈降9価ヒトパピローマウイルス様粒子ワクチンを1回筋肉内に注射し、接種量は0.5ミリリットルとすることとする。

(8) キャッチアップ接種において、過去に接種したヒトパピローマウイルス様粒子ワクチンの種類が不明である場

合、接種を実施する医療機関の医師と被接種者とで十分に相談した上で、接種するワクチンの種類を選択すること。この場合、結果として、異なる種類のワクチンが接種される可能性があるため、同一の者が異なるワクチンを接種した場合の安全性、免疫原性及び有効性についても、十分な説明を行うこと。さらに、過去に接種したワクチンの種類が不明である旨が予診票に記載されていることを確認すること。

(9) ヒトパピローマウイルス感染症の予防接種後に血管迷走神経反射として失神があらわれることがあるので、失神による転倒等を防止するため、注射後の移動の際には、保護者又は医療従事者が腕を持つなどして付き添うようにし、接種後30分程度、体重を預けられるような場所で座らせるなどした上で、なるべく立ち上がらないように指導し、被接種者の状態を観察する必要があること。

(10) ヒトパピローマウイルス感染症の予防接種後に広範な疼痛又は運動障害を中心とする多様な症状が発生した場合、次に掲げる事項について適切に対応すること。
　ア　法の規定による副反応疑い報告の必要性の検討
　イ　当該予防接種以降のヒトパピローマウイルス感染症の予防接種を行わないことの検討
　ウ　神経学的・免疫学的な鑑別診断及び適切な治療が可能な医療機関の紹介

(11) ヒトパピローマウイルス感染症の予防接種について、平成26年4月1日より前に、旧規則に規定する接種の間隔を超えて行った接種であって、実施規則に規定する予防接種に相当する接種を受けた者は、医師の判断と保護者の同意に基づき、既に接種した回数分の定期接種を受けたものとみなすことができること。

(12) ヒトパピローマウイルス感染症は性感染症であること等から、感染予防や、がん検診を受診することの必要性について、併せて説明することが望ましい。

7　水痘の定期接種
(1) 対象者
　　水痘の予防接種は、生後12月から生後36月に至るまでの間にある者に対し、乾燥弱毒生水痘ワクチンを使用し、生後12月から生後15月に達するまでの期間を標準的な接種期間として1回目の注射を行い、3月以上、標準的には6月から12月までの間隔をおいて2回目の注射を行うこと。

(2) 平成26年10月1日より前の接種の取扱い
　ア　平成26年10月1日より前に、生後12月以降に3月以上の間隔をおいて、乾燥弱毒生水痘ワクチンを2回接種した(1)の対象者は、当該予防接種を定期接種として受けることはできないこと。
　イ　平成26年10月1日より前に、生後12月以降に乾燥弱毒生水痘ワクチンを1回接種した者は、既に当該定期接種を1回受けたものとみなすこと。
　ウ　平成26年10月1日より前に、生後12月以降に3月未満の期間内に2回以上乾燥弱毒生水痘ワクチンを接種した者は、既に当該定期接種を1回受けたものとみなすこと。この場合においては、生後12月以降の初めての接種から3月以上の間隔をおいて1回の接種を行うこと。

(3) 接種液の用法
　　乾燥弱毒生水痘ワクチンは、溶解後にウイルス力価が低下することから、溶解後速やかに接種すること。
8　B型肝炎の定期接種
　(1) 対象者
　　　平成28年4月1日以後に生まれた、生後1歳に至るまでの間にある者とすること。
　(2) 対象者から除外される者
　　　HBs抗原陽性の者の胎内又は産道においてB型肝炎ウイルスに感染したおそれのある者であって、抗HBs人免疫グロブリンの投与に併せて組換え沈降B型肝炎ワクチンの投与を受けたことのある者については、定期接種の対象者から除くこと。
　(3) 接種方法
　　　B型肝炎の定期接種は、組換え沈降B型肝炎ワクチンを使用し、生後2月に至った時から生後9月に至るまでの期間を標準的な接種期間として、27日以上の間隔をおいて2回接種した後、第1回目の注射から139日以上の間隔をおいて1回接種すること。
　(4) 平成28年10月1日より前の接種の取扱い
　　　平成28年10月1日より前（定期の予防接種が開始される前）の注射であって、定期の予防接種のB型肝炎の注射に相当するものについては、当該注射を定期の予防接種のB型肝炎の注射とみなし、また、当該注射を受けた者については、定期の予防接種のB型肝炎の注射を受けた者とみなして、以降の接種を行うこと。
9　ロタウイルス感染症の定期接種
　(1) 対象者
　　　令和2年8月1日以後に生まれた、次に掲げる者とすること。

　　ア　経口弱毒生ヒトロタウイルスワクチンを使用する場合は、出生6週0日後から24週0日後までの間にある者
　　イ　5価経口弱毒生ロタウイルスワクチンを使用する場合は、出生6週0日後から32週0日後までの間にある者
　(2) 対象者から除外される者
　　　次に掲げる者については、定期接種の対象者から除くこと。
　　ア　腸重積症の既往歴のあることが明らかな者
　　イ　先天性消化管障害を有する者（その治療が完了した者を除く。）
　　ウ　重症複合免疫不全症の所見が認められる者
　(3) 留意事項
　　ア　出生15週0日後以降の初回接種については安全性が確立されておらず、出生14週6日後までに初回接種を完了させることが望ましい。このため、定期接種の周知に当たっては、その旨を伝えること。
　　イ　出生15週0日後以降に初回接種を行う場合、上記について十分に説明を行い、同意を得られた場合に接種すること。
　　ウ　ワクチン接種後に間欠的な啼泣や不機嫌、血便、嘔吐等腸重積症を疑う症状が被接種者にみられる場合は、速やかに医師の診察を受けさせるよう、接種時に保護者に対して説明すること。
　(4) 接種歴の確認
　　　2回目以降の接種に当たっては、保護者が持参した予防接種済証又は母子健康手帳等により、経口弱毒生ヒトロタウイルスワクチン又は5価経口弱毒生ロタウイルスワクチンのいずれの接

種歴があるか確認すること。
(5) 接種方法
ロタウイルス感染症の定期の予防接種は、接種歴を確認した上で、原則として、経口弱毒生ヒトロタウイルスワクチンを27日以上の間隔をおいて2回経口投与、又は5価経口弱毒生ロタウイルスワクチンを27日以上の間隔をおいて3回経口投与することとし、初回接種については、生後2月に至った日から出生14週6日後までの間を標準的な接種期間として実施すること。

ただし、1回又は2回投与した後に転居した際、転居後の定期接種を実施する市町村において、経口弱毒生ヒトロタウイルスワクチン又は5価経口弱毒生ロタウイルスワクチンのいずれか一方の接種しか実施していない等の理由により、原則によることができないやむを得ない事情があると当該市町村長が認める場合には、次に掲げる方法で接種することができる。

ア 経口弱毒生ヒトロタウイルスワクチンを1回経口投与した後、第1回目の経口投与から27日以上の間隔をおいて、5価経口弱毒生ロタウイルスワクチンを27日以上の間隔をおいて2回経口投与する方法。

イ 5価経口弱毒生ロタウイルスワクチンを1回経口投与した後、第1回目の経口投与から27日以上の間隔をおいて、経口弱毒生ヒトロタウイルスワクチンを27日以上の間隔をおいて2回経口投与する方法。

ウ 5価経口弱毒生ロタウイルスワクチンを2回経口投与した後、第2回目の経口投与から27日以上の間隔をおいて、経口弱毒生ヒトロタウイルスワクチンを1回経口投与する方法。

(6) 吐き出した場合の対応
経口投与後に接種液を吐き出したとしても追加の投与は必要ない。
(7) 令和2年10月1日より前の接種の取扱い
令和2年10月1日より前（定期接種が開始される前）の経口投与であって、定期接種の経口弱毒生ヒトロタウイルスワクチン又は5価経口弱毒生ロタウイルスワクチンの経口投与に相当するものについては、当該経口投与をロタウイルス感染症の定期接種とみなし、また、当該経口投与を受けた者については、定期接種のロタウイルス感染症の経口投与を受けた者とみなして、以降の経口投与を行うこと。

10 高齢者の肺炎球菌感染症の定期接種
(1) 対象者
高齢者の肺炎球菌感染症の予防接種は、次に掲げる者に対し、23価肺炎球菌莢膜ポリサッカライドワクチンを使用し、1回行うこと。ただし、イに該当する者として既に当該予防接種を受けた者は、アの対象者から除くこと。
ア 65歳の者
イ 60歳以上65歳未満の者であって、心臓、腎臓又は呼吸器の機能に自己の身辺の日常生活活動が極度に制限される程度の障害を有する者及びヒト免疫不全ウイルスにより免疫の機能に日常生活がほとんど不可能な程度の障害を有する者
(2) 対象者から除外される者
これまでに、23価肺炎球菌莢膜ポリサッカライドワクチンを1回以上接種した者は、当該予防接種を定期接種として受けることはできないこと。
また、平成26年度から平成30年度の間に既に定期接種として高齢者肺炎球菌感染症の予防接種を受けた者につい

ても、同様に当該予防接種を定期接種として受けることはできないことから、政令第6条の規定による周知を行うにあっては、予防接種台帳等を活用し、既に高齢者肺炎球菌感染症に係る予防接種を受けたことのある者を除いて送付する方法で周知を行うこと。そのため、予防接種記録について5年間を超えて管理・保存するよう努めること。

(3) 接種歴の確認

　　高齢者の肺炎球菌感染症の予防接種を行うに当たっては、予診票により、当該予防接種の接種歴について確認を行うこと。

11　インフルエンザの定期接種

　　インフルエンザの予防接種は、次に掲げる者に対し、インフルエンザHAワクチンを使用し、毎年度1回行うこと。

　ア　65歳以上の者
　イ　60歳以上65歳未満の者であって、心臓、腎臓又は呼吸器の機能に自己の身辺の日常生活活動が極度に制限される程度の障害を有する者及びヒト免疫不全ウイルスにより免疫の機能に日常生活がほとんど不可能な程度の障害を有する者

12　新型コロナウイルス感染症の定期接種

　　新型コロナウイルス感染症の予防接種は、(1)に掲げる者に対し、(2)のいずれかの方法で、毎年度10月1日から翌年3月31日までの間で各市町村が設定する期間に1回行うこと。

(1) 対象者

　ア　65歳以上の者
　イ　60歳以上65歳未満の者であって、心臓、腎臓又は呼吸器の機能に自己の身辺の日常生活活動が極度に制限される程度の障害を有する者及びヒト免疫不全ウイルスにより免疫の機能に日常生活がほとんど不可能な程度の障害を有する者

(2) 接種方法

　　以下のいずれかの方法により行うものとする。

　ア　コロナウイルス（SARS—CoV—2）RNAワクチン（令和3年2月24日にファイザー株式会社が医薬品、医療機器等の品質、有効性及び安全性の確保等に関する法律（昭和35年法律第145号。以下「医薬品医療機器等法」という。）第14条の承認を受けたオミクロン株JN.1系統対応1価ワクチン）を1回筋肉内に注射するものとし、接種量は、0.3ミリリットルとする方法。

　イ　コロナウイルス（SARS—CoV—2）RNAワクチン（令和3年5月21日に武田薬品工業株式会社が医薬品医療機器等法第14条の承認を受けたオミクロン株JN.1系統対応1価ワクチン）を1回筋肉内に注射するものとし、接種量は、0.5ミリリットルとする方法。

　ウ　組換えコロナウイルス（SARS—CoV—2）ワクチン（令和4年4月19日に武田薬品工業株式会社が医薬品医療機器等法第14条の承認を受けたオミクロン株JN.1系統対応1価ワクチン）を1回筋肉内に注射するものとし、接種量は、0.5ミリリットルとする方法。

　エ　コロナウイルス（SARS—CoV—2）RNAワクチン（令和5年8月2日に第一三共株式会社が医薬品医療機器等法第14条の承認を受けたオミクロン株JN.1系統対応1価ワクチン）を1回筋肉内に注射するものとし、接種量は、0.6ミリリットルとする方法。

オ　コロナウイルス（SARS―CoV―2）RNAワクチン（令和5年11月28日にMeiji Seikaファルマ株式会社が医薬品医療機器等法第14条の承認を受けたオミクロン株JN.1系統対応1価ワクチン）を1回筋肉内に注射するものとし、接種量は、0.5ミリリットルとする方法。

(2) 定期の予防接種による事故の防止について（勧告）

平成17年6月7日　健感発第0607001号
各都道府県衛生主管部（局）長宛　厚生労働省健康局結核感染症課長通知

　予防接種法（昭和23年法律第68号）に基づく定期の予防接種による事故の防止については、「予防接種による事故の防止について」（平成15年12月24日健感発第1224001号厚生労働省健康局結核感染症課長通知）（以下「課長通知」という。）により要請しているところ、今般、茨城県、東京都、愛知県、三重県及び大阪府管内の市区において、相次いで有効期間が経過したポリオワクチンを接種した違法な事例が発生した。これらは、有効期間の終期が間近に到来するワクチンが供給されたことも要因の1つであるが、いずれにせよ、定期の予防接種の安全性及び信頼性の確保を図るため、この種の事故再発の防止については、下記の事項に留意の上、定期の予防接種の実施に遺憾のないようにされたい。

　本通知は、地方自治法（昭和22年法律第67号）第245条の4第1項に規定する勧告である。

　あわせて、同項の規定に基づき、ポリオワクチンその他のワクチンについて、同種の有効期間が経過した事例がないか調査の上、貴管下市町村（保健所を設置する市及び特別区を含む。以下同じ。）分を取りまとめ、6月24日までに本職まで関係資料を提出されたい。

　なお、貴管下市町村及び関係機関に対しては、貴職から周知願いたい。

記

1　有効期間を経過したワクチンの有効性と安全性

　定期の予防接種は、薬事法（昭和35年法律第145号）第42条第1項に規定する検定に合格し、かつ、同法第42条第1項の規定に基づく厚生労働大臣の定める基準に現に適合している接種液を用いなければならないこととされており、有効期間を経過した接種液を用いることは、同基準及び予防接種実施規則（昭和33年厚生省令第27号）第2条の規定に違反するものであること。

　また、有効期間を経過したワクチンについては、直ちに有効性が否定されるものではなく、安全性についての疑義が完全に否定できるともいえないことから、同種の有効期間内のワクチンの再接種を積極的に勧奨する必要はないが、再接種を特に希望する保護者に対して必要な説明の上、明示の同意を得て、定期の予防接種として実施することは、差し支えない。

2　健康被害に対する取扱いについて

　適法な定期の予防接種が実施されなかった場合に、健康被害が生じたときは、第一義的には、当該定期の予防接種を実施した市町村に損害賠償責任が生ずるものであること。

　なお、予防接種法第11条第1項に基づく定期の予防接種による健康被害の救済の給付の申請があって、厚生労働大臣による因果関係の認定があった場合においては、市

町村は救済の給付を行うこととなるが、これについては、補助金等に係る予算の執行の適正化に関する法律（昭和30年法律第179号）の規定により、予防接種法第23条第2項による国庫の負担の対象外となること。

3　公表の実施等

定期の予防接種による事故が発生した場合は、直ちに保護者等に十分な説明を行うとともに、速やかに広く公表し、再発防止のための対策を徹底すること。

4　予防接種実施要領の遵守等

定期の予防接種の実施については、予防接種法及び結核予防法（昭和26年法律第96号）、これらに基づく命令並びに関係法令を遵守するとともに、「定期の予防接種実施要領」（平成17年1月27日健発第0127005号厚生労働省健康局長通知）及び課長通知に従い、各市町村等において事故防止のためのマニュアルを作成し、適正な実施を確保すること。

5　定期の予防接種の実施計画の策定

出生児数、乳幼児の人口、接種率の推測により、定期の予防接種の実施計画を策定し、ワクチンの発注を的確に行うこと。

なお、同計画の策定に当たっては、ワクチンの有効期間を考慮し、定期の予防接種の時期とワクチンの有効期間の終期が重複しないように留意すること。

(3)　予防接種に関する基本的な計画の施行について

［平成26年3月28日　健発0328第1号
各都道府県知事宛　厚生労働省健康局長通知］

予防接種に関する基本的な計画（平成26年厚生労働省告示第121号）が平成26年3月28日に公布され、平成26年4月1日から施行されるところである。今回の改正等の概要は、下記のとおりであるので、内容を十分御了知の上、関係機関等への周知を図るとともに、その実施に遺憾なきを期されたい。

記

1　改正の概要

昭和23年の予防接種法の制定以来、60年以上が経過したが、この間、予防接種は感染症の発生及びまん延の予防等に著しい効果を上げ、人類に多大な貢献を果たしてきた一方、平成の時代に入り、予防接種禍集団訴訟に対する被害救済の司法判断が相次いで示されたことを受けて、平成6年に予防接種法が改正され、定期の予防接種が努力義務とされるとともに、法の目的に健康被害の救済に関する内容が追加される等、有効かつ安全な予防接種の実施のための措置が講じられることとなったこと。しかし、同時期に麻しん・おたふくかぜ・風しん混合（MMR）ワクチンによる健康被害が社会的に大きな問題となり、国民の懸念は解消されなかった。その後約20年にわたり、国内のワクチンの開発が停滞し、定期の予防接種の対象疾病の追加がほとんど行われず、「ワクチン・ギャップ」が生じてきたこと。

本計画は、このような予防接種行政の歴史を十分に踏まえつつ、予防接種に関する施策の総合的かつ計画的な推進を図るための基本的な計画として、今後の予防接種に関する中長期的なビジョンを示すものであること。

(1)　予防接種に関する施策の総合的かつ計画的な推進に関する基本的な方向

国民の予防接種及びワクチンに関する理解と認識を前提に、我が国の予防接種

施策の基本的な理念は「予防接種・ワクチンで防げる疾病は予防すること」とすること。

また、予防接種施策の推進に当たっては、ワクチンの有効性、安全性及び費用対効果に関するデータ等の科学的知見に基づき、厚生科学審議会予防接種・ワクチン分科会（以下「分科会等」という。）等の意見を聴いた上で、予防接種施策に関する評価・検討を行うこと。

(2) 国、地方公共団体その他関係者の予防接種に関する役割分担に関する事項

① 国の役割

分科会等の意見を聴いた上で定期の予防接種の対象疾病等の具体的な施策を決定すること。

また、予防接種法第23条に規定する責務や、海外からの情報収集等都道府県及び市町村（特別区を含む。以下同じ。）での対応が難しいものを実施すること。加えて、市町村が定期の予防接種に関する一連の事務を円滑に実施できるよう、関係者との調整や必要な財源の捻出及び確保等に努める必要があること。

② 都道府県の役割

医師会等の関係団体との連携、管内の市町村間の広域的な連携の支援及び国との連絡調整、保健所や地方衛生研究所の機能の強化等に取り組む必要があること。

③ 市町村の役割

医師会等の関係団体との連携の下に、適正かつ効率的な予防接種の実施、健康被害の救済、住民への情報提供等を行うこと。また、副反応報告制度の円滑な運用及び感染症発生動向調査への協力、広域的な連携強化等に取り組む必要があること。

④ 医療関係者の役割

適正かつ効率的な予防接種の実施及び医学的管理、入念な予診、接種事故の防止、被接種者及びその保護者へのワクチンの有効性及び安全性等に関する情報提供、副反応報告制度の円滑な運用及び感染症発生動向調査の実施への協力やワクチンの最新知見の習得等に努める必要があること。

⑤ ワクチンの製造販売業者及び卸売販売業者の役割

製造販売業者は、安全かつ有効なワクチンの研究開発を行うほか、卸売販売業者とともにワクチンの安定的な供給並びに副反応情報の収集及び報告等を行うこと。

⑥ 被接種者及びその保護者の役割

被接種者及びその保護者は、予防接種の効果とリスクの双方に関する正しい知識を持った上で自らの意思で接種することについて、十分に認識し理解する必要があること。

⑦ その他関係者の役割

報道機関、教育関係者、各関係学会等は、国民が予防接種の効果及び副反応のリスク等の情報について正しい知識を得られるよう普及啓発に努めることが期待されること。

(3) 予防接種に関する施策の総合的かつ計画的な推進に係る目標に関する事項

国は、予防接種に関わる多くの関係者と共通認識を持った上で、科学的根拠に基づいて目標を設定するとともに、国民や関係者に対し、その目標や達成状況について周知すること。また、少なくとも5年ごとに本計画に再検討を加え、その結果や、分科会等による1年ごとの定期的な検証の結果、必要な場合は適宜予防接種基本計画を見直すこと。

当面の目標として掲げる事項は以下のとおり。

① ワクチン・ギャップの解消

　水痘、おたふくかぜ、B型肝炎、成人の肺炎球菌感染症の4疾病や、ロタウイルス感染症について、関係者や国民の理解を前提に、必要な措置を講じる必要があること。さらに、新規のワクチンについても、薬事法上の手続きを経て製造販売承認が行われた際には、分科会等の意見を聴いた上で検討し、必要な措置を講じるよう努めること。

② 接種率の向上

　国や市町村等の関係者は接種率の向上のための取組を進めるとともに、国は、接種率の統一的な算出方法やワクチンごとの目標について、引き続き検討すること。

③ 新たなワクチンの開発

　国は、国民の健康保持等の観点から、感染症対策に必要な新たなワクチンの研究開発の推進を図ること。また、国内のワクチン生産基盤を確保するとともに、新たなワクチンを世界に先駆けて開発するよう努めること。

④ 普及啓発の推進及び広報活動の充実

　国は、被接種者及びその保護者等に対し、感染症に関する情報、予防接種の効果、ワクチンの有効性及び安全性、副反応のリスク及び副反応を防止するための注意事項について、普及啓発の推進を図ること。

(4) 予防接種の適正な実施に関する施策を推進するための基本的事項

① 予防接種に要する費用

　国、地方公共団体、その他関係者が連携して予防接種に要する費用等について検討し、その結果を国民や関係者に情報提供するとともに、可能な限り少ない費用で望ましい効果が得られるよう、ワクチン価格の低廉化等に向けて努力することが必要であること。

② 健康被害救済制度

　引き続き客観的かつ中立的な審査を行い、国民に分かりやすい形で情報提供に取り組むとともに、制度の周知及び広報の充実に取り組む必要があること。

③ 予防接種記録の整備

　市町村における予防接種記録の整備のため、国は、予防接種台帳のデータ管理の普及等について、個人情報保護の観点や社会保障・税番号制度の導入に向けた状況も踏まえ、検討を進める必要があること。また、個人が接種歴を把握できるよう、母子健康手帳を引き続き活用するとともに、インターネット上でも確認が可能となるよう必要な準備を行うこと。

(5) 予防接種の研究開発の推進及びワクチンの供給の確保に関する施策を推進するための基本的事項

　国は、「予防接種・ワクチンで防げる疾病は予防すること」という基本的な理念の下、国内外の感染症対策に必要なワクチンを世界に先駆けて開発することを目指すこと。

① 開発優先度の高いワクチン

　医療ニーズや疾病負荷等を踏まえ、麻しん・風しん混合（MR）ワクチンを含む混合ワクチン、百日せき・ジフテリア・破傷風・不活化ポリオ混合（DPT―IPV）ワクチンを含む混合ワクチン、経鼻投与ワクチン等の改良されたインフルエンザワクチン、ノロウイルスワクチン、RSウイルスワクチン及び帯状疱疹ワクチンを開発優先度が高いワクチンとすること。

② 研究開発を促進するための関係者による環境作り

　ワクチンの研究開発には幅広い知見

が必要であるため、関係者間の連携が図られることが重要であること。また、国立感染症研究所や独立行政法人医薬基盤研究所において、研究開発を促進するための取組が継続されることが期待されること。国は、ワクチンの受給の見通しについてのワクチン製造販売業者への情報提供、ワクチン製造販売業者が研究開発に着手する際の判断に資する感染症対策の目標設定、地方公共団体や医療機関及び国立感染症研究所等との連携強化による感染症の疫学情報の整備、予防接種の主な対象者である小児についての治験を実施する環境の整備、新たなワクチンを開発するための基礎研究に対する支援や企業の臨床開発研究への橋渡し及び産学官の共同研究の推進によるワクチンの円滑な実用化について、引き続き検討する必要があること。

③ ワクチンの生産体制及び流通体制

ワクチンの生産体制については、パンデミック発生時に世界的に供給が不足するおそれがあるワクチンについては危機管理の観点から国内で製造できる生産体制を確保すること。その他のワクチンについては費用対効果の観点から基本的には国内外問わずより良いワクチンがより低価格で供給されることが望ましく、また、安定供給及び価格競争の観点から同種のワクチンが複数のワクチン製造販売業者により供給されることが望ましいこと。

ワクチンの流通体制については、一般的に製造販売業者から販売業者及び卸売販売業者を介して、あるいは市町村による卸売販売業者からの一括購入により医療機関へ納入されているが、新型インフルエンザの発生時等の緊急時には、需給状況を把握した上で適切な需給調整を行うことが求められるため、国、都道府県及び市町村は、行政の関与を前提とした流通体制を整備すること。また、一時的にワクチンの需給が逼迫した場合は、例えば、国がワクチンの生産に関する調整や、ワクチンが偏在しないよう取り組むこと等を通じ、ワクチンの安定供給に努めること。

(6) 予防接種の有効性及び安全性の向上に関する施策を推進するための基本的事項

国は、科学的根拠に基づくデータを可能な限り収集し、予防接種の有効性及び安全性の向上を図ること。

① 副反応報告制度

定期の予防接種の副反応報告について定着・浸透に向けた一層の取組を行うとともに、制度の着実な実施を図ること。また、独立行政法人医薬品医療機器総合機構における副反応報告の迅速な調査及び整理を支援するとともに、副反応報告制度の精度向上や効率化に資する集計及び報告方法についての検討を進める必要があること。

② 科学的データの収集及び解析

ワクチンの評価や検討を行う場合、科学的データを随時評価することが重要であるため、接種率を把握するためのデータベースの整理や国が保有するレセプトデータ等の活用を図るよう努めること。また、感染症流行予測調査等により、ワクチン導入後の当該ワクチンの有効性及び安全性の評価等に努める必要があり、こうした取組の推進のため、関係機関の連携体制の強化に努める必要があること。

③ 予防接種関係者の資質向上

医療従事者は、被接種者やその保護者に対して予防接種の効果や副反応に関する丁寧な説明を行うこと、特に接

種医は基礎疾患を有する者等に対する慎重な予診を行うことが重要であること。

また、近年、ワクチンの種類や回数が増加していることに伴い、接種スケジュール等が複雑化しており、接種事故への懸念やワクチンの最新知見を得る必要性が高まっていることを踏まえ、厚生労働省は文部科学省や地方自治体等と連携し、医療従事者を対象とした予防接種に関する継続的な教育、研修の充実を図ること。

(7) 予防接種に関する国際的な連携に関する事項

国は、国際機関や海外の予防接種に関する情報を有する国内機関との連携を強化し、情報収集及び情報交換を積極的に行うとともに、諸外国における予防接種制度の動向等を把握する取組の強化を図る必要があること。また、我が国の国際化の進展に伴い、海外に渡航する者や帰国する者等への情報提供や海外で予防接種を受けた者の取扱いの検討、在日外国人への対応、海外渡航者のための環境整備について、対応や検討を行う必要があること。

(8) その他予防接種に関する施策の総合的かつ計画的な推進に関する重要事項

より効果的かつ効率的な予防接種を推進するため、同時接種、接種間隔、接種時期、接種部位に関して、国が一定の方向性を示すため、学会等の関係機関と意見交換するとともに分科会等で検討する必要があること。また、厚生労働省や都道府県及び市町村の衛生部局等は、予防接種施策の推進に当たり、医療関係者や衛生部局以外の関係部局、具体的には都道府県労働局、文部科学省、都道府県・市町村教育委員会等の文教部局等との連携を図ること。

2 施行期日
平成26年4月1日

3. 副反応疑い報告制度に関する通知

定期の予防接種等による副反応疑いの報告等の取扱いについて

平成25年3月30日　健発0330第3号・薬食発0330第1号
各都道府県知事宛　厚生労働省健康・医薬食品局長連名通知

注　令和6年8月8日感発0808第5号・医薬発0808第1号改正現在

予防接種法の一部を改正する法律（平成25年法律8号）が本日公布され、4月1日より、病院若しくは診療所の開設者又は医師（以下「医師等」という。）は、定期の予防接種又は臨時の予防接種（以下「定期の予防接種等」という。）を受けた者が、厚生労働大臣が定める症状を呈していることを知ったときは、厚生労働大臣に報告することが義務付けられたところである。また、併せて、予防接種法施行規則の一部を改正する省令（平成25年厚生労働省令第50号）も本日公布され、報告すべき症状等を定めたところである。

その後、薬事法等の一部を改正する法律（平成25年法律第84号）による予防接種法（昭和23年法律第68号）の改正により、平成26年11月25日から、医師等は、独立行政法人医薬品医療機器総合機構（以下「機構」とい

う。）に氏名及び生年月日を含む副反応疑い報告（予防接種法第12条第１項の規定による報告をいう。以下同じ。）を行うこととされた。

　ついては、副反応疑い報告及び予防接種に係る医薬品、医療機器等の品質、有効性及び安全性の確保等に関する法律（昭和35年法律第145号。以下「医薬品医療機器等法」という。）第68条の10第２項の規定による報告について、下記のとおり取り扱うこととしたので、貴管内市町村及び関係機関等に対する周知を図るとともに、その実施に遺漏なきを期されたい。

　なお、公益社団法人日本医師会等に対し、本件に係る協力を依頼していることを申し添える。

記

1　副反応疑い報告について
　(1)　市町村（特別区を含む。以下同じ。）は、あらかじめ別紙様式１並びに急性散在性脳脊髄炎（ADEM）調査票、ギラン・バレ症候群（GBS）調査票、血栓症（TTS（血栓塞栓症を含み、血小板減少症を伴うものに限る。以下同じ。））調査票、心筋炎調査票及び心膜炎調査票（以下「全種調査票」という。）を管内の医療機関に周知し、医師等が予防接種法施行規則（昭和23年厚生省令第36号）第５条に規定する症状（別紙様式１の報告基準参照）を診断した場合には、速やかに電子報告システム（別添１、報告受付サイトURL：https://www.pmda.go.jp/safety/reports/hcp/0002.html）にて機構へ報告するよう周知すること。なお、電子的な報告が困難な場合は予防接種の種類に関わらずFAX（FAX番号：0120-176-146）にて報告を受け付けている。この報告は、患者に予防接種を行った医師等以外の医師等も行うものとすること。FAXによる報告の場合、別紙様式１又は国立感染症研究所のホームページからダウンロードできる予防接種後副反応疑い報告書入力アプリにて作成した別紙様式２を使用して報告すること（記載事項の詳細については、別紙様式１記入要領を参照すること）。また、いずれの手段による報告であっても、その症状が急性散在性脳脊髄炎（ADEM）、ギラン・バレ症候群（GBS）、血栓症（TTS）、心筋炎又は心膜炎と疑われる場合は、それぞれ急性散在性脳脊髄炎（ADEM）調査票、ギラン・バレ症候群（GBS）調査票、血栓症（TTS）調査票、心筋炎調査票又は心膜炎調査票を作成して報告するものとすること。なお、心筋炎及び心膜炎がともに疑われる場合にあっては、心筋炎調査票及び心膜炎調査票の両方を作成して報告すること。各調査票の作成にあたっては、全ての項目について遺漏なく入力すること。また、報告対象となる症例の経過において複数の医師等が関与した場合にあっては、そのうち代表する者が、接種の状況や経過等の情報を可能な限り集約して調査票に入力の上、報告することが望ましいこと。

　(2)　機構は、医師等から(1)の報告を受理した後、速やかに厚生労働省へ報告すること。

　(3)　厚生労働省は、機構から(1)の報告を受理した後、速やかに都道府県に当該報告を情報提供するので、当該報告を受け取った都道府県は、速やかに予防接種を実施した市町村に情報提供すること。

　(4)　(1)の報告を行った場合には、厚生労働省において、医薬品医療機器等法第68条の10第２項の規定による報告としても取り扱うこととするため、医師等は、重ねて同項の規定による報告をする必要はな

いこと。
(5) 患者に対して予防接種を行った医師等以外が、(1)の報告をする場合においては、記載が困難な事項については、記載する必要はないこと。
(6) 厚生労働省、国立感染症研究所又は機構が(1)の報告に関する調査を行うことがあるので、医療機関の関係者等は、予防接種法第13条第4項の規定に基づき、厚生労働省等から副反応疑い報告に関する情報収集等の協力依頼がなされた際には、これに協力すること。
(7) (1)の報告の内容については、厚生労働省、国立感染症研究所又は機構において調査等を実施した後、個人情報に十分配慮した上で、公開の場で検討することとするものであること。
(8) 厚生労働大臣が(1)の報告に関して検討を加えた結果については、都道府県を通じて市町村に通知することがあるので、その際には、都道府県は、市町村に対して、速やかに管内の関係機関へ周知するよう依頼すること。
(9) 市町村が被接種者又は保護者（以下「保護者等」という。）からの定期の予防接種等後に発生した健康被害に関し相談を受けた場合等には、必要に応じて、別紙様式3に必要事項を記入するよう促すとともに、それを都道府県を通じて、厚生労働省健康・生活衛生局感染症対策部予防接種課へ電子メール（メールアドレス：yoboseshu@mhlw.go.jp）にて報告すること。
　　この場合において、市町村は当該健康被害を診断した医師等に対し、(1)の報告の提出を促すとともに、医師等が報告基準に該当せず因果関係もないと判断しているなどの理由により、報告をしない場合には、その理由も添えて厚生労働省へ報告すること。
(10) 市町村が予防接種健康被害救済制度に基づく請求を受け付けた時には、当該健康被害を受けた方に関する副反応疑い報告がなされているかどうかについて、各市町村において確認し、市町村は当該健康被害を診断した医師等に対し、副反応疑い報告制度の趣旨に鑑み必要に応じて、当該報告の提出を促すこと。

2　任意接種における健康被害の報告
　　都道府県及び市町村は、定期の予防接種以外の予防接種（以下「任意接種」という。）のみを行う医療機関に対しても、別紙様式1及び全種調査票並びに別紙様式2を周知し、当該報告への協力を求めること。任意接種における健康被害については、「医薬関係者からの医薬品、医療機器、再生医療等製品、医薬部外品及び化粧品の副作用、感染症及び不具合報告の実施要領について」（令和4年3月18日付け薬生発0318第1号）の別添「医薬品・医療機器等安全性情報報告制度」実施要領の「(2)報告対象となる情報」に該当する疾病、障害若しくは死亡の発生又は感染症の発生であり、医薬品、医療機器等の品質、有効性及び安全性の確保等に関する法律第68条の10第2項の規定に基づき、薬局開設者、病院若しくは診療所の開設者又は医師、歯科医師、薬剤師その他医薬関係者は、保健衛生上の危害の発生又は拡大を防止するため必要があると認めるとき（別記①～⑨参照）は、1(1)と同様に、速やかに電子報告システム（URL：https://www.pmda.go.jp/safety/reports/hcp/0002.html）にて報告すること。なお、電子的な報告が困難な場合は予防接種の種類に関わらずFAX（FAX番号：0120-176-146）にて報告を受け付けている。この報告は、患者に予防接種を行った医師等以外の医師等も行うものとすること。また、いずれの手段による報告であっても、急性散在性脳脊髄炎

が疑われる症例については急性散在性脳脊髄炎（ADEM）調査票を、ギラン・バレ症候群が疑われる症例についてはギラン・バレ症候群（GBS）調査票を、血栓症（TTS）が疑われる症例については血栓症（TTS）調査票を、心筋炎が疑われる症例については心筋炎調査票を、心膜炎が疑われる症例については心膜炎調査票を作成し、報告するものとすること。

3　製造販売業者等への情報提供及び製造販売業者等による情報収集への協力

厚生労働省において安全対策のため、1及び2により行われた報告の内容について患者氏名（イニシャルを除く。）及び生年月日を除いた情報を当該予防接種ワクチンの製造販売業者等に対し情報提供することがあるので、医師等は、医薬品医療機器等法第68条の2第2項に基づき、製造販売業者等から副反応疑い報告に関する情報収集等の協力依頼がなされた際には、これに協力すること。

また、1(9)の場合についても、ワクチンの製造販売業者等に対し同様に情報提供することがあるので、市町村は、その旨あらかじめ保護者等に説明を行うこと。

4　ヒトパピローマウイルス感染症の定期の予防接種又は任意接種に係る対応

(1) ヒトパピローマウイルス感染症の定期の予防接種には、ヒトパピローマウイルス様粒子ワクチンの積極的勧奨の差控えにより接種機会を逃した方に対して、公平な接種機会を確保する観点から、時限的に、従来の定期接種の対象年齢を超えて行う接種（以下「キャッチアップ接種」という。）を含むこと。

(2) 広範な慢性の疼痛又は運動障害を中心とする多様な症状を呈する患者を診察した際には、医師はヒトパピローマウイルス感染症の定期の予防接種又は任意接種を受けたかどうかを確認すること。

(3) ヒトパピローマウイルス感染症の定期の予防接種にあっては、接種後に広範な慢性の疼痛又は運動障害を中心とする多様な症状が発生する場合があるため、医師がこれらの症状と接種との関連性を認めた場合、医師等は厚生労働大臣に対して1(1)の規定による報告を行うこと。

(4) ヒトパピローマウイルス感染症の任意接種にあっては、接種後に広範な慢性の疼痛又は運動障害を中心とする多様な症状が発生した場合、医薬品医療機器等法第68条の10第2項の規定に基づき、薬局開設者、病院若しくは診療所の開設者又は医師、歯科医師、薬剤師その他の医薬関係者は、2の規定による報告を行うこと。

(5) (3)及び(4)については、患者に接種を行った医師等以外の医師等においても行うべきものであること。

(6) 過去にヒトパピローマウイルス感染症の定期の予防接種又は任意接種を受けた後に広範な慢性の疼痛又は運動障害を中心とする多様な症状が発生した患者であって、既に当該症状については治療を受けていないものについても、(3)又は(4)と同様に取り扱うこと。

(7) ヒトパピローマウイルス感染症の定期の予防接種（キャッチアップ接種を含む。）にあっては、当該症状が、組換え沈降2価ヒトパピローマウイルス様粒子ワクチン又は組換え沈降4価ヒトパピローマウイルス様粒子ワクチンを用いて規定の回数の一部を完了した者が、残りの接種を組換え沈降9価ヒトパピローマウイルス様粒子ワクチンで完了させる接種（以下「交互接種」という。）の後に生じたものである場合、別紙様式1「接種の状況」欄に予診票での留意点としてその旨を明記すること（詳細な記載方法については別紙様式1記入要領を参照す

ること)。

(8) ヒトパピローマウイルス感染症のキャッチアップ接種において、過去に接種したヒトパピローマウイルス様粒子ワクチンの種類が不明の場合については、結果として、異なる種類のワクチンが接種される可能性があるため、別紙様式1「接種の状況」欄に予診票での留意点として過去に接種したヒトパピローマウイルス様粒子ワクチンの種類が不明である旨を明記すること。

5　新型コロナウイルス感染症の定期の予防接種等又は任意接種に係る対応

　新型コロナワクチンについては、これまでワクチン接種との因果関係が示されていない症状も含め、幅広く評価を行っていく必要があることから、当面の間、以下の症状については当該規定による副反応疑い報告を積極的に行うよう検討するとともに、これら以外の症状（遅発性の症状又は遷延する症状を含む。）についても必要に応じて報告を検討すること。

　けいれん（ただし、熱性けいれんを除く。）、ギラン・バレ症候群、急性散在性脳脊髄炎（ADEM）、血小板減少性紫斑病、血管炎、無菌性髄膜炎、脳炎・脳症、関節炎、脊髄炎、顔面神経麻痺、血管迷走神経反射（失神を伴うもの）

　また、副反応疑い報告基準に基づき、「血栓症（TTS）」、「心筋炎」又は「心膜炎」について報告する場合にあっては、1(1)を参照すること。

　なお、令和6年3月31日までに行われた特例臨時接種に関して、令和6年4月1日以降に副反応疑い報告基準に定める症状を呈していることを知ったときについても、1(1)に示す方法に沿って副反応疑い報告を提出すること。

以上

（別　記）

　任意接種における報告対象となる情報は、予防接種による副作用、感染症の発生について、保健衛生上の危害の発生又は拡大を防止する観点から報告の必要があると判断した情報（症例）であり、具体的には以下の事項（症例）を参考とすること。なお、ワクチンとの因果関係が必ずしも明確でない場合であっても報告の対象となり得ること。

① 死亡
② 障害
③ 死亡につながるおそれのある症例
④ 障害につながるおそれのある症例
⑤ 治療のために病院又は診療所への入院又は入院期間の延長が必要とされる症状（③及び④に掲げる症例を除く。）
⑥ ①から⑤までに掲げる症例に準じて重篤である症例
⑦ 後世代における先天性の疾病又は異常
⑧ 当該医薬品の使用によるものと疑われる感染症による症例等の発生
⑨ ①から⑧までに示す症例以外で、軽微ではなく、かつ、添付文書等から予測できない未知の症例等の発生

別紙様式1～3　（略）

4. 健康被害救済制度等に関する通知

(1) 予防接種事故に関する責任の所在について

昭和41年6月16日　衛発第420号
各都道府県知事・各政令市市長宛　厚生省公衆衛生局長通知

　標記の件について、別紙(1)のとおり照会があったので別紙(2)のとおり回答したから御了知願いたい。

別紙(1)

〔照会〕当地区医師会員中には予防接種等に出動するに当り、万一事故のあった場合を懸念して下記事項について不安を抱くものあり、これに関する御解答並びに厚生省等監督官庁の統一解釈について御教示願いたし。
(1) 保健所の計画した予防接種に地区医師会々員が出動して、万一注射による事故のあった場合の責任の所在如何（民事的及び刑事的責任について）。㋑特異体質による事故と判明した場合、㋺問診（既往症、現症の診察）不充分で、既往及び現在の疾患を見落したためと判定された場合、㋩注射操作中何等かの原因により感染を起こしたことが原因と判明した場合、㊁注射液種、分量を取違えたための事故と判明した場合、㋭注射操作中皮内、皮下注射すべきものが、誤って血管内注射となったための事故と判明した場合、㋬注射が原因で橈骨、神経麻痺を起こした場合。
(2) 予防接種実施規則（昭33・9・17厚生省令第27号、改正昭39・4・16厚生省令第17号）による注射針を一人一人取変える規定に対する見解。並びに万一注射針を一人一人取変えなかったための事故と判明した場合の責任の所在。
(3) 予防接種実施要領（昭34・1・21衛発第32号、昭36・5・22衛発第444号）による単位時間内の規定人員（1時間100名以内）を超えて注射を実施することに対する見解。並びに万一これがため注射前の問診等不充分となり事故を起こしたと判明した場合の責任の所在。

（静岡　T生）

別紙(2)

〔回答〕
(1)
① 予防接種実施規則に定められている問診等を行なったうえでなお判明しない特異体質により事故が生じた場合は、実施側に民事上及び刑事上の責任は生じないものと思われます。
② インフルエンザ等の予防接種に際し、既往に鶏卵に対する反応歴があった場合などその予防接種により事故が生じるおそれがある場合に問診等でこれを把握することを怠たり予防接種を行ない、アレルギー体質に起因すると認められる事故が生じたときは実施側に過失があるものと思われます。
　この場合、実施主体である市町村等について、国家賠償法あるいは民法の使用者責任（いずれか一方ですが現段階では2説あります）による賠償責任の問題が生じましょう。医師については後者の場合には民事上の責任を生じますが、前者の場合は直接民事上の責任は生じることはありません。ただ国家賠償法上の問題と解した場合には過失の程度（重過失とみられる場合）によっては市町村等は国

家賠償法により賠償した額について医師に求償することができます。刑事上は医師に明白な過失があった場合は業務上過失傷害等の点が問題となることも考えられます。

③
- イ 医師が注射液の種類、分量をとり違えたために事故が生じた場合は、医師の過失であり、責任の所在は②の場合と同様であります。
- ロ 医師の予防接種を補助している保健婦等が注射液の種類分量を取り違えた場合において医師が確認することなく予防接種を行なったために事故が生じたときは、保健婦等及び医師に過失があるものと思われ、責任の所在は②の場合と同様であります。

④ 御質問の「注射針操作中なんらかの原因で感染をおこした場合」とは、空気中の雑菌等により注射針が汚染され、そのために感染をおこした場合をいっておられるものと思われますが、このような例は現実的には殆んど考えられないことですし、原因と事故との因果関係を証明することも困難でしょう。かりにこのような事例があり、因果関係を証明できれば②の場合と同様であります。

　注射針が医師等の指などが不潔なために汚染され、そのために感染をおこした場合は②の場合と同様であります。なお極めて非衛生的な場所を会場として予防接種を行ない、そのために雑菌等による感染をおこしたことが判明した場合等は、実施主体である市町村等に過失があるものとして国家賠償法または民法上の使用者責任による賠償責任が問題となるでしょう。刑事上は市町村等の責任者等に明白な過失があれば、業務上過失傷害等の点があるいは問題になることも考えられましょう。

⑤ 医師が皮内または皮下に注射すべき場合に注射針の先端が血管内に入っていないことを確かめずに血管内に注射して事故が生じたときは、医師の過失であり、責任の所在は②の場合と同様であります。

⑥ 注射が原因で橈骨神経麻痺をおこした場合ですが、このような場合は極めて稀であり、神経走行の異常による偶発的なものと思われ通常医師に過失はないものと思われます。

　ただ、注射針が直接神経に挿入された場合は、非常な痛みなど異常な反応があるのが通例であり、このような反応があるのに予防接種を行なったために事故が生じた場合は医師の過失となりましょう。この場合の責任の所在は②の場合と同様であります。

(2)
① 注射針等を被接種者の一人一人ごとに取り換えなければならないという趣旨は、主として注射針が伝染性病原体の感染の媒体となることを防ぐためのものであります。

② 注射針等を被接種者の一人一人ごとに取り換えなかったために事故が生じた場合ですが、これには大まかにいって実施主体である市町村が被接種者の一人一人ごとに取り換えるのに必要な注射針等を用意しないで医師が取り換えることができなかった場合と用意されていたのに医師が取り換えなかった場合とがありますが、前者の場合は市町村及び医師の過失であり、後者の場合は医師のみの過失であると思われます。これらの場合の責任の所在は(1)の②の場合と同様です。

(3)
① 予防接種実施要領では、医師1人を含む1班が1時間に予防接種を行なう人員は、予診の時間を含めて種痘では80人程

度、種痘以外の予防接種では100人程度を最大限とすることとしておりますが、これはこの限度をこえて予防接種を行なうときは一般的に問診等が不充分となるおそれがあることを考慮しての一応の基準であります。

　従いまして、被接種者の健康状態等によっては充分な問診等を行ない、かつ、この基準を上回る数の対象に予防接種を行なうことが可能な場合もありましょうが、それは差支えないことであります。

② 　右の基準をこえて予防接種を行なったために問診等が不充分となり事故を起したと判明した場合ですが、この場合は問診等が不充分であったという点が直接的に問題であり、基準をこえて予防接種を行なったということは問診不充分という点が問題となった場合実施側に不利な事実となるものと思われます。

　なお、この場合の責任の所在については(1)の②と同様であります。

(2)　予防接種事故に対する措置について

〔昭和45年9月28日　厚生省発衛第145号〕
〔各都道府県知事宛　厚生事務次官通知〕

予防接種事業の円滑な実施については、かねてより種々ご配意を煩わしているところであるが、予防接種事故に対する措置の緊急性にかんがみ、今般応急の行政措置を実施することが、別紙1のとおり、7月31日の閣議において了解された。

この措置の運営要領は別紙2のとおりであるので、ご了知のうえ、貴管下市町村への周知徹底を図るとともに、関係団体等の協力を得てその円滑な実施について各段のご配意をいたされたい。

なお、この措置にあわせて、児童福祉施設への入所措置を講ずる等実情に応じて関連制度の活用にも十分配意されたい。

別紙1

　　　予防接種事故に対する措置について
　　　　　　　　　（昭和45年7月31日
　　　　　　　　　　閣　議　了　解）

予防接種事故に関する措置については、今後恒久的な救済制度の創設について、検討することとするが、現に予防接種事故により疾病にかかり、若しくは後遺症を有し、又は死亡した者については、当面緊急の行政措置として、国は地方公共団体の協力を得て次のような措置を講ずることとする。

第一　措置の目標

1　予防接種の副反応（通常生ずる副反応を除く。以下同じ。）と認められる疾病（副反応の疑いのある疾病を含む。以下同じ。）により、現に医療を必要とする者に対して、自ら負担した額に相当する額の給付を行なう。

2　予防接種の副反応と認められる疾病に起因する後遺症を有する者に対し、次の区分により、給付を行なう。

厚生年金保険法に定める廃疾の程度	後遺症を有するに至った時の年齢	
	18歳未満	18歳以上
1級	270万円	330万円
2級	200万円	240万円
3級	130万円	160万円

3　予防接種の副反応と認められる疾病により死亡した者については、次の区分により、死亡した者の遺族に対し、給付を行なう。

死亡時の年齢	
18歳未満	18歳以上
270万円	330万円

第二 措置の実施

国は、第一の措置に要する財源につき、その2分の1に相当する額を支出し、地方公共団体に対しては、国の措置に相応する額の支出を要請する。

別紙2

予防接種事故に対する措置運営要領

第一 趣旨

予防接種を受けた者のうちには、実施にあたり過失等がない場合においても、極めてまれではあるが重篤な副反応が生じる例がみられ、国家賠償法又は民法により救済されない場合があるので、これらについて救済制度を設けるべく、本年6月15日の伝染病予防調査会の中間答申の趣旨にそって検討を進めているがとりあえず当面緊急の行政措置として、この措置を実施しようとするものであること。

第二 対象

1 措置の対象とする予防接種事故は、次に掲げる予防接種に伴うものとすること。
 (1) 予防接種法（昭和23年法律第68号）に基づく定期及び臨時の予防接種
 (2) 国の行政指導により、住民に勧奨して行なったインフルエンザ及び日本脳炎の予防接種
 (3) 結核予防法（昭和26年法律第96号）に基づく定期及び定期外の予防接種

2 措置の対象とする者は、次に掲げる者とすること。
 (1) 予防接種の副反応（通常生ずる副反応を除く。以下同じ。）と認められる疾病（副反応の疑いのある疾病を含む。以下同じ。）により現に医療を必要とする者
 (2) 予防接種の副反応と認められる疾病に起因する後遺症を有し、厚生年金保険法（昭和29年法律第115号）別表第一に掲げる程度の障害を有する者
 (3) 予防接種の副反応と認められる疾病により死亡した者の配偶者、子又は父母

第三 実施方法

この措置は、市町村（特別区を含む。以下同じ。）及び都道府県がそれぞれ所要経費の4分の1を支出し、国が所要経費の2分の1を支出することとするものであるが、財政上の手続としては、市町村が対象となる者の申請によって措置に要する費用を支弁し、都道府県がその4分の3を補助し、国が都道府県に対して、その3分の2を補助することによって行なうものとすること。

第四 措置の内容

1 医療費の支給
 (1) 第二の2(1)に掲げる者に対しては、昭和45年8月1日以後の当該医療について、医療費の支給を行なうこと。
 (2) 医療費の支給額は、当該医療に要した費用について、健康保険の例により算定した額のうち、自己負担相当額とすること。

2 後遺症一時金の支給
 (1) 第二の2(2)に掲げる者に対しては、次の区分により、後遺症一時金を支給すること。

厚生年金保険法に定める廃疾の程度	後遺症を有するに至った時の年齢	
	18歳未満	18歳以上
1級	270万円	330万円
2級	200万円	240万円
3級	130万円	160万円

 (2) 後遺症の程度の認定は、厚生年金保険法の例によるものとすること。この場合において、後遺症を有するに至った後については、1の医療費の支給は行なわないものとすること。

3 弔慰金の支給

第二の2(3)に掲げる者に対しては、次の区分により、弔慰金を支給するものとすること。

死亡時の年齢	
18歳未満	18歳以上
270万円	330万円

第五　支給の申請等

支給の申請及び決定は、次によるものとすること。

1　医療費
(1)　医療費の支給を受けようとする者は、別に定める医療費支給申請書に次の書類を添えて、市町村長（特別区長を含む。以下同じ。）に提出するものとすること。
　ア　第二の1の予防接種を受けたこと。受けた予防接種の種類及びその年月日を証する書類
　イ　当該疾病の発病年月日及びその症状を証する医師の作成した書面又は診療録の写し
　ウ　当該予防接種事故に関し都道府県の作成した調査票の写し
　エ　当該医療に要した費用のうち自己負担額を証する書類
(2)　市町村長は、申請を受理したときは、必要な調査を行なうものとすること。
(3)　市町村長は、支給を決定しようとするときは、あらかじめ、厚生省に置く予防接種事故審査会の意見をきくものとすること。
(4)　医療費の支給は、原則として暦月により1月分ごとに一括して支払うものとし、支給決定後医療がさらに継続して行なわれているときは、1月分ごとに(1)のエの書面を提出させることによって支払うものとすること。

2　後遺症一時金
(1)　後遺症一時金の支給を受けようとする者は、別に定める後遺症一時金支給申請書に1の(1)のア、イ及びウの書類を添えて、市町村長に提出するものとすること。
(2)　1の(2)及び(3)の手続は、後遺症一時金の支給について準用すること。

3　弔慰金
(1)　弔慰金の支給を受けようとする者は、別に定める弔慰金支給申請書に次の書類を添えて、市町村長に提出するものとすること。
　ア　1の(1)のアの書面
　イ　死亡診断書その他死亡を証する書類
　ウ　死亡の原因となった疾病の発病年月日及びその症状を証する医師の作成した書面又は診療録の写し
　エ　当該予防接種事故に関し都道府県の作成した調査票の写し
　オ　戸籍謄本その他死亡者と申請者との関係を証する書面
(2)　1の(2)及び(3)の手続は、弔慰金の支給について準用すること。

第六　その他
(1)　第四の3の弔慰金は、昭和40年以前に死亡した者については、その死亡年次により、第四の3の270万円又は330万円を次の金額に読み替えて支給するものとすること。
　ア　昭和36年以降昭和40年以前に死亡したときは、死亡時の年齢18歳未満の場合200万円、同18歳以上の場合250万円
　イ　昭和31年以降昭和35年以前に死亡したときは、死亡時の年齢18歳未満の場合170万円、同18歳以上の場合205万円
　ウ　昭和26年以降昭和30年以前に死亡したときは、死亡時の年齢18歳未満の場合165万円、同18歳以上の場合200万円
　エ　昭和25年以前に死亡したときは、死亡時の年齢18歳未満の場合70万円、同

18歳以上の場合85万円
(2) 第四の2の後遺症一時金及び同3の弔慰金については、予防接種の実施の際被接種者又はその保護者に明らかな過失があり、かつ、その過失が当該疾病と相当の因果関係があると認められる場合は、その額を減額することがあるものとすること。

(3) 予防接種事故に対する措置の取扱いについて

〔昭和45年9月28日　衛発第678号　各都道府県知事宛　厚生省公衆衛生局長通知〕

　標記については、「予防接種事故に対する措置について」（昭和45年9月28日発衛第145号厚生事務次官通知）により、その運営要領が通知されたところであるが、措置の実施にあたっての取扱い要領は別紙のとおりであるので、管下市町村に対し、十分周知を図るとともに、その取扱いに遺漏のないよう配慮されたい。

（別　紙）
　　　　予防接種事故に対する措置取扱い要領
第一　対象となる予防接種について
　1　予防接種事故に対する措置運営要領（以下「運営要領」という。）第二の1(1)については、次のものを含むものであること。
　　(1) 予防接種法（昭和23年法律第68号。以下「法」という。）第6条の2の規定により受けた予防接種
　　(2) 法第8条第2項の規定により受けた予防接種
　　(3) 法第9条の規定により受けた予防接種
　　(4) 法第10条第2項の規定により定期の種痘とみなされた種痘
　　(5) 法第10条第8項の規定により受けた種痘
　2　運営要領第二の1(2)については、「インフルエンザ特別対策実施要領」及び「日本脳炎特別対策実施要領」により行なわれた予防接種を対象とすること。
　3　運営要領第二の1(3)については、結核予防法（昭和26年法律第96号）第17条及び第18条の規定により受けた予防接種を含むものであること。
第二　医療費の支給について
　1　医療費の範囲及びその額については、次によること。
　　(1) 医療費は、昭和45年7月31日以前に生じた疾病についても、同年8月1日以後の医療費については、支給するものであること。
　　(2) 医療費の範囲は、健康保険法（大正11年法律第70号）第43条に規定する療養の給付の範囲の費用とすること。
　　(3) 医療費の支給額は、健康保険の例により算定した額のうち、健康保険等の給付に伴う残余部分の自己負担相当額又は国民健康保険の一部負担金相当額とすること。
　2　医療費の支給手続については、次の点に留意すること。
　　(1) 医療費支給申請書は、別記様式①によること。
　　(2) 医療費支給申請書は、申請者の予防接種時の住所地を管轄する市町村（特別区を含む。以下単に「市町村」という。）に提出するものとすること。
　　(3) 市町村長（特別区にあっては、区長、以下同じ。）が、医療費支給申請書を受理したときは、申請書の記載事

項及び添付書類を審査し、必要があるときは、追加書類を求めるものとすること。
(4) 支給を決定しようとするときは、あらかじめ、予防接種事故審査会の意見をきくこととし、医療費支給申請書及び添付書類その他参考資料に、市町村長の意見を添え、都道府県知事を経由して、予防接種事故審査会の審査に付するため、本職あて送付すること。

この場合、都道府県知事は、申請事項について意見を添えるものとすること。
(5) 運営要領第五の1(1)のうち、イについては、医師の作成した書面を原則とし、この書面が得られない場合で診療録又はその写しがあるときは、その写しをもって代えることができるものとすること。
(6) 運営要領第五の1(1)のうち、ウについては、当該調査票が作成され、申請者に交付された場合に添付すべきものとし、都道府県を経由する際に添付する取扱いとして差支えないこと。
(7) 支給を決定したときは、その旨を申請者に通知するものとし、不支給を決定したときは、その旨及び理由を申請者に通知するものとすること。
(8) 支給決定後医療を受ける場合は、暦月毎に、別記様式②による継続医療状況書に医療費の自己負担相当額を証する書類を添えて、当該市町村に提出することによって、医療費の支給を受けるものとすること。
(9) 都道府県知事において実施した予防接種については前記(1)から(8)までの事項中「市町村」とあるのは「都道府県」と、「市町村長」とあるのは「都道府県知事」とそれぞれ読みかえるものとすること。

この場合において、申請書の提出等について市町村を経由する取扱いとすること。

第三 後遺症一時金の支給について
1 支給の対象者は、昭和45年7月31日現在後遺症を有しているか又はその後後遺症を有するに至った者とすること。
2 後遺症一時金の対象となる障害は、厚生年金保険法（昭和29年法律第115号）別表第一に定める1級から3級までの障害とし、その認定は、同法の例によることとされているので、症状が固定しないときは、当該疾病につき初めて診療を受けてから3年を経過した日において認定できるものであること。

なお、昭和45年7月31日前に生じた事故については、申請時点で後遺症を有するか又は初めて診療を受けてから3年を経過しているときは、申請時点で認定して差支えないこと。
3 後遺症一時金の支給手続については、次の点に留意すること。
(1) 後遺症一時金支給申請書は、別記様式③によること。
(2) 第二の2(2)から(7)まで及び(9)は、後遺症一時金の支給についても同様であること。
(3) 運営要領第五の2(1)については、「当該疾病の発病年月日及びその症状を証する医師の作成した書面又は診療録の写し」は、当該後遺症の程度を明らかにする書面を含むものであること。

第四 弔慰金の支給について
1 弔慰金の支給対象となる遺族については、次により取扱うこと。
(1) 弔慰金は、申請の時点で現存する遺族のうちの先順位者に支給すること。
(2) 弔慰金の支給を受ける遺族の順位は、配偶者（婚姻の届出をしていない

が、死亡者の死亡当時事実上婚姻関係と同様の事情にあった者を含む。）、子、父母の順とし、父母については、養父母があるときは、養父母、実父母の順とすること。
 (3) 同順位者が2人以上あるときは、均分して支給するものとすること。
2　後遺症一時金を支給した者については、弔慰金の支給は行なわないものとすること。
3　弔慰金の支給手続については、次の点に留意すること。
 (1) 弔慰金支給申請書は、別記様式④によること。
 (2) 申請は、支給すべき遺族が2人以上あるときは、共同して行なうことを原則とすること。この場合、添付書類は適宜省略して差支えないこと。
 (3) 第二の2(2)から(7)まで及び(9)は、弔慰金の支給についても同様であること。なお、同(2)中「申請者」とあるのは、「死亡者」と読みかえるものとすること。

第五　その他
　　この措置の対象となる者は、なるべく昭和45年12月末日までに申請を行なうよう指導すること。

別記様式　（略）

第2章 答申

1. 伝染病予防調査会答申書（昭和51年3月22日）

昭和51年3月22日

厚生大臣
　　田中　正巳　殿

伝染病予防調査会長
　　豊川　行平

答申書

　本調査会は、昭和43年5月31日厚生省発衛第101号をもって厚生大臣から諮問のあった「今後の伝染病予防対策のあり方」について、昭和45年6月15日付けで基本的な考え方につき中間答申を行ったところであるが、この内容をさらに具体的に検討し、かつ、その後の情勢の変化に即応したものとするため、引き続き鋭意審議を重ねてきた。
　この結果、昨年12月17日には予防接種部会において「予防接種の対象疾病等について」が別紙1のとおりとりまとめられ、また、本年3月11日には制度改正特別部会において「予防接種の今後のあり方及び予防接種による健康被害に対する救済について」が別紙2のとおりとりまとめられた。
　本調査会においてこれらを検討したが、その内容が適切であると思われるので、答申するものである。
　今後この答申の趣旨を充分に尊重し、制度化を進めることを期待する。

別紙1

昭和50年12月17日

伝染病予防調査会長
　　豊川　行平　殿

予防接種部会長
　　染谷　四郎

予防接種の対象疾病等について

当予防接種部会は、昭和45年6月15日付伝染病予防調査会が提出した中間答申の趣旨に基づき、標記の問題について慎重に検討を行ってきたところであるが、特に本年5月以降11回にわたって、予防接種に係るすべての疾病について、その現況、現段階における予防接種の必要性及びその実施方法等を個別に見直してきた。
　その結果、今後とも引き続き検討する必要を認めながらも、当面する問題点についての意見を下記のとおりとりまとめたので、報告する。

記

　近年、わが国における各種伝染病の態様は、防疫対策の推進、医学の進歩、環境衛生の発展、衛生思想の向上等により、発生状況、症状経過等に著しい変化が見られており、これに対応して予防対策に大幅な変革が起りつつあり、国民に対して広く行われてきた予防接種も現行の施策に再検討を加えることが強く要請されている。
　そこで、本部会は内外における各種伝染病の流行状況及び将来の見とおし、血清疫学情報、ワクチンの開発、治療医学の水準、公衆衛生の現況等を種々検討した結果、今後における予防接種は次のように進めることが適当であると考える。

1　対象疾病について
　　現行予防接種の対象疾病について国内における流行状況、疾病の特質、防疫体制、海外における流行状況、現行ワクチンの有効性及び安全性等を考慮して検討した結果は、別紙資料のとおりである。
　　これを要約すれば、痘そうについては、流行地域における根絶計画が最近目覚しい成果を挙げつつあることに伴って、わが国における種痘の実施を改める必要が生じてきたので、初回の種痘を新しい細胞培養痘そうワクチン（LC16m8株）を用いて生後36月から72月に至る期間に実施することとし、現行の第2期、第3期の種痘を廃止することとする。
　　また、ジフテリア、百日せき、急性灰白髄炎、ワイル病、インフルエンザ、日本脳炎及び破傷風については、なお、予防接種を行う必要があるが、その実施については一部修正するとともに、地域の実情に応じて弾力的に実施できるよう配慮する。
　　一方、腸チフス、パラチフス、発疹チフス、コレラ、ペストについては、予防接種以外に、より有効な予防手段が可能と考えられるので、必要に応じ実施できる体制を残しつつ他の予防手段の向上に重点を置くものとする。
　　また、麻疹は小児にとって重篤な合併症の多い伝染病であり、風疹は先天異常児の出生につながるおそれがあるので、いずれも実施方法等に配慮を加えた上で予防接種を実施する必要がある。
　　なお、疾病の発生状況、ワクチンの開発進展及び医療技術の進歩等に即応するため予防接種の対象疾病及びその実施について定期的に再検討をする必要がある。

2　サーベイランス体制について
　　予防接種を効果的に実施するためには、各種伝染病の発生状況、免疫保有状況、予防接種の効果及び副反応等に関する情報を収集、処理、還元する機能をもつサーベイランス（疾病流行監視）体制を整備強化する必要がある。
　　現在、伝染病の発生状況等に関する情報は、国、地方公共団体が収集し、また、血清に関

する情報は国立予防衛生研究所（血清情報管理室）が収集管理しているが、これらの情報は行政上の予防接種計画に十分には活用されていないのが現状である。今後は予防接種に関連する情報資源を有効に利用するため系統的に収集、処理、還元する機構を整備する等国及び地方公共団体におけるサーベイランス体制の充実をはかり正確な情報に基づいた効率的な予防接種計画を樹てることに努めるべきである。

3　地域特性について

予防接種を全国一律に画一的に実施することは地域の実情に照らして必ずしも適切であるとはいえない。

したがって、サーベイランスによって得られた情報を基盤として地域の特性を十分に尊重した予防接種計画が樹立されるべきであり、計画立案にあたっては、医療機関、学校等からの情報及び届出患者、血清疫学、細菌学等に係る検査情報のほか地域の諸条件を十分に勘案した上で予防接種が円滑に実施できるような体制を確立すべきである。

4　事故防止について

予防接種の実施にあたっては、極めて低い頻度ではあるが異常な副反応が発生することがある。これらの事故発生を極力防止するため、次のような対策を講じるべきである。

(1) 効果と安全性の高いワクチンの開発研究をさらに推進する。
(2) 安全な実施方法の確立のために、実施の細部にわたって一層きめ細かな検討をはかる。
(3) 予防接種の実施にあたる関係者の教育訓練を十分に行う。
(4) 被接種者又はその保護者に対し、予防接種の実施前後における被接種者の健康管理等予防接種に関する知識の普及に努める。
(5) 予防接種による副反応の調査、事故例の発見、治療、原因の究明及び事故の再発防止のための体制を地域ごとに整備する。

5　禁忌について

予防接種に使用するワクチンは種類も多岐にわたり、かつ、その反応も一様でないため、すべての予防接種に共通する禁忌項目を選択することは容易ではない。また、集団接種の際に禁忌とされた場合にあっても特別な注意を払えば個別接種として可能な場合がある。したがって、禁忌の規定はなるべく基本的なものにとどめ、実際に接種する医師の判断を優先させることが妥当である。

資料

1　痘そう

近年におけるわが国の痘そうの発生例としては、昭和48年及び昭和49年に各1例の患者の侵入発生があった。また、現在なお、エチオピア等には流行がみられ、わが国への痘そう侵入の危険が全くなくなったとは考えられない。しかしながら、世界保健機構（WHO）が行っている痘そう根絶計画が着々とその成果をあげていること、乳幼児期の種痘に際して極めてまれにではあるが重篤な副反応による事故が発生すること、また、今回細胞培養痘そうワクチンが開発実用化されること等を検討した結果、現行の種痘計画を当面次のごとく改正することが適当である。

(1) 平常時における初回種痘は、生後36月から生後72月に至る期間に細胞培養痘そうワクチ

ン（LC16m8株）を使用して実施する。
(2) 痘そうに感染するおそれのある医療機関、研究機関及び海空港関係機関等に勤務する者に対して、定期的に痘そうワクチン（在来株）による種痘を実施する。
(3) 痘そう流行地への旅行者に対しては、その出国に際して、痘そうワクチン（在来株）による種痘を必要に応じて実施する。
(4) 国内に痘そうが侵入した場合は、緊急時の種痘を痘そうワクチン（在来株）により一定範囲に限って実施する。

以上の措置に伴い、現行の小学校入学前6月以内及び小学校卒業前6月以内の種痘は、いずれも廃止する。

なお、将来、世界の痘そうの流行状況が本質的に変化した時には、この計画を継続するかどうか再検討を行う。

2　ジフテリア

近年、ジフテリアの患者発生は、急速に減少しているが、今後さらに患者発生の防止と本疾患の根絶のため、予防接種を実施する。

接種年齢は、生後3月から生後48月に至る期間に第1期及び第2期接種を完了する。この場合、原則として、百日せき、破傷風との3種混合ワクチンを使用することとし、百日せきが不要である場合には、破傷風との混合ワクチンの使用が望ましい。

なお、第1期及び第2期の接種年齢の引上げ及びワクチンの効果等を考慮して第3期（小学校入学前6月以内）接種は廃止し、第4期（小学校卒業前6月以内）接種は、新しく第3期接種として実施する。この場合においては、ジフテリア破傷風混合ワクチンを使用することが望ましい。

3　百日せき

百日せきの予防接種に関しては、本部会において昭和50年2月以降、そのあり方について検討を行い、同年3月に結論を報告したところである。今回さらに検討を加えたが、最近、地域的に患者の発生が増加している傾向も認められるので、引き続き予防接種を実施する。しかしながら、その実施にあたっては、サーベイランス等の結果及び地域特性を考慮して弾力的に実施する。

4　急性灰白髄炎

急性灰白髄炎の発生は、生ワクチンの投与によって急激に減少したが、免疫水準が低下すると再び流行するおそれがあるので、今後も生ワクチンの投与を継続して実施する。

5　腸チフス、パラチフス、発疹チフス及びペスト

これらの疾病は、環境衛生の改善、防疫対策の強化等により予防が可能と考えられるので、流行地への旅行等特別な場合を除き予防接種の必要はない。

6　コレラ

わが国の公衆衛生の現状では、たとえコレラ感染源が侵入しても大流行となるおそれはないので、平常時の予防接種は廃止することが妥当である。

ただし、流行時あるいは流行のおそれのある場合に地域を限定して予防接種を行うことができるよう措置する。

7　ワイル病

ワイル病は、地域的に流行する疾病で、予防接種が有効であり、かつ、ワクチンの安全性

も高いものである。したがって常在地においては、予防接種を実施することが望ましい。さらに流行株の再検討を行い多価ワクチンを開発する必要がある。

8　インフルエンザ

わが国におけるインフルエンザは、保育所、幼稚園、小中学校など集団生活をする小児により流行するので、これらの集団の免疫度を一定水準に維持するため、予防接種を行う必要がある。

なお、老人、慢性疾患の患者等インフルエンザに対して抵抗力の弱い者に対しても予防接種を行うことが望ましい。

9　日本脳炎

戦後大流行をみた日本脳炎も、予防接種の普及及び近年の社会経済状態の変化にともなって、患者発生は急激に減少したが、本疾病の症状は重篤であり、致命率も高いところから、今後も予防接種を実施する。しかし、日本脳炎の発生は、地域的に著しい差異がみられるので、サーベイランスの結果に基づき必要のある地域において予防接種を実施する。

10　破傷風

破傷風は、ひとたび発病するとその症状は重篤であり致命率も極めて高い。一方、ワクチンは安全性も高くその効果は著明であるので、予防接種を行う必要がある。幼小児期に接種する場合は、ジフテリア及び百日せきとの混合ワクチンとして使用することが望ましい。

なお、感染の危険の多い者にも実施するものとし、この場合には破傷風単味のワクチンを使用する。

11　麻疹

麻疹は、現時点では小児にとって重篤な合併症の多い伝染病であるので、予防接種を行う必要がある。しかし、発熱、発疹等の軽度の副反応が他のワクチンに比べてやや多い傾向にあるので、個別接種等接種方法に十分な注意を払うことが必要である。

12　風疹

妊婦がその妊娠初期に風疹にり患した場合、先天異常児を出産するおそれがあるので、予防接種を行う必要がある。すでに有効なワクチンが開発され近く実用化されるので、中学校等の女子に対して接種を行うよう予防接種計画にとり入れる必要がある。

別紙2

昭和51年3月11日

伝染病予防調査会長
　　豊川　行平　殿

制度改正特別部会長
　　牛丸　義留

予防接種の今後のあり方及び予防接種による健康被害に対する救済について

当制度改正特別部会は、標記の問題について昭和45年6月15日の伝染病予防調査会の中間答申の趣旨に基づき、昭和50年3月以降16回にわたって慎重に審議を行ってきたところ、同年12月17日の予防接種部会の意見をふまえて、このほど次のとおり意見をとりまとめたので、報告する。

第1　予防接種の今後のあり方について
　1　基本方針
　　　予防接種は、伝染病予防対策の重要な要素であり、その制度の改善をはかることはもとより緊要ではあるが、ワクチンの改良開発をはじめ、サーベイランス（疾病流行監視）体制の充実、検疫・防疫体制の強化、環境衛生の向上等他の伝染病予防対策とともに総合的に実施されることが必要であるので、これらの点に配意しつつ、以下に述べるところにより予防接種制度を改正すべきである。
　2　対象疾病
　　　予防接種は、伝染のおそれがある特定の疾病に対する免疫原を個々人に与えることにより集団の免疫水準を維持し、もって当該疾病の発生及びまん延を防止することを目的として実施されてきたが、今後においては、従来の伝染病の集団的まん延防止という考え方を一歩進めて、予防接種が極めて有効な予防手段であり、かつ、他に満足すべき予防方法がなく、いったん罹患した場合に致命率が高いか、重い後遺症を残すおそれが少なくない疾病等国民の健康の保持増進にとって予防接種が積極的な意義を有するものについても対象疾病として取り入れることとすべきである。具体的な対象疾病の種類は、昭和50年12月17日伝染病予防調査会予防接種部会から提出された報告において予防接種を行うべきこととされている疾病とし、これらを法律上明記するほか、通常その発生等が予想されない伝染病のまん延するおそれが生じた場合等不測の事態が生じた場合において厚生大臣が必要と認めた疾病を対象疾病として指定することができるよう法律上の措置を講じることが適当である。なお、対象疾病については、定期的に検討を行うべきである。
　3　実施方法
　　　予防接種は、従来定期の予防接種と臨時の予防接種とに分けて実施されてきたが、これをより実態に即したものとするため、国民の免疫を一定の水準に維持することを目的として平常時に行う予防接種と、平常時における国民の免疫水準のみでは伝染病のまん延の防止が困難であり、かつ、当該疾病のまん延により公衆衛生上著しい支障を生じることが予測される緊急時に行う予防接種に分けて実施するように改めるべきである。
　　　また、予防接種の実施は市町村長が行うこととし、緊急に必要な場合は都道府県知事が代わってこれを行うことができることとするのが適当である。
　　　なお、現行の予防接種法では、予防接種の対象疾病及びその接種年齢を法定事項として具体的に規定しているが、近年における医学薬学等科学技術の進歩、公衆衛生の向上、生活環境施設の整備改善等に伴い、疾病の流行の様相も極めて流動的になってきており、また今日ではワクチンの開発及び改良も日進月歩の状況にあるので、今後の予防接種の実施については、これらの情勢の変化に敏速に対応できるように法律構成を再検討し、接種年齢等実施方法に関する具体的な内容は政令以下に委任する等の方策を講じるべきである。

4　予防接種を行う医師

　　予防接種は、市町村、保健所等の公的機関の医師が行うほかは、予防接種の業務に関し協力する旨の申出のあった医師が行うよう制度の体系づけを行う必要がある。

　　なお、予防接種の推進をはかるためには、医師の十分な協力を得ることができるような条件を整備する必要があり、医師がその責任への配慮等から、予防接種の実施に協力する意欲を失うことにならないよう十分配慮する必要がある。

5　予防接種の義務づけ

　　予防接種は、医療関係者及び行政当局の適切な健康教育を通じ国民の自発的意志に基づいて実施されることが望しい姿であり、これを国民に義務づける場合にも罰則をもってのぞむことはできる限り避けるべきである。しかしながら、疾病のまん延を防止するため短期間に免疫水準を確保する必要のある緊急時の予防接種については、罰則をもって義務づけることもやむを得ないと考えられる。

6　予防接種に要する費用

　　予防接種の実施に要する費用については、従来の経緯にかんがみ、平常時の予防接種は地方負担によることとし、緊急時の予防接種は市町村が支弁し、都道府県及び国がその費用の一部を負担することとするのが適当である。

　　なお、予防接種は伝染病の発生及びまん延を防止するという公共の福祉のために実施するものであり、その所要経費の一部は公費で負担すべきであるが、同時に予防接種には被接種者の受益の要素もかなりあるので、一定の範囲で実費を徴収することができることとすべきである。しかしながら、緊急時の予防接種については所要経費の全額を公費で負担することが適当である。

第2　予防接種による健康被害に対する救済について

1　必要性と性格

　　予防接種を受けた者のうちには、実施に当たり医師等の関係者に過失がない場合においても極めてまれにではあるが不可避的に重篤な副反応がみられ、そのため医療を要し、障害を残し、ときには死亡する場合がある。これら予防接種に伴う無過失の健康被害に対しては、現在のところ現行実定法上救済される途がなく、また、たとえ接種者側に過失が予想される場合であっても司法的救済を得るための手続に相当の日時と経費が費やされるのが普通である。

　　昭和45年の閣議了解による救済措置は、このような予防接種による健康被害を受けた者の簡易迅速な救済をはかるため当面の措置として設けられたものであるが、法に基づく予防接種は、公共目的の達成のため行われるものであり、この結果健康被害を生ずるに至った被害者に対しては、国家補償的精神に基づき救済を行い社会的公正をはかることが必要と考えられる。したがって、国は法的措置による恒久的救済制度を設けるべきである。

2　対象とする予防接種及び健康被害

　　この制度において救済の対象とする予防接種は、法に基づいて実施したすべての予防接種とすべきである。

　　また、対象とする健康被害の範囲は、予防接種による異常な副反応に起因する疾病により被接種者が現に医療を要し、又は後遺症として一定の障害を有し、あるいは死亡した場合とすべきである。

3　因果関係

　　この制度において救済の対象とするに当たっては、因果関係の立証を必要とすることはもちろんであるが、予防接種の副反応の態様は予防接種の種類によって多種多様であり、当該予防接種との因果関係について完全な医学的証明を求めることは事実上不可能な場合があるので、因果関係の判定は、特定の事実が特定の結果を予測し得る蓋然性を証明することによって足りることとするのもやむを得ないと考える。

4　救済の実施

（1）救済の実施主体は、当該健康被害の原因となった予防接種の実施主体と同一にすることが適当である。

（2）救済のための給付（以下「給付」という。）を受けようとする者は、当該給付を行う実施主体によって、当該給付の支給要件に該当することについて認定を受けることとすべきである。また、実施主体は認定を行うに当たって、あらかじめ厚生大臣に協議することとし、厚生大臣は専門家、学識経験者等による医学的立場からの見解を十分徴したうえ意見を述べることとするのが適当である。

（3）認定は必要に応じ有期認定とし、当該期間を経過した時点で認定の更新を行うこととするのが適当である。

（4）給付に関する処分に不服のある者は、処分を行った実施主体に異議申立てができることとし、その結果についてなお不服があるときは、厚生大臣に審査請求をすることができることとすべきである。

5　給付の種類及び内容

　　給付の種類及び内容は次のとおりとし、養育手当、障害年金等の給付水準を定めるに当たっては、被害者の生活能力の減退等本事案に関する特殊な要素を勘案するとともに、他の公的な補償制度の給付水準との均衡等を考慮し、社会的にみて妥当な額とすべきである。

（1）医療費

　　予防接種の異常な副反応に起因する疾病にかかっている者に対し、当該疾病に係る医療費の負担が生じないよう措置する。

　　ただし、障害年金の支給について認定を受けた時以後は措置の対象としない。

（2）療養手当

　　医療費の支給を受けている者に対し、入院、通院等医療に伴い必要な諸雑費にあてるために支給する。

（3）養育手当

　　予防接種の異常な副反応に起因する疾病により一定の障害を有する者の養育者に対し、その障害を有する者が18歳に達するまでの間、障害の程度に応じて、月を単位として支給する。

（4）障害年金

　　予防接種の異常な副反応に起因する疾病により一定の障害を有する18歳以上の者に対し、障害の程度に応じて、月を単位として支給する。

（5）遺族一時金

　　予防接種の異常な副反応に起因する疾病により死亡した者の遺族に対して支給する。

ただし、その死亡者が障害年金を受けていた場合には減額して支給する。
　(6)　葬祭料
　　　予防接種の異常な副反応に起因する疾病により死亡した者の葬祭を行う者に対して支給する。
6　福祉事業
　　国及び地方公共団体は、健康被害を受けた者の福祉を増進するため、補装具の支給及び修理を行う等必要な福祉に関する事業について全般的な社会保障の施策のなかで十分配慮する必要がある。また、健康被害の影響は教育、就職等広い範囲に及ぶので、就学、技能修得、職業指導等について関係行政機関との有機的連けい及び協力等に十分配慮して積極的にこれを行うべきである。
7　費用負担
　　予防接種による健康被害に対する救済に要する費用については、国、都道府県及び市町村がそれぞれ応分の負担をすることとするのが適当である。
8　経過措置
　　本法による給付は、本法施行以後に実施した予防接種の異常な副反応に起因する健康被害について行うことを原則とするが、本法施行前に実施した予防接種に係る健康被害を受けた者であって、本法施行の際現に昭和45年閣議了解に基づく措置の対象となっているものについては、新たに本法による認定を受けた者に対し養育手当又は減額した障害年金を支給する等の措置を講じ、本法による給付を行うこととすることが適当である。
9　健康被害の防止対策
　　国及び地方公共団体は、予防接種による健康被害に対する直接的な救済にとどまらず、その防止のため、迅速かつ適切な医療措置、事故の本態の究明、事故防止技術の研究開発、予診等実施時における運用の改善等についての対策を積極的に推進すべきである。

2. 今後の予防接種制度の在り方について（平成5年12月14日公衆衛生審議会答申）

今後の予防接種制度の在り方について

［平成5年12月14日　公衆衛生審議会］

1　はじめに
　　我が国の予防接種制度は、昭和23年の予防接種法制定以後、疾病の発生及び蔓延を防止し、公衆衛生の向上及び増進に寄与することを目的として実施されてきた。
　　これまで、予防接種は、天然痘の根絶をはじめ、ポリオの大流行の際の流行防止等、多くの疾病の流行防止に大きな成果を上げ、感染症による患者の発生や死亡者の大幅な減少をもたらす等、我が国の伝染病対策上、重要な地位を占めてきた。
　　現在、我が国においては、公衆衛生や医療水準の向上等により感染症の発生が著しく減少する一方、国民の健康への関心が高まる中で、予防接種の効果のみならず予防接種の副反応の発生に関する情報を求める声の増大等、予防接種に対する社会的、医学的な認識や考え方に変化が生じている。
　　しかし、予防接種は疾病の流行防止のために重要な手段であって、国民の健康の保持

増進や公衆衛生の向上におけるその意義は、疾病の発生が減少した現在においても変わるものではない。

21世紀の感染症対策においては、感染症情報の収集、流行監視等に基づく平常時の予防対策の充実、感染症発生時の迅速な対策等、これまでの感染症対策の基本的な考え方を維持しつつ、個人の意思の尊重と選択の拡大、国際化への対応等、新たな時代の変化に柔軟に対応した施策が講じられる必要がある。

このような考え方を踏まえ、当審議会においては、我が国の予防接種制度の在り方に関する今後の基本的な考え方と当面講ずべき具体的な方策について、以下のとおりまとめた。

政府においては、本答申の趣旨に沿って、今後、所要の措置を講ずるよう要請するものである。

なお、結核（BCG）の取扱いについては、結核対策の一環として検討すべき問題であるが、その際、本答申の趣旨を十分尊重した検討がなされるべきである。

2　予防接種制度の基本的な考え方
(1)　理念

現行の予防接種制度は、主として、社会における疾病の蔓延を防止するという社会防衛の側面を重視して構築されてきた。しかし、公衆衛生や生活水準の向上により、疾病予防の重要性に関する国民の認識が向上している今日、予防接種に対する国民の考え方は、各個人の疾病予防のために予防接種を行い、自らの健康の保持増進を図るという考え方へ変化している。また、社会防衛という考え方についても、感染症の蔓延していた予防接種法制定当時と比較して、その流行状況が急激に減少している現状においては、各個人に対する疾病予防対策を基本とし、その積み上げの結果として、社会全体の疾病予防を図るという考え方へ変化しつつある。

このため、今後の予防接種制度については、予防接種を国民のすべてに対して実施することにより、国民全体の免疫水準を維持し、これにより全国的又は広域的な疾病の発生を防止するという面とともに、個人の疾病予防に極めて有効な予防接種を行うことにより、個人の健康の保持増進を図るという面を重視した制度とする必要がある。

(2)　国及び地方公共団体の関与と責任

予防接種は、国民の各自が免疫を獲得して、自らの健康を保持するための有効な手段である。しかし、予防接種は、重篤な疾病の罹患を未然に防止するという個人的な利益のみにとどまらず、国民の免疫水準の向上を図ることにより、全国的又は広域的な疾病の発生を防止するという公共の利益にも資することになり、このような予防接種を積極的に推進することは、我が国の感染症対策上、極めて重要な意義を有するものである。このため、予防接種を行政施策として国の関与と責任の下に実施するとともに、地方公共団体においても地域住民の健康保持のため、その推進に努める必要がある。

なお、このような予防接種制度を効果的、効率的に推進するため、広く国民に予防接種の機会を提供する等、その実施体制の確保を図る必要がある。

(3)　義務接種から勧奨接種へ

予防接種制度は、これまで、国民に対して接種を義務づけることにより推進されてきたが、前述のとおり、予防接種を取り巻く環境が著しく変化する中で国民と予防接種の関係についても、個人の意思の尊重と選択の拡大等の時代の流れに沿ったものとしていく必要がある。

このため、今後の予防接種制度につい

ては、接種に際し、個人の意思を反映できる制度となるよう配慮することが必要である。

一方、このように国民と予防接種の関係が変化する中にあっても、感染症の発生及び蔓延の防止に果たす予防接種の重要性は依然として変わらないことから、国民は、疾病予防のために予防接種を受けるという認識を持ち、接種を受けるよう努める必要がある。また、国及び地方公共団体においても、国民が特に必要な予防接種を受けるよう、これまで以上に、その対象となる疾病の特性、予防接種の必要性及び有効性等について広報や啓発を行うなど十分な勧奨を行い、併せて実施体制の確保を図り、社会全体としての高い接種率を維持する必要がある。

(4) 予防接種健康被害救済制度の必要性

予防接種は、極めてまれにではあるが不可避的に重篤な副反応を生ぜしめる場合がある。しかし、予防接種制度においては、社会における感染症の発生及び蔓延を防止し、公衆衛生の維持向上を図るという公共目的のために、このような健康被害の危険性を内包した予防接種を実施していかなければならないという特殊性を有している。このため、今後、国民と予防接種の関係が変化した場合においても、予防接種による健康被害は、国が公共目的のために積極的に推進した結果として生じたものであることから、これに対する救済制度を行政施策として設ける必要がある。

また、健康被害救済制度を設けることによって、予防接種制度に対する国民の信頼が得られ、国民が自発的に接種を受けることを促進し、これにより高接種率が確保されることになり、また、接種を担当する医師の十分な協力が得やすくなる等、予防接種制度が円滑に推進されるものであることから、このような健康被害救済制度と予防接種制度とは不可分一体の関係にあると考えられる。このため、健康被害救済制度を予防接種制度の中に位置づけ、健康被害者の迅速な救済を図る必要がある。

3 具体的な内容
(1) 対象疾病の選定

今後の予防接種制度においては、伝染性の疾病の蔓延防止に資するものに加え、個人の疾病予防のために特に必要な予防接種についてもその対象とする必要がある。また、対象疾病については、国内における流行状況、疾病の特質、WHOにおける予防接種拡大計画等の世界的な情勢、ワクチンの有効性及び安全性等を併せて考慮し、具体的には、ジフテリア、百日せき、急性灰白髄炎（ポリオ）、麻疹、風疹、破傷風、日本脳炎及び結核をその対象とすべきである。

現在、一般的な臨時接種の対象となっているインフルエンザについては、当審議会において、「インフルエンザ予防接種の当面のあり方について」（昭和62年8月6日）として、社会全体の流行を抑止することを判断できるほどの研究データは十分に存在しない旨の意見をすでに提出しており、また、流行するウイルスの型が捉えがたく、このためワクチンの構成成分の決定が困難であるという特殊性を有すること等にかんがみ、予防接種制度の対象から除外することが適当である。しかし、インフルエンザの予防接種には、個人の発病防止効果や重症化防止効果が認められていることから、今後、各個人が、かかりつけ医と相談しながら、接種を受けることが望ましい。

なお、対象疾病については、疾病の発生状況、ワクチンの開発進展等に対応し、今後定期的に再検討を加えるととも

に、接種の時期についても、疾病の年齢別発生状況、ワクチンの持続効果等を勘案し、必要に応じて見直す等、柔軟な対応を講ずるべきである。

また、予期しない感染症の大流行、国内に常在しない感染症の国内侵入等に対して緊急に予防接種を行うことが必要な疾病についても、必要に応じ予防接種制度の対象とできるような配慮がなされるべきである。

(2) 実施体制の整備

ア　実施体制の確保

予防接種により国民全体の免疫水準を維持するためには、予防接種の接種機会を安定的に確保するとともに、国民に積極的に接種を勧奨し、社会全体として一定の接種率を確保する必要がある。このため、国が予防接種の実施方法等に関する原則を定め、都道府県知事の技術的支援の下に、住民に最も密接な立場にある市町村長が、その実施主体として予防接種を行うことが適当である。

また、臨時の予防接種については、対象範囲が広域的となるため、国の支援の下に、原則として都道府県知事を実施主体として実施されるべきである。この場合、国及び地方公共団体は、国民に対して十分に広報啓発を図るとともに、実施体制についても、迅速な対応が図られるよう配慮すべきである。

イ　個別接種の推進

予防接種を受ける者の身体の状況は、各人によって異なり、また、個人においても時間とともに変化をきたすことがある。このため、本人の個人的な体質等をよく理解したかかりつけ医が、普段の健康状態、当日の体調等を的確に把握した上で行う個別接種を基本とすべきである。

ウ　予診の徹底

予防接種による重篤な副反応の発生を可能な限り防止するためには、事前に医師が予診を十分行い、禁忌者を的確に識別、除外する必要がある。このため、予診は問診、視診に加え、全例に対し検温と診察を行うべきである。

また、予診の際には、本人の健康状態を最もよく把握している家族等の役割が極めて重要であり、このため、本人又は保護者が、接種当日の健康状態等に関する十分な情報を、あらかじめ接種医に提供するよう努めるべきである。

なお、やむを得ない理由により、集団接種で行う場合でも、医師1人当たりの対象人員を調節し、医師が予診に十分時間を割けるようにすべきである。

エ　禁忌事項の設定

予防接種における禁忌事項は、予防接種による重篤な副反応の発生を可能な限り防止するために、副反応発生の可能性の高い状態にある者について、接種を見合わせるべきことを定めるものである。一方、現行制度上の禁忌規定には、一律に接種をしてはいけない者とともに医師の判断によって接種を行うことができる者が定められているが、後者に含まれる者の範囲が必ずしも明らかではなく、接種の判断について統一的な取扱いがなされているとはいえない。このため、今後は医師の判断によって接種を行うことができる者の範囲をできる限り具体的に示すとともに、さらに慎重を期するために、これらの者については、かかりつけ医や専門医において、保護者等に十分な説明をした上で接種を行うこととする

(3) 予防接種健康被害救済制度

国民に対する予防接種の義務づけを緩和した場合においても、予防接種健康被害救済のための給付は、国及び地方公共団体の施策として実施された予防接種による健康被害に対するものであることから、救済制度における給付内容及び給付水準については、健康被害の実態に応じ、社会的にみて妥当なものとなるよう配慮されるべきである。

なお、具体的には、以下の措置が講じられるべきである。

ア　給付水準の改善

予防接種健康被害救済制度における給付水準については、これまで他の行政救済制度との均衡を踏まえつつ設定され、その比較において必ずしも遜色のあるものではない。しかしながら、予防接種の健康被害は、行政目的のために、国及び地方公共団体が勧奨して予防接種を実施したことによるものであること、予防接種が高い公共の利益を実現するためには、高い接種率を確保する必要があり、国民が自発的に接種を受けるようその促進を図る必要があること等、予防接種健康被害救済制度は他の制度とは異なる特殊性を有することから、給付水準についても、その特殊性に見合った水準を設定し、所要の改善を行っていくべきである。

イ　家族の介護負担に着目した給付内容の設定

予防接種による健康被害は、多くの場合、脳炎、脳症に起因する精神発達障害、身体障害であり、親の高齢化に伴い介護負担も増大していることから、前述の特殊性にかんがみ、給付水準の設定に当たっては、家族の介護負担にも配慮することが必要である。

ウ　認定の在り方について

(ｱ)　因果関係の判定

予防接種の副反応の態様は、予防接種の種類によって多種多様であり、当該予防接種との因果関係について完全な医学的証明を求めることは事実上不可能な場合がある。このため、因果関係の判定に当たっては、当該予防接種が当該結果をもたらすことの医学上の高度の蓋然性を証明することによって足りるとする従来の基本的な考え方は今日でも妥当なものと考えられる。

しかし、因果関係を判定するに当たっての判断基準については、今後、科学的水準や医学的知見の向上に合わせて整理するとともに、認定のプロセスについても、社会的な理解が得られるよう努めるべきである。

(ｲ)　審査請求の在り方

現在、市町村長が予防接種健康被害救済給付をなす場合の因果関係の認定と、その不支給処分に対して、都道府県知事に行政不服審査法に基づく審査請求がなされた場合の因果関係の認定は、いずれも厚生大臣が公衆衛生審議会の意見を聞いた上で行っている。このような形式による場合にも、審査請求の趣旨がより一層生かされるような方策について、引き続き検討すべきである。

(ｳ)　障害等級の判断項目の整理

予防接種健康被害の多くが、精神発達遅滞やてんかん等の障害を主とするものであるため、今後、このような健康被害の実態に即し、具体的な判断項目の整理を検討すべきである。

(4) 保健福祉事業

　予防接種によって健康被害を受けた者は精神的障害と身体的障害の重複を伴う場合が多く、その面で介護の負担が重く、また、親の高齢化による負担や不安も増大してきている等の状況にかんがみ、今後、国及び地方公共団体において、関係機関との有機的連携と協力の下に健康被害者の現状に十分配慮した保健福祉施策が推進されるような体制の整備について検討すべきである。

(5) 啓発普及、情報収集

　予防接種が今後とも高い接種率を確保していくためには、予防接種について国民の理解を得るとともに、予防接種による健康被害をできる限り防止していくことが極めて重要である。このため、予防接種の必要性、有効性、副反応及び接種に際して留意すべき事項等について、接種医や接種を受ける国民に対し周知徹底するとともに、接種医に対して研修を実施すべきである。また、接種医が必要に応じ予防接種の専門医に相談できるよう、その体制の整備について検討すべきである。

　また、国及び地方公共団体は、予防接種による副反応について、被害者からだけでなく、接種医や診察医からも情報を収集する体制を整備するとともに、収集された情報を解析し、適切な情報還元を行うための調査解析システムの構築を図るべきである。

(6) 研究開発等の推進

　国は、予防接種による健康被害の発生の防止や予防接種の効果の向上のために、より安全で効果的なワクチンの研究開発、副反応の発生に関する基礎的、臨床的研究、感染症の流行予測精度の向上等について、さらに積極的に推進すべきである。

　また、このような研究の推進や、個別接種に対応した小包装ワクチンの安定的な供給を確保する上で、ワクチン製造企業の果たす役割も極めて重要であり、今後の予防接種制度の方向性を踏まえ、国の協力も得ながら、ワクチン製造企業自ら積極的に取り組むことが望まれる。

(7) 費用負担

　予防接種と国民との関係が変化した場合であっても、予防接種に対する市町村の役割は、これまでと変わらないものであることから、予防接種の実施に要する費用については、従来どおり、地方負担によることとし、臨時の予防接種については、都道府県知事が行う場合は都道府県が支弁し、国がその費用の一部を負担することとし、市町村長が行う場合は市町村が支弁し、国及び都道府県がその費用の一部を負担することとすべきである。

　また、健康被害救済制度に係る費用については、従来どおり、国、都道府県及び市町村がそれぞれ応分の負担をすることが妥当である。

3. 公衆衛生審議会感染症部会予防接種問題検討小委員会報告書（平成11年7月5日）

予防接種問題検討小委員会報告書

> 平成11年7月5日
> 公衆衛生審議会感染症部会予防接種問題検討小委員会

1．はじめに

本委員会は、予防接種法附則第2条に基づき、平成6年の予防接種法改正以後の状況を総合的に分析するとともに、予防接種を取り巻く諸問題について検討し、予防接種制度のあり方について必要な検討を行うことを目的として、公衆衛生審議会伝染病予防部会（現感染症部会）のもとに設置された。平成10年6月8日に第1回の委員会を開催して以降、平成11年6月まで、約1年の間に計18回の委員会を開催し、審議を続けてきた。この間、予防接種を用いることができる全ての疾患について有効性・安全性等の観点から包括的に検討するとともに、関係学会、予防接種に関する学識経験者、現場の接種医、予防接種による健康被害者団体の代表、ワクチンメーカー等から意見聴取を行った上で、予防接種の目的と理念、国や国民の責務、対象疾患や対象者の考え方、健康被害救済制度のあり方等について審議を行い、その途中経過を中間報告として平成10年12月に公表し、広く各界からの意見を求めてきたところである。

また、中間報告公表後においては、さらに具体的検討を進めるため、インフルエンザ等の4疾患に対象を限定した上での詳細な検討とともに、予防接種の具体的実施方法、情報収集等のあり方、健康被害救済制度等についての審議を進めてきたところである。今般、本委員会として、今後の予防接種対策の進め方について一定の方向性を取りまとめたので、感染症部会に報告する。

2．予防接種対策推進の基本的考え方

予防接種は、感染症対策において主に感受性対策を受け持つ重要なものであり、有効性・安全性が認められている予防接種については、その目的に応じて積極的に推進していく必要がある。特に、予防接種がこれまでの人類の感染症対策の歴史において果たしてきた役割、今後の新興・再興感染症対策における期待とともに、これまで極めて稀であるが重篤な健康被害が発生したことがあったという事実、今後も極めて稀であるが発生することがあり得るといった事実について国民に正確に伝え、国民の理解を得ながら積極的に推進していくことが極めて重要である。

また、平成6年の予防接種法の改正において、被接種者の接種に向けての対応が従来の「義務接種」から、「努力義務接種」に変更されたところであるが、平成6年以降の状況を考慮すると、再び「義務接種」に戻すべき積極的な理由はなく、今後とも国民の理解を前提とする現行の体系を基本として予防接種対策の推進を図るべきである。

3．今後の予防接種対策の具体的推進

（1）対象疾患及び対象者

予防接種は、感染症対策の中での唯一の根本的対策であり、国民を感染症の脅威から守っていくために重要な要素である。したがって、有効性・安全性が確認されたワクチンについては、現行の定期の予防接種の対象である7疾患と同様の取扱いとするか否かに関係なく、国民の理解を前提とした上で、接種の推進に努めていくべきである。

本委員会においては、予防接種法における対応を前提として、予防接種が有効である数多くの疾患の中で、特に国民の各々の年齢層において等しく感染又は発病する可能性がある疾患として、インフルエンザ、水痘、流行性耳下腺炎及び肺炎球菌性肺炎を中心に検討を進めてきた。

(1) インフルエンザ

インフルエンザは、一般的に風邪と混同されて軽い病気であると考えられがちであるが、高齢者等が罹患した場合にあっては、肺炎を併発して重症化する場合や時には死亡に至ることがあり、通常の風邪とは明確に一線を画して予防を強力に押し進めていかなければならない疾患である。予防対策として、マスク、うがい等の一般的な方法はもちろんであるが、インフルエンザを予防していく最大の手段はワクチン接種である。ワクチンの有効性については、これまで我が国において様々な議論が続けられてきたが、高齢者等のインフルエンザに罹患した場合の高危険群の者を対象と考えた場合等において、国内外の報告においてその一定の有効性は証明されている。

平成6年の予防接種法の改正時には、このようにインフルエンザワクチンの発病防止・重症化防止の効果を評価し、各個人がかかりつけ医と相談しながら接種を受けることが望ましいとする一方、それまでの同法に基づく学童等を対象としたインフルエンザの予防接種については、インフルエンザの社会全体の流行を阻止する効果は証明されていないことから、同法の対象から除外されたものである。

しかしながら、予防接種法の対象からインフルエンザが除外されたことにより、国民の間でインフルエンザの疾患としての重要性とワクチンの有効性がさらに軽視されることとなり、個人予防の観点からの発病防止・重症化防止を目的としたインフルエンザワクチンの必要性の認識が必ずしも国民に定着していない状況にある。また近年、高齢者施設等におけるインフルエンザの集団感染事例やインフルエンザによる高齢者の死亡、小児におけるインフルエンザ脳炎及び脳症が報道され、人口動態統計（速報）においても、平成10年から11年にかけてのシーズン（昨冬）において、例年の同時期に比べて多数の死亡者が報告されており、専門家の間ではインフルエンザの関与も指摘されている。

以上のことから、個人の発病防止・重症化防止を主な目的として、高齢者を対象としたインフルエンザワクチンを予防接種法に基づく予防接種として実施していくことについては、接種の同意の取り方、禁忌の者を的確に除外するための問診票の検討等の実務的な予防接種の手続きを固めつつ、後述の対象疾患の類型化を含めた具体的な予防接種法上の取扱いの検討を早急に進めていくことを提言する。

また、小児等がインフルエンザによる脳炎・脳症の危険性等から高齢者同様に高危険群であり、保育所や幼稚園においてインフルエンザに罹患する危険性も高く、予防接種法に基づくインフルエンザの予防接種の対象とすべきとの意見もあった。小児等のインフルエンザについては、有効性等についての調査研究が不十分であることから、本委員会としては、今後、厚生省において小児等のインフルエンザに関する有効性等に関する調査研究を行い、その結果に基づいて対応に関して早急に検討することを提言する。

なお、医療機関の従事者や高齢者施設の介護者等については、インフルエンザに罹患した場合に高齢者等の高危険群に対する感染源となる可能性が高いことから、インフルエンザワクチン接種の重要性等についての認識を高めていくことが重要である。

(2) 水痘

水痘は、感染症発生動向調査における小児科を中心とする定点医療機関からの報告において、毎年定点当たりで約70人から100人が認められており、小児に残された重要なウイルス感染症である。この水痘に対するワクチンは、当初、ネフローゼ患児や白血病罹患児等の水痘に罹患した場合の高危険群の感染防止を目的として開発され、我が国では1987年以降、任意の予防接種として用いられてきている。最近は、水痘が発症した場合に発疹、掻痒感、睡眠障害等が認められるとともに、保育園、幼稚園、学校等への登校又は登園を中止しなければならないといった問題が指摘されており、健常児の水痘感染防止の観点からも予防接種が行われる場合が多い。ワクチンについて、我が国で開発された水痘（岡株）生ワクチンは、有効性・安全性について世界中で評価の定まったワクチンであると考えられる。

以上のことから、水痘は、発病した場合であっても症状は軽く、合併症や後遺症も稀である一方、ワクチン接種の目的として乳幼児や学童及びその保護者の精神的、社会的負担の軽減といった面があることが指摘されており、個人の発病防止・重症化防止の観点からの検討を進めていくべきである。

(3) 流行性耳下腺炎

流行性耳下腺炎は、無菌性髄膜炎、脳炎、聴力障害等を起こすことから、弱毒生ワクチンが開発され、我が国では1981年から任意接種のワクチンとして使用され、1989年からはMMR（Measles（麻疹）、Mumps（流行性耳下腺炎）、Rubella（風疹））ワクチンとして用いられることになったが、無菌性髄膜炎が多発したとして、現在では単味の流行性耳下腺炎ワクチンとして用いられている。流行性耳下腺炎の患者数は、感染症発生動向調査に基づいて実施されている小児科を中心とする定点医療機関からの報告において、毎年10人から100人と流行の規模に幅が認められているが、小児に特徴的な感染症として水痘に次ぐ発生規模を有意する疾患である。ワクチンの有効性については、米国における1971年以降の経験、国内外の研究成果によってほぼ認められているが、一方、従来のMMRワクチンを接種した場合に1000件から2000件に1例の頻度で無菌性髄膜炎が発生するとの報告がある。

以上の点から、予防接種法における流行性耳下腺炎の位置づけ又は麻疹ワクチンの定期接種時に希望に応じて混合ワクチン（MMRワクチン）としての接種を可能とする方法が考えられるが、安全性の面で慎重に検討していくことが必要であると考えられる。なお、平成5年から接種が見合わせられているMMRワクチンについても、改良（副反応減少化）を図り、その信頼性の確保に努めていくことが重要である。

(4) 肺炎球菌性肺炎

肺炎球菌感染症は、Streptococcus pneumoniaeによる感染症であり、健常人の上気道に広く常在し、通常は病原性を発揮しないが、他の感染症等が原因で気道組織の破壊等があると発育・増殖が促進され、下部気道に移行して問題となる。臨床的には、肺炎、まれに敗血

症、心内膜炎及び化膿性髄膜炎が問題となるが、特に高齢者において治療が困難な感染症である。肺炎球菌は、血清学的に84型に分類され、現在流通しているワクチンは臨床検体から高頻度に分離される血清型を23種混合しており、病原性の強い肺炎球菌の70～80％以上に対応していると言われている。米国等においては、個人の発病防止・重症化防止を目的として、65歳以上の高齢者等に対する接種の推奨が行われているが、我が国については、使用実績が少ないことから、患者数やワクチン接種の有効性・安全性に関する十分な調査が行われておらず、医療現場におけるワクチン接種の必要性等についての議論も十分になされているとは言えない状況にある。

以上のことから、将来的には予防接種法の対象疾患として位置づけることも検討すべきであると考えられるが、その前提として、ワクチンの有効性・安全性に関する調査、患者数等の把握をしていくことが重要である。

(5) 対象疾患の類型化

各疾患について、予防接種法の対象として位置づけるとした場合であっても、
1) ワクチン接種の目的や疾患の特性、
2) 国民の接種に向けての努力義務、
3) 接種費用や健康被害救済における一定の公的関与等の観点から、必ずしも現行の7疾患と同様の制度的対応を図る必要はないという考え方がある。

その可能性としては、まず第一に、国民に対して予防接種の重要性に向けての理解を促すとともに、国の考え方を明確にすることを目的として、予防接種法の対象疾患全てについて国が接種勧奨をするといった明確な規定を新たに設けた上で、対象疾患の感染力や罹患した場合の重篤度からみた社会的影響が現行の7疾患と同等であるか否かによって被接種者の接種に向けての努力義務を課す疾患と課さない疾患に分類することが考えられる。この場合は、努力義務の有無に応じた接種費用の公的負担や健康被害救済の内容にも差異を設けることとなる。

第二に、被接種者の接種に向けての努力義務と国の接種勧奨は表裏一体のものとして捉えた上で、国による接種勧奨を行わず、また努力義務も課さないが、国や地方自治体が予防接種の接種機会を提供することを義務づける対象疾患の類型を現行の予防接種法の7疾患の類型に加えて追加する方法が考えられる。具体的には、保健事業的な意味で予防接種を推進する対象疾患の位置づけを設けることであり、その対象疾患については接種費用の一定の公的負担のもとに、接種医は市町村業務の一環として予防接種を実施することとなる。しかし、国や市町村は接種機会の提供を行うことが基本であることから、当該対象疾患の接種を受けるか否かの判断は被接種者が独自に行うことになる。この場合の健康被害救済については、このような新たな対象疾患の法的位置づけを踏まえた上で、医薬品副作用被害救済・研究振興調査機構法での対応も含め、具体的に検討していくことが必要である。

このような対象疾患の類型化の考え方は、予防接種を受けるか否かに関する国民の選択の幅が拡大されるとともに、将来的な対象疾患の拡充を含めた予防接種対策の推進を視野に入れた場合においても、一定の意義があると考えられ、本委員会においても導入する必要性があると考えるが、法制的問題も含めて完全に整理できたものではなく、今後、感染症部会において、引き続き審議され速やかに結論づけられることを期待する。

(6) 風疹の予防接種推進の強化

風疹の予防接種については、平成6年までは、妊婦が風疹に罹患したことにより起こる新生児の先天性風疹症候群の予防を主な目的としていたが、平成6年の予防接種法の改正時に、先天性風疹症候群の予防とともに、幼児から小学生における流行の阻止、最終的には風疹の根絶を目的とする観点から、接種時期が中学生の時期から乳幼児期に変更された。その際、平成6年時点において、新しい接種時期である乳幼児期以降の者で中学生に達していない者が、風疹の予防接種を受ける機会を逸することを防ぐため、中学生の時期における予防接種の機会を予防接種法に基づく経過措置として設けている。この経過措置としての中学生の時期の予防接種について、保健所運営報告による接種率が全国平均で約50％となっている他、一部の地域では極めて低い接種率であるとの調査結果も報告されている。今後、風疹の予防接種を受けない成人女性が増加することによって、先天性風疹症候群の患者の増加が危惧されており、母親や子供一人一人にとっても、また今後の少子化社会全体においても極めて重大な問題である。したがって、幼児期における風疹の予防接種率の向上を図ることはもちろんのこと、中学生における個別接種の推進の観点からの後述のような保護者の同伴の取扱いに関する対応と合わせて、平成6年の予防接種法の改正以降の経過措置としての中学生の風疹の予防接種対象者であって、未だ受けていない者を対象として、予防接種法に基づく風疹の予防接種を勧奨する制度的対応を図るとともに、厚生省が文部省や医師会等の医療関係団体と連携を図りながら、教育委員会を通じた学校の場を活用する等、中学生の時期における風疹の予防接種の重要性について強力に指導していくことが重要である。

(2) 国及び地方公共団体の責務

(1) 基本的な対応

予防接種法に基づいて、国及び地方公共団体が予防接種対策を制度的に推進していることから、接種を希望する者が確実に接種を受けることができ、接種後に健康被害が発生した場合にあっては、健康被害の重篤度や訴訟になるか否かに関わらず迅速に必要十分な救済を図る体制整備を進めていくべきことは極めて重要な国等の責務であると考えられる。このため、国等において具体的な実施体制の構築、情報収集・分析と提供、健康被害救済制度の的確な運用等を図るとともに、ワクチンの供給確保のため、必要に応じ、製造体制の支援について検討すべきである。

(2) ワクチン開発等の調査研究の推進

国民の理解を得ながら予防接種対策を推進していくためには、現行ワクチンの改良の努力、有効かつ安全で接種の簡便なワクチンの研究開発が不可欠である。ワクチンの研究開発や供給確保、予防接種による健康被害の発生状況その他必要な調査及び研究について、国がさらに積極的な役割を果たすことが必要である。

(3) 国際協力の推進

感染症対策は、1つの国で完結するものではなく、世界各国がお互いに協力しながら進めていかなければならない地球規模の問題である。我が国における患者発生数が少なくなった感染症であっても、未だに多発している国も数多く認められることから、これらの国々における予防接種対策の推進に向けて、我が国も世界保健機関（WHO）に協力しながら、これまで以上に積極的に貢献することが必要である。また米国から我が国は

麻疹の輸出国であるとの批判がなされていることもあり、今後、海外に対する直接的な国際協力だけではなく、国内においても国際的な視野に立った予防接種対策を推進していくことが重要である。

(3) 国民の責務
(1) 正しい知識の習得

被接種者やその保護者に対して、国、都道府県、市町村等が対象となる疾患、予防接種制度、ワクチンの有効性や健康被害発生の可能性等に関する正しい知識を的確に提供していくこと及びそのための体制整備を進めていくことが重要である。その上で、接種を受ける側においても、自らの健康を守るために正しい知識の修得と理解に努め、正確な理解に基づいて、接種を受けるか否かの判断をすることや接種を受けた後の対応に注意することが求められる。

(2) 接種医への正確な情報の提供

予防接種による重篤な健康被害を最小限に抑えるためには、接種医が事前に予診を十分に行い、禁忌者を的確に識別・除外する必要があるが、そのためには被接種者やその保護者が被接種者の当日の健康状態等に関する情報を接種医に正確に伝えることが重要である。したがって、問診票の内容や聴取方法をさらに工夫するとともに、接種医への情報提供の重要性について、被接種者とその保護者の理解を求めていくべきである。

(4) 実施体制
(1) 実施主体

地域住民に一番密着している市町村を実施主体とする現行の制度を変更する必要はないと考えられるが、この場合、被接種者への便宜の観点から、医師会等の医療関係団体の協力を得ながら、市町村相互の連携をさらに進めた予防接種体制を確立していくことが重要である。具体的には、各市町村が当該市町村以外の医療機関とも委託契約を結び、地域住民が個別接種の推進の観点から幅広く接種医療機関を選択できるように、市町村の圏域を超えて広域的に住民を対象として予防接種を実施する接種医療機関について、都道府県が積極的に調整して公示していく方法をより一層活用していくことが必要である。その際、国においても各都道府県と連絡を取り、各都道府県域を越えた相互乗り入れが進んでいく方向に誘導していくことが求められる。

また、実際に接種を行う医師、市町村等で予防接種業務に携わっている保健婦等が接種方法等を正しく理解し、適切な予防接種が行われるよう、必要な研修や情報提供を行っていくことが重要である。

(2) 個別接種の推進

国民が安心して接種を受けられるためには、被接種者の普段の健康状態を十分に把握している接種医が接種を行うことが望ましく、個別接種を推進する方向性については、継続することが重要である。但し、地域によっては医師の絶対数が足りない等の事情があり、必ずしも個別接種の推進が容易でない地域があるが、このような地域においても引き続き地域の医師会等との連携、被接種者の利便を考慮した近隣市町村間の連携による個別接種の一層の推進を図るとともに、予防接種センター機能の整備、やむをえず集団接種を行う場合であっても個別接種の意義を十分に踏まえた接種体制の確保を図ることが重要である。

(3) 接種医が安心して予防接種を行うことができる体制の整備

予防接種法に基づいた対象疾患については、接種医は個人の立場ではなく市町村の公的業務を代行するという立場で予

防接種を行うことになり、万一、健康被害が発生した場合であっても当該接種医の責任としてではなく、国及び市町村の責任に基づいて対応を図っていくことが基本である。このような観点から、被接種者に対して予防接種法の仕組み、接種医の立場を含む実施体制、健康被害が発生した場合の市町村の責任ある対応等について、的確な情報提供を行い理解を求めていくこと等により、接種医がより安心して予防接種を行うことができるようにしていくことが重要である。

(4) 臨時の予防接種

予防接種法第6条に規定されている臨時の予防接種の制度については、一昨年香港で発見された新型インフルエンザウイルス（H5N1）や日本で根絶されていても海外で未だまん延している感染症等の日本への侵入を想定した場合を考慮すると、引き続き残しておくことが必要である。

(5) 予防接種の具体的実施方法等の検討

予防接種法に基づく予防接種の対象疾患の接種の回数、時期をはじめとして、具体的な接種方法等が政省令等に規定されているが、今回の検討結果を踏まえた上で、小委員会または作業班を設ける等の方法により専門的・技術的検討を行い、検討結果に基づいて改定していくことが必要である。

(6) 予防接種ガイドライン

現場の接種医が安心して接種を実施することができるよう、予防接種制度の体系、法律に基づく対象疾患、健康被害が発生する危険性や発生した場合の行政の対応等について、国民に対する周知をより一層充実させていくことが必要である。具体的には、予防接種ガイドラインについて、医師向けと被接種者（保護者）向けの2種類を作成（改定）することとし、医師向けについてはより専門的な観点から、被接種者（保護者）向けについては、より平易な内容で読者の理解を促す観点からの工夫を図ることが必要である。

(7) 予防接種センター機能

予防接種に関する知識や情報の提供、個別接種の推進、要注意者に対する実際の接種の実施といった観点から、各都道府県が圏域内に一か所程度、予防接種センター機能を整備する方向で検討するべきである。予防接種センター機能の具体的な内容としては、1）予防接種の効果や副反応、感染症に関する知識、情報等の提供、2）相談窓口の開設、3）要注意者に対する予防接種について十分な医療相談の実施と専門医師による実際の接種の実施等が考えられる。なお、予防接種センター機能については、新たに施設・組織を設けて対応していくことは現実的ではなく、既存の施設等への機能の追加を考えるべきであり、例えば小児科診療の専門家が常勤しており、接種の実施や健康被害が発生した場合に迅速かつ的確な対応を図ることができる医療機関について、地域の予防接種に対する支援病院としての機能も期待して委託する場合が考えられるが、各地域の実状に応じた弾力的な対応を図るべきである。また、予防接種センター機能を有することになる施設等については、予防接種リサーチセンターとの普段からの連携を図っていくことが重要である。

(8) 個別接種における保護者の同伴

風疹等の中学生が対象となる個別の定期接種の場合、中学生と親が一緒に接種医のところに訪問することは必ずしも容易ではなく、問診票を見直して、被接種者が一人で来ても接種できるようにしていくべきであるという考え方と、保護者

が被接種者の状況を接種医に説明する必要性、最終的な接種に関する判断に保護者が責任を有するべきであるとの考え方がある。後者の問題を可能な限り解決しつつ、予防接種を受けたいと考える者が受けやすい体制を構築することが重要である。具体的には、保護者の同伴を原則とした上で、被接種者（保護者）向け予防接種ガイドラインの作成と配布等による当該予防接種（ワクチン）の特性、効果、副反応等の周知と問診票の改善を図った上で、接種についての保護者の責任を担保する観点から、被接種者及び保護者が記入事項について様式化等により明確化された文書で希望し、その文書において医学的判断で問題がない場合は接種を希望する旨の記載がある場合にあっては、保護者の同伴がなくても予防接種を行うことができるものとする考え方が現実的であると考えられ、まず中学生以上を対象に実施していくべきである。

（5）情報収集・分析と提供

（1）感染症の発生状況等の把握とその結果の提供のあり方

　平成11年4月から施行された「感染症の予防及び感染症の患者に対する医療に関する法律」に基づいて実施されている感染症発生動向調査や感染症流行予測事業の結果等に基づいて、国立感染症研究所感染症情報センター等が、国内外の感染症の発生状況や国民の抗体保有状況等について、国民や医療関係者が必要とする情報を的確に提供・公開していくとともに、予防接種に関する各種施策の基礎資料として活用し、予防接種施策にも活用していくことが重要である。しかし、情報内容や提供方法について、情報を受ける側の関心を促して十分な理解を得る観点から不十分であるとの指摘がある。したがって、各種の情報内容や提供方法のあり方について、報道機関とのより一層の連携を含め、民間が実施している方法、内容を参考にして、改善を図っていくことが重要である。

（2）ワクチン接種状況の把握

　現行の予防接種法に基づく定期の予防接種の被接種者数の統計について、正確な接種率が算出できない等の問題があり、現行の情報収集、分析方法について見直すべきである。特に定期の予防接種の対象者が、対象年齢のどの段階でどの程度の接種を受けているかについて、より正確に把握することは、集団予防の観点からも個人予防の観点からも重要である。具体的な方法としては、1）現状の接種に関する集計を年齢階級別、生年別に実施する方法、2）予防接種を受けた方の性別、生年月及び接種年月日を市町村が集計する方法等が考えられ、厚生省、都道府県、市町村等が早急に協議を行い、最も正確性と効率性を両立させることができる全国共通の標準的な接種率の算定方法を示していくことが必要である。

　また、定期の予防接種として位置づけられている対象疾患以外の疾患に対する予防接種の実状については、現状では全く不明であることから、医師会等の医療関係団体やワクチンメーカー等の協力を通じて、その実態を把握していくことが重要である。

（3）健康被害（副反応）の発生状況の把握

　健康被害の発生状況の把握については、平成6年の予防接種法の改正を契機に予防接種後健康状況調査と予防接種後副反応報告の2つの調査が実施されている。これらの調査を継続して着実に進めていくとともに、その結果を国民や被接種者（保護者）が理解しやすい形でまとめ、医師会、保健所等を通じて接種医療

機関に連絡する等、積極的に情報提供していくことが重要である。

また、定期の予防接種として位置づけられている対象疾患以外の疾患における健康被害（副反応）についても、医師会等の医療関係団体やワクチンメーカー等の協力を通じて、その実態を把握していくことが重要である。

(4) 予防接種手帳（仮称）

国民が予防接種を受けたか否かに関する記録として、母子健康手帳が挙げられるが、母子健康手帳は小学校入学以降の予防接種歴を記録していくものとして必ずしも十分ではないと考えられる。近年、日本人の海外渡航は増加する一方であり、日本人が海外で感染症に罹患する機会が拡大するとともに、海外の渡航先から予防接種歴に関する証明書を要求される場合が多い。さらに、国民一人一人が、自らの予防接種歴を正確に把握して感染症から健康を守るといった観点も重要である。したがって、国民が自らの予防接種歴を的確に把握するとともに、海外へ渡航する際の渡航先から要求される証明書等の発行等の支援を図るため、予防接種手帳（仮称）を交付する仕組みを設け、予防接種を受ける毎にその内容を記録して蓄積していくことが重要である。この場合、手帳の保管と活用は個人が行うことが基本であり、行政が個人情報を管理することを目的とするものではない。

また、記録する内容としては、予防接種法に基づく接種の実施状況を基本とするが、各疾患に対する抗体の保有状況、任意の予防接種の実施状況等の内容も記録できるものとし、紛失しないように、カバー等の工夫により母子健康手帳と一緒に保存（単体での活用も可が前提）できることが望ましい。

(5) 学校における普及・啓発

感染症の流行状況、予防接種の目的や重要性と接種した場合の副反応等について、学校などにおける普及啓発が重要である。したがって、市町村が接種医や被接種者（保護者）、一般住民に提供していく情報の内容については、教育委員会をはじめとして小学校、中学校等に提供していくこととし、予防接種（ワクチン）の特性、効果、副反応等についての正しい知識が小学生、中学生等に的確に伝わるように、市町村の衛生主管部局と教育委員会が連携を図るとともに、都道府県レベルにおける連携、国レベルにおける厚生省と文部省の連携を図ることが極めて重要と考えられる。

(6) 健康被害救済制度

(1) 基本的考え方

予防接種法に基づいて実施される予防接種は、被接種者に対して義務接種又は努力義務接種といった形で接種を促すことから、万一、健康被害が発生した場合にあっても、救済を受ける権利とこれを実施する国及び地方公共団体の責任を明らかにする必要があり、昭和51年の予防接種法及び結核予防法の改正において、予防接種による健康被害救済制度が法律に基づく新しい制度として規定された。さらに平成6年の予防接種法の改正において、法の目的（第1条）の中に健康被害救済を規定するとともに、政令による障害児養育年金等を土台とした介護加算の創設等、内容の充実が図られてきたところである。

本委員会においては、健康被害救済制度の目的及び重要性を踏まえ、現行の健康被害救済制度について検討したが、現行制度のさらなる充実と運用の適正化を進めていく観点から、以下の論点について具体的な方向性を示す。

(2) 介護手当の独立給付化

現行の介護加算を障害児養育年金又は障害年金とは独立した単独の給付とすることについては、健康被害者やその保護者の方々から給付額の充実とともに強い要望があるが、この要望とともに、現行の介護加算のように定額の現金給付が一律に支給される方が、給付を受ける者の自由度が高く、また給付を受ける際に介護サービスを実際に受けたこと等を証明する事務負担がないこと等から、現行の介護加算においてとられている定額を現金給付として一律に支払う方式を維持するべきであるとの要望も出されている。介護に関する給付を法律上独立に位置づけている他の法制度においては、介護そのものに着目した給付を行う必要性から、全て実際の介護サービスに要した費用を一定の上限額の中で給付する仕組みとなっている。したがって、介護手当を法律上の独立の給付として位置づけた場合、現在の障害児養育年金等の延長線上にある定額・一律の上乗せ加算としての性格は失われ、実際に介護に要する費用を一定の上限額の中で給付することになると考えられる。

したがって、独立給付化することが、申請手続きが繁雑になる等、かえって健康被害者の方々の希望に反することになる可能性もあり、現行の介護加算の方式を基本とした上で、具体的な充実を図ることが重要である。

(3) 介護サービス提供体制の充実

予防接種による健康被害者に対する介護サービス提供体制については、介護が必要な者全体へのサービス提供体制の中で整備していくものと考えられるが、その際、予防接種健康被害者実態調査の結果も踏まえ、健康被害者に対する既存の公的福祉サービスに関する情報提供や予防接種リサーチセンター等が予防接種健康被害者と地方自治体の福祉部局の間の連絡調整を行うこと等により、健康被害者の方々が、緊急時を含め、福祉サービスをより効果的・効率的に利用できるような体制づくりを検討していく必要がある。

(4) 定期の予防接種の接種期間の弾力化

現行の政令で定めている定期の予防接種の期間内であっても、実施主体である市町村の実施期間に接種できないような場合については、現行でも「生後90月」といった長期の接種期間が設定されていることから、政令で定める期間内であれば定期の予防接種が受けられるように、実施主体において、個別接種の推進、市町村間や都道府県との連携強化等を行い、接種希望者が、接種を受けられないことがないようにしていくことが重要である。

また、政令で定めている定期の予防接種の期間自体に例外を設けることについては、定期の期間からわずかに遅れて帰国した場合や慢性疾患で長期間接種が受けられなかったが、定期の期間を僅かに過ぎてから治癒して接種が受けられるようになった場合等について、例外的に一定の範囲で定期の予防接種と同様に取り扱うべきとの意見もあったが、例外の設定の方法等に問題が多く、慎重に検討していくことが必要である。

(5) 健康被害の認定根拠の明確化

予防接種と健康被害の因果関係の有無の判定は極めて難しい問題であり、専門的観点からの検討が必要であるが、因果関係の有無やその判断理由、蓋然性の程度等について、因果関係を認めた場合と認めない場合のいずれの場合においても、健康被害者やその保護者に対して的確に伝えることが重要である。

(6) 審査請求制度の適正化

　　都道府県に対する審査請求に関する国における審議の公平性や中立性の担保については、審議会の整理合理化が進められている現状において、審議のための審議会等の新組織の新設は行わないものの、当初の公衆衛生審議会認定部会とは委員の重複を完全に排除した形で、都道府県に対する審査請求についての審議を行うこととする方向で検討することが重要である。また、都道府県に対する審査請求の手続の明確化については、原処分にも関与した厚生大臣に再度見解を求めることを法令上明記することは法制的に難しいことから、上記の取扱いを含め、その手続の内容を関係者への周知徹底を図る等により明確化する方向で検討する。

(7) その他

　　死亡一時金への年齢の反映については、予防接種法の健康被害救済制度の趣旨や同じく民事上の賠償責任ではない医薬品による健康被害救済を行っている医薬品副作用被害救済・研究振興調査機構法との整合性からは難しいと考えられるが、今後有識者の意見等の世論の反応も踏まえて中長期的に検討する必要がある。

　　また、予防接種と健康被害の因果関係の蓋然性の程度に応じて給付に差を設けるという考え方については、和解の場合等の当事者間の協議を念頭に置いたものであり、行政認定にはなじまないと考えられること、因果関係の認定事務が非常に煩雑となる可能性があること、給付額の確定事務が繁雑になること等から、問題が多いと考えられる。

4．おわりに

　　本委員会においては、これまで18回にわたって、予防接種法の附則第2条に規定された(1)疾病の流行の状況、(2)予防接種の接種率の状況、(3)予防接種による健康被害の発生の状況はもちろんのこと、現行の予防接種制度全般について審議を進めてきた。この間、様々な分野の方々から数回に及ぶ意見聴取を行うとともに、平成10年12月には審議の途中経過を取りまとめた中間報告を公表し、広く国民各層からの意見を求めてきた。

　　今般、本委員会における審議、関係者からの意見聴取の結果等を総合し、可能な限り予防接種制度全般について体系的かつ具体的に展望できることを目的に報告書のとりまとめを行ったものである。内容については、具体的に方向づけができた論点がある一方、さらに各論的に検討を続ける必要がある事項も残されている。これらの残された検討事項を含め、感染症部会におかれては、本委員会からの報告書の提出の後にさらに必要な審議を行われ、最終的な意見書を提出されることを期待する。予防接種の推進を考えた場合、疾患の流行状況、新たなワクチンの開発状況等を踏まえた上で、適時的確な検討と見直しを進めていくことが重要である。

　　最後に、本報告書をまとめるに当たり、昨年6月の第1回委員会開催以降、委員会の場やその他の各般の場面において御意見・御協力をいただいた各分野の方々に対して、厚く御礼を申し上げたい。

4. 予防接種制度の見直しについて（平成12年1月26日公衆衛生審議会取りまとめ）

公衛審第2号
平成12年1月26日

厚生大臣
　丹羽　雄哉　殿

公衆衛生審議会会長
　　久道　茂

予防接種制度の見直しについて
（意見）

　当審議会は、予防接種法の平成6年改正法附則第2条の規定に基づき、平成6年改正の後の予防接種制度を取り巻く諸問題を総合的に検討して、今後の予防接種制度のあり方を提言するため、当審議会感染症部会の下に予防接種問題検討小委員会（委員長　神谷齊国立療養所三重病院院長）を設置して所要の検討を行ってきた。同小委員会においては、平成10年6月から計18回にわたる審議を重ね、同年12月21日の中間報告の公表を経て、平成11年7月5日に報告書を取りまとめ、同日、感染症部会がその報告を受けたところである。

　当審議会は小委員会において取りまとめられた報告書が、今後の予防接種制度のあり方を提示する提言として基本的に適当であると考える。なお、当審議会は、小委員会から感染症部会に検討を委ねられていた事項、同報告書の中で特に重点的な対応を図る必要がある事項、その他同報告書に明示的な記載はないものの対応を図る必要がある事項について、追加意見として以下に取りまとめたので、今後、厚生省においては、小委員会の報告書及び当審議会の追加意見を踏まえて、更に検討を進め、所要の施策の推進に努められたい。

○　予防接種法の対象疾病の中で、特に予防接種を推進していく必要がある疾病について、当該予防接種を推進していくための総合的な指針を策定し、この指針に予防接種の意義、実施体制その他の予防接種の推進に関する重要事項を定めるべきである。

○　高齢者に対するインフルエンザの予防接種の実施に先立ち、接種に対する同意の取り方の検討、禁忌の者を的確に把握するための問診票の作成等の実務的な作業を進めることが必要である。

○　小児等に対するインフルエンザワクチンの取扱いについては、その有効性等に関する調査を行い、その結果に基づいて対応に関して早急に検討していくべきである。

○　水痘、流行性耳下腺炎及び肺炎球菌性肺炎に対する予防接種の予防接種法上の取扱いについては、今後の調査研究等を踏まえながら更に引き続いて検討していくべきである。

○　平成6年の予防接種法の改正において、被接種者の接種に向けての対応が従来の「義務接種」から「努力義務接種」に変更されたところであるが、平成6年以降の状況を考慮すると、再び「義務接種」に戻すべき積極的な理由はなく、今後とも国民の理解を前提として予防接種を行う現行の体系を基本として予防接種対策の推進を図るべきである。

○　風疹の予防接種については、中学生における個別接種の推進の観点から、保護者の同伴の取扱いを柔軟に考えることと合わせて、平成6年改正の経過措置としての中学生の風疹の予防接種対象者であって、未だ接種を受けていない者を対象として、予防接種法に基づく風疹の予防接種を勧奨する制度的対応を図るべきである。

○　本意見に基づく予防接種制度見直し後の

新たな制度の施行については、市町村における体制整備、ワクチン供給体制の整備、禁忌の者を的確に把握するための基準を作成するために要する期間等を勘案し、必要十分な準備期間をもって行うことが必要である。

（追加意見）

○ 高齢者を対象としてインフルエンザの予防接種を行うため、予防接種法の対象疾病にインフルエンザを追加するべきである。

○ インフルエンザを予防接種法の対象疾病に位置づけるに当たっては、高齢者に係るインフルエンザの予防接種が現行法の7つの対象疾病の予防接種と接種目的等が異なることから、現行法の7つの対象疾病を第1類型、インフルエンザを第2類型として、対象疾病を類型化するべきである。

○ 第1類型及び第2類型の対象疾病に対する予防接種については、予防接種法に基づいて予防接種を実施するものであることから、市町村が実施しやすく、被接種者が接種医が、安心して、接種を受けやすく、また、接種することができるように、定期の予防接種としての体制を活用していくべきである。

○ 第1類型の対象病については、集団予防目的に比重を置いた予防接種を行うことから、被接種者の接種に向けての努力義務、健康被害救済の内容等について、現行法と同様の取扱いを継続するべきである。

○ 第2類型の対象疾病については、個人予防目的に比重を置いた予防接種を行うことから、以下の点で第1類型の対象疾病と異なる制度的対応を図るべきである。

・ 被接種者に対し接種に向けての努力義務は課さないこととし、接種を受けるか否かについては被接種者の判断を尊重するべきである。

・ 接種費用については、被接種者に対して応分の費用徴収（負担）を求めることが適当と考えられる。

・ 健康被害救済については、第2類型の予防接種に起因する健康被害を救済する場合にも公費で救済給付をすることとするが、給付水準は接種目的や努力義務が課されていないこと等を勘案して、医薬品副作用被害救済・研究振興調査機構法の給付水準を参酌したものとするべきである。

5. 予防接種制度の見直しについて（第1次提言）（平成22年2月19日厚生科学審議会感染症分科会予防接種部会取りまとめ）

予防接種制度の見直しについて（第1次提言）

平成22年2月19日
厚生科学審議会感染症分科会予防接種部会

Ⅰ．はじめに

本部会は、新型インフルエンザ（A／H1N1）の発生とその対策を契機として、昨年12月に設置された。

今回の新型インフルエンザ（A／H1N1）の予防接種事業は、臨時応急的措置として国が実施主体となり予防接種を行い、健康被害救済等に関する必要な法的措置は「新型インフルエンザ予防接種による健康被害の救済等に関する特別措置法（平成21年法律第98号）」（以下「特別措置法」という。）により講じている（詳細は別添参照）。

今回の予防接種事業に関し、主として以

下のような課題が厚生労働省より提示された。

① 新型インフルエンザ対策として行う予防接種は、その都度予算を確保する等により行う予算事業ではなく、本来的には予防接種法に位置付けて、これに基づいて行うべきものであり、また、健康被害が生じた場合の救済も同法に基づいて行うべきものであること。

② 今回の予防接種事業は国が実施主体となって行ったものであるが、地方公共団体はその事務の位置付けが不明確なまま協力をしたところであり、予防接種法上、その位置付けを明確にすることが必要であること。

③ 新型インフルエンザ等の感染症が新たに生じた場合、ワクチンの需給がひっ迫する中、国が一定量のワクチンの確保を図る必要がある。その際、国とワクチン製造販売業者との間で損失補償に関する契約を締結するために、その都度、新たな特別の立法措置を講じることなく、あらかじめ予防接種法により対応できるよう措置しておくことが必要であること。

本部会は、厚生労働省から提起されたこのような課題を中心に、昨年12月の設置以来5回にわたり議論を行ってきたところであるが、新型インフルエンザ対策として緊急に講ずべき措置について一定の結論を得たので、第1次提言としてとりまとめた。

なお、本部会では今後、新型インフルエンザに係る予防接種だけではなく、昨今の環境の変化に対応するための予防接種制度全般の見直しも検討することとしている。今後、厚生労働省をはじめ政府において今回の新型インフルエンザ（A／H1N1）対策の総括を行うこととしており、予防接種制度全般の見直しの検討では、これも踏まえた上で、Ⅲに提示した事項を中心に抜本的に見直していくこととしたい。

Ⅱ．新型インフルエンザ対策として緊急に講ずべき措置

1．「新たな臨時接種」の類型の創設

(1)「新たな臨時接種」の類型の必要性及び性格

今回の新型インフルエンザ（A／H1N1）に対する予防接種を行うに当たり、国では予防接種法の「現行の臨時接種」として行うことも検討した。しかし、今回の新型インフルエンザ（A／H1N1）については、ウイルスの病原性や死亡者・重症者の発生による社会経済機能への影響等が「現行の臨時接種」が想定しているものほどは高くないことから、接種を受ける努力義務を課す「現行の臨時接種」による対応は適当ではないと考え、臨時応急的措置として国の予算事業として予防接種を実施した。

しかしながら、こうした事態に係る予防接種について、本来的には、その都度予算を確保する等により行う予算事業ではなく、予防接種法に恒久的な制度として位置付けた上で実施されるべきものである。

（参考）「現行の臨時接種」と「今回の新型インフルエンザ（A／H1N1）の予防接種」との比較

ア)「現行の臨時接種」の目的
・ 天然痘ウイルスや新型インフルエンザ（A／H5N1）ウイルスのように、感染力が強く、かつ、病原性が極めて高いものを想定しており、このようなものが発生した場合に、短期間に多くの者に対する接種機会を確保し、社会的混乱を回避すること
・ 死亡者・重症者の大規模発生を防止し、ひいては社会経済機能の停滞を

防止すること
イ)「今回の新型インフルエンザ（A／H1N1）の予防接種」の目的
・　感染力が強く、感染が急激に拡大するおそれがあることから、短期間に多くの者に対する接種機会を確保し、個人の死亡・重症化の防止を通じて医療提供体制への過度の負担や社会的混乱を回避すること
・　一方で、病原性は「現行の臨時接種」が想定しているほどには高くはないことから、死亡者・重症者の大規模な発生により、社会経済機能が停滞することまでは想定されない

　　今回の新型インフルエンザ（A／H1N1）に係る予防接種や、今後発生する可能性のある別の新型インフルエンザに係る予防接種を法的に位置付けられた事業として実施できるよう、新たな臨時接種の類型（以下「新臨時接種（仮称）」という。）を予防接種法に設けるべきである。「新臨時接種（仮称）」の性格は以下のとおり。
・　新たな感染症の発生や既知の感染症の病原体の突然変異、あるいは突然の流行拡大のおそれ等により、感染症のまん延の危険性が具体的に想定される場合に、一定の公的関与のもと、臨時に予防接種を行うものであること
・　まん延予防上緊急の必要性はあるものの、対象とする疾病に係るウイルスの病原性が「現行の臨時接種」が想定しているものほど高くはなく、同接種ほどには社会経済に影響を与えるものではないものに対して臨時に予防接種を行うものであること
　　また、「新臨時接種（仮称）」の類型を創設した後に、臨時に予防接種を行うに当たっては、
・　「新臨時接種（仮称）」と「現行の臨時接種」のいずれを適用するか
・　ウイルス等の病原性に変化等があった場合、接種の類型を「新臨時接種（仮称）」から「現行の臨時接種」へ、またはその逆の切り替えが必要かどうか
といった専門的判断を要する事項が生じることから、適切に対応できるよう専門家の意見聴取を行った上で決定することが必要である。
　　この場合、臨時接種の実施の要否等の決定手続きのあり方は、国の健康危機管理上重要であることから、感染症対策全般との整合性を見ながら政府全体で広く議論を行い、今後、本部会において行う「予防接種に関する評価・検討組織のあり方」に関する議論の中でも、検討することが必要である。
　　なお、当面の措置としては、上記のように、「新臨時接種（仮称）」を設けることが必要であるが、現在の一類・二類疾病の区分や定期接種・臨時接種という枠組みについては、行政の運用実態も視野に入れ、今後行われる予防接種制度全般の見直しの中で再度議論すべきである。
(2)　接種の必要性に応じた公的関与のあり方
　　「現行の臨時接種及び一類疾病の定期接種」については、それぞれ、接種目的の達成のために高い接種率の確保が必要とされることから、接種対象者に接種を受ける努力義務を課している。また、接種対象者にその責務を果たしていただけるよう、行政が接種対象者に対して接種を受けるよう勧め奨励している。（勧奨）

「二類疾病の定期接種」については、個人の重症化防止に比重を置いて実施するものであり、高い接種率の確保が社会的に要請されているとまではいえないことから、接種対象者に接種を受ける努力義務を課しておらず、行政として勧奨を行わないこととしている。

一方、「新臨時接種（仮称）」については、

・ 極めて病原性が高いウイルス等の流行に対応する「現行の臨時接種」のように、死亡者・重症者の大規模な発生を防止し、社会経済機能の維持を図るために、高い接種率を確保する必要性は認められないことから、接種を受ける努力義務を課す必要はないこと

・ しかしながら、個人の死亡・重症化の防止を通じて医療提供体制への過度の負担や社会的混乱を回避するため、できるだけ多くの接種対象者に対して接種の意義を徹底し、円滑な接種を実施することが必要なものであること

から、接種を受ける努力義務は課さないものの、行政が接種を受けるよう勧奨するものとすることが適当である。

この結果、

・ 「現行の臨時接種及び一類疾病の定期接種」については、行政による「勧奨」がなされ、国民に「努力義務」の責務が課される一方で、

・ 「新臨時接種（仮称）」については、行政による「勧奨」がなされること

から、法律上の公的関与の度合いについては、前者の方が高いものと考えられる。

(3) 健康被害救済の給付水準

現行の制度では、「臨時接種及び一類疾病の定期接種」の給付水準は、「二類疾病の定期接種」の給付水準よりも高い水準に設定されており、公的関与の度合いに応じて、その水準が決まっているものといえる。

(2)のとおり、努力義務を課さず勧奨のみを行う「新臨時接種（仮称）」に係る公的関与の度合いは、

・ 勧奨し国民に接種を受ける努力義務を課す「臨時接種及び一類疾病の定期接種」よりは低いものの、

・ 勧奨もせず努力義務も課さない「二類疾病の定期接種」よりは高い。

したがって、「新臨時接種（仮称）」の健康被害救済の給付水準については、「臨時接種及び一類疾病の定期接種」と「二類疾病の定期接種」の間の水準とすることが適当である。

(4) 接種費用の負担

現行の制度においては、接種を行う緊急性が最も高い臨時接種以外の定期接種については、実施主体である市町村が費用を支出した上で経済的困窮者を除く被接種者から実費徴収することが可能となっている。

公的関与の度合いが高い「一類疾病の定期接種」についても実費徴収を可能としていることとの均衡を考慮すれば、これよりも公的関与の度合いが低い「新臨時接種（仮称）」については、経済的困窮者を除く被接種者からは実費徴収を可能とすることが適当である。

なお、「新臨時接種（仮称）」が円滑に行われるよう、国及び地方公共団体が十分に協議を行い、適切に費用を負担することが必要である。

2．新型インフルエンザ等の世界的な大流

行(パンデミック)への対応
(1) ワクチンの確保

　　パンデミック時には、世界中でワクチンの需給がひっ迫することが見込まれることから、我が国におけるまん延の防止を図るために、国として一定量のワクチンを確保する必要がある。

　　一方、ワクチン製造販売業者は、ワクチンを短期間に開発し、大量に製造しなければならないため、健康被害の発生に対する損害賠償等のリスクを恐れ、我が国において上市しないおそれがある。

　　このため、今回の新型インフルエンザ(A/H1N1)ワクチンについては、国が海外ワクチン製造販売業者からワクチンを買い上げる際に、損失補償に関する契約を行ったところである。今後も、ワクチン確保のため、通常想定され企業が負担すべきレベルを上回るリスクについては、国がワクチンの買上げをする際にワクチン製造販売業者を相手方とした損失補償に関する契約を締結することにより、対応できるようにすべきである。

　　この場合、特別措置法の規定や今回の損失補償に関する契約を締結するまでの経緯を踏まえて、損失補償契約の要件等を定めるべきである。

(2) 接種の優先順位付け

　　パンデミック時には、今回の新型インフルエンザ(A/H1N1)のように、一時的に十分な量のワクチンが確保できない事態が生じうると想定されるが、こうした場合、より必要性が高い者に対し、日本全国で適切に接種機会を確保する必要がある。

　　このため、国が対象疾病や接種対象者を定め、地方公共団体が予防接種を実施するという仕組みを導入することが必要である。ただし、実際の運用にあたっては、過度に厳格・複雑にならないよう配慮することが必要である。

　　なお、地域的なまん延の場合には、現行通り都道府県が接種対象者や接種時期について判断することが適当である。

(3) ワクチンの供給調整・医療機関における適正な接種の実施の確保

　　ワクチンの供給調整のためのワクチン製造販売業者、ワクチン販社及び卸売販売業者(以下「ワクチン製造販売・流通業者」という。)への協力要請の必要性や、予防接種事業の実施に協力いただいている医療機関に対し報告を求めることの必要性についても本部会において議論が行われた。

　　パンデミック時において、ワクチン製造販売・流通業者及び医療機関の理解を得つつ、ワクチンの供給が円滑に行われ、また、適正に接種が行われる必要があるということについては、意見の一致が見られた。

　　この件に関しては、予防接種制度全般の見直しの中で、国、ワクチン製造販売・流通業者、医療機関等の役割や責任分担のあり方を含めて議論する必要があり、本部会において改めて検討することとしたい。

3．新型インフルエンザワクチンの定期接種化
(1) 定期接種化の要件や道筋

　　新型インフルエンザについては、発生当初は臨時接種により対応することが想定されるが、緊急に接種を実施する必要性がなくなった後も引き続き、疾病の発生及びまん延を防止するため、定期的に予防接種を行うことが必要となる場合が想定される。

　　したがって、こうした場合に定期接

種化に向けた検討を行う旨を明確にしておくべきであるが、更に定期接種とする場合の要件や具体的道筋については、今後、本部会において行う「予防接種に関する評価・検討組織のあり方」に関する議論の中でも、検討することが必要である。

(2) 定期接種とした場合の接種対象者

「二類疾病（インフルエンザ）の定期接種」については、平成13年改正法附則第3条の規定により、高齢者にその対象が当面限定されている（その他の疾病については、法律で疾病を規定し、政令で接種対象者を規定している。）。これは、高齢者以外の者（特に子ども）に対する季節性インフルエンザの予防接種の効果が限定的であると判断されたためである。

今回の新型インフルエンザ（A／H1N1）に対するワクチンについては、高齢者以外の者についても重症化防止の効果が期待され、実際に接種も行っている。また、同様に、別の新たな新型インフルエンザが発生した場合にも、国民の大多数に免疫がないことから、高齢者以外の者に接種を行う必要性について一定の蓋然性がある。

このため、新型インフルエンザワクチンを定期接種すべきと判断された場合において、法改正を待たず迅速に対応できるよう、高齢者限定規定を新型インフルエンザに限って適用除外とし、法律上は接種可能となるようにしておくことが必要である（具体的な接種対象者等は政令で規定）。

なお、実際に高齢者以外の者に今回の新型インフルエンザ（A／H1N1）ワクチンの定期接種を行うかどうかについては、今後の疫学調査の結果などをもとに、更に専門家による議論が必要である。今後、本部会において行う「予防接種に関する評価・検討組織のあり方」に関する議論の中でも、検討することが必要である。

Ⅲ．議論が必要と考えられる事項

今後、予防接種の目的や基本的な考え方、関係者の役割分担等について、今回の緊急的な手当てにとらわれることなく、抜本的な見直しを議論していくことが必要と考えられる。主な事項については、以下のとおりであるが、これらに限られるものではなく、今後の議論の中で、新たな論点が加わることもある。

(1) 予防接種法の対象となる疾病・ワクチンのあり方

国の公衆衛生政策における予防接種の位置付けを明確にした上で、予防接種の対象となる疾病・ワクチンのあり方を検討すべきである。

具体的には、現在、予防接種法においては、一類疾病（ジフテリア等9疾病）及び二類疾病（インフルエンザ）が対象疾病とされワクチンの定期接種が行われているが（痘そうを除く。）、対象となっていない疾病・ワクチン（Hib（インフルエンザ菌b型）、肺炎球菌、HPV（ヒトパピローマウイルス）、水痘など）をどう評価し、どのような位置付けが可能かといった点について、更に議論が必要である。

(2) 予防接種事業の適正な実施の確保

予防接種事業は、実施主体である地方公共団体やワクチンの供給を行っているワクチン製造販売・流通業者、実際の接種に協力している医療機関などの関係者それぞれが役割を分担し、継続的に実施しているところである。

また、予防接種については、感染症予防の有力な方法であるが、関係者がいかに注意を払っても稀に健康被害が生じう

る。一方で、基本的には当該感染症にかかっていない健康な方に接種するものであるために、健康被害は容易には受け容れがたいという特徴を有することも事実である。

今後、予防接種事業の適正かつ円滑な実施を図るため、国、ワクチン製造販売・流通業者、医療機関（医師）などの関係者の役割分担、また、予防接種により生ずる健康被害の救済制度、被害認定の方法、不服申し立て、接種の優先順付けのあり方等について、更に議論が必要である。

(3) 予防接種に関する情報提供のあり方

感染症予防の有力な方法である予防接種の意義や健康被害が生じる可能性等に関する情報等について、どのように接種対象者やその保護者を中心とした国民の方々に正確かつ適時に伝えていくかについて、更に議論が必要である。

(4) 接種費用の負担のあり方

予防接種については、「現行の臨時接種」を除き、個人の受益的要素があるため、原則として実費徴収を可能としている（経済的困窮者を除く）が、予防接種の果たす役割や特徴等を踏まえて、その費用負担のあり方について、更に議論が必要である。

なお、議論の際には、地方公共団体における実費徴収の実態や、諸外国の状況等についても参考とすることが必要である。

(5) 予防接種に関する評価・検討組織のあり方

予防接種に関する評価を行う上で、ワクチンの有効性、安全性等について、一定の結論を得るまで一定の年月を要するが、世界的にもこの分野の研究は極めて不足しており、今後、わが国において調査研究を推進するための体制のあり方について、更に議論が必要である。

評価・検討を行う際、諸外国においては、様々な予防接種施策に関する組織が設けられているが、我が国においても、同様の組織を設けるべきか、設ける場合にはその機能（権能）、構成者、制度運営に当たる人員等の体制、検討の前提となる安全性・有効性等に関する情報収集・評価の方法といった点について、更に議論が必要である。

(6) ワクチンの研究開発の促進と生産基盤の確保のあり方

予防接種に必要なワクチンの大部分については従来国産品により確保しているが、今回の新型インフルエンザ（A／H1N1）のワクチン接種に際しては、国産品のみでは必要量を確保できる見通しが立たなかったことから輸入することとなった。

今後、国産品と輸入品の役割や評価を踏まえ、我が国においてワクチンの研究開発をどのように促進していくか、また、どのようにしてその生産基盤を確保していくかといった点について、更に議論が必要である。

Ⅳ. おわりに

以上、今回の新型インフルエンザ（A／H1N1）の流行とその対応を踏まえ、Ⅱの「新型インフルエンザ対策として緊急に講ずべき措置」をとりまとめたので、政府におかれては速やかに立法措置等を講ずることを期待する。

立法措置については、予防接種法の改正をもって行うべきという意見が多数であったが、特別措置法の改正により対応すべきとする意見もあった。

本部会においては、引き続き、予防接種全般の見直しを内容としたⅢの「議論が必要と考えられる事項」について、今回の緊急的な手当てに制限されることなく、更に

抜本的な議論を重ねていくこととしたい。

別　添
新型インフルエンザ（A／H1N1）の疫学的状況と対策の経緯
（厚生労働省新型インフルエンザ対策推進本部事務局まとめ）

1．現時点における新型インフルエンザ（A／H1N1）の疫学的状況

　2010年第5週（平成22年2月1日～2月7日）のインフルエンザの定点当たり報告数は4.26（患者報告数20,481）となり、2009年第28週（平成21年7月6日～7月12日）以降推計受診患者数は累計で約2028万人（95％信頼区間：2008万人～2048万人）（暫定値）となった。

　インフルエンザの報告数が増加し始めた2009年第28週以降、検出されているインフルエンザウイルスの殆どが、新型インフルエンザ（A／H1N1）ウイルスである状態が続いており、発生患者の殆どが新型インフルエンザ（A／H1N1）に罹患しているものと推定される。

　平成22年2月17日現在、今回の新型インフルエンザ（A／H1N1）による入院患者数は累計17,000人を越え、うち急性肺炎・呼吸不全・急性脳症などの重篤化した事例は1,600例を越える。

　平成21年12月の段階でまとめたところでは、入院している患者のうち、特に基礎疾患を有する方が重症化しやすく、とくに20歳以上において基礎疾患を有する方の重症化傾向が強いと考えられた。

　死亡者数については、70歳以上の高齢者と5歳未満が多く、10代の死亡例は少数である。入院患者数に対する死亡数を年齢階級別にみた場合、小児では、5歳から14歳までの入院患者当たりの死亡数は他の年齢階級に比べて少ない。一方で、5歳未満や20歳以上で入院患者当たりの死亡数は多くみられる。また、推定受診者当たりの入院率と重症化率を週別で見たところ、それぞれ0.08％、0.005％程度で横ばいに推移している。上記のような状況に関して、わが国における季節性インフルエンザや国際的な新型インフルエンザ（A／H1N1）発生動向と比較した評価については、わが国における新型インフルエンザ（A／H1N1）流行が終息した段階で適切に評価する必要がある。

　（出典：「新型インフルエンザの発生動向～医療従事者向け疫学情報」（平成21年12月25日厚生労働省新型インフルエンザ対策推進本部））

2．新型インフルエンザ（A／H1N1）対策の経緯

　新型インフルエンザ（A／H1N1）については、平成21年4月にメキシコにおいてその発生が確認され、我が国においては4月28日に「感染症の予防及び感染症の患者に対する医療に関する法律」（平成10年法律第114号）第44条の2第1項に基づき、新型インフルエンザとして位置付けられた。

　今回の新型インフルエンザ（A／H1N1）の特徴については、季節性インフルエンザと類似した点が多いが、
① 基礎疾患を有する者、小児等は重症化する可能性が高い
② 国民の大多数に免疫がなく感染が拡大するおそれが大きい

という特徴を有しており、こうした特徴を踏まえて、基礎疾患を有する者等の重症化しやすい者を守り、死亡者や重症者の発生をできる限り抑制することを対策の基本的な考え方として、医療提供体制の整備を行うとともに、ワクチン供給の準備が進められた。

　国内産ワクチンについては、国が平成21

年7月6日に今回の新型インフルエンザ（A／H1N1）のワクチン製造株を決定したことを受け、国内各ワクチン製造販売業者が7月中旬以降季節性インフルエンザワクチンの製造を中止し、新型インフルエンザ（A／H1N1）ワクチンの製造を順次開始した。

この間、国内産ワクチンのみでは必要量の確保が困難であるため、輸入ワクチンの確保に努め、輸入業者2社と交渉を進めた。

国においては、死亡者や重症者の発生をできる限り減らすこと及びそのために必要な医療を確保することを目的として、平成21年10月1日に「新型インフルエンザ（A／H1N1）ワクチン接種の基本方針」（新型インフルエンザ対策本部決定）を策定した。この基本方針においては、主に以下の事項が決定された。

① 新型インフルエンザ（A／H1N1）ワクチンの接種事業については
- 国（実施主体）がワクチンを確保するとともに、接種の優先順位を設定し、国の事業として実施すること
- 都道府県は国が示す標準的な実施時期等を参酌し、具体的なスケジュールを設定するとともに、医療機関の在庫状況等を確認してワクチンの円滑な流通を確保すること
- 市町村が住民に対し接種時期、受託医療機関等を周知し、国及び都道府県の財政支援のもと、必要に応じ低所得者の負担軽減措置を講じること
- 受託医療機関は、優先順位に従って接種を行うこと。

② 国は、国内産ワクチンに加え、海外企業からワクチンを購入することとし、輸入ワクチンについては、その使用に伴い生じる健康被害に関して製造販売業者に生じた損失等について国が補償できるよう、速やかに立法措置を講ずること。

③ ワクチン接種に伴う健康被害の救済については、予防接種法に基づく季節性インフルエンザの定期接種に関する措置を踏まえて、立法措置を講ずること。

この基本方針に基づき、ワクチン接種については、平成21年10月19日から開始された。

一方、立法措置については、「新型インフルエンザ予防接種による健康被害の救済等に関する特別措置法案」が平成21年10月27日閣議決定されて第173回の臨時国会に提出され、衆議院・参議院での議決を経て、11月30日成立し、12月4日公布された（同日施行。「新型インフルエンザ予防接種による健康被害の救済等に関する特別措置法」（平成21年法律第98号））。特別措置法の主な内容は以下のとおりである。

① 厚生労働大臣は、新型インフルエンザ（A／H1N1）の予防接種を受けた者について、健康被害が生じた場合の救済措置を講ずることとし、その給付の額等については、予防接種法の二類疾病（インフルエンザ）の定期接種に係る措置を踏まえたものとすること。

② 特例承認に係る新型インフルエンザ（A／H1N1）のワクチン製造販売業者に対し、ワクチン使用により生じた健康被害に係る損害を賠償し生じた損失等を政府が補償することを約する契約を締結することができること。

また、特別措置法の附則においては、検討規定が置かれており、新型インフルエンザに係る予防接種のあり方、健康被害の救済措置のあり方等について、速やかに検討を加え、所要の措置を講ずることとされている。

なお、法案審議の過程において、平成21年11月26日に、衆議院厚生労働委員会は、当該附則規定を踏まえ、健康被害給付の額

について、次期通常国会への法案提出も視野に入れ、検討を行うことを含めた15項目の決議を行った。

特別措置法の成立を受けて、特例承認に係る新型インフルエンザ（Ａ／H1N1）ワクチンの製造販売業者と損失補償契約が締結されるとともに、平成22年１月20日に特例承認が行われた。

別添資料１・２　　（略）

6．予防接種制度の見直しについて（第2次提言）（平成24年５月23日厚生科学審議会感染症分科会予防接種部会取りまとめ）

予防接種制度の見直しについて（第2次提言）

［平成24年５月23日　厚生科学審議会感染症分科会予防接種部会］

はじめに

○ 平成22年２月19日の「予防接種制度の見直しについて（第１次提言）」以降、厚生科学審議会感染症分科会予防接種部会で実施してきた議論、23年７月25日の「これまでの主な議論の中間的な状況の整理等について」、同年９月29日に厚生労働省から示された「予防接種制度の見直しの方向性について」等を踏まえ、予防接種制度の見直しに向けた第２次提言を以下の通り取りまとめた。

○ 今後、新たなワクチンを予防接種法の対象とし、定期接種として実施するために必要な財源の確保や、接種費用の負担のあり方等に関して、市町村等関係者と十分に調整しつつ検討を進め、予防接種法の改正法案を早期に国会に提出することを期待する。

１．予防接種制度の見直しの目的

○ 予防接種は、感染症対策として最も基本的かつ効果的な対策の１つであり、国民の生命と健康を守る重要な手段である。

　特に、子どもの予防接種については、次代を担う子どもたちを感染症から守り、健やかな育ちを支える役割を果たすものである。

○ 我が国では、副反応の問題などを背景に予防接種行政に対して慎重な対応が求められてきた経緯から、世界保健機関が勧告しているワクチンが予防接種法の対象となっておらず、先進諸国と比べて公的に接種するワクチンの種類が少ない、いわゆるワクチン・ギャップの状態が生じている。

　これに対応するため、ワクチンの安全性・有効性や費用対効果なども考慮しつつ、必要なワクチンについては定期接種として位置づける。

○ 予防接種施策の専門性や一貫性・継続性が確保されにくいという課題に対応するため、平成21年12月に設置した厚生科学審議会感染症分科会予防接種部会の取組を発展的に引き継ぎ、予防接種施策を中長期的な観点から総合的かつ恒常的に評価・検討する仕組みの導入が必要である。

　また、予防接種は、国民全般を対象に一定の公的関与により実施する一方、避けることのできない一定の副反応のリスクを伴うことを踏まえ、幅広い国民の理解を得ながら透明性・客観性のある制度とするとともに、その適正な実施を確保することが重要である。

2．予防接種の総合的な推進を図るための計画（仮称）
　○　予防接種施策の推進に当たって、その一貫性や継続性が確保されるためには、国民、国、地方自治体、医療機関、ワクチンの研究機関・製造販売業者・卸売販売業者などの関係者が、予防接種施策全般についての中長期的なビジョンを共有し、各々の役割を認識しつつ、連携・協力していくことが必要である。
　○　そのため、予防接種に関する評価・検討組織における国民的な議論を経た上で、予防接種の総合的な推進を図るための計画（仮称）を策定することが適当である。
　　　また、予防接種を取り巻く状況の変化や施策の効果に関する評価などを踏まえ、5年に1度を目途に計画の見直しを行うものとする。
　○　その内容については、
　　・予防接種施策の基本的な方向
　　・関係者の役割分担
　　・予防接種施策の推進に係る目標
　　・予防接種の適正な実施のための方策
　　・予防接種の有効性及び安全性の向上
　　などが考えられる。

3．予防接種法の対象となる疾病・ワクチンの追加
　○　平成23年3月11日のワクチン評価に関する小委員会報告書の通り、医学的・科学的観点からは、7ワクチン（子宮頸がん予防、ヒブ、小児用肺炎球菌、水痘、おたふくかぜ、成人用肺炎球菌、B型肝炎）について、広く接種を促進していくことが望ましい。
　○　ただし、新たなワクチンを予防接種法の対象とし、定期接種として実施するためには、その前提として、関係者の連携と協力によるワクチン接種の円滑な導入と安全かつ安定的なワクチン供給・実施体制の確保や、継続的な接種に要する財源の確保が必要である。
　○　7ワクチンのうち、子宮頸がん予防、ヒブ、小児用肺炎球菌の3ワクチンについては、平成22年10月6日の予防接種部会意見書を受けて、当面の対応として子宮頸がん等ワクチン接種緊急促進臨時特例交付金事業を全ての市町村で実施しており、23年度4次補正予算に基づき24年度末まで事業を継続できるようになっているが、25年度以降も円滑な接種を行えるようにする必要がある。
　○　ロタウイルスワクチンについては、平成23年7月1日及び24年1月18日に2種類のワクチンが薬事法の製造販売承認を受けたことを踏まえ、24年内を目途に、専門家による医学的・科学的観点からの評価を行っているところである。
　○　この他の疾病・ワクチンについても、当該疾病の流行やワクチンの開発・生産の状況などを踏まえ、今後、評価・検討組織で評価を行う。

4．予防接種法上の疾病区分
　○　疾病やワクチン効果の特性に応じて、集団予防に重点を置く一類疾病と個人予防に重点を置く二類疾病に分類し、接種を受ける努力義務や接種勧奨という公的関与に差を設け、健康被害救済等に関しきめ細かく対応することには一定の合理性があり、また、平成13年の予防接種法改正時に高齢者を対象とするインフルエンザワクチンを定期接種に位置づける際に二類疾病を導入した経緯などを踏まえ、疾病区分に係る二類型を維持することが適当である。
　　　ただし、疾病区分の考え方は国民には分かりにくいという課題もあるため、国民への分かりやすい情報提供に努めることが必要である。
　○　疾病区分の要件及び7疾病を予防接種

法の対象に位置づけることとした場合の分類案は、以下の通りとする。
- 一類疾病
  要件①：集団予防を図る目的で予防接種を行う疾病【Hib感染症、小児の肺炎球菌感染症、水痘、おたふくかぜ】
  要件②：致命率が高いこと、又は感染し長期間経過後に重篤になる可能性が高い疾病になることによる、重大な社会的損失の防止を図る目的で予防接種を行う疾病【ヒトパピローマウイルス感染症、B型肝炎】
- 二類疾病：個人予防目的に比重を置いて、個人の発病・重症化防止及びその積み重ねとしての集団予防を図る目的で予防接種を行う疾病【成人の肺炎球菌感染症】

○ 新たな感染症の発生、新たなワクチンの開発、予防接種の安全性や有効性に関する知見の集積、予防接種を実施する体制の整備など、予防接種を取り巻く環境の変化に応じ、今後は評価・検討組織による総合的・恒常的な評価・検討に基づき、機動的に対象疾病を見直すため、二類疾病についても一類疾病と同様に、政令で対象疾病を追加できるようにすることが適当である。

○ 「一類・二類疾病」という疾病区分の名称について、感染症法の「一～五類感染症」と混同しやすいとの医療現場等からの指摘を踏まえ、実用性や法令上の用例を勘案し、例えば、「A類・B類疾病」と変更することを検討する。

5．接種費用の負担のあり方

○ 予防接種法の定期接種は市町村の支弁により実施されている自治事務であり、地域住民の健康対策の一環として長年にわたる市町村の尽力で安定的に運営されている。

また、経済的理由により接種費用を負担することができない場合を除き、接種時に実費を徴収できるとされているが、その一方でほとんどの市町村においては、実費の徴収を行わず、公費で負担している。

○ 一方、定期接種化を検討している3ワクチン（子宮頸がん予防、ヒブ、小児用肺炎球菌）については、平成22年度から公費負担対象者が9割相当となるよう必要な経費を公費負担する仕組みを国として導入することにより、接種の促進を図っている。

○ 接種費用の負担のあり方については、以上のような事情にも留意し、市町村等関係者と十分に調整しつつ検討するべきである。

○ 予防接種に公的保険を適用することについては、医療保険制度の目的に関わる重要な変更となるだけでなく、がん検診や乳幼児健診など他の地域保健の事業との関係の整理や、医療保険財政が極めて厳しい状況にあるなどの課題があり、国民的な議論が必要である。

○ 国は、予防接種の意義と効果について、医療経済的な分析を含め国民に分かりやすく周知し、費用負担への理解の促進に努める。

6．ワクチン価格等の接種費用

○ 我が国の現下の厳しい財政状況を踏まえ、今後新たなワクチンを予防接種法の対象とし、定期接種として実施するに当たっては、適正な実施の確保を前提に、より一層効率性の観点が重要となる。

○ 新たなワクチンの追加に向けた評価を行う際には、評価・検討組織は、医療経済の観点からの費用対効果分析を行う。

○ 予防接種施策の実施に当たっては、国は、ワクチン価格等の実態や、他の先進諸国において公的に接種されるワクチン

との接種費用の差などを勘案しつつ、予防接種施策の効率的な実施のために必要な措置を講ずる。

　地方自治体は、委託契約価格の地域差などを勘案しつつ、市町村によるワクチンの入札・一括購入方式等の先進的な事例も参考に、予防接種事業の効率的な実施に努める。

○　なお、現状では、卸売販売業者から医療機関への実販売価格や市町村と医療機関との委託契約価格などの実態を十分に把握できていないため、地方自治体、医療機関、卸売販売業者等の関係者の協力を得て、ワクチン価格等の接種費用の実態調査を行う必要がある。

　その際、薬価基準改正の基礎資料を得ることを目的とした医薬品価格調査と併せて実施するなど、調査対象者の負担軽減に留意する。

○　接種費用のうち問診料等については、診療報酬点数を参考にしていることが多い。今後、委託契約価格の実態について地方自治体への調査を実施するなど、適切な問診料等の水準のあり方について検討する。

7．予防接種に関する評価・検討組織

○　予防接種施策全般について、中長期的な課題設定の下、科学的な知見に基づき、総合的・恒常的に評価・検討を行い、厚生労働大臣に提言する機能を有する評価・検討組織を設置する。

○　評価・検討組織の構成については、小児科医、感染症専門家、疫学専門家等の医療関係の専門家、地方自治体、経済学者、法律家、メディアなどを委員とし、発言及び提案はできるが議決には加われない参考人として、政府関係機関代表、学会、ワクチンの製造販売業者や卸売販売業者、被接種者の立場を代表する方などが常時参加し、国民的な議論を行う場とする。さらに、委員・参考人以外から発言を求めることについても、適切な方法を検討する。

○　評価・検討組織の運営については、定期性・継続性を確保する観点から、委員の任期に関して中長期的な継続性を担保するとともに、年2～4回程度の開催を前提に、計画的な議題・日程設定を行う。また、委員の選任に係る公募枠の導入など、公開性・透明性を一層高めるための方策を検討する。

　評価・検討組織の運営方法等の詳細については、評価・検討組織で審議し決定する。

○　評価・検討組織は、予防接種行政のうち予防接種事業、研究開発振興、生産・流通の分野を担当する。他方、ワクチンの治験・承認審査及び市販後の安全対策・監視指導は薬事・食品衛生審議会が、予防接種による健康被害救済に係る認定は疾病・障害認定審査会が、それぞれこれまで通り担当する。

○　評価・検討組織の具体的な審議事項としては、
・　予防接種の総合的な推進を図るための計画（仮称）
・　予防接種法の対象疾病・ワクチン、接種対象者、接種スケジュール、接種の実施方法
・　副反応報告等に基づく有効性・安全性の再評価
・　予防接種の意義やリスク等について、国民、報道機関、医療関係の専門家等に対する一元的な情報提供
・　予防接種の実施状況や健康被害救済制度のあり方の評価を含む、予防接種の適正な実施の確保

などが考えられる。なお、新たな疾病・ワクチンのみならず、既に予防接種法の対象となっている疾病・ワクチンについ

ても、当該疾病の流行状況などを踏まえ、定期接種として実施する必要性について恒常的に検証を行う必要がある。
○　評価・検討組織の位置づけについては、現在の厚生科学審議会感染症分科会予防接種部会を発展的に充実させるとともに、予防接種部会の下に設置されているワクチン評価に関する小委員会等、予防接種部会とは独立して設置されているワクチン産業ビジョン推進委員会、予防接種後副反応報告・健康状況調査検討会等を統合する。

　また、評価・検討組織での科学的な知見に基づく審議を支えるため、厚生労働省健康局が医薬食品局及び国立感染症研究所の協力・連携の下、評価・検討組織の事務局を務めるとともに、当該事務局体制の充実・強化を図る。評価・検討組織は、関係行政機関に必要な情報の提供を求めることができることとする。
○　評価・検討組織に常設又は臨時の専門委員会を設置する。専門委員会は、重要な議案について専門的見地から評価・検討組織における決議案をとりまとめるが、専門委員会が検討を行い厚生労働大臣に提言することも可能とする。専門委員会の委員の任期に関しても中長期的な継続性を担保する。

　専門委員会の具体的な検討事項、委員構成、運営方法等の詳細については、今後検討する。

8．関係者の役割分担
○　予防接種施策の適正な実施のための関係者の役割分担については、以下のようなものが考えられるが、今後、評価・検討組織における議論を経た上で、予防接種の総合的な推進を図るための計画（仮称）で定める。
○　国は、ワクチンの安全性・有効性・費用対効果等を踏まえた予防接種の対象疾病及び対象者の決定、ワクチンの承認審査、ワクチンの研究開発の促進と安定供給の確保、副反応報告の収集・評価、健康被害の救済、感染症サーベイランス、迅速な情報収集と分かりやすい情報提供、接種率の向上に向けた取組、その他予防接種制度の適正な運営の確保等を担う。
○　都道府県は、予防接種に関わる医療関係者等の研修、緊急時におけるワクチンの円滑な供給の確保や連絡調整、健康被害の救済、予防接種の安全性・有効性の向上を図るための調査への協力等を担う。
○　市町村は、接種の実施主体として、適正かつ効率的な予防接種の実施の確保、健康被害の救済、予防接種の安全性・有効性の向上を図るための調査への協力、住民への情報提供等を担う。
○　医療関係者は、ワクチンの適正な接種、ワクチンの安全性・有効性等に関する被接種者への情報提供、入念な予診、迅速な副反応報告等の予防接種の安全性・有効性の向上を図るための調査への協力など、適切な予防接種の実施を担う。
○　ワクチンの製造販売・卸売販売業者は、安全かつ有効なワクチンの研究開発及び安定的な供給、副反応情報の収集・報告等を担う。

9．副反応報告制度、健康被害救済制度
○　予防接種施策の適正な推進を図るためには、副反応報告を幅広く求め、専門家による調査・評価を行った上で、必要に応じて迅速かつ適切な措置を講じることや、国民や報道機関への積極的な情報提供が重要である。
○　このため、予防接種法の対象となる予防接種に係る副反応報告を医療機関に義務づけるとともに、現在の子宮頸がん等

ワクチン接種緊急促進臨時特例交付金事業等での対応を踏まえ、予防接種法上の副反応報告と薬事法上の副作用等報告の報告ルートを厚生労働省宛てに一元化し、医療機関の報告事務を簡素化することが適当である。
　　また、厚生労働省は副反応報告に係る情報を速やかに当該予防接種の実施主体である地方自治体に対して提供する。
○　副反応報告の個別事例について、独立行政法人医薬品医療機器総合機構（PMDA）の業務目的や人員体制等を踏まえた上で、PMDAが情報整理・調査を行う。その際、国立感染症研究所は必要に応じて協力・連携する。
　　また、医療機関や被接種者及びその保護者等の関係者は、当該調査に協力するよう努めるものとする。
○　PMDAによる情報整理・調査に基づき、評価・検討組織が薬事・食品衛生審議会と連携して、副反応報告に係る評価を行った上で、国が必要に応じて接種の一時見合わせ等の措置を講ずる。
　　また、評価結果の集計・公表については、年3回程度とするなど、発信の強化を図る。
○　予防接種による副反応を正しく評価するためには、医療機関による報告とともに、一般から寄せられる副反応に係る情報も重要であり、さらに予防接種法の対象外のワクチンによる副反応に係る情報を含め、できるだけ幅広く情報収集に努める。
　　また、副反応が出なかった場合も含む抽出調査である予防接種後健康状況調査については、引き続き実施する。
○　健康被害救済制度については、健康被害救済に係る審査を迅速に行い、必要な救済給付を円滑に実施することが重要であり、引き続き疾病・障害認定審査会に

おいて、評価・検討組織とは独立して客観的・中立的な立場から審査を実施するなど、現行通り実施する。
10. 接種方法、接種記録、情報提供
○　接種の際、医師が接種後の副反応等について適切に説明するとともに、入念な予診が確実に実施されるよう、予防接種の接種方法は個別接種を基本とする。
　　一方、緊急時の臨時接種のあり方については、集団接種の方法やワクチンの供給のあり方も含め、引き続き新型インフルエンザ対策ガイドライン等の見直しと併せて検討を進める。
○　接種記録については、未接種者の把握による接種勧奨を通じた接種率の向上等を図るため、予防接種台帳のデータ管理の普及や活用のあり方について、個人情報保護の観点や社会保障・税番号制度の導入に向けた状況も考慮しつつ、さらに検討する。
○　被接種者の接種を促すためには、国民が自らの健康確保に努めることを端緒に、母子健康手帳への記載の励行、乳幼児健診や就学時健診における確認や勧奨の徹底などを図る。
　　母子健康手帳については、予防接種関連の記載項目を整理・充実して、保護者及び被接種者が予防接種に関する情報を一元的かつ長期的に管理できるようにする。
　　また、教育行政との連携については、接種対象年齢に応じて、学校現場等での接種対象者本人への普及啓発が重要である。特に子宮頸がん予防ワクチンは、がん教育と一体的な情報提供について、現在の麻しん対策に加えて文部科学省との一層の連携を図る。
○　国民一人ひとりが予防接種についての正しい知識を持ち、その理解の上で接種の判断を自ら行う必要があり、予防接種

法の対象外のワクチンも含めた推奨接種スケジュールのほか、予防接種の意義やリスクに関する分かりやすい情報提供が重要である。

評価・検討組織の意見を反映させた形で情報発信を行い、国民、報道機関、医療関係の専門家等がそれぞれ必要とする情報に容易にアクセスできるよう、ホームページの内容の充実や利便性の向上を図る。

○ 予防接種は、その効果の反面、不可避的に何らかの副反応が生じる可能性があることから、接種を行う医師が特に基礎疾患を有する者などへの慎重な予診を行うとともに、被接種者やその保護者に対し予防接種の効果や副反応について丁寧に説明することが重要である。そのため、接種を行う医師等の医療関係者に対する教育や研修を適切に実施する。

また、健康状態や体質から特に注意を要する者の適正な接種の機会を確保するため、都道府県に設置されている予防接種センター機能を有する医療機関の拡充を図る。

11. 感染症サーベイランス

○ 予防接種施策の適正な推進を図るためには、評価・検討組織において、予防接種が有効であったか、新たに導入すべきワクチンはあるか等を随時評価することが重要であり、国立感染症研究所の機能強化を図るとともに、感染症サーベイランスを通して感染症に係る患者、病原体、免疫獲得状況等の情報を一定の方法で継続して収集・解析することが必要である。

○ 感染症サーベイランスのうち感染症法に基づく患者発生サーベイランスについては、今後、新たなワクチンの導入等に応じて、サーベイランスに係る疾病や指定届出医療機関（定点）の設定を見直す。

○ 感染症サーベイランスのうち免疫獲得状況等を把握する感染症流行予測調査については、新たなワクチンの導入等に応じて見直し、その適正な実施に不可欠な地方自治体、医療機関等の協力を一層得るとともに、実際に検査・分析を担当する地方衛生研究所の機能強化について、さらに検討する。

○ 予防接種台帳のデータ管理の普及や活用のあり方についての検討と併せて、予防接種の接種者数及び接種率を必要に応じて迅速に把握する仕組みの構築を推進する。

12. ワクチンの研究開発の促進と生産基盤の確保

○ ワクチンの研究開発の促進と生産基盤の確保については、ワクチン産業ビジョン推進委員会で検討が行われてきたが、今後は、評価・検討組織の審議事項の1つとして位置づけ、予防接種施策に関する総合的視点からの検討を行う。

必要とされるワクチンの追加・見直しに関して、国として研究開発に係る優先順位や方向性等を提言することにより、研究者やワクチン製造販売業者による研究開発等の推進につなげる。

○ ワクチン製造販売業者等の研究開発力の強化を図り、国際競争力のあるワクチン生産基盤を確保する必要がある。

新型インフルエンザワクチン開発・生産体制整備事業等を推進し、より安全かつ有効で効率的なワクチンの開発を進め、国産ワクチンの供給力の強化を図るとともに、海外への事業展開や他のワクチンの製造など、開発・生産体制の強化につなげる。

○ 今後、公的な接種を行うワクチンの種類の増加が見込まれる中で、被接種者の負担軽減、接種率の向上、接種費用の軽

減等を図ることが重要であり、例えば、安全性に十分配慮しつつ、社会のニーズに合わせた混合ワクチンや経鼻ワクチンなど利便性の高いワクチンの研究開発を進める。

著者紹介

榎　孝謙（えのき　たかあき）

平成5年生まれ。東京大学法学部卒。平成28年厚生労働省入省。
労働基準局、子ども家庭局、大臣官房、健康局を経て、現在、内閣府健康・医療戦略推進事務局参事官補佐。
健康局健康課予防接種室在籍時に、令和4年の予防接種法改正に携わる。

逐条解説 予防接種法 改訂版

2025年3月10日発行

著　者	榎　孝謙
発行者	荘村明彦
発行所	中央法規出版株式会社
	〒110-0016 東京都台東区台東3-29-1 中央法規ビル
	TEL 03-6387-3196
	https://www.chuohoki.co.jp
印刷・製本	長野印刷商工株式会社
装幀・本文デザイン	ケイ・アイ・エス有限会社

定価はカバーに表示してあります。
ISBN978-4-8243-0187-1

本書のコピー、スキャン、デジタル化等の無断複製は、著作権法上での例外を除き禁じられています。また、本書を代行業者等の第三者に依頼してコピー、スキャン、デジタル化することは、たとえ個人や家庭内での利用であっても著作権法違反です。
落丁本・乱丁本はお取り替えいたします。
本書の内容に関するご質問については、下記URLから「お問い合わせフォーム」にご入力いただきますようお願いいたします。
https://www.chuohoki.co.jp/contact/